Herrn Peter Motzan,
dem wachsamen Kritiker
und verehrten Lehrer,

Olivia

UNIVERSITAS
GEDÄCHTNIS
DER
LITERATUR

Bibliografische Information der Deutschen Nationalbibliothek
Die Deutsche Nationalbibliothek verzeichnet diese Publikation in der Deutschen Nationalbibliografie; detaillierte bibliografische Daten sind im Internet über http://dnb.d-nb.de abrufbar.

Ludwigsburg: Pop, 2010
ISBN: 978-3-86356-001-0

Abbildung Titelseite: *Picknick'89,* Privatarchiv Geza Szőcs.
Druck: Pressel, Remshalden
Umschlaggestaltung: Traian Pop

Diese Publikation erschien mit finanzieller Unterstützung durch:

INSTITUTUL CULTURAL ROMÂN

Unterstützt durch das Förderprogramm des Rumänischen Kulturinstituts (ICR)

programulcantemir.ro Cantemir

und

idgl Institut für donauschwäbische Geschichte und Landeskunde

Das Rumänische Kulturinstitut (ICR) übernimmt keine Verantwortung für die Inhalte dieser Publikation.

Verlag: Pop, Postfach 0190, 71601 Ludwigsburg
www.pop-verlag.com

Edda Binder-Iijima
Romanița Constantinescu
Edgar Radtke
Olivia Spiridon
(Hrsgg.)

Gedächtnis der Literatur

Erinnerungskulturen in den südosteuropäischen Ländern nach 1989

Rumänien im Blickfeld

POP VERLAG
Ludwigsburg
2010

Herrn Prof. Dr. Dr. h.c. mult. Klaus Heitmann
in Anerkennung und Dankbarkeit gewidmet

Einleitung

Vergangenheit lebt. Die Konstruktionsformen von Vergangenem sind Teil langjähriger Erfahrungen und gegenwärtiger Handlungen, von Werturteilen, Identitätsbildungsprozessen und individuellen, kollektiven, politischen Legitimierungsversuchen. Mit Erinnerungskultur wird dabei die beobachtbare Seite des kollektiven Gedächtnisspeichers bezeichnet; sie stellt seine historisch und kulturell variablen Ausprägungen dar. Die sichtbaren Formen der Erinnerungspflege werden aus einem Gedächtnisbecken gespeist, das sich aus symbolträchtigen kulturellen Objektivationen und aus im Alltag sich herausbildenden Erinnerungen zusammensetzt. Die Erinnerungskultur ist auf einer *mind-map* zu verorten, in deren Zentrum das Gedächtnis steht, das kollektive Gedächtnis, so wie es auch von Aleida und Jan Assmann theoretisch fundiert wurde.

Auf der bunten Karte Südosteuropas gehen die Vorstellungen über die Vergangenheit auf verschiedenste Quellen zurück, auf regionale und nationale Meistererzählungen über Geschichte, auf schriftlich und mündlich überlieferte Geschichten, auf den Mythos als einem besonderen Vergangenheitsregister. Sie alle konnten einen erfolgreichen Weg ins kollektive Gedächtnis finden und artikulieren sich unterschiedlich. Erinnerungskultur gibt es daher nur in der Mehrzahl.

Mit seinen hier versammelten Beiträgen kann dieser Band nicht den Anspruch erheben, die Erinnerungskulturen Südosteuropas erschöpfend darzustellen. Dieses Unterfangen wäre schlicht und einfach unmöglich. Hier werden Ausschnitte gezeigt und – auch aufgrund des dem Band zugrunde liegenden Symposiums – der Blick in erster Linie auf Rumänien gerichtet. Gerade wegen dieser Schwerpunktsetzung kommt den anderen Beiträgen eine besondere Rolle zu: Sie zeigen die Vielfalt kommunikativer Knotenpunkte verschiedener Räume, umreißen Problemfelder, verweisen auf Diskussionen, die im Gange sind. Der Blick über Zäune hinweg deutet auf eine grundsätzliche Haltung hin: auf die verspürte Notwendigkeit, brennende Fragen, aufflammende Erinnerungen im Kontext anderer

Fragestellungen und Erinnerungen zu sehen, das im Ausklang des 20. Jahrhunderts Überlieferte als nur einen Teil der südosteuropäischen Erfahrungen wahrzunehmen.

Mit einem breit gefächerten Angebot an kollektiven und subjektiven Erinnerungsbildern zelebrierte man nach 1989 in den südosteuropäischen Literaturen das Recht auf freies Schreiben. Bei allem bis dahin erlittenen Leid durch Schweigen und Verschweigen, nach Jahren akribischer Chiffrierung der Aussagen oder erzwungener Heimatferne der Exilliteraten dokumentierte man nach dem Zäsurjahr 1989 mit explosiver Kraft die Unbehaustheit im jahrzehntelangen gesellschaftlichen Experiment und die lange Chronik der Repression. Die zwanzig Jahre, die seit 1989 vergangen sind, veranlassen zu Bilanz und Diskussion über die südosteuropäische Grenzen überschreitende Erfahrung von Totalitarismus und Kollektivismus.

Formen der Erinnerung in der Literatur, Selektionsmechanismen „sensibler" Vergangenheitsbilder, die Analyse des Abdrucks kollektiver Wahrnehmung auf der Ebene des subjektiven Erlebens und des einzelnen Textes, Identitätsangebote und Identitätsverschiebungen in den verschiedenen Regionen und Literaturen Südosteuropas gehören zu den Schwerpunkten der Untersuchungen. Die Thematisierung der „Zeit danach" impliziert zugleich den vergleichenden Blick auf die Literatur, die auf verschiedenen und heute nicht-unumstrittenen (Um)wegen der sogenannten „inneren Emigration" schreiten musste, sodass Texte in extrem kryptischer Verkleidung oder der Form nach vom System noch verträglicher Kritik entstanden. Gleichermaßen war auch die Berücksichtigung der in der Emigration entstandenen Literatur besonders ergiebig, die von den Erinnerungen an Diaspora-Erfahrung geprägt wurde, so dass durch all diese Gegenüberstellungen sprachliche Verformungen, Glanzleistungen, inhaltliche Einschränkungen oder Tabubrüche feststellbar wurden.

Die Beiträge wenden sich zahlreichen Aspekten zu wie der Verantwortung der Literatur als Gedächtnisspeicher für erlebtes Leid und (nicht) geleisteten Widerstand, der Erfahrung des Exils, dem Verhältnis zwischen Erinnerung/Erfahrung und ästhetisierender Fiktion oder zwischen Vergangenheitspolitik und Erinnerungskultur. Der Band, der sich mit Vorzug – aber nicht ausschließlich – den literarisch reflektierten sichtbaren Formen des Gedächtnisses widmet, versteht sich nicht als ein Friedensangebot an die Vergangenheit. Im Gegenteil. Die Hoffnung ist, dass auch dieses Buch dazu beiträgt, dem im 20. Jahrhundert Erlebten einen unruhigen, viel besuchten, disputierten Gedächtnisort auch jenseits der südosteuropäischen Breitengrade zu bescheren.

Dieser Band befasst sich überdies mit einem Phänomen, das bereits das Interesse des breiten Publikums geweckt, aber auch eine Abwehrhaltung hervorgerufen hat: die Fiktionalisierung des Kommunismus. Der Begriff mag neu sein, nicht aber das damit benannte Phänomen. Man spricht von der Fiktionalisierung des Kommunismus als einer künstlerischen Formel der jungen Schriftsteller-Generation, die gegen Ende der 1990er Jahre und vor allem nach 2000 debütierte, obwohl Exil-Schriftsteller schon lange vor dessen Niedergang über den Kommunismus geschrieben haben. Die im Exil lebenden Schriftsteller veröffentlichten ihre Werke zu einer Zeit, als die kommunistischen Parteien in Südost- und Osteuropa noch an der Macht waren und ihre Länder gegen den Westen abschotteten. In vielen Fällen wurde der Literatur des Exils der Charakter von Augenzeugenberichten zugestanden. Ihnen wurde nicht zum Vorwurf gemacht, Geschichte zu fiktionalisieren, sondern es gab ein stillschweigendes Einverständnis darüber, dass ihre Werke eine Verarbeitung des Ohnmachtsgefühls im Angesicht des aufgedrängten Schweigens darstellten und zugleich ein gewisses Versagen der Sprache, beziehungsweise den Verlust der Erzählbarkeit des Erlebten zum Ausdruck brachten. Der Zusammenbruch des Kommunismus im Jahre 1989 führte zu einer Defiktionalisierung der Literatur: Veröffentlicht wurden nun Tagebücher und Memoiren, authentische Augenzeugenberichte und Geständnisse. In den letzten Jahren erschienen aber wiederum vermehrt fiktive Werke, seien es Romane oder Filme, die an das kommunistische und auch vorkommunistische Südost- und Osteuropa (wie auch an die DDR) erinnern und sich einer großen Beliebtheit erfreuen. Solche Werke wurden aber auch heftig kritisiert. Eines der zur Ablehnung dieses Fiktionalisierungsprozesses herangezogenen Argumente behauptet, die erzählerischen Formen des Sich-Erinnerns würden ein für alle Male aufgrund der Bagatellisierung von Wahrheit das Moral-Kapitel des Kommunismus in Ost- und Süd-Osteuropa und anderswo abschließen. Die Tatsache, dass sowohl die osteuropäische als auch die westliche Gesellschaft hinsichtlich des Kommunismus die indirekten Akte des affektiven Gedächtnisses bevorzugen, sei nicht dem Zufall geschuldet: Gegenüber dem 'Direkten', dem 'Frontalen', wird das 'Indirekte der Kunst' mit ihren vermittelnden Bildern oder Erzählungen, wenn nicht sogar die Komödisierung der Vergangenheit bevorzugt. Man erkennt die Fähigkeit des Fiktionalen zur Entgrenzung der Wahrheit an, ihre performative Potenz, die nicht nur das Bezugsobjekt, die Wirklichkeit, kreiert, sondern auch die Wahrheit: Die Fiktion, ‚die Literatur', wird, in Fällen äußerster Unterdrückung und Ausgrenzung zu einer immanenten, wenn schon unspezialisierten, aber explosiven Produktion der Wahrheit. Nach Aussagen von Kritikern bezögen sich die Schriftsteller (wie auch die Regisseure) der sogenannten „neuen Welle" auf den Kommunismus als auf etwas Abgeschlossenes oder als auf etwas die Gegenwart nicht Tangierendes. Deshalb erlauben sie sich, wie man am Beispiel der allgemeinen DDR-Ostalgie erkennen kann, sich über den Kommunismus lustig zu machen, zur Verkostung der „guten" alten Zeit einzuladen, oder diese Zeit nach Belieben umzuformen, um sie besser zu vermarkten.

Der Blick auf das Vergangene ist jedoch immer durch die Gegenwart bestimmt, in der erinnert wird. Erinnerung modelliert das Erinnerte und ist grundsätzlich eine konstruktive Arbeit. Die „neue Welle", frei von der Morallastigkeit der frühen 1990er Jahre, zeugt von neuen Inszenierungswünschen und einem fortwährenden Kampf um ein kollektives Gedächtnis. Dargestellt wird nicht nur – mimetisch – die faktische Vergangenheit, sondern verstärkt wird auch das, wie es auch hätte sein können und was erst im Nachhinein erkennbar war. Ohne den Druck der Gegenwart und ohne die sorgenvolle Ahnung des Zukünftigen kann die Fiktion nicht zu der „deliranten Erfindung einer Geschichte" werden, die das Schweigen bricht und die Lüge über Bord wirft. Die Fiktionalisierung des Kommunismus kann daher auch verstanden werden als eine künstlerische Reaktion auf die Ablehnung des Publikums, die Diktatur als Realität und Ideologie zu verdammen, eine Ablehnung, welche die Kunst nun allegorisch und zugespitzt zu überwinden versucht. Skeptiker haben jedoch recht, wenn sie behaupten, die Wirkmächtigkeit der Fiktion sei begrenzt, wenn die Fiktionen zu kleinen Rissen in den verwurzelten Überzeugungen der Menschen führen, ohne diese aber ernsthaft anzutasten. Es ist nicht viel, wenn jenes von der „neuen Welle" Erreichte nur in punktuellen Zugeständnissen besteht: Bestimmte Dinge waren schlecht, aber unvermeidlich, im Namen eines noch bevorstehenden Zieles gerechtfertigt. Deshalb bedarf die Fiktion des Wiederaufbaus des erweiterten Kontextes, des Verständnisses der geheimen Mechanismen der Ideologie und ihrer Praktiken. Andererseits jedoch droht die „Realität" vergangener Tatsachen selbst durch ihr objektives Studium dem Beobachter zu entgleiten, und sie kann nur fabulatorisch, mittels fiktiver Rekonstruktion wiedererlangt werden.

Die Aufsätze in diesem Band lassen sich fünf großen Themenkomplexen zuordnen. Der erste behandelt die zuletzt angesprochene Problematik der Fiktionalisierung der Erinnerung in der Literatur und im Film. Unter dem Titel „Die Gegenwart der Vergangenheit" wird der Relevanz der erzählten Erinnerung für die heutige Gedächtniskultur in ihren verschiedenen Ausprägungen nachgegangen. Der Beitrag von Alida Bremer widmet sich drei zeitgenössischen kroatischen Autorinnen, die die konkurrierenden Erinnerungskulturen im heutigen Kroatien vertreten. Željka Čorak, Dubravka Ugrešić und Julijana Matanović gießen Autobiographisches in die Form des Familienromans, wobei das unterschiedlich ausfallende Urteil über die Vergangenheit auf die voneinander abweichenden Geschichtsbilder zurückzuführen ist, die sich aus verschiedenen Bestandteilen der kollektiven Gedächtnisse und der Erinnerungskulturen zusammensetzen.

Liviu Papadima entfaltet in seinem Beitrag eine überraschende, aber begründete Parallele zwischen der personalisierten Geschichtsschreibung im 19. Jahrhundert in Rumänien und der explosionsartigen Veröffentlichung von Memoiren, Tagebüchern, Augenzeugenberichten und anderen Dokumenten des Privatlebens nach 1989. Er erhebt aber auch Zweifel gegenüber dieser jubelnden „Privatisierung der Vergangenheit". Sie wurde nicht von sorgfältig abwägenden und detaillierten, multiperspektivischen Darstellungen der Ereignisse begleitet, weil die mit Sicherheit tumultuöse Zeit weder im 19. Jahrhundert noch heute dazu ausreichte. Eine Ausnahme bildet, nach Papadima, die gemeinsame Arbeit von Cernat, Manolescu, Mitchievici und Stanomir, *Explorări în comunismul românesc* (2004-2008), die die Epoche der kommunistischen Diktatur nüchtern, überzeugend und umfassend darstellt.

Der Beitrag von Jennifer Gronau beschäftigt sich mit der Funktionsweise und Inszenierung literarischer Räume in Mircea Cărtărescus Roman-Trilogie *Die Wissenden* (1996, 2002, 2007) im Zusammenhang mit der Erinnerungsarbeit des Protagonisten. Es wird untersucht, welche Rolle die Literatur bei der Erinnerung und Aufarbeitung der Geschichte des Protagonisten und damit letztlich Rumäniens spielen kann.

Romanița Constantinescu geht der Frage nach, ob man in den vor 1989 erschienenen Novellen des rumänischen Schriftstellers Mircea Cărtărescu einen Verlust des Wirklichkeitsgefühls verzeichnen kann, der aus dem Bedürfnis der Verschleierung im Angesicht der strikten Zensur resultierte. Der Beitrag widmet sich der obsessiven Beschäftigung mit der Vergangenheit in den postkommunistischen Werken des Schriftstellers und vergleicht immer wiederkehrende Bilder und Topos in seinen Romanen, Novellen und Artikeln. Im Anhang präsentiert Constantinescu die im September 2010 entfachtete Polemik zwischen Herta Müller und führenden rumänischen Intellektuellen wie Gabriel Liiceanu, Nicolae Manolescu und Mircea Cărtărescu über das Verhalten von Schriftstellern in einem von der Securitate überwachten Umfeld. Anschließend danken wir Michèle Mattusch, Edith Ottschofski und Valeriu Stancu für die Darstellung eines Gesprächs mit Mircea Cărtărescu, das am 10. Februar 2010 an der Humboldt-Universität zu Berlin stattfand und in vielerlei Hinsicht zum besseren Verständnis seiner Werke beitragen kann.

Cosmin Dragoste befasst sich in seinem Essay einerseits mit der inneren Befindlichkeit der Schreibenden angesichts der totalitären Erfahrung und andererseits mit der Darstellung von Psychogrammen und menschlichen Handlungsmustern in der Diktatur. Sein Augenmerk richtet er dabei vor allem auf Dieter Schlesaks Roman *Capesius, der Auschwitzapotheker*. Die ausgewählten Fragmente aus der Monographie *Dieter Schlesak – Un maestru german al evaziunii* [Dieter Schlesak – Ein deutscher Meister der Flucht, 2007] von Marian Victor Buciu, der auf dem Heidelberger Symposium sein Buch vorstellte, illustrieren die rumänische Rezeption des Reportage-Essays *Wenn die Dinge aus dem Namen fallen* (1991), geschrieben nach einer Reise des Schriftstellers nach Rumänien im Frühling 1990.

Gundel Große stellt den 2006 in Rumänien erschienenen Roman *Derapaj* [Im Schleuderkurs] von Ion Manolescu in den Mittelpunkt ihrer Ausführungen. Neben der Offenlegung der deutlich intertextuellen Bezüge des Romans geht sie vor allem der Frage nach, wie das Thema Erinnerung in diesem Roman literarisch verarbeitet wird.

Der Artikel von Katharina Kilzer befasst sich mit dem Werk der rumänischen Dichterin und Dissidentin Ana Blandiana und legt einen besonderen Akzent auf die Poetik der Erinnerung in der Lyrik und Prosa der Schrifstellerin vor und nach 1989. Als eine Fortsetzung dieser Poetik und als gesellschaftlicher Auftrag zugleich wird auch die Errichtung der Gedenkstätte für die Opfer des Kommunismus und des Widerstands durch Ana Blandiana sowie des Museums des rumänischen Gulags und des Internationalen Forschungszentrums für die Geschichte des Kommunismus in Sighet verstanden. Die Journalistin Katharina Kilzer fügt unserem Band ein aktuelles Interview mit Ana Blandiana hinzu, in dem diese selbst zu Wort kommt und dem Leser bedrückende Einsichten in das Leben einer nonkonformistischen Schriftstellerin gewährt. Zum Nachdenken regen ihre Reflexionen über die Fortdauer des kommunistischen Erbes und über die mentalen Defizite der rumänischen Gesellschaft nach 1989 an.

Abschließend befasst sich der Beitrag von Heidi Flagner mit dem

Medium des Films und den Lücken einer Gedächtniskultur, die im Werk des vielfach ausgezeichneten Regisseurs Corneliu Porumboiu *A fost sau n-a fost* (2006) schonungslos entlarvt werden.

Der zweite Teil des Bandes, „Erinnerung als gesellschaftlicher Auftrag“, enthält Beiträge, die sich mit den gesellschaftlichen Konsequenzen im Zusammenhang mit der Erinnerungsarbeit an der kommunistischen Diktatur befassen. So geht Robert Reisz auf die Thematik der Verurteilung des Kommunismus und der Feststellung seiner historischen Schuld ein. Er sieht das Hauptproblem in einem Prozess gegen den Kommunismus jedoch nicht in der Identifizierung und der Analyse der Fakten und Taten, die sich jenseits aller Zweifel befinden, sondern in der Begriffsinterpretation der „Schuld“. Argumentationshilfen verortet Reisz unter anderem in den psychologischen Experimenten von Zimbardo und Milgram, in denen die Folgen der Entkopplung individuellen Handelns von Eigenverantwortung und Moral untersucht werden. Die Übertragung der moralischen Schuld auf streng hierarchisch strukturierte totalitäre Institutionen – und die Diktatur als eine auf Staatsebene auszuweitende totalitäre Institution – beurteilt der Verfasser als zentral in der Bewertung einer auf der kommunistischen Ideologie gründenden Gesellschaft.

In dem Beitrag von Edda Binder-Iijima geht es um Voraussetzungen, Inhalte und Funktionen des oppositionellen Diskurses über die Monarchie, der sich nach 1989 zu einem integralen Bestandteil einer Gegenideologie gegen die Kontinuität kommunistischer Machtstrukturen und kultureller Denkweisen entwickelte. Mit der Berufung auf ein historisches demokratisches Erbe und die europäische Integration durch die rumänische Monarchie legte dieser Diskurs die Legitimationsdefizite der Nachrevolutionszeit offen, ohne jedoch auf die politische Entwicklung großen Einfluss nehmen zu können.

Der Beitrag von Romulus Rusan rekonstruiert aus der Perspektive der Gründer die Entstehungsgeschichte einer Gedenkstätte für die Opfer des Kommunismus im Norden Rumäniens. In der Ortschaft Sighet (Sighetu Marmației) werden in einem einstigen Gefängnis die Opfer des diktatorischen Regimes und des Widerstands in Rumänien gewürdigt. Ehemalige Politiker, Akademiker, Militärs, Journalisten, Bischöfe und Priester der griechisch-katholischen und römisch-katholischen Kirche sowie Studenten, Schüler und Bauern wurden in der Zeit von 1948 bis 1955 dort inhaftiert, wobei viele von ihnen starben. Trotz einiger Schwierigkeiten und nur zögerlicher Unterstützung seitens staatlicher und überstaatlicher Institutionen wurde das *Memorial Sighet*, das von der Vorsitzenden der Bürger-Allianz, der Schriftstellerin Ana Blandiana, initiiert und von Romulus Rusan mitgegründet wurde, zu einem Symbol der Gedächtniskultur in Rumänien und des Engagements der Zivilgesellschaft, mit dem expliziten Auftrag, der bis 1989 verbotenen und vergessenen Geschichte nachzugehen.

Der bekannte Literaturkritiker und frühere langjährige Rumänischlektor an der Universität Heidelberg, S. Damian, erinnert sich in seinem Aufsatz an eine dramatische Begebenheit aus der Zeit der Ceauşescu-Diktatur (bisher nur in rumänischer Sprache in dem Essay- und Memoiren-Band *Zbor aproape de pământ* [Flug nahe über der Erde], 2008 veröffentlicht). Er gibt den Inhalt eines Briefes wieder, den er im Jahre 1988 von Ana Blandiana bekommen hatte und in dem sie ihn Kraft seiner Stellung im akademischen Umfeld Deutschlands bat, durch die Bekanntmachung ihres Falles in der westlichen Öffentlichkeit sie gegen die Repressionen des kommunistischen Regimes in Schutz zu nehmen. Anhand dieses Beispiels analysiert Damian die wichtigen Korrektivfunktionen, die die Radiosender im Westen mit ihren rumänischsprachigen Programmen für das Kulturleben in Rumänien übernahmen.

In seinem essayistischen Beitrag greift Geza Szőcs auf eigene Erfahrungen zurück. Er berichtet aus der Zeit seiner Tätigkeit im Budapester Büro von *Radio Free Europe* über den Weg der Idee eines freundschaftlichen Treffens an der ungarisch-österreichischen Grenze bis hin zu ihrer Ausführung, dem Picknick am Stacheldrahtzaun zwischen den beiden militärischen Blöcken. Der Spaziergang durch den Mitte August 1989 kurz gelüfteten „Vorhang“ in die Freiheit wurde mit eindrucksvollen Aufnahmen dokumentiert (siehe auch die im Band abgedruckten Fotos).

Der dritte Themenkomplex widmet sich dem komplizierten Verhältnis zwischen Erinnerung und Identität, wie es besonders in der Minderheitenliteratur reflektiert wird. Hier ist eine Diskrepanz zwischen dem früheren von oben verordneten Zugehörigkeitsdiskurs und einer neuen, von zahlreichen Brüchen begleiteten Verortung nach 1989 zu beobachten. Eszter Propszt geht am Beispiel von – deutsch- und ungarischsprachigen – Texten der ungarndeutschen Literatur Prozessen der Gedächtnisbildung und Erinnerungskonstituierung nach. Sie überprüft die Erinnerungskonstrukte beider Textgruppen auf ihre Tauglichkeit hin, dem Leser persönliche Identifikationsprozesse und kollektive Identitätsbildung zugänglich zu machen, ihm lebbare Identitätsmuster zur Verfügung zu stellen und ihm die Möglichkeit zur Selbstreflexion zu geben. Die Strategien der Wertbesetzung und Bedeutungsaufladung untersucht sie im Rahmen der jeweiligen Kommunikationssysteme, die für die Selektion des Erinnerungswürdigen verantwortlich sind.

Den in Italien und in der Bundesrepublik Deutschland lebenden rumäniendeutschen Schriftsteller Dieter Schlesak porträtiert Gabriel Coşoveanu als „Mensch in der Revolte“ gegen das Vergessene oder Vernachlässigte, gegen offizielle, verlogene Referenzsysteme, gegen das Monopolisieren und Manipulieren der Geschichtsinterpretation.

Der vierte Teil des Bandes beschäftigt sich mit der Deportation als einem besonderen Erinnerungsort, dem gerade jetzt durch die Nobelpreisträgerin Herta Müller große öffentliche Aufmerksamkeit zuteil wurde. Olivia Spiridon beleuchtet anhand von literarischen Zeugnissen der deutschen Literatur aus Rumänien den intensiv besuchten Erinnerungsort der „Russlanddeportation“, der trotz Tabuisierung in der rumänischen Nachkriegsgesellschaft vielfach den zensurgeprüften (Um)weg in die Literatur fand. Am Beispiel von Herta Müllers *Atemschaukel* wird der Weg einer regional verankerten kollektiven Erinnerung in ein Gedächtnis jenseits der regionalen Grenzen nachgezeichnet.

Wolfgang Gerhard Binder geht dem Schicksal seiner Mutter, einer Dichterin und Künstlerin, nach. Er sieht ihre Lebensstationen nicht nur im Kontext der sich wandelnden siebenbürgisch-sächsischen Selbstwahrnehmung, des Neben- und Miteinanders einer Vielvölkerregion, sondern hebt die Verarbeitung von traumatischen Zäsuren hervor: Der Deportation ihres Mannes in die Sowjetunion 1945 und seinem Tod stellt die Mutter die alltäglichen Pflichten gegenüber ihren Kindern entgegen sowie ihre Gedichte in siebenbürgisch-sächsischer Mundart, von denen einige in diesem Band angeführt werden.

Der letzte Themenbereich des Bandes – „Grenzüberschreitungen" – vereinigt nicht nur die unterschiedlichen Formen von Erinnerungskulturen, sondern repräsentiert auch eine Weiterführung der von dem Heidelberger Romanisten und Rumänisten Prof. Dr. Klaus Heitmann initiierten Impulse, die von seinem Werk ausgegangen sind, das einen unschätzbaren Beitrag zu den rumänischen Studien auf internationaler Ebene geleistet hat.

Johannes Kramers Aufsatz analysiert die kulturgeschichtlichen und politischen Bedingungen, die dazu führten, dass in Siebenbürgen das erste akademische Wörterbuch des Rumänischen (1871-1877) erschien. Die Zugehörigkeit des Rumänischen zur romanischen Sprachfamilie wurde von der „Siebenbürgischen Schule" wiederentdeckt und die rumänische Sprache als „antik", d.h. ehrwürdig, eingestuft, was kulturpolitische Vorteile mit sich brachte. Das latinisierende „Curiosum" erscheint dank des Vergleichs mit anderen philologischen Bestrebungen in der Region, insbesondere auf dem Balkan, in neuem Licht.

Das in der rumänischen Kultur gezeichnete Bild der Deutschen wird von George Guțu näher untersucht. Dazu betrachtet er das Werk des Literaturkritikers und –historikers G. Călinescu *Die Geschichte der rumänischen Literatur von ihren Anfängen bis heute* (1941), welches wichtige Momente des Kontakts zwischen der rumänischen und deutschen Kultur unter dem herausgehobenen Aspekt der Modernisierung Rumäniens beleuchtet.

Elena Siupiur untersucht die erstaunlich breite Präsenz der rumänischen Königin Elisabeth/Carmen Sylva als Herrscherin, Künstlerin, Förderin der Frauenbewegung und Philanthropin am Ende des

19. und am Anfang des 20. Jahrhunderts in der bulgarischen Literatur und Öffentlichkeit.

Maria Irod erörtert einen zentralen Begriff im Werk von Dieter Schlesak, die „Zwischenschaft“. Darin behandelt sie die Ost-West-Dichotomie mit all ihren imagologisch-politischen Konnotationen. Was auf den ersten Blick als ein unüberwindbarer Gegensatz zwischen zwei zur Kommunikation unfähigen Welten aufgrund der im kollektiven Bewusstsein vorhandenen Bilder erscheint, zeigt sich bei aufmerksamer Analyse als eine Positionierung in der *Zwischenschaft*, die durch die ständige Relativierung von scheinbar unversöhnlichen Zugehörigkeiten gekennzeichnet ist. Die Zwischenschaft bezieht sich auch auf die Interdisziplinarität mit ihrer Aufhebung der seit Anfang der Moderne bestehenden Trennung zwischen dem wissenschaftlichen und dem literarischen Diskurs.

Aufgrund der gerade jetzt durch die täglich erscheinenden Meldungen über die Nachwirkungen der Zusammenarbeit von Schriftstellern mit dem rumänischen Geheimdienst erhalten die Beiträge in diesem Band eine besondere Aktualität, da sie Hintergründe beleuchten und Fragen von Schuld nicht ausweichen. Der verstärkte Zugang zu den „Securitate”-Akten seit einigen Jahren und die fortschreitenden Recherchen über die Arbeit und „Machwerke” des rumänischen Geheimdienstes führten zu einer Flut von Aufsätzen, Büchern und einigen Symposien, die die Durchdringung des Literaturbetriebs in Rumänien durch die Securitate zum Untersuchungsgegenstand machten. Die gegenwärtigen hitzigen Debatten über die Spitzeltätigkeit vieler Literaten können auch als eine Einleitung des schwierigen Aufklärungsprozesses eingestuft werden, als eine Art „Privatisierung” der Aufklärung in Ermangelung einer institutionalisierten Form. Die einzelnen Enttarnungen von inoffiziellen Mitarbeitern des rumänischen Geheimdienstes werden vermutlich zu einer Neubewertung des Verhältnisses der Kontrollbehörden zu dem Einzelnen in der Diktatur führen und zu wichtigen Einsichten bezüglich der Funktionsweise eines Repressionssystems, das fast ein halbes Jahrhundert zur Verfügung hatte, um sich die Gesellschaft gefügig zu machen.

Der Band richtet sich an ein literaturinteressiertes Publikum, das Literatur aus dem vielsprachigen Mosaik Ostmittel- und Südosteuropas in unmittelbarem Dialog mit der Vergangenheit verstehen und erleben möchte. Er wurde als Zusammenspiel von akademischen Beiträgen und literarischen Primärtexten konzipiert, die den Leser direkt in Kontakt mit dem Schriftsteller treten lassen. Denn das literarische Gedächtnis lebt im Text. Daher kommt die Literatur in diesem Band auch selbst zu Wort. Vertreten sind Carmen Francesca Banciu mit einem Fragment aus dem Roman *Vaterflucht*, Hans Bergel mit der Erzählung *Die Heimkehr des Odysseus*, Ana Blandiana mit zwei Gedichten aus dem Band *Uhren auf Schienen*, die von Franz Hodjak ins Deutsche übertragen wurden, Johann Lippet mit einem Fragment aus seinem 2010 erschienenen Roman *Dorfchronik*, Dieter Schlesak mit einigen Auszügen aus seinem Zeitroman *Transsylwahnien*. Die Texte fungieren als Zeugen von Geschehen und Empfinden, die nicht der Vergessenheit anheimgegeben werden sollen: Von einem besonderen Gefühl des Behaustseins im Jahrhundert der Heimatlosigkeiten spricht Wolf von Aichelburg in einem Brief an den Literaten Uli Rothfuss. Von der Heimatvertreibung legt das Drama *Waggon* des ungarndeutschen Schriftstellers Robert Balogh Zeugnis ab, von der „Russlanddeportation" (1945-1949) das Selbstzeugnis von Mathias Kandler. Die Gedichte der siebenbürgisch-sächischen Dichterin Frida Binder-Radler setzen ein doppeltes Zeichen gegen das Vergessen: zum einen des Leids der Daheimgebliebenen in den Wirren der Nachkriegszeit und zum anderen einer Sprache, die man in der Zukunft immer seltener hören wird.–Allen hier vertretenen Autoren sei für die freundliche Publikationsgenehmigung der Texte herzlich gedankt.

Der vorliegende Band enthält die für den Druck teilweise überarbeiteten und ergänzten Beiträge, die auf dem Symposium „Gedächtnis der Literatur – Erinnerungskultur in den südosteuropäischen Literaturen nach 1989. Rumänien im Blickfeld" in Heidelberg vom 22. bis 24. Oktober 2009 gehalten wurden. Das Symposium wurde vom Rumänischen Stiftungslektorat am Romanischen Seminar der Universität Heidelberg in Kooperation mit dem Institut für donauschwäbische Geschichte und Landeskunde (IdGL) aus Tübingen, dem Deutsch-Amerikanischen Institut (DAI) aus Heidelberg, der Scuola di Heidelberg des Italienischen Institut für Philosophische Studien und der „A.I.Cuza-Gesellschaft“ in Heidelberg organisiert.

Der Dank der Organisatoren und Herausgeber gilt insbesondere dem Rumänischen Kulturinstitut aus Bukarest (ICR, Cantemir-Programm) sowie dem Institut für donauschwäbische Geschichte und Landeskunde aus Tübingen (IdGL), durch deren finanzielle Unterstützung und Förderung die Durchführung des Symposiums und die Drucklegung dieses Bandes erst ermöglicht wurden. Des weiteren ist einer Gruppe von Studenten der Rumänistik am Romanischen Seminar der Universität Heidelberg unter der Leitung von Dr. Edda Binder-Iijima – Juliana Ander, Liane Dragota-Sander, Stefana Domunca, Ina Gohn-Kreuz, Felicitas Schenck, Clara Herdeanu – für ihre Übersetzungsarbeit zu danken, sowie den Übersetzern Elke Barrios, Renate Krestel, Stefan Moosdorf und Adrian Teleabă. Auch denjenigen, die uns bereitwillig Bilder zur Verfügung gestellt haben (Farca Verlag, Mathias Kandler, Geza Szőcs), sei an dieser Stelle gedankt.

Der Herausgeberschaft ist es ein besonderes Anliegen, mit diesem Band Herrn Prof. Dr. Dr. h. c. mult. Klaus Heitmann zu würdigen. Er versteht sich als Danksagung an ihn und an seinen Einsatz für die Rumänistik an der Universität Heidelberg. Durch Prof. Dr. Klaus Heitmann hat die Rumänistik einen internationalen Ruf erworben, der auch nach seiner Emeritierung die Fortführung des Rumänischlektorats an der Universität Heidelberg erst ermöglicht hat. Die Herausgeber sehen das Wirken von Herrn Prof. Dr. Heitmann in diesem Sinne auch als Verpflichtung an, seine Arbeit zum gegenseitigen Verständnis beider Kulturkreise in einem vereinigten Europa weiterzuführen.

Die Herausgeber

Geleitwort

Die Präsentation der rumänischen Philologie in Deutschland ist schon immer ein schwieriges Unterfangen gewesen. Von daher kann man der Herausgeberschaft eines umfänglichen Sammelbandes, der weitgehend auf Kongressakten zurückzuführen ist, zunächst einmal mit gemischten Gefühlen entgegensehen. Die Gründe für eine solche Skepsis sind wissenschaftshistorisch hinlänglich bekannt: Die Vertreter der rumänischen Philologie sind nur eine sehr kleine Gruppierung im Vergleich mit den anderen romanischen Nationalphilologien. Zwar kannte diese Disziplin in Deutschland vor allem in der Lexikographie und Sprachgeographie herausragende Fachvertreter (H. Tiktin, Gustav Weigand), aber gleichzeitig kann man manchmal ein wissenschaftliches Mittelmaß beobachten, das bedenklich stimmt: Keinem klar denkenden Nachwuchswissenschaftler mag man anraten, sich mit einem Hochrisikofach innerhalb der Romanistik zu befassen, so dass ein Gutteil des wissenschaftlichen Interesses von Quereinsteigern und mutigen Einzelgängern getragen wird. So hat man eine „Schulenbildung" im eigentlichen Sinn nicht zu verzeichnen, sieht man von der Leipziger Romanistik in den Zeiten der DDR einmal ab, die nach 1989 jäh zum Abbruch der Rumänistik kam. Des Weiteren ist die Ausgangslage dadurch erschwert worden, dass die literaturwissenschaftliche Pflege des Rumänischen in Deutschland sich nicht recht ausbilden konnte – sieht man einmal von der unbeirrbaren, imponierenden Einzelkämpfermentalität eines Klaus Heitmann in Heidelberg ab. Die rumänische Philologie teilt mit der portugiesischen die Hemmnisse der Entfaltung, sich kulturell mit geographischen Randlagen zu befassen und besonders komplexe und schwierige Sprachen im romanischen Vergleich zu beschreiben. Die Literaturwissenschaft muss sich überdies dem Vorurteil stellen, dass die rumänische Literatur provinziell und somit mittelmäßig sei. Zudem war es sicherlich abträglich, dass das Rumänische – auch oder vor allem politisch – die am meisten isolierte Sprachkultur in der Romania vertritt. Bei einer solchen Ausgangslage haben es Initiativen wie die vorliegende besonders schwer.

Dennoch habe ich mich für das Abfassen eines Geleitwortes entschieden, da der vorliegende Band Ausdruck eines hoffnungsvollen Aufschwungs der Erneuerung ist. Kultur- und wissenschaftspolitisch ist mit der Einrichtung von rumänischen Stiftungslektoraten dank des *Institutul Limbii Române* eine Möglichkeit institutionalisiert worden, den rumänisch-deutschen Dialog auf eine neue qualitative Ebene zu heben. Das Rumänische emanzipiert sich mit der Einrichtung von kulturstiftenden Stützpunkten in Deutschland hinsichtlich der Internationalität, und aus Heidelberger Sicht kann man die philologische Diskurserneuerung dank des Stiftungslektorats, d.h. dank einer wissenschaftlichen Verantwortung, die Frau Dr. Romanița Constantinescu souverän wahrnimmt, beobachten. Das Rumänische findet Zuspruch seitens einer neuen Studentengeneration, die sich erstmals auf eine veränderte Sichtweise im rumänischen Paradigmenwechsel einlässt. Durch die Zusammenarbeit mit dem Tübinger Institut für donauschwäbische Geschichte und Landeskunde konnte erfreulicherweise eine Ausweitung auf die Kultur und Sprachkontakte über die Balkan-Romania hinaus gewährleistet werden.

Der Band setzt sich zum Ziel, mit der Heidelberger Tagung ein vielfältiges Spektrum des deutsch-rumänischen und -südosteuropäischen Kulturlebens zu dokumentieren. Persönlich bemerke ich die Initiative als eine Weiterführung der deutsch-rumänischen Literaturbeziehungen als Forschungsgegenstand, wie sie Klaus Heitmann in Heidelberg aufgebaut hat.

Die Thematik der Erinnerungskulturen arbeitet ein für die rumänische Literatur zentrales Anliegen auf. Sicherlich wird der Band auch in Rumänien ein entsprechendes Echo auslösen.

Die Herausgeberschaft ist zu diesem Dokument durch den wissenschaftlichen Wandel in der Rezeption der rumänischen Literatur und Kultur in Deutschland motiviert. Der Band kündet von einer intellektuellen Erneuerung.

Edgar Radtke

Heidelberg, den 22. November 2010

I
Die Gegenwart der Vergangenheit

HANS BERGEL

Die Heimkehr des Odysseus*

Zu Beginn des Jahres 1993 erreichte mich in München die Einladung der Gesellschaft der Germanisten Rumäniens – meines ehemaligen Heimatlandes – und des Germanistik-Lehrstuhls der Universität Bukarest zu einem für den Herbst desselben Jahres in Eforie an der Schwarzmeerküste geplanten Internationalen Kongress. Die Einladung trug die Unterschrift des Leiters des Bukarester Lehrstuhls Professor Dr. George Guţu. Ich hatte den Professor kurz vorher bei einem Treffen im Zusammenhang mit der Übersetzung meines Romans *Der Tanz in Ketten* kennengelernt. Nicht zuletzt aus Sympathie für den etwa Fünfzigjährigen beantwortete ich die Einladung zu einer Literaturlesung im Rahmen des Kongresses mit der Zusage.

Im Oktober flog ich mit einer Maschine der Lufthansa nach Bukarest, besorgte mir dort nach einigen Tagen des Herumschlenderns in der mir aus der Studentenzeit bekannten Stadt einen Mietwagen und machte mich durch die Donausteppe ostwärts in Richtung der Schwarzmeerküste auf. Da mich an die Veranstaltungsreihen in Eforie wenig band und ich die sogar aus Korea, Japan und den USA angereisten Damen und Herren ohne Bedauern ihren Fachdebatten überlassen konnte – etwa ihrem Austausch über das Pronominaladverb bei Rilke –, beschloss ich, die paar Tage des Aufenthalts zu kürzeren Ausflugsfahrten zu nützen: nordwärts über Konstanza hinaus bis Tulcea am Beginn des Donaudeltas, südwärts bis zur Steilküste nahe dem einst idyllischen Badeort Costineşti. Zu den drei, vier Vorträgen, deren Gegenstand mich neugierig gemacht hatte, wollte ich schon wegen der Fortsetzung eines Gesprächs zurückkehren, das ich mit dem Tokioter Thomas-Mann-Spezialisten Ha Tzamigade und Josef

* Der Text ist auch im Band von Hans Bergel, *Am Vorabend des Taifuns*, Berlin, Edition Noack & Block 2010, erschienen. Mit freundlicher Genehmigung des Autors.

Strelka von der New Yorker Columbia University über die Frage begonnen hatte, ob sich im europäischen Kulturbereich Reste alter Mythen bis heute lebendig erhielten; mir lag an der Fortsetzung des Gesprächs. Während Tzamigade in Anlehnung an Beobachtungen in Japan zur Bejahung der Frage neigte, zeigte sich der kluge New Yorker Professor skeptisch, ohne sich jedoch festzulegen.

Als eines der Ziele meiner Küstenfahrten hatte ich die Măcin-Berge ausgesucht, weil sich mir die Atmosphäre dieser zu den geologisch ältesten Berglandschaften Europas zählenden einstigen Höhenzüge aus Tagen früher vagabundierender Motorradfahrten eingeprägt hatte. Den zu niedrigen Flachrücken von wenig über vierhundert Meter Höhe erodierten Erhebungen entströmte, wie ich mich erinnerte, ein Fluidum von Altersgelassenheit und -weisheit der Erde, das mir in keiner anderen Landschaft bewusst geworden war. Bis ans Sumpfgebiet des großen Donauknies erstreckt, schließen die Anhöhen die Dobrudscha-Hochfläche im Norden ab.

Ich erreichte sie bei wolkenfreiem Himmel und verließ sie wieder nach zweistündigem Verweilen auf den von Dorngestrüpp und herbstlich vergilbtem Trockengras bewachsenen, von keinem Laut und keinem Windhauch gestörten Erdrücken. Die Wirkung der eigenartigen Landschaftsstimmung war auch diesmal nicht ausgeblieben: Mit dem Gefühl der Rückkehr aus einer anderen Welt traf ich in der Absicht beim Wagen ein, unterwegs nach Konstanza das Denkmal des in diesen Landstrichen verstorbenen Dichters Ovid zu besuchen.

Doch nach kurzer Fahrt südwärts erregte ein vergammelter, in Küstenrichtung zeigender Wegweiser meine Aufmerksamkeit. Im letzten Augenblick entzifferte ich den Namen auf dem Blechschild. Ich brachte den Wagen mit einer Vollbremsung zum Stehen und setzte auf der leeren Straße bis zu dem Wegweiser zurück. Ich hatte richtig gelesen. In verwaschener Schrift stand auf dem Blech der Ortsname „Babadag“. Ohne eine Sekunde zu zögern, verließ ich die Hauptstraße und fuhr auf dem Landweg in die angezeigte Richtung, bemüht, meiner Erregung Herr zu werden und meine Gedanken zu sammeln.

Babadag, überlegte ich angestrengt – wie viele Jahre sind es her? Wo war das? Wie hieß der Mann? ... Ich sah ihn wieder vor mir stehen, etwas höher gewachsen als ich, hager, dunkeläugig, ernst ... Fast fieberhaft begann ich zu rechnen. Es sind drei Jahrzehnte, seit er vor mir gestanden und ohne sich zu bewegen mit halblauter, zurückhaltender Stimme gesprochen hatte. O ja, fiel mir ein! Das war am Südrand der Donausteppe – im achttausend Mann großen Zwangsarbeitslager. Ohne sich zu bewegen, hatte er mir die ganze Zeit über ernst in die Augen geblickt und die Verse des Dichters aufgesagt, dessen Name mir bis dahin unbekannt gewesen war; das Gedicht, hatte er mich belehrt, heiße „Die Rückkehr des Odysseus“. Ich hatte von Vers zu Vers faszinierter zugehört und das Gedicht in einigen Tagen auswendig gelernt. Es hatte mich durch die Jahre der Haft begleitet ... Plötzlich erinnerte ich mich jeder Einzelheit. Die restlichen paar Kilometer fuhr ich wie einer, der sich seiner Sache sicher ist und sich nicht aufhalten lässt.

Die Hausfassaden und breiten Dorfstraßen des ehemals über die Dobrudscha hinaus wegen seiner begüterten Schafhalter und Wollhändler bekannten Ortes zeugten vom Wohlstand lange vergangener Zeiten, und ich war mir sicher, der Ort würde sich rasch erholen. Den ersten Menschen, den ich auf dem Gehsteig rechter Hand erblickte, bat ich um Auskunft über die Anschrift jenes Octavian Alexa, der vor drei Jahrzehnten „pe motive politice“ hinter Gittern gesessen hatte. Der Angesprochene war ein ungefähr siebzigjähriger stoppelbärtiger Mann mit breiter Schramme auf der rechten Wange. Er lachte kurz und trocken auf und sagte: „Vom sechzehnten Lebensjahr aufwärts saßen alle anständigen Männer aus den Dobrudschadörfern im Gefängnis. E o poveste ... Es ist eine Geschichte ... Octavian wohnt um die Ecke links. Das dritte Haus.“ „Ich kenne die Geschichte“, sagte ich.

Der lange und schmale Hof des Anwesens, das ich drei Minuten später betrat, leuchtete im Licht der Nachmittagssonne. Zum ebenerdigen Gebäude, das sich links nach hinten erstreckte, führten mehrere Türen; die Fenster dazwischen waren mit weißen Gardinen verhängt. Eine Art offene Laube, neben der ein großer Fliederbaum stand, schloss den Hof ab. Alles, was ich sah, erweckte den Eindruck auf Ordnung und Sauberkeit bedachten pflegerischen Sinnes. Ich überließ mich dem ruhigen Bild, ehe sich eine Tür öffnete und ein Mann aus dem Haus trat. Er war etwas höher gewachsen als ich, hager, dunkeläugig, ernst. Mit abwägend fragendem Blick gingen wir aufeinander zu. Wir umarmten uns lange und ohne ein Wort zu sagen. Dann, indem er mich an den Schultern fasste, fragte er, der immer noch in gedämpftem, zurückhaltendem Ton sprach: „Weißt du noch, dass wir im selben Jahr und am selben Tag geboren sind? Und dass wir beide zu fünfzehn Jahren verurteilt waren?" Ich nickte. Da erst sagte er: „Willkommen in meinem Haus!", und reichte mir die Hand. Er rief Frau und Söhne beim Namen und machte uns miteinander bekannt.

Ich blieb bis Mitternacht auf dem Alexa-Hof.

Doch zunächst überbrückten wir beim nachmittäglichen Umtrunk und Imbiss am Laubentisch die Zeit zwischen damals und heute. Wie es mir in dem fernen Land ginge, wollte er, wie ihm in den heimatlichen Gefilden, wollte ich wissen. Einmal stand er auf und verschwand im Haus. Kurz danach sah ich den jüngsten der fünf Söhne, die alle dem Vater ähnelten, den Hof verlassen; zwei seiner Brüder gingen gleichzeitig in den Garten hinter der Scheune.

Es begann zu dunkeln, als die ersten Gäste eintrafen – Brüder, Vettern, Onkel, Tanten, Neffen, Nichten, Enkel. Alle begrüßten mich mit Handschlag. Einer sagte: „Willkommen im freien Vaterland!", ein anderer: „Gott segne deine Heimkehr!" Als sich der Abendstern im westlichen Himmel über dem Fliederbaum zeigte, war die nach sechzig Menschen zählende engere Verwandtschaft des Octavian

Alexa beisammen. Festlich gekleidet. Denn es galt, wie der jüngste Sohn jedem ausgerichtet hatte, nicht nur den Sonntag würdig zu beschließen, sondern den aus der Vergangenheit zurückgekehrten Freund des Hausherrn angemessen zu ehren.

Wie hier alles ohne Aufhebens und wohlüberlegt geschah und damit die Persönlichkeit des Gastgebers spiegelte, so auch die Vorbereitung der Feuerstelle am Rand des Hofes, das Spießen der von den Söhnen im Garten geschlachteten und für das Mahl vorbereiteten gehäuteten Widder, das Aufstellen dreier langer Tische nebst dazu gehörenden Bänken, auf denen zuerst die Alten Platz nahmen, und das Aufspielen der drei Musiker in der Hofecke mit Klarinette, Geige und baßchörigem Zimbal. Über den Lichtern des Feuers und der drei Hoflampen begann sich nahe beim Abendstern der Vollmond zu zeigen; hier, halb über dem herbstgelben Küstenland, halb über dem dunklen Meer, schien er etwas von der Schönheit beider in sein Leuchten aufgenommen zu haben. Er ließ die Frauen in den weißen, mit bunten Reihenornamenten bestickten Blusen aus feinster Baumwolle und die Männer mit dem spannenbreiten Ledergürtel auf dem Überfallhemd aussehen, als seien sie es, und nicht der Gast, die aus weit entfernten Welten und Tagen zurückgekehrt und in Octavian Alexas Hof zu festlicher Begegnung zusammengekommen waren. Ich stand als ein Fremder unter ihnen, den sie dennoch ohne Umstände freundlich als einen der Ihren aufgenommen hatten und der sich unter ihnen daheim fühlte.

Ich saß zwischen der Hausherrin und deren Vater, einem Neunzigjährigen mit weißem Haar bis zu den Schultern; die Frau war von kräftiger Gestalt, wenn sie lachte, klang ihre Stimme dunkel wie eine Glocke. Ich tunkte gemeinsam mit den Tischgenossen das Brot ins heiße Fett, das in der länglichen Holzwanne vor uns glänzte. Ich trank den rubinroten Murfatlarwein vom nahen Sonnenberg, beantwortete die gemessen gestellten Fragen und freute mich an den dunklen Glockentönen des Frauenlachens. Das Aroma der hinter uns über dem Feuer gedrehten Widder. Die bald lebhaften, bald getragenen Musikklänge. Das Licht des Mondes über uns im dunkelblauen Himmel ...

Fast alle um die langen Tische versammelten Frauen waren Mütter, Witwen, Schwestern, Töchter oder Enkelinnen der Männer, die vor nicht ganz einem halben Jahrhundert nach erbitterten Schießereien mit Securitate-Kommandos verfolgt, erschlagen, zu Tode gefoltert oder mit Höchststrafen in die ehemals wie ein Spinnennetz das Land überziehenden Kerker gesperrt worden waren – nicht wenige von ihnen Opfer jenes menschlichen Unflats mit Namen Verräter, der seit Judas Zeiten die Erde vergiftet ... Die Toten jener Tage – die Erdrosselten und Erschossenen – saßen mit uns bei Tisch. Überall zwischen uns. Neben jedem von uns. In uns. Sie tranken mit uns. Sie waren in jedem Blick, in jedem Wort, in jeder unserer Gesten. Sie tanzten und sangen mit uns und begleiteten den Hausherrn, wenn er von Zeit zu Zeit die Runde um die Tische machte, mit jedem ein Wort wechselte und die Alten fragte, ob es ihnen auch an nichts fehle. Die fünf Söhne waren mit Wein und Stücken des saftigen Fleisches zur Stelle, wo diese fehlten. Der Stolz im Blick der Hausherrin entging mir nicht, als ich ihr sagte, die Söhne seien gleich Bäumen gewachsen – aufrecht, gerade und stark. Weilte nicht auch der Dichter Homer in unserer Mitte, da er doch nicht weit entfernt von hier seine Griechen nach tödlichem Kampf zu Mahl und Gesang zusammenrief? Nennen sich diese stolzen Schafzüchter an der Küste des einst hellenischen Meeres nicht bis heute unbeirrt Makedonen, bereit, im Geist der Ahnen Freiheit und Besitz mit dem Leben zu verteidigen?...

So verging die halbe Nacht, ehe die Flammen erloschen, die Gespräche leiser wurden, die drei Musiker erschöpft die Instrumente sinken ließen. Im Dunkel der nach uralter Erde duftenden lauen Herbstnacht stand der Mond nicht mehr über uns; er war auf das Hoftor zu gewandert, als wollte er das Zeichen zum Aufbruch geben. Da sagte der Neunzigjährige neben mir laut: „Es ist Mitternacht, gute Leute. Lasst uns Octavian danken und heimgehen.“ Einige riefen: „Gott sei mit dir und den Deinen, Octavian“, und erhoben sich, um dem Hausherrn und seiner Frau die Hand zu reichen.

Doch da hob Octavian Alexa, der Hagere mit den dunklen Augen und dem ernsten Blick, die Hand und gebot der aufgekommenen Bewegung Einhalt. In der Stille ging er an seinen Söhnen vorbei auf den mittleren der drei Tische zu. Er schob Besteck, Flaschen und Gläser mit ruhiger Bewegung beiseite und stieg über die Bank auf die Tischplatte. Es war kein Laut zu hören, als er, den Widerschein der Glut von der nahen Feuerstelle im Gesicht, mit sprödem, verhaltenem Ton in der Stimme zu sprechen begann. „Bevor wir auseinandergehen", sagte er, „gedenken wir unserer Toten. Auch des toten Kerker- und Lagerdichters Radu Gyr, der uns mit seinen Gedichten zu überleben half. Ich sage euch seine Verse von der Heimkehr auf."

Es war so still, dass ich meinte, das Atmen der Erde zu hören. Keiner der Versammelten bewegte sich. Als führe er ein Selbstgespräch, sagte der wie ein Denkmal über uns stehende Octavian Alexa:

Die Heimkehr des Odysseus[1]

Ich sitze mit euch bei Tische, myrtenbekränzt –
doch schlafe ich lange schon unter Trojas Mauern.
Und wie mein Pokal im Lachen der Griechen erglänzt,
zecht ihr mit Toten und Geistern, die euch umlauern.
Ich schlafe längst unter Trojas Mauern.

Schon lange blieb ich zurück unter Trojas Mauern
und mit den toten Gefährten am Meeresgrund,
vergebens warten am Spieß in Flammenschauern
die fetten Widder und Rinder, gemästet und rund.

---

[1] Aus dem Rumänischen übersetzt von Hans Bergel.

Denn ich entschlief schon längst unter Trojas Gemäuer,
verwese mit meinen Ruderern im Algengeflecht,
und kehre ich heim, so nur noch als Ungeheuer
gespenstisch entschwebend und ohne Geschlecht.
Für immer blieb ich zurück unter Trojas Gemäuer.

Ihr tastet die Schultern mir ab, die Gewänder,
ihr wollt gewiss sein, dass ich es bin.
Ich bin nur tausend Gräber und kein Vollender,
der unter euch tritt zu Trost und Gewinn.
Ihr zeigt mir die Tempel und Säulenhallen
und nennt mir die Gottheit, die neu euch erstand.
Ich aber zähle sie alle auf, die gefallen
und unter Trojas Schutt und Mauern verbrannt.
Bin ich, den Tod auf den Lippen, zum Schweigen verbannt?

So holt die Sänger zum fröhlichen Mahl,
besingt mich wie alle die Helden, ohne zu trauern ...
Doch nur mein Schatten erhebt den gefüllten Pokal,
ihr zecht mit den Toten und Geistern, die euch umlauern,
denn ich entschlief schon längst unter Trojas Mauern,
und aller Öle betörende Ätherdüfte
befreien von Ilions Blutgerüchen mich nicht,
auch jenseits der heilenden Bäder und Lüfte
trag ich noch immer der teuren Toten Gewicht.

Seit langem ruhe ich tief unter Trojas Mauern.
Und selbst wenn die Stirn auf Penelopes süßen Brüsten
ich berge, versunken in heiße Lagerstatt,
irre ich weiter durch Meere von Knochengerüsten,
verblute bei den Zyklopen, des Kampfes satt.
Und während mich hungrig mit dürstenden Küssen
die liebende Frau über und über bedeckt,
die Narben streichelt, die mir Brust und Arme zerrissen,
und davon träumt, dass nichts mehr mich schmerzt und schreckt,

bin ich nur Wunde – nur Wunde sind Seele und Glieder,
und Wunde sind mir die Augen, eisig und leer.
Küsst mich die Frau? Küssen die Toten mich wieder?
Wer stieg mir ins Bett unter Trojas Asche her?

Ich wende mich ab von Penelopes Schenkeln und Haus,
schlag wieder mich mit den Gespenstern, die ringsum lauern,
von neuem zieh mit den Männern aufs Meer ich hinaus.
Ich will unter Trojas Gemäuer mich wühlen und kauern ...
Denn längst schon blieb ich zurück unter Trojas Mauern.

Octavian Alexa schwieg. Niemand bewegte sich. Alle blickten zu ihm hinauf. Nach einer Pause sagte er: „Ich danke euch auch im Namen meines Freundes, der in Treue zu uns zurückgekehrt ist. Geht jetzt in Frieden nach Hause und bewahrt diese Stunden in eurem Gedächtnis. Denn nicht nur unsere Toten, auch mancher von uns Lebenden findet den Weg unter jenen Mauern her nicht mehr zurück." Ohne ein Wort zu sagen, gingen die Menschen auseinander. Durch das Hoftor, über dem der Mond stand.

Ich ging als Letzter. Auf der Rückfahrt nach Eforie sah ich den Mond mit seinen Licht- und Schattenflecken in einer Deutlichkeit vor dem Nachthimmel, als zeigte er sich mir durch ein starkes Fernglas. Das nahe Meer, dachte ich, breitet sich jetzt in seinem Leuchten aus wie eine riesige gehämmerte Silberplatte. Durch das geöffnete Wagenfenster atmete ich die Luft ein, die auch hier von den Gerüchen der Erde gesättigt war. Ich traf eine Stunde nach Mitternacht im Hotel ein und schlief die Stunden bis zum Frühstück tief und ohne Unterbrechung. –

Der New Yorker Professor erwartete mich ungeduldig am Rundtischchen mit dem Blick aufs Meer. „Ich habe über unser Gespräch nachgedacht", sagte er angeregt und trank das Glas Orangensaft ohne abzusetzen aus, „ich meine, dass die Frage der Mythen ..." „Ich weiß, ich weiß, Professor", unterbrach ich ihn, „seit heute Nacht weiß ich es. Die Mythen leben. Mitten unter uns... Ich werde Ihnen das erklären." Der japanische Thomas-Mann-Spezialist Ha Tzamigade trat an den Tisch, verbeugte sich höflich und bat um die Erlaubnis, sich auf den dritten Stuhl setzen zu dürfen. Er bat jeden Morgen um die Erlaubnis dafür.

Die beiden hörten sich meinen Bericht an, ohne mich mit einem Wort zu unterbrechen.

Hans Bergel wurde am 26. Juli 1925 im siebenbürgischen Rosenau (Râşnov) bei Kronstadt (Braşov) geboren. Der Erzähler, Lyriker, Essayist, Journalist, Übersetzer und Herausgeber Hans Bergel veröffentlichte bis zum jetzigen Zeitpunkt mehr als vierzig Bücher.
1959 wurde er im Rahmen eines Schauprozesses zu fünfzehn Jahren Kerker und Arbeitslager verurteilt – dies war bereits die dritte Haftstrafe Hans Bergels im totalitären Rumänien. Nach seiner Auswanderung 1968 in die Bundesrepublik war er den rumänischen Machthabern als politischer Journalist und Redner ein unangenehmer Zeitgenosse: In rund Tausend Aufsätzen und Hunderten von Radiobeiträgern engagierte er sich für die Menschenrechte seiner Landsleute. Die Erfahrung des rumänischen Gulags, die Vielfalt südosteuropäischer Räume, die Kultur des deutschen Sprachraums bilden den Hintergrund seiner Werke, von denen nur einige an dieser Stelle zitiert werden sollen: *Fürst und Lautenschläger. Eine Erzählung aus dem Siebenbürgen des 17. Jahrhunderts* (Bukarest 1957); *Die Sachsen in Siebenbürgen. Eine Studie über Menschenrechte am Beispiel einer ethnischen Gruppe hinter dem Eisernen Vorhang* (Innsbruck 1976); *Der Tanz in Ketten*, Roman (Innsbruck 1977); *Der Tod des Hirten oder Die frühen Lehrmeister* (Innsbruck 1985), *Zikadensommer*, Gedichte (München 1991); *Gedanken über Europa. Südöstliche Blickpunkte* (Wien 2005); *Wenn die Adler kommen*, Roman (München 1996, 2002); *Die Wiederkehr der Wölfe*, Roman (München 2006).

ALIDA BREMER

Museen, Scherben, Lügen, Fotografien. Drei kroatische Autorinnen erinnern sich

„Ich bin immer fester davon überzeugt,
dass wir alle lebende Museumsstücke sind", sagt Zoran.
(Ugrešić, Museum)

Als Rebecca West im Jahre 1937 Jugoslawien bereiste, bemerkte sie erstaunt, wie verschieden Kroaten und Serben dieselben historischen Ereignisse und politischen Entscheidungen deuteten. Dabei sollten sie, so jung der Staat auch war (1918 gegründet), zu einer Nation und zu einem starken Staat zusammenwachsen, da die nach dem Ersten Weltkrieg entstandene europäische Ordnung auf die Stabilität dieses Staates angewiesen war. Ihrer Meinung nach, sollten sich die Kroaten etwas zurücknehmen und – um der Einheit und um der Zukunft Willen – die anfänglichen Fehler langmütig akzeptieren, die die Serben bisweilen in Regierungsfragen machten.

Wenn Wests Schlussfolgerungen auch naiv waren, ihre Beobachtungen waren scharfsinnig: Während die Kroaten die Ermordung von Stjepan Radić, dem wichtigsten kroatischen Politiker jener Zeit, als ein kollektives Trauma[1] durchlebten, wurde er doch 1928 im Parlament des gemeinsamen neuen Staates von einem serbischen Abgeordneten erschossen, war dieses Attentat für die serbische Öffentlichkeit eine mehr oder weniger bedauernswerte Bagatelle. In Kroatien wirkte dieses negative Erlebnis und der daraus entstandene Antagonismus stark identitätsstiftend – eine Entwicklung, die natürlich die Bildung einer „jugoslawischen" kollektiven Identität unter den Kroaten behinderte bzw. ganz im Gegenteil zur Festigung einer kroatischen Identität führte. „Antagonismus gehört zu den

[1] Vgl. BRONFEN u.a., *Trauma.*

typischen Ermöglichungsbedingungen der Reflexivwerdung und Steigerung von Grundstrukturen und damit zur Genese kollektiver Identitäten."[2]

Rebecca West beobachtete auch eine wichtige Spaltung innerhalb des kroatischen Volkes selbst: Während sich die Kroaten im Norden, in den Gebieten, die historisch immer zur österreichisch-ungarischen Monarchie gehört hatten, dem jugoslawischen Staat gegenüber sehr reserviert verhielten, waren viele Kroaten im Süden, in den Gebieten, die in jener Zeit vehement von Italien beansprucht wurden, viel eher geneigt, den gemeisamen Staat zu unterstützen. Diese Unterschiede, die historische, politische und kulturelle Ursachen hatten, die aus der komplizierten Vergangenheit des Landes erwachsen waren, spielen bis heute eine wichtige Rolle bei der Konstruktion einer kroatischen Erinnerungs- und Identitätsgemeinschaft.

Die unterschiedlichen Geschichtsbilder als Bestandteile der kollektiven Gedächtnisse und der Erinnerungskulturen [3] der Region wirken sich also auf die jeweilige nationale Identitätsbildung aus, und nur die genaue Analyse ihrer Ursachen und Wirkungen kann mehr Einsichten in das scheinbar undurchschaubare Wirrwarr bringen. Die Neigung, dieses „Wirrwarr" in einer kolonialistischen Geste als den unruhigen „Balkan" mit seinen „Stämmen" abzutun, ist tief in der zeitgenössischen westeuropäischen Öffentlichkeit verankert. Dabei wird bisweilen das Modell „Jugoslawien" angepriesen und als eine „praktische" Vereinfachung gesehen, ohne zu bemerken, dass damit der Grundfehler dieses staatlichen Projekts wiederholt wird. Denn auch im Jugoslawien titoistischer Prägung versuchte man diesem – nach dem Zweiten Weltkrieg traumatisierten, explosiven und gefährlichen – „Wirrwarr" eine neue, einheitliche Identität aufzuzwingen. Dabei sollten die alten nationalen Identitäten verdrängt werden – durch ein mit Hilfe von Verboten und Tabus organisiertes Vergessen bzw. durch die Konstruktion eines neuen kulturellen Gedächtnisses.

---

[2] Assmann, J., *Das kulturelle Gedächtnis*, S. 134.

[3] Vgl. etwa Erll, *Kollektives Gedächtnis* und den einleitenden Artikel in Corneliessen u.a. (Hg.), *Erinnerungskulturen.*

Jan Assmann schreibt: „Der Untergang von Ethnien ist (bis auf seltene Ausnahmen wie etwa der des Inka-Reichs) keine Sache physischer Auslöschung, sondern kollektiven und kulturellen Vergessens.“[4] In Titos Jugoslawien war kein physischer Untergang der Ethnien beabsichtigt – schließlich sollten die einzelnen Völker in die übergeordnete Kategorie der jugoslawischen Staatsbürgerschaft wechseln. Dafür wurde aber das Vergessen angeordnet, um „einen neuen Menschen zu erschaffen“, wie es in einem Lied der kommunistischen Jugendorganisation hieß. Das Vergessen bezog sich sowohl auf die konfessionelle, religiöse und ethnische wie auch auf die Klassenzugehörigkeit: das Bürgertum sollte ebenso verschwinden wie jede allzustarke Betonung des Nationalen. Deshalb wurde auf der Ebene der nationalen Unterschiede nur die Folklore[5] erlaubt; von der Schriftkultur des jeweiligen Volkes nur jene Texte, die keine Gefahr für die neu zu schaffende Gemeinschaft darstellten. Einfach ausgedrückt: sowohl das katholische wie auch das orthodoxe Weihnachten wie auch das muslimische Zuckerfest wurden abgeschafft, und an ihre Stelle trat der Geburtstag des Präsidenten Tito, der am 25. Mai mit einer grandiosen Parade und mit der Übergabe einer Stafette an das geliebte Geburtstagskind gefeiert wurde.

Über die neue Identitätskonstruktion entschieden die Sieger von 1945: Die Partisanen als Befreier von den deutschen und italienischen Okkupatoren und als Sieger über die einheimischen faschistischen Gruppierungen, sowie die Kommunisten als Sieger im „Klassenkampf“. Diese zwei Siegergruppen waren nicht immer

[4] Assmann, J., *Das kulturelle Gedächtnis*, S. 160.

[5] Die Tatsache, dass die Folklore gepflegt wurde, zeugt m. E. von zwei Umständen: Erstens waren die Bauern, deren kollektive Kultur in der Folklore ausgedrückt wird, eigentlich marginal, denn der Staat sollte vor allem von der Arbeiterklasse, die in den Städten lebte und dort auch leichter zu kontrollieren war, getragen werden. Zweitens lauerte die Gefahr für die Gemeinschaft gar nicht in den ursprünglichen Bräuchen der verschiedenen Ethnien, sondern in der Reflexion und der Auseinandersetzung – genau diese wurden verboten, insofern sie die Fragen der Vergangenheit und womöglich des kulturellen Gedächtnisses eines Volkes betrafen.

deckungsgleich, aber dank der eisernen Hand Titos, der sowohl Anführer der Partisanen als auch der Kommunisten war, wurden sie zu einer Einheit.[6] Vertreter anderer politischer Parteien, insofern sie auch am antifaschistischen Kampf teilgenommen hatten, mussten sich anpassen oder emigrieren; auch Vertreter anderer Kampfeinheiten wechselten manchmal die Seiten und wurden zu Partisanen. Natalija Bašić, die sich mit den Erinnerungskulturen der Kroaten und Serben in Bezug auf den Partisanenkampf empirisch beschäftigt hat, berichtet über die Kinder- und Enkelgeneration, die den Seitenwechsel der Großväter – des kroatischen *Ustaša* oder des serbischen *Četnik* – entweder als eine lebensrettende Schlauheit beschreibt bzw. sich verunsichert zeigt, ob man die Partisanen immer noch als „die Guten" bezeichnen kann.

> Fast alle Angehörigen der Kinder- und Enkelgeneration schildern, wie sich Teile dessen, was man früher über den Zweiten Weltkrieg gelernt hatte, spätestens in den 1990er Jahren als fragwürdig oder unvollständig herausstellte. Der Zerfall Jugoslawiens hat zugleich seinen Ursprungsmythos, dem siegreichen und schließlich revolutionären Partisanenkrieg, ein Ende gesetzt [...]. Fast jedem Interview ist zu entnehmen, dass heroisierbare Bilder der Großeltern durch die jüngeren, und das heißt dann auch: eigenen Kriegserfarungen gefiltert werden. Was vom tradierten Bild des unerbittlichen Widerstandskampfes noch übrig bleibt, sind bestenfalls die Elemente der Findigkeit, vielleicht noch die der Konversionsfähigkeit und des Mutes.[7]

Das zweite, sozialistische Jugoslawien hatte „die Brüderlichkeit und Einheit" der in seinem Staatsgebiet lebenden Völker zum erklärten Ziel. Doch trotz der Ideologie der Einheit und der massiven Produktion von Symbolen, die sie festigen sollten, trotz der intensiven Schaffung eines Gründungmythos (das Land ist im Partisanenkampf und in der gleichzeitig verlaufenden Revolution entstanden), haben die

[6] Vgl. STEINDORFF, *Zwischen Aufbruch und Repression.*

[7] BAŠIĆ, *Der jugoslawische Partisanenkampf*, S. 111 f.

unterschiedlichen nationalen Identitäten sowie die unterschiedlichen Deutungen historischer Ereignisse ihre Wirksamkeit nicht ganz verloren. Sie wurden zwar „still gelegt“, bzw. im Rahmen der sozialistischen Föderation als folkloristischer und ornamentaler Reichtum der Vielfalt gepflegt, sie kamen aber nach dem Zerfall des gemeinsamen Staates zum Vorschein, sowohl in den Familiengeschichten als auch in den öffentlichen Diskursen.

Das Projekt der „gemeinsamen jugoslawischen Identität“ blieb unvollendet. Zwischen 1945 und 1986[8] wurde eine jugoslawische Ikonographie aufgebaut, es gab jugoslawische Feiertage, die jugoslawische Rock-Musik, den jugoslawischen Film, es gab jugoslawische Sprachregelungen, die voller Phrasen waren, und eine ganze Reihe sonstiger Besonderheiten, die zu dieser Identität hätten führen sollen.

> Das Bewußtsein sozialer Zugehörigkeit, das wir „kollektive Identität“ nennen, beruht auf der Teilhabe an einem gemeinsamen Wissen und einem gemeinsamen Gedächtnis, die durch [...] die Verwendung eines gemeinsamen Symbolsystems vermittelt wird. [...] Alles kann zum Zeichen werden, um Gemeinsamkeit zu kodieren.[9]

Die neu entstandenen post-jugoslawischen Staaten haben sofort das jugoslawische Symbolsystem tabuisiert, bzw. das Kriegstrauma wurde als eine Zäsur benutzt, nach der „das neue Leben“ begann. Es kam zu einem neuen Bruch mit der Vergangenheit und zur Neuschaffung von Symbolsystemen, die eine Anknüpfung an jene ehemals tabuisierten und verschwiegenen suchten. Zu diesen gehörten die Symbole der Nation, aber auch der Klasse, genauer gesagt des im Sozialismus verpönten Bürgertums.

Als die kroatische Autorin und Kunsthistorikerin Željka Čorak 1989 ihr Buch *Krhotine* [Scherben] veröffentlichte, beschrieb sie im Vorwort

---

[8]Das Jahr 1986 ist von entscheidender Bedeutung für den Zerfall Jugoslawiens, s. auch VETTER, *Chronik*.

[9] ASSMANN, J., *Das kulturelle Gedächtnis*, S. 139.

ihre Motivation zu diesem Buch. Sie wollte ihre persönliche und familiäre „Kontinuität und Identität“ wieder herstellen, da ihre bürgerliche Familie eine vielfache Verliererin war – ihre Häuser wurden im Zweiten Weltkrieg von Italienern zerstört und ausgeplündert, nach Befreiung und Revolution durften sie über ihre (soziale) Herkunft nicht sprechen. Die Zugehörigkeit zur bürgerlichen und einigermaßen gebildeten Klasse war nicht nur aus sozialistischen, sondern auch aus nationalen Gründen verpönt, handelte es sich bei dieser Klasse doch um „die Elite“[10] eines Volkes, an der sich das Volk jenseits der Folklore immer neu hätte orientieren können, ein Umstand, der in Jugoslawien als gefährlich eingestuft worden wäre. Im Sozialismus wurden in die letzte verbliebene Wohnung, in der die Autorin mit ihrer Mutter lebte, durch Verordnung der lokalen Machthaber „Mitbewohner“ angesiedelt – volle achtzehn Jahrte lebten die Autorin und ihre Mutter mit diesen bis dahin völlig unbekannten Menschen auf engstem Raum zusammen. Ihre bürgerliche Vergangenheit wurde mit dem aufgezwungenen Schweigen verdrängt. Um dem vollständigen Vergessen entgegenzuwirken, dokumentiert die Autorin im Moment des Zerfalls der sozialistischen gesellschaftlichen Ordnung diese „Scherben“.

Anhand von Briefen, Urkunden, Fotografien, Biografien der Familienangehörigen und vereinzelten Gegenständen, die im Buch abgebildet sind, schreibt sie die Geschichte einer Familie und mit ihr einer Klasse und eines Volkes. Dieses Volk ist nicht ethnisch, sondern sozial und historisch begründet und durch die Zugehörigkeit zur k.

---

[10] Es wäre wünschenswert, die spezifische Situation der slowenischen, serbischen, kroatischen u.a. Eliten im Einzelnen zu untersuchen. Nach der Theorie von Jan ASSMANN (*Das kulturelle Gedächtnis*, S. 144 ff.) gibt es eine exklusive Elitekultur (etwa die französisch sprechende Aristokratie des europäischen 18. Jahrhundert, die sich „niemals als im ethnischen Sinne repräsentativ“ [S. 150] verstehe – mit ihr wäre die bürgerliche Schicht in der ethnisch gemischten k. und k. Monarchie vergleichbar, die sich mehr in ihren Wohnzimmern als in ihrer ethnischen Zugehörigkeit spiegelte) und eine repräsentative Elitekultur, die „die soziale Identität der Gesamtgesellschaft“ symbolisiert. Die Familie von Željka Čorak gehörte zu beiden. Im Moment der Rückbesinnung auf die verdrängte Identität rekonstruiert die Autorin sowohl die exklusive wie auch die repräsentative Bedeutung der (kroatischen) Elitekultur.

und. k. Monarchie von einer anderen Internationalität gezeichnet, die in Jugoslawien unbekannt und unerwünscht war. Jugoslawien war aber 1989 im Begriff unterzugehen, und die Autorin befreite sich von allen Verboten, die ihre Familie 44 Jahre lang zu den schweigenden Verlierern gemacht hatten, und schrieb ein sachliches und zugleich nostalgisches Lexikon, das die Form eines postmodernen autobiographischen Romans annimmt. Mit wissenschaftlicher Akribie benennt sie die Dimensionen der Gegenstände, Jahr und Land ihrer Entstehung, ihren Fundort im familiären Universum (das zerstörte Haus der Mutter, das Haus einer Tante), sie beschreibt Stoffe, aus denen sie gemacht wurden (Holz, Silber, Garn, Gold, Porzellan, Glas). Diese wenigen Habseligkeiten sind der letzte Beweis für eine ganz andere Lebensart, die in Jugoslawien tabuisiert war, die für die Autorin aber immer schon eine Quelle der Gefühle waren, da sie in den Erzählungen der Mutter, der Tanten und der Großmutter weiterlebten.

Ein Tintenfass in Form einer Gondel aus Venedig, eine Keramikschale aus Maastricht aus dem Jahr 1813, ein englischer Krug, zwei österreichische Porzellanfiguren, eine ungarische Tortenplatte aus der Epoche der Sezession, goldene Taschenuhren aus Wien, tschechische Schnapsgläser oder der dritte Band der „Bibliothek der Unterhaltung und des Wissens" aus dem Jahr 1896 (Stuttgart/Berlin/Leipzig: Union Deutsche Verlagsgesellschaft) sind die stummen Zeugen dieser untergegangen Welt. Am Anfang einer neuen Erinnerungskultur, die bald in Kroatien auftreten wird – der post-jugoslawische kroatische Staat wurde 1991 ausgerufen und Anfang 1992 international anerkannt – steht diese literarische Verarbeitung der „Scherben" als eine Anknüpfung an die bürgerlichen und familiären Werte aus der Vergangenheit. Das Buch könnte auch als ein Museumskatalog gelesen werden, da zu jedem Stichwort eine Abbildung, eine wissenschaftliche Zuordnung und eine persönliche Beschreibung mit Kommentaren gehört; gemeinsam bilden sie die Gesamtheit „einer Ausstellung". Die Autorin benutzt das museale Verfahren, um mit der familiären Erinnerung umzugehen – klassifizieren, beschreiben, in der Vitrine aufbewahren, die Erinnerung als Kostbarkeit behandeln. Damit bewegt sie sich in einem kulturellen

Code, mit dem sie die Zugehörigkeit zu den entwickelten europäischen Kulturen signalisieren möchte. Der museale und erzählende Charakter dieses Buchs entspricht der Definition der ersten beiden der „drei Grundformen historischer Präsentation: Erzählen, Ausstellen, Inszenieren“ von Aleida Assmann.[11]

Dubravka Ugrešić, eine Autorin, die die Bezeichnung „kroatische Autorin“ bewusst ablehnt, die in Kroatien geboren wurde, heute im Exil lebt und in kroatischer Sprache schreibt, wobei sie in Kroatien häufig verschwiegen wird und heftig umstritten ist, nennt zehn Jahre später ihren Roman *Das Museum der bedingungslosen Kapitulation*[12]. Auch sie versucht die Erinnerung zu bewahren, bei ihr ist es die Erinnerung an das sozialistische Jugoslawien, das Land, das untergegangen ist, und zwar nicht alleine, sondern gemeinsam mit dem gesamten sozialistischen Osten, was ihrer Nostalgie eine besondere Prägung verleiht. Während Željka Čorak an die verlorene (und tabuisierte) Vergangenheit ihrer Familie anknüpfen möchte und dabei die jugoslawische Epoche bewusst umgeht („überspringt“), sammelt Ugrešić die „Scherben“ der eigenen Vergangenheit genau in dieser Epoche, die jetzt von einem neuen Tabu belegt ist. Es ist vermutlich diese Haltung und nicht nur ihr zweifelsohne hohes literarisches Können, das diese Autorin besonders beliebt im westlichen Europa gemacht hat, ist sie doch die letzte Vertreterin einer jugoslawischen Identität, die – wie oben schon gesagt – von vielen als praktische und bessere Lösung für die verwirrende balkanische Vielfalt gehalten wurde. Da in Kroatien nach den serbischen Angriffskriegen in den frühen Neunzigern kaum jemand diese Meinung zur jugoslawischen Identität zu teilen bereit war, war die Konfrontation der Autorin mit ihrem Ursprungsland vorprogrammiert. In einer öffentlichen Hetzkampagne angegriffen, ging die Autorin ins Exil; ihre Literatur wurde auf die politische Aussage reduziert und ihre Biographie mit der Literatur verwechselt. Svjetlan Lacko Vidulić schrieb treffend zur Rezeption ihrer Werke:

---

[11] Vgl. Assmann, A., *Geschichte im Gedächtnis*, S. 149 ff.

[12] Erstveröffentlichung 1997, im Folgenden als MK.

> Im internationalen Kontext als repräsentative Stimme der kritischen Opposition in Kroatien gelesen, gab sich das Exil-Werk der Autorin im lokalen Zusammenhang als literarische Stimme einer bestimmten, nur einen Teil der kritischen Öffentlichkeit darstellenden Erinnerungsgemeinschaft zu erkennen. Der kritisch-intellektuelle und literarische Wert von Ugrešićs Einsatz in den postjugoslawischen Deutungs- und Erinnerungskonflikten wird in einzelnen lokalen Millieus so lange verkannt bzw. *unter*schätzt werden, so lange die Texte in ihrem Anspruch auf eine realpolitische Diagnose zum Jugoslawien-Krieg *über*schäzt werden. Auch im internationalen Rezeptionskontext ist eine Auseinandersetzung mit der Position der Autorin im Gefüge regionaler Erinnerungskulturen m. E. eine wichtige Voraussetzung für eine angemessene Bewertung ihrer Leistung.[13]

Dubravka Ugrešić war sich schon vor ihrem Weg ins Exil des unvollendeten Projektes der Konstruktion einer jugoslawischen Identität und ihrer Fragilität durchaus bewusst:

> Im Jahr 1989 luden Dubravka Ugrešić und die Redakteure in der damaligen Zeitung „Start" Dejan Kršić und Ivan Molek zur Mitarbeit am Projekt „Lexikon der YU-Mythologie" ein. Sie gingen von der Prämisse aus, dass es keine artikulierten Begriffe der jugoslawischen populären Kultur gibt, die der Definition unserer Identitäten hätten Hilfe leisten können. Das Problem ist, so schrieben sie, „größer als der bloße Mangel der einheimischen Populärkultur". Sie behaupteten, dass die Frage der jugoslawischen Identitäten „nicht nur wegen der Welt, sondern vor allem wegen uns selbst" erforscht werden sollte. Und fügten hinzu: „Die heutige politische Situation zeigt das deutlich genug." [...] Um eine Erinnerung werden zu können, muss die Vergangenheit artikuliert werden. Mit diesem Buch haben wir versucht, die Topographie des Kultur- und Lebenraumes zu erforschen, den wir fünfzig Jahre lang gebaut und geteilt haben.[14]

---

[13] LACKO VIDULIĆ, *Erinnerungskulturelle Randstellung*, S. 352.
[14] ADRIĆ u.a., *Leksikon*, S. 004 (Übersetzung von Alida Bremer).

Da nach der Geburt dieser Idee bald der Zerfall des Landes kam, wurde sie von einer Idee der Stärkung der – in jener Zeit bedrohten – ehemals jugoslawischen Identität abgelöst und in ein Internet-Projekt verwandelt. Die Ergebnisse dieser Arbeit wurden schließlich in diesem interessanten und teilweise sehr witzigen Lexikon präsentiert. Dubravka Ugrešić selbst entwickelte in ihrem *Museum*-Roman eine Poetik des Vergessens versus des Erinnerns. In einer Wohnung, die die Ich-Erzählerin als Dozentin an einer US-Universität mit drei Kolleginnen aus Indien teilen muss, kann sie sich plötzlich nicht erinnern (im „rauschenden Vorhang des Vergessens" stehend): „woher ich bin, wer ich bin und warum ich eigentlich hier bin." [MK, S. 156].

Der Roman mit autobiographischen Elementen besteht aus 125 nummerierten Fragmenten, die sich in ein Gesamtbild eines zersplitterten, verunsicherten Subjektes fügen, das nach einem festen Punkt sucht, sich dessen bewusst, dass dieser für immer verschwunden ist. Der feste Punkt ist gemeinsam mit den alten Ordnungen des Ostblocks und Jugoslawiens für immer verschwunden, das Erinnern ist erschwert, die Gemeinschaft – das soziale Umfeld, in dem das Subjekt seine Identität bestätigen kann – besteht nur noch aus vereinzelten, über die ganze Welt verstreuten Ex-Jugoslawen. Wenn sie sich auf der Straße erkennen und in einer Gruppe versammeln, wird ihnen „warm ums Herz wie bei einem Kindergeburtstag", um kurz darauf die Blicke zu senken „wie bei einem Begräbnis" [MK, S. 290].

Die Ich-Erzählerin gestaltet ihre Fragmente wie Fotos in einem Album: Fotos sind alles, was der Mensch von seiner Vergangenheit behalten kann, sie sind aber auch Inszenierungen – so wie es auch Autobiographien sein können. „Zwischen diesen beiden Genres, dem Familienalbum und der Autobiographie, besteht zweifellos eine Verbindung: das Album ist eine materielle Autobiographie, die Autobiographie ein verbales Album." [MK, S. 42]. Im zweiten Teil des Romans *Das Hausmuseum* ordnet am Anfang die Mutter der Ich-Erzählerin Fotos in ein Familienalbum. Die Fotos sind die Gedächtnisstütze, „was im Album fehlt, hat nie existiert" [MK, S. 39], man kann sie allerdings auch einer Retusche unterziehen (genau das ist im Sozialismus oft geschehen, doch die Autorin übt sehr wenig Kritik an den sozialistischen Gesellschaften), oder man kann entscheiden, nur die schönen Augenblicke festzuhalten.

Ähnlich ist es mit dem Gedächtnis einiger Freunde der Ich-Erzählerin in der alten, verlorenen Heimat passiert: In einer „Schlüsselerzählung" namens „Das Gruppenfoto" wird eine ironische Geschichte erzählt von einer Frauenclique, der auch die Autorin angehörte, die sich prächtig amüsierte und vor allem gerne kochte, bis sie an einem solchen Abend ein Engel – der Engel des Vergessens, der Zitate der jugoslawischen Erinnerungskultur von sich gibt, als würde er selbst am Lexikon der YU-Mythologie arbeiten – besuchte und jeder von ihnen ein Federchen schenkte. Alle – außer der Ich-Erzählerin – vergaßen den Besuch des Engels, sie vergaßen die Vergangenheit und richteten sich im neuen, post-jugoslawischen Leben ein, die Freundschaft zerbrach gemeinsam mit dem Land. In dieser Erzählung zeigt die Ich-Erzählerin, dass sie nur an ihre eigene Erinnerungskultur glaubt (ohne sie zu hinterfragen oder sie zu ironisieren, wie Svjetlan Lacko Vidulić bemerkt hat: „den Erinnerungs*gehalt* lässt die Ironie unberührt".[15] und dass für sie die jugoslawische Identität für immer über jeder postjugoslawischen nationalen Identität stehen wird. Lacko Vidulić analysiert diese „Randstellung" der Autorin im Kontext des gesamten (verschwundenen, da sozialistischen) osteuropäischen Raumes:

> Das Exilanten-Ich [das sich in den Büchern von D. U. aus ihrer „postjugoslawischen Phase" als das autobiographische und fiktive entwickelt hat, Anm. A. B.] bekennt sich [...] zu dem weiteren Rahmen der verdrängten Identität – zu der gemeinsamen Kultur Osteuropas und seinem Status als „Scheißhaufen Europas". [...] Dieses Ich reflektiert die persönlichen und kollektiven Umbrüche im jugoslawischen und osteuropäischen Raum ganz besonders in ihrer Dimension als Erinnerungsprozesse. [...] Den wenigen „Erinnerungsgewinnlern", denen die Erinnerung an die Zeit vor 1945 zurückerstattet wurde, stehe jene Mehrheit gegenüber, denen

---

[15] LACKO VIDULIĆ, *Erinnerungskulturelle Randstellung*, S. 356.

> die Erinnerung an die gelebte Geschichte zwischen 1945 und 1990 „konfisziert“ wurde – i.d.R. allerdings zu deren eigener Zufriedenheit.[16]

„Die Erinnerungskultur-Profiteure“ der Wende und des Zerfalls des Landes wären nach dieser Theorie Personen wie Željka Čorak: Sie wurden ermutigt, die Befreiung von einer aufgezwungenen Identität als Gelegenheit zu ergreifen und sich ihrer alten Identitäten zu erinnern, was Željka Čorak in ihrem Buch *Scherben* auch getan hat. „Die Erinnerungskultur-Verlierer“ – diejenigen, die sich aus verschiedenen Gründen an der intensiven Konstruktion des neuen kulturellen Gedächtnisses seitens der jugoslawischen Sieger aus dem Zweiten Weltkrieg beteiligt und aus ihr ihre eigene Identität geschöpft haben und die eindeutig eine Minderheit darstellen – fühlen sich gezwungen, ins innere oder wahre Exil zu gehen, wobei ihnen bewusst ist, dass eine Rückkehr nie mehr möglich sein wird, was ihr Exil auf gewisse Art exklusiv und freilich besonders melancholisch macht.

Am Anfang des *Museums der bedingungslosen Kapitulation*, im Fragment Nr. 9, wird das Thema der Erinnerung und der Fotografien als identität- und lebenstiftend postuliert:

> Über den Kriegsverbrecher Ratko Mladić, der monatelang von den umliegenden Bergen Granaten auf Sarajevo abfeuerte, kursierte die Geschichte, dass er einmal das Haus eines Bekannten im Fadenkreuz erblickte. Die Geschichte erzählt weiter, dass der General dem Bekannten telefonisch mitteilte, er gebe ihm fünf Minuten Zeit, um die Alben einzupacken, denn er werde sein Haus in die Luft jagen. Der Mörder dachte dabei an die Alben mit Familienfotos. Der General, der systematisch an der Zerstörung der Stadt arbeitete, wusste genau, dass er die ERINNERUNG zerstören wollte. Seinem Bekannten schenkte er „großzügig“ das Leben mit dem Recht auf Erinnerung. Das nackte Leben und ein paar Familienfotos. [MK, S. 13 f.]

[16]Lacko Vidulić, *Erinnerungskulturelle Randstellung*, S. 355.

Im letzten Teil des Buches ist die Ich-Erzählerin in Berlin – der idealen Stadt, um nach dem Fall der Mauer die Melancholie einer untergegangenen Welt zu spüren.

> Ich bin in Berlin, gejagt von zwei Alpträumen, auf die ich die Fäden meines Lebens wickele wie auf große Spulen. Der eine heißt HEIMAT, die ich nicht mehr habe, und der andere MAUER, die in meinem verlorenen Vaterland in die Höhe wächst. [MK, S. 181]

Auf den Berliner Flohmärkten sucht die Ich-Erzählerin nach Foto-Alben; einen Türken, der sie verkauft, nennt sie „Verkäufer der toten Seelen". Ein bosnischer Flüchtling erklärt ihr, dass es zwei Sorten von Flüchtlingen gibt: Jene, die Fotos mitnehmen konnten, und jene, die ohne Fotos, also ohne eine dokumentierte Vergangenheit da stehen. Man kann aber die eigene Vergangenheit konstruieren: Die schwarze Amerikanerin Jane hat viele alte Fotos gekauft, sie eingerahmt an ihre Wände gehängt und zeigt der Besucherin ihre „Ahnen". Die Besucherin bemerkt, dass von den Ahnen keiner schwarz sei, worauf Jane herzlich lacht.

Die Ich-Erzählerin stellt befreundeten Künstlern in Berlin immer dieselbe Frage: „Was ist Kunst?", da die Kunst – wie das Schreiben dieses Buches – allein die Erinnerung festhalten vermag. Und zwar eine Puzzle-Kunst, die die unmöglichsten Dinge miteinander verbindet, nach dem Prinzip unseres Gedächtnisses, eine Art surrealistischer Kunst, die sich realer Puzzle-Teile bedient. „Im schizophrenen Berlin liegen zwei Städte ständig im Streit: eine, die zu vergessen, und eine, die sich zu erinnern versucht." [MK, S. 289]. Berlin ist voll Gestrandeter aus dem Osten, seine Flohmärkte sind voll von Resten der einstigen Inszenierungen der totalitären Systeme: „Auf den Berliner Flohmärkten versöhnen sich Zeiten und Ideologien, Hakenkreuze und rote Sterne, alles ist für ein paar Mark zu haben." Außerdem gibt es in Berlin viele Kunstprojekte, die alle mit dem Erinnern und Vergessen zu tun haben – so wie die Ausstellung *The Art of Memory*, die die Ich-Erzählerin besucht, und bei der sie feststellt, „dass das Vergessen nur eine andere Form des Erinnerns ist, so wie auch die Erinnerung nur eine andere Form des Vergessens ist.“ [MK, S. 212].

Auch Julijana Matanović weckt in ihrer (fiktiven) Autobiographie *Warum ich euch belogen habe*[17] Erinnerungen an jugoslawische Zeiten, auch sie verwendet die Struktur eines Museumskatalogs oder eines Foto-Albums, in dem sie die Kapitel *Schuhe*, *Nylonmantel*, *Foto* oder *Pullover* betitelt. Das Mädchen, dessen Erwachsenwerden in diesen Kapiteln erzählt wird, ist die Zeugin der familiären und gesellschaftlichen Umbrüche der letzten Jahrzehnte des zwanzigsten Jahrhunderts. Die Ich-Erzählerin notiert sie aus der Perspektive der erwachsenen Frau, während die parallele Perspektive des Kindes als ein Teil der narrativen Strategie ihr einen dynamischen Wechsel zwischen einem naiven und einem reflektierten, bewussten Diskurs ermöglicht. Diese Erinnerungen bieten am Rande der einzelnen Biographie ein originelles Bild der Phänomene sowohl des jugoslawischen Sozialismus wie auch des kroatischen (nationalen) inneren Dissidententums bzw. des stillen Widerstandes aus jenen (sozialistischen und anationalen) Zeiten. In gewisser Hinsicht verbindet die Ich-Erzählerin die beiden Erinnerungskulturen. Ihr kindlicher Blick beobachtet im Alltag der Erwachsenen die Elemente des verbotenen, kroatischen nationalen Gedächtnisses ebenso wie jene, die sich auf die neue, jugoslawische Identität beziehen:

> Als ich nach Slawonien zurückgekehrt war, versteckte ich das Foto in der Garage im obersten Fach des Regals, wo mein wirklicher Onkel [...] sein kleines Werkzeug verwahrte, die Reservebatterie mit Klemmen, das Entfrosterspray für die Autotüren, einen kleinen Benzinkanister und in einer weißen, blau beschrifteten Plastiktüte von *Bravo* einige Nummern der *Kroatischen Wochenzeitung*, die übrig geblieben waren, nachdem die Tante die meisten im Garten verbrannt hatte, wo das Feuer auch in dem Augenblick zu sehen war, als der Polizeiinspektor, der Mann von Tantes Freundin, unser bis dahin stets unverschlossenes Hoftor zu öffnen versuchte. [WB, S. 76]

---

[17] Im weiteren Text WB; Originalausgabe 1997.

> [...] während Onkel Milan wütend war, weil er meinetwegen schon wieder nicht gehört hatte, wohin der Genosse Tito diesmal zu reisen gedachte. [WB, S. 119]

> Darum würde man meine eigenen Kinder beneiden, so wie ich Melita beneidete, als unsere Lehrerin zu ihrem Papa, Onkel Anto, dem Dichter, sagte: „Danke, Genosse Schrifsteller, für die schöne Begegnung mit unseren Pionieren." [WV, S. 66]

Manchmal werden die beiden Ebenen – jene der kroatischen (verborgenen und verbotenen) und jene der jugoslawischen Erinnerung, die in der erzählten Zeit gerade im Entstehen begriffen war (und im Moment des Erzählens schon selbst zur verborgenen, vergessenen und tabuisierten zählte) – vermischt:

> Wäre mein Onkel am Leben, aber er starb an dem Tag, als die kroatische Währung *Kuna* wieder eingeführt wurde, würde er sich ärgern, weil ich dieses Beiwort benutze. Es würde ihn wiederum an das Unrecht erinnern, das in den Geschichtslehrbüchern einem Staat angetan wurde, welcher von 1941 bis 1945 existierte. „Das war ein richtiger, kein *sogenannter* Staat", sagte er sogar an dem Tag, als ich nach Belgrad fuhr, um in der Pionierdelegation als Vertreterin von Slawonien und der Baranja dem damaligen Präsidenten eine kleine Stafette zu überreichen. Als sie mir das rote Tuch umband und sich sorgte, ich könnte in der Hauptstadt nicht die Schönste sein und die Genossin Jovanka – so sollte auch Vaters zweite Frau heißen – würde nicht den Zopf bemerken, der ihrem glich, als sie, die junge Partisanin, sich in den *großen Sohn unserer Völker* verliebte, flüsterte die Tante nur: „Halt wenigstens einmal den Mund. Später wirst du alles begreifen." [WB, S. 127 f.]

Erst die zeitliche Distanz gibt den einzelnen Ereignissen ihren Sinn im Rahmen eines größeren Ganzen. Der Titel verweist auf den doppelten Boden dieser Erinnerungen: Auf den ersten Blick wirkt der Titel als Einleitung zu einer ehrlichen und wahren Geschichte; zugleich ist er das Programm des ganzen Buchs, das aus kindlichen Lügen besteht, die sich zur Wahrheit auf postmoderne Art verhalten, da sie sie als relativ und vom Betrachter abhängig entlarven. Das Fiktive und das Reale, die Literatur und das Leben spiegeln sich ineinander und bedingen sich gegenseitig. Die Topographie der slawonischen Provinz wird zum Zentrum dieses privaten Universums, dessen Drehachse die rührende Geschichte über ein dreijähriges Mädchen ist, das von seinen leiblichen Eltern einer Tante zur Pflege gegeben wurde. Der Onkel führt sie in die Welt der Literatur ein, die für sie die einzige Art wird, die Welt zu deuten. Nur das, was beschrieben wird, sowie nur das, was sie selbst aufschreibt, wird für sie wahr, deshalb muss sie auch ab und zu lügen, denn sonst wären die Geschichten nicht kommunizierbar und nicht verständlich.

Der geliebte Onkel der Ich-Erzählerin ist ein Vertreter jener gesellschaftlichen Klasse in Kroatien, die von der neuen, jugoslawischen Identität besonders gefürchtet wurde: Er gehörte zum Bildungsbürgertum und war dazu noch auf der falschen Seite im Zweiten Weltkrieg gewesen: Er gehörte zur „Heimwehr", der Armee des Unabhängigen Staates Kroatien, die als Verbündete der Deutschen gegen die Partisanen kämpfen mussten, die sich aber von den *Ustaše* unterschieden, da sie nicht parteipolitisch aktiv und nicht als Freiwillige in den Krieg gezogen waren. Doch wegen dieser Zugehörigkeit hatte er direkt nach dem Krieg fünf Jahre im Gefängnis verbracht und seine verbotene Vergangenheit, über die man nur flüsternd und in geheimen Stichworten sprechen darf, kommt immer wieder an die Oberfläche.

Doch das Leben geht weiter, und die Familie hat sich dem Alltag angepasst. Die Tante ist mit der Dorflehrerin befreundet, und die Ich-Erzählerin ist eine hervorragende Schülerin und ein braves Mitglied der Pionierorganisation. Die Dorflehrerin ist eine liebe und freundliche Frau, aber zugleich eine stramme Kommunistin; ihr Vorname Dušanka entlarvt sie als Serbin, doch das wird nicht weiter thematisiert. Die Ich-Erzählerin liebt ihre Lehrerin wie jedes brave Schulmädchen, und die Lehrerin erweist sich auch als gerecht und verständnisvoll. Aber dem Auge des Kindes entgehen manche Details nicht, die erst die erwachsene Autorin schmunzelnd und mit ihrem geheimen Wissen „naiv“ darstellen kann. So wird an einer Stelle ein Lieblingsplatz des Onkels beschrieben, über dem ein Bild mit einem berühmten Motiv aus der kroatischen Geschichte hängt – jener Geschichte, die aus dem öffentlichen Diskurs verschwunden ist:

> Die beigefarbene Decke kam immer über die braune, weil sie viel besser zu den Farben von Ivekovićs Öldruck passte, der einen großen Teil der Wand einnahm, genauer, zu der Farbe der Stufen, die der Held Zrinski hinabstieg und auf denen er zum letzten Mal seine weinende, im dunkelblauen Samt gekleidete Katarina küsste; der Pelzbesatz ihrer Jacke war kaum dunkler als der Hintergrund, auf dem die treue Frau zurückblieb. [WB, S. 52]

Dieses Bild zeigt ein historisches Motiv: Peter Zrinski gehörte zu einer der mächtigsten kroatischen Adelsfamilien, wurde von den Habsburgern zum Tode verurteilt, weil er gegen sie eine Verschwörung organisierte, an der auch seine Frau Katarina beteiligt war. Vor der Vollstreckung der Todesstrafe in der Wiener Neustadt schrieb Peter Zrinski seiner Frau einen berühmten Abschiedsbrief. Dieses Bild von Iveković ist also eine Inszenierung der historischen Ereignisse und gehört zur Erinnerungskultur der Kroaten – und die Lehrerin weiß das, obwohl niemand darüber spricht. Die Erzählerin, die das Verfahren der Verfremdung angewandt hat, um das berühmte Bild zu beschreiben, thematisiert es nicht weiter. An einer anderen Stelle aber heißt es:

> Obwohl ich es nicht laut auszusprechen wagte, wusste ich, dass meiner Lehrerin das Bild über Onkels Dreisitzer auf die Nerven ging, und deshalb schlug ich meiner Tante vor, zum Anlass meiner Geburtstagsfeier, zu der ich auch meine Lehrerin und ihren Sohn eingeladen hatte, stattdessen das Ölbild mit dem Djergaj-Wald aufzuhängen, das die Tante zusammen mit einem sehr alten, in noch von Großmutter handgewebtes Leinen gehüllten Kronleuchter aus der Stadt mitgebracht hatte, von der sie sagte, sie sei der schönste Ort auf der ganzen Welt. [WB, S. 57 f.]

Die kroatische und die gesamt-jugoslawische Erinnerungskultur werden in dieser Autobiographie ironisch verwoben, und an ihren Berührungspunkten kommt bisweilen das Verdrängte der ersteren zum Vorschein.

Alle drei Autorinnen gehören zur kroatischen zeitgenössischen Literatur, alle drei haben Autobiographien auf der Folie der Familienromane[18] geschrieben, alle drei haben bestimmte Gegenstände, Fotografien, Erzählungen der Vorfahren in ihre Geschichten eingebaut. Die drei vertreten auch drei konkurrierende Erinnerungskulturen im heutigen Kroatien. Während Željka Čorak mit einer gewissen Verbitterung den verlorenen Faden der Familienerinnerung und damit der nationalen Erinnerung aufnimmt, deutlich gestört von den Jahren, in denen eine aufgezwungene „neue Vergangenheit" die alte hätte ersetzen sollen, ist Dubravka Ugrešić über ihre Freundinnen verärgert, die einen ähnlichen Weg wie Čorak eingeschlagen haben, da sie in ihnen das Erwachen einer überholt geglaubten nationalen Identität erkennt, die sie als nationalistisch bezeichnet. Sie – die ihre Familiengeschichte nicht nur in Kroatien und Jugoslawien verfolgt, sondern auch in Bulgarien, mit dem sie ähnliche Bilder und Erinnerungen verbindet wie Čorak mit ihrer untergegangen Familie – hat durch die Wahl des Exils ein Herumirren ohne feste Identität gewählt, und ihre Erinnerungskultur ist mit den positiven Bildern eines multiethnischen und multikulturellen Jugoslawien verbunden, das durch Wiederbelebung der nationalen Identitäten untergegangen ist. Julijana Matanović ist diesen beiden Erinnerungskulturen ironisch und verspielt zugewandt; durch das Entlarven der einen, entlarvt sie auch die andere, beide als teils verlogen, teils aufrichtig, so wie ihre

---

[18]Vgl. zur Bedeutung der Familienromane und Autobiographien in der zeitgenösssichen deutschen Literatur ASSMANN, A.: *Geschichte*: „Entscheidend an diesen Erzählfiguren ist, dass sie erkennen, dass ein wichtiger Teil ihrer Identität mit der nicht selbst erlebten Geschichte ihrer Familie verbunden ist. […]. Grundlage der kognitiven Strategien und emotionalen Befindlichkeiten bleibt jedoch die Anerkennung einer existentiellen Verschränkung von Individuum, Familiengeschichte und nationaler Geschichte, die das wichtigste Strukturmerkmal des ‚Familienromans' ist." (S. 74)

eigene Geschichte, die nicht umsonst einen programatischen Titel trägt: „Warum ich euch belogen habe". So wie sie am Totenbett des Onkels der Krankenschwester vorgelogen hat, dass es sich um ihren Vater handelt, so hat sie immer wieder ähnliche Lügen, die auch höhere Wahrheiten sein können, verbreitet. Damit hat Matanović eindeutig eine Mehrdeutigkeit für ihre Poetik, aber auch für ihre Erinnerungskultur gewählt.

Literaturverzeichnis

Primärliteratur

ČORAK, ŽELJKA: *Krhotine. Prilog poznavanju hrvatske provincije u devetnaestom stoljeću*. Zagreb: Grafički zavod Hrvatske 1991.

MATANOVIĆ, JULIJANA: *Warum ich euch belogen habe*. Frankfurt am Main: Frankfurter Verlagsanstalt 2000 (Originalausgabe Zagreb 1997).

UGREŠIĆ, DUBRAVKA: *Das Museum der bedingungslosen Kapitulation*, Frankfurt am Main: Suhrkamp Verlag 2. Auflage 1998 (Erstveröffentlichung Amsterdam 1997).

WEST, REBECCA: *Black Lamb and Gray Falcon. A Journey through Yugoslavia*. Penguin Books 1994 (1. Ausgabe 1941).

Sekundärliteratur

ADRIĆ, IRIS u.a. (Hg.): *Leksikon Yu mitologije*, Beograd: Rende/Zagreb: Postscriptum 2005.

ASSMANN, ALEIDA: *Geschichte im Gedächtnis. Von der individuellen Erfahrung zur öffentlichen Inszenierung*, München: Verlag C.H. Beck 2007.

ASSMANN, JAN: *Das kulturelle Gedächtnis. Schrift, Erinnerung und politische Identität in frühen Hochkulturen*, München: Verlag C.H.Beck 6. Auflage 2007.

BAŠIĆ, NATALIJA: „Der jugoslawische Partisanenkampf. Revision einer Legende am Beispiel Kroatiens und Serbiens", in: *Südosteuropa* 57 (2009) – Heft 1, S. 91-112.

BRONFEN, ELISABETH u.a. (Hg.): *Trauma. Zwischen Psychoanalyse und kulturellem Deutungsmuster*, Köln/Weimar/Wien: Böhlau Verlag 1999.

CORNELISSEN, CHRISTOPH u.a. (Hg.): *Erinnerungskulturen. Deutschland, Italien und Japan seit 1945*, Frankfurt am Main: Fischer Taschenbuch Verlag 2003.

ERLL, ASTRID: „Kollektives Gedächtnis und Erinnerungskulturen“, in: ANSGAR NÜNNING/VERA NÜNNING (Hg.): *Konzepte der Kulturwissenschaften. Theoretische Grundlagen – Ansätze – Perspektiven*, Stuttgart/Weimar: Metzler 2003, S. 156-185.

LACKO VIDULIĆ, SVJETLAN: „Erinnerungskulturelle Randstellung und literarische Repräsentanz. Zur Poetik des Exils bei Dubravka Ugrešić“, in: HEINZ FASSMANN/WOLFGANG MÜLLER-FUNK u.a. (Hg.): *Kulturen der Differenz – Transformationsprozesse in Zentraleuropa nach 1989. Transdisziplinäre Perspektiven*, Göttingen: V&R unipress 2009. S. 351–361.

STEINDORFF, LUDWIG: „Zwischen Aufbruch und Repression. Jugoslawien 1945-1966“, in: DUNJA MELČIĆ (Hg.): *Der Jugoslawien-Krieg. Handbuch zu Vorgeschichte, Verlauf und Konsequenzen,* 2. aktualisierte und erweiterte Auflage, Wiesbaden: VS Verlag für Sozialwissenschaften 2007, S. 192-197.

VETTER, MATTHIAS: „Chronik der Ereignisse 1986-2002“, in: Dunja MELČIĆ (Hg.): *Der Jugoslawien-Krieg. Handbuch zu Vorgeschichte, Verlauf und Konsequenzen,* 2. aktualisierte und erweiterte Auflage, Wiesbaden: VS Verlag für Sozialwissenschaften 2007, S. 550-577.

LIVIU PAPADIMA

Einstimmige Erinnerungen und die Privatisierung der Vergangenheit

„Amintiri în unanimitate” [Einstimmige Erinnerungen] sollte ein von mir Mitte der 1980er Jahre angefangener und nie vollendeter Kurzprosaband heißen.

Mitte der 1980er Jahre, als ich mich wie die meisten meiner Kollegen an der Universität zwanghaft der Armee der berufstätigen Menschen angeschlossen hatte, gingen alle meine jugendlichen Träume von Freiheit und Unabhängigkeit verloren. Es kam mir vor, dass mir nicht einmal mein eigenes Leben gehören durfte. Ich war bloß eines der unzähligen Versuchskaninchen eines Experiments, das zur vollständigen Verstaatlichung der sozialen und individuellen Existenz führen sollte. Damals in den 1950er Jahren hatte man die Wirtschaft – Industrie und Landwirtschaft – verstaatlicht. Zugleich wurden der Politik, den Medien, der Öffentlichkeit ihre Eigentumsrechte genommen. In den 1980er Jahren ging das Experiment immer rascher fort. Liebe und Sex wurden unter die Fuchtel des allmächtigen Staates gestellt. Nahrung und Wohnen hörten auf, als Privatangelegenheiten betrachtet zu werden. Der persönliche Gebrauch der Sprache wurde durch die offizielle „langue du bois“ enteignet. Die standardisierte Erzeugung von Kultur im Rahmen des ununterbrochenen Nationalfestivals „Cântarea României“ überschwemmte die Kulturlandschaft. Unsere Zukunft wurde durch die Pflichtprobezeit nach dem Studienabschluss verstaatlicht. Unsere Gegenwart wurde durch die sorgfältige Beobachtung seitens der Partei oder der Geheimdienste verstaatlicht. Das einzige, das übrig blieb, war die Vergangenheit – unsere vertrauten Erinnerungen an eine Zeit, die paradoxerweise damals, als sie noch eine Mischung von Gegenwart und Zukunft war, nicht mehr unsere eigene war.

Gleich nach der Wende konnte man die Sehnsucht nach mitgeteilten Erinnerungen großzügig befriedigen. Gedruckt, gekauft und gelesen wurden hohe Auflagen von Memoiren, Tagebüchern, Briefen und anderen Dokumenten des Privatlebens während der Zeit der rumänischen Moderne, also vom 19. Jahrundert bis in die Gegenwart. Das Pendel der Geschichte schlug um. Es war die Zeit der raschen, jubelnden Privatisierung der Vergangenheit. Diese bunte und lebendige Explosion zahlreicher widersprüchlichen, oft entgegengesetzten Perspektiven der Vergangenheit hat aber nicht nur Freude, sondern auch Verwirrung und Enttäuschung verursacht. Allerdings blieb „die Geschichte“ als solche, d. h. jener Wiederaufbau der damaligen Zeit als ein Raum, in dem sich Leute miteinander vertrauensvoll treffen können, unzugänglich:

> Wir haben keine vollständige, unbefangene Geschichte der Institutionen und Parteien, sondern nur subjektive, künstlerische und moralisierende Darstellungen, Herumirren in den nebelhaften *good old times*. Es gibt Erinnerungen der Brătianu Familie, aber keine Geschichte der Partei, die Großrumänien gegründet hat; Überblicke von allen Seiten auf verschiedene Revolutionen, aber keine vollständige, endgültige Geschichte von 1848, 1821, 1944 usw.; Erinnerungen aus verschiedenen Blickwinkeln auf Antonescu und die Legionäre, aber keine vollständige Geschichte der 30er Jahre, geschweige denn eine Geschichte der Rumänischen Kommunistischen Partei, die hunderte von Romanen hervorbrachte, derer *Halima*-Verkleidung aber unsere Erleuchtung auf das nächste Jahrtausend verschoben hat.[1]

So das Urteil von Dan C. Mihăilescu in seinem Vorwort zum ersten, 2004 erschienenen Band von *Literatura română în postceauşism* [Die

[1] Mihăilescu 2004, S. 12: „Nu avem istorii complete şi nepărtinitoare ale instituţiilor şi partidelor, ci mereu evocări subiective, artiste şi moraliste, pierderi aburoase în *the good old times.* Amintiri despre familia Brătienilor, dar nu o istorie a partidului care a făcut România Mare. Evocări de pe toate poziţiile ale diverselor revoluţii, dar nu o istorie totală, definitivă, a 1848-ului, a lui 1821, 1944 etc. Amintiri din varii unghiuri despre Antonescu şi legionari, dar nu o istorie completă a anilor ’30, ca să nu mai vorbim de istoria P.C.R., care a născut sute de romane, dar a cărei travestire în Halima ne amână iluminarea pentru mileniul următor. “

rumänische Literatur in der Zeit nach Ceauşescu] mit dem Untertitel *Memorialistica sau trecutul ca re-umanizare* [Die Memorialistik oder die Vergangenheit als Re-Humanisierung]. Hat der Verfasser den Text etwa früher geschrieben oder wirklich „das nächste Jahrtausend", also nach 3001 gemeint?

Bruch und / oder Übergang

Vom Fach her beschäftige ich mich nicht mit der Gegenwart. Ich würde wie meine Kollegin Ioana Pârvulescu aus Bukarest sagen, dass ich mich eher im 19. Jahrhundert wie unter meinen Zeitgenossen zu Hause fühle. Dennoch kann ich viele Merkmale unserer Zeit durch die literarische Beziehung zu den Menschen, die den Aufbruch in die Moderne in Rumänien förderten, besser verstehen.

Ende des 20. Jahrhunderts erlebte Rumänien ähnlich wie in der Mitte des 19. Jahrhunderts eine rasche Beschleunigung seiner Geschichte. „In den 16 Jahren zwischen 1835 und 1851 erlebte die Moldau mehr als in 500 Jahren Geschichte, vom Beginn der Herrschaft Dragoş 1359 bis zu den Lebzeiten unserer Eltern"[2], meinte zum Beispiel der Schriftsteller Alecu Russo. Auch heute noch denken viele Sozial- und Politikwissenschaftler, Persönlichkeiten des Kulturlebens und sogar manche Politiker, dass wegen der Abweichung vom Pfad der Modernisierung, die die kommunistische Diktatur verursachte, die Veränderungsgeschwindigkeit in Rumänien das Hauptproblem unserer Zukunft sei. In *Sonderweg Rumänien*, einem 1991 in Deutschland erschienenem Buch, meinte der Schriftsteller Richard Wagner, dass Rumänien nicht einmal das 19. Jahrhundert vollendet habe!

Trotz der offensichtlichen Beschleunigung haben die Menschen Mitte des 19. Jahrhunderts ihre Zeit nicht als Epoche eines raschen Aufbaus, sondern eher als Übergangsphase empfunden, wobei ihnen nicht ganz klar war, wohin dieser Übergang führen sollte. Um

[2] „În 16 ani, de la 1835 la 1851, mai mult a trăit Moldova decât în cele cinci sute de ani istorice, de la descălecarea lui Dragoş în 1359, până în zilele părinţilor noştri" RUSSO 1970 [1851], S. 42-43.

es kurz zu sagen: es war eine rasch voranschreitend und zugleich unscharfe, unentschiedene Zeit.

Last but not least waren Zukunftssorgen Mitte des 19. Jahrhunderts ähnlich wie heute verbunden mit dem Interesse an der Erforschung der Vergangenheit. Wie Mihai Zamfir in seinem Buch *Din secolul romantic* [Aus dem romantischen Jahrhundert, 1989] überzeugend nachwies, war die rumänische Literatur für etwa fünf Jahrzehnte, 1830-1880, von einem „stilistischen Muster" geprägt, das sich hauptsächlich auf Erinnerung und nicht auf Einbildungskraft stützte. Alle bedeutenden Schriftsteller der 48er Generation – Ion Heliade Rădulescu, Vasile Alecsandri, Alecu Russo, Mihail Kogălniceanu, Iacob Negruzzi usw. – erzählten, was sie selbst erlebt hatten und erweiterten dies durch Erinnerungen von Bekannten oder durch belegte Bilder der Vergangenheit. Sie alle ließen ihr persönliches Erinnern in das gesellschaftliche und kulturelle Gedächtnis bis spät in die Zeit von König Karl I. fließen. Ion Ghica fing an, seine berühmten *Scrisori către Vasile Alecsandri* [Briefe an Vasile Alecsandri] 1879 zu veröffentlichen, *Suvenire contimpurane* [Zeitgenössische Erinnerungen] von George Sion erschienen 1888 etc. Damals wie heute – man denke z. B. an Geo Bogza, Titus Popovici, Nina Cassian, Paul Georgescu, Şt. Aug. Doinaş, Paul Goma, Monica Lovinescu, Mircea Zaciu, Ov. S. Crohmălniceanu, Virgil Nemoianu und viele andere zeitgenössische Schriftsteller und Literaturhistoriker – fühlten sich die Intellektuellen irgendwie verpflichtet, ihre eigene Erfahrung über das, was sie erlebt haben, mitzuteilen. Damals wie heute waren viele Prosaschriftsteller daran interessiert, die jüngste Geschichte anhand von Stichproben des sozialen und kulturellen Gedächtnisses wiederzubeleben. In diesem Sinne könnte ein Vergleich der zeitgenössischen Romane über die Zeit vor der Wende – von Radu Aldulescu, Daniel Bănulescu, Dan Lungu, Radu Ţuculescu u. a. – mit Romanen des 19. Jahrhunderts ähnlicher Thematik – z. B. Nicole Filimons *Ciocoii vechi şi noi* [Parvenüs der Schreibergilde, 1863]– erhellend sein. Damals wie heute war die Zeit noch nicht reif, ausführlich dokumentierte, tiefgreifend erforschte und gewissenhaft abwägende Geschichtsbücher zu schreiben in Angriff zu nehmen.

Kultur als Zeuge

Im Kommunismus wurde das Gedächtnis der Rumänen schrittweise entleert, standardisiert und ideologisiert in Bezug auf die Bedürfnisse des Moments. Wir können uns zum Beispiel heute daran erinnern, wie sich die Benennungen wichtiger historischer Ereignisse in den Geschichtsbüchern schlagartig veränderten: so wurde der walachische Aufruhr von 1821 unter Tudor Vladimirescu in „Revolution" umgewandelt, oder der Umsturz vom 23. August 1944 verwandelte sich stufenweise in die „Revolution der sozialen, nationalen, antifaschistischen und antiimperialistischen Befreiung". Desgleichen gab es eine fieberhafte Pressekampagne, die beweisen sollte, dass die „korrekte" Benennung von Mircea cel Bătrân [Mircea der Alte], ein walachischer Fürst am Ende des 14. Jahrhunderts, „Mircea cel Mare" [Mircea der Grosse] sei – die Kampagne wurde scheinbar durch die falsche Umschrift des Namens des Herrschers im Text einer Rede von Nicolae Ceauşescu ausgelöst. Die individuelle Erinnerung wurde auf einen immer enger werdenen Ausdrucksraum beschränkt und konnte je nach Umständen nur in der sublimierten Form von fiktionalen Texten zum Ausdruck kommen. So führte zum Beispiel die Abkehr Ceauşescus vom stalinistischen Regime seines Vorgängers, Gheorghe Gheorghiu-Dej, zu einer Flut von Romanen über die 50er Jahre, dem „obsessiven Jahrzehnt", ohne aber die Veröffentlichung authentischer Erinnerungsliteratur oder die Publizierung von Dokumenten über diese Zeitspanne zu ermöglichen.

Nach dem Fall des Kommunismus wird jetzt aber der Raum der kollektiven Erinnerung von einem Überfluss vielfarbiger Selbstzeugnisse und Dokumentarliteratur überschwemmt.

Welche Möglichkeiten gibt es, bis zu einer begrifflichen Verarbeitung der jüngsten „Geschichte" dem kollektiven Gedächtnis die notwendige Konsistenz und Kohärenz wiederzugeben?

Eine der Vorgehensweisen, die von den Intellektuellen um die Mitte des 19. Jahrhunderts erkannt wurde, war der Rekurs auf das kulturelle Gedächtnis. Die damalige Intelligenz wandte jedoch diese Strategie zu wenig, wenn überhaupt, in Bezug auf die jüngste Vergangenheit an, deren Begrenzung das Ende der Phanariotenherrschaft in den rumänischen Fürstentümern darstellte. Das allgemeine Bild ihrer „Epoche“ empfand die Generation der 1848er Revolution als abstoßend, und wie heute beschränkten sich einzelne „nostalgische“ Akzente auf persönliche Erinnerungen, verbunden mit einer Sehnsucht nach dem „Schnee der vergangenen Jahre“ – der Jugend und Kindheit. Dennoch bedienten sich Schriftsteller und Historiker dieser Generation reichlich des kulturellen Gedächtnisses, um die entfernte Vergangenheit zu glorifizieren, indem sie mittelalterliche Aufzeichnungen herausgaben, für ihre Verbreitung sorgten und sie sowohl fiktional als auch historiographisch verarbeiteten. In einer ähnlichen Weise wurde nach der Wende der Mythos des „goldenen Zeitalters“ wiederbelebt und in die Zwischenkriegszeit verlegt. Das nach Jahrzehnten neu aufgelegte Buch von Emil Cioran, das er voll jugendlicher Verzweiflung geschrieben hatte, mit dem provozierenden Titel *Schimbarea la față a României* [Die Verklärung Rumäniens, 1936] war einer der spektakulärsten Bestseller Anfang der 90er Jahre trotz der offenkundigen Unangemessenheit seines Inhalts in Bezug auf den Zeitpunkt des erneuten Erscheinens. Ist also der Aufruf an das kulturelle Gedächtnis auch für die Verarbeitung der nahen Vergangenheit im Raum des kollektiven Gedächtnisses in der Gegenwart möglich und geeignet?

Sicher. Die kulturellen Ereignisse als „Zeugen” der Zeiten, in denen sie erstellt wurden, können eine stabile Brücke zwischen den individuellen Erfahrungen und deren kollektiver Annahme bieten.

Den umfangreichsten Versuch, die kulturellen Hinterlassenschaften der kommunistischen Epoche zu erforschen und kritisch zu analysieren, stellt meines Erachtens das gemeinschaftlich durchgeführte Werk *Explorări în comunismul românesc* [Erkundungen in den rumänischen Kommunismus] von Paul Cernat, Ion Manolescu, Angelo Mitchievici und Ioan Stanomir dar. Die vier Autoren, die mehr oder weniger der gleichen Generation angehören und ein philologisches Studium mit dem Schwerpunkt Literaturwissenschaft absolviert haben, sind später auf akademischem Gebiet als Literaturkritiker und -historiker (Cernat, Manolescu und Mitchievici) oder als

Politikwissenschaftler (Stanomir) tätig geworden. Gemeinsam verspürten sie das Bedürfnis, autobiographische Texte über das Alltagsleben im Kommunismus zu schreiben. So entstand der 2004 in Polirom Verlag erschienene Band *O lume dispărută* [Eine verschwundene Welt]. Der Titel ist offensichtlich zweideutig. Die „verschwundene Welt" bezieht sich einerseits auf das 1989 gestürzte Regime Ceauşescus, andererseits auf die Welt der Kindheit und Jugend. Außerdem fällt auf, dass der aus individuellen Beiträgen zusammengestellte Band die deutliche Absicht verfolgt, eine Erzählgemeinschaft zu schaffen. Das ist Călin Andrei Mihăilescu noch besser gelungen, als er 2008 die Anthologie *Cum era? Cam aşa...* [Wie war es damals? Ungefähr so...] im Verlag Curtea Veche herausgab: jeder der 24 Autoren widmet seine Erinnerungen einem Buchstaben und trägt dadurch zur Vervollständigung eines Lexikons des Kommunismus von A bis Z bei.

Die dreibändige Untersuchung *Explorări în comunismul românesc* bedeutet nicht nur eine Ergänzung, sondern auch eine Umgestaltung des vorigen Gemeinschaftswerks *O lume dispărută*: der Sprung vom Leben zum Text. Die Veränderung wird sowohl im Inhalt als auch in der Methode sichtbar. Die ethische und existentielle Wärme der Darstellung wird jetzt durch die Kälte der wissenschaftlichen Analyse ersetzt. Trotzdem bietet *Explorări în comunismul românesc* dem Leser eher kaleidoskopische Bilder als eine echte Synthese an. Die Willkürlichkeit der Erinnerungen verwandelt sich in die Willkürlichkeit der wissenschaftlichen Neugier. Das Ergebnis ist ein *mixtum compositum* von Studien unterschiedlicher Art: monographische Aufsätze, die das Werk von Schriftstellern beleuchten, die die kommunistische Machtübernahme und/oder Ideologie unterstützt haben, Analysen verschiedener Bereiche der Massenkultur und -literatur, die als Instrumente der kommunistischen Propaganda fungierten (Schulbücher, Jugendzeitschriften, Krimis, Bergreiseführer, *science-fiction*, Abenteuerromane, das Nationalfestival „Cântarea României" usw.), Untersuchungen zum Aufbau des neuen literarischen Kanons (u. a. durch die Herausgabe von Gedichtsammelbänden), Fallstudien über die Widerspiegelung von besonderen Ereignissen in den Medien (die „Kampf um Frieden"-Kampagne, das verheerende Hochwasser von

1970 etc.), Einblicke in charakteristische Kulturphänomene (die sogenannte „Beschlagnahme der Tradition", Mythologisierung der Geschichte, die Entstehung des Persönlichkeitskults und der national-kommunistischen Ideologie etc.).

Trotz ihres derzeit kaum vermeidbaren Eklektizismus bedeutet die Arbeit von Cernat, Manolescu, Mitchievici und Stanomir eine vielversprechende Grundlage für künftige Forschungen, um das Kollektivgedächtnis zu stärken und die Epoche der kommunistischen Diktatur in aufklärerischer und verantwortungsvoller Manier in Erinnerung rufen zu können.

Literaturverzeichnis

CERNAT, Paul; MANOLESCU, Ion; MITCHIEVICI, Angelo und STANOMIR, Ioan: *O lume dispărută* [Eine verschwundene Welt], Iaşi: Polirom 2004.

CERNAT, Paul; MANOLESCU, Ion; MITCHIEVICI, Angelo und STANOMIR, Ioan: *Explorări în comunismul românesc* [Erkundungen in den rumänischen Kommunismus], Band I-III (Bd. III ohne Ion Manolescu), Iaşi: Polirom 2004-2008.

MIHĂILESCU, Călin-Andrei (Hrsg.): *Cum era? Cam aşa...* [Wie war es damals? Ungefähr so...], Bucureşti: Curtea Veche 2008.

MIHĂILESCU, Dan C.: *Literatura română în postceauşism* [Die rumänische Literatur in der Zeit nach Ceauşescu], Band I, *Memorialistica sau trecutul ca re-umanizare* [Die Memorialistik oder die Vergangenheit als Re-Humanisierung], Iaşi: Polirom 2004.

PÂRVULESCU, Ioana: *În intimitatea secolului 19*-lea [In der Intimität des 19. Jahrhunderts], Bucureşti: Humanitas 2005.

RUSSO, Alecu: „Studie moldovană" [Moldauische Studie], 1851, in RUSSO, Alecu: *Scrieri alese* [Ausgewählte Schriften], hg. v. Geo Şerban, Vorwort und Schlussbemerkungen von Teodor Vârgolici, Bucureşti: Albatros 1970.

ZAMFIR, Mihai: *Din secolul romantic* [Aus dem romantischen Jahrhundert], Bucureşti: Cartea Românească 1989.

JENNIFER GRONAU

„Denn Realität gibt dir die Erzählung“[1] Erinnern und Erzählen in Mircea Cărtărescus *Die Wissenden*

> Bis zu der Zeit, als man auf der Straße gegenüber den Block hochzog und daher alles hinter Planken verschwand und die Luft nicht mehr zum Atmen war, schaute ich stets nächtelang durch das dreiteilige Panoramafenster meiner Wohnung an der Ştefan-cel-Mare-Chaussee auf Bukarest hinaus. [...] Tief hineingewölbt ins riesige Fenster wirkte das Gelbe des Zimmers noch gelber, ich aber, ein spindeldürrer, kränklicher Junge, saß den ganzen Nachmittag [...] auf dem Bettkasten meiner Couch und starrte pausenlos wie hypnotisiert mein Abbild im klaren Fensterglas an.[2]

Der Mircea Cărtărescus Roman *Orbitor. Aripa stângă*[3] eröffnende Blick des Protagonisten auf die Stadt wird wiederholt aufgegriffen, leitet die Selbsterfahrung der Romanfigur ein und prägt sie. Die Art und Weise, in der der Ich-Erzähler Raum und Zeit erlebt und beschreibt, führt innerhalb des Textes zu einem bestimmten Verständnis des Verhältnisses zwischen Erinnerung und dem Erzählten bzw. dem Erzählen. Dabei spielen die Stadt Bukarest, die Rekonstruktion von in der Vergangenheit Liegendem und das Imaginäre eine besondere Rolle.

Der Roman gibt die Rekonstruktionsarbeit des Ich-Erzählers Mircea wieder, der denselben Namen trägt wie sein Autor. Der Erzähler versucht die Geschichte seiner Vorfahren zu rekonstruieren und beginnt dabei im 19. Jahrhundert, als diese von der Wahnvorstellung der sich aus ihren Gräbern erhebenden Ahnen in die Flucht geschlagen werden. Sie verlassen über die Donau hinweg Bulgarien und werden

---

[1] CĂRTĂRESCU, *Die Wissenden*, S. 301.

[2] Ebd., S. 9.

[3] 1996 veröffentlicht und 2007 in deutscher Übersetzung von Gerhardt Csejka unter dem Titel *Die Wissenden* (Wien: Szolnay) erschienen.

so in die Walachei verschlagen. Diese Geschichte sowie die Geschichte seiner Eltern werden immer wieder von Gedankenfetzen, phantastischen Geschichten und metafiktionalen Überlegungen über das Erinnern, das Schreiben und das Sein durchbrochen, sodass schwerlich von einer linearen Handlung die Rede sein kann. Alle seine Gedanken und Rekonstruktionen hält Mircea in einem Notizheft fest. Dabei weisen seine Aufzeichnungen Diskontinuitäten sowohl hinsichtlich der erzählten Zeit als auch der Erzählzeit auf.

Der vorliegende Artikel sucht anhand ausgewählter Textbeispiele aufzuzeigen, auf welche Weise im Roman *Die Wissenden* Vergangenheitsrekonstruktion vorgenommen und welches Verständnis von Erinnern und Erzählen hierdurch transportiert wird.[4]

Die Erkundung des Raums

Der im Eingangszitat beschriebene Häuserblock wird auf der dem Wohnhaus unseres Erzählers gegenüberliegenden Seite errichtet und hindert ihn somit an der Ausübung seiner Gewohnheit, die unter ihm ruhende Stadt „nächtelang" zu betrachten. Dieser Zeitvertreib stellte dem Erzähler-Protagonisten vor der Sichtblockade nicht lediglich eine voyeuristische Befriedigung dar, vielmehr versuchte er anhand der Stadt-Betrachtung sich selbst zu betrachten:

> Ich, ein Voyeur des eigenen Lebens, ein Voyeur meiner Kindheit und Jugend, versuche zu erraten, was sich jenseits der Jalousien abspielt, eile von Fenster zu Fenster, versuche, zu verstehen.[5]
> Im Versuch [...], dahin zurückzukehren, wohin noch *niemand* je zurückgekehrt ist, mich an Dinge zu erinnern, deren sich *niemand* entsinnt, zu begreifen, was kein Mensch zu begreifen vermag: Wer ich bin, *was* ich bin. [...] *Wer* bin ich? *Wer* war ich?[6]

---

[4] Es wird die deutsche Übersetzung von Gerhardt Csejka verwendet.
[5] CĂRTĂRESCU, *Die Wissenden*, S. 142.
[6] Ebd., S. 138f.

Die Stadt bedeutet für seine Selbstsuche mehr als lediglich eine Standortbeschreibung oder ein Domizil: Sie birgt vielmehr alles, was er mit seiner Vergangenheit und also mit seiner Identität verbindet: Das Zusammentreffen seiner Eltern, die eigene Kindheit, die ersten literarischen Versuche.

Die Spiegelung seiner als kränklich und abgemagert beschriebenen Gestalt im Fenster, in dem sein Abbild und der Anblick der Stadt sich begegnen, wird jedoch von *außen* unterbrochen, indem eine Wand direkt vor dem Anblick der geliebten Stadt errichtet wird. Von jedem anderen Fenster aus erweist sich der Ausblick auf die Stadt wiederum als zu klein, eine Identifizierung kann somit nicht gelingen:

> Mein ovales Fensterchen ist allerdings zu klein, als dass ich jetzt den Eindruck eines unbegrenzten Landschaftsbildes haben könnte wie als Heranwachsender in der Stefan-cel-Mare, bevor man den Block gegenüber gebaut hatte.[7]

Die Errichtung der Häuserfront vor seinen Augen, die ihm den Ausblick nun versperrt bzw. die Tatsache, dass der Ausblick zu klein geworden ist, zwingt ihn dazu, den geschützten Innenraum seines Zimmers zu verlassen und sich auf neue Wege zu begeben, seine Selbstsuche umzugestalten. Der Innenraum des eigenen Zimmers[8] wird schließlich

[7] CĂRTĂRESCU, *Die Wissenden*, S. 141.

[8] Die Sicherheit, in der sich der Protagonist im eigenen Hause wähnt, wird dabei maßgeblich durch die vertraute Welt der Eltern produziert: „So zogen ihre Blicke [die der Eltern] […] um die Welt der Sicherheit und Zivilisation eine Grenze, jenseits derer mich das Nichts verschlungen hätte. In Wahrheit bestand die Welt damals aus den drei Zimmern unserer Wohnung und einigen Annexen, spinnenbeinartigen Verlängerungen, die umso diffuser wurden, je weiter weg sie sich befanden. Es gab da eine erste, halb reale Zone, wo ich mich in einiger Sicherheit allein bewegen konnte, danach folgten die Wege durch die Stadt, die von den Eltern erschaffen wurden, während wir durch böse, fremde Orte kamen. Allein Mutter und Vater […] vermochten die Bezirke des grenzenlosen Chaos zu befrieden" (336). Die Veräußerlichung des Innenraums seines Zimmers, das vor allem die Welt seiner Eltern symbolisierte, kann folglich als erster Schritt aus der Kindheit in eine eigenständige, selbstbestimmte Welt, die eines Erwachsenen, verstanden werden. Dieser Schritt stellt den Ausgangspunkt eines Entwicklungsprozesses und nicht dessen Abschluss dar.

veräußert und das Innenleben des Individuums bleibt als eigentlicher Innenraum übrig. Dieser neue Innenraum, den er nun explorieren will, produziert sich zunächst in Rekonstruktion von tatsächlich Erlebtem, später durch in der Phantasie und in der Imagination Produziertes. Vor dem Hintergrund einer intendierten Selbstbetrachtung über den Blick auf die Stadt wird eine Parallele zur Erinnerungsarbeit gezogen, die er im Grunde leisten will: So wie der Blick über die Stadt (als Blick auf das eigene Selbst) durch die Betrachtung des Innenraums substituiert wird, so wird auch der Zugang zu Erinnerungen über Fakten und Beweismaterialien wie Fotos, die sich als unglaubwürdig erweisen, durch Imaginiertes ersetzt, da der Erzähler außerstande ist, Erinnerungen an bestimmte Ereignisse entweder selbst zu verifizieren oder durch andere bestätigt zu bekommen:

> Ich versuchte später [...] Genaueres aus ihr [der Mutter] herauszubekommen [...], doch sie blieb genauso verstockt wie in den Fällen, wo ich mich nach Dingen, Bildern und Fakten erkundigte, die sich in meinem Gedächtnis aufbewahrt fanden, während sie Mutter aus dem ihren unerklärlicherweise verloren hatte. So sehe ich mich beispielsweise in einem dunklen Bad [...], ‚Permanganat', höre ich in der Erinnerung ganz deutlich [...]. Diese Erinnerung hat Mutter allerdings später nie bestätigt.[9]

Das gleiche Problem ergibt sich, wie erwähnt, in Anbetracht der zerrissenen Fotos, die der Protagonist als Gedächtnisstütze verwendet, wenn er die Identität der Menschen in Frage stellen muss, die auf diesen abgebildet sind: „Im übrigen konnte keiner mit Gewissheit sagen, ob dieses Foto tatsächlich mich zeigte oder nicht."[10] Der Rückzug in die Imagination als Innenraum produziert einen Text, mittels dessen der Erzähler versucht, sich selbst zu verstehen und den Großraum der Stadt zu inkorporieren:

---

[9] Ebd., S. 359ff.; siehe auch S. 362 in ders.: „Mutter konnte oder wollte sich an die ‚Quilibrex'-Schachtel nicht erinnern."
[10] Ebd., S. 25.

> „Ich stellte mir manchmal vor: [...] die Stadt würde zu meinem künstlichen Körper, ich könnte ihm meinen Namen geben und ihn mit meinen Wünschen befeuchten."[11]

Der Erzähler setzt Imaginationsverfahren ein, um sein Ziel der Identitätsbildung zu erreichen, wobei er in seiner Vorstellung kein passiver Beobachter seiner Erzatzkörpers, der Stadt, mehr ist, sondern Phantasien einer aktiven Einverleibung pflegt, in denen *er* der Namensgebende und gleichzeitig derjenige ist, der den Körper kontrolliert, nicht umgekehrt. Bei diesen Phantasien handelt es sich somit um Phantasien einer autonomen Identität. Ist dies ein Zustand, der sich ihm in der Realität verweigert, greift er zur Imagination, durch die es ihm gelingt, eine partielle Autonomie für sich zu beanspruchen.

Wolfgang Iser[12] versucht mittels des Begriffs des Imaginären als Erweiterung der Opposition ‚Fiktion' und ‚Realität', Vorstellbares zu beschreiben, dem durch eine Grenzüberschreitung, dem „Akt des Fingierens", beispielsweise in fiktionalen Texten, Form gegeben werden kann. Durch das Fingieren des Vorstellbaren beginnt der Protagonist sich das als „verbotenen Raum" beschriebene Territorium des Erinnerns imaginär zu erschließen:

> Vor Jahren widerfuhr es mir bisweilen, dass ich beim Lesen von Gedichten oder beim Musikhören in Ekstase geriet, dass ich spürte, wie sich mein Gehirn plötzlich und nachhaltig zusammenkrampfte [...] eine Klappe ging auf, nicht jedoch nach draußen, sondern auf irgendetwas Gehirnumwachsendes, etwas Tiefes, Unerträgliches, das vor Glückseligkeit überquoll. Der verbotene Raum erschloss sich mir über die Poesie oder die Musik.[13]
> Ich erinnere mich, das heißt, ich erfinde [...].[14]
> Das Ergebnis [ist] [...] Hunger nach Fiktion.[15]

[11] Ebd., S. 321.

[12] Vgl. ISER, *Das Fiktive und das Imaginäre*, S. 18-23.

[13] CĂRTĂRESCU, *Die Wissenden*, S. 20.

[14] Ebd., S. 98.

[15] Ebd., S. 480.

In dem Maße, in dem sich die Erinnerung des Protagonisten unter dem Einfluss seiner Projektionen verändert, wandeln sich auch seine gegenwärtige Wahrnehmung und seine „innere Chemie“: „Wenn ich rezitierte, mir dabei im Spiegel in die Augen blickte und eine ‚verzweifelte‘, ‚prophetische‘, ‚unschuldige‘, ‚leidenschaftliche‘ Grimasse zog, beeinflusste dies offenbar auch meine innere Chemie“[16], wie er es bezeichnet, sie verändert den Innenraum seines Wesens. Nach der Gedächtniskonzeption Jan Assmanns ist dies schlüssig: Eine Veränderung erfahren sowohl die Gedächtnis*inhalte* als auch die *Struktur* des Gedächtnisses durch Kommunikation,[17] die das Manuskript des Erzählers und gleichzeitig auch das des Autors darstellen. In einem zweiten Schritt verändert sich für den Protagonisten daher auch die Struktur des Raumes der Stadt Bukarest, also das Äußere – es wird imaginär:

> Die Erinnerung […] löste dieselbe Verblüffung in mir aus wie auch sonst alle die alten Gemälde, die in der grauen Pinakothek meines Gedächtnisses kunterbunt durcheinander lagern […], entsprechend verformt […] durch die Buckel der Imagination […]. Alles, alles ist dort falsch, alles von A bis Z konstruiert […]. Wohin schauen und wem trauen, da dir im Traum andere Träume einfallen, in welchen du dich an Dinge erinnerst, die sich nie zugetragen haben […]. Dann ist es schlicht unmöglich, herauszufinden, wo auf der wie ein Spinnennetz dreidimensionalen und endlosen Karte deines In-der-Welt-Seins du mit deiner Angst und Faszination dich befindest: in der Sackgasse der Illusion, auf der Landstraße der Träumerei, im Gedächtnis-Park, am Bahnhof der Halluzination, im Realitäts-Viertel der Stadt … […][18]

Die hier beschriebene Desorientierung ist keineswegs temporär; sie beschreibt die Position angesichts einer beständig verschiebbaren

---

[16] Ebd., S. 394.

[17] „Erinnerungen […] entstehen nur durch Kommunikation und Interaktion mit anderen“ (Assmann, *Das kulturelle Gedächtnis*, 36).

[18] Cărtărescu, *Die Wissenden*, S. 352.

Konstellation von Bedeutungen, welche der Protagonist seinen Erinnerungen verleiht; sie ist Teil der aus „Illusion“ oder „Träumerei“ gespeisten Erinnerungswelt des Protagonisten, die, da sie aus der Welt der Imagination stammt, einer eigenen Anordnung gehorcht, welche mit einer „dreidimensionalen und endlosen Karte“ verglichen wird. Seine Orientierungslosigkeit wird in obigem Zitat anhand eines Vergleichs mit der Bildenden Kunst beschrieben, sieht sich der Protagonist scheinbar arbiträr angeordneten oder „kunterbunt durcheinander“ lagernden Bildern in seinem Kopf gegenüber, die im Gedächtnis in Unordnung liegen. Die mangelnde Ordnung dieser Bilder gibt mimetisch sein Verhältnis zur Realität wieder, das durch die Imagination verformt ist.

Die Vereinigung von phantastischen Traumbildern mit Bildern aus der Realität macht eine klare Rückführung beider Arten von Bildern auf ihre Herkunft unmöglich. Dies hat seine Entsprechung in der Überlegung, dass auch Phantasiebilder sich nicht gänzlich aus absoluter Fiktion speisen, bzw. dass absolute Fiktion nicht existiert, denn jede Fiktion zieht einen gewissen Anteil aus der Realität nach sich, der in der Fiktion verändert neu kombiniert und sinnverwandelt dargestellt wird. Aus den Bildern bilden sich neue Bilder, die sich labyrinthartig ineinander verschachteln; die Bilder erscheinen ihm schließlich wie ein Gehege, das nunmehr nicht lediglich in seinem Kopf existiert, sondern in seiner Wahrnehmung auch die Realität verformt, also wiederum nach außen wirkt und seine Umwelt verfremdet.

Der Versuch, die Bilder nach Elementen der Realität und Konstrukten der Phantasie zu trennen, trägt in diesem Sinne nicht zur Auflösung seiner Desorientierung bei; vielmehr muss die Verschmelzung von Wahrgenommenem und „Erträumtem“ oder Erdachtem als Teil der ständigen Suche nach Bedeutungen, dem Auffüllen von Leerstellen und dem Herstellen von Erklärungsmustern angenommen werden, die sich im Bewusstsein des Subjekts bündeln bzw. konvergieren und seine Erinnerungsmuster formen.

Die an früherer Stelle beschriebene imaginierte Inkorporation des Raumes wird nunmehr veräußert, wobei der Imaginierende die beschriebenen Veränderungen bestimmt.

War ihm zu Beginn des Textes der Dialog mit der Stadt, seinem Alter Ego, von außen versperrt worden, richtet er sich im Folgenden mit seinen Texten aktiv an die Stadt, kehrt sich nun das Innen nach außen: „Es hielt mich nicht auf dem Platz, von Exaltation erfasst ging ich zum Fenster, um dem Panorama Bukarests, das im Nieselregen lag, vorzudeklamieren [...].“[19] Die erinnerungsstiftende Kommunikation, die innerhalb der Konzeption Assmanns zur Kultivierung der Gedächtnisstruktur beiträgt, wird hier also mit der Stadt betrieben, wodurch sich diese für ihn strukturell verändert.

So erscheint dem Protagonisten der ursprüngliche Raum seiner Kindheit, als er diesen wieder betritt, im Vergleich zu dem in seinen Erinnerungen abgespeicherten unerwartet klein und menschenleer. Letzterer kommt ihm dabei jedoch wirklicher vor:

> Das alte, das liebe Haus, das so oft vergessene und wiedererinnerte, das Haus in der Mitte meines Gehirns. Als ich jenseits des schiefen schmiedeeisernen Gitterzauns den u-förmigen Hof tatsächlich vor Augen hatte, kam er mir unerwartet eng vor. In den Erinnerungen, im Traum und in den geträumten Erinnerungen war er anders, weitläufig und voller Menschengewusel. In Wirklichkeit maß er nicht mehr als sechs, sieben Meter in der Breite. [...] Ich befand mich hier nicht mehr in der Wirklichkeit.[20]

Das veränderte Verhältnis zur Wirklichkeit wird maßgeblich durch seine Erinnerungen bestimmt, die sich nicht mit den faktischen Maßen und mit den in der Realität vorgefundenen Gegebenheiten decken. Maßgebend ist nun nicht mehr *die* Wirklichkeit, sondern *seine* Wirklichkeit, die von *anderen möglichen* Wirklichkeiten abweichen kann.

Außerdem unterscheidet sich die aktuelle Wirklichkeit des Protagonisten von seinen früheren Wirklichkeiten: Die Erkundung

[19] Ebd., S. 394.

[20] Ebd., S. 146f.

des eigenen Innenraums vor dem Hintergrund von Erinnertem überführt sein Verständnis vom Wesen des Seins und der Identität in ein sich selbst reproduzierendes Geborenwerden aus früheren Identitäten, das eine fortlaufende Reihe von Individuen reproduziert, die alle für sich eigenständig und gleichzeitig miteinander verbunden sind:

> Es war so viel Leere und Melancholie in meinem Leben, so gar keine Vorstellung weder von der Zukunft noch von den gegenwärtigen Augenblicken, dass mein Verstand wie eine Vakuumpumpe ein seltsames Mark aus den dünnen Knochen der Erinnerung sog. [...] Ich, der von heute, berge in mir den von gestern, der jenen von vorgestern in sich birgt, und so immer weiter zurück, so dass ich letztlich nichts anderes bin als eine immense Reihe russischer Puppen, immer eine in der anderen begraben, jede schwanger mit der jeweils vorhergehenden, aber dennoch aus ihr geboren, hervorgehend aus ihr wie eine Aura, so dass der Kern immer dunkler ist und die Oberfläche immer diaphaner, und auf der glasigen Oberfläche meines Körpers in genau diesem Augenblick schimmert bereits das sanfte Licht dessen, der ich in einer Stunde sein werde, denn nichts anderes ist unser Astralkörper als das klarsichtige Licht der Zukunft. [...]. Zu einigen meiner Brüder (seltsame Brüder, die alle meinen Namen und genetischen Code tragen, wie in kinderreichen Familien die Kleinen die Kleider der groß Gewordenen übernehmen) habe ich keinerlei direkte Verbindung mehr, während ich von anderen über Zehntausende Tentakel zehre. Sie ihrerseits zehren voneinander, verbünden sich miteinander gegen andere Verbündete, schmieden Komplotte gegeneinander, indem sie sich die Hände über Altersstufen hinweg in einem so dichten Beziehungsgeflecht reichen, dass sie zusammen ein vierdimensionales Feld einschwärzen: mein wahres Wesen, von dem ich, der Augenblickliche nur ein Spot, eine Hypostase bin, ein Isotop in einer unendlichen Reihe, ein Zusammentreffen des Virtuellen mit dem Wunder der Wirklichkeit, das – siehst du! – auch schon wieder vorüber ist. [...] machtest du einen Querschnitt durch mein wahres

> Wesen, als sägtest du einen Baum ab, fändest du in konzentrischen Ringen den Mircea im Mircea im Mircea im Mircea im Mircea …[21]

Die Literatur gestattet ihm den Zugang zu einem zuvor als „verboten" beschriebenen Bereich, führt ihn jedoch gleichzeitig an die Grenzen des Greifbaren.[22] Über die Möglichkeit hinaus, den verbotenen Raum der Erinnerungen nunmehr betreten zu können, stellt im Laufe seiner Entwicklung nicht mehr das Greifbare, das ihm die Stadt Bukarest bedeutet hatte, den Gegenstand seiner Selbsterkundung dar, sondern gerade das Nicht-Greifbare sowie sein Verhältnis zur Dimension der Vergangenheit:

> Ich kann das Unbeschreibliche nicht beschreiben. […] Das *Einzige*, was mit Wörtern dargestellt werden kann, auch wenn es schauderhaft ist, war eine Geste der Zärtlichkeit dem Vergangenen gegenüber. […][23]

Die Beschreibung des Unbeschreibbaren – Mirceas Erkundung ort- und zeitloser Bilder

Die Beschreibung des Unbeschreiblichen, an anderer Stelle des Textes als „ort- und zeitlose Bilder"[24] benannte Erinnerungen, die ihm „absurd und phantastisch" erschienen, wird für den sich in einem Vakuum zwischen Nostalgie produzierender Vergangenheit und nicht-erinnerbarer Zukunft befindlichen Protagonisten zu einer regelrechten Obsession:

---

[21] CĂRTĂRESCU, *Die Wissenden*, S. 357.

[22] Zur Rekonstruktion der eigenen Identität beginnt er eine phantastische Geschichte seiner Vorfahren, den Badislavs zu erzählen, die auf der Flucht vor der Rache ihrer toten Ahnen aus Bulgarien in die Walachei kamen, auf der der Schatten eines Familienmitgliedes geopfert werden muss, um die Überquerung der zugefrorenen Donau zu gewährleisten. Vgl. ebd., S. 47-82.

[23] Ebd., S. 519.

[24] Ebd., S. 364.

> [Mich] beschäftigten [...] [Fragen], von denen mir klar war, dass ich von den Eltern keine Antwort darauf bekommen würde, aber nicht, weil ich die Antwort nicht erfahren sollte, auch nicht nur deshalb, weil sie selbst sie nicht gekannt hätten, sondern weil sie nicht verstehen konnten, worum es mir ging, weil ich ihnen nicht vermitteln konnte, was mich beunruhigte. [...] Ich hätte sie fragen wollen, wie die Welt aussähe, wenn keinerlei Lebewesen sie bewohnten, niemand sie also sehen würde, doch es gelang mir nicht einmal, meine plötzlich aufsteigende Angst in einen Gedanken umzuwandeln, umso weniger in eine Frage. Tatsächlich war es so, dass mich von Zeit zu Zeit eine schreckliche Gewissheit durchzuckte: Die Welt könnte sehr wohl auch dann existieren, wenn niemand sie sähe. Wie aber wäre sie dann? Sie wäre weder Farbe noch Geschmack, weder Deutlichkeit noch Geruch... Und dennoch *wäre* sie, in demselben Maße wie die von uns gesehene und empfundene. [...] Mir war allerdings bewusst, dass selbst diese Vision ein Bild ist, ein ‚gesehenes', bei halb geschlossenem Verstand gleichsam, so wie man die Augen zu Schlitzen verengt, um in einer Landschaft gezielt das zu sehen, worauf es einem ankommt. Was aber, wenn der Verstand sich ganz verschlösse, ja wenn es weder Auge noch Verstand je gegeben hätte? Wie sah es aus an Orten, wo der Mensch nie seinen Fuß hingesetzt hatte? Wie konnten sie ohne Formen und Farben existieren? Da stellte ich mir die Welt, alles, was existiert, als eine große Dunkelheit vor, mit Zonen größerer Dichte, von schlammiger Konsistenz, da waren Gegenstände zu finden. Ein Sumpf ohne Ende, mit Klumpen drin, die sich langsam auflösten. Nirgendwo ein Licht, keine Nuance, kein Geräusch, nur Finsternis und darin größere oder kleinere Brocken, durcheinander geworfen wie aussortierte Möbelstücke in einem restlos verfinsterten Lagerraum.[25]

Seine Beunruhigung angesichts der Frage, wie Orte existieren können, die keiner wahrnimmt, hat mit der gegenteiligen Frage zu tun, wie bereits Erlebtes, das jedoch in der Vergangenheit liegt und sich daher

[25] Ebd., S. 414f.

jeglichem unmittelbaren Zugang entzieht, begriffen werden kann. In einem weiteren Schritt bezieht sich diese Frage auch auf das Problem, dem er sich gegenübersieht, das Unbeschreibbare beschreiben zu wollen.[26]

Eine entsprechende Metapher, die diesen Zustand beschreiben soll, findet er in der Welt der Blinden: „Möglicherweise hängt damit meine Erschütterung angesichts der Blinden zusammen. [...] Sie wussten, wie das Sein ist, wenn niemand es sehen kann.“[27] Diese Metapher wird von ihm in einen direkten Bezug zu seiner Erinnerungsarbeit gebracht:

> Vergeblich durchstöbere ich mein Gedächtnis danach, genauso vergeblich, als wollte ich Erinnerungen an die Ewigkeit vor meiner Geburt ausgraben. Dennoch gibt es da ein graues Licht, eine etwas hellere Nuance jener Schwärze, als die wir uns das Nichts vorstellen [...]. Es gibt Blinde, die wissen, dass sie sehen könnten, [...] andere Blinde wiederum haben gar nicht das Bewusstsein, dass ihnen etwas fehlt.[28]

In Bezug auf die Vergangenheit stellt er sich die Frage, wie etwas Substanz haben kann, wie etwas wirklich sein kann, wenn es zwar erlebt wurde, jedoch durch nichts Bestand hat, da es weder festgehalten werden kann noch sich konsistent der Wahrnehmung darbietet.

Denn gerade die Vergangenheit selbst erweist sich als nicht direkt greifbar: „Denn wer über alte Dinge schreibt, beschreibt nicht die Vergangenheit, sondern den Dunstschleier zwischen sich und ihr.“[29] Ja, nicht einmal der Moment der Gegenwart selbst hat Substanz:

> Vor einem Augenblick kippte jener, der eben noch – gespiegelt im dunklen Teichauge der Kaffeetasse – die Wörter ‚ineinander

[26] Vgl. ebd., S. 519.
[27] Ebd.
[28] Ebd., S. 298f.
[29] Ebd., S. 19.

> hineinsterbend' schrieb, vom Hocker, seine Haut wurde rissig, die Wangenknochen traten hervor, die Augen liefen aus, schwarzen Blutschaum bildend. Einen Augenblick danach wird jener, der schreiben wird ‚der schreiben wird', ebenfalls zusammenbrechen und in den Staub des anderen stürzen.[30]

In Bezug auf Erlebtes und (nicht) Erinnertes muss er herausfinden, wie er dem eigenen Erleben trotz dessen Substanzlosigkeit und der Beschaffenheit des Nicht-Greifbaren Kohärenz verleihen kann und es in eine identitätstragende Geschichte überführen kann, die ihm und seiner Existenz einen Sinn verleiht.

Wie das begreifen, was sich aufgrund seiner Substanzlosigkeit nicht greifen lässt? Wie das in eine Geschichte überführen, was *per se* keinen roten Faden hat?

„Ich würde in einer Geschichte existieren" – die Erzählung als Ersatzlebensraum

Die einzige Sicherheit findet er im Erzählen, in der Beschreibung des Unbeschreibbaren – die einzige Möglichkeit, sich mit der Vergangenheit zu identifizieren, diese in eine konsistent greifbare Realität zu überführen, besteht für ihn in der Narration:

> Ich würde in einer Geschichte existieren, wennschon nicht in meiner eigenen, ich würde Kohärenz und Würde erlangen in einer Welt, und wär's auch die illusorischste aller Welten. Denn Realität gibt dir die Erzählung, nicht die Substanz. Du magst in Stein gehauen sein und dennoch nicht existieren, verloren irgendwo zwischen grenzenlosen Dünen, bist du aber ein Phantom in einem Traum, rechtfertigt gerade das große Licht des Traums deine Existenz und baut dich auf. Ja dort, in der verworrenen Erzählung eines verschlafenen Gehirns bist du wirklicher als Milliarden bewohnter Welten.[31] […] Wir [sind] Schöpfung, die noch nicht

[30] Ebd.

[31] Ebd., S. 301f.

> geschaffen wurde, denn geschaffen sein, heißt stets implizit schaffen.[32]

Traum und Erzählung werden auf einen Nenner gebracht, da in diesen beiden Formen von Phantasie Elemente der Realität mimetisch in einen veränderten Zusammenhang überführt werden, wodurch das Verhältnis des Träumenden und des Erzählenden zu dieser Realität abgebildet und dem Erlebten eine Erklärung oder ein Sinn verliehen wird.

Das Erzählen einer Geschichte ermöglicht Mircea gleichsam eine vorübergehende Auflösung seiner Orientierungslosigkeit, eine individuelle und fragile, da jederzeit verschiebbare Interpretation von Erlebtem und Erinnertem angesichts der „kunterbunt durcheinander lagernden" Bilderwelt seines Gedächtnisses: Vorübergehend einerseits, da der Sinn seiner Geschichte in der erzählten Form für ihn jederzeit veränderlich ist, andererseits, da sie durch verschiedenartige Interpretationen seitens der Leser wiederum einen Spielraum erhält, der die „dreidimensionale und endlose Karte deines In-der-Welt-Seins" dieser imaginierten Geschichte verschiebt, umstrukturiert und mimetisch abbildet, sodass die Karte in der Tat „endlos" wird. Erinnern bedeutet für ihn einen ständigen Bedeutungswandel und Positionswechsel. Dies macht *seine* Realität aus: Eine Realität, die sich nicht aus faktischen Tatsachen der Realität speist, sondern nach dem Prinzip des Möglichen oder Wahrscheinlichen konstruiert. Es handelt sich um die Suche des Subjekts nach einem möglichen Menschenbild angesichts einer chaotischen und irrationalen Welt, wie Cărtărescu in seinem Werk *Postmodernismul românesc*[33] konstatiert, und um die Einsicht, dass diese pluridimensional und nicht konstant ist; es handelt sich weiter um eine Interpretation des eigenen Lebens durch Herstellen von Zusammenhängen, semantischem Aufladen erlebter Einzelmomente und emotional erfahrbarer Ereignisse sowie dem Auffüllen von Leerstellen unter Rückgriff auf

---

[32] Ebd., S. 498.

[33] CĂRTĂRESCU, *Postmodernismul românesc*, S. 171.

Imagination als ‚Füllstoff'. Dieser Ersatzraum, den sich der Protagonist schafft, erlaubt es ihm, überhaupt zu existieren.

Die Entwicklung des Erzähler-Protagonisten beschreibt einen Kreislauf vom Äußeren über das Innere, das wieder ans Äußere gelangt, welches nunmehr ein selbstgestaltetes, innengerichtetes Äußeres ist: War zuerst das Äußere da, das die Stadt Bukarest darstellte und das ihm jedoch verwehrt wurde, gelangt er zu dem Innenraum des Erinnerns und der Imagination seiner Selbst, den er durch das Überführen der Erinnerungen in Fiktion veräußert. Seine Geschichte entsteht durch ein „in sich selbst Hinabsteigen"[34] in die eigene Person, ein ‚Er-innern' nach dem Vorbild der russischen Puppen, die als Gleichnis für die Schöpfung des Textes aus sich selbst heraus dienen.

Der Autor zeigt auf diese Weise über den Erzähler, dass mittels der Veräußerlichung des Inneren die Grenzen, die dem Protagonisten in Anbetracht der von außen errichteten Schranken gesetzt werden, durch die Literatur gesprengt werden können, und dass so eine Selbstfindung in der Literatur möglich ist. Diese äußerlichen Schranken erinnern an die Schranken, denen sich Rumänien angesichts einer von Zensur und Verschweigen geprägten Beschäftigung mit der Vergangenheit gegenübersah und -sieht. Die Mauer, der sich der Erzähler im Romaneingang gegenübersieht, lässt sich als Symbol für die Repressalien des Ceauşescu-Regimes lesen, die das rumänische Volk aus eigener Kraft, quasi von innen her, durchbrechen muss. Hier spielen nicht historische Fakten die leidtragende Rolle, sondern das persönliche Erleben der Individuen bzw. deren Umgang mit dem Erinnerungsprozess, ihr eigener Zugang zum Erlebten. Dabei kann die innere Welt, das persönliche Erleben, realer sein als alle äußeren Umstände. Diesen Gedanken veranschaulicht Herta Müller in ihrem autobiographischen Essay „In jeder Sprache sitzen andere Augen", wenn sie ihre als Kind erlebte Angst wie folgt beschreibt:

---

[34] Ebd., S. 499.

> Ich war nicht ängstlicher als andere, hatte nur wie sie wahrscheinlich auch die vielen grundlosen Gründe, Angst zu haben – im Kopf gebaute, ausgedachte Gründe. Aber diese ausgedachte Angst ist keine bloß eingebildete, sie ist gültig, wenn man sich mit ihr herumschlagen muss, da sie so wirklich ist wie die von außen begründete Angst.[35]

So erscheint es nur kohärent, wenn im Roman *Die Wissenden* nur wenige historische Fakten erwähnt werden, denn die Innenwelt des erlebenden Subjekts trägt mehr Bedeutung als die vermeintlich objektive Geschichte.

Dieser referentielle Charakter des Textes, sein Bezug zur realen Welt, aber gleichfalls die Verschiebbarkeit seines Sinns werden auch auf metapoetischer Ebene verhandelt: Beschreibt der Erzähler-Protagonist Mircea auf werkimmanenter Textebene die Geschichte seiner Familie – und damit implizit auch die seines Landes – im Allgemeinen und sucht damit seine eigene Identität im Besonderen zu bestimmen, so reflektiert der gleichnamige Autor gleichzeitig die Möglichkeiten des selbstreferenziellen Schreibens und den Prozess des Erinnerns. Im Vordergrund dieser literarischen Selbsterkundung stehen wiederum keine Fakten; diese verblassen hinter der bisweilen phantastischen Fiktionalität des Erzählten und der auf der werkimmanenten Ebene transportierten Botschaft einer subjektiven und wandelbaren persönlichen Wahrheit. Wird auf der Ebene des Erzählten die Bedeutung des durch den Erzähler-Protagonisten Mircea Imaginierten als Mittel zum Er-Finden von „Würde und Kohärenz" hervorgehoben, so stellt auch die autobiographische Geste des Erzählten diese Suche nach Kohärenz und Sinnhaftigkeit in den Vordergrund. Dadurch werden die Absichten und Bestrebungen fiktionaler und autobiographischer Texte auf eine Ebene überführt. Auf dieser Ebene, auf der eine klare Unterscheidung zwischen Fakt und Fiktion von der Frage nach möglichen Bedeutungen für Autor

---

[35] MÜLLER, „In jeder Sprache sitzen andere Augen" in dies., *Der König verneigt sich und tötet*, S. 8.

und Leser abgelöst wird, sucht Cărtărescu individuell valide und zeitgemäße Formen für autobiographische Fiktionen und führt vor, wie die postmoderne Aufarbeitungsliteratur Europas starre Gattungszuweisungen hinter sich lässt, verschiedene Formen und Konzepte fiktionalen und selbstreferenziellen Schreibens in einen Dialog überführt und hierdurch ein offenes, individuell gestaltbares Forum für persönliche Wahrheiten schafft.

Der Roman zeigt auf, welchen Beitrag zur Erinnerungsarbeit Literatur zu leisten imstande ist. Dabei werden verschiedene Identifikationsmuster durchgespielt und auf ihre Brauchbarkeit hin überprüft, beispielsweise die nur schwache Spiegelung einer Romanfigur im Bildnis Ceauşescus oder die nach dem Vorbild des Diktators vorgenommene plastische Operation einiger Bürger, die daraufhin für tot erklärt werden. Persönliches und Öffentliches, Erinnerung und Geschichte werden ineinander verschränkt.

Mit seiner lebhaften Symbolsprache, seiner reichen Bilderwelt und seinem metafiktionalen Diskurs über Gedächtnis- und Erinnerungskonzepte sowie seiner Nähe zur metafiktionalen Autobiographie vor dem Hintergrund einer ungewissen (weil durch die Geschichte nur bruchstückhaft überlieferten) „rumänischen" Identität reiht sich *Die Wissenden* in die postmoderne Literaturproduktion Europas ein. Der Roman kann als Aufruf zur Mitgestaltung eines neuen Rumänien, zur Realisierung einer autonomen Identität verstanden werden. In Rumänien finden sich heute nicht mehr lediglich politische, sozio-kulturelle, ökonomische Fakten vor, welche sich noch maßgeblich aus einer diktatorischen Geschichte speisen; die Rumänen können im Gegenteil aktiv an der Neugestaltung einer eigenen Realität partizipieren und ihre zukünftige Geschichte mitbestimmen, gleichsam „mitschreiben". *Die Wissenden* ist der Appell Cărtărescus zur Teilnahme aller Subjekte an der Gestaltung der eigenen Umwelt und der Bestimmung neuer, eigener und individueller Lebensformen – trotz und angesichts einer Vergangenheit, in der so manches hinter einem Schleier des Unklaren und „Unbeschreibbaren" zu verschwinden droht.

Literaturverzeichnis

Primärliteratur

CĂRTĂRESCU, MIRCEA: *Orbitor. Aripa stîngă*, Bukarest: Humanitas 1996.
CĂRTĂRESCU, MIRCEA/CSEJKA, GERHARDT (Übers.): *Die Wissenden*, Wien: Szolnay 2007.
MÜLLER, HERTA: „In jeder Sprache sitzen andere Augen", in dies.: *Der König verneigt sich und tötet*, Frankfurt am Main: Fischer 2008.

Sekundärliteratur

ASSMANN, JAN: *Das kulturelle Gedächtnis. Schrift, Erinnerung und politische Identität in frühen Hochkulturen*, München: Beck 2005 [1992].
CĂRTĂRESCU, MIRCEA: *Postmodernismul românesc*, Bukarest: Humanitas 1999.
ISER, WOLFGANG: *Das Fiktive und das Imaginäre*, Frankfurt am Main: Suhrkamp 1991.

ROMANIȚA CONSTANTINESCU

Die wahre und unwirkliche Geschichte Gedächtnis im Palimpsest in Mircea Cărtărescus Trilogie *Blendend*

„Nichts ist wirklich – aber was ist wahr?"
Traian T. Coşovei, *Ninsoarea electrică*
[Das elektrische Schneien], 1979

Ziel dieser Arbeit ist es, jene Einschätzung des Prosawerkes Mircea Cărtărescus, Literaturprofessor an der Universität Bukarest und einer der wichtigsten Theoretiker des rumänischen Postmodernismus, zu korrigieren, die unter dem Einfluss des literaturwissenschaftlichen Werkes des Schrifstellers und unsensibel gegenüber der Entwicklung seines Prosawerkes den Schwerpunkt auf den Verlust des Wirklichkeitgefühls legt. Dies schließt den Verlust des Gefühls für Zeit und Geschichte, jeglichen Denotats in den vor 1989 erschienenen Novellen, aber auch in den danach erschienenen Romanen ein, die alle durch die vom Autor des Postmodernismus übernommene Poetik gekennzeichnet sind. Die Hartnäckigkeit der Kommentatoren bezüglich dieser Aspekte der literarischen Poetik gebiert noch heute, zwanzig Jahre nach Untergang des Kommunismus, so manche Verdächtigung angesichts der „kommoden", unengagierten, ästhetischen und hedonistischen Attitude der Postmodernisten in einem Teil der Welt, der Postmodernität entweder noch nicht kennt oder gerade erst kennenlernt. Diese Verdächtigungen entbehren jeglicher Berechtigung, sie schaffen aber die Notwendigkeit einer neuerlichen Erläuterung des Kontextes, einer genaueren Einschätzung des Einflusses der postmodernen Poetik in der rumänischen Literatur und Gesellschaft vor 1989 sowie einer Analyse der Modifikationen der poetischen Mittel nach 1989. Der rumänische Postmodernismus ist mithin markiert von einer Zäsur. Die programmatischen Erklärungen aus der Zeit vor 1989 lassen sich auf die von denselben

Autoren später hervorgebrachte Literatur nicht so ohne weiteres anwenden. Die vorliegende Arbeit setzt sich zum Ziel, auch im Werk Mircea Cărtărescus eine Entwicklung zwischen den während und nach der Zensur erschienenen Werken aufzuzeigen. In den nach 1989 publizierten Romane sind „unverhofft" die Obsession der Vergangenheit, die Revanche der Geschichte, die Wiederkehr des Kontextes evident. Es ist, als würde ein Stück einmal ohne Dekor, in einem quasi leeren Raum aufgeführt, und dann, jäh, fordert das Dekor sein Recht mit einer solchen Hartnäckigkeit ein, die Protagonisten und Handlung in den Hintergrund verjagt. Ich werde im folgenden beim Topos des bekannten Bukarester Obor-Marktes verweilen, so wie er sich in der literarischen Prosa Mircea Cărtărescus, aber auch in seinem journalistischen Werk konsolidiert, vor und nach 1989, dem Wendepunkt unserer Geschichte. Diese von Cărtărescu auf fiktionale Weise minutiös rekonstituierte Geschichte ist keine Lektion aus einem Lehrbuch, sie ist durchaus makelhaft – die Postmoderne zieht dem Leser den Glauben an die „Wirklichkeit" künstlerischer Bilder zurück, indem sie die geläufigen Lesarten des Alltäglichen unter Verdacht stellt:

> Viele postmoderne Romane mögen auf den ersten Blick wie historische Romane erscheinen, doch der unschuldige Leser ist sofort verdrossen von der außergewöhnlichen Freiheit, mit der die Geschichte aufgeweicht wie Dalís Uhren, verzerrt, entstellt und korrigiert wird, etc.[1]

Ich werde der Analyse des Kult-Bildes des Obor-Marktes in den Schriften Mircea Cărtărescus vor und nach 1989 zwei weitere Topoi zur Seite stellen, auf die sich die Aufmerksamkeit des zeitgenössischen Lesers konzentriert und auf die vor der Wende – die Gründe liegen auf der Hand – kein Bezug genommen werden durfte: die fiktionale Darstellung des rumänischen Geheimdienstes, der *Securitate*, als repressiver Apparat des rumänischen kommunistischen Systems, und schließlich die fiktionale Darstellung der rumänischen Revolution als

[1] CĂRTĂRESCU, *Postmodernismul românesc* [Der rumänische Postmodernismus], S. 104.

Ereignis der jüngeren Geschichte. Die nach 1989 von Mircea Cărtărescu angeregten imaginären Rekonstruktionen der Wirklichkeit bezeugen eine spielerische und ironische Verfassung, die Tabus der Darstellung verletzt und die Leser dazu provoziert, die eigenen Legitimationsszenarien, Vertrauensprämissen und Werte in Frage zu stellen. Cărtărescu betrachtet die jüngere Vergangenheit und die von ihr unterminierte Gegenwart mit einer von Blauäugigkeit freien Ironie: Die Vergangenheit können wir nicht zerstören und auch nicht einfangen. Wir können sie erneut aufsuchen, indem wir erneut die sukzessiven Interpretationen aufsuchen, welche sie fixiert haben. In der Prosa Mircea Cărtărescus finden sie sich einander überlagernd in einem Palimpsest der Erinnerung, das sowohl die „Lüge" als auch die „Wahrheit" der Rekonstituierung durchschimmern lässt.

Die Revolution vor der Revolution

Dem Schriftsteller Mircea Cărtărescu, der im Zeitraum von 1980 – 1989 vier Bücher veröffentlicht hat und der gemeinsam mit gleichaltrigen Lyrikern und Prosa-Autoren der „Optzecişti-Bewegung" (von *optzeci*, rum. achtzig, Gruppe von Schrifsteller, die in den 1980er Jahren debütiert hat) in einigen weiteren literarischen Anthologien vertreten ist, ließe sich von Seiten gewisser, kürzlich zur Intransigenz konvertierter Geister vorwerfen, er habe sich zum Regime Nicolae Ceauşescus in der letzten und finstersten Dekade von dessen Herrschaft nicht kritisch geäußert. In Wahrheit haben die Schikanen der Behörden vor diesen Schriftstellern nicht Halt gemacht: Der Literaturkreis der Bukarester Studenten, in dem Cărtărescu debütiert, *Cenaclul de luni* [Der Montagskreis], geleitet von dem Universitätsprofessor und Literaturkritiker Nicolae Manolescu, wird vom kommunistischen Parteisekretariat der Universität, das die Vereinigung als subversiv ansah[2], 1983 aufgelöst; das erste Prosawerk des Autors,

[2] Der Kreis war 1977 in einer vergleichsweise liberalen Periode gegründet worden und wurde nicht von den Propagandadiensten kontrolliert, jeder konnte dort lesen, ohne dass die entsprechenden Texte vorher irgendeiner Zensur unterworfen gewesen wären. Der *Cenaclul de luni* stellte den Bukarester Kern der Lyriker der

Visul [Der Traum, 1989], wurde von der Zensur grausam verstümmelt[3], man zwang ihn wie alle Absolventen jener Jahre zur Arbeit auf dem Lande (wer die Universität beendet hatte, dem waren die Städte für mindestens drei Jahre verschlossen); all dies jedoch macht ihn noch nicht zu einem Dissidenten. Man machte den Schriftstellern der Achtziger-Generation – so wird Mircea Cărtărescu in seiner literaturtheoretischen und -geschichtlichen Arbeit *Postmodernismul românesc* [Der rumänische Postmodernismus,

---

neuen Generation, die auch die 80er-Generation genannt wurde, dar. Die emblematischen Sammelbände der Gruppe waren die Lyrik-Anthologien *Aer cu diamante* [Luft mit Diamanten] von Mircea Cărtărescu, Traian T. Coşovei, Florin Iaru şi Ion Stratan (1982) und *Cinci* [Fünf] mit Bogdan Ghiu, Ion Bogdan Lefter, Mariana Marin, Romulus Bucur und Alexandru Muşina (1983). Ebenso debütierten dort und verlasen ihre Texte Prosaschriftsteller wie Gheorghe Crăciun, Mircea Nedelciu, Sorin Preda, Cristian Teodorescu und andere. Vor seiner Auflösung war der Kreis in den ultranationalistischen Zeitschriften des Ceauşescu-Regimes, *Săptămîna* [Die Woche], *Luceafărul* [Der Morgenstern] und *Flacăra* [Die Flamme] heftig attackiert worden, mit den Beschuldigungen des Nonkonformismus, des Kosmopolitismus, des Mangels an Patriotismus – unter anderem deshalb, weil in den öffentlich gelesenen Gedichten englische Ausdrücke und westliche Markennamen vorkamen.

[3] Der Band mit Novellen erschien 1989 im Bukarester Verlag Cartea Românească. Die unzensierte Gesamtausgabe des Buches wurde 1993 vom Bukarester Humanitas-Verlag unter dem Titel *Nostalgia* veröffentlicht. Der frappierendste Unterschied zwischen der alten und der unzensierten Ausgabe des Buches liegt im gänzlichen Fehlen der ersten Novelle „Ruletistul" [Der Roulette-Spieler] in der zensierten Variante, vermutlich aufgrund der schlichten Präsenz des Syntagmas „russisches Roulette". Durch die Intervention der Zensur wurde auch die Erzählung „Gemenii" [Die Zwillinge] verstümmelt, welcher der erzählerische Rahmen fehlt, sprich etwa neun Seiten am Anfang und vier Seiten am Ende, wobei vermutlich das Thema – die Kostümierung, der Identitätswechsel des Protagonisten – verdächtig gewesen war. Durch diese Beschneidung jedoch hat sich die mittels der Travestie zwischen Erzähler und Figur sowie zwischen der männlichen und der weiblichen Figur der Novelle bewirkte Verwirrung in Wohlgefallen aufgelöst. Die Novelle „Visul" [Der Traum] erscheint in der Gesamtausgabe unter einem anderen Titel („Mendebilul", auf Deutsch „Mendebilus"), „Organistul" wird zu „Arhitectul". Das Buch wurde nach der rumänischen Gesamtausgabe von Gerhardt Csejka unter dem Titel *Nostalgia* auch ins Deutsche übersetzt (Frankfurt am Main: Suhrkamp Verlag, 2009).

1999] nicht müde zu erklären – jeglichen Versuch, sich öffentlichkeitswirksam zu präsentierten, programmatisch zunichte, sie dürfen nicht zu öffentlichen Personen werden wie Ana Blandiana, Dichterin einer vorangegangenen Generation, oder Mircea Dinescu, widerspenstiger Altersgenosse der „Achtziger" an der Schnittstelle der Generationen. Sie sind zum *underground* verdammt.[4] Folglich haben sie keinerlei Deckung, keinerlei Garantie, weder bezüglich der Resonanz des Protestes, noch im Hinblick auf den Schutz, den ein offenkundiger Bekanntheitsgrad implizit gewährt. Ein den in- und ausländischen literarischen Kreisen und der breiten Öffentlichkeit wenig bekannter Dichter, Gheorghe Ursu, wurde 1985 von der *Securitate* ermordet für das Vergehen, ein Tagebuch geführt zu haben, dessen Inhalt bis auf den heutigen Tag unbekannt ist, weil das Manuskript aus den Archiven verschwand.

Und dennoch, selbst wenn sich die jungen Schriftsteller, die in den 80er Jahren des vergangenen Jahrhunderts debütieren, weder den öffentlichen Protest zu eigen machen[5], noch jenen, der sich in

---

[4] „Die 70er-Generation, mehr ästhetisch pronunziert und weniger anfällig für Indoktrination, ist die erste, welche die Offiziellen in Unruhe zu versetzen beginnt. Ästhetischer und politischer Skandal (der Oneirismus und der Auftritt von Dissidenten) besorgen die unerbittliche Marginalisierung der Schriftsteller, welchen in diesen Jahren die Kontrolle über die Union der Schriftsteller, das Künstlerische Zentrum von Mogoşoaia, einige literarische Zeitschriften etc. abhanden kommt. Keiner der Schriftsteller jener Jahre, so bedeutsam er auch sein mag, wird sich künftig mit der Selbstverständlichkeit eines Nichita Stănescu, Marin Sorescu oder einer Ana Blandiana behaupten können. Die Literatur gerät schließlich in einen Winkel, über den sich Schatten und Verdächtigung legen. Das Ablaßsystem (bestehend aus staatlicherseits gewährten Prämien und Kreativaufenthalten für stromlinienförmige Autoren oder für solche, die es zu korrumpieren galt, Anm. d. Verf., R. C.) wird ersetzt durch das System paranoider Überwachung und Unterdrückung (s. *Cartea albă a Securităţii* – Das Weißbuch der *Securitate*), als Versuch, das intellektuelle, kulturelle und literarische Milieu zu kontrollieren. Ab 1980 sollte die Enklavisierung der litererarischen Welt zu einer selbstverständlichen Tatsache werden, die künstlerische Phänomena zeitigte, welche typisch *underground* waren " (CĂRTĂRESCU, *Postmodernismul românesc*, S. 140-141).

[5] So wie es Mircea Dinescu im März 1988 in einem der Tageszeitung *Libération* gegebenen Interview offen tat.

den publizierten Büchern[6] in Allusionen verhüllt, in äsopischer Ausdrucksweise, so übernehmen sie offen, gleich den Romantikern nach der gescheiterten Revolution, die Verantwortung für eine *poetische Revolution*. Es ist nicht verwunderlich, dass Mircea Cărtărescu, so seltsam es auch scheinen mag, die 1980er-Generation im Osten mit den 68ern im Westen vergleicht:

> Der Anfang der 1980er Jahre scheint wahrhaftig das verspätete '68 der Rumänen zu sein, der Moment, in dem genau wie im Westen 10-15 Jahre zuvor eine ganze Generation den Unterschied zu den vorausgegangenen Generationen betont, der sich nicht auf den banalen Generationskonflikt reduzieren lässt.[7]

„Die Generation in Blue Jeans", wie man sie auch genannt hat, verändert in erster Linie die kulturellen Schemata: Das nach der proletarischen Periode der Baskenmützen und der offenen Hemdkragen in den 60er Jahren unter Schwierigkeiten restaurierte frankophile Modell einer Welt „der Krawatte, der klassischen Musik und des Handkusses" wird ersetzt durch das amerikanische Modell, jenes der Emanzipationen jeglicher Art, der Straßenkleidung, durch Rockmusik, Popkultur, die den Behörden so verhassten lange Haare (Männer durften keine langen Haare tragen, Koteletten und Bärten waren auch schlecht angesehen), so dass man die Delinquenten (bei Fehlen ir-

[6]Das letzte Beispiel für Schlüsselliteratur liefert Ana Blandianas Band mit Kindergedichten *Întâmplări de pe strada mea* [Begebenheiten aus meiner Straße, 1988], das von der Öffentlichkeit als politisches Pamphlet gelesen wird, wobei die Leser in dem Kater Arpagic Ceauşescu wiedererkennen. Das Buch (übrigens sofort vergriffen), wird verboten, gebiert aber das Phänomen des *Samizdat*: Die Leser erinnern sich der Gedichte und geben sie so in geschlossenen Kreisen wieder. Die Reichweite des Phänomens führt zur entsprechenden Reaktion seitens der Behörden: Ana Blandiana wird die Verbreitung weiterer, in Druck befindlicher Bücher untersagt, jene, die in den Bibliotheken stehen, werden auf den Index gesetzt. Verboten werden nicht nur ihre eigenen Texte, sondern auch kritische Texte anderer Autoren, die über sie geschrieben haben, ihre Texte dürfen nicht länger kommentiert, ihr Name nicht erwähnt und sie selbst nicht zitiert werden.

[7] CĂRTĂRESCU, *Postmodernismul românesc*, S. 364.

gendeines Gesetzesparagraphen, dessen Missachtung sie beschuldigt werden könnten) von der Straße abführt und ihnen gewaltsam die Haare abschneidet. Die neue Generation scheint in erster Linie die Realität ignorieren zu können und behauptet in ungestümer Weise ihren Wunsch, *anders* zu leben, oder besser gesagt, *woanders*, die neue literarische Realität ist jene… „von Autobahnen, modernen Tankstellen, Snack-Bars und Coca-Cola".[8] Der rumänische Postmodernismus enthält sich der Forderung nach erschöpfender Spiegelung der Realität, weil diese zum entsprechenden Zeitpunkt und unter den Bedingungen der Zensur mit redlichen künstlerischen Mitteln nicht zu verwirklichen ist, zuviele Kompromisse sind erforderlich, um hie und da ein Tröpfchen Wahrheit durchsickern zu lassen. Was Mircea Cărtărescu nicht davon abhält, die deutschsprachigen Dichter aus Rumänien zu bewundern – Richard Wagner, Franz Hodjak, Rolf Bossert, William Totok, Johann Lippet –, die im Schutz der Sprache, aber auch dank ihrer Verbindungen zur westlichen Welt und zu anderen literarischen Modellen, einen brutalen, lakonischen Realismus pflegen, absichtlich ausdruckslos, in höherem Maße „reif" und „ein ziviles Bewusstsein" unter Beweis stellend, „das den (auf Rumänisch schreibenden, m. Anm., R.C.) Autoren der Achtziger-Jahre-Bewegung, besessen von der Immanenz der Literatur und der inneren Freiheit des reinen Künstlers, nur in impliziter, latenter Form eignete, die lediglich dazu ausreichte, sie am Schließen (großer) Kompromisse zu hindern".[9] Und dennoch, sei es, dass es um die Darstellung des studentischen Milieus geht – die Kantine und das Studentenwohnheim –, um die Erfahrungen des Pendelns zwischen dem zwangsweise zugewiesenen Arbeitsplatz auf dem Land und der Stadt, um den obligatorischen Militärdienst, um ein Bild einer elenden und halbverwaisten Konditorei oder aufmerksam überwachter Ferien: „das Schmutzige, Graue des Alltags, das totale Fehlen von Idealität und Horizont der kommunistischen Welt"[10] scheint durch, in der Lyrik wie in der Prosa, oder schleicht sich einfach ein als Effekt des impli-

[8] Cărtărescu, *Postmodernismul românesc* S. 374.

[9] Ebd., S. 399.

[10] Ebd., S. 159, vgl. S. 413.

ziten Vergleiches der erlebten Realität mit jenen Chimären des Wirklichen, mit den „freien" utopischen Welten der neuen Imagination. Die postmoderne „Revolution" aber ist nicht mit dem Gestus der Befreiung von dem Wirklichen und nicht einmal mit dem Hyperrealismus gleichzusetzen, sondern manifestiert sich besonders, wiederum gleich den Romantikern, in der Durchsetzung eines neuen sozialen und künstlerischen Modells des Dichters „mit kritischem Geist und dem Sinn für das Relative der Werte einer pluralistischen und liberalen, in permanentem Wandel begriffenen Welt"[11], im Übergang vom Auktorialen zum Autoreflexiven, in der Rehabilitierung des Lesers. Die Erzählung atomisiert sich, der Erzähler genießt keinen Kredit – er ist nichts anderes als eine ausgestellte, den Blicken dargebotene fingierte Figur. Der Leser wird zum Skeptizismus bezüglich der automystifizierenden Tendenzen eines jeglichen Diskurses erzogen. Zu den Kritikern, welche die Daten jener Revolution am besten erfassen, zählt Mircea Cărtărescu den Literaturkritiker und -historiker Ovid S. Crohmălniceanu, den Leiter des zweiten wichtigen Literaturkreises jener Zeit, *Junimea*[12] [Die Jugend]:

> Die Relativierung der Figuren und Situationen, das Auf-sich-selbst-Zurückkommen des Autors selbst beim Verfassen des Textes, das Denunzieren der illusorischen Natur imaginativer Tätigkeit, die Präsentierung einer Vielzahl möglicher Lösungen, wenn es darum geht, Realität in Fiktion umzuwandeln, sind ohne Einsatz nie zu haben, spielen immer eine präzise Rolle, verleihen der banalen Tatsache eine höhere sozial-moralische Bedeutung, führen eine ironische Distanz ein, dazu bestimmt, oberflächlichen Schlüssen vorzubeugen oder gewisse literarische Mythen zu zerstören.[13]

---

[11] Cărtărescu, *Postmodernismul românesc* S. 393.

[12] Literaturkreis von Philologie-Studenten der Bukarester Universität. Ein Sammelband von Mitgliedern der Gruppe erschien unter dem Titel *Desant '83* (Bukarest: Cartea Românească Verlag, 1983) und enthält Kurzprosa von 16 jungen Debütanten (Mircea Nedelciu, Nicolae Iliescu, Cristian Teodorescu, Ion Bogdan Lefter, Gheorghe Crăciun, Mircea Cărtărescu u.a.).

[13] Ovid S. Crohmălniceanu, Vorwort zu *Desant 83*, S. 5-7 apud Cărtărescu,

Die Prosa, die Cărtărescu nach 1989 schreibt, vollendet dieses Programm. Vielleicht war es kein Zufall, dass die Zensur beschlossen hatte, aus dem Kurzprosaband *Visul* [Der Traum] genau jene Textstellen zu entfernen, in denen der Erzähler als fiktive Figur um ein verlogenes Überleben kämpft, in denen sich die narrativen Stimmen vermengen, in denen Protagonist und Erzähler auf beunruhigende Weise die Rollen tauschen und in denen keineswegs mehr klar ist, welche Antwort sich geben ließe auf die Schlüsselfrage „wer spricht hier?" Vielleicht hatte nicht in den verbotenen Wörtern und Themen das Motiv gelegen, die Novelle „Der Roulettespieler" aus dem Band zu streichen, sondern eben diese neue Art und Weise des Erzählens, die so sehr abweicht vom autoritären Erzählstil, sei er auktorial oder aktorial, allwissend oder authentisch. Die Zensur muss die Stimme identifizieren, um den Sprecher zu bestrafen. Cărtărescus Prosa wirft aber einen Schatten der „Schuld" auf jeden Sprecher, der sich sprechend verteidigt. Der Unterschied, der den Ideologen so lieb ist, zwischen der guten und der bösen Figur, zwischen der korrekten Version der erzählten Tatsachen und der inkorrekten, wird hinfällig. Die so enthüllte, entblößte, *als Fiktion* entdeckte Fiktion wird von den aufmerksamsten Lesern, welche die Zensoren sind, als Angriff auf die Legitimität offizieller Versionen der Geschichte und alltäglicher Realität rezipiert, als würde hinter sicheren Stimmen und die Macht ein Fragezeichen gesetzt.

Kommunismus als Fiktion

Der frappante Unterschied zwischen der Prosa Cărtărescus vor und nach 1989 liegt mithin nicht in der Technik, obschon, wie ich gezeigt habe, die breite Öffentlichkeit die unter diesem Aspekt interessantesten Texte aus dem Band *Visul* [Der Traum] erst in der wieder-

---

Postmodernismul românesc, S. 405. Ovid S. Crohmălniceanu führt fort: „Der intellektuelle Humor, auch er fast überall gegenwärtig, ist ein Indiz für die wache Intelligenz, *die sich der Heimtücke der Geschichte und des bitteren Tributs erinnert, den ihr das in unserem Jahrhundert übermäßige Zutrauen entrichtet hat.*" (Hervorhebung: R.C.), CROHMĂLNICEANU, „Vorwort", op.cit., S. 7.

hergestellten Originalversion, die zwei Jahre nach der Wende unter dem Titel *Nostalgia* erschien, lesen konnte. Was jedoch ins Auge springt, ist der Durchbruch in die Fiktion der neueren Realität, der verbotenen Geschichte. Ovid S. Crohmălniceanu hatte hinsichtlich des Schaffens der Autoren der Achtziger-Generation bis 1989 mit gutem Recht festgestellt, dass es vom „besessenen Jahrzehnt" nicht besessen war. Der Ausdruck „das besessene /besessen machende Jahrzehnt" (rum. „obsedantul deceniu") war von dem Schriftsteller Marin Preda verwendet worden. Er verweist dabei auf die Jahre 1947-1957/60, als die rumänische Gesellschaft von den Gegnern des neuen Regimes und den ehemaligen Eliten gesäubert wurde und sich der literarische Kanon des Sozialistischen Realismus durchsetzte. Die Schriftsteller der 1960er Jahre erlangten ihre öffentliche und künstlerische Reputation durch – zuweilen harsche – Kritik an den Anfängen des Kommunismus in Rumänien; sie wurde von den kommunistischen Führern Gheorghe Gheorghiu-Dej und später Nicolae Ceauşescu, aus der Logik des Machtkampfes, einerseits zwischen der alten und der neuen Garde der Rumänischen Kommunistischen Partei und andererseis der Rivalitäten zwischen Bukarest und Moskau gestattet. Diese vom Regime erlaubten Kritiken an den Fehlern der Vergangenheit mussten unbedingt von einem Diskurs zur Legitimierung der neuen Macht begleitet werden nach dem Motto, die begangenen Fehler sind dem geschichtlichen Verlauf inhärent, das Projekt der sozialen Umgestaltung aber ist gut und muss, wenn auch unter Opfern, fortgesetzt werden. Crohmălniceanu versteht, dass die jungen Autoren der achtziger Jahre zu derartigen Kompromissen nicht mehr bereit sind und sich nicht länger auf dieses Spiel einlassen, es vorziehen zu schweigen, anstatt eine verlogene Wahrheit hervorzubringen. Das bevorzugte Objekt ihrer Aufmerksamkeit besteht in der unmittelbaren Realität, losgelöst von der Geschichte: Ohne Vergangenheit und ohne Zukunft, wenn es sich nicht gar um eine Realität mit einem in ihrer verschlossenen Welt gänzlich inexistenten Requisit handelt, geliehen aus den Zeilen der Beatles, von Pink Floyd oder Led Zeppelin, „erfunden". Um ein einziges Beispiel zu geben: Die Stefan-cel-Mare-Chaussee, Kultbild bei Cărtărescu im Band *Visul*, erscheint in einer nächtlichen Stadtlandschaft, die wir nur als von einem deliranten Wunsch verzerrt lesen können, als eine Straße, die einer amerikanischen Stadt ähnelt, wie einer amerikanischen Zeitschrift entnommen, aber es ist sonnenklar, dass Bukarest (nicht einmal jenes der siebziger Jahre mit seinen noch funktionierenden Neonreklamen) nicht Las Vegas ist. Die Schriftsteller der achtziger Jahre sind glücklich darüber, sich befreit zu haben von dem „Vorurteil der Realitätswiedergabe".[14] Dass dennoch diese Idee keinem Programm freien Schöpfertums entspringt und in dezenten Worten die Autozensur der Achtziger-Bewegung kostümiert, die gezwungen ist, sich dem Kontext anzupassen, dies beweist ihr literarisches Schaffen nach 1989, in dem das Alltägliche jäh eine historische Perspektive erhält und die historischen Traumata nicht länger verborgen werden. „Fraktal", sich überlagernd, verzerrt, subjektiv dargestellt, sind sie dennoch erkennbar, sogar in jener gravierend beschädigten Form der Mimesis in Mircea Cărtărescus Roman-Trilogie *Orbitor*:[15] beginnend mit der Bombardierung Bukarests durch die Alliierten bis zum Abriss des Stadtzentrums durch Nicolae Ceauşescu. Das literarische Schaffen der „Achtziger" ähnelt diesbezüglich in auffälliger Weise jenem der Schriftsteller der neunziger Jahre, Autoren, die erst nach 1989 debütieren.[16] Mircea Cărtărescu selbst bemerkt gleich nach 1989 ein rückläufiges Moment bei den Autoren der vorangegangenen Generation, er spricht von „einer gewissen Verunsicherung und Sterilität bei den ‘alten' Achtzigern" und schließt sich der neuen Welle, dem

[14] Denn „der Postmoderne glaubt an keine andere Realität als an die von ihm selbst geschaffene" (CĂRTĂRESCU, *Postmodernismul românesc*, S. 374).

[15] Die Trilogie umfasst die drei beim Bukarester Humanitas-Verlag erschienenen Romane: *Orbitor. Aripa stângă* [Blendend. Der linke Flügel, 1996], *Orbitor. Corpul* [Blendend. Der Körper, 2002], *Orbitor. Aripa dreaptă* [Blendend. Der rechte Flügel, 2007]. Der erste Teil ist in der deutschen Übersetzung von Gerhardt Csejka 2007 unter dem Titel *Die Wissenden* beim Paul Zsolnay Verlag, Wien, und 2009 als DTV-Ausgabe, München, erschienen. Auf die letztere Ausgabe bezieht sich die vorliegende Arbeit.

[16] Daniel Bănulescu, Radu Aldulescu, Caius Dobrescu, Alex. Mihai Stoenescu, Adrian Oţoiu, Ion Manolescu, etc. Cf. *Im kalten Schatten der Erinnerung. Eine Anthologie zeitgenössischer Prosa aus Rumänien*, hrsg. v. R. Constantinescu, unter Mitw. v. E. Binder-Iijima und A. Staude, Ludwigsburg: Pop, 2009.

neuen Realismus an, unter gewissen Vorbehalten, was deren Techniken betrifft. Man betrachtet also ein neues Programm, korrigiert von dem Erfolg der 1990er-Jahre-Autoren, welche, in der Vorstellung Mircea Cărtărescus,

> eine viel weniger strenge Literatur durchgesetzt haben, viel gleichgültiger gegenüber der Theorie, doch viel interessanter im Kierkegaardschen Sinne. Generalisierte Fiktion, erotische Phantasmagorie, New-Age-Mystik, Oneirismus, mediatische Techniken, cyberpunk – alles explodiert in den 1990er Jahren in einer 'fröhlichen Apokalypse', die von der intellektualistischen Strenge der Vorgänger bloß Splitter übrig lässt. Das fiktionale Chaos der 'neuen Barbaren' (raffinierte und gelehrte Literaten übrigens) wird von nun an – ganz gleich, ob man die Literatur von ihren Grundfesten her neu entwirft oder nicht – schlicht fordern zu leben.[17]

Bewunderung und sogar Adhäsion Cărtărescus für bzw. mit der neuen Welle sind umso bedeutsamer, als man seinem Realismus, den man in treffender Übersetzung als *Fiktionalisierung des Kommunismus* bezeichnet hat, mit verschiedenen Einwänden begegnete. Ich habe bei anderer Gelegenheit diese Einwände diskutiert, die sich in der Hauptsache auf die Gefahr beziehen, mittels der Fiktionalisierung eine rohe Realität, jene des Kommunismus in Rumänien, zu bagatellisieren oder den Aussagen und Untersuchungen zur Periode der Diktatur mittels der Rekonstruktion der Fiktion die Glaubwürdigkeit zu nehmen, aber auch auf die mangelnde Aktualität des Themas im Verhältnis zu den aktuellen westlichen Poetiken. Ich komme hier darauf zurück, um mit Argumenten, welche die Literaturgeschichte der epischen Formen in Rumänien betreffen, die Behauptung zu stützen, dass die fabulatorischen Formen der Erinnerung das moralische Dossier des Kommunismus keineswegs verschließen.[18] Es ist sehr

[17] Cărtărescu, *Postmodernismul românesc*, S. 457.

[18] Ich habe die Einwände gegen diese Zurückhaltung, die Bogdan Ghiu angesichts des Romans, aber auch des zeitgenössischen Films vorbringt, im Vorwort der bereits erwähnten Anthologie zeitgenössischer rumänischer Prosa weitläufig diskutiert (Constantinescu, "Die nicht heilen wollende Vergangenheit" in: *Im*

interessant zu beobachten, dass Autoren auf jene Bilder des Alltäglichen zurückgreifen, an denen sie zur Zeit der Zensur gearbeitet haben. Und der Unterschied zwischen den Bildern der alltäglichen Wirklichkeit, die damals erscheinen konnten, und der Art und Weise, wie sie heute entstehen, ist auf keinem Fall zu vernachläsigen. Es gibt solche Neuschreibungsversuche einiger Seiten aus der Vergangenheit, die den Eindruck vermitteln, als spürten die Autoren, dass sie damals die Wette mit der Wirklichkeit verloren haben, mit der „realen" Wirklichkeit, aber auch mit der „fingierten" Wirklichkeit. Mithin existiert auch eine innere Motivation, die mit der Literaturgeschichte und der Geschichte des künstlerischen Schaffens zu tun hat, für die der Kommunismus noch nicht indifferent ist. Die Hartnäckigkeit, mit der die zeitgenössischen Schriftsteller zu den Bildern des Kommunismus zurückkehren, erklärt sich aus der Notwendigkeit, ein Unvermögen oder gar eine Schuld einzulösen, und sei es auch nur jene des Schweigens: Wir beginnen erst besessen zu sein von dem „besessenen Jahrzehnt"... Ein persönliches Urteil über das eigene Schaffen wohnt diesem Gestus inne, die Wiederkehr transportiert eine moralische und künstlerische Unzufriedenheit: Ich habe damals nicht alles gesagt, habe es nicht mit der größtmöglichen Offenheit gesagt. Ambiguität, Unterlassung, Feigherzigkeit, Unverständnis: sieh an, was es zu beseitigen gilt, zu reparieren.

Postmoderne Geopoetik: Der Obor-Markt in vier Bildern

Ein Beispiel für Cărtărescus Schöpfung redimensionierter Bilder nach 1989 liefert die Darstellung des Obor-Marktes. Der Obor-Markt, wichtiges Kennzeichen Bukarests, Rinder-, Heu- und Holzmarkt mit hundertjähriger Tradition (er hieß auch *Târgul de Afară*, „Der

---

kalten Schatten der Erinnerung, S. 5-12. *Cf.* GHIU, „Reversul monedei: specializarea la export şi ocolirea artistică a prezentului" [Die Kehrseite der Medaille: die Spezialisierung auf Exporte und die künstlerische Umgehung der Gegenwart]; ein Artikel, der auf der Internetseite *Liternet* am 4.11.2007 veröffentlicht wurde: http://atelier.liternet.ro/articol/5097/Bogdan-Ghiu/Reversul-monedei-specializarea-la-export-si-ocolirea-artistica-a-prezentului.html).

Außenmarkt“ oder *Câmpul Moşilor* „Ahnenmarkt”[19]) erscheint in *Visul*, in einer zensierten Version also, und einige Jahre nach der Revolution erneut in *Orbitor*. Das erste Bild des Marktes ist von einer gewissen Ambiguität. Der Markt ist für die Figuren aus der Novelle „Visul”, die Kinder von der am Obor endenden Stefan-cel-Mare-Chaussee, eine ohne wenn und aber faszinierende Welt voller Verheißungen. Die unschuldige Perspektive der Kinder wird überlagert von der informierten Perspektive des reifen, nostalgischen Erzählers vom Obor vergangener Tage:

> Diese neue Welt voller Schlupfwinkel, morastig und gruselig, nahmen wir – ein Dutzend Jungs zwischen vier und zwölf Jahren – jeden Morgen in Beschlag, bewaffnet mit blauen und rosa Wasserpistolen, die wir für zwei Lei das Stück im Rotkäppchen gekauft hatten, dem ewig nach Petrosin riechenden Spielzeugladen, den es damals am Obor gab, am alten nämlich, dem wahren Markplatz Obor.[20]

Das olfaktive Sinnbild entspricht der Realität des Obor-Marktes aus den Jahren, in denen Cărtărescu sein Buch schreibt (den achtziger Jahren), wenn nicht sogar auch den in der Novelle evozierten Jahren (den vergleichsweise besseren sechziger Jahren) – eine von Mangel, von Knappheit an Lebensmitteln zerfressene Realität: Die Hallen riechen nach Petrosin, weil sie leer sind, sie sind sauber, weil man hier nichts mehr kauft oder verkauft ... Doch die Erwartungen der Leser des Jahres 1989 werden getäuscht, denn das Dekor kehrt wieder mit Details, die eine „subversive“ Lesart der Wahrheit zwischen den Zeilen keineswegs mehr stützen:

> Der Obor-Platz war ein zauberhafter Ort. Ich erinnere mich heute noch mit großer Genauigkeit daran, ich sehe ihn buchstäblich vor mir. Eine einfache Straßenkreuzung, nicht einmal sehr breit, doch

[19] Der Name rührt von dem am Samstag vor Pfingstsonntag begangenen Feiertag „Sommerahnen”, an dem der Toten gedacht wird.

[20] Cărtărescu, *Nostalgia*, S. 44-45.

> mit einem balkanischen Kramladen-Flair, wie man es heutzutage nirgendwo mehr findet. Kam man von Stefan-cel-Mare her, sprang einen die Flut der Firmenschilder an, in allen Größen, Formen, Farben, auf Glas oder auf Holz gemalt, in sauber gepinselter Handschrift oder in unterschiedlichen Druckbuchstaben [...]. Kaum am Obor angelangt, zerrte ich meine Mutter auch schon hinein. Wir betraten einen langen niedrigen Raum, der fürchterlich nach Petroleum stank. Der Bretterboden war rotbraun, und das Licht, das durch die Vitrinenscheiben hereindrang, war völlig unzureichend. [...] Gegenüber, in der Tiefe zum Markt hin, stand (und steht heute noch unverändert) die Halle, die mir damals allerdings ungeheuer groß vorkam. Drinnen war es immer kalt. Während Mutter bei den Bauern an den Fayencetischen einkaufte, verrenkte ich mir den Hals, um hoch oben das blasse Mosaik an der Wand betrachten zu können und das Gedränge im Obergeschoß, wo es, wie ich wußte, Honig zu kaufen gab. Abgeteilt von der Halle zu beiden Seiten die endlosen Korridore der Fleischer. Ich war fasziniert von den Schweinehälften, den Rinderhüftstücken, die an fast jedem Haken hingen, von den Fleischermeistern in blutverschmierten Schürzen, die Lammschädel mit dem Beil öffneten, um das milchige Hirn zu entfernen, oder dicke Fleischstücke absäbelten.[21]

Welche Wirkung musste dieses Fragment auf seine ersten Leser gehabt haben? Wird es ihre von großem Mangel gezeichnete Empfindsamkeit gekränkt haben? Werden sie es, im Gegenteil, mit Befriedigung gelesen haben, im Glauben, der Autor drehte hier den Autoritäten eine lange Nase, implizit ihnen vorwerfend, dass es um die Dinge nicht so stünde, wie es um sie stehen müsste und einst gestanden hatte? Das Bild des Obor-Marktes, so wie es in „Visul" erscheint, ist weit davon entfernt, eine maßstabsgetreue Wiedergabe der Realität, des Konsums und seiner Probleme in den 1960er, 1970er oder 1980er Jahren in Bukarest zu sein. Es frappieren sogar ein gewisser Mangel an Aktualität der Bilder, die Loslösung des Raumes aus seiner zeitlichen

[21] Ebd., S. 247-249.

Verankerung, denn der Erzähler lässt das Kind jenes sehen, das nur er von dem Markt wissen kann. Das Bild wird mehrfach falsifiziert wiederholt: Die Zeit des Kindes wird von der Zeit des Erzählers verscheucht; letzterer arrangiert das Bild in einer Art und Weise, dass es nicht seiner Welt ähnelt, sondern einer längst versunkenen, die auch er nicht gekannt hat und von der er phantasiert. Es sind zuviele Firmenschilder mit Bettdeckenherstellern, Ofenbauer, Uhrmacher, etc., die an den alten Obor erinnern sollen, den jener der kommunistischen Konsumgüter nicht hat ersticken können. Eine barocke, zeremoniöse Beschreibung bauscht ein armseliges kommunistisches Spielzeuggeschäft auf, schmückt es aus und füllt die Hallen wie zu den besten Zeiten, die der Obor gekannt haben dürfte.

Ein gänzlich anderes Bild des Marktes bietet uns Cărtărescu wenige Jahre später im zweiten und dritten Teil der *Orbitor*-Trilogie. Beginnen wir damit, dem Bild aus der zensierten Novelle jenes aus dem letzten Teil der Trilogie gegenüber zu stellen, wo Cărtărescu seine eigenen vormaligen Projektionen zu korrigieren und sich für das erste Bild (nicht unbedingt inkorrekt, aber suspekt, behutsam, künstlerisch verspielt, inopportun) zu rechtfertigen scheint und uns eine Art persönlicher und familiärer Geschichte der täglichen Einkäufe auf dem Markt unterbreitet:

> „Man brachte Frischkäse in die Halle am Obor. Aber man gab jedem nur ein Stück, und das reichte nicht mal für den hohlen Zahn." Wir sahen auf den Käse wie auf ein Ding aus einer anderen Welt. Uns scheint, dass er eine diffuse Aura hat. Beinahe triefen uns die Mäuler vor Appetit. Er riecht ein bißchen ranzig, aber was kann man da machen? [...] Es ist Käse und basta, Gott sei Dank, dass es welchen gibt! Aber sie haben weiß Gott was ‘reingetan. Wenn man die Gabel hineinsteckt, dann knirscht er. Genauso knirscht er, wenn man daran beißt. Und er ist so elastisch, dass man meint, es sei Gummi.[...]
>
> „Vorher zerbrach ich mir immer den Kopf, was ich noch zu essen machen könnte, ich mache noch ein Frikassee, und einen

> Pilaw, denn ihr habt die Nase auch voll von soviel Schweinefleisch.[...] Was, war das ein Problem? Man ging dorthin, in die Halle, zum Obor, und fand auf der einen Seite Fisch, auf der anderen Fleisch- und Wurstwaren, mit ganzen Schweinehälften an Haken, mir scheint, ich seh sie jetzt noch vor mir, mit Schweinsköpfen für wen immer, der sie kaufen mochte (nur die Ärmeren nahmen sie)... Die Metzger hatten ihre Hackklötze, auf denen sie mit dem Beil auch Rippen vom Rind oder Schwein schnitten, so dass ihre Shorts ganz blutbesudelt waren. Man stand hier in der Schlange, man stellte sich für die zweite Schlange an, und in einer Stunde hatte man seine Einkäufe erledigt. Geld musste man haben! Wenn man Hackfleisch wollte, bekam man es aus der Maschine, die vor einem stand. Wollte man Würste? Es gab alle Arten davon, und frisch (in Naturdarm, nicht in dem aus Plastik, wie man sie später verpackte), auch geräucherte, Cabanossi, Bratwurst, was immer man wollte. Eeeh, andere Zeiten".[22]

Auch in *Corpul*, dem zweiten Teil der Trilogie, befindet sich der Obor-Markt immer noch dort, am Ende der die Stefan-cel-Mare-Chaussee entlangführenden Straßenbahnlinie, nur dass der Hackklotz (und diesmal ist der Singular an die Stelle des Plurals getreten), auf dem ehedem das Fleisch tranchiert wurde, vertrocknet ist:

> Von hier führten die Straßenbahnschienen hinab zur Obor-Passage. Hier waren sie ausgestiegen, hatten die Straße überquert und sich in dem wimmelnden Dreck der Menge des ausladenden Marktes verloren, hatten sich durch die nach verfaultem Kohl stinkenden Stände gedrängt, erstaunt über den schier unglaublichen, starrenden Schmutz so mancher Bäuerinnen, die getrocknete Pflaumen und verwelkten Liebstöckel verkauften, und waren hinausgetreten aufs Gleis der Linie 1. Links erhoben sich in der Ferne die Türme der Kirche des Heiligen Dumitru, davor war eine Kunststofffabrik, eine jämmerliche Fassade schwarzer zerbrochener Fenster. Abscheuliche Kadaver säumten den Straßenrand. Das

[22] CĂRTĂRESCU, *Orbitor. Aripa dreaptă* [Blendend. Der rechte Flügel], S. 15-26.

> Spüllicht des gesamten Gemüsemarktes ergoss sich hier in den Kanal. Hier wurden die noch lebenden Fische und Krebse der benachbarten Halle gewaschen. Herman hasste die Halle, deren stinkendes Inneres ihn an die Metzgerei mit den gekachelten Wänden erinnerte, wie eine Leichenschauhalle, wo die Haken, von denen einst Rinder- und Schweinehälften herabhingen, nun leer vor sich hin klapperten, wo die Metzger in blutbesudelten weißen Kitteln nun ihre freie Zeit bei einer Zigarette verbrachten, wo der Klotz, auf dem ehedem das Fleisch tranchiert wurde, nun so vertrocknet war wie ein uralter Stein. Die Hungersnot hatte sich seit Jahren etabliert in diesen Hallen, die eigentlich solche der Üppigkeit und des Überflusses hätten sein sollen. Das große Wandmosaik zeigte Bauern, die mit Obstkörben rangen, Herden trieben, reich wie in Galaad, die nicht mehr wussten, wohin mit dem Überfluss an Korn, die Zweige festbanden, welche unter der Bürde der Früchte brachen. Doch die riesige Halle mit ihren drei Stockwerken, gleich einem perfekten Gefängnis, war jetzt leer. An vielleicht drei Stellen sah man noch Kartoffeln von der Größe von Haselnüssen, voller Erde, und Weckgläser mit faden Gurken. Dennoch, verbitterte Frauen kamen herein, in der Hoffnung etwas zu finden, das sie ihren Männern und Kindern vorsetzen könnten.[23]

Der inhaltliche Unterschied zwischen den Bildern ist enorm. Interessanterweise erwähnt Cărtărescu in einem in der Zeitung *Evenimentul zilei* vom 18. September 2009 erschienenen Artikel, dass er sich zu jenem neuen Bild des Obor-Marktes durch eine persönliche Erfahrung nach der Revolution veranlasst sah, als er in einer Zeit noch größerer Armut, um überleben zu können, verzweifelt seinen alten erinnerungsträchtigen und ihm ans Herz gewachsenen Tischtennisschläger zu verkaufen versuchte. Mithin vermischen sich in dem folgenden Bild des Obor-Flohmarktes die letzten Jahre des Kommunismus mit den ersten, so schweren Jahren der Freiheit:

---

[23] Cărtărescu, Fragment aus *Orbitor. Corpul* [Blendend. Der Körper] in der deutschen Übersetzung von Stefan Moosdorf in: *Im kalten Schatten der Erinnerung*, S. 61-63.

> Die Stahlbeton-Mauer der Kunststofffabrik hatte an einer Stelle eine Öffnung, aus der lang außer Gebrauch befindliche verrostete Eisenbahnschienen drangen und sich auf einem riesigen freien Platz gabelten. Unkraut, mit Zeitungspapier bedeckte Scheiße, gewundene Eisenrohlinge versperrten einem den Weg, entmutigten aber nicht jene, die dem Vogel- und Kleintiermarkt zustrebten. Dort breiteten die Menschen auf dem festgestampften Boden ihre Zeitungen aus, *Der Funke* und *Der Sport*, auf die sie nicht nur Vogelbauer mit Papageien und Singvögeln stellten, kleine Kisten mit Tauben, Aquarien mit winzigen Fischen, Taschen, aus denen die Köpfe einmonatiger Welpen herauslugten, sondern auch Angeln und Fliegenruten, schmierige Teile aus verschiedenen Motoren, Werkzeuge, Schrauben, Scharniere, schäbige, fleckige Bücher, alte Schallplatten. Die Armut aller sprang ins Auge, und wenn man nicht von jener Welt war, dann benahm sie einem den Atem: Jahrzehnte alte Kleidung, Eisenzähne, die trüben, von der Arbeit vertierten Augen der Bauern. Frauen hockten wie Männer an irgendeinem Zaun auf den Fersen und ließen gleichgültig ihre haarigen Füße und zerrissenen Unterhosen sehen. Das Geld, das man bisweilen in ihren Händen sah, war genauso zerknüllt und abgenutzt, gealtert vor Armut wie jene, in deren Besitz es überging. So manches Mädchen in einem Lumpen von einem roten Kleid, schlichtweg einem Lumpen, wie ein Fußaufnehmer, küsste einen birmanesischen Kater, den es zum Verkauf mitgebracht hatte, auf die Augen und die Schnauze. Ein anderes Kind hielt einem kleinen grünlichen Papagei mit auf dem Kopf gesträubtem Federkleid den Finger hin, damit der Vogel darein picke. Über allen wälzten sich die Wolken dahin, mit grauem unterem Rand und Voluten, die von hellem Weiß ins Dunkle gingen.[24]

Des Verfahrens der Überlagerung traumatischer Bilder bedienen sich auch die Autoren der neuen Welle. Ion Manolescu legt im Roman *Alexandru* (1998) das Bild des vom Erdbeben im Jahre 1977 zerstörten Bukarest über das Bild des durch den Erlass Nicolae Ceaușescus demolierten Bukarest. Mit diesem Erlass des Diktators

[24] Ebd., S. 63.

sollte für das sogenannte „Haus des Volkes“ und für repräsentative Bauten des kommunistischen Regimes Platz geschaffen werden. Die historische Katastrophe des Abrisses des alten Stadtzentrums erlangt die verheerenden Ausmaße einer unvorhersehbaren und irreversiblen Naturkatastrophe und erinnert an diese. Die neue Poetik der literarischen Erinnerung wird offen auf sich genommen durch den Erzähler, der anerkennt, dass sich „die wie mittels Säure vorgenommene Konturierung von Vergangenheit, Gegenwart und Zukunft in vielfarbigen Arabesken komprimiert und maßlos ausdehnt”.[25] Zum Vergleich: das journalistische Zwillingsbild des Flohmarktbildes aus *Orbitor* [Blendend] ist diesmal angesiedelt in den 1990er Jahren und ohne Überlagerung älterer, literarisch „falsifizierter” Bilder, obschon die Erfahrungen des Kommunismus hier natürlich überleben und dem neuen Imaginären seine Form verleihen. Mit Akkuratesse wird die traumatische Szene zwanzig Jahre später im erwähnten, in der Zeitung „Evenimentul zilei” erschienenen Artikel rekapituliert:

> Die 90er Jahre, die miserabelsten, die ich jemals erlebt habe, werden in meinem Geiste immer verbunden sein mit jenem Gebrauchtwarenmarkt, an dem die Straßenbahn, morgens um sechs, Hunderte, Tausende, Zehntausende von Menschen ablud, die Dinge verkaufen oder kaufen wollten, welche unter normalen Umständen in die Mülltonnen gehört hätten. Unvorstellbar sind der Schmutz und der Staub und die versauten Gerüche, in die man eintauchte, von allen Seiten zusammengequetscht von Menschen, die einander auf die Füße traten. Auf dem Boden, auf zerknitterten Zeitungen voll nackter Frauen, reihten sich verzogene Schraubenzieher aneinander, zerfetzte Bücher, triefäugige Kater, kaum geboren, geschmuggelte Parfüms, Puppen mit ausgerissenen Beinen, leere Kuli-Behälter, Platten mit Volksmusik, schmierige Kleider mit aufgetrennten Nähten, Besteck, mit dem man sein Lebtag nicht gegessen hätte, Stecker, Taschenlampen, Drähte, Nägel, alte Fotos, von Wurmfraß beschädigte Ikonen, unmöglich zu erkennende Mechanik-Bauteile und eine Million anderer Dinge.

[25] Manolescu, *Alexandru*, S. 171.

> Verkauft wurden sie von unrasierten Wesen, fetten Frauen mit Kopftüchern, Zigeunern, Kindern, die so skeletös waren wie in Biafra. Dort, in jenem dantesken Strom, der sich unaufhörlich unter dem melancholischen Herbsthimmel ergoss, habe auch ich, Schriftsteller mit bereits mehreren veröffentlichten Büchern und Akademiker an der Universität meine gewöhnliche Zeitung ausgebreitet und den einzigen Gegenstand darauf gelegt, den ich verkaufen konnte, meinen alten und geliebten Tischtennisschläger, mit dem ich einige Wettkämpfe gewonnen hatte. Eigentlich hoffte ich, keinen Käufer zu finden, doch bis ich mein nächstes Gehalt bekäme, waren es noch zwei Tage, an denen wir zumindest etwas Brot brauchten.[26]

Derartige Neuschreibungen sind keine Form künstlerischen Opportunismus, an einem anderen sozialen und politischen Kontext interessierter „Adaptationen", umso weniger, als sie nicht den „neuen Geschmack", die neuen Erwartungen und Forderungen im Bereich des Gedenkens des Kommunismus befriedigen. Diese Erwartungen sind natürlich sehr schwer zu erkennen, aber dennoch wahrnehmbar, besonders dann, wenn die breite Öffentlichkeit oder eine spezialisierte Leserschaft eine gewisse Modalität der Erinnerungskultur aus verschiedenen Beweggründen ablehnt. Ein Bild wie jenes aus dem Roman *Orbitor* ist inopportun als Bild des *cinéma vérité* des Kommunismus – einige Kommentatoren verweigern eine derartige Darstellung des Kommunismus aus dem Grunde, dass dergestalt die Distanz vergrößert würde zwischen der rumänischen Wirklichkeit und der westlichen Öffentlichkeit, welche "unsere Geschichten des Grauens" schockiert in einem Moment, in dem es die Annäherungen, die Ähnlichkeiten, die "gemeinsame Geschichte" zu betonen gilt und die Dinge, die uns trennen, einschließlich des Kommunismus, zu vergessen. Desto mehr, wenn es auch die postrevolutionären Jahre umfasst, entzieht sich das Bild der Darstellungsweise, welche der nach „Eingehen in die Normalität" dürstenden rumänischen Öffentlichkeit

[26] CĂRTĂRESCU, „Anii furaţi" [Die gestohlenen Jahre] in „Evenimentul zilei", 18.09.2009, S. 6.

vorschwebt. Bilder wie das des Obor-Marktes in der Trilogie Cărtărescus oder des verheerten Bukarest in den Romanen Ion Manolescus sind palimpsestartige Darstellungen von in der Vergangenheit erlittenen, aber auch in den Episoden des zeitgenössischen Lebens wieder erlebten Traumata; oder aber solcher Traumata, welche die tagtägliche Existenz verwischen, dem Vergessen anheim geben wollen, was jedoch ihre Präsenz nicht schmälert. Die Gegenwart schreibt über die Vergangenheit, die Vergangenheit bricht sich Bahn durch das Gekritzel der Gegenwart. Die Verzerrung der Vergangenheit (wie auch der Perzeption der Gegenwart) ist folglich ein „objektives" und kollektives Phänomen. Jedwede Rekonstruktion von Geschichte – und besonders die der jüngeren Geschichte aus der Perspektive der Zeitzeugen – ist eine Fiktion. Dieses wahrhaftige Programm des postmodernen literarischen Gedächtnisses, demzufolge die Erinnerung sich die Vergangenheit in einem schwer, wenn nicht gar unmöglich zu entziffernden Palimpsest merkt, hat nicht das Anliegen, die Historiographie verächtlich zu machen, die „Wahrheit" dem Spott preiszugeben, das Erlittene und die Opfer der Geschichte mit einem Fragezeichen zu versehen. Im kollektiven Imaginären aber muss die Wahrheit eine Form der Darstellung erlangen, ihr Sinn muss distanziert werden, sie wird zurückgehalten in einer bestimmten Absicht: Hier beginnt der Prozess des Fingierens der Wahrheit, welcher die Postmodernisten interessiert: „Ich erinnere mich, das heißt, ich erfinde“[27]. Die postmoderne geschichtliche Fiktion zeigt, wie diese Phänomena entstehen und reizt den Leser zu dem Versuch, im Palimpsest die „Schrift unter der Schrift“, zu lesen, aber auch dazu zu verstehen, welche Beweggründe zum kontinuierlichen Löschen und Wiederbeschreiben der Seiten der Erinnerung gedrängt haben, ohne sich ihnen gegenüber kritisch und missbilligend zu äußern. Im Gegenteil, die postmodernen historischen Romane bedienen das Bedürfnis der Öffentlichkeit nach geschichtlicher Fiktion, indem sie sich auf das Spiel des Erfindens falscher Erinnerungen einlassen, den allgemeinen Wünschen und Bestrebungen entsprechend. In der entmystifizierenden Fiktion wuchern künstliche Mythen, die

---

[27] CĂRTĂRESCU, *Die Wissenden*, S. 98.

dazu neigen, eine veritable Mythologie zu komponieren. Deshalb konstituiert all dies – die falsche Erinnerung, die verlogene Ausflucht, der Mythos – das Hauptmaterial des Romans und zuleich sein bedeutsamstes Ergebnis, das wahrhaftig romanhafte Exerzitium, in dem Cărtărescu brilliert. Denn nicht nur der Bedarf an Wahrem ist in dieser fortwährenden Aushebung gebieterisch präsent, das Zurückkommen auf die Vergangenheit und die verschiedenen Stile ihrer Darstellung, sondern auch der Bedarf an Fiktion, an Exorzierung des Vergangenen, daran, alles in eine Erzählung zu fassen, welche in ihrer Travestie vielleicht wahrer ist als die Wahrheit selbst. Ein programmatischer Satz wie jener, demzufolge „die Wirklichkeit (sogar noch in ihrer künstlerischen Form der Referentialität) einhält zu existieren", wird in der postmodernen Fiktion nuanciert von der Präzisierung, diese beinhalte eine „dramatische Neubetrachtung der Temporalität, der Geschichte, der Erinnerung, des Dokumentarischen. Tatsachen, Bestätigungen, Aussagen sind keine tragenden Säulen mehr, 'Anliegen' geschichtlicher Rekonstituierung [...], sondern werden zu willkürlichen 'Ornamenten' eines Vorgehens, das nicht länger an Objektivität glaubt. Phantasie und „Wirklichkeit" finden sich auf derselben Ebene und überschreiben einander unaufhörlich".[28] Die Wahrheit wird so nicht durch Lüge gestreckt; was aber in aller Schärfe in der postmodernen Fiktion durchscheint, ist das Maß an Unerträglichkeit der Wahrheit, wie viel Schrecken in der Vergangenheit liegt und vor allem wie schwer ist es, Wahrheit darzustellen, zu erzählen, mit anderen zu teilen. Die luzide Fiktion trägt den Leser zurück zu jener wahren und unwirklichen Geschichte, die er voller Furcht durchlebt hat.[29]

---

[28] CĂRTĂRESCU, *Postmodernismul românesc*, S. 446-447.

[29] Die Postmoderne blüht auf in jener wohlwollenden Epoche, welche sich am Ende der Geschichte angekommen wähnt (zumindest am Ende der Kunstgeschichte – womit ihr übrig bleibt, die historisierten und populären ästhetischen Formen bis ins Infinitive zu recyceln), und dennoch begegnet sie der Geschichte nicht mit Gleichgültigkeit, vor allem nicht der jüngeren Geschichte, wodurch sich Mircea Cărtărescu veranlasst sieht, in seiner theoretischen Arbeit zu unterstreichen, dass „die postmoderne Kunst ideologisches Engagement nicht ausschließt" (CĂRTĂRESCU, *Postmodernismul românesc*, S. 437).

Die allwissende Securitate und die unerklärliche Revolution

Ich werde im folgenden bei zwei Darstellungen aus der jüngeren Geschichte verweilen, jener der *Securitate* als repressiver Apparat des kommunistischen Staates und jener der rumänischen Revolution, welche in der postrevolutionären Trilogie Mircea Cărtărescus die Art und Weise beschreiben, in der das kollektive Imaginäre die Geschichte verfälscht, entmystifiziert und so furchtbar kulturelle und soziale Tabus verletzt. Der Roman aber greift den Mythos nicht von rationalen Positionen her an, beispielsweise mit dem Instrumentarium der politischen Sprache, sondern er verstärkt ihn, steigert ihn ins Absurde, konfrontiert ihn mit älteren mytholgischen Schöpfungen, um ihn schließlich durch einen neuen, kontrastierenden Mythos zu ersetzen.

Cărtărescu macht die Aktivitäten der *Securitate* in seinem Schreiben vor 1989 nicht zu einem literarischen Sujet, obgleich dies nicht von vornherein verboten war: Natürlich existierte die Variante der Huldigung an die Geheimdienste, sei es innerhalb des entsprechenden Genres, d.h. im sogenannten „Kriminal" – oder Spionage-Roman, sei es in den Propaganda-Werken. In die Prosa der 1970er Jahre schleicht sich leise Kritik an einigen Parteifunktionären oder sogar Bediensteten der *Securitate*, welche aus persönlicher Schuld die von den Romanfiguren verkörperten Ideale gefährden. Immer aber finden die unverstandenen, im Grunde jedoch ideologisch loyalen Figuren schließlich Verständnis bei irgendeinem Partei-, Miliz, Geheimdienstoberen, wobei das System dennoch tadellos funktioniert. Es ist allerdings gestattet zu zeigen, dass beim Aufbau des Kommunismus „einige auch Fehler begangen haben", allzeit in der Vergangenheit und immer reversibel: Dem Leser rät man, „er möge Vertrauen haben". Wie ich bereits gezeigt habe, lassen sich die jungen Autoren der Achtziger-Bewegung nicht länger auf dieses Spiel ein. Cărtărescu bedient sich allerdings einer anderen Permissivität der Zensur, jener nämlich, im Band *Visul* ein Hohnlachen an die Adresse des KGB schicken zu können – das rumänische kommunistische Regime ging auf Distanz und entwickelte sich autark hinsichtlich seiner Beziehungen zu Moskau in dessen reformorientierter Periode. Die Tätigkeit der Geheimdienste, die repressiven Mechanismen der Kontrolle und des Terrors, die Paranoia der Macht sind schon vor 1989 präsente Themen in der Prosa Mircea Cărtărescus. Nicht von ungefähr wurde die Novelle „Organistul", die den *Visul*-Band beschließt, zum Zeitpunkt ihres Erscheinens als Parabel auf das kommunistische Regime gelesen, der Protagonist als allegorische Darstellung Nicolae Ceauşescus gesehen trotz der Tatsache, dass die Zensur den eingänglichen Titel der Novelle, „Arhitectul" in „Organistul" geändert hatte. Der zensierte Titel barg durchaus das Risiko, den Leser umso schneller an den Staatschef denken zu lassen, der von der Propaganda häufig auch als „der große Architekt" tituliert wurde, leitete er doch persönlich die Bauarbeiten des durch Nord-Korea inspirierten neuen Zentrums von Bukarest. In der Novelle schafft es der Architekt Emil Popescu nach langer Wartezeit, sich einen neuen Dacia-Wagen zu kaufen, in den er eine neue Hupe zu montieren beabsichtigt. Der Architekt arbeitet fortwährend an der Leistungsverbesserung seiner Hupe, die er in eine elektronische Orgel umwandelt, und delektiert sich, hinter dem Steuer sitzend und ohne den Motor je zu starten, an den Klängen, die sie zu erzeugen weiß. Er rekonstituiert die gesamte Geschichte der Musik, auch ihre Zukunft vorwegnehmend, bis er sich selbst in ein Musikorgan verwandelt, das die Musik aus allen Poren absondert, was zu einer sich immer deutlicher abzeichnenden musikalischen Apokalypse führt. Der Protagonist der Novelle porträtiert nicht Ceauşescu direkt – obwohl Ceauşescu sich als Fortsetzer der bedeutenden Persönlichkeiten der nationalen Geschichte und als Vollender der Geschicke der Nation sah und er praktisch zur einzigen öffentlichen Stimme und einzigen erlaubten öffentlichen Referenz geworden war –, sondern den modernen Künstler, eine mächtige, exklusivistische und totalitäre Figur, und nur durch Ausdehnung zielt die Romanfigur auf die Tyrannen, Schöpfer neuer Welten auf Grundlage der Ideologien der Modernität. Im Visier steht eine ganze Pathologie der Modernität, eine Epoche absoluter Projektivität, beherrscht vom auf Leben und Tod geführten Kampf um das Monopol der Evolution und Entwicklung, um jene wünschenswerte Zukunft in einer einzigen Variante, die bei dieser Lesart den Tyrannen und den Künstler in gleichem Maße schädigt.

Die *Securitate* und ihre Agenten beschäftigen Cărtărescu in den Jahren nach dem Sturz des kommunistischen Regimes in dem gleichen Versuch, die von den Agenten des Terrors ausgeübte Anziehungskraft auf die Menschen, Nostalgiker des Sinnes und der Weltordnung um jeden Preis bloßzulegen. Die Securisten sind die „Wissenden" (unter dem Titel *Die Wissenden* wurde der erste Teil der Trilogie *Orbitor* [Blendend] auf Deutsch veröffentlicht), Mitglieder einer Sekte, Eingeweihte des großen und einzigartigen Projektes, das alle Ereignisse der Vergangenheit, der Gegenwart und der Zukunft erklärt. Im zweiten Teil der Trilogie, *Corpul* [Der Körper], interpretiert der Protagonist, das Kind Mircea, so die Rolle jener „Jungs mit blauen Augen und Sternen auf den Schultern", wie sie im Volksmund heißen, für die Weltwirtschaft. Euphemismen werden von dem Kind *ad litteram* genommen, sie führen es zur Identifizierung der Securisten, über welche die Erwachsenen sprechen, mit fiktiven, demiurgischen Figuren, die seine Vorstellungswelt bevölkern. An der Perspektive des Kindes infiziert sich die Perspektive des erwachsenen Erzählers, er selbst eine Figur, die besessen ist davon, den Sinn des Buches, an dem sie schreibt, zu vervollkommnen; dieses Buch ist nicht weniger als die ultimative Erklärung der Welt, sein Verfasser ist mithin ein Wissender. Der Glaube an die Wissenden, zu denen die Securisten gehören, infiltriert den Geist der Figuren. Dieser Mythos der allwissenden *Securitate*, rekonstituiert und verstärkt im Roman, existierte vor 1989 und nicht nur im Geiste von Kindern; er erklärt übrigens die pathologische Furcht der Rumänen in der Zeit der Diktatur zu reagieren, den verallgemeinerten Verdacht, jeder, absolut jeder, aus dem In- oder Ausland, könne „der Mann der *Securitate*" sein, das Verhängnis, nachdem das Entfliehen aus einem Schreckensszenario einer verschlossenen Geschichte unmöglich ist. Aber auch in diesem Falle haben wir es mit einem Über-lesen zu tun, denn in dieser von Cărtărescu eingegebenen fiktiven Deformierung der Wirklichkeit geht es nicht nur um jenes, von dem die Rumänen bis 1989 glaubten, es sei die *Securitate* oder könne sie sein. Umso mehr, als hier die Rede von einem Stockholm-Syndrom innerhalb der rumänischen Gesellschaft nach 1989 ist, welche sich noch zurücksehnt nach einem anderen Niveau von Kontrolle und Ordnung. Erst nach 1989 wuchert jener „esoterische" Glaube paranoiden Ausmaßes, demgemäß die Geheimdienste die Welt regieren, die *Securitate* ist nicht gestorben, sondern hat sämtliche staatliche Institutionen usw. infiltriert. Ihre Rolle besteht einerseits darin, jeglichen Anflug gesellschaftlicher Demokratisierung im Keim zu ersticken, andererseits aber veranschaulicht sie die nackte Angst jener Menschen, die, wenngleich ihr Vertrauen in den Kommunismus Risse bekommen hat, in anderen radikalen Ideologien jenes *simple* Weltverständnis suchen, dessen sie beraubt wurden.

Im Roman finden sich nicht wenige Episoden mit Securisten: wir treffen sie auf Patrouille auf den Wegen, die der Präsident überquert, in Nervenheilanstalten, wo sie eingesperrte ‚Patienten' überwachen, oder während der Revolution beim Photographieren der Demonstranten. Ihr fingiertes Bild hat eine für das lesende Publikum unmittelbar wiedererkennbare „realistische" Seite. Ihr anderes Gesicht ist eine Satire auf die gestrigen und heutigen Projektionen der Verfolgten, zusammengesetzt aus den Alpträumen der durch die Überwachung wahnsinnig Gewordenen, wie Herta Müller sich ihrer erinnert, und dem Begehr der aus dem Alptraum Erwachten. Diese von Cărtărescu porträtierten Securisten weiten ihre Verfolgung bis auf Zirkus-vorstellungen und Jahrmärkten aus, wo gewisse Artistennummern geheime Bedeutungen verbergen, in denen es um nicht mehr und nicht weniger als um die Geschichte des Planeten geht. Sie konfiszieren Manuskripte, von denen sie annehmen, in ihnen verbergen sich den göttlichen Willen offenbarende geheime Ziffern und bewundern in von Heimarbeiterinnen in Handarbeit gewirkten Teppichen die Karten mit den Atomraketenbasen der Weltmächte. Ein und demselben Ereignis werden in der Roman-Trilogie Mircea Cărtărescus zwei Versionen zuteil: eine flamboyante und eine realistische. Während das Phantastische – entsprechend der wohlbekannten von Tzvetan Todorov angebotenen Auslegung – zwischen zwei Erklärungen schwankt und zu wählen hat, entspringen die Darstellungen Mircea Cărtărescus einer konfliktbeladenen Überlagerung der Lösungen, welche permanent koexistieren müssen. Was sich wahrhaftig ereignet hat, das liegt genau hier, gerade in der Metamorphose ein und desselben Ereignisses von einer Version zur anderen. Das Kind sieht, dass die Securisten das Haus seiner Mutter betreten und dass dieser unangenehme Besuch in Zusammenhang steht mit den Teppichen, an denen sie zuhause arbeitet. Die Teppiche seiner Mutter nehmen für das Kind schon homerische Dimensionen an, alles darstellend, was auch auf dem Schild des Achilles dargestellt war. Letzterer von diesen Teppichen ist, wenn nicht noch mehr, dreidimensional, ein Zeit und Raum gleichzeitig verschlingendes Objekt. Aus den Gesprächsfetzen, aus denen das Kind hie und da einen in den üblichen Konversationen verbotenen Brocken aufschnappt – „militärische Pläne ... Staatsgeheimnisse ... Luftaufnahmen ... nur das Cerberus-Projekt ... der Sputnik ... woher wissen Sie? ... Warschau ... Kuba" – folgert es, dass seine Mutter irgendwohin eskortiert wird von jenen Leuten, wo sie sich besser erinnern könnte „woher sie den Standort der neuen sowjetischen Atomwaffen kannte, des neuen Kosmodrom und die Route des ersten U-Bootes, das unter der polaren Eisdecke patrouillierte". Sie soll enthüllen:

> was Sefer-na-Bahir bedeutete, was sich hinter dem Codenamen Tikitan verbarg, und ganz besonders (ganz besonders!), mit welchen Mitteln sie von der 'Armer Dionis' genannten geheimen Operation der rumänischen Securitate erfahren hatte, so wie viele, enorm viele andere Details (was wusste sie vom fahrenden Zirkus aus dem sozialistischen Lager? Vom enigmatischen Aufstieg der Marilyn Monroe, von ihrem Geburtstag, von ihren Schönheitsoperationen?)[30]

All dieses und noch anderes wäre freilich aus ihren Teppichen zu

---

[30] CĂRTĂRESCU, *Orbitor. Corpul* [Blendend. Der Körper], S. 140-141. „Tikitan" ist ein erfundenes Wort, präsent durch ein kleines Gedicht aus der Kinderfolklore, mit dessen Hilfe die Kinder auszählen, wer in ein Spiel eintreten darf und wer es verlassen muss, vergleichbar dem deutschen „Ene mene, mu und raus bist du". *Sărmanul Dionis* [Der arme Dionis] ist der Titel einer Novelle Mihai Eminescus.

entnehmen. Im dritten Band der Trilogie erinnert sich die Mutter dieser Episode, die in der neuen Version ihre Aura verliert. Eine Nachbarin hatte sich beschwert (wo, wem, mit welchen Konsequenzen?), die Arbeit zuhause an den Teppichen verursache zu viel Lärm.[31] Doch diese späte Version löscht nicht die erste Version der Erzählung, jene des Kindes, aus der Erinnerung des erwachsenen Erzählers, sondern überlagert sie bloß, ohne sie annulieren zu können – die beiden Versionen müssen von nun an gemeinsam leben, einander wechselseitig beeinflussend und verändernd.

Der letzte Teil der Trilogie Mircea Cărtărescus, der Roman *Aripa dreaptă* [Der rechte Flügel], gibt häufig die „Lösung" im realistischen Aufschluss der Erzählfäden ein. Vergangene Ereignisse werden von anderen Romanfiguren reflektiert und rekapituliert, in eine rationale Form gebracht. Gleichzeitig ist der Band den jüngsten Ereignissen gewidmet, den letzten Dezemberwochen des Jahres 1989, so dicht und präsent im Geiste jener, die sie erlebt haben, dass die exakte Chronologie der Ereignisse obligatorisch wird und die Details keine zufälligen sein dürfen. Die rumänische Revolution von 1989 lässt sich bei einer zeitlichen Distanz von lediglich zwanzig Jahren nicht fiktional erfinden, zumindest das rumänische Lesepublikum ist interessiert an exakter Rekonstituierung, detailliert und unverzüglich, verifizierbar, abgleichbar an der eigenen Erfahrung, an der von Bekannten, an der offiziellen Version (zuerst geht es um die exakte Rekonstituierung des Hergangs der Ereignisse und später um deren Bedeutung). Eine Lösung wie jene, die durch eine rumänischstämmige amerikanische Autorin übernommen wurde, welche in einem in den USA erschienen Revolutionsroman (Claudia Moscovici, *Velvet Totalitarism. Post-stalinist Romania*, University Press of America, 2009) sämtliche Namen fingiert, einschließlich jenen des Staatsführers, Nicolae Ceauşescu (wiedergetauft auf Comrade Petrescu), aus Furcht, dessen Nachfahren könnten, gleich den Nachfahren Stalins, die Autorin wegen Verleumdung vor Gericht bringen – eine derartige Lösung wäre in einem in Rumänien erschienenen Roman unvorstellbar. Die Dinge

[31] CĂRTĂRESCU, *Orbitor. Aripa dreaptă* [Blendend. Der rechte Flügel], S. 21.

müssen beim Namen genannt werden, möglichst exakt. Es ist dies, was auch Cărtărescu macht, indem er behutsam die Reihe der Ereignisse rekonstituiert. Die überschwenglich-fiktionalisierende Perspektive des Kindes fehlt hier, denn gleichzeitig mit dem Zeitpunkt der Revolution kommen wir in der Gegenwart des erwachsenen Erzählers an. Und dennoch bricht die profunde Unwirklichkeit jener Tage durch, mit sogar noch größerer Gewalt inmitten realistischer und höchst stringenter Formulierungen, *sine qua non* und darin trotzdem trügerisch. Cărtărescu liefert den am wenigsten erwarteten Beitrag zum rumänischen ausufernden Imaginären der Revolution und macht aus der Revolution – die so heftig bestritten wird, dass man hartnäckig nach anderen Worten für das damals Geschehene gesucht hat, von der neutralen „Wende" bis zum Antonym „Staatsstreich" – nicht mehr und nicht weniger als eine Figur aus „Fleisch und Blut". Diese Darstellungsmöglichkeit findet ihren Ursprung höchstwahrscheinlich in der buchstäblichen Lektüre des in jenen Tagen stereotyp umgehenden Ausdrucks „auf der Höhe der Revolution sein". Und wer sind diejenigen, die sich „auf der Höhe der Revolution" befinden? Jene natürlich, welche als erste auf dem Balkon des Zentralkommitees der Rumänischen Kommunistischen Partei anlangen nach der überstürzten Hubschrauberflucht des Ceauşescu-Paares vom Dach desselben Gebäudes. Folglich ist die Revolution eine allegorische Figur von etwa zehn Metern Höhe, die ihre Auserwählten auf dem Handteller zum Balkon emporhebt, ein wahrhaftiger Gulliver im Zwergenland. Sie trägt die Züge der allegorisch femininen Figur aus dem 1850 in Paris entstandenen Gemälde *Das revolutionäre Rumänien* von Constantin Daniel Rosenthal:

> Die rumänische Revolution, ein Mädchen von zehn Metern mit blanken, aus der Bluse mit farbigen Mustern spähenden Brüsten, über denen eine Halskette aus österreichischen Dukaten hängt und mit Hüften, die in einer bäuerlichen Rockschürze aus Seide mit Wickelröcken vorne und hinten stecken (die Tracht von Argeş, beachte man) schritt majestätisch über den 1848er Boulevard, das

> schwarze Haar in der morgendlichen Kohlenmonoxid-Brise wehend. Ihr nobles, wie aus Edelstein geschaffenes Profil erblickend, das sich aus ekklektizistischen, verfallenen und vergilbten Bauten erhebt, hätte der Betrachter von irgendeinem entfernten Balkon aus für einen Augenblick geglaubt, eine zyklopische Statue dekoriere die Brunnen auf dem Boulevard des sozialistischen Sieges, oder würde gar über dem Haus des Volkes plaziert als allegorische Verkörperung der Ethnogenese des dakoromanischen Volkes oder als herausfordernde Replik auf die Freiheitsstatue des Imperiums der Sklaverei: Bloß das Haus des Volkes könnte noch dazu gerechnet werden, zumindest vom Volumen her das größte Gebäude der Welt, das Pentagon beschämend.[32]

Wie ein großes Kind hängt sich die Romanfigur angesichts der überwältigenden Geschichte an den Rockzipfel der riesenhaften Erscheinung, so, wie sich einst der kleine Mircea an den Rockzipfel der Mutter gehängt hatte, die, zumindest in der Vorstellung des Kindes, die gleichen kolossalen Proportionen animmt: „Von dem Ort, an dem er sich befand, konnte Mircea die Rockschöße der rumänischen Revolution anfassen und sogar, aus einem Impuls ängstlicher Kindlichkeit heraus, mit der Faust das rauhe Leinen des bunten kreuzchenbestickten Wickelrocks berühren."[33] Diese Verkörperung der vereinnahmten „Revolution" gestattet Cărtărescu, das Unsagbare zu erzählen: die Rekurse der kollektiven Erinnerung auf die revolutionäre Epoche von 1848, die den immensen Hoffnungen und ebenso großen Ängsten geschuldeten heftigen Bewegungen des kollektiven Imaginären, die gemischten Gefühle, vom Stolz darauf, die Geschichte zu schmieden, bis zum bitteren Geschmack der Reduzierung aufs Kindesalter angesichts der irrationalen *Ratio* der Geschichte, der dringliche Wunsch, neuen Imperativen Genüge zu tun und, umgekehrt, nach Befleckung der suspekt-bombastischen und von einer Handvoll Privilegierter rasch instrumentalisierter Ideale. Im letzten Teil der Trilogie hat die Vision des Kindes, bemerkenswert

[32] CĂRTĂRESCU, *Orbitor. Aripa dreaptă* [Blendend. Der rechte Flügel], S. 225.
[33] Ebd., S. 244.

munter, bemerkenswert exakt, obgleich in einer anderen Dimension, gesiegt, d.h. die Fabel gegen trockene, exakte oder objektive Rekonstituierungen von Tatsachen und die Imagination gegen die „Wahrheit".

Über einem einzigen fabulierten Detail schwebt noch ein Fragezeichen. Im Roman wird der Protagonist – identifiziert auch als Autor des Manuskriptes, das zu diesem Buch werden wird – von der Securitate schikaniert. Er hatte einem Freund das Manuskript geliehen, dieser wird verhaftet und in eine Nervenheilanstalt gesperrt, das Manuskript wird konfiziert, sein Autor selber eingesperrt. Doch dieses Romanelement stützt sich nicht auf Autobiographisches. Droht sich hier die fiktive Projektion des Schriftstellers im Roman mittels der Usurpation der Eigenschaften eines Dissidenten in eine existentielle Lüge zu verwandeln? Zuerst gilt es (so schwer es häufig auch sein mag), die Beziehung zwischen dem Protagonisten des Romans und dem Autor auf dem Buchdeckel zu klären. Die *Spiegelungsspiele* in der eigenen Fiktion erlauben in *Orbitor* sowohl autobiographische Identifizierung, als auch fiktionale Distanzierung. Im Roman ist plötzlich die Rede von einem Dichter Cărtărescu, einem großen Menschen mit rotem Haar (was wiederum nicht dem Portrait des wirklichen Autors entspricht), der vor einem Auditorium, zu dem der Protagonist Mircea gehört, Alexandriner deklamiert. Folglich darf die Figur Mircea nicht verwechselt werden mit dem Autor des Romans. Andererseits bewegen wir uns, wenn wir Zweifel an der Selbstironie des Autors hegen, nicht auf dem Gebiet wahrer Geschichten, sondern auf jenem möglicher Geschichten. Denn die Trilogie wurde nach 1989 geschrieben, es geht nicht um ein Schubladenwerk, selbst wenn es Entwürfe gegeben haben dürfte: die *Securitate* konnte also unmöglich ein Manuskript zurückhalten, das noch nicht existierte ... In dieser fiktiven Episode aber ist die Rede von etwas, worüber die „seriösen" Geschichten kein Wort verlieren: von den Szenarien, die uns allen durch den Kopf gehen und in denen wir uns fragen, was wäre aus uns geworden, aus unseren Gedanken und Plänen, wenn die Geschichte nicht einen anderen Weg eingeschlagen hätte.

Post Scriptum

Wenn ich in diesem Essay „antizipiert" habe, Mircea Cărtărescu ließe sich vorwerfen, er habe sich zum Regime Nicolae Ceauşescus in der letzten und finstersten Dekade von dessen Herrschaft nicht kritisch geäußert, so habe ich es nicht für notwendig erachtet, in einer Fußnote auf diejenigen hinzuweisen, welche die entsprechenden Anschuldigungen erhoben haben, da jene Personen sich eher in privater Konversation Gehör verschufen, in den *entreactes* der Symposien, und ihre Meinungen mithin niemals schriftlich fixiert wurden. Die Mircea Cărtărescu gegenüber erhobenen Vorwürfe standen im Raum vor dem Hintergrund der hitzigen Diskussionen über die Beziehungen zwischen den in der kommunistischen Zeit einflussreichen Intellektuellen und der Partei. Und dennoch hatte niemand dem bekanntesten und anerkanntesten zeitgenössischen rumänischen Schriftsteller direkt die Unterstützung des kommunistischen Regimes Nicolae Ceauşescus vorgeworfen – und hätte sie auch nur in einem mit Zustimmung gleichzusetzenden Schweigen bestanden. Bis zum Besuch Herta Müllers in Bukarest Ende September diesen Jahres (2010), dem ersten nach Verleihung des Nobelpreises. Ihrem Besuch war ein Interview vorausgegangen, welches die rumäniendeutsche Autorin dem Journalisten Marius Cosmeanu gegeben hatte (in der Wochenzeitschrift „Corso" vom 17. Juni 2010, veröffentlicht unter dem Titel „In Rumänien wird jeder Mensch, der anders denkt, als Feind begriffen"). Es kündet bereits von dem grundsätzlichen Thema der Bukarester Konfrontation zwischen der exilierten Schriftstellerin und der rumänischen Öffentlichkeit: jenem des Verhältnisses zwischen den Intellektuellen und der Macht zur Zeit der kommunistischen Diktatur in Rumänien.

Herta Müller hatte zu dieser Angelegenheit bereits vorher Stellung bezogen (siehe Sascha Bunge und Titus Faschina, „Wie in einem Schlund", Interview mit Herta Müller in der „TAZ" vom 14.03.1998). Allein, Herta Müller liefert nun in der Person des Autors Mircea Cărtărescu auch ein Beispiel für jene Kategorie der Intellektuellen, welche, bequem eingerichtet im behaglichen Hafen des Apolitischen, ihre intellektuellen Spielchen in der damaligen Zeit weiter treiben konnten.

Ihre Bücher, meint sie, auch wenn sie korrekt und wohlgeschrieben waren, taten eigentlich nichts anderes, als die Diktatur zu verharmlosen, indem sie ihr einen Blankoscheck ausstellten. Der Vorwurf will in all seiner Radikalität verstanden werden: Selbst jene, die versucht haben, keine Kompromisse zu schließen, haben sich kompromittiert, indem sie letztlich auch an diesem perversen Spiel der Macht teilhatten. Die Alternative wäre ganz und gar nicht das Schweigen gewesen, sondern die Zivilcourage, der Gestus des offenen Protestes und der Akt der Solidarität oder ... das Exil. Die Details des Disputs mit Mircea Cărtărescu ermangeln nicht der Widersprüche – so scheint es, er habe der von ihm übrigens verehrten Herta Müller in einer privaten Unterhaltung offenbart, er sei zu Ceauşescus Zeiten kein Hörer des Radiosenders „Europa liberă" gewesen: „Mircea Cărtărescu sagte mir, dass er damals nicht einmal wusste, dass es verfolgte Autoren gab, und dass er Radio Freies Europa nicht gehört hat." Cărtărescu hatte in einem dem Journalisten Thomas David am 3. November für die FAZ gegebenen Interview das Gegenteil erklärt: „Wir haben natürlich alle *Radio Free Europe* oder die Sendungen von *Voice of America* gehört." Cărtărescu erwähnte dabei Mircea Eliade und Ioan Petru Culianu von den exilierten Schriftstellern, über die man auch innerhalb des Landes via Rundfunk erfahren konnte, wohl aber nicht die Autoren der *Aktionsgruppe Banat*. Nach Herta Müller lasen deutschsprachige Dichter aus Temeswar die rumänischen Dichter des *Montagskreises*, nicht aber umgekehrt – Mircea Cărtărescu selbst bekennt, dass er Herta Müller nicht gelesen hatte,[34] aber er unterstreicht, dass der Einfluss der Schriftsteller der Aktionsgruppe Banat auf die jungen rumänischschreibenden Schrifsteller prägend war.[35] Herta Müller plädiert für eine Neuzusammenstellung des

---

[34] CĂRTĂRESCU, *Jurnal* II, S. 306.

[35] CĂRTĂRESCU, *Postmodernismul românesc*, S. 395: „O influenţă neaşteptat de mare asupra poeziei optzeciste şi mai ales postoptzeciste a avut-o antologia *Vînt potrivit pînă la tare*, apărută în 1982 şi reunind versurile a zece tineri poeţi germani din România. Dezvoltarea lor a avut loc înainte de experienţa optzecistă, într-un mediu cultural, fireşte, german, considerabil mai avansat ca teorie şi practică literară decît cel romanesc. ... Ea a constituit un şoc la vremea ei pentru poeţii români şi a făcut imediat foarte populare în mediile poeziei tinere cîteva nume:

literarischen Kanons in Rumänien und behauptet den ethischen und ästhetischen Vorrang der Gruppe aus Temeswar im Verhältnis zur Gruppe der in den 1980er Jahren debütierenden rumänischsprachigen Autoren, die sich um Politik zuwenig kümmerten, „um das, was uns geschah". Die deutschen Schriftsteller zahlten hohen Tribut: Richard Wagner und William Totok wurden verhaftet, Rolf Bossert wurde brutal zusammengeschlagen und gewisser, zu seiner Vernichtung bestimmten psychiatrischen Praktiken unterzogen, Herta Müller selbst wurde bedroht, terrorisiert und geschlagen. Sie beklagt die ungleiche Behandlung, der die Minderheiten gegenüber der Mehrheit unterworfen wurden, ein Umstand, der auch aus den Etiketten hervorgeht, welche die Dossiers beim Nationalen Rat zum Studium der Securitate-Archive tragen: „die Dossiers sind unterteilt in *Nazistische Deutsche, Irredentistische Ungarn, Zionistische Juden*. Bloß bei den Rumänen schrieb man: *Kunst und Kultur*".

Vor diesem Hintergrund von vermeintlicher Ignoranz und mangelnder Solidarität seitens der rumänischen schriftstellerischen Zunft mit den deutschsprachigen Autoren aus dem Banat fällt wie ein Fallbeil der Vorwurf, den Herta Müller an Mircea Cărtărescu richtet. In einem Interview mit „România liberă" („Die rumänischen Schriftsteller waren zu stark mit der Diktatur verstrickt") vom 16. September 2010 wendet sie auch auf ihn den deutschen Begriff

---

Richard Wagner, Franz Hodjak, Johann Lippet, ca şi pe cel al poetei Anemone Latzina. Influenţa lor, la început minimă [...] a crescut cu timpul, determinînd o serioasă meditaţie a cîtorva poeţi români asupra valabilităţii artei lor." („Einen unerwartet großen Einfluss auf die Dichtung der achtziger und besonders diejenige in der Nachfolge der achtziger Jahre übte die Anthologie *Mäßiger bis starker Wind* aus, die 1982 erschien und welche die Dichtung von zehn jungen deutschen Dichtern aus Rumänien beinhaltete. Ihre Entwicklung stand vor der ‚Erfahrung der Achtziger', in einem deutschen kulturellen Umfeld, das in Theorie und literarischer Praxis wesentlich fortgeschrittener als das rumänische war. [...] Diese Anthologie deutscher Dichter löste einen Schock bei den rumänischen Dichtern aus und machte in der Folgezeit unter den jungen Dichtern einige Namen sehr bekannt: Richard Wagner, Franz Hodjak, Rolf Bossert, William Totok, Johann Lippet, Anemone Latzina. Ihr Einfluss, anfangs minimal[...] hat sich mit der Zeit intensiviert und rief bei einigen rumänischen Dichtern eine ernste Reflexion über die Gültigkeit ihrer Kunst hervor.")

„Mitläufer" an. Cărtărescu sei ein „Apolitischer", „der sich für nichts interessierte und sein Fähnchen stets nach dem Wind hängte", für den das kommunistische Regime gar von Vorteil war, denn vorher „hatten die Schriftsteller nicht nur mehr Themen, (...) sondern darüberhinaus auch mehr Zeit" und sogar eine gewisse „Stabilität" (Herta Müller zitiert aus einem Interview mit Cărtărescu in der FAZ). Ein ganz und gar unglücklicher Versuch Mircea Cărtărescus, über die damalige Situation des Schriftstellers zu scherzen und ins Banale zu ziehen!

Herta Müllers Angriffe gegen Mircea Cărtărescu vor ihrem Besuch in Rumänien führten Gabriel Liiceanu, den Direktor des Humanitas-Verlages, der Herta Müllers Roman *Atemschaukel* in rumänischer Übersetzung veröffentlicht hat, dazu, die Autorin auf der Bühne des Bukarester Athenäums zu fragen, ob etwa die Werke jener Autoren vor '89, welche nicht ihren Frieden mit der Politik der kommunistischen Partei gemacht hatte, d.h. nicht systemkonform waren, aber damals erschienen konnten, nicht doch einen gewissen Wert besäßen. Mit dieser Frage setzte Gabriel Liiceanu sein ganzes Prestige als Ausleger Ciorans und Ionescos, als Übersetzer Platos und Heideggers, als Verfasser zahlreicher Schriften über das Tragische, über das Grenzgängerische, über Lüge und Hass, sein ganzes Kapital der ihn umgebenden öffentlichen Anerkennung aufs Spiel. Die Antwort der mit dem Nobel-Preis Ausgezeichneten ließ die im Saal Anwesenden, die geglaubt hatten, Herta Müller würde dem Fragesteller zumindest behutsam entgegnen, erstarren: „Nein! Es war eine Art der Autoren, sich zu drücken". In dieser Weise brach auf der geschichtsträchtigen Bühne des Rumänischen Athenäum das gesamte Gerüst der Selbstlegitimierung der rumänischen Intellektuellen ein, die sich hinter dem Syntagma „Widerstand durch Kultur" versteckt hatten.

Die Antwort der Intellektuellen, die sich angesprochen fühlten (der Schrifsteller Mircea Cărtărescu in der Zeitung „Evenimentul zilei", der Literaturkritiker und Professor Nicolae Manolescu in der Zeitung „Adevărul" und in der Zeitschrift „România literară"), wie auch jene der Jüngeren (in der Zeitschrift „Observatorul Cultural") ließ nicht lange auf sich warten, wobei die Polemik bisweilen schrille Akzente aufwies, über die mir ein Gefühl der Verlegenheit zu schweigen gebietet. Ich werde mich lediglich auf die Replik Mircea Cărtărescus in der Tageszeitung „Evenimentul zilei" vom 8. Oktober 2010 beziehen, veröffentlicht unter dem Titel „Eine Ungerechtigkeit". Mircea Cărtărescu weigert sich zu glauben, unter allen rumänischen Intellektuellen trüge er die größte Schuld daran, dass „nicht auch wir einen Havel hatten". Er bezweifelt, dass die kommunistische Diktatur in Rumänien Widerstandshandlungen, wie sie in Tschechien, Ungarn oder Polen anzutreffen gewesen waren, toleriert hätte. „Es war eine niederträchtige, primitive, asiatische Diktatur. Havel hätte seine Bücher bei uns im Gefängnis nicht schreiben können, wie er es in der damaligen Tschechoslowakei tat (Cărtărescu ist von Herta Müllers Vorwürfen derart betroffen, dass er aus lauter Erregung Havel nach Polen verlegt, ein Umstand, der auch den Kommentatoren des Disputs nicht entging, R. C.), denn man hätte ihn zusammen mit den gemeinen Kriminellen eingesperrt, ihn vergewaltigt, und zu Tode verprügelt wie den Dichter Gheorghe Ursu". Die Schriftsteller haben versucht, im Rahmen des Möglichen durch ihre „wahrhaftigen und ehrenhaften" Bücher zu widerstehen. Dieser Widerstand, betont Cărtărescu, war kein passiver, denn er erforderte „Heldentum unter dem ungeheuren Druck eines Regimes, das die gesamte zwingende Macht und Exklusivität im öffentlichen Diskurs innehatte". Der Schrifsteller resümiert so seine Biographie aus den Jahren vor '89, die ich hier im vollen Umfang zitiere, da sie der deutschsprachigen Presse nicht zugänglich ist: „Der Adoleszenz entwachsen, traf mich der Kommunismus als Student an der Philologischen Fakultät, danach, bis zur Revolution, als Rumänisch-Lehrer an einer allgemeinbildenden Schule am Rande Bukarests. Ich habe nicht mit der Securitate zusammengearbeitet und hatte (bis heute) niemals irgendeine Funktion inne. Ich habe wie alle anderen unter Hunger und Kälte gelitten. Mit Ausnahme einer Reise nach Ungarn habe ich das Land nicht verlassen. Ich war immer genauso arm wie alle. Mein ganzes Leben war schon damals die Literatur. Von 1978 bis 1984 war ich Mitglied des ‚Montagskreises' und habe, zusammen mit meinen Kollegen, eines der gewagtesten und freiesten Gedichte jener Zeit geschrieben. Als der Kreis geschlossen wurde, schrieb die Zeitschrift ‚Libération', dass er ‚a dut être fermé à cause de subversion' (wegen subversiver Motive geschlossen werden musste). Meine Gedichte wurden in beinahe zwanzig Artikeln der Serie ‚Die Dichter vor dem Jüngsten Gericht' in der Securitate-Zeitschrift ‚Săptămâna' von Eugen Barbu, dem Direktor der infamen Zeitschrift, persönlich verspottet. Im gleichen Zeitraum erschienen meine von der Zensur verstümmelten Bücher. Eines davon (das alle Genehmigungen der Zensur hatte) wurde von den Arbeitern der Bukarester Druckerei ‚13. Dezember' abgelehnt und danach, gleichfalls von den ‚patriotischen' Arbeitern (eigentlich von derselben Securitate) in einer Drukkerei in Oradea. Mein letztes vor 1989 erschienenes Buch *Nostalgia* irrte jahrelang im Labyrinth des Kulturrates herum, von wo es mit neun Stempeln der verschiedenen Zensurstellen und Dutzenden fehlenden Seiten zurückkehrte. Zu jener Zeit nahm mich niemand, einschließlich meiner Kollegen der Aktionsgruppe Banat, die später meine Freunde und Übersetzer wurden, als Hasenfuß wahr, auch nicht als einen Privilegierten. Ich habe wie viele meiner Kollegen schrecklich für mein Leben und Schreiben gelitten. Herta Müller hat im Athenäum gesagt, ‚die Sensibelsten und Intelligentesten haben Rumänien als erste verlassen'. Ja, die Deutschen konnten das Land verlassen, doch die Rumänen, unabhängig von ihrer Sensibilität und Intelligenz, wurden an der Grenze und an der Donau erschossen, wenn sie dem Gefängnis Rumänien entgehen wollten. Ich konnte nirgends hin. Zwischen 1987 und 1989 schrieb ich das Gedicht ‚Levantul'[Die Levante], das, vielleicht, die heftigste in der kommunistischen Zeit verfasste Parabel auf die Diktatur und Ceauşescu persönlich darstellt. Ich habe es praktisch vollständig im Literaturkreis ‚Junimea' vorgelesen, ungeachtet der Bitten seines Leiters Ovid Crohmălniceanu und des Schrifstellers Mircea Nedelciu, den Kreis nicht der Gefahr auszusetzen, ebenfalls geschlossen zu werden. Dutzende Zeugen, die an der Lesung teilnahmen, wissen um die Gefühle, welche ihnen die Verse des Anti-Ceauşescu-Epos einflößten. Ich gehörte weder zu jenen, die geschwiegen haben, noch zu den Apolitischen, noch zu den Feiglingen jener Epoche, auf die wir immer noch im Zorn zurückblicken".

Der vorliegende Beitrag will keine voreiligen Schlüsse ziehen. Das Thema der Verstrickung rumänischer Intellektuellen mit dem Regime Nicolae Ceauşescu wird weiterhin Gegenstand von mit aller Härte geführten Debatten sein. Zudem sah sich Mircea Cărtărescu durch die Polemik mit Herta Müller dazu veranlasst, einen Antrag beim CNSAS (der rumänischen Gauck-Behörde) zu stellen, um seine eigene Akte einsehen zu können; einer der Vorwürfe der Nobelpreisträgerin bestand nämlich darin, dass viele der rumänischen Intellektuellen zu wenig gewillt seien, sich mit dieser Vergangenheit auseinanderzusetzen. Wir werden also über Mircea Cărtărescu mehr erfahren, wenn er seine Akte gelesen hat und ihren Inhalt veröffentlichen sollte. Unzweifelhaft aber bleibt, dass die Literatur Mircea Cărtărescus vor 1989 nicht derartig realitätsfern war, wie dies seine Selbststilisierung vermuten ließ und dass sie sich nach '89 in bedeutendem Maße gewandelt hat. Sie wurde auch unter dem Einfluss der deutschsprachigen rumänischen Autoren sowie unter jenem der Prosaschriftsteller der Neuen Welle, die sich in den 90er Jahren herausbildete, weniger lakonisch und direkter. Die Obsession der Diktatur verfolgt Cărtărescu weiterhin, genau wie auch Herta Müller. Die jüngsten Werke Cărtărescus (darunter die letzten Bände der Trilogie *Die Wissenden*, welche in Kürze auch auf Deutsch erscheinen werden) widmen sich fast zur Gänze der kommunistischen Diktatur, des Umsturzes, aber gleichfalls des Fortbestehens des Kommunismus durch „die Maskerade der Revolution" von 1989.

Unerträgliche Ironie des Schicksals! Nach den katalysierenden Worten Herta Müllers auf der Bühne des Rumänischen Athenäum – selbst wenn sie unbequem und nicht völlig gerechtfertigt waren, aber dazu bestimmt, sich selbst ins Visier zu nehmen – wurde dieser symbolische Ort durch die Ehrungen beschmutzt, die man dort *post-mortem* dem Hofdichter Adrian Păunescu erwies. (Der unter den Beinamen „Göbbels von Rumänien" bekannte Schreiberling verstarb am 5. November 2010). Wir täten gut daran, die Verantwortung jener, die nichts gegen die kommunistische Diktatur unternommen haben, zu diskutieren und zu sanktionieren, *nachdem* oder zumindest *während* die Schuld derjenigen, die das Böse geschaffen haben, bestraft werden wird. Bedauerlicherweise schwindet mit jedem Tag – durch oder ohne ihre Schuld – die Legitimität derjenigen, die Strafe fordern könnten ... Man wird in die Schuld verstrickt, um keine Anklage mehr erheben zu können. Daher die nicht eben einfache Frage: *Cui prodest?*

Literaturverzeichnis

CĂRTĂRESCU, MIRCEA: *Visul* [Der Traum], Bucureşti: Cartea Românească 1989.

– *Nostalgia*, unzensierte Gesamtausgabe, Bucureşti: Humanitas 1993.

– *Nostalgia*, nach der rumänischen Gesamtausgabe von Gerhardt Csejka ins Deutsche übersetzt, Frankfurt am Main: Suhrkamp Verlag 2009.

– *Orbitor. Aripa stângă* [Blendend. Der linke Flügel], Bucureşti: Humanitas 1996.

– *Orbitor. Corpul* [Blendend. Der Körper], Bucureşti: Humanitas 2002.

– *Orbitor. Aripa dreaptă* [Blendend. Der rechte Flügel], Bucureşti: Humanitas 2007.

– *Die Wissenden*, erster Teil der Trilogie *Orbitor*, übersetzt von Gerhardt Csejka Verlag, Wien: Paul Zsolnay 2007, und München: dtv-Ausgabe 2009

– *Postmodernismul românesc* [Der rumänische Postmodernismus], Bucureşti: Humanitas 1999.

– Fragment aus *Orbitor. Corpul* [Blendend. Der Körper] in der deutschen Übersetzung von Stefan Moosdorf in ROMANIŢA CONSTANTINESCU (Hrsg.), unter Mitw. v. EDDA BINDER-IIJIMA und ANTONIO STAUDE: *Im kalten Schatten der Erinnerung. Eine Anthologie zeitgenössischer Prosa aus Rumänien*, Ludwigsburg: Pop, 2009, S. 61-63.

– *Jurnal II, 1997-2003*, Bukarest: Humanitas, 2005.

– „Anii furaţi" [Die gestohlenen Jahre] in: *Evenimentul zilei*, Freitag, den 18. September 2009, S. 6.

– „O nedreptate" [Eine Ungerechtigkeit], *Evenimentul zilei*, den 8. Oktober 2010. http://www.evz.ro/detalii/stiri/senatul-evz-o-nedreptate-908350.html

MANOLESCU ION: *Alexandru*, Bucureşti: Univers 1998.

BAUER, MARKUS: „Vorwürfe und Rechtfertigungen. Herta Müller provoziert in Rumänien mit unbequemen Fragen", Neue Zürcher Zeitung, 16. Oktober 2010.http://www.nzz.ch/nachrichten/kultur/literatur/vorwuerfe_und_

rechtfertigungen_1.8017585.html

Bunge, Sascha und Faschina, Titus: 'Wie in einem Schlund', Interview mit Herta Müller, in der taz vom 14.03.1998.

Constantinescu, Romanița: „Die nicht heilen wollende Vergangenheit" in Romanița Constantinescu (Hrsg.), unter Mitw. v. Edda Binder-Iijima und Antonio Staude: *Im kalten Schatten der Erinnerung. Eine Anthologie zeitgenössischer Prosa aus Rumänien*, Ludwigsburg: Pop, 2009, S. 5-12.

Cosmeanu, Marius: „În România, orice om care gândeşte altfel, e perceput ca duşman" [„In Rumänien wird jeder Mensch, der anders denkt, als Feind begriffen"], Interview mit Herta Müller, in *Corso*, 17.06.2010, http://www.ofcorso.ro/articol/inapoi/interviu/articol/in-romania-orice-om-care-gandeste-altfel-e-perceput-ca-dusman.html

Crohmălniceanu, Ovid S.: „Cuvânt înainte" [Vorwort] zu Mircea Nedelciu, Nicolae Iliescu, Cristian Teodorescu, Ion Bogdan Lefter, Gheorghe Crăciun, Mircea Cărtărescu u.a.: *Desant 83*, Bukarest: Cartea Românească Verlag, 1983, S. 5-7.

David, Thomas: „Das Regime hat mir meine Jugend gestohlen", Interview mit Mircea Cărtărescu in Frankfurter Allgemeinen Zeitung, (FAZ) 03.11.2009.

Fati, Sabina: „Scriitorii români erau prea încurcaţi cu dictatura" [Die rumänischen Schriftsteller waren zu viel mit der Diktatur verstrickt], Interview mit Herta Müller, „România liberă", 16.09.2010. http://www.romanialibera.ro/opinii/interviuri/scriitorii-romani-erau-prea-incurcati-cu-dictatura-199678.html

Ghiu, Bogdan: „Reversul monedei: specializarea la export şi ocolirea artistică a prezentului" [Die Kehrseite der Medaille: die Spezialisierung auf Exporte und die künstlerische Umgehung der Gegenwart], *Liternet*, 4.11.2007: http://atelier.liternet.ro/articol/5097/Bogdan-Ghiu/Reversul-monedei-specializarea-la-export-si-ocolirea-artistica-a-prezentului.html)

* „Herta Müller klagt an. Literaturnobelpreisträgerin beklagt Securitate-Verstrickungen von Literaten", in: *Die Berliner Literaturkritik*, 17.09.2010. http://www.berlinerliteraturkritik.de/detailseite/artikel/herta-mueller-klagt-an.html

* „Herta Müller beklagt Securitate-Verstrickungen. Herta Müller prangert die Securitate-Verstrickungen der rumänischen Literaturszene an",in: *Die Welt, 16.09.2010.* http://www.welt.de/kultur/article9682533/Herta-Mueller-beklagt-Securitate-Verstrickungen.html

MICHÈLE MATTUSCH, EDITH OTTSCHOFSKI, VALERIU STANCU

Mircea Cărtărescu – Zwischen Realität und Fiktion Anmerkungen am Rande eines Gesprächs

Am 10. Februar 2010 lud die Humboldt-Universität zu Berlin den rumänischen Gegenwartsautor Mircea Cărtărescu zu einem Gespräch über Realität und Fiktion ein; die Fragen stellten Edith Ottschofski und Dr. Valeriu Stancu.

Prof. Dr. Michèle Mattusch führte den Autor mit einer provokanten Aussage ein, sein Werk gelte gemeinhin als unlesbar. „So ist das Werk Mircea Cărtărescus zunächst ein Werk, für das dem Kritiker die Worte fehlen." Dennoch verglichen ihn Kritiker mit Autoren wie Max Blecher, mit den Surrealisten, bis hin zu den magischen Realisten. Mit der Formulierung „persönliche Widerständigkeit" charakterisierte sie das Schreiben dieses Schriftstellers, der sich „kaum verorten und nur schwer vermarkten lässt." Des Weiteren wurde „der ständige metamorphotische Umformungsprozess zwischen Welt- und Selbsterfindung" als die für Mircea Cărtărescu typische Schreibform bezeichnet; „eine Schreibform, die freilich aus der Entzweiung hervorgeht, der Hassliebe zwischen Faszination und Ekel, die ihre Resonanz im Leser findet, dem Riss, der durch Körper und Geist, Welt und Ich geht und der nur zuweilen durch Doppeln, Umformen, Deformieren einholbar ist."

Mircea Cărtărescu wurde 1956 in Bukarest geboren. Er gehört zwar der Generation der 1980er Jahre an, debütierte aber noch vor der Anthologie des *Cenaclu de luni* 1980 mit einem Lyrikband *Faruri, vitrine, fotografii*. In den Wahrnehmungssplittern und Momentaufnahmen des geliebten und gehassten Bukarests mit seinen zubetonierten Neubauvierteln, den Straßen und Wohnvierteln, die für den geweihten Leser wiederzuerkennen sind, nimmt seine Lyrik ihren Ausgangspunkt. Es folgen die *Poeme de amor* (1983), in denen sich Gefühlsparabeln durch die Texte von Vorgängern kämpfen, danach ein

Syntheseband *Totul* (1985), in dem die eigenen Erfahrungen mit dem Imaginarium der Menschheitsgeschichte – *Geneza, Viziuni, Idile, Totul, Momente* – verknüpft werden. Mircea Cărtărescus Übergang von der Poesie zur Prosa geht mit dem Debüt der jungen rumänischen Prosaautoren einher, der Anthologie *Desant 89*, dennoch trägt sein erster Erzählband, *Visul* (1989), der 1993 in veränderter Fassung als *Nostalgia* erschien, eine überaus persönliche Note. Hier beginnt die atmosphärische Prosa zwischen sinnlicher Wahrnehmung und Mythenkollage, die auf die Ruinen der Erinnerung baut und eine „Umschreibung" des Ichs und der Welt verfolgt. So überschreibt Mircea Cărtărescu 1990 mit *Levantul* die Geschichte der rumänischen Literatur, findet 1994 mit *Travesti* seine hermaphroditische Linie zwischen dem *Ianus bifrons* und dem *gay*. Schließlich verknüpft er seine Poetik in seiner Dissertation *Postmodernismul românesc* (1999) mit der Geschichte seiner Generation, wendet sich aber gleichzeitig dem intimen, persönlichen *Tagebuch* zu. *Texistenţa* hat man den Aufbau und die Umformung eines persönlichen Imaginariums genannt, das durch ständige Selbstdopplung generiert wird und in der Trilogie *Orbitor* gipfelt, die Mircea Cărtărescu zwischen 1996 und 2007 veröffentlichte.

Mircea Cărtărescu zeigt, wie man sich unter allen Bedingungen eine eigene Weltvorstellung schafft und erhält. Denn Europa, so heißt es in seinem im Jahr 2007 in deutscher Sprache erschienenen Essayband, hat die Form seines Gehirns. Hier hat das Drei-Zonen-Europa keinen Platz. Die Trilogie *Orbitor* entdeckt seine Kindheit und Jugend, seine Familie und Herkunft, seine Einsamkeit. Und der Balkan Mircea Cărtărescus ist nicht der der medialen Stereotypien, sondern ein Raum zwischen Toleranz und prachtvoller Pittoreske, zerstört durch Hybris und nationale Hysterie. Deshalb gilt es, die Insel Ada Kaleh wiederzufinden, die 1971 für immer in der Donau verschwand, und ihr einen Platz im Imaginarium zu sichern.

Im Gespräch gab Mircea Cărtărescu zu, dass er die ersten beiden Bände von *Orbitor* als Dichter geschrieben habe und erst im dritten Band der Trilogie, die Erzählstränge verknüpfend und zusammenführend zum Prosaschriftsteller geworden wäre. Zugleich definierte er aber den Dichter einerseits als Daseinsform, als eine Art zu leben, die auch und vor allem Kindern eigen wäre, andererseits als Gedichteschreiber, der eben die Zeilen nicht ausschriebe sondern ausfranste. Cărtărescu selbst habe mit dem Dichten aufgehört, Dichten sei eher der Jugend vorbehalten. So sei es auch zu erklären, dass er mit der Poesie angefangen habe; 1971 habe er die ersten Gedichte veröffentlicht. Erst später sei er zur Prosa übergegangen. Trotzdem könne man nicht umhin, sein ganzes Leben lang Dichter zu bleiben. Genauso wie ein Verbrecher sein Leben lang gezeichnet ist.

Eine weitere Anmerkung aus dem Publikum bezog sich auf die Gestalt Mircea aus dem Roman *Die Wisssenden* (unter diesem Titel erschien der erste Teil des Romans *Orbitor. Aripa stângă* im Zsolnay Verlag 2007 in der deutschen Übersetzung von Gerhardt Csejka), der in ein Heft mit kaffeebraunen Deckeln schreibe. Diese Bemerkung wurde mit der Frage nach den Schreibgewohnheiten Cărtărescus verbunden. Nun, er tue dies in unterschiedlich gefärbten Heften, in unzähligen Notizbüchern, stets mit der Hand und aus einem Guss, fast ohne Korrekturen. So schreibe er seine Romane. Dann sei da eine ungemein nette Dame aus dem Verlag Humanitas, die die Hefte in den PC übertrage und so einen ganzen Roman in kürzester Zeit abschreiben könne. Im Unterschied dazu schreibe er seine journalistischen Texte stets am Laptop

Der erste Prosaband hieß *Visul* und wurde 1989 veröffentlicht, allerdings wurde er zensiert. Auf die Frage, was denn der Zensur zum Opfer gefallen sei, ging Mircea Cartărescu detailliert ein und erwähnte, dass zum Beispiel eine Gestalt namens Elena nicht so heißen durfte, wegen der Namensgleichheit mit der Präsidentengattin Elena Ceauşescu, deswegen musste sie in Maria umgetauft werden. Die kommunistische Prüderie äußerte sich auch auf der lexikalischen Ebene, sodass ausdrucksstarke, frivol-populäre Begriffe (wie beispielweise „ţâţişoare“) durch ihre stilistisch neutralen und blassen Synonyme („sân”) ersetzt wurden. Die Zensur konnte man aber auch einigermaßen umgehen. So hatte Cărtărescu von einem Zensor den Tipp bekommen, in sein Gedichtemanuskript auch solche Texte mit hineinzunehmen, die er als schwach einstufte und eigentlich nicht veröffentlichen wollte. Nur damit der Zensor die Möglichkeit habe, seine Arbeit zu rechtfertigen, indem er einige Texte herausstrich.

Cărtărescu bezog sich auch auf die aktuelle Diskussion über den rumänischen Geheimdienst und die enttarnten Spitzel und wies auf die Komplexität des Themas hin, auf die dringende Notwendigkeit, auch die freiwilligen Mitarbeiter und Offiziere der Securitate zu enttarnen.

Auf die Frage von Dr. Stancu, ob Cărtărescu gleichermaßen intensiv am Schreibprozess teilhabe, wenn er etwas aus der früheren rumänischen Literatur „umschreibe" oder aber wenn er etwas auf einem neuen Gebiet erschaffe, antwortete dieser, dass ein Schriftsteller nie auf einem völlig neuen Gebiet schreiben könne, dass die Literatur eher eine Form der „Umschreibung" sei, deshalb partizipiere der Schriftsteller immer gleichermaßen am Schreibprozess.

Gefragt nach der Rolle der Kindheit und ihrer besonderen Erkenntnis für das fiktionale Universum seines Werks unterstrich der Autor die Bedeutung der kindlichen Weltsicht und ihrer Grundzüge: das Spiel und die Phantasie.

Aus dem Publikum kam die Frage, wie das Verhältnis Cărtărescus zur Religion sei, worauf der Autor antwortete, dass er eine atheistische Erziehung genossen habe, in der Feiertage, wie zum Beispiel Weihnachten, für gewöhnlich unbeachtet blieben. Erst sehr spät, mit etwa dreißig, habe er die Bibel gelesen und als literarisches Kunstwerk, als Buch der Bücher entdeckt. Nun lese er die Bibel jedes Jahr einmal von Anfang bis zu Ende.

Diktatur oder die „als-ob-Welten“

Wenn man über Diktatur schreiben oder reden will, dann kann man die persönlichen Erfahrungen nicht ausklammern, obwohl es wünschenswert wäre, objektiv vorzugehen. Ich selbst habe fast zwölf Jahre in einer kommunistischen Diktatur gelebt, und auch wenn manche behaupten, dass man in diesem Alter keine Erinnerung an jene Zeit hat, muss ich widersprechen. Ich erinnere mich und nehme mir das Recht zu urteilen. Unsere Kindheit war eine gestohlene. Eine Kindheit der Verbote, die eigene Meinung zu äußern, und der Angst, dabei beobachtet zu werden. Im Kampf um das tägliche Überleben konnte der Einzelne den nächsten Zug der Staatsmacht nicht mehr voraussehen. Die Handlungsfreiheit des Individuums war sehr beschränkt, da dem Einzelnen in einem Staat, in dem der Führer alle Plätze des öffentlichen und des privaten Lebens besetzte, kein Bewegungsraum mehr zur Verfügung stand. Diese Kindheitserfahrungen haben bleibende Spuren hinterlassen und dazu beigetragen zu verstehen, wie die Mechanismen der Angst in einer Diktatur funktionieren. Der Terror führt dazu, dass auch die innere Welt sich leert und der Mensch nur die Rolle eines registrierenden Zeugen spielt: Er betrachtet sein eigenes Leben und das der anderen. Als Subjekt existiert er fast nicht mehr, es entsteht eine massive Reifikation der Menschen.

Mit dem Thema Diktatur befasst sich eine große Anzahl der Werke rumäniendeutscher Autoren, so auch der Roman *Capesius, der Auschwitzapotheker* von Dieter Schlesak, der zeitlich weiter zurückgeht, die Auswirkungen der nationalsozialistischen Diktatur untersucht und ein Porträt der Angst in vielfältigen Erscheinungsformen liefert. Nicht nur die Problematik von Schuld und Mitmachen, die Suche nach den Ursachen für das Verschwinden einer Nation werden in diesem Roman aufgegriffen. Eine wichtige Frage, die sich angesichts des von Dieter Schlesak gewählten Themas stellt, ist, warum es notwendig war, dieses Thema wieder in Erinnerung zu bringen?

Das Schreiben gegen das Vergessen setzt sich im Grunde das Ziel, Fehler der Vergangenheit zu vermeiden und durch ideologisch unbelastetes Denken friedliche Lebensräume denkbar zu machen. Faszinierend ist in *Capesius* die Auseinandersetzung mit der Diktatur unter einem besonderen Blickwinkel: die Darstellung einer „als-ob-Welt". Genauso wie im Kommunismus war auch im Nationalsozialismus der Rückzug auf Inseln der Glückseligkeit erprobte Lebensstrategie.

Alle haben gewusst, dass die Diktatur (jedwelcher Couleur) grausam und absurd war, viele Opfer gefordert hat, aber fast alle haben versucht, nichts darüber zu wissen und so weiterzuleben, als ob nichts passiert wäre. Die Schuld im Roman von Schlesak wird hinter Kultur versteckt, eine unglaubliche und morbide Mischung: Roland, der Onkel des Autors, liest klassische deutsche Literatur, während unter seinen Augen die Juden selektiert und danach getötet werden. Aber er hat nichts gesehen, er lebt angeblich in einer anderen, einer besseren und reineren Welt von Hölderlin und klassischer Musik. Er war aktives Mitglied in der SS, will aber keine Schuld haben. Wie die meisten Täter hat er so gut wie keine Erinnerungen, oder vertritt eine andere Version der Vergangenheit. Er glaubt, durch Bildung von Schuld freigesprochen zu werden. Die meisten Figuren im Roman weisen diesen merkwürdigen Aspekt auf: Sie versuchen weiterzuleben, ihr Leben so zu gestalten, als ob alles perfekt wäre, als ob die Juden in ihrer Nähe nicht sterben würden. Weihnachten und Ostern werden gefeiert, Theaterstücke werden als wichtige mondäne Ereignisse veranstaltet, das Leben einiger geht weiter, während andere ihr Leben lassen.

> Ja, Pfingsten. Nichtwahr. Hörte ich interessanterweise vom spitzen Turm der nahen Dorfkirche ein verspätetes Angelus-Läuten? Ich sah die Zugankunft. Vom Wachturm aus, wo ich eine dienstliche Kontrolle durchführen musste, konnte ich auch die beiden vertrauten Landsleute, unseren Schäßburger Apotheker Dr. Capesius und den Zeidener Arzt Dr. Fritz Klein, bei der Selektion

> beobachten. Und nachher musste ich ja auch zur Rampe. Ich tat es nicht gern. Musste es aber tun. Befehl ist Befehl. Und musste auch zusehen, wie ein Kahlgeschorener in den Stacheldraht rannte. Sonst flüchtete ich mich in ein Buch, meist Hölderlin ...[1]

Typisch für Diktaturen ist, dass fast niemand ohne Schuld bleibt. In Herta Müllers Roman *Der Fuchs war damals schon der Jäger* klingt es auch an: Der Gebrauchsgegenstand, der Fuchspelz, wird zum Jäger, weil die Machthaber den Einzelnen bis in die Privaträume jagen und niemand Anteil daran nimmt. Solche Vorfälle spielten sich auch im realen Leben ab, als Nachbarn verschwanden und sich nur einige wenige darüber beunruhigten. Auf ihre Fragen wurde fast immer dasselbe geantwortet: Wir haben nichts gehört, nichts gesehen. Wir wissen nichts. Doch gerade das Wegsehen ist eine wesentliche Stütze der Macht.

Neben dem Wegschauen der Täter gibt es eine Fluchtwelt, ein „Als-ob" der Opfer, das sich jedoch sehr unterschiedlich gestaltet. Täter und Opfer einer Diktatur leben in verschiedenen Welten, jeder versucht, eine andere Realität zu schaffen, doch alle treffen sich in der realen Welt des Terrors, wo einem kein „als ob" mehr hilft. In *Capesius* gibt es außer den traditionellen Feiern auch alle anderen Anzeichen eines „normalen" Lebens: Besuche, Jagd, erotische Beziehungen in der Welt der Täter. Liebe gibt es für Gefangene, aber nur als Experiment, als Versuche, der Diktatur zu entgehen.

> Wir mussten auch Pausen machen. Ausruhen. Vergessen. Am Sonntag etwa jagen in den Beskiden bei unserem Rittermeister Dr. Fabritius: Und meine Frau briet im Ofen dann wieder den Hasen-Sonntagsbraten.[2]

In unterschiedlichem Ausmaß sind fast alle Leute, die in einer Diktatur leben, schuldig. Selbst der Versuch eines anscheinend normalen Lebens ist strafbar, denn diese „normale" Existenz bedeutet Leistung von Mithilfe, ein Sich-Vereinnahmen-Lassen durch die Machthaber.

---

[1] SCHLESAK, *Capesius*..., S. 31.
[2] Ebd, S. 68.

Auch in der rumänischen posttotalitären Gesellschaft hieß es oft: „Wir konnten nichts dafür". Doch. Wenn man schweigt, wenn man versucht, nur sein eigenes Leben zu retten, ist man schuldig.

Eine Diktatur bedeutet, sich in einem konstruierten Lügengebilde einzurichten. In den kommunistischen Diktaturen deklarierte man das Wegsehen, den Rückzug ins private Leben, zur Überlebensstrategie. Auch wenn auf einer anderen Ebene des Schuldigseins, waren die Auschwitz-Offiziere nach dem Krieg fest überzeugt, dass sie keine Täter waren, da sie in einer „normalen", vielmehr elitären privaten Welt gelebt hatten. Ihre wahrgenommene Unschuld gehört zu ihrer Selbstlüge.

Aber es gibt in Diktaturen auch Leute, die keine Versuche machen, die Welt als eine „als-ob-Welt" zu gestalten. Zu diesem Personenkreis gehören die Lagerinsassen (in *Capesius*, als Beispiel der braunen Diktatur) und die Kämpfernaturen, die nicht schweigen wollen und können. Sie entziehen sich dem Zugriff der Macht und werden umso schonungsloser mit dem Tod konfrontiert. Sie leben in der Allgegenwart der Angst. Die Angst in einer Diktatur hat auch eine andere Funktion: Sie versichert, dass der Einzelne noch lebt.

Sehr prägnant ist dieser Eindruck bei der Lektüre der Romane von Herta Müller, Richard Wagner, der Gedichte von Richard Wagner oder Rolf Bossert, des Romans *Capesius* von Dieter Schlesak. Die Angst ist das Grunderlebnis in einer Diktatur, sie steht hinter jeder Handlung, jedem Gedanken. Aber in einer pervertierten Welt ist sie das Prinzip des Seins, ontische Grundlage.

Des Weiteren möchte ich das gesellschaftliche Personal gegenüberstellen, das zur literarischen Thematisierung der kommunistischen und der nationalsozialistischen Diktatur aktiviert wird. Die kommunistische Diktatur wird von Menschen vertreten, die aus den unteren sozialen Schichten kommen. Sie handeln aus Hass und Neid auf die bürgerliche Welt. In Marin Predas[3] zweiten Band des Ro-

[3] Marin Preda (1922–1980), rumänischer Schriftsteller. Es wird vermutet, dass er wegen seiner regimekritischen Äußerungen in dem Roman *Der Meistgeliebte von Erdenmenschen* (*Cel mai iubit dintre pământeni*, 1980 erschienen) mit dem Leben bezahlen musste.

mans *Morometii* (deutsch: *Die Familie des Moromet*, 1967) wird die Machtübernahme durch die Kommunisten nach dem Zweiten Weltkrieg dargestellt. Mit bitterer Ironie und Sarkasmus schildert Preda die Welt der neuen gesellschaftlichen Eliten in einem Dorf: Es sind die ehemaligen Dorftrottel, die Ärmsten unter den Armen, die Ungebildeten und psychisch Gestörten. Demgegenüber erheben die Nazi-Täter, so wie sie von Dieter Schlesak imaginiert werden, den Anspruch, Teil einer kulturellen Elite zu sein. Als „Bildungsbürger" getarnt, verneinen sie zynisch ihr Mitwirken am Geschäft mit dem Tod. Die zwei scheinbar unversöhnlichen Gegensätze: Mord und Kultur stehen in einer merkwürdigen Beziehung zueinander.

Der Roman *Capesius* setzt sich sehr differenziert mit der Problematik der Schuld und Sühne in einer Diktatur auseinander, indem multiple Wahrheiten in der Narration zur Sprache gebracht werden. In einer Diktatur können menschliche Werte weiter lebendig bleiben; es entstehen neue Verhaltensmodelle. In *Capesius* gibt es zahlreiche Belege dafür: In der Hölle, wo die Menschen von Gott verlassen zu sein scheinen, beginnt das wahre Mitgefühl. Im Kampf um das eigene Überleben kommt es zu einem Prozess der Identitätsfindung.

Ein Denkmal gegen das Vergessen zu setzen, ist im Falle jeder Erfahrung mit einem totalitären Regime entscheidend und zukunftsträchtig. *Sine ira et studio* sollten die Taten in Erinnerung gerufen werden, damit die Entstehung eines völlig verzerrten Bildes durch tendenziöse Auseinandersetzungen verhindert wird. Tabuisierungen schaden den historischen Aufklärungsprozessen. Das Wort „vergessen" wird im Zustand der Unfreiheit oft in merkwürdigen Kontexten ausgesprochen: „Das darfst du nicht weitererzählen" hörte man in unmittelbarer Nachbarschaft der Ermahnung: „Das darfst du nicht vergessen!" Von den Kontrollbehörden ließ sich folgender Satz hören: „Du musst sofort vergessen, was hier (beim Verhör, im Gefängnis) passiert ist!"

Gerade in diesem Zusammenhang finde ich die Werke der rumäniendeutschen Autoren faszinierend. Durch das Nebeneinander und Gegenüberstellen der roten und braunen Diktatur machen sie auf Kontinuitäten aufmerksam, auf feine Nuancen und „Bedeutungsrisse" in Wörtern wie „Vergessen", „Angst", „Sein", „Gefahr", „Wahrheit", „Freundschaft".

Das Schreiben über die Diktatur setzt die Kenntnis über die innere Befindlichkeit der im totalitären System Gefangenen voraus. Auch die Problematik der „Grenze", ein Zentralthema beispielsweise bei Dieter Schlesak, erschließt sich im semantischen Feld von „Diktatur". Das Schreiben über die Diktatur ist als ein gefährlicher Balanceakt entlang unsicherer Grenzen zu sehen. In *Capesius* werden die Grenzen durch Angst, aber auch durch Rückzugsmechanismen gefestigt, macht doch das Einigeln in „Als-ob-Welten" das Überleben erst möglich. Zum Überleben in der Diktatur gehört der Rückzug auf wohlbehütete innere Räume, was in hohem Maß einer Selbstlüge gleichkommt. Darüber hinaus ist das Schreiben eine überlebensnotwendige Strategie und gleichzeitig Kampf mit den Worten und um die Worte. Deswegen wird ihnen besondere Aufmerksamkeit zuteil: „Sprache in einer Diktatur war andauernd überwacht, Sprachgefahr wurde krass und körpernah erfahren. Den Ekel vor dem Eindeutigen und Parolenhaften empfinden Leute, die täglich unter dem Diktat von Losungen und Phrasen leben mußten, als physischen Ekel, er steigert sich bei Autoren bis zur Ablehnung des roh Realistischen."[4]

Indem man sich der von den Machthabern „besetzten" Worte bedient, kann man sich durch das Schreiben schuldig machen. „Die Schuld der Schriftsteller beginnt in dem Augenblick, in dem sie sich bewusst von dem alles usurpierenden Regime vereinnahmen lassen. Wenn sich kompromissbereite Autoren dazu hergeben, die offizielle Sprachregelung und politische Gleichschaltung als Erfolg einer bestimmten Kulturpolitik darzustellen und damit die Beschneidung der eigenen Meinungsfreiheit mit in Kauf zu nehmen, dann steht den Nivellierungs- und Usurpationsabsichten des totalitären Regimes nichts mehr im Wege."[5]

---

[4] SCHLESAK, „Schreiben als posthumes Leben. Rumäniendeutsche Lyrik der neunziger Jahre", in: ders.: *Zeugen an der Grenze unserer Vorstellung*, S. 287-295, hier S. 293.

[5] TOTOK, „Literatur und Personenkult in Rumänien", in: SOLMS (Hrsg.), S. 93-120, hier S. 93.

Durch den verantwortungsvollen Umgang mit dem Wort situiert man sich jenseits der „Als-ob-Welten“ und der Selbstlüge und nimmt die Chance der Selbstfindung wahr. „Und zwischen all den Abwehr-Gesten, Abwehr-Sätzen, Abwehr-Erfindungen: das Schreiben. Der Ort, an dem die Identität gesichert war.“[6] Aber: Ist das Beharren auf Positionen der Kompromisslosigkeit überhaupt möglich? Das Schreiben im Zustand der Unfreiheit bleibt ein gefährlicher Balanceakt: „Literatur hier und heute ist ein Auf-der-Grenze-gehen.“[7] In einer Diktatur, wo die Grenzen zu den Freiräumen beweglich sind, wird das Wort nicht nur zur Waffe, sondern auch zur Möglichkeit, sich selbst zu retten oder sich zu verdammen. „Ja, jeder, der die Sprache, die wie eine Sonde ins eigene Bewusstsein reicht, im Sinne der Aussage, der Logik (des Allgemeinen also) verwendet, ist gefangen, beugt sich, spielt mit, lügt. Und nirgends sonst als in Diktaturen mit ihren Denkgefängnissen und ihrer inneren Zensur wird dies so hautnah und existentiell alltäglich und in der Angst deutlich. Nirgends sonst aber auch wurde der eigentliche Hintersinn (…) so verdeckt wie unter Bedingungen des Wahrheitsverbotes.“[8]

Bibliographie

Primärliteratur

SCHLESAK, DIETER: *Capesius, der Auschwitzapotheker*, Bonn: Verlag J. H. W. Dietz 2006.

– *Zeugen an der Grenze unserer Vorstellung. Studien, Essays, Portraits*, München: IKGS Verlag 2005.

---

[6] FRAUENDORFER, „Das bisschen Kompromiß“, in: SOLMS (Hrsg.), S. 130-135, hier S. 133.

[7] WAGNER, „Am Anfang was das Gespräch. Erstmalige Diskussion junger Autoren/ Standpunkte und Standorte“, in: WICHNER (Hrsg.), S. 31-35, hier S. 35.

[8] SCHLESAK, „ Sprachwaage, Wortwaage, Heimatwaage Exil“. Chancen des Verlustes auf Rumäniendeutsch“, in: WICHNER (Hrsg.), S. 217-242, hier S. 230.

SIENERTH, STEFAN: *„Daß ich in diesen Raum hineingeboren wurde“. Gespräche mit deutschen Schriftstellern aus Südosteuropa*, München: Verlag Südostdeutsches Kulturwerk 1997.

WICHNER, ERNST (Hrsg): *Ein Pronomen ist verhaftet worden. Texte der Aktionsgruppe Banat*, Frankfurt am Main: Suhrkamp Verlag 1992.

– *Das Land am Nebentisch. Texte und Zeichen aus Siebenbürgen, dem Banat und den Orten versuchter Ankunft*, Leipzig: Reklam Verlag 1993.

Sekundärliteratur

SOLMS, WILHELM: *Nachruf auf die rumäniendeutsche Literatur*, Marburg: Hitzeroth Verlag 1990.

Die quälende Wahrheit[1]

In *Wenn die Dinge aus dem Namen fallen* (Reinbek: Rowohlt 1991), dem Reportage-Essay des posttotalitären Frühlings, den Dieter Schlesak nach Jahren des Exils in Bukarest verbringt und wo er zu verstehen versucht, was im Dezember 1989 und in den darauf folgenden Monaten geschehen ist, fängt er die „Ruinen" des alten Regimes ein. Das Buch erschließt eine hitzige und begrenzte Gegenwart, die aber auf einer lang andauernden Vergangenheit beruht, einer Vergangenheit, die ebenso unwiederholbar wie quälend ist.

Dieter Schlesak ist in *Wenn die Dinge aus dem Namen fallen* darauf bedacht, keinen subjektiven, berechtigungslosen Text zu schreiben. Er urteilt nicht, sondern reproduziert nur genau das, was ihm aus jener Zeit erzählt wird, als er von dem ihm nun entfremdeten Land abwesend war. Aus den spontanen Aussagen, die er vor Ort erhält, zieht er seine scheinbar ganz persönlichen Schlüsse, die eigentlich den allgemein bekannten sehr nahe kommen. Er stellt nur fest und nimmt sich fast explizit vor, nicht zu deuten. So finden sich nur wenige moralische Schlussfolgerungen allgemeiner Art

Indem er über die Schuld der Schriftsteller nachdenkt, allerdings eher jener außerhalb des Landes als innerhalb, wendet er mit maximalem „Verständnis" die Kriterien von Jaspers an, vereinfacht sie und erkennt sie in zweifacher Hinsicht als richtungsweisend an, wenn er von einer *ethischen* und von einer *ästhetischen Schuld* spricht, wobei er die letztere als die *„subtilere"* ansieht, ohne allerdings Details und Nuancen zu liefern. Er begnügt sich mit der Aufgabe eines Reporters, mit der Nähe zum Ton der *live*-erlebten Realität. So notiert er etwa, was ihm der Dissident, Dichter und Präsident des Schriftstellerverbandes Rumäniens Mircea Dinescu in den Räum-

[1] Fragmente aus: Marian Victor Buciu: *Dieter Schlesak – Un maestru german al evaziunii* [Dieter Schlesak – Ein deutscher Meister der Flucht], Bukarest: Ideea europeană, 2007 (zweite Auflage).

lichkeiten des Schriftstellerverbandes offenbart, dass nämlich dessen Mitglieder schuldig geworden seien an einem grundlegenden moralischen Delikt, indem sie die nationale Identität durch „pupincurism“, Speichelleckereien, pervertiert hätten.

Auch in *Vaterlandstage* (Zürich: Benziger Verlag, 1986) erinnert sich die Romanfigur Michael T., wie schlecht angesehen Autoren waren, die den Proletkult nicht unterstützten, die Konformisten dagegen wurden hochgehalten: „... ja, denen wurde zu meiner Zeit genauer auf die Finger gesehen, notfalls wurden diese Federfuchser und Besserwisser interniert. *Ausmerzen* muss man solche Asphaltliteraten und Asphalttreter, die jede gesunde Volksgemeinschaft mit ihrem verspritzten Gift schädigen. Volksschädlinge hießen sie. Und Aufknüpfen! ... Klar. Und Augen rechts ...“

Wenn die Dinge aus dem Namen fallen bezeugt ebenfalls, dass es keine neutrale Reportage geben kann. Daher bleibt auch eine subtile Widersprüchlichkeit im Buch bestehen, die freilich unvermeidlich ist. Bestimmend wird dabei aber auch das untersuchte Medium. Dieses bestand aus den Eliten der Opposition, die wie aus dem Nichts plötzlich aus der streng kontrollierten Dissidenz auftauchten. Dieter Schlesak übernimmt die These von der gestohlenen Revolution und eines Staatsstreiches, der in totalitärem Geiste geplant worden war. [...]

Dieter Schlesak schreibt seinen Bericht und sein Tagebuch der Rückkehr in einem veränderten Heimatland Rumänien nicht nur mit Nostalgie, sondern auch voller Vertrauen und Hoffnung. [...] Und in einer luziden Distanz kritisch, sowohl dem Osten als auch dem Westen gegenüber. Ohne eine politische oder ökonomische Lösung anbieten zu wollen. Die Option des Autors ist ethisch und philosophisch. Er glaubt daran, dass der Osten dem Westen eine Lektion erteilt hat und dass dieser sie nicht wird ignorieren können. Alles hielt freilich nur solange an, solange die Revolte alles beherrschte. Das war ein äußerst kurzes Experiment und wurde sehr schnell schmerzlich unterbrochen. Doch der Autor glaubt daran, dass die Rumänen eine Erfahrung gemacht haben, die dem Westen (noch) fehlt. Aber auch: „Die Rumänen müssen sich jetzt der Realität stellen. Diese großen Chancen der rumänischen Kultur: die totale Skepsis und Ironie, dieser Sinn für das Absurde: *Tabula rasa* total; und dann gleich auch die Instrumente der ÖFFNUNG, die sie ja haben: ihr Bauen auf dem leeren Platz.“

[...] Noch erinnert man sich an das „Wunder“, an das Geschehen von etwas Unerwartetem, Unvorhergesehenem, von niemandem Geglaubten. Und so befinden wir uns in einer Realität, die sich einem Märchen nähert: Es war einmal, was niemals war. Und doch ist es auch in der historischen Szenerie gut bekannt: „Der Aufstand des Individuums wider die Staatsmumie im Osten mit ihren Apparaten blitzte nur in einem Geschichtsmoment der Öffnung auf. Er wurde überall abgelöst durch die Kaufhaus-Forderungen der amorphen Masse ... Sie zerstörte den Auf-Bruch, Aufbruch von Personen, die scheue, friedliche Bewegung mit Phantasie, Sprache, symbolischen Handlungen: Kerzen und Blumen. Die zweite Phase des Ostaufstandes war die Restauration, Glück und Heil schien nur noch ein System auf der Erde bieten zu können, das mörderische Kapitalsystem avancierte zum Retter in der Not, seine Ideologie schien endgültig gesiegt zu haben“. Heute ist, wie ein Akt ausgleichender Gerechtigkeit, auch dieses System am Ende, gescheitert! Die Hure Staat versucht es zu retten.

Die spontane Revolution, deren Initiatoren und Ursprünge im Dunklen liegen, wurde schon 1990 langsam als *gestohlene Revolution* erkannt. Die neuen Elitefiguren müssen der Presse jetzt Rechenschaft ablegen, und ihre Taten werden unter die Lupe genommen, so dass suspekte Dinge aufgedeckt werden. Aus den Erklärungen des Obersten Radu und des Generals Nicolae Militaru, die „Le Point“ veröffentlichte, zieht Dieter Schlesak den zweifelsfreien Schluss, dass jene, die Hoffnungen und Blut in diese Revolution investiert hatten, beseitigt wurden. Die Revolution wurde gestoppt, verraten und neu maskiert. Und es konnte gar nicht anders in dieser Medienära sein, es war eine wahrhaft postmoderne „Revolution“, so dass die rumänische Revolution in ein „postmodernes“ Spektakel verwandelt wurde. Das Authentische wurde überdeckt vom Falschen und das Tragische von einer Farce. Der Parteiapparat, zuerst in die

Reserve versetzt, wurde schließlich reaktiviert und dies mit einem klar erkennbaren Zweck der – im Rahmen des Traums von Gorbatschow begrenzten – Auferstehung des Sozialismus, in dessen Bereich sich der chinesische Foltertropfen befand ... Es gab ja parallel zum Aufstand einen Staatsstreich.

Zur Revolution und zum Staatsstreich werden vom Autor viele Zeugenaussagen und Eindrücke gesammelt von Mihai, Ion, Dr. Tănăsescu, Ioana, Horia, F. Hodjak, Hans Klein, etc. bis hin zu Victor Scoradeţ, dem Übersetzer des Buches ins Rumänische.[2] Nach einem Hungerstreik kam die Dichterin Mariana Marin am 21. Dezember 1989 ins Gefängnis. Mihai Sin übernimmt im Dialog mit dem Autor, jetzt nachträglich und in Freiheit, die Themen jener Tage: *foame, frig, frică,* die drei rumänischen „F": Hunger, Kälte, Angst. Die Sprache und die heutige Realität bringen sie nahe und entfernen sie zugleich. Wie es Petre ausdrücklich formuliert: „Wir haben Dinge erlebt, die nicht erzählbar sind." Marin Sorescus unvergessene Bemerkung wird gebracht: „Die Revolution bedeutet das Ende des Zweiten Weltkrieges für uns." Ich muss hinzusetzen, dass er dieses Verdikt schon einmal schriftlich geäußert hatte und zwar in einer Beilage der Zeitschrift „*Ramuri*" aus Craiova, deren Chefredakteur er gewesen war. Alles in diesem Buch geschieht in einer Zeit, als es noch aussah, dass sich alles zum Guten wenden könnte.

Ein bibliographischer Voraustext bestimmt sozusagen den eigentlichen Text des Buches von Dieter Schlesak, ein Zitat nach Gerd Bergfleth; es greift eine geheimnisvolle Intuition von Hölderlin über die „Umkehr aller Vorstellungen und Formen" auf. „Der seit der Romantik erträumte Umsturz, den schon Hölderlin als 'vaterländische Umkehr, die Umkehr aller Vorstellungen und Formen' gesehen hat, zielt auf jene Unmöglichkeit, die nur der eingebleute, historisch überholte gegenwärtige 'Realitätssinn' als Unmöglichkeit sieht; seine Überwindung, und damit die Überwindung des *cultural lag,* hieße die heutigen Bedingungen des eigenen Fassungsvermögens aufzu-

[2] *Wenn die Dinge aus dem Namen fallen* wurde ins Rumänische von Victor Scoradeţ unter dem Titel *Revolta morţilor* (Bukarest: All Educational, 1998) übersetzt.

sprengen, so in die Mitte der Zeit zu kommen; und genau dieses ist ja der Punkt, an dem auch die Wissenschaft längst angekommen ist, mit dem sie sogar praktisch umgeht […]". Die neue Realität der Revolte erscheint nach dieser Hypothese als „Natur" der Einzelnen, „Übergewalt" hemmungsloser Selbstverschwendung, das Gegenteil des herrschenden Prinzips Zeit und Nützlichkeit: „Ein Aufstand der menschlichen Natur, die *andern Ordnungen* angehört als der sozialen. Als wäre diese Explosion der menschlichen Natur der delegierte und kompetenteste Ausdruck in der gewaltigen Insurrektion gewesen, die heute die Natur auf unserer Erde wider ihre Vernichtung und gegen das technokratische System der totalen Machbarkeit führt! […] Höhere Gewalt, über die kein Staat, keine Gesellschaft, keine Industrie verfügen können, aber die sich doch anmaßen, darüber zu verfügen, sie gar als ihren Besitz zu reklamieren. Und an dieser Lüge muss jeder Staat scheitern."

Der Einzelne als ein surrealistisches und psychoanalytisches Projekt. Von hier aus gibt es fast keine Verbindung mehr zur Idee, dass die Revolution von Künstlern vorbereitet wurde und die Kunst immer die Revolution vorwegnimmt. Dann zusätzlich eine Idee, die genau auf diese Übernatur zielt: der *Aufstand der Toten* (auf Rumänisch: *revolta morților*); sie erzeugt in dem Autor eine große und essentielle Erwartung einer Art Weltrevolution des Bewusstseins. Es ist wahr, dass er diese zugleich mit einem ängstlichen Skeptizismus betrachtet, wenn er sich fragt: „Werden Armut und kollektives Bewusstsein der Dritten Welt gegen diese Wegwerfkultur des Abendlandes aufstehen? Wird diese Revolte der nächste große Krieg sein?"

Vorerst jedenfalls entgeht dem Autor keine – psychologische, ästhetische, ethische – Nuance der weltweiten Revolution via Medien: die Revolution als Wahnsinn, das Überschreiten des Ich in Gefahrenmomenten als schöpferischer Zufall: „Was aber gab den Leuten Mut, sich gegen diese Macht aufzulehnen, sich schon zu den Toten zu zählen, ohne Rücksicht auf Verluste, als wären sie unsterblich. Es war ganz sicher nicht nur Mut der Verzweiflung".

Politisch bemüht sich unser Autor, „zu allem die gleiche Distanz" zu wahren mit dem Risiko, keine einzige theoretische Option zu behalten, tatsächlich aber hat er schon das kleinere Übel, nämlich den Kapitalismus, gewählt, über den er urteilt, ohne Konzessionen zu machen.

Seine Prämisse ist irrational oder erhebt auf jeden Fall Einspruch gegen den Rationalismus der Aufklärung, die schuld an der Krise der modernen Welt ist. Der böse Samen wäre dann wahrscheinlich die Pariser Kommune. Das, worüber das Buch jedoch direkt spricht, ist „das rote Imperium, Bastard der Aufklärung." So wurde eine *gefährlich humane Welt* geschaffen, um eine Formulierung von Paul Ricoeur aufzugreifen, gerade weil sie in erster Linie eine enthumanisierte Welt ist. Nachdem dieser Samen ausgesät war, wurden der Osten und sein Wachstum zu einer Fatalität, gleichermaßen grotesk und tragisch. Dieses wussten auch jene, die seine Zügel übernahmen. Das Gedächtnis des Autors liefert beredte Zeugenaussagen zur Genüge, um die Schizophrenie, den Konformismus, den Zynismus des kommunistischen Apparates in einem System zu beweisen, das nichts anderes tat, als das Dasein zu artikulieren und es mit einer Utopie zu durchdringen, die einige schließlich auf den Gedanken brachten, dass sie überall nur Schaden anrichtet. Wie durch Anstekkung empfanden dies immer mehr Leute, bis sich dann schließlich die Phantome in lebendige Gestalten verwandelten und es zur Revolution kam.

Die Ideologen selbst schienen von einem kommunizierten Ekel manipuliert als einer Variante des atheistischen Existentialismus, wie es früher die Entwicklung von Jean Paul Sartre in Richtung eines Stalinismus mit strategisch abgeschwächten marxistischen Reminiszenzen gezeigt hat.

Die lebenden Phantome aus dem ideologischen Apparat definierten den Menschen in seiner neuen Beziehung mit einer unbestreitbaren Klarheit: „Kommunismus ist, wenn alle voneinander genug haben" sagte der ehemalige Chef des *Funkens*, der Parteizeitung „*Scînteia*". Es scheint, dass diese lebendigen Gespenster als erstes erwachten. Und es zeigte sich vehement, „dass das von der nachmetaphysischen und irreligiösen Kapitalgesellschaft anscheinend Gezähmte, Verdrängte, Vernichtete, vom Totalitarismus Negierte, ja, (als enorme Explosivkraft) unter Strafe Gestellte, noch da ist und Geschichte machen kann.“

Die Macht beherrscht das Recht nach den Gesetzen und Regeln eines Spiels, das keineswegs auf Übereinstimmung beruht, sondern immer (neu) eröffnet wird und ewig voller Konflikte ist. „Der eigentliche Sieger aber blieb das alles und jedes, auch den Tod oder die Geburt skrupellos verwertende Kapital.“

Die Ereignisse haben ihre eigene Begrifflichkeit und wollen um jeden Preis der Zeit von Gesellschaften und von Individuen widersprechen. Die Deutschen sind enttäuscht von einer zu *späten Veränderung.* Die Rumänen können erst jetzt erkennen, dass sie einer „Massengesellschaft der Armut“ angehören. In Klausenburg entdeckt der Autor eine Menge von armen und proletarisierten Rumänen. Die totalitären Systeme und ihre unmittelbaren Subsysteme finden ihren Sündenbock, um einer Zeit, die ihrer Kontrolle entglitten ist, Widerstand entgegenzusetzen. Die Besiegten jeder Art zeigen mit einem moralischen Zeigefinger auf den Sieger, den „Weltpolizisten USA“, der sich angeblich mit List und Tücke allein die Macht angeeignet hat.

Der Autor behandelt den Osten mit einer gewissen Sentimentalität. Anders könnte er nicht so unschuldig daran glauben, dass sich alle im Osten dem Staat unaufhörlich widersetzt hätten. Die Industrialisierung habe, so der Autor, aufgrund einer inhumanen und düsteren, obwohl als angeblich fortschrittlich gepriesenen Technik und Wissenschaft „die Roboterwelt des Westens“ geschaffen. Er meint, dass es nicht gerechtfertigt sei, an ein postideologisches Zeitalter zu denken und dass das wahre Problem der heutigen Welt nicht dadurch gelöst würde, denn, wie er selbst gegen Ende des Buchs schreibt, „das radikal Böse war nicht die Ideologie!“. Die moralische und religiöse Sünde entstand im Westen. Und wenn die „Menschen aus dem Osten eine Art Zigeuner sind …“, so trägt nur der Westen die Schuld für das verdrängte Numinose und für Gottes Tod, indem es nun überall die Existenz in einen *simulierten Alptraum* verwandelt.

Der Autor war Zeuge eines exorzierenden Ereignisses, als die

Statue von Lenin mit einem Kabel stranguliert wurde, wobei er bei dieser Gelegenheit begiff, dass die Spuren der Diktatoren eine Beständigkeit haben, die das symbolische Lebensniveau übertreffen. Doch die Vernichtung eines lebendigen Diktators kann wenig zur Regenerierung beitragen. Der Mord hat niemals etwas von einer Opferhandlung. „Der kleine Übermensch ist tot, doch sein Erbe lebt." Das Recht wurde annulliert, einerseits entleert von den Eingeweiden der Diktatur, aber zugleich auch von den Augenblicksschwankungen des Ungehorsams. Der von einer sich an die Stelle der Religion gesetzten Ideologie Vergötzte kehrt wieder zurück durch die kontaminierten Slogans, der Schuster (Ceauşescu), der das Volk ins Reine mit sich gebracht hätte, wäre er „gelyncht" worden. „Ceauşescu bleib schön hier, Schuhe machen wir aus dir!" („Ceauşescu nu pleca /vrem pantofi din pielea ta"). Gesiegt hat auf unglaubwürdige Weise das militärische Ritual. Und dem *Conducător* [Führer] wurde ein juristischer Scheinprozess zuteil. *Hinrichtung als postmodernes Kunstwerk* ist der Titel des zehnten Kapitels. Die Sprache hilft nicht zur Identifizierung und Definierung der Protagonisten und ihrer Taten. Prozess, Henker, Opfer tauchen in manipulierten Kontexten auf und sind abhängig von variablen Syntagmen. Dienen und (Selbst)Verurteilung werden so zu widerprüchlichen Aktionen. Sie setzen das Natürliche in der Abnormität durch.

DIETER SCHLESAK

Transsylwahnien
Ein Zeitroman[1]
(Fragmente)

Ich stand also in meinem Garten, fragte, was ich, der Nachgeborene, in all dieser Schönheit verloren hatte, stand da und träumte, und nur ein leiser Schmerz, der dieses Bild, das ich anstaunte, innen aufhob, kündigte an, dass alles, was ich sah, nicht mehr selbstverständlich war. Ich riss mich los, ging die Treppe hoch, öffnete die

[1] Dieter Schlesaks Heimatregion Transsylvanien wird bewusst als „Transsyl-Wahnien" (Transilmania) bezeichnet, weil die Unvorstellbarkeiten ihrer Geschichtstragödien aus ihr eine der „verrücktesten" und von der Geschichte am heftigsten gebeutelten Provinzen Europas gemacht haben. Sie ist mit dem europäischen Schicksal eng verbunden. Europas Gewalttaten und dessen Blutspuren haben, vor allem auch im 20. Jahrhundert, diese ungemein vielgestaltige, schöne und reiche Gegend fast zerstört, da sie alle europäischen Desaster, oft noch in gesteigertem Maße als sonst wo, durchleben musste.

Transsylwahnien ist der dritte und letzte Teil der *Transsylvanischen Trilogie*. Der erste Teil ist der Roman: *Vaterlandstage und die Kunst des Verschwindens* (Zürich 1986), und der zweite Teil: *Capesius, der Auschwitzapotheker* (Bonn 2006), der jetzt ein weltweiter Erfolg zu werden verspricht. Er wurde bisher nicht nur in die Sprachen übersetzt, in deren Ländern der Roman handelt, also ins Polnische (Auschwitz), ins Ungarische (es waren 1944 die ungarischen und transsylvanischen Juden, die in diesem Höhepunkt der Vernichtungsaktion in den Todesfabriken vergast wurden), ins Rumänische, ins Italienische (das Buch handelt zum Teil in Italien, wo der Autor lebt). Demnächst wird der Roman ins Spanische und ins Englische (Farrar, Straus & Giroux, New York) übersetzt.

Und nun der neue Roman *Transsylwahnien*. Dieser führt mit seiner Handlung und seinen Figuren mitten in diese grausame Geschichte; in allen drei Romanen werden Geschichte, die Katastrophen, die Diktaturen, das Schicksal von Menschengruppen als Familiengeschichte und Lebensgeschichte, Leiden und Tod, Verfolgung, Entwurzelung, Exil und gnadenlose Verluste von Einzelnen in zwei Weltkriegen, bis hin zur Endstation der Historie – Auschwitz, in Dokumentar- und Zeitliteratur übersetzt.

„Transsylwahnien" ist als e-book beim Verlag ciando, München 2009 erschienen. Er ist online abrufbar bei Hugendubel. de, Buecher.de, Weltbild.de, bol.de u.a. e-book-ketten. Mit freundlicher Genehmigung des Autors.

Badezimmertür. Als könnte mich alltägliche Gewohnheit schützen, griff zum Rasierapparat. Brummendes Geräusch des Trockenrasierers Marke Braun. Licht brennt im Spiegel, ins grüne Auge. Stimmung modelliert ein rundes Gesicht: manchmal ist es verfallen, doch öfter frisch, umrahmt vom Bart, sprödes Menschengras. Grauweiß sehe ich es vor mir. Gehe an dieser Farbe im Spiegel entlang... Und dann erschrecke ich, es gibt doch draußen überhaupt keinen Spiegel... Ich habe mir doch gesagt, am plausibelsten, um überhaupt leben und weiter leben zu können, ist diese altehrwürdige Art, sich zu sehen: Dass es nichts, nur diesen Traum, den ich träume, und den wir das Leben nennen, gibt.

(...)

„Ich meinte, es gäbe eine Rettung, nämlich alles auf sich zu nehmen, und ganz konsequent dem nachzugehen, dass alles nur von mir geträumt ist, so jedes Verbrechen auf mich selbst zurückweist, meine geträumte Welt ist, und ich dafür die Verantwortung trage. Doch auch der eigene Tod, der Muttertod, ja, der Tod überhaupt ist nichts als ein Hirngespinst, und so gehe ich von der Unfassbarkeit des Todes aus, die ja absurd ist:

Nein, ich kann es nicht glauben, und nichts ist beweisbar, auch nicht, dass Mutter tot ist. Ist nicht auch die ganze Phänomenologie Hegels solch ein riesiger Traum"?

(...)

Mutter sagte gestern beim Mittagessen: „Joi, sieh den Schatten, den Wald, grüner Wald wie zu Hause, eine Wand, grüne Wand, lauschig". Oder: „Weißt du, ich werde alt, manchmal diese Schwindelanfälle, es ist wohl das Herz; ein Taumel, meine ich, als hätte ich Schwammerl gegessen, als hätte ich einen Schwips oder wer weiß was."

Und dann sang sie: „*Der Mai ist gekommen, die Bäume schlagen aus*. Weißt du noch, unsere Maifeste auf der Breite. *Heute ist der erste Mai, alle Kinder bitten frei*. Wunderbare Frühlingsluft, frisch, ganz frisch. Maigefühle, Maigrün, Maienlaub."

Und dann waren es wieder Pilze, Parasole, die wir hier unter den Kastanien am Brunnen sahen: „Sieh ein Parasol, weißt du noch, Tante Cäcilie hatte fast damenschirmgroße Parasole unter den Tannen, Staubwolken rieche ich, ihr rotes Mauthäuschen gleich an der Straße, und über die Felder liefen wir an den Fluss, an die Kokel baden, Krümmung, Wasser, einer ertrank, das passierte, in den Letten wurde er wieder gefunden. Roland, du weißt, Roland mein Cousin, wir liebten uns sehr, die ganze Kindheit, die war gemeinsam, der fand den Ertrunkenen. Roland, sonst ein Familienathlet, schöner Bub, schöner Mann, war wie ein Siegfried, blond, wasserblauäugig, aß fünfzig Zwetschgenknödel, rief *menj Boch jubiliert,* und mit ihm holten wir riesige Parasole, unter den Tannen standen diese Pilz-Geheimnisse wie Wichtelmännchen mit riesigen Hüten, wie Chinesen oder so. Schööön."

„Du weißt, wo Roland während des Krieges gewesen war", sagte ich.

„Bitte, mach ihn nicht schlecht", sagte sie und redete unbekümmert weiter: „Parasole hatte Roland in den Fäusten ... Unter den Tannen ... und die Parasole und Pfifferlinge kamen dann in die Tokană und dazu Täublinge mit Speck gebraten, wir aßen, Vater aß keine, fürchtete die Pilzvergiftung, ganze Familien starben bei uns an der Verwechslung: Sie aßen arglos Knollenblätterpilze."

„Ja, was ist der Tod – eine Verwechslung?"

(…)

Und ich sehe Roland als SS-Offizier vor mir, so als wäre es gestern gewesen … Diese schlechte Luft beim Friseur Roth. Vor der Tür eine Glocke, die schwingt und bimmelt. Drinnen roch es gemischt, Öl, Pomade, Kölnischwasser. Scheitel, gestutzte Köpfe, Nullerköpfe. Darunter einer mit Totenkopf an der Offiziersmütze. Der Onkel Roland. Oder Rolli. Früher gab´s dazu eine unerklärliche Ausstrahlung, schwere Aura, prickelnde Hysterie. Das „gesunde Gefühl". „Instinktsicher", sagte man.

Rolands SS-Mütze strahlte für mich als Kind etwas Edles, Stolzes, „Grosses" aus. Schon durch den hochgebogenen Rand flösste sie Respekt ein. Ich setzte sie gerne auf und sie fiel mir ganz über die Augen, es wurde finster. *Wä än der Bäffel (wie in der Büffel!)l,* lachte dann Roland mit seiner sonor-panierten sanften Stimme, und sagte, jetzt aber stramm stehen, auch blind!

Totenkopf: Ordnungsbesessenheit und zusammengekniffene Lippen. Ihre Taten wären anders nicht möglich gewesen. Dabei musste man forsch und fröhlich sein. *O Donna Clara, ich habe dich tanzen gesehn ...* Wann kam dieser schwarze Feldpostbrief? Das Lied aber, ist das Gegenteil, auch Mutter sang: *Es geht alles vorüber, es geht alles vorbei,* und sofort dann weiter: *Nach jedem Dezember kommt wieder ein Mai.* Biserbricht!

Dann, schon im August 44 und bis heute, wurde der RÄCHER aktiv. Die Furie des Verschwindens. Uns gibt es seither nicht mehr!!

Und dann doch wieder Rolands Stimme: „Ich weiß es, ich bin seit ich hier unter den Toten bin", flüsterte er, „ganz nah dieser Einsicht ... diese Qual."

Und alle Toten, nicht nur Roland oder der Auschwitzapotheker Capesius, nehmen immer zahlreicher Kontakt mit mir jetzt auf? Vor allem die Kriegstoten. Ich höre doch immer noch Georgs schöne Tenorstimme, und er sagte wieder: „Hierst tea mech, Mächel." Und dann auf Deutsch: *„Behüt dich Gott, es wär so schön gewesen. Behüt dich Gott, es hat nicht sollen sein."*

(…)

Mein Freund Adam Salmen, der letzte Jude von Schäßburg, mit dem ich im Briefwechsel stehe, wir schreiben uns sehr oft und telefonieren einmal in der Woche, und bald werde ich ihn wiedersehen, sagte, als ich ihm von Roland erzählte und ihn fragte, ob es denn wahr sein könne, was der erzähle: „Ja, mein Lieber (…)"

„Wir selbst waren nicht mit drin in der Gaskammer. Wir waren nur auf dem Hof. Alle Türen waren zugesperrt.

Wir hörten dann Husten, Geschrei und ein Schlagen aus der Ferne gegen die Tür. Es wurde immer langsamer, und schließlich hörten wir nur noch ein schwaches Husten. Auf einmal sahen wir oben

Stark mit einer Gasmaske und mit Büchsen wie Konservendosen stehen und wieder herunterkommen. Die Offiziere gingen dann weg. Jetzt mussten wir in allen Klamotten nachsehen. Da stand eine große Kiste, in die Gold, Edelsteine usw. hineingeworfen wurden. Stark sagte zu dem Unterscharführer Klaus und dem Rottenführer mit den roten Haaren etwas, und sie steckten sich das Gold in ihre Taschen. Dann wurde ein Wagen mit den Klamotten voll geladen und zum Effektenlager gefahren."

Und ich konnte den Gedanken nicht loswerden. Auch beim Duschen nicht, vor allem da nicht. Und ich duschte ja jeden Tag. In Auschwitz waren die Duschen Tarnungen, Täuschung, anstatt Wasser kam Zyklon B aus den Duschen. Und sehe den Capesius, unseren Apotheker, wie er den Befehl zur Vergasung gibt. Ja, der Capesius, unser Apotheker ... Ich hatte ihn in Göppingen besucht.

Capesius: „Und dann sind wir alle zusammen geschickt worden zu einem österreichischen Apotheker, der in Warschau das Zentrale Sanitätslager hatte und wir sollten uns dort allmählich an die Sache gewöhnen, und der hat auch so'n wenig Schulung gehalten vom absoluten Befehl und dass man eben tun muss, was befohlen wird: Es gibt keine Widerrede."

„Das kannte man ja schon von zu Hause, sagte ich fast versonnen ... Nichen Wedderried ...!"

Capesius, ein Freund meiner Mutter?

Ich höre ihn stammeln, sein großer Kopf wackelt, die Augen starr hinter einer dunklen Brille. Und doch, ich weiß, er ist vor kurzem gestorben. Ist er jetzt besser im Bilde?

Seine Stimme ist in meinem Ohr immer noch da, breit und schleppend, als müsse sie schwere Gewichte tragen.

(...)

Mutter erzählte: „Es gibt ein Foto vom Silvester unseres Kränzchens im Speisezimmer, man sieht die große Tafel und den Weihnachtsbaum, alle Freunde waren da, und der Vic, also der

Capesius, schaut mich auf dem Foto so an, er hat ein Weinglas in der Hand, ich sitze, er steht, wie ein schwarzer Berg sieht er aus, und er beugt sich zu mir herab, und wir sind ja maschkuriert, Silvester eben, er als Schornsteinfeger, hat einen Zylinderhut auf und das Gesicht geschwärzt, er war mir unheimlich, aber auch ohne Maschkura unheimlich, er hatte etwas Lauerndes und Gewalttätiges. Und manchmal auch was Absentes, dann starrte er ins Leere."

Was hatte man da alles in uns hineingesetzt, auch in mich! Körperertüchtigung! Pflicht, Gehorsam. Alles blind. *Keine Widerrede! Ich werd aus dir noch einen anständigen Menschen machen. Bück dich, bück, habe ich gesagt, Hosen runter, sofort, na wird's bald! Nein, nein, bitte, bitte nicht! So, jetzt bück dich, so, höher ... und jetzt gehst du und holst den Stock, wird's bald. So, jetzt ... bück dich, höher... höher – Witsch. Au, au ... au...*

(...)

Jetzt gehe ich über diesen Friedhof, er liegt in Deutschland, er ist klein. Tausende von Namen, Daten. Und da werde ich liegen, mit allen vereinigt. Die Flucht war vergeblich, ihnen zu entkommen. Sie kommen immer näher, sie sind schon da. Ein ganz neues Land, jede Teilung aufgehoben, jede Spaltung vorbei. Vorbei.

Und rede mich jetzt wie einen Fremden in der dritten Person an, als wäre ich ein Anderer, und bin ich nicht ein Anderer? Also:

Eigentlich wollte ich ja nur das Grab meines Vaters besuchen. Nasskalter November; wer zählt sie noch, die Jahre, die Jahre ... alles vergangen, – ich aber, bin trotzdem noch da: In diesem besonderen Jahr, Mutters Tod. Nebel im Gesicht, im Herzen. Leben, auch „Gras", wer es umkehrt ... Die Beine gehen ohne mich, treten auf vergilbte Blätter. Bald wird es Schnee geben. Alle Jahre wieder?

(...)

Ich hatte damals auch noch diesen Wahnsinn begangen, zwei alte Freunde von Mutter, den Vic Capesius und den Roland Albert zu besuchen!

Ein Klausenburger Gericht hatte den schon 1947 zum Tode verurteilt. Doch er hatte Heimweh. Und konnte nur noch unter Lebensgefahr nach Hause zurückkehren.

Der Zeuge Josef Glück habe beim Prozess gelogen, sagte Dr. Capesius, unser Stadtapotheker, der dafür nichts kann. Die Juden wollten gerne einmal nach Deutschland kommen, gratis, nach Frankfurt zum großen Prozess in den sechziger Jahren. Ja, er sei dem Joseph Glück und seiner Familie nicht erst in Frankfurt, nein vorher schon: dort begegnet, dort, wo der Himmel immer blutigrot war vom Feuer und dem Qualm des Rauches aus dem Rauchfang des Krematoriums, und ein schrecklicher Gestank in der Luft war, nach verbranntem Fleisch.

Gibt es die Opfer noch, irgendwo? Sind diese unerhörten Stimmen, – es ist ein feines Glasklingen im Ohr, sie sagen, sie sähen uns, ein Zeichen dafür, dass es auch die armen Opfer noch gibt, erlöst?

Und was sie sähen, ergebe ein schreckliches Bild: Materie, der Körper löse sich auf, die Krankheit liege tief, die können wir nicht sehen, hören oder fühlen. Eine Art Dimensionsgrenze sei erreicht ...

„Ist es nicht übertrieben, Mächel, dass du so allergisch auf längst Vergangenes reagierst?“ fragte auch Mutter. „Carmen zum Beispiel, deine Schwester, Carmen rührt nicht daran. Carmen sagte: Ich bin so, wie ich war, rühr nicht daran. Und du, lass die Finger davon, du schadest uns!“

Sie verzieht ihr Gesicht. Hasst sie mich? Nein, sie mag mich.

Als ich in Aalen anfing, von meinem Besuch bei Capesius zu erzählen, gar das Tonband holen wollte (es holte), die ersten Apothekersätze breit und unkultiviert da herausklangen, gab es eine peinliche Stille.

„Was willst du damit?“

„Darüber nachdenken.“

Widerwillig blätterte Carmen in den Büchern, die mir der Auschwitzapotheker mitgegeben hatte.

„Sieh, auch Onkel Roland ist hier angeführt“, sagte Mutter erstaunt.

„Du willst doch nicht etwa darüber schreiben?!“ fragte Carmens Mann in scharfem unangenehmen Befehlston. „Das würde uns doch alle nur belasten und uns allen schaden.“

Und dann verschwanden die beiden. Carmen und Robert waren plötzlich furchtbar müde.

Vater sagte nur abwehrend: „Ich war immer nur Privatmann.“

Und Mutter: „Denk doch an unsere schönen Feste zu Hause. Warum kommst du denn immer wieder auf deine Kindheitserinnerungen zurück, weil du zu uns gehörst, dort der Quell deines Daseins ist?“

(…)

Aber der Apotheker habe doch sicher einen Knacks davongetragen, sagte Mutter eifrig und ein wenig aufgesetzt bedauernd. „Als wäre er ein Analphabet, so spricht er, und ist doch ein studierter Mensch. Auch hat er ja immer etwas Brutales gehabt“, fügte sie leise, fast schuldbewusst hinzu.

Hermann, der mit Iren zum Abendessen gekommen war, meinte auch, bei Roland wisse man ja nicht, ... zugetraut habe er ihm so manches, zumindest sei der immer ein Neurotiker gewesen.

– Alle atmeten ein wenig auf. Hier hatte der Arzt gesprochen. Das war die Erklärung. Dr. Capesius hatte ja schließlich neun Jahre im Gefängnis gesessen. Da war doch alles in Ordnung!

Ich aber ließ nicht locker:

„Willst du seine Taten etwa kriminalisieren, als wäre er ganz einfach ein Verbrecher, den so ein Richter für alle andern bestrafen kann, als wären alle andern frei von Schuld?“

„Es war doch ein ganz allgemeiner Zustand damals!“

„Ja, aber was war das für ein Zustand?“

Hermann meinte, keine Vergangenheit ließe sich fassen.

Und Mutter: „Wir waren andere Menschen damals.“

Iren sagte, es sei kaum jemandem möglich gewesen, den Alltag, in dem man gefangen war, zu überschreiten. „Wie viele Leben müsste man haben, um auch nur einen Bruchteil dessen zu erfahren, was wirklich geschehen war." Es sei ein Gefühl, eine Stimmung gewesen.

„Er habe den Eindruck gehabt", sagte Hermann, „dass in der offiziellen Geschichte über jene Zeit und auch in vielen Erklärungen, weshalb es nun so gewesen war und wir so gewesen sein sollen, unser Leben gar nicht vorkommt. Meines jedenfalls nicht", betonte er nachdrücklich.

„Es lässt sich heute gar nicht genau in Worte fassen, was damals geschehen ist", sagte ich.

„Aber was meinst du eigentlich?" fragte Mutter bekümmert. „Ist alles schlecht, was wir damals gelebt haben, war unser Leben verfehlt?"

„Nein, das meine ich nicht, nur, dass die gleichen Gefühle und Gedanken von damals heute nicht mehr möglich sein sollten, aus gutem Grund, aus schrecklicher Erfahrung. Und dass wir das alle nicht begreifen, weil unsere heftige Sehnsucht nach jener Umgebung zu Hause Unwissen mit einschließt, als wären diese Gefühle nicht durchtränkt von Falschem. Man müsste endlich einmal einen radikalen Schnitt machen können!"

Und ich musste dabei an den Richter Düx denken, den es im Auschwitzprozess überhaupt nicht gewundert hatte, dass es solche Menschen wie Capesius, der dort verurteilt worden war, gab, ein ganz normaler Familienvater, wie du und ich.

So konnte auch Capesius alles ableugnen, gar sich wundern, dass man ihn verurteilen wollte, und er dachte, er sei einem Komplott zum Opfer gefallen, er war doch völlig unschuldig, einer von uns; hätte man da nicht absolut jeden von uns verurteilen müssen? Außerdem war er ein ganz anderer gewesen – dort. Und nicht er, nein, er hatte nirgends und nirgendwo mitgemacht … Es war ja dort wie überall und auch zu Hause ein „ganz normales Leben" .

(…)

Und du hast diesen Roland wirklich besucht?" fragte Adam einmal ungläubig.

„Ja, das war in Innsbruck…"

„Und du bist nicht ausgerastet bei seiner Selbstgefälligkeit?"

„Nein, ich sah damals Roland nicht einmal mehr erschrocken an; ich hatte nichts anderes erwartet. Und kannte nun auch den rationalen Hintergrund, den wir nicht vergessen dürfen. Als könnte er sich endlich alles von der Seele reden, rief er mehr als er sprach all dies ins Mikrophon, das wie ein Beichtvater vor ihm auf dem Tisch stand. Neben dem Weinglas. Er redete wie ein Wasserfall und trank dann wieder ein ganzes Glas aus."

„Doch wer hat unseren Herrn ans Kreuz geschlagen?" erklärte er mit seiner sanft-pathetischen Stimme, und rief: „Die Juden!"

„Du hast mal erzählt, er sei Religionslehrer gewesen! Religionslehrer? In Auschwitz?"

„Ja, er war in Auschwitz Religionslehrer in der deutschen Schule gewesen ..."

Aber ich höre immer noch „all das", ich höre noch Rolands panierte Stimme, die kann man nicht vergessen: „Diese Härte im Lager", sagte er sehr laut: „Doch ich tat alles, was befohlen wurde, tapfer und ohne Nachlässigkeit, wie es sich für einen deutschen Mann und Soldaten geziemt, der wie im Kampf draußen im Felde im Feuer und vor dem Feind gestählt wird, sich wandelt im Todesmut und in der Kameradschaft. Aber im grauen Alltag des Leids, wo der Nebenmensch, und sei er auch ein minderwertiger Jude, Haltung zu bewahren und das Mitleid zu unterdrücken hat, das für jeden höheren Menschen unschicklich ist, wie es ja schon Nietzsche wusste, war schwer; und da gab es gerade in der Apotheke einige jüdische Landsleute, du weißt, der Capesius hat sie ja so gerettet, aber einer der Geretteten fiel einmal auf, und wurde zum Sonderkommando ins Krematorium versetzt, und du weißt ja, dass die alle paar Monate liquidiert wurden, und da gab es den Adam Salmen und den Siegfried Hertz, ja, auch noch Hertz hieß er, kam aus Sadagora aus der Bukowina, jaja, weißt du, diese Bukowiner Juden, ein zarter und sensibler Mensch, ein Altersgenosse, still, fast scheu, schien ein Weiser, der zu den Chassidim gehörte, glaube ich, der Gesänge schrieb, dass einem die Tränen in die Augen getreten wären, hätte man sich nicht dessen mannhaft erwehrt und sich in Erinnerung gerufen, weshalb man da war, welch Abgrund einen ja von ihnen trennte, und weißt du, wir kannten uns von früher, weißt du, er war ja bei uns auf dem Bischof Deutsch-Gymnasium in Schäßburg gewesen, ein Jahr lang nur, und als er mich sah, vermeinte er nun, ich könnte ihm helfen, ihn gar schonen. Anfangs, ich war bestürzt, ich war entsetzt, wollte er mir gar seine Verse anvertrauen, die er auf winzige Papierschnitzel geschrieben, und die mich so angerührt hatten. Ich wusste es, und ich schwieg, hatte ein sehr schlechtes Gewissen dabei, fast wie Verrat kam es mir vor. Und auch von Adam Salmens Notizen wusste ich. Ein sehr talentierter Mann mit einem wunderbaren Deutsch.

Dr. h. c. Dieter Schlesak, geboren in Siebenbürgen, Rumänien. Lyriker, Essayist, Romancier, Publizist und Übersetzer. Lebt seit 1973 in der Toskana und in Stuttgart. Mitglied des deutschen P.E.N.-Zentrums und des PEN-Zentrums deutschsprachiger Autoren im Ausland (London). Preise/Stipendien, zuletzt: Für das Gesamtwerk die Ehrengabe der Schillerstiftung/Weimar 2001. 2005 Dr. h.c. der Universität Bukarest; 2007 Premio Umberto Saba, „Trieste Scritture di Frontiera Poesie" und 2007 Maria-Ensle-Preis der Baden-Württembergischen Kulturstiftung. Zuletzt erschienen: *Herbst Zeit Lose*, Liebesgedichte, München 2006; *Sette volte sete. Grenzen Los. Oltre limite*, Lyrik-Werkauswahl italienisch-deutsch, Pisa, 2006; *Namen Los*, Gedichte, Ludwigsburg 2007; *Capesius, der Auschwitzapotheker*, Bonn 2006 (auch ungarisch, rumänisch und italienisch); *Vlad. Die Dracula-Korrektur*, Ludwigsburg 2007, 2008; *Zeuge an der Grenze unserer Vorstellung, Porträts, Studien und Essays*, München 2005; Nichita Stănescu: *Elf Elegien*, Übersetzung und Nachwort: „Metapoesie der roten Zeit“, Ludwigsburg 2005.

GUNDEL GROẞE

Erinnerung und Literatur
Literarische Bezüge und das Sujet der Erinnerung im Roman *Derapaj* von Ion Manolescu

Einleitung

Im Jahr 2006 erschien im Verlag Polirom Ion Manolescus faszinierender Roman *Derapaj*[1], der 2006 und 2007 zu einem Bestseller in Rumänien wurde. Da die Erinnerung ein zentrales Sujet in diesem Roman bildet, konzentrieren sich die folgenden Ausführungen auf dieses Thema.

Schnell wurde dem Werk ein besonderer origineller Charakter zugesprochen. Mihai Năstase beispielsweise bezeichnet in der Literaturzeitschrift „România literară" den Roman als: „...ein Buch, das aus dem Nichts kommt, das keinerlei Vorgänger auf rumänischem Gebiet hat, das das unrumänischste literarische Produkt in rumänischer Sprache ist."[2]

Der Autor Ion Manolescu, 1968 geboren, ist Dozent am Lehrstuhl für rumänische Literatur der Universität Bukarest und ein wichtiger Vertreter des rumänischen Postmodernismus. Nach seinem Debüt mit dem Roman *Alexandru* im Jahr 1998 ist dieser Roman Manolescus zweites Werk. Sein Protagonist Alexandru Robe ist auch in diesem Roman wieder die Hauptfigur, diesmal inszeniert als Ich-Erzähler.

Manolescus theoretische Auseinandersetzung mit dem Postmodernismus fand nach seinem Beitrag „Ein postmodernes Manifest"[3]

[1] Unter dem Arbeitstitel „Im Schleuderkurs" wurde von Iulia DONDORICI und Nadine LIPP ein Abschnitt des Romans ins Deutsche übersetzt, siehe: www.rumaenische-literatur.de.

[2] „... o carte, care vine de nicăieri, căreia nu i se pot găsi în nici un fel strămoşi pe plaiurile dâmboviţene, care este cel mai neromânesc produs literar publicat în limba română."(NĂSTASE: „Derapaje controlate", in: „ România literară", 49/ 7.12.2006, S. 10). Vgl. auch: CREŢU, *Derapaj la fierul ierbii.*

[3] Vgl.: MANOLESCU, *Un manifest postmodernist*, S. 3-4.

im Jahr 1996 in zahlreichen Artikeln[4] und zwei Büchern[5] ihren Niederschlag. Der gegenwärtig bedeutendste Vertreter des rumänischen Postmodernismus, Mircea Cărtărescu, hebt in seinem Buch *Der rumänische Postmodernismus* (1999) Manolescus Verdienst hervor, sich mit zahlreichen künstlerisch abseitsstehenden und weniger angesehenen Genres beschäftigt zu haben, wie z. B. *Cartoons*, *Comics* und *pulp fiction*.[6]

Manolescus zweiter Roman steht nicht nur im Zeichen des Postmodernismus, in der Tradition von J. L. Borges, Th. Pynchon und Umberto Eco, sondern explizit auch in der des Cyberpunks, der „klassische *Science-Fiction*-Topoi ebenso wie postmoderne Sprachspiele miteinander montiert." Der Cyberpunk geht von einer „...unsichtbar omnipräsenten Informationstechnologie" aus und davon, dass das „Authentische synthetisch generierbar ist, dass Realität und Simulation, Biologie und Technologie nicht länger eindeutig unterschieden werden können ..."[7]

Dieser omnipräsenten Informationstechnologie bedienen sich in Manolescus Roman die „Erinnerungskontrolleure" („Erinnerungs-ökonomen", im Original „economiştii minţii"), denen es durch Kontrolle aller menschlichen Erinnerungen gelingt, Geschichte zu manipulieren nach dem Prinzip „Wer die Erinnerung kontrolliert, kontrolliert die Geschichte"[8]. Dies ist der rote Faden des Romans, der die Handlung strukturiert. Die Kontrolle der Erinnerungen erfolgt über Computer. Mit der Tastatur werden neuronale Informationen freigesetzt, sodass Bestandteile von Erinnerungen für andere erfahrbar und manipulierbar werden. Erinnerungen zu bündeln und zu verändern, um absolute Macht zu erlangen, ist Ziel der Erinnerungsökonomen.

Im Folgenden soll der Roman kurz paraphrasiert werden, um anschließend auf seine intertextuellen Bezüge und auf die literarische Gestaltung des Themas „Erinnerung" einzugehen.

[4] So veröffentlichte er z.B. in der Zeitschrift *Observatorul cultural* besonders im Jahr 2000 unter der Rubrik „Techno" zahlreiche Beiträge zum Postmodernismus.
[5] Manolescu: *Noţiuni pentru studiul textualităţii virtuale* und *Videologia*.
[6] Vgl. Cărtărescu: *Postmodernismul românesc*, S. 467ff.
[7] Vgl. Nünning: *Metzler Lexikon*, S. 110f.
[8] „Cine controlează memoria controlează istoria." *Derapaj*, S. 616.

Handlung

Der Protagonist Alexandru Robe ist Dozent für rumänische Literatur an der Universität Bukarest. Er ist seit seiner Kindheit begeisterter Leser der Comicserie *Pif*[9] und stets dabei, seine Sammlung zu erweitern. Die meiste Zeit jedoch verbringt er am Computer. Er sieht sich mit Vorliebe Flugzeugabstürze an, aber auch entgleisende Züge, verunglückte Busse, LKWs und Schiffe und ist besessen davon, Fehler in der Mechanik zu entdecken. Er verbringt seine Nächte nicht nur damit, Flugzeugabstürze zu simulieren, sondern auch mit dem Ausspionieren der medialen Aktivitäten seines Nachbarn. Dass er offensichtlich in einer Doppelwelt lebt, wird klar, als er eines Nachts von einem Erdbeben geweckt wird und sich daraufhin mit seiner Freundin Maria in großer Aufregung zu seinem Freund Mihnea begibt. Es stellt sich jedoch heraus, dass das Erdbeben an keinem anderen Ort stattgefunden hat und nirgendwo in den Medien erwähnt wird. Auf der Suche nach diesem Phänomen gerät Robe mit seinen Freunden immer mehr in eine Welt voller Codes und geheimer Nachrichten mit der Folge, dass sich auch die Frage nach Realität und Fiktion immer stärker aufdrängt.

Es stellt sich im Laufe des Romans heraus, dass Robe an einem internationalen Wettbewerb der Erinnerungen teilnehmen möchte und einer ganz bestimmten Information, die ihm noch für seine eigene Erinnerung fehlt, auf der Spur ist. Dafür spielt die Comicserie *Pif* eine ganz wesentliche Rolle. Diese bestimmte Information würde Robes Überleben sichern. Denn seine Existenz ist ein grundlegender Fehler im Plan der Erinnerungskontrolleure, die ihn deswegen verfolgen und auslöschen wollen. Immer klarer wird nämlich, dass die zentralen Akteure im Hintergrund des Romangeschehens die Erinnerungskontrolleure sind, zu denen auch Robe zu gehören scheint. Oder gibt es letztlich einen einzigen Drahtzieher des ganzen Geschehens – Alexandru oder Mihnea, Alexandrus Freund, oder aber

[9] *Pif* war eine Comicserie aus Frankreich, die vor allem in den 1970er Jahren auch in Rumänien vertrieben wurde. Ion MANOLESCU schrieb einen Aufsatz zu diesem Thema mit dem Titel *Pif Gadget: Istoria unei reviste inegalabile*.

der Schriftsteller? Der Roman endet mit einem neuronalen Duell zwischen Alexandru und Mihnea, das nur einer von beiden gewinnen kann. Jedoch werden nicht alle Fragen beantwortet, die sich der an der Entwirrung dieses unglaublich detailreichen und verwickelten Erzählfadens interessierte Leser stellt.

Literatur als Thema im Roman

In sehr spannender, amüsanter und vielfältiger Art und Weise wird Literatur im Roman thematisiert. Einerseits wird Literaturgeschichte postmodern umcodiert und uminterpretiert. Andererseits wird mit der Struktur des Romans gespielt, was sich beispielsweise in der Beziehung zwischen Autor und Protagonist verdeutlicht. Zudem ist der Roman mit intertextuellen Anspielungen auf die rumänische wie auch auf die Weltliteratur durchsetzt. Auf drei Aspekte soll im Folgenden näher eingegangen werden: die Karikierung des literarischen Systems, einschließlich der akademischen Bildung, die Demontage der Fiktion durch die Entblößung der Rollen 'Figur' und 'Erzähler' und die humorvolle Satire auf die literarische Tradierung und des intertextuellen Lesens.

Alexandru Robe ist, wie bereits angeführt, Dozent für rumänische Literatur an der Universität Bukarest und reflektiert seine Position auf ganz unerwartete Weise literarisch. Er macht sich nicht nur über den äußeren Zustand des Lehrstuhls und der Bibliothek lustig, sondern zugleich auch über seine Kollegen:

> Ich wurde zum Kollegen meiner Professoren aus der Zeit des Kommunismus. Sie waren 20 Jahre älter, ansonsten aber unverändert: dieselben faustgroßen Krawatten, dieselben handgeschriebenen Vorlesungen auf vergilbtem Papier, dieselben Seminargeschichten über Eminescus Linde oder Gogas Pflug …[10]

---

[10] "Ajunsesem coleg cu profesorii mei din vremea comunismului; cu 20 de ani mai bătrîni, în rest neschimbați: aceleași cravate cît pumnul, aceleași cursuri scrise de mînă pe foi galbejite, aceleași povești de seminar despre teiul lui Eminescu sau plugul lui Goga." *Derapaj*, S. 35f.

Die größte Absurdität besteht aber darin, dass ihn als Literaturvermittelnden Literatur nicht interessiert und er seinen Studenten regelrechten Unsinn über Literatur vermittelt. Lektüregenuss kann er eigentlich nur in Verbindung mit der Comicserie *Pif* empfinden, die er seit seiner Kindheit sammelt:

> Literatur, also die große und schöne Aufeinanderfolge von Autoren und Epochen, die zwischen Buchdeckeln zu Geschichten gebunden wird und die sich gut dazu eignet, den Enkeln erzählt zu werden, bedeutete mir nichts. Ich vergaß sofort, was ich in der Vorlesung von mir gab und war nur damit beschäftigt, so schnell wie möglich nach Hause zu gelangen, um mich an meiner *Pif*-Sammlung zu erfreuen.[11]

Seine Betrügereien manifestieren sich vor allem in seinen Vorlesungen, in denen er die rumänische Literaturgeschichte quasi neu erfindet und frei interpretiert:

> Ich erfand Schriftsteller, veränderte Gedichte und schrieb Novellen und Romane neu (ich fügte Schlüsselpersonen oder Randfiguren hinzu und gab der Handlung einen anderen Schluss, niemals denselben), ich dachte mir die Geschichte und die Beziehungen zwischen den Menschen neu aus. Vielleicht versteht jemand, was ich machen wollte … Die gesamte Literatur verwandelte sich in eine wimmelnde Fläche, die von Millionen von Wörtern bewässert wurde, faszinierend exakt und ungenau, ohne Anfang und ohne Ende, die sich etwa zeitgleich in alle Richtungen bewegte, …[12]

---

[11] „Literatura, adică succesiunea mare şi frumoasă de autori şi perioade, strînsă-n coperţile unei istorii şi bună de povestit nepoţilor, nu însemna nimic pentru mine. Uitam imediat tot ce debitam la curs şi nu ştiam cum să ajung mai repede acasă, să mă bucur de colecţia mea de *Pif*-uri.“ Ebd., S. 36.

[12] „Inventam scriitori, modificam versuri, rescriam nuvele şi romane (punînd de la mine personaje-cheie sau figuri neînsemnate şi dînd acţiunii alte finaluri, niciodată aceleaşi), trucam istoria şi relaţiile dintre oameni, doar-doar o pricepe cineva ce voiam să fac ... Întreaga literatură se transforma într-o întindere viermuitoare, irigată de milioane de cuvinte, fascinant de exactă şi imprecisă, fără început şi fără sfîrşit, mişcîndu-se în toate direcţiile cam în acelaşi timp,...“ Ebd., S. 41.

Über seine Studenten hat er eine geringe Meinung. Er schildert sie überwiegend als dumm und bequem und in Prüfungssituationen um Ausreden nicht verlegen.

Im Laufe des Romans verschwimmt die Position von Autor und Protagonist immer mehr. So findet Alexandru Robe eines Morgens ein Buch mit dem Titel *Alexandru* vor der Tür, das ganz offensichtlich Szenen aus seinem Leben beschreibt. Es handelt sich bei diesem Buch um Ion Manolescus Roman *Alexandru*, aus dem Szenen wortwörtlich wiedergegeben werden.[13]

Im Roman ist der Autor jedoch nur mit der Endung ESCU im Titel vertreten. Mihnea, Robes Freund, weiß jedoch, dass der Autor mit dem Kürzel ESCU am Lehrstuhl für rumänische Literatur arbeitet und der „bedeutendste rumänische Autor“[14] der Gegenwart ist. Dem wollen die Protagonisten im weiteren Romanverlauf auf die Spur kommen. Es gelingt ihnen, diesen Autor in einem Sack zu fangen. Dies wird am Ende des vierten Kapitels berichtet.[15] Zweimal, am Ende des siebenten und neunten Kapitels, wird allerdings auch Alexandru Robe ein Sack über den Kopf gestülpt. Jeweils zu Beginn eines neuen Kapitels verschieben sich Handlungsort und –zeit. Das führt dazu, dass der Leser bis zum letzten Kapitel nicht weiß, was aus der jeweiligen „Sackszene“ geworden ist.

Der Wirrwarr erreicht in der letzten Szene mit dem Titel „Epilog“ seinen Höhepunkt, als ein langes Gespräch zwischen dem sich im Sack befindlichen Schriftsteller und Alexandru Robe stattfindet. Wenn man davon ausgeht, dass der bedeutendste rumänische Schriftsteller der Gegenwart den Roman *Alexandru* geschrieben hat und im Roman *Derapaj* eine Rolle spielt, so kommt die reale Person Ion Manolescu ins Spiel. Seine Selbstbezeichnung als "der bedeutendste Schriftsteller“ ist ebenso humorvoll wie ironisch, da sie Verwechselungen mit anderen schriftstellerisch tätigen Kollegen am selben Lehrstuhl

---

[13] Vgl. ebd., S. 291ff.; vgl. dabei z. B. *Derapaj*, S. 291 und *Alexandru*, S. 21.

[14] „cel mai mare scriitor român în viață“ – Das Syntagma wird im Romanverlauf immer wieder aufgegriffen.

[15] Vgl. *Derapaj*, S. 317.

ausschließt. Zugleich jedoch muss sich der Leser fragen, ob nicht Robe der Autor ist, da er doch ebenfalls in dem Sack steckte. Robe kommt zudem auf der Suche nach einem Detail seiner Vergangenheit seinem eigentlichen Familiennamen auf die Spur – Manolescu.

Im Epilog zählt der Schriftsteller Robe auf, was er alles mit seinem Protagonisten im Roman angestellt hat und was schließlich noch folgen wird.[16] Vor allem aber stellt sich heraus, dass der Schriftsteller selbst zu den Erinnerungskontrolleuren gehört und in dieser Funktion alles daran setzt, seinen Protagonisten Robe aus dem Leben verschwinden zu lassen. Denn auf Robes Frage, wohin, in welche Kategorie er, Robe, eigentlich gehöre, antwortet der fingierte Autor:

> 'In keine. Deswegen bist du hier und die anderen nicht. Damit du den letzten Teil der Geschehnisse vervollständigst. Damit du den Bogen, den der Großvater Vitalian aufgrund unserer Unachtsamkeit und eines historischen Unfalls eröffnete, schließt.'[17]

Das heißt, der Autor Ion Manolescu oder, um es etwas distanzierter auszudrücken, Manolescus Schatten im Roman ist nicht nur Autor, sondern zugleich insofern Protagonist, als er zu den Akteuren im Hintergrund, den „Erinnerungskontrolleuren" (economiştii minţii), gehört. Er kann über den Handlungsverlauf doppelt entscheiden – sowohl als Autor als auch als Akteur.

Viele literarische Anspielungen in Manolescus Roman beziehen sich auf einen der bedeutendsten rumänischen Autor der Zwischenkriegszeit, Camil Petrescu, und insbesondere auf dessen Roman *Patul lui Procrust (Das Prokrustesbett)* (1933), der hier auf originelle, geradezu komische Art und Weise verarbeitet wird. Zu Camil Petrescu äußert sich zunächst der Literaturdozent Robe:

---

[16] Vgl. ebd., S. 623.

[17] „'În nici una. De-aia te afli aici, şi ceilalţi nu. Să completezi ultima verigă a întîmplărilor. Să închizi bucla deschisă de bunicu' Vitalian dintr-o neglijenţă a noastră şi-un accident al istoriei.' " Ebd., S. 625.

> Camil Petrescu war nicht mein Lieblingsautor. Ich hatte keine Lieblingsautoren, die Literatur mit ihren Geschmäckern und Wertungskriterien sagte mir nichts, sie sagte mir ganz allgemein nichts. Ich behandelte sie gleichgültig, wie ein Automechaniker. Ein Haufen Stücke verteilt über ich weiß nicht wie viele Jahrhunderte. Du konntest von irgendwoher etwas nehmen, Hauptsache, es funktionierte. Die Schriftsteller und ihre Bücher zählten nicht, was hätte ich mit ihnen machen können?[18]

Camil Petrescus Roman wird vor allem dazu verwendet, die in *Derapaj* inszenierte Idee von einer geheimen Verschwörung im Hintergrund zu unterstützen. Im Roman Camil Petrescus sei nämlich die Rede von einem ganz speziellen Apparat:

> Dort ist ein Brief Ladimas, in welchem ein Apparat zum Lesen zwischen Gedichtzeilen erwähnt wird. Genau so heißt er. Wir erfahren nicht, wie er aussieht und was er tut. Ladima sagte Emilia nur, dass er ihn bei einem Freund auf dem Schreibtisch gesehen hatte. Und dass es ihm gefallen hätte, ihn ihr zu schenken. Soviel. Wie, warum – wissen wir nicht.[19]
>
> Ein Apparat zum Zwischen-den–Zeilen–Lesen. Oder, wie wir heute sagen, ein Nanocomputer. Ladima und Vasilescu erstanden einen Nanocomputer im Jahre 1927.[20]

---

[18] „Camil Petrescu nu era autorul meu preferat. Eu n-aveam autori preferați, literatura nu-mi spunea nimic prin gusturi și clasamente, nu-mi spunea nimic, în general. O tratam indiferent, ca un mecanic auto. Niște grămezi de piese, întinse pe nu știu cîte secole. Puteai să iei de-oriunde, numai să funcționeze. Scriitorii și cărțile lor nu contau, ce-aș fi putut face cu ei? " Ebd., S. 232.

[19] „ 'Acolo e-o scrisoare a lui Ladima, în care se pomenește de-un aparat de citit printre rîndurile poeziilor. Chiar așa se cheamă. Nu ni se spune cum arată și nici ce face. Ladima doar îi zice Emiliei că l-a văzut la un prieten, pe masa de lucru. Și că i-ar fi plăcut să i-l dăruiască ei. Atît. Cum, de ce – nu știm.' " *Derapaj*, S. 187.

[20] „ 'Aparatul de citit printre rînduri. Sau, cum spunem noi astăzi, un nanocomputer. Ladima și Vasilescu pusesera mîna pe-un nanocomputer, în anul 1927.' " Ebd. S. 229.

Die Tatsache, dass es auch heute noch keine Nanocomputer gibt, unterstreicht einmal mehr die Kuriosität und Absurdität dieser Idee. In nur zehn Exemplaren einer Sonderauflage des Romans von Camil Petrescu sei zudem eine Anspielung darauf enthalten, wo sich der Apparat befände. Diese laute: „Emy, meine Liebe, ich küsse dich zart. Der Apparat ist in Balcik, neben dem alten Rathaus, siehe Bonceff.“ [21] Camil Petrescus Protagonisten G. D. Ladima und Fred Vasilescu arbeiteten nach Ansicht von Manolescus Protagonisten zusammen und besaßen diesen merkwürdigen Apparat. Um in seinen Besitz zu gelangen, seien beide von Ladimas vermeintlichen Freunden, Penciulescu und Ciobănoiu, umgebracht worden.[22] Fred Vasilescus Flugzeugunglück war also kein tödlicher Unfall, sondern ebenso Mord wie Ladimas vermeintlicher Selbstmord.

Der Titel “Das Prokrustesbett” beziehe sich daher nicht auf den Roman, sondern vielmehr auf den Apparat. Für Alexandru Robe besitzt der Nanocomputer insofern eine große Bedeutung, als damit ein geheimer Code zu entschlüsseln ist und sich später herausstellt, dass sein Großvater bereits diesen Computer besaß und ihn an Camil Petrescu verkaufte. Tatsächlich bringt eine weitere Romanfigur, der Jurist und Antiquar Andrei Lupu, den Apparat zu einer Begegnung mit. Der Computer wird wie folgt beschrieben:

> Die Tasten waren rund wie bei den Schreibmaschinen Anfang des Jahrhunderts: Continental, Erika, diese deutschen Panzer mit vielen Tasten. Das tote Holz, dunkelbraun bis hin zu schwarz, kontrastierte mit der Metallhülle der Kiste... Der Bildschirm befand sich in der Mitte zwischen den Tasten. Grünlich, wässrig, mit einer kleinen Schramme auf der linken Seite; er hatte die Größe einer Briefmarke.[23]

[21] „Emy, dragă, te sărut dulce, aparatul e la Balcic, lîngă vechea Primărie, vezi Bonceff.“ Ebd., S. 228.

[22] Vgl. ebd., S. 230.

[23] „Tastele erau rotunde, ca la maşinile de scris de la începutul secolului: Continental, Erika, tancuri de-astea nemţeşti, cu multe clape. Lemnul mort, maro-închis spre negru, contrasta cu învelişul metalic al cutiei ... Ecranul fusese plasat în centru,

Außerdem erzählt Andrei Lupu, dass Camil Petrescu selbst diesen Nanocomputer verwendet habe, um die Kriegsdaten im Zweiten Weltkrieg auswerten zu können und herauszufinden, wie der Krieg enden wird. Das Ergebnis habe ihn jedoch sehr erschreckt und dazu bewogen, den Apparat im Rathaus von Balcic zu verstecken.[24]

Weiter wird im Roman die These vertreten, der Nanocomputer habe schon seit 1521 existiert, und bereits der Brief von Neacşu[25] sowie alle in der rumänischen Literaturgeschichte wichtigen Chroniken hätten davon berichtet.[26] Die Theorie der geheimen Nachrichten in der Literatur wird zugleich auf die gesamte rumänische Literaturgeschichte übertragen:

> Geschichten in Geschichten, geheime Historien, chiffriert oder kodiert. Cantemir, Sadoveanu, Culianu. Manche glauben, sogar Eminescu in seinem Stück *Der arme Dionys*.'[27]

Erinnerung als Thema im Roman

Wie bereits erwähnt, wird Alexandru Robe aufgrund bestimmter familiärer Erinnerungen von den Erinnerungskontrolleuren verfolgt, um ihn zu beseitigen. Erinnerung ist ein wesentlicher Bestandteil in der Ich-Erzählung Robes, der sich im Romanverlauf immer wieder an bestimmte Phasen seines bisherigen Lebens erinnert und sich mit seiner Vergangenheit auseinandersetzt. Dabei spielt der politische Umbruch 1989 als wichtige Zäsur eine entscheidende Rolle. Über viele Romanseiten hinweg befasst sich Robe mit der Frage, was sich mit

---

printre taste. Verzui, apos, cu o mică scrijelitură în partea stîngă; avea dimensiunea unui timbru." Ebd., S. 261.

[24] Vgl. ebd., S. 259f.

[25] 1521 schickte der Bojar Neacşu aus Câmpulung an den Bürgermeister von Kronstadt, Johannes Benkner, einen Brief mit der Information, dass die Türken die Donau überqueren würden. Dieser Brief gilt als erstes Dokument in rumänischer Sprache.

[26] Vgl. *Derapaj*, S. 643.

[27] „'Poveşti în poveşti, istorii secrete, cifrate sau codate. Cantemir, Sadoveanu, Culianu. Unii cred că şi Eminescu, în *Sărmanul Dionis*.'" Ebd., S. 149.

dem Jahr 1989 im rumänischen Leben änderte, und begründet dies wie folgt:

> Diejenigen unter Ihnen, die zwischen zwei Welten geboren wurden, verstehen besser, woher meine Wut über das ‚Davor' und ‚Danach' stammt. Eigentlich ist es nicht einmal eine Wut, es ist eine Obsession, eine gerechtfertigte Sucht, eine Gewohnheit. Wie die Gefangenen, die aus dem Lager befreit wurden und dorthin zurück wollen.[28]

Immer wieder vergleicht er die beiden Welten des „Davor" und „Danach":

> Vorher ging man Anfang Juli gemütlich hinaus, morgens zog man noch einen langärmligen Pullover an. Wo man konnte, nahm man ein Sonnenbad – am Meer, bei Verwandten auf dem Dorf, auf dem Dach des Wohnblocks (…). Man konnte bis zum Nachmittag bleiben und wurde dabei fast nicht einmal braun. Danach passierte etwas mit der Sonne, jemand hatte sich an ihr vergangen und bewirkt, dass sie stärker brennt. Vielleicht war es nicht einmal mehr dieselbe Sonne. Sie knallte auf dich bereits im April, kaum aus dem Wohnblock getreten, pulsierte einem der Nacken wie in Tschernobyl: 35 Grad im Schatten. Nach einer Stunde kehrte man mit roten, braunen und dunkelbraunen Flecken auf den Armen nach Hause zurück. Im Juli lief der Schweiß in Strömen, und Migräne setzte einem zu. Als ob die Strahlen geschickt wurden, um den Kopf zu sprengen, indem sie den letzten, noch heil gebliebenen Rest des Gehirns durchbohrten. So strahlte die neue Sonne mit verbesserter Leistung.[29]

[28] „Cei dintre dumneavoastră care s-au născut între două lumi înţeleg mai bine de unde se trage furia mea cu 'înainte' şi ‚după'. De fapt, nu-i nici măcar o furie, e-o obsesie, o manie justificată, o obişnuinţă. Ca prizionierii pe care îi eliberezi din lagăr şi vor înapoi." Ebd., S. 324.

[29] „Înainte, ieşeai liniştit la începutul lui iulie, dimineaţa îmbrăcai şi-un tricou cu mînecă lungă. Te aşezai la plajă lejer, care pe unde putea: la mare, la rude la ţară, pe-acoperişul blocului (…). Mergea să rămîi pînă după prînz, aproape că nici nu

Ebenso erinnert sich Robe an das Milchpulver, das es statt frischer Milch vor 1989 gab, an die schönen Parkbänke und an viele andere Dinge, die überraschend schnell aus dem Alltag und Gedächtnis der Menschen verschwanden.

Der Übergang vom einen Gesellschaftssystem zum anderen erweist sich als schwierig, weil die Menschen die Prägungen der kommunistischen Ära nicht einfach abschütteln können und offensichtlich zwischen diesen zwei Welten auf der Strecke geblieben sind: „...im ‚Interval' geblieben, suspendiert, gefangen zwischen den Epochen, Systemen und zeitverschobenen Gehirnen: unsere Großeltern, unsere Eltern, wir."[30]

Die Erinnerung nimmt im Roman durch detailreiche und ironische Beobachtungen einen breiten Raum ein. So wird sich der Ich-Erzähler seines verzerrten Selbstbildes bewusst:

> Ich ging aus dem Kommunismus hervor mit dem Gefühl, dass ich ein Held gewesen sei, ein kleiner Regimegegner, von dem niemand jemals erfahren hat, aber dessen Verdienste gerade deshalb um so mehr des Lobs und Respekts würdig waren. Eigentlich protestierte ich in Gedanken viele Jahre lang gegen die Kälte und den Hunger, hörte mit einem Gemisch aus Stolz und Genugtuung Hunderte Witze über Onkel Nicu und Leana und ließ mich mit der Unschuld meines Alters zu kühnsten Träumen verleiten, die gut versteckt waren in den Nischen einer Erinnerung, die zu entladen ich mir gewünscht hätte, um sie der Nachwelt zu widmen.[31]

---

te bronzai. După, s-a întîmplat ceva şi cu soarele, au umblat la el şi l-au făcut să ardă mai tare. Poate nici nu mai era acelaşi soare. Te pocnea încă din aprilie, îţi pulsa ceafa cum ieşeai din bloc, ca la Cernobîl: 35 de grade la umbră. După o oră, te întorceai acasă, cu pete roşii, maro şi cafenii pe braţe. În iulie, curgeau apele pe tine şi-n plus te luau pe sus migrenele. Parcă razele fuseseră lansate să-ţi crape capul, sfredelind ce mai rămăsese intact din creier. Aşa strălucea noul soare, îmbunătăţit." Ebd., S. 324f.

[30] „...rămaşi ‚la interval', suspendaţi, prinşi între epoci, sisteme şi creiere decalate: bunicii noştri, părinţii noştri, noi." Ebd., S. 190.

[31] „Ieşeam din comunism cu sentimentul că fusesem un erou, un mic opozant al regimului, de care nimeni nu aflase niciodată, dar ale cărui merite tocmai de-aia erau mai demne de laudă şi respect. În fond, protestasem în gînd ani de zile

Erinnerung fungiert im Roman überdies als begehrtes Objekt für die Erinnerungskontrolleure. Erinnerungen sind nämlich:

> Eine unschätzbare Ressource, begehrter als Öl aus dem Persischen Golf oder Kasachstan. Der Finanzmarkt arbeitet zurzeit mit Erinnerungen, nicht mit Öl. Tokio, London, Genf, New York – Erinnerungen werden an allen Börsen gehandelt.[32]

Sie bestimmen den Verlauf der Machtdiskurse:

> Wer die Erinnerung kontrolliert, kontrolliert die Geschichte [...] Das Verhältnis zwischen Aktion und Reflektion, Wahrheit und Lüge, Bewegung und Trägheit ist flexibel und variabel, aber seine Parameter können trotzdem kontrolliert werden. Es verlangt Zeit und Geschick, die Machtströme von Erinnerung und Realität zu lenken, aber es ist kein unmöglicher Prozess.[33]

Es geht den Erinnerungskontrolleuren immer darum, je nach politischer Notwendigkeit Erinnerungen zu löschen oder zu fingieren, um die Menschen als Träger von Erinnerungen wie Schachfiguren zu setzen. Zur Veranschaulichung dieses Manipulationsprozesses werden Beispiele aus der rumänischen und der Weltgeschichte angeführt.[34] Der Erzähler stellt verbittert fest, dass das Individuum

---

împotriva frigului şi-a foametei, ascultasem cu un amestec de mîndrie şi satisfacţie sute de bancuri cu nea Nicu şi Leana şi mă lăsasem purtat cu inconştienţa vîrstei de vise dintre cele mai îndrăzneţe, bine ascunse în cotloanele unei memorii pe care mi-aş fi dorit s-o descarc, dăruind-o posterităţii:...“ Ebd., S. 15.

[32] „ ‚O resursă nepreţuită, mai disputată ca petrolul din Golful Persic sau Kazahstan. Piaţa de capital lucrează, în momentul de faţă, cu amintiri, nu cu petrol. Tokyo, Londra, Geneva, New York – amintirile sînt listate la toate bursele.'“ Ebd., S. 615.

[33] „ ‚Cine controlează memoria controlează istoria.... Raportul dintre acţiune şi reflecţie, adevăr şi minciună, deplasare şi inerţie e flexibil şi variabil, dar parametrii lui pot fi totuşi controlaţi. Să dirijezi fluxurile de putere ale memoriei şi realităţii cere timp şi pricepere, dar nu e-un proces nerealizabil.“, *Derapaj*, S. 616.

[34] Beispielsweise die Einsetzung der Fanarioten im Fürstentum Walachei. Vgl. ebd., S. 619.

wie eine leere Festplatte mit Inhalten gefüttert wird. Der Vergleich des Einzelnen mit einem Computer gibt der Enttäuschung des Ich-Erzählers über die Natur des Menschen Ausdruck: Obwohl aus Fleisch und Blut, ist er dennoch mit einer Hardware vergleichbar, dessen Software und Datenmengen beliebig einsetzbar und austauschbar sind. Aufgrund der instabilen, ständig überschreibbaren Strukturen des Subjekts ist seine Knechtschaft unvermeidbar, mehr noch, die manipulative Tätigkeit der Erinnerungskontrolleure erscheint unter diesen Umständen eher als belanglos. Damit problematisiert der Roman auch das Phänomen des Vergessens und des Verdrängens:

> Die Menschen verschwinden ganz von selbst. Ist dir das nie passiert? Wenn du jemanden nicht mehr liebst oder dich von ihm trennst, verbannst du denjenigen aus deiner Erinnerung. Er ist ein Eindringling. Du entfernst ihn aus dem Bereich der Gedanken, sein Bild verschwindet aus dem affektiven Chip. Wenn dir eine Sache oder ein Individuum nicht passt, belügst du dich damit, dass es nie existierte. Du kümmerst dich ruhig um dich und erkennst ihn nicht einmal mehr auf der Straße. Wir [die Erinnerungskontrolleure-G.G.] müssen uns gar nicht einschalten, denn das ist ein Prozess, der ganz natürlich und automatisch verläuft.[35]

Schlussbetrachtung

In der gegenwärtigen rumänischen Erzähllandschaft fällt der Roman *Im Schleuderkurs* (*Derapaj*) von Ion Manolescu durch den spielerischen Umgang mit Literatur und Geschichte, den mal humorvollen, mal ironischen bis hin zum sarkastischen Ton als

---

[35] „ ,Oameni dispar de la sine. Ce, dumitale nu ţi s-a întîmplat niciodată? Cînd nu mai iubeşti pe cineva sau te desparţi, îl dai afară din memorie. E un intrus. Îl scoţi din placheta gîndurilor, imaginea lui se stinge în cipul afectiv. Dacă nu-ţi convine un lucru sau un individ, te minţi că nici n-a existat. Îţi vezi liniştit de treabă, nici nu-l mai recunoşti cînd trece pe stradă. N-avem de ce să intervenim, procesul e firesc, automat.' " *Derapaj*, S. 631.

ungewöhnlich und neuartig auf. Auf der einen Seite bearbeitet er die Erfahrungen eines Schreibenden im heimatlichen Referenzsystem.

> Wenn du bis '89 sagtest, dass du Schriftsteller bist, empfingen dich die Leute mit Brot und Salz und du kamst aus den Dörfern zurück, den Kofferraum voller Mais und Kartoffeln. Dieser Beruf genoss Respekt und Ansehen. Nur Polizisten und Ärzte wurden für so wichtig erachtet. Und wahrscheinlich auch die Schauspieler.[36]

Auf der anderen Seite unternimmt der Text durch die Dichte der intertextuellen Bezüge den Versuch, den Erfahrungshorizont seiner Leser zu erweitern: Marcel Proust, William Gibson und Thomas Pynchon tragen zur polyfonen Struktur des Romans bei. Der kulturelle Bezugsrahmen wird außerdem um die Filmwelt erweitert: Komplexe Anspielungen auf *Matrix*, *Der Herr der Ringe*, *Dark City* oder *Mission Impossible* bereichern den literarischen Text um neue mediale Erfahrungen. Den Leser berührt aber besonders die Reflektion des Protagonisten über seine Lebenswelt, die 1989 in zwei Teile zerbrach.

Literaturverzeichnis

Primärliteratur

MANOLESCU, ION: *Alexandru*, Bucureşti: Univers 1998.
– *Derapaj*, Iaşi: Polirom 2006.

Sekundärliteratur

CĂRTĂRESCU, MIRCEA: *Postmodernismul românesc*, Bucureşti: Humanitas 1999.
CREȚU, BOGDAN: „Derapaj la fierul ierbii", in: *Observatorul cultural* 354 (2007). (http://www.observatorcultural.ro/Derapaj-la-firul-ierbii*articleID_16786-

[36] „Pînă în '89, dacă spuneai că eşti scriitor, te primea lumea cu pîine şi sare, plecai de la sate cu portbagajul plin de porumb şi cartofi. Avea un respect meseria asta, o decență recunoscută. Doar milițienii şi doctorii mai inspirau atîta importanță. Şi parcă şi-actorii." Ebd., S. 299f.

articles_details.html, letzter Zugriff: 21.05.2010).

DONDORICI, IULIA; LIPP, NADINE: „Im Schleuderkurs”, in: http://www.rumaenischeliteratur.de/index.php?option=com_content&view=article&id=66%3A-ion-manolescu&catid=40%3Aion-manolescu-&Itemid=68&lang=de.

MANOLESCU, ION: *Noțiuni pentru studiul textualității virtuale*, București: Ars docendi 2002.

– *Videologia. O teorie tehno-culturală a imaginii globale*, Iași: Polirom 2003.

– „Pif Gadget: Istoria unei reviste inegalabile“, in: *Observatorul cultural* 218 (2004) und http://www.observatorcultural.ro/Pif-Gadget-Istoria-unei-reviste-inegalabile*articleID_10754-articles_details.html-; letzter Zugriff: 21. 05. 2010.

– „Un manifest postmodernist“, in: *România literară* 5 (1996), S. 3.

NĂSTASE, RĂZVAN MIHAI: „Derapaje controlate”, in: *România literară* 49 (2006), S.10.

NÜNNING, ANSGAR (Hg.): *Metzler Lexikon. Literatur- und Kulturtheorie*, Weimar: J. B. Metzler [4] 2008.

KATHARINA KILZER

Literarisches Werk und soziales Engagement – Erinnerung als Auftrag bei Ana Blandiana

„Atunci când justiţia nu reuşeşte să fie o formă de memorie, memoria singură poate să fie o formă de justiţie" – Ana Blandiana[1]

Das literarische Werk und soziale Engagement von Ana Blandiana legen vom hohen Stellenwert des kollektiven Gedächtnisses und seiner historischen und kulturellen Ausprägung als Erinnerungskultur Zeugnis ab. Vor dem Beitritt Rumäniens zur Europäischen Union am 1. Januar 2007 fragte die Bundeszentrale für politische Bildung die Schriftstellerin: „Kann man Erinnerung lernen?". Sie antwortete:

> Der Gedenkstätte Memorial Sighet möchte ich in meinem Leben den Stellenwert eines Buches geben, denn sie ist ein Handbuch der Erinnerung, eine Fibel, die uns das ABC der Erinnerung lehrt. Denn der größte Sieg des Kommunismus – ein Sieg, dessen Bedeutung auf dramatische Weise erst nach 1989 zu Tage trat – war die Schaffung eines Menschen ohne Gedächtnis, des neuen Menschen, des Menschen, der sich nach vollzogener Gehirnwäsche nicht mehr daran erinnern sollte, was er vor dem Kommunismus war, besaß oder machte. Das Gedächtnis ist eine Form von Wahrheit, und es musste zerstört werden, um die Wahrheit zerstören oder manipulieren zu können. Die Zerstörung des Gedächtnisses – ein Verbrechen auch an der Natur und an der Geschichte – war das Hauptwerk des Kommunismus.[2]

Ana Blandiana gilt als eine der bedeutendsten rumänischen

[1] Zitat von Ana Blandiana bei der Eröffnung der Gedenkstätte Memorial Sighet, 1997: „Wenn die Justiz es nicht schafft, eine Form der Erinnerung zu werden, so wird die Erinnerung zu einer Form von Justiz werden".

[2] BLANDIANA, „Kann man Erinnerung lernen?", in: *Politik und Zeitgeschichte*, S. 28.

Gegenwartslyrikerinnen. Sie ist Ehrenvorsitzende des rumänischen PEN-Clubs und Mitglied des internationalen PEN-Clubs, Mitglied der *Accademia Mondiale della Poesia*, (gegründet im Jahre 2001 in Verona unter der Ägide der UNESCO), Mitglied der Europäischen Akademie für Dichtung und der *Académie Stéphane Mallarmé*. Auf gesellschaftlicher Ebene ist sie Gründungsmitglied und Präsidentin der Bukarester Stiftung „Bürgerakademie“ (*Fundația Academia Civică*), in deren Rahmen sie 1993 das Projekt „Memorial Sighet“, eine Gedenk- und Forschungsstätte für die Opfer des rumänischen Kommunismus und des antikommunistischen Widerstandes, initiierte und an dessen Weiterentwicklung sie sich seither in mühevoller Arbeit zusammen mit ihrem Mann Romulus Rusan, Historiker und Schriftsteller, beteiligt.

Ana Blandiana gehört einer Generation an, die einen Schlusspunkt hinter die Literatur des Proletkultes setzte, welche in Rumänien die 1950er Jahre dominierte. Den Dichtern der 1960er Jahre, darunter Nichita Stănescu, Marin Sorescu, Cezar Baltag oder Ana Blandiana verdankt die Literatur ihre Rückkehr zum lyrischen Ich und die Abkehr von der diktierten Lobes- und Hymnenlyrik. Eine Meisterin dieser neuen Lyrik war die junge Dichterin Ana Blandiana, deren Gedicht „einen ständigen Versuch darstellte, die eigene Identität zu definieren und zu authentifizieren, eine andauernde Modellierung und Re-Modellierung der Welt mit den zarten Mitteln der Melancholie und Kontemplation oder in der delikaten Erinnerung […]“.[3] Im Jahr 1974, nach Erscheinen ihres Gedichtbandes *Octombrie, Noiembrie, Decembrie* (1972) schrieb der Literaturkritiker Eugen Simion in der soeben veröffentlichten literaturkritischen Studie *Rumänische Schriftsteller von heute*, dass die Gedichte Blandianas nicht auf einen gewissen Wunsch nach Verführung verzichten möchten. Ihre Gedichte spielen wie auf einer großen Bühne, auf der sich fragile Ballerinen graziös bewegen.[4] Als „lyrische Meditationen“ bezeichnete er ihre

---

[3] BOLDEA, *Ana Blandiana*, S. 9.

[4] Wiederaufgenommen in SIMION, Vorwort zu BLANDIANA, *Gedichte* [*Poezii*], S. XX. In der zweiten Ausgabe von *Rumänische Schriftsteller von heute* [*Scriitori români de azi*] verzichtete Eugen Simion auf diese Bemerkungen.

symbolistische, moderne Lyrik. Doch Ana Blandiana wird nicht zur Gefangenen dieses essentialisierten, reinen und unschuldigen Lyrismus, der selbst einen politischen Protest wider die proletkultische Lyrik darstellte, mit der Zeit aber abzugleiten drohte in den Manierismus, in dem er immer akzeptabler wurde für die Zensur und unzugänglicher für das Publikum: als Form der Flucht aus dem Sozialen, als Desertion aus dem Raum der öffentlichen und politischen Reflektion.

1984 schrieb Ana Blandiana vier Gedichte, die sie in der Dezemberausgabe der Studentenzeitschrift *Amfiteatru* veröffentlichte; diese lösten durch einige Momente unverhüllter Systemkritik, welche die Zensur zu spät entdeckte, bei den kommunistischen Behörden Wut aus. Die Zeitschrift wurde unverzüglich vom Markt genommen, den Redakteuren gekündigt. Doch die Gedichte wurden sofort vom Radiosender „Freies Europa“ übernommen, was auch in Rumänien zu einer Samisdat-Bewegung führte, da die entsprechenden Gedichte – “Ich glaube” [*Eu cred*], “Kinderkreuzzug” [*Cruciada copiilor*], “Wir, Pflanzen” [*Noi, plantele*] und “Alles” [*Totul*] abgeschrieben oder auswendig gelernt und in privaten Kreisen rezitiert wurden. In “Kinderkreuzzug” erkannte das Publikum die eigene Wut und die quälende Ohnmacht angesichts der gewaltsamen Geburtenpolitik des kommunistischen Regimes wieder, das Abtreibungen sowie jegliche Verhütungsmittel verboten hatte. In dem Gedicht „Alles“, das wie auch die anderen drei Gedichte ins Englische übersetzt (von Seamus Heaney) und für die Zeitschrift *The Independent* von dem aus Rumänien stammenden Journalisten Andrei Brezianu Zeile für Zeile interpretiert wurde, erschien der Alltag im Kommunismus in seiner ganzen schizoiden Duplizität: Auf der einen Seite trat der individuelle Wunsch nach Öffnung des Systems zutage, auf der anderen Seite herrschten Misstrauen, Zensur und die Unterdrückung jeglicher Bemühung um Öffnung; der Wunsch nach Modernisierung und Fortschritt wurde mit chronischer Armut konfrontiert, mit dem Scheitern der öffentlichen Einrichtungen, der ideologische Egalitarismus mündete in Personenkult und augenfällige Privilegien etc. In dem Gedicht „Ich glaube“ (bekannt auch unter dem Titel „Ein Pflanzenvolk“) schrieb Ana Blandiana eine sarkastische „Hymne“ auf die Passivität, Trägheit und das Insichruhen ihres Volkes, das sie mit einem Baum verglich, der alles erduldet und sich nie wehrt oder besser ausgedrückt, der sich nicht wehren kann: „Ich glaube wir sind ein Volk von Pflanzen /Wie anders könnten wir sonst ruhig auf unsere Entlaubung warten? / Würden wir sonst den Mut haben / wie im Schlaf auf einer Rutsche / fast bis in den Tod zu gleiten mit der Gewissheit / dass es ein leichtes sein wird / noch einmal geboren zu werden … / Ich glaube wir sind ein Volk von Pflanzen / Wer hat schon einen Baum gesehen / der sich aufbäumt?“[5]

Später wurde ihr poetisches Credo außerhalb Rumäniens oft auf diese Zeilen reduziert, wogegen sich die Schriftstellerin wehrte und sich von dieser Verallgemeinerung möglichst zu distanzieren versuchte. Die Frage, ob die Rumänen immer noch ein „Pflanzenvolk“ wären, hat man Ana Blandiana am 22. Dezember 1989 gestellt, als sie in den ersten Stunden nach dem Sturz Ceauşescus im Radio sprach. In einem der *Banater Zeitung* gegebenen Interview (Dezember 2009), das unter dem Titel „Es ist schwieriger frei zu sein, als unfrei“ veröffentlicht wurde, erinnerte sich Ana Blandiana.

> Dieselbe Frage wurde mir am 22. Dezember gestellt, als sie mich bis zum Radiosender auf den Armen trugen. Ich gelangte in die Sendekabine, von wo man live sendet, wo höchstens drei Personen reinpassen. Diesmal waren es an die 50 Menschen. Sie haben mir im Chor diese Frage gestellt. Ich begann zu weinen und habe natürlich „nein“ gesagt. Es war ein sehr dramatischer Augenblick für mich damals. Heute kann ich nicht mehr so entschlossen NEIN

[5] BLANDIANA, *Ich glaube*, Übersetzung aus dem Rumänischen von Klaus Hensel, veröffentlicht in der Anthologie *Gefährliche Serpentinen*, Berlin: Edition Druckhaus Galrev 1998, S. 74, ausgewählt, herausgegeben und mit einem Nachwort versehen von Dieter Schlesak, ausgestattet mit Zeichnungen von Pomona Zipser. Eine andere Übersetzung ist von Franz Hodjak im Gedichtband *EngelErnte* (mit einem Nachwort von Peter Motzan, Ammann Verlag, Zürich 1994, S. 121) veröffentlicht. Mir scheint jedoch die Übersetzung von Hensel treffender im Vergleich mit dem rumänischen Original.

> sagen. Es gibt Momente, da reagieren wir nicht als bewusstes Volk.[6]

In ihrem eigenen Land hat sich die Dichterin zeitweilig wie im Exil gefühlt, jedoch dachte sie nie daran, es zu verlassen. Wann immer sie nicht unter Publikationsverbot stand, erhob sie ihre Stimme, während der kommunistischen Zeit mittels ihrer Gedichte und Artikel in Literaturzeitungen, nach 1989 durch ihr soziales Engagement für eine Bürgergesellschaft. Der Zuspruch der Menschen ließ sie in die innere Emigration ihrer Dichtung flüchten. Sie war Hoffnungsträgerin in der entmündigten kommunistischen Gesellschaft. Während der kommunistischen Zeit begegnete sie somit immer wieder auf der Straße Menschen, die sie ansprachen, um ihr die von Hand geschriebenen Seiten ihrer Dichtung zu zeigen, die sie bei sich in einer Brusttasche trugen. Sie erfreute sich der Solidarität ihrer Leser, was ihr genügte, um als Schriftstellerin im aufgezwungenen „inneren Exil" des Sozialismus zu überleben.

Noch bevor Ana Blandiana im kommunistischen Rumänien mit literarischen Texten an die Öffentlichkeit trat, war sie bereits Dissidentin: Durch die Widerstandshaltung ihres Vaters, eines orthodoxen Priesters und Theologen, nach der Machtübernahme durch die Kommunisten lernte sie bereits sehr früh die Grausamkeiten kennen, zu denen eine Repressionsregierung fähig war. Sie fand eine Ausdrucksweise, ihre Empfindungen angesichts des Verlustes der Freiheit, der gesellschaftlichen Unabhängigkeit und des Vaters in ihren Gedichten, später dann in der Kinderlyrik, in der Prosa, in Fabeln, Essays und autobiographischen, philosophischen Betrachtungen zu bekunden. So beantwortete sie in einem Gespräch mit der *tageszeitung* die Frage, wie sie in die Politik gelangte, damit, dass ihr Vater wegen seiner oppositionellen Haltung ins Gefängnis kam und sie danach als

[6] „Es ist viel schwieriger frei zu sein als unfrei". ANA SĂLIȘTE führte ein Gespräch „über 20 Jahre Demokratie, über Hoffnungen und Enttäuschungen und über Zukunftspläne" mit der Lyrikerin Ana Blandiana. In: *Deutsche Allgemeine Zeitung für Rumänien* (Bukarest), 23.12.2009, 17 Jg., Nr. 4294, *Banater Zeitung. Wochenblatt für Temesch, Arad und das Banater Bergland*, 17. Jg. Nr. 835, S. III.

Kind eines „Volksfeindes“ von der Schule flog. So geriet sie schon früh in eine Distanz zu den herrschenden politischen Verhältnissen in ihrem Land und wandte sich der Literatur als Fluchtpunkt zu.

> In der letzten Klasse begann ich unter dem Pseudonym ,Blandiana', das ich heute noch trage, zu schreiben. Es ist der Name des Heimatdorfes meiner Mutter [...] Verboten wurde ich dreimal [...] Ich wurde isoliert und erhielt keine Post. Mein Haus wurde von der *Securitate* bewacht. Die Bibliotheken durften meine Bücher nicht mehr ausleihen, ich verschwand aus den Katalogen. Es war verboten, mich auch nur zu erwähnen [...][7]

Seit 1998 organisiert sie Jahr für Jahr in Sighet, der nordrumänischen Grenzstadt zur früheren UdSSR und der heutigen Ukraine, wo während der kommunistischen Zeit eines der berüchtigtsten politischen Gefängnissen stand, eine Sommerschule für Schüler, die sich mit Beiträgen zur Aufklärung über die kommunistische Vergangenheit Rumäniens als auch Osteuropas präsentieren. Die Schriftstellerin Blandiana leistet somit auch wertvolle pädagogische Arbeit für das Gewissen einer jahrzehntelang geschundenen Gesellschaft wie der rumänischen unter der kommunistischen Diktatur.

So nimmt es nicht wunder, dass wichtige kulturpolitische und politische Ereignisse in Rumänien mit dem Namen Ana Blandiana verbunden sind. Es war neben anderen vorangehenden politischen Ereignissen in Rumänien auch ihre Stimme, die in all den Jahren der kommunistischen Diktatur den Sturz des Diktators Ceauşescu 1989 einleitete und gleichfalls ihr öffentlich artikulierter Mut, der mit zu einem Ende der kommunistischen Diktatur im Dezember 1989 auf dem Platz der Republik in Bukarest führte. Zusammen mit ihrem Mann Romulus Rusan gehört Ana Blandiana zu jenen, die sich als erste für die Gründung einer Behörde zur Aufklärung der *Securitate*-Akten in Rumänien (CNSAS) einsetzten. Beide beteiligten sich auch aktiv am Wiederaufbau der Zivilgesellschaft in Rumänien. Blandiana

---

[7] STÖLTING, ERHARD, *Nun gibt es Mitschuld*. Ein Interview mit der rumänischen Dichterin Ana Blandiana, in: *die tageszeitung* vom 13.9.1991.

gilt in der Presse als „kompromisslose, moralische Autorität"[8], „streitbare Frau, die das Ceauşescu-Regime zweimal gebührend mit Publikationsverbot bedachte"[9], aber auch als „eine rumänische Kulturinstitution"[10], „freiheitsliebend, mutig und widerstandsfähig"[11] und „Tochter des Klassenfeinds"[12], als „eine verbotene Schriftstellerin […], noch bevor sie überhaupt eine solche war."[13] „Miss Blandiana, one of the country's most famous poets and one of the first people named to the ruling council after Nicolae Ceausescu"[14], schrieb die *New York Times*.

Der rumänische Literaturkritiker Nicolae Manolescu etwa bescheinigt Ana Blandiana eine Moral, die schon immer wichtig und präsent war in ihrem Schreiben, eine Moral, die sich selbst sucht.[15] Der jüdische Schriftsteller und Essayist Nicolae Steinhardt, der wegen seiner Aktivitäten von den Kommunisten inhaftiert wurde, schrieb in seinem Buch *Weg zur Hesychia*: "ich vergleiche sie jedes Mal, wenn ich sie lese, gern mit Rainer Maria Rilke: ihre würdevolle, diskrete, unaufdringliche Art und Weise, die vieles vollständig ungelöst zurücklässt und sowohl den Schatten wie auch die Abkürzungen liebt […]".[16]

---

[8] KNOTT, MARIE, „Ein pflanzliches Volk", in: *Frankfurter Allgemeine Zeitung* v. 30.3.1993.

[9] KRUMBHOLZ, ECKHARDT, „Faule Komplizen. Ana misstraut Applaus", in: *Frankfurter Allgemeine Zeitung* v. 7.12.1993.

[10] DÖBLER, KATHARINA, „Auch Vögel machen ein Land aus", in: *Neue Zürcher Zeitung* v. 1.7.1995.

[11] HEFTY, GEORG PAUL, „Mit viel Phantasie", in: *Frankfurter Allgemeine Zeitung* v. 22.12.1991.

[12] HEINEMANN, ELKE, „Ein Buch fürs Volk", in: *Die Zeit* v. 25.3.1994.

[13] OVERATH, ANGELIKA, „Engel können nicht verbrennen", in: *Neue Zürcher Zeitung* v. 16.4.2000.

[14] BOHLEN, CELESTINE, „Showcase for Bucharests Dissidents", in: *New York Times* v. 1.2.1990.

[15] MANOLESCU, NICOLAE, „'Portret cu cireşe la urechi'", in: *România literară*, XIV/30, v. 23.07.1981, S. 9. „În ce priveşte nota morală, prezentă de la început la Ana Blandiana, ea se manifestă acum ca o nevoie a poetei de a se verifica prin contemplare de sine".

[16] STEINHARDT, *Weg zu Hesychia* (rumänisch: *Drumul către Isihie*; vom Begriff *Hesychia* – griechisch: Ruhe, Versöhntsein – leitet sich die mystische Bewe-

Blandiana erhielt viele Preise und durfte auch das Land während der kommunistischen Zeit mehrmals verlassen. Bereits 1968 kam sie auf Einladung von Pierre Emmanuel als Gast nach Paris ins Palais du Luxembourg zum Lyrikfestival „Poètes des quatre vents" als Vertreterin der europäischen „Jeune poésie".[17] Ihr Erlebnis, als junge Schriftstellerin neben Eugenio Montale, Heinz Piontek, Assja Djebar und anderen sehr bekannten Autoren ihre Gedichte vorzulesen, beschrieb Ana Blandiana als „aufregend".[18]

1968 war auch das Jahr der Studentenrevolte, als auf den Straßen von Paris die Studentendemonstrationen mit Wasserwerfern und Tränengas niedergeschlagen wurden. Ana Blandiana, 26 Jahre alt, Studentin aus Klausenburg, geriet mitten ins Geschehen. Sie betrat damals zum ersten Mal die internationale Bühne, die ihr danach stets Unterstützung bot, um das Überleben in der Diktatur zu sichern.

1969 erhielt sie den Lyrikpreis des rumänischen Schriftstellerverbandes. Weitere Preise folgten. Am 11. Mai 1982 wurde sie in Wien mit dem Herder-Preis ausgezeichnet. Bei der in der Wiener Universität stattfindenden Preisverleihung hieß es in der Laudatio „Für verdienstvolles Wirken im Sinne einer friedlichen Verständigung unter den Völkern zur Verfügung gestellt" zu ihrer Lyrik und Prosa:

> Die Ehrung gilt dem poetischen und essayistischen Werk der Dichterin, das eine fortgesetzte Meditation über die Bedingungen des künstlerischen Schaffens und über das menschliche Sein darstellt. Themen wie Reinheit und Sündenfall, Tod und Überleben, Liebe

---

gung im byzantinisch-orthodoxen Mönchtum, der Hesychasmus, ab), S. 72: „...Şi demnă, discretă, nestăruitoare, lăsând multe nesoluţionate pe de-a-ntregul, iubind umbra şi scurtăturile, oarecum în felul lui Rainer Maria Rilke căruia, ori de câte ori o citesc, îmi place să o asemăn."

[17] Siehe Katalog des Festivals mit dem Vorwort von Pierre Emmanuel. Kopie des Originals im Privatbesitz von Ana Blandiana.

[18] Privates Interview mit Ana Blandiana im November 2008 in Bukarest. Siehe das Interview in diesem Band.

> als Streben nach dem Absoluten und Flucht vor dem Materiellen lassen diese moderne Poesie auf Anhieb eine überzeitliche Dimension gewinnen. Sowohl dem Biographischen wie dem Artifiziellen eine Absage erteilend, wird bei Ana Blandiana Poesie zum schöpferischen Mythos, die Dichtung zur Weihe.[19]

Meditation und Erinnerung stehen im Mittelpunkt des Schaffens von Ana Blandiana. Vor allem aber repräsentiert sie die Kultur der Erinnerung in ihrem Land. Dies gelingt ihr auf mehrere Arten, wie ich nachfolgend darstellen möchte:

- Erinnerung in der Lyrik
- Erinnerung als Fiktion
- Erinnerung als ziviler Akt und politisches Engagement bei der Aufarbeitung der kommunistischen Vergangenheit in der Gedenkstätte Sighet

Erinnerung in der Lyrik

Blandianas Gedichte und Bücher waren während des Kommunismus Dokumente des subversiven Widerstandes, sie avancierten zu Mitteln der verdeckten Kommunikation. Es gab keinen „unmittelbaren Ausdruck, keine unmittelbare Mitteilung und keine unmittelbare Erfahrung, die sich in ihrer Unmittelbarkeit teilen, mitteilen ließe".[20] Und zu diesem *Dazwischen*, Medium der Kommunikation, avancierten die Gedichte einiger unangepasster Dichter der kommunistischen Zeit in Rumänien. Ihre Dichtung wurde zu einem von den Regierenden verbotenen, aber vom Volk benutzten Kommunikationsmittel. Teilweise mündlich weitergegeben, verbreiteten sich diese Gedichte in Windeseile und gerieten für manchen zu einem Mittel des Überlebens.

Das Leben in Angst war eine permanente Herausforderung im Rumänien Ceaușescus, was es unmöglich machte, das Risiko per-

---

[19] Zitiert nach dem Text der Urkunde des „Herder Preises".

[20] BRAUNGART, „Irgendwie dazwischen", in: *Sprachen des Politischen*, S. 357.

fekt einzukalkulieren. Einige Schriftsteller wurden inhaftiert, andere „nur“ eingeschüchtert. „Ceauşescus Epoche war keine blutige Zeit, sondern eine niederträchtige.“[21] Der Schriftsteller avancierte so zur moralischen Autorität für sein Volk, sagte Blandiana, denn es gäbe keine „schwachen Völker mit Heldenschriftstellern, aber auch keine Heldenvölker mit opportunistischen Schriftstellern“.[22] Über diese Zeit sagte Blandiana: „Das Unerträgliche war die Empfindung unendlicher Demütigung vor einem Gemisch von Dummheit, Niedertracht und Hinterhältigkeit. Eine Kitsch-Demütigung, wenn man so sagen kann“.[23]

1959, im Alter von 17 Jahren, veröffentlichte sie ihr erstes Gedicht, „Originalität“, in der Literaturzeitung *Tribuna* in Klausenburg.[24] Sie hatte beschlossen, ihrer Berufung zu folgen und zu schreiben. Das Lebensmotto der Dichterin lautete: „Ich habe begonnen, indem ich versuchte, mich auszudrücken und habe damit geendet, mich von mir selbst ausdrücken zu lassen“.[25] Als Vorbilder nennt sie die rumänischen Dichter Mihai Eminescu, Lucian Blaga sowie den Dramatiker Ion Luca Caragiale, als ihre Lieblingsschriftsteller in der internationalen Literatur erwähnt sie Rainer Maria Rilke und Emily Dickinson. Sie betont jedoch, dass sie deswegen so wichtig sind, da sie zu den Dichtern gehören, die ihre Entwicklung beeinflusst haben,[26]

---

[21] Privates Interview mit Ana Blandiana in Bukarest im November 2008. Siehe auch das Interview in diesem Band.

[22] Vgl. Interview in der „România literară“ mit Mircea Iorgulescu, „Nimeni nu ne obligă să scriem, cînd o facem, o facem întotdeauna pe propria noastră răspundere“ [„Niemand zwingt uns zu schreiben, wenn wir es tun, dann tun wir es immer auf eigene Rechnung“], XVI/10 v. 10.03. 1983, S. 4-5, hier S. 4 („Sunt momente în istorie în care literatura nu este o artă“).

[23] Ceea ce era insuportabil era senzaţia de nesfârşită umilinţă în faţa amestecului de prostie, răutate şi şmecherie care domina totul. O umilinţă kitsch, dacă se poate spune aşa“. Privates Interview mit Ana Blandiana in Bukarest im November 2008.

[24] BLANDIANA, *Originalitate*, „Tribuna“, Cluj, III/10 (109) v. 7.03.1959, S. 5. Siehe auch ihr privates Interview vom November 2008 in diesem Band.

[25] Siehe: www.anablandiana.com: “Am început prin a încerca să mă exprim şi am sfârşit prin a mă lăsa, de mine însămi, exprimată.“

[26] Interview im November 2008.

obwohl sie keine Gemeinsamkeiten mit diesen Autoren habe, außer dem Gefühl der Anlehnung an sie.

Blandiana wurde 1942 als erste Tochter der Familie Coman in der Stadt Temeswar geboren. Die aus dem Bildungsbürgertum stammende Autorin – der Vater war studierter Theologe an der Universität Czernowitz, Lehrer und Priester, die Mutter ebenfalls eine gebildete Frau – hatte früh beschlossen, Schriftstellerin zu werden. 1964 erschien ihr erster Gedichtband *Persoana întâia plural* [*Erste Person Plural*]. Der Literaturkritiker George Ivaşcu, ein früher Förderer der Autorin, Redakteur der rumänischen Literaturzeitschrift *Contemporanul*, schrieb zu ihren Zeilen, die damals von der Zensur gekürzt und umgearbeitet waren:

> Von echter Originalität geprägt, zeichnet sich Ana Blandianas Lyrik durch wahrhaft rimbaudsche Kühnheit aus, durch eine (metaphorische) Verklärung von überzeugend wirklicher Eigenständigkeit, durch eine durchwegs überraschende Tiefe lyrischen Erlebens, durch eine von innen kommende Aufrichtigkeit der Gedanken.[27]

Gedichte wie „Kindheit" [*Copilărie*], „Tanz im Regen" [*Dans în ploaie*] und „Beschwörungssang an den Regen" [*Descântec de ploaie*] von 1964 sind Rückblicke auf Erlebnisse aus ihrer Kindheit – poetisch-authentische Erinnerungen, voller Lebensenergie, aber auch absichtlich realitätsfremd. Die Autorin distanzierte sich später von diesen Gedichten, die sie nicht mehr als ihre eigenen ansah, da sie zensiert worden waren.[28] Dennoch betrachtete sie ihr erstes Buch als Schlüssel zum Erfolg ihrer darauf folgenden Bücher. Der zweite Band *Achillesferse* (auf rumänisch *Călcîiul vulnerabil,* „die verletzbare Ferse", 1966), der erst nach großen Schwierigkeiten erschei-

[27] Vgl. IVAŞCU, GEORGE, "Jurnal literar" in: *Contemporanul*, 23 (921), v. 5.06.1964, S. 3: „Cu o amprentă de certă originalitate, poezia Anei Blandiana … se defineşte cu o îndrăzneală într-adevăr rimbaudiană, printr-o transfigurare de gravă şi reală originalitate a ideilor, printr-o mai întotdeauna surprinzătoare vibraţie lirică în profunditate, printr-o sinceritate internă a gândirii."

[28] Siehe die Website von Ana Blandiana: www.anablandiana.com/poezii.

nen konnte, stellte einen Neuanfang dar. Die Autorin hatte die Spontaneität und Aufrichtigkeit des ersten Gedichtbandes aufgegeben. Im zweiten und all den weiteren Gedichtbänden ist sie nur noch Betrachterin der Welt um sie herum und keine, die sich naiv und enthusiastisch daran beteiligt.[29] Aus der ursprünglichen Reinheit der Kindheitserlebnisse, dem Staunen vor der Natur und ihren Phänomenen, wird nun eher eine Skepsis gegenüber der Welt bemerkbar. Ion Pop schreibt zu diesem Band:[30]

> Ana Blandianas Dichtung aus *Achillesferse* gestaltet sich als essentialisierter Diskurs, entsprechend dieser Attitüde der Enthaltsamkeit, der 'Rigidität' des tragischen Helden. Verwirrend in ihrer Einfachheit, teilt sie sich mit durch eine sehr klare Linie in ihrer Darstellung gedanklicher Bilder in einem von Metaphern fast gänzlich bereinigten Raum. Jegliche Unklarheit beseitigend, findet sich die Dichterin nur noch der Idee gegenüber wieder und scheint sich darauf zu beschränken, eine Leere zu schaffen, um in dem so entstandenen Raum ungehindert ihre Botschaft übermitteln zu können. Die besten Gedichte drücken das Gefühl aus, dass jede Idee von einer Stimme getragen wird, die dieser Idee Überzeugungskraft verleiht; die Idee selbst wird zu einem „ursprünglichen Raum“, der durch eine rhythmische Darstellung des Prozesses der Rückführung der Idee auf die tragende Stimme geschaffen wird. Die Metapher ist nicht länger Ornament der Begrifflichkeit,

[29] Vgl. BLANDIANA, *Cine sunt eu?*, S. 13-14.

[30] POP, *Poezia unei generații*, Editura Dacia, Bukarest, 1973, S. 254 ("Poezia Anei Blandiana din *Călcîiul vulnerabil* se constituie ca discurs esențializat, echivalent acestei austerități a atitudinii, de o ,rigiditate' de erou tragic. Deconcertantă prin simplitate, ea se transmite printr-o foarte clară trasare a desenului ideatic în spațiul aproape epurat de metafore. Înlăturând orice obscuritate, poeta se descoperă singură în fața ideii și pare că unicul său demers e acela de a vida o scenă, pentru ca în spațiul creat „mesajul" să poată suna nestingherit. Cele mai bune poeme dau această senzație de identificare a ideii cu o voce, suficientă pentru a o face convingătoare: ideea devine ea însășii „spațiu originar", realizat astfel prin elevația ritmică a restituirii. Metafora nu mai este un ornament al discursului conceptual, ci, atât cât e utilizată, punctează doar un fel de situație simbolică, din care semnificația de natură intelectuală crește organic.)

> sondern zielt, insofern sie eingesetzt wird, auf eine symbolische Situation, aus welcher sich der intellektuelle Bedeutungsinhalt organisch entwickelt.

Der dritte und vierte Band ihrer Gedichte: *A treia taină* [*Drittes Sakrament*, 1969] und *Octombrie, Noiembrie, Decembrie* (1972) enthalten nach meinem Dafürhalten einige ihrer schönsten Gedichte: „Îți aduci aminte de plajă?" [*Entsinnst du dich des Strandes?*], „Trup amar" [*Herber Leib*] oder „Cuplu" [*Das Paar*]. Die Liebe ist eines der Hauptthemen in den Gedichten; Existenzfragen („Cîndva arborii aveau ochi" – *Einst hatten die Bäume Augen*) und wiederum Naturphänomene als Metaphern für menschliche Wesenszüge deuten die Sinnkrise ihrer Existenz in einer Diktatur an.

Ihre Gedichte gelangten über verschlungene Wege auch ins Ausland. 1984 waren in der Zeitschrift *Amfiteatru* in Bukarest die vier Gedichte erschienen, die, wie bereits erwähnt, die Zensur auf den Plan riefen – Ana Blandiana erhielt Publikationsverbot. Der Dichterin wurde internationale Aufmerksamkeit zuteil, was in der damaligen Situation Schutz vor den Schikanen und Drangsalierungen durch die Securitate-Schergen im Land bot. Diese Aufmerksamkeit half ihr, im Inland zu überleben und auch wieder zu veröffentlichen. 1985 erschien der Gedichtband *Stea de pradă* [*Beutestern*], der auch das Gedicht „EngelErnte" enthielt, das den Titel für den ersten Gedichtband in deutscher Übersetzung lieferte, der fast zehn Jahre später erschien.

Aus den zu Metaphern verdichteten Reflexionen über den gesellschaftlichen Zustand ihres Landes resultierte eine Lyrik, deren Verständnis sich nur mittels des „Lesens zwischen den Zeilen" erschloss – diesen Stil beherrschte Ana Blandiana nahezu perfekt. Sie beschrieb Befindlichkeiten, die sich als Folge der Existenz in einer unfreien Gesellschaft einstellten. Die Ursachen von Demütigung und Unterdrückung durch eine alles beherrschende Diktatur, die sich Sozialismus nannte, wurden zu einem viel beschriebenen Phänomen in ihren Werken und neben der Wahrheitssuche zu einem der Zentralmotive ihrer Dichtung.

Es sind aber nicht nur ihre Gedichte, die Dokumente des Nicht-Vergessen-Seins bleiben werden, sondern dasselbe gilt auch für ihre Kinderbücher *Begebenheiten aus meinem Garten* [*Întîmplări din grădina mea*, 1980] mit dem Kater Steckzwiebel (auf Rumänisch: *Arpagic*) im Mittelpunkt und deren Fortsetzung im Jahre 1988 *Begebenheiten auf meiner Straße* [*Întîmplări de pe strada mea*]. Die Veröffentlichung dieser Kinderverse hatte für die Autorin schwerwiegende Folgen. Sie erhielt zum dritten Mal Publikationsverbot, nachdem die Zensur in den Charakterzügen des Katers Arpagic Anspielungen auf den Diktator Ceauşescu erkannt hatte. Der Band verschwand aus den Buchhandlungen, die Verlagsleitung des Bukarester Ion Creangă Verlags wurde abgesetzt und Blandianas Bücher aus den Bibliotheken entfernt. Vor ihrer Haustür installierte sich der Bewachungsapparat der *Securitate*. Aber die Reime über den Kater Arpagic, ein humoristisch-karikaturistisches Abbild des Diktators, des „Conducători", kursierten in aller Munde. So gründete sich Ana Blandianas Ruhm nicht allein auf ihre veröffentlichten Gedichte, Erzählungen, Essays und Zeitungsartikel, auf Rezensionen in Literaturzeitschriften oder Vertonungen ihrer Gedichte, sondern auch auf die mündliche Verbreitung ihrer Texte.

Erinnerung als Fiktion

Ein Buch fiktionalisierter Erinnerung entstand während der letzten Periode des Publikationsverbots der Autorin im Rumänien Ceauşescus – Blandianas erster Roman *Sertarul cu aplauze* [*Die Applausmaschine*]. Die Entstehungsgeschichte des Romans, der 1992 in rumänischer Sprache und wenig später – in einer gekürzten Fasssung – auch in deutscher Übersetzung im Steidl Verlag, Göttingen, erschien, verband Blandiana mit ihrem eigenen Kampf mit der Zensur im Kommunismus. Dieser Kampf war stets von unerwartet günstigen, aber auch grotesken Zufällen begleitet. Kurz vor der Verleihung des Herder-Preises 1982 an der Universität Wien erhielt sie die Nachricht, dass ihr bis dahin von der Zensur zurückgehaltener erster Prosaband *Proiecte de trecut* („Projekte der Vergangenheit", eine Auswahl daraus wurde unter *Kopie eines Alptraums* 1988 veröffentlicht) soeben in Druck gegangen war.

Die Schriftstellerin sah die Gefahr, sich nicht nur der äußeren Zensur unterwerfen zu müssen, sondern auch sich selbst eine „innere Zensur" aufzuerlegen. Um dieser Gefahr zu entrinnen, fasste Ana Blandiana den Entschluss, wie sie in einem Interview mit Ruxandra Cesereanu in der Zeitung *România liberă* (2005) erwähnt, das Erscheinen des Buchs dem glücklichen Zufall zu überlassen. Hinzu kam auch, dass die Preisverleihung im Ausland Wirkung gezeigt hatte. Nach der Rückkehr von einer langen Reise durch Europa bis nach Ägypten machte sie sich an die Arbeit an ihrem ersten großen Prosawerk. Sie ahnte damals noch nicht, dass die Zeit sie überholen wird und dieser Roman zu einem besonderen Werk werden würde über eine zu Ende gehende Epoche der Diktatur, in der man jahrzehntelang unter dem Eindruck lebte, der Kommunismus würde niemals weichen. Blandiana flieht in ihrem ersten Roman nicht vor der Wirklichkeit in eine Fiktion. Sie arbeitete beim Schreiben des Romans mit einer „masochistischen und beinahe anmaßenden Heiterkeit" („seninătate masochistă şi aproape orgolioasă")[31] in der Gewissheit, dass ihr Buch eine Geheimwaffe sei gegen die Zensur, das dritte Publikationsverbot und die Überwachung durch die *Securitate*. Das Buch beendete sie kurz vor dem Sturz des Diktators im Dezember 1989 in Bukarest. Dieser Roman markiert sowohl die Wende in ihrem politischen als auch in ihrem künstlerischen Dasein. Es war ein Modellversuch, der Zensur zu entkommen. Während vor ihrer Haustür die Geheimpolizisten wachten, schuf sie einen Gegenwartsroman, der sich mit den gesellschaftlichen Fragen der Zeit auseinandersetzte. Ein postmoderner Roman, wie ihn Ana Blandiana selbst bezeichnete.[32]

Die Postmoderne war in der Entstehungszeit des Romans von

---

[31] BLANDIANA, "Povara perenităţii", ["Die Last langjährigen Erbes"] in: *Spaima de literatură* [*Der Schrecken der Literatur*], S. 289.

[32] Ebda.

Mitte bis Ende der achtziger Jahre im sozialistischen Rumänien ein Begriff. Dieses Phänomen ließ sich auch in den anderen sozialistischen Staaten beobachten. Eine ähnliche Richtung schlugen Künstler in den achtziger Jahren in der DDR ein. Sie versammelten sich am Prenzlauer Berg in Ostberlin und versuchten sich von der Last des sozialistischen Realismus zu befreien. Auch sie waren Postmodernisten, scherten aus dem künstlerischen Einheitswerk der politischen Einheitspartei aus, die sich weiter auf dem Weg in die propagierte sozialistische Zukunft wähnte. Die Schriftsteller vom Prenzlauer Berg dichteten und druckten im Geheimen. Einige wurden nach der Wende zu Erfolgsautoren, so zum Beispiel Thomas Brussig, der 1989 seinen ersten Roman *Wasserfarben* veröffentlichte, in dem er endlich frei von äußerer und innerer Zensur schreiben konnte. In der DDR hätte das Buch kaum erscheinen können. So gab es einige Ähnlichkeiten mit der intellektuellen Szene in Rumänien.

Die Lage in Rumänien war in den Jahren vor der Wende durch eine große Versorgungskrise gekennzeichnet, verbunden mit einem sehr gut funktionierenden Überwachungsapparat. Oppositionelle konnten des Landes verwiesen werden, wie der Schriftsteller Paul Goma[33], der zu den wenigen gehörte, die es gewagt hatten, sich öffentlich gegen das Regime zu stellen und zu Protesten aufzurufen. Vor diesem Hintergrund ist die Handlung von Blandianas Roman zu deuten, der auch autobiographische Züge aufweist. Sie erzählt von Alexandru Şerban, einem Schriftsteller, der „37 Jahre, zehn Monate und fünf Tage" alt ist.[34] Zwei bedeutende Ereignisse bestimmen das Geschehen: Der unangemeldete und unerwartete Besuch von drei Mitarbeitern des Geheimdienstes an einem Abend in seiner Bukarester Wohnung, der ihn zur Flucht veranlasst. Zweitens geht es um Alexandrus Teilnahme an der Lesung in einer fiktiven Provinzstadt: in Tîrgul Mare. Wäre Blandianas Bericht von Verfolgungs- und To-

[33] GOMA, PAUL, Schriftsteller. Sein Roman *Ostinato* erschien 1972 zuerst in deutscher Übersetzung im Suhrkamp Verlag, Frankfurt am Main. Er emigrierte 1977 nach Paris.

[34] BLANDIANA, *Die Applausmaschine*, S. 14.

desangst, von Lebenssehnsucht, Resignation und Wiedergeburt nicht gedeckt durch ihr eigenes Erleben und darum unbestreitbares Wissen um die erzählten Abgründe, würden wir ihrer Figur wahrscheinlich weniger willig durch die hermetisch abgeschlossenen Kliniken, Sanatorien und Arztzimmer folgen.

Täuschung, Illusion, innere Einsamkeit, der Bruch zwischen Sein und Betrachten stehen im Mittelpunkt des Romans. In die Bukarester Wohnung des Schriftstellers Alexandru Şerban, wo sich regelmäßig vier Freunde zu geselligen Abenden mit Gesprächen bei Essen und Trinken treffen, dringen eines Abends unangemeldet drei obskure Personen ein, offensichtlich Geheimpolizisten. Sie machen es sich dort bequem, sind unhöflich und frech, bedienen sich der Dinge und auch der Menschen in der Wohnung. Ihr Benehmen ist unmöglich, sie sind Randalierer, die ohne Rücksicht alles benutzen und dann verwüsten. Einer von ihnen nimmt ein Bad, ein anderer legt sich in Alexandrus Bett, der Dritte bedrängt und küsst die Frauen der versammelten Freunde, ohne dass es jemand wagt, etwas dagegen zu unternehmen. Die Freunde trauen sich nicht, den Fremden die Tür zu weisen. Sie finden vielmehr nach dem ersten Erschrecken alles in Ordnung, sie unterhalten sich sogar höflich mit den Eindringlingen. Sie passen sich an und benehmen sie sich so, als wäre es nicht unangenehm, die ungebetenen Gäste in der Wohnung zu haben. Alexandru ist der einzige, der verwirrt, verunsichert und entsetzt ist. Er flieht schließlich aus seiner Wohnung, um ein Päckchen Zigaretten zu holen und kehrt nicht mehr zurück. Er irrt in der Stadt herum. Später kehrt er doch nach Hause zurück, und der Alltag nimmt wieder seinen Lauf. Seine Freunde sprechen nie wieder über diesen Vorfall. Als er zu einer Lesung in einer Provinzstadt eingeladen wird, landet er in einer psychiatrischen Klinik, einer geschlossenen Umerziehungsanstalt, praktisch einem Gefängnis. Die Menschen dort begegnen ihm, als trügen sie alle die gleiche Maske. Um sich Drill und Psychoterror zu entziehen, tritt Alexandru schließlich die Flucht an.

Anstalt und Außenwelt gleichen jedoch einander, wie er draußen feststellt. Beeinflussung und Manipulation haben viele Gesichter.

Schwer vermag sich ihnen jemand zu entziehen. Eine manipulierte Gesellschaft findet er vor. Der „neue Mensch“ sollte sich anpassen, unkreativ, passiv sein. Im Roman stellt sich die Frage, wann, wie und wo der menschliche Dressurakt beginnt. Alexandru beobachtet seine Umgebung, denkt über die Ursachen des Handelns seiner Mitmenschen nach: „Anfangs wollte ich es nicht glauben. Ich hielt an, stand erschüttert da und betrachtete dieses Gefängnisparadies, in dem die Unfreiheit durch freie Zustimmung ihre Perfektion erreicht zu haben schien. Doch verhielten sich die Dinge nicht ganz so. Damals verstand ich …, dass keine Bewacher nötig waren, weil das ganze Land ein Gefängnis war und die Häftlinge nirgendwohin fliehen konnten.“[35]

Diese schmerzhafte Erkenntnis einer Realität, die verletzend und absurd ist, endet mit der Zerstörung der Illusion, dass der Mensch selbstbestimmt sei. Die Schaffung des „neuen Menschen“ – wie er jahrzehntelang in den marxistisch-leninistischen Programmschriften und auch von Ceauşescu propagiert wurde – war vollbracht.

Der Titel des Originals lautet *Sertarul cu aplauze*, das wörtlich übersetzt hieße „Die Schublade mit Beifall“ oder „Die Beifallsschublade, Applausschublade“. Der Göttinger Steidl Verlag gab dem Roman jedoch den Titel „Applausmaschine“, was nicht der Intention der Autorin entsprach. Sie beschreibt den klaustrophobischen Konformismus einer unfreien Gesellschaft, eingesperrt in Schubladen, die bei Bedarf geöffnet werden können, die kollektive Anomalie eines Volkes, das gezwungen ist, sich in diese tragikkomische, absurde Situation einzufügen, die fehlende Selbstbestimmung und die triste Verpflichtung, die gegebene Irrealität als Realität anzunehmen und dabei zu applaudieren:

> Er war es auch, der mir eines Nachts, in der er als Wächter tätig war, die Applausschubladen im Kabinett der Direktorin zeigte. Ein Schrank voller Bänder und Kassetten, auf denen die Beifallsstürme registriert waren: klassifiziert, etikettiert, artistisch angeordnet nach Länge und Intensität des registrierten Beifalls, so dass ihre

[35] BLANDIANA, *Die Applausmaschine*, S. 305.

> Benutzung zur richtigen Zeit und am richtigen Ort eine einfache Aufgabe blieb, völlig ohne jegliches Risiko.[36]

In der realen Geschichte Rumäniens verhielt es sich ähnlich wie in der Fiktion von *Die Applausmaschine*. Mit der Öffnung der Schubladen mit den Geheimdienstakten der Securitate nach 1989 wurde evident, dass das Ausmaß des Bösen jede Vorstellungskraft, selbst die pessimistischste Voraussage noch übertraf. Und trotzdem haben die Mitläufer und Kollaborateure des alten Systems die Wende unbeschadet dank der Ohnmacht der nachfolgenden Generation überlebt; sie ernten sogar noch Applaus und sind weiterhin politisch aktiv.

Der Schriftsteller Alexandru, der zentrale Protagonist des Romans, quasi das Alter Ego der Autorin, versucht nach dem Eindringen der drei „Alptraumgestalten"[37] zu fliehen und erkennt rückblikkend den „Irrsinn jenes Stücks"[38], dass seine Flucht zwar ein symbolischer Akt war, jedoch zu einer Hetzjagd wurde, zu einem Rennen, in dessen Verlauf er „etwas sehen, jedoch nichts anderes tun kann, als zu laufen [...]".[39] Er – auch die Autorin? – kommt zu der Erkenntnis, dass bereits die Kontemplation eine Art Flucht ist. Alexandru verzweifelt nicht an der absurden Situation, in der er sich befindet und die er erkennt, sondern er wächst an seiner Rolle als Mahner, als Individualist in einer Gesellschaft, in der alles kontrolliert wird und in der das Individuum zum unkenntlichen Teil einer gleichgeschalteten Masse mutiert.

---

[36] BLANDIANA, *Sertarul cu aplauze*, S. 320 („Tot el mi-a arătat, într-o noapte în care era de gardă, în cabinetul directoarei, sertarele cu aplauze, dulapul cu benzi şi casete pe care erau acestea înregistrate, nuanţat, artistic, şi clasificate, etichetate, măsurate ca lungime şi intensitate, astfel încît folosierea lor la timpul şi locul potrivit să rămînă o operaţie simplă şi lipsită de orice risc.")
[37] BLANDIANA, *Die Applausmaschine*, S. 62.
[38] Ebda. S. 64.
[39] Ebda. S. 65.

Erinnern als ziviler Akt in der Gedenkstätte Sighet

In Rumänien gab es während der kommunistischen Zeit (1945-1989) über 230 Haftanstalten. Dazu zählten neben den politischen Gefängnissen die Untersuchungs- und Selektionsräume sowie die Arbeitslager und Deportationszentren. Wenn man die Zentren des Sicherheitsdienstes in den Städten, Bezirken, Regionen und Kreisen, in denen die Häftlinge nach der Gefangennahme verhört wurden, dazu zählt, so waren es mehr als 330 solche Orte. Dazu kamen etwa 15 psychiatrische Anstalten in ganz Rumänien, in welche die Häftlinge zur Gehirnwäsche und Umerziehung gebracht wurden. Die Anzahl der Hinrichtungsplätze, der Orte, wo Partisanen gegen die Truppen des Sicherheitsdienstes kämpften, und die Zahl der Massengräber bezifferten sich auf etwa neunzig. Viele weitere Zahlen des Grauens und der Schreckensherrschaft der Kommunisten werden der Öffentlichkeit erst nach und nach bekannt.

Das ehemalige Gefängnis aus der österreichisch-ungarischen Zeit in Sighet erlebte alle Etappen des rumänischen Kommunismus. Das Gebäude wurde zwischen 1896 und 1898 zur Zeit des Habsburgerreichs in Nordsiebenbürgen von dem ungarischen Architekten Gyula Wagner als Gefängnis gebaut. Ab 1944 wurde es von den Kommunisten in ein Zwangslager umgewandelt. Später erfolgte via Sighet die Heimkehr der Gefangenen und Deportierten aus der Sowjetunion. Ab August 1948 fungierte es als politisches Gefängnis für Intellektuelle, Minister und aufständische Bauern aus der nordrumänischen Maramuresch-Region. Die ersten Häftlinge waren 18 Schüler und Studenten, die sich gegen die Kommunisten aufgelehnt hatten (die Gruppe Vişovan), deren Gemeinschaftszelle heute im ersten Stock des Museums zu besichtigen ist.

Am 5. und 6. Mai 1950 wurden in Sighet mehr als hundert Persönlichkeiten eingeliefert: Minister, Vertreter der liberalen Parteien, Akademiker, Wirtschaftsvertreter, Offiziere, Historiker, Journalisten und Kirchenvertreter, von denen einige zur Zwangsarbeit verurteilt, andere wiederum nie vor ein Gericht gestellt wurden. Die meisten waren älter als sechzig Jahre. Unter ihnen Iuliu Maniu, früherer Ministerpräsident und Vorsitzender der Partei der Nationalzaranisten (77 Jahre) und Constantin Dinu Brătianu, Vorsitzender der Liberalen Partei (84 Jahre), die im Gefängnis starben und in einem Massengrab verschwanden. Ferner wurden am 3. November 1950 dreiundvierzig katholische und griechisch-katholische Bischöfe und Pfarrer inhaftiert.

Das Gefängnis war eine „spezielle Arbeitseinheit", in Wahrheit ein Konzentrationslager, in dem die Elite des Landes vernichtet werden sollte. Sighet war wegen seiner Lage an der sowjetischen Grenze Rumäniens ein sicherer Ort, wo eine Flucht unmöglich schien. Die Haftbedingungen waren schrecklich: Folter, unzureichende Ernährung, mit dunklen Läden verschlossene Fenster; jene, die sich widersetzten, wurden in die „Dunkelkammer" (*camera obscura*) gebracht. Das Gefängnis hatte die höchste Todesrate unter allen Haftanstalten des Landes in dieser kurzen Zeit (1947 bis 1955); die verstorbenen Häftlinge wurden bei Nacht und Nebel auf dem Armenfriedhof am Stadtrand begraben. Das Inferno dauerte bis 1955, als das politische Gefängnis von Sighet nach dem Beitritt Rumäniens zur Genfer Konvention aufgelöst und die Häftlinge in andere Gefängnisse verlegt wurden. Diese waren oft größer, die Haftbedingungen härter als in Sighet, die Foltermethoden sadistischer, die Häftlinge noch jünger. Sighet steht heute für das Gedenken der Opfer in allen politischen Haftanstalten der Kommunisten Rumäniens.

Die Geographie der Unterdrückung und die Geschichte der Leiden sind Gegenstand von Studien und Forschung der Gedenkstätte Sighet. Die Idee zu der Errichtung dieser Gedenkstätte entstand 1993, als Ana Blandiana das Projekt dem Europarat vorstellte, der seine Zustimmung dazu erteilte und unter dessen Schirmherrschaft die Forschungs- und Gedenkstätte Memorial Sighet seit 1994 steht. In vier Jahren wurde das Gebäude renoviert, die ehemaligen Gefängniszellen als Museumsräume mit Dokumenten und historischen Fotografien eingerichtet. Im Innenhof errichtete man einen Sakralraum. Finanzielle Unterstützung kam sowohl von ausländischen Stiftungen als auch von Privatpersonen. Am 10. Juni 1997 erhielt das „Memorial Sighet" durch ein Gesetz des rumänischen Parlaments den Status eines Monuments von „nationalem Interesse“ zuerkannt. Seither wird die Instandhaltung auch von Seiten der Regierung mitfinanziert.

In der Zeitschrift *Dilemma* formulierten Ana Blandiana und Romulus Rusan den Sinn der Forschungs- und Gedenkstätte folgendermaßen: „Vor dem Verzeihen steht die Erkenntnis, wenn aber Erkenntnis stattfinden soll, muss es das Erinnern geben, Methoden also, um das kollektive Gedächtnis wiederzuerwecken.“[40]

Zum Memorial Sighet gehören das Museum des rumänischen Gulags von Sighet sowie das Internationale Zentrum für die Geschichte des Kommunismus. Der Europarat zählt dieses Museum neben der Gedenkstätte in Auschwitz und dem Memorial des Friedens in der Normandie zu den drei wichtigsten Zentren des Gedenkens an die düsteren Geschehnisse des Zwanzigsten Jahrhunderts in Europa.

Im Memorial befinden sich etwa sechzig Ausstellungssäle entsprechend der Anzahl der Gefangenenzellen mit Dokumenten, Fotos und Ausstellungsstücken sowie Informationen über die Zeit der kommunistischen Herrschaft. In einer Gemeinschaftszelle im ersten Stock wird in Bilddokumenten auch die Deportation von Banater Bauern in die Bărăgansteppe dokumentiert.

Die Gedenkstätte erfreut sich heute internationaler Aufmerksamkeit:

> In den früheren Gefängnismauern bekommen die Opfer heute ihre Stimmen und Gesichter, ihre Würde zurück. Aus dem Unort ist ein Ort des kollektiven Gedächtnisses geworden mit rund sechzig Ausstellungszellen. In jedem einzelnen Raum lässt sich die Bedrohlichkeit mit Händen greifen. ‚Ich werde Dich ewig lieben’, hat ein Mann für seine inhaftierte Frau in ein Seifenstück geritzt. Dann steht man vor den Kleidern eines Partisanen - von Schüssen durchlöchert und mit Blutflecken. Unterwegs in diesen Verliesen hinter dicken Mauern und ohne Heizung ahnt der Besucher, dass die Kälte allein schon für den Tod gereicht hätte. Für die Häftlinge

---

[40] *Memorie şi mărturisire* [*Gedächtnis und Zeugenausssage*], Tita Chiper im Interview mit Ana Blandiana und Romulus Rusan in der Zeitung *Dilema* IX/ Nr. 442, 17.-23. August 2001, S. 20.

kamen aber noch die Angst und der Hunger hinzu - jene drei «F» (*frig, frică și foame* - Kälte, Angst und Hunger), wie sie in der rumänischen Gefängnisliteratur beschworen werden.[41]

Die Gedenkstätte umfasst darüber hinaus ein Internationales Studienzentrum für die Erforschung des Totalitarismus, das Zentrum für mündlich überlieferte Geschichte (*Oral History*, das eng mit dem Hoover-Institut in Kalifornien zusammen arbeitet) mit etwa 3.000 Tonbändern, Aufzeichnungen von Zeitzeugen, ein Verlagsprogramm mit fünf verschiedenen Buchreihen und eine digitale Datenbank. Jährlich findet eine Sommerakademie für rumänische Jugendliche statt, des Weiteren wird eine umfassende Dokumentar- und Archivarbeit geleistet, zahlreiche kleinere Projekte werden durchgeführt, die die Vergangenheitsbewältigung von fünfzig Jahren Diktatur zum Thema haben.

1999 gab es eine Wanderausstellung über die Geschichte der Gedenkstätte Memorial Sighet in mehreren europäischen Städten. In Frankfurt am Main wurde sie in Anwesenheit von Dr. Joachim Gauck, dem damaligen Leiter der Bundesbehörde für die Stasiakten in Berlin, und von Ana Blandiana eröffnet. Weitere Ausstellungsorte folgten: 2000 in der Universität Tübingen, im Haus des Ostens in München, im Rumänischen Institut in Berlin sowie in der Hansestadt Hamburg während der Europatage-Veranstaltung, 2003 in Dortmund und Düsseldorf, im Bukowina-Institut in Augsburg und bei der Alexandru-Ion-Cuza-Gesellschaft in Heidelberg, 2008 dann in Paris und in Brüssel.

Zahlreiche Experten für kommunistische Studien arbeiten in Sighet mit, so Wladimir Bukowskij, russischer Dissident, Historiker und Schriftsteller, Stephane Courtois, der Autor des „Schwarzbuch des Kommunismus", englische und amerikanische Historiker wie Nicolas Werth, Thierry Wolton, Marc Percival und Dennis Deletant sowie die deutschen Historiker Helmut Müller-Enbergs und Ulrich Burger. Das Memorial wurde von der Konrad-Adenauer-, der Hanns-Seidel- und der Friedrich-Ebert-Stiftung unterstützt.

[41] SAURER, ANDREAS, „Das Leid und die Würde", in: Neue Zürcher Zeitung, 24. April 2006.

„Wir wissen, dass ihr es wisst, aber wir möchten, dass ihr wisst, dass auch wir es wissen", lautete ein Sprichwort aus der Zeit des Sozialismus, wenn die Menschen vom System und den Geheimdienstmitarbeitern betrogen wurden. „Was wissen rumänische Schüler über Kommunismus, Diktatur und Freiheit?" – lautete zum Beispiel 2004 das Thema der VII. Sommerschule.[42] Lebensberichte kommunistischer Widerständler, die von den Schülern diskutiert wurden, standen im Mittelpunkt. Historiker – Seweryn Blumsztajn aus Krakau, Maria Brătianu aus Paris, der Schriftsteller Vitalie Ciobanu aus der Republik Moldawien, Dennis Deletant und Marc Percival, Marius Oprea und Ulrich Burger sprachen zu Themen über Kommunismus, Menschenrechte, Freiheit, Usurpation. Gäste wie der deutsche Botschafter in Bukarest, Wilfried Gruber, der Philosoph Gabriel Liiceanu, Armand Gosu, Vladimir Bukowski u. a. hielten Vorträge vor den Schülern. Weitere Themen waren „Woher kommt der Extremismus?" (2000), „Wie sehe ich meine Familie?" (2001), „Die Verurteilung des Kommunismus" (2008), „Die Bauern und der Kommunismus" (2009) usw.

Mit diesem dritten Pfeiler ihrer Erinnerungsarbeit trägt die Dichterin Blandiana weiter zur Aufarbeitung der kommunistischen Vergangenheit ihres Landes bei - neben den Gedichten, ihren Kolumnen in Literaturzeitschriften sowie dem Antitagebuch, das sie in nächster Zeit veröffentlichen wird. Sie wurde zur Dissidentin unter der Diktatur und zur Außenseiterin als politisch Engagierte nach der Wende. Sie war ein Teil des moralischen Gewissens der Rumänen. Ihre Stimme, obwohl während dreier Publikationsverbote verstummt, erklang klar vernehmbar und nachhaltig im anschwellenden Chor der Kritiker und Mahner ihres Volkes. Sie erhob sich zur Zeugin ihrer Zeit und somit zur Mitbegründerin einer neuen Gesellschaft in Rumänien.

[42] Siehe die Buchreihen *Şcoala Memoriei. Analele Sighet*, Bukarest: Fundaţia Academia Civică, Bde. 1-10.

Literaturverzeichnis

Primärliteratur

BLANDIANA, ANA: *Persoana întâia plural*, Bucureşti: Ed. pentru Literatură 1964.
– *Călcîiul vulnerabil*, Bucureşti: Ed. pentru Literatură 1966.
– *A treia taină*, Bucureşti: Ed. pentru Literatură 1969.
– *Octombrie, noiembrie, decembrie*, Bucureşti: Cartea Românească 1972.
– *Somnul din Somn*, Bucureşti: Cartea Românească 1977.
– *Intâmplări din grădina mea*, Bucureşti: Ion Creangă 1980.
– *Ochiul de greier*, Bucureşti: Albatros 1981.
– *Proiecte de trecut*, Bucureşti: Cartea Românească 1982.
– *Alte întâmplări din grădina mea*, Bucureşti: Ion Creangă 1983
– *Intâmplări de pe strada mea*, Bucureşti: Ion Creanga 1988.
– *Kopie eines Alptraums*, Erzählungen, übersetzt von Veronika Riedel, Berlin: Spektrum Verlag 1988; Göttingen: Steidl Verlag 1990, 1993; Frankfurt am Main: Fischer Tachenbuch Verlag 1996.
– *Poezii*, mit einem Vorwort von Eugen Simion und einer biobliografischen Anmerkung von Elena Murgu, Bucureşti: BPT Minerva 1989.
– *Sertarul cu aplauze*, Bucureşti: Tinerama 1992.
– *Die Applausmaschine*, Roman, übersetzt von Ernest Wichner, Göttingen: Steidl Verlag 1993.
– *EngelErnte*, zweischprachige Ausgabe, Übersetzungen aus dem Rumänischen von Franz Hodjak, mit einem Nachwort von Peter Motzan, Zürich: Amman Verlag 1994.
– *La cules îngeri*, Bucureşti/Chişinău: Litera & David 1997.
– *Cine sînt eu? Un sfert de secol de întrebări*, Cluj-Napoca: Dacia 2001.
– *Refluxul sensurilor*, Bucureşti: Humanitas 2004.
– *Poeme 1964-2004*, Bucureşti: Humanitas 2004.
– *Spaima de literatură*, Bucureşti: Humanitas 2004.
– *Un arhangel murdar de funingine* (Audiobook), Societatea Română de Radiodifuziune 2004.
– „Kann man Erinnerung lernen?“ in: *Politik und Zeitgeschichte*, ApuZ 27/2006, 3. Juli 2006, Beilage zur Wochenzeitung *Das Parlament*, übersetzt aus dem Französischen von Doris Tempfer-Naar, S. 28-32.
– *A fi sau a privi*, Bucureşti: Humanitas 2008.
– *Timpul scrie pe trupul meu versuri*, (Audiobook) Bucureşti: Humanitas 2008.
– *Sertarul cu aplauze*, Bucureşti: Humanitas 2008.
– "Originalitate" (Debüt), in „Tribuna“, Cluj, III/10 (109) v. 7.03.1959, S. 5.
– www.anablandiana.com

Sekundärliteratur

BOLDEA, IULIAN: *Ana Blandiana. Monografie, antologie comentată, receptare critică*, Bucureşti: Aula 2000.
BRAUNGART, WOLFGANG: „Irgendwie dazwischen", In UTE FREVERT/WOLFGANG BRAUNGART (Hgg.), *Sprachen des Politischen*, Göttingen: Wandenhoeck und Ruprecht, 2004.
POP, ION: *Poezia unei generaţii*, Cluj: Dacia 1973.
RUSAN, ROMULUS (Hg.): *Analele Sighet*, Bucureşti: Fundaţia Academia Civică, Bde. 1-10.
SCHLESAK, DIETER: *Gefährliche Serpentinen*, mit einem Nachwort von Dieter Schlesak, ausgestattet mit Zeichnungen von Pomona Zipser, Berlin: Edition Druckhaus Galrev 1998.
SIMION, EUGEN: Vorwort zu ANA BLANDIANA, *Poezii*, Bucureşti: BPT Minerva 1989.
STEINHARDT, NICOLAE: „Microportret Ana Blandiana", in *Drumul către Isihie*, Cluj: Dacia 2002.

In Periodika

BOHLEN, CELESTINE: „Showcase for Bucharests Dissidents", in: *New York Times* v. 1.2.1990.
CHIPER, TITA: „Memorie şi mărturisire" [Gedächtnis und Zeugenausssage], Interview mit Ana Blandiana und Romulus Rusan in der Zeitung *Dilema* IX/ Nr. 442, 17.-23. August 2001, S. 20.
DÖBLER, KATHARINA: „Auch Vögel machen ein Land aus", in: *Neue Zürcher Zeitung* v. 1.7.1995.
HEFTHY, GEORG PAUL: „Mit viel Phantasie", in: *Frankfurter Allgemeine Zeitung* v. 22.12.1991.
HEINEMANN, ELKE: „Ein Buch fürs Volk", in: *Die Zeit* v. 25.3.1994.
IORGULESCU, MIRCEA: „Nimeni nu ne obligă să scriem, cînd o facem, o facem întotdeauna pe propria noastră răspundere" [„Niemand zwingt uns zu schreiben, wenn wir es tun, dann tun wir es immer auf eigene Rechnung"], Interview mit Ana Blandiana in *România literară* XVI/10 v. 10.03. 1983, S. 4-5.
IVAŞCU, GEORGE: „Jurnal literar" in: *Contemporanul*, 23 (921), v. 5.06.1964, S. 3.
KNOTT, MARIE: „Ein pflanzliches Volk", in: *Frankfurter Allgemeine Zeitung* v. 30.3.1993.
KRUMBHOLZ, ECKHARDT: „Faule Komplizen. Ana misstraut Applaus", in: *Frankfurter Allgemeine Zeitung* v. 7.12.1993.
MANOLESCU, NICOLAE: „„Portret cu cireşe la urechi"", in: *România literară*,

XIV/30, v. 23.07.1981, S. 9.

OVERATH, ANGELIKA: „Engel können nicht verbrennen“, in: *Neue Zürcher Zeitung* v. 16.4.2000.

SAURER, ANDREAS: „Das Leid und die Würde“, in: Neue Zürcher Zeitung, 24. April 2006.

SĂLIŞTE, ANA: „Es ist viel schwieriger frei zu sein als unfrei“. Gespräch mit der Lyrikerin Ana Blandiana. In: *Deutsche Allgemeine Zeitung für Rumänien* (Bukarest), 23.12.2009, 17 Jg., Nr. 4294, *Banater Zeitung. Wochenblatt für Temesch, Arad und das Banater Bergland*, 17. Jg. Nr. 835, S. III.

STÖLTING, ERHARD, „Nun gibt es Mitschuld“. Ein Interview mit der rumänischen Dichterin Ana Blandiana, in: *die tageszeitung* vom 13.9.1991.

HEIDI FLAGNER

Was von der Revolution bleibt oder die rekonstruierte Geschichte[1] Erinnerung und kollektives Gedächtnis in Corneliu Porumboius Spielfilm *A fost sau n-a fost?*

Vorbemerkungen

Die künstlerische Auseinandersetzung Rumäniens mit der eigenen unmittelbaren Vergangenheit hat ihren Niederschlag auch im einheimischen Kino gefunden. Vereinfachend könnte man behaupten, dass das rumänische Kino der Nachwendezeit (auch „postrevolutionäres" oder „postkommunistisches Kino" genannt) aus dem Bedürfnis heraus entstand, das (persönliche und künstlerische) Trauma der Vergangenheit in einen fiktionalen Rahmen zu fassen und es auf diese Weise zu bewältigen. Diese Tendenz führte jedoch eher zu thematischer Rekurrenz und ästhetischer Stagnation des rumänischen Nachwendefilms als zu seiner Weiterentwicklung.

Nach dem Jahr 2000 etablierte sich jedoch in der rumänischen Filmlandschaft eine neue Generation junger Regisseure, die, auch wenn sie nicht gezielt ein ästhetisches Konzept transponieren, sich durchaus zu einer Gruppe zusammenfassen lassen, es wird sogar von einer „Neue Welle" im rumänischen Kino gesprochen. Zwar sind die behandelten Themen mitunter denen des postrevolutionären Kinos vergleichbar und gehen in die unmittelbare Vergangenheit zurück, allerdings konnten die Vertreter der *Neuen Welle* zu einer neuen Ästhetik finden.

Die Themenkomplexe Vergangenheit, Erinnerung und Geschichte

---

[1] Die Titelwahl erfolgte in Anlehnung an den Titel von Heiko Fritz' Aufsatz: *Was von der DDR bleibt oder Die produzierte Geschichte mit einem Blick auf das Filmwerk von Kristoff Kieslowski* (Oldenburg: Igel Verlag, Reihe Literatur und Medienwissenschaften 95, 2004), der vorliegende Aufsatz übernimmt jedoch keine inhaltlichen Aspekte dieser Arbeit.

nehmen auch im Kino der *Neuen Welle* eine zentrale Stellung ein: so auch in Corneliu Porumboius 2006 entstandenem Film *A fost sau n-a fost?*[2] in dessen Mittelpunkt – bei einer oberflächlichen Lektüre – die Revolution zu stehen scheint.

Für ein besseres Verständnis sollen im Folgenden die wesentlichen historischen Hintergrundinformationen skizziert werden. Während man in Deutschland von einer friedlichen Revolution spricht, in der Tschechoslowakei von einer „samtenen", in der Ukraine von einer „orangenen" Revolution, war die Revolution in Rumänien eine blutige. Die Diktatur wurde innerhalb nur weniger Tage gestürzt. Ab dem 20. Dezember 1989 weiteten sich die in Temeswar entstandenen Unruhen auf andere Städte[3] aus, es kam zu Demonstrationen, die größtenteils blutig niedergeschlagen wurden. Am 22. Dezember wurde das Zentralkomitee der KP in Bukarest gestürmt und das Diktatorenehepaar Nicolae und Elena Ceauşescu floh per Hub-schrauber vom Dach des Zentralkomitees. Die Revolution schien vollbracht und wurde durch die Besetzung des Fernsehgebäudes, eines wesentlichen Machtausübungsinstruments des Ceauşescu-Regimes, besiegelt. In den Folgejahren dominierten im öffentlich-medialen Diskurs Themen, die der Forderung nach der Aufdeckung der wahren Hintergründe der Revolutionsereignisse Ausdruck ver-liehen. Noch heute gibt die Revolution Anlass zu Hypothesenbildungen und lässt Fragen offen – ein Umstand, der den Umgang mit der Vergangenheit erschwert und den Weg für Mythenbildungen und Heldenrollen ebnet.

"A fost sau n-a fost?" – Synopsis

Die Handlung des Films spielt am 22. Dezember 2005 in einer Kleinstadt (deren Namen uns offensichtlich verschwiegen werden

[2] *A fost sau n-a fost* (2006; Der Titel des Films wurde ins Deutsche *12:08 östlich von Bukarest* und ins Englische *12:08 – East of Bucharest* übersetzt). Regie: Corneliu Porumboiu. Mit: Teodor Corban, Mircea Andreescu, Ion Săpdaru.

[3] Demonstrationen fanden hauptsächlich in Temeswar (Timişoara), dann unter anderem auch in Klausenburg (Cluj-Napoca), Kronstadt (Braşov) und Bukarest statt, jedoch nicht in allen Städten.

soll[4]), in der der Besitzer des privaten lokalen Senders zu einer Studiodiskussion, einer „Talkshow“, geladen hat, deren Thema an diesem geschichtsträchtigen Tag die Revolution sein soll. Genauer soll es um die Frage gehen, ob auch in Vaslui eine Revolution stattgefunden hat oder nicht. Schon bei den Talkshow-Gästen steht er vor einem Problem: Einzig zugesagt haben Tiberiu Mănescu, ein dem Alkohol verfallener Geschichtslehrer, und Emanoil Piscoci, ein skurriler, in der Stadt als bester Weihnachtsmann-Darsteller bekannter Rentner. Die Diskussion dient einzig und allein der Klärung der Frage, ob es in der Stadt eine Revolution gab oder nicht. Diese wird an der genauen Uhrzeit: 12:08 Uhr festgemacht und hätte folglich in Vaslui nur dann stattgefunden, wenn vor 12:08, also vor Ceauşescus Flucht vom Dach des Zentralkomitees in Bukarest, Bürger auf dem Rathausplatz in Vaslui demonstriert hätten – andernfalls nicht, da nach dieser Uhrzeit die Revolution als vollendet und besiegelt galt. Mănescu gibt sich als Revolutionär aus, der mit seiner Truppe die Revolution in Vaslui schon vor 12.08 initiiert hätte. Doch schon die erste Anruferin bringt Mănescu in Verlegenheit, indem sie behauptet, kein Mensch sei vor der besagten Uhrzeit auf dem Rathausplatz gewesen. Da Mănescu an seiner Version festhält, beginnt eine Rekonstruktion der Ereignisse, woran sich auch weitere Stadtbewohner telefonisch beteiligen. Das geplante kohärente Vergangenheitsbild kommt jedoch nicht zustande.

Der Film eröffnet, über seine buchstäbliche Lektüre hinaus, auch erinnerungstheoretische und medienkritische Deutungsmöglichkeiten. Dementsprechend verfolgt der vorliegende Beitrag eine doppelte Zielsetzung: Zum einen soll der Film unter dem Blickwinkel der kulturwissenschaftlich orientierten Gedächtnistheorie vor dem Hintergrund des Modells der *memoire collective*[5] – so wie es von Maurice Halbwachs 1925 entworfen und von Jan und Aleida Assmann Ende der 1980er (vgl. Assmann 1988, Assmann 2000) Jahre weiterentwickelt wurde – als eine Auseinandersetzung mit den Themenkomplexen Erinnerung, Gedächtnis und Geschichte betrachtet werden. Zum

---

[4] Es handelt sich um Vaslui, die Heimatstadt des Regisseurs Corneliu Porumboiu.
[5] Halbwachs: *Das Gedächtnis und seine sozialen Bedingungen*, S. 8.

anderen sollen Status und Funktion des „Erinnerungsfilms“ *A fost sau n-a fost?* in der aktuellen rumänischen Filmlandschaft verortet und hinterfragt werden.

„Das Gedächtnis lässt die Vergangenheit nicht wiederaufleben, sondern es rekonstruiert sie“[6]

Die Kernthese der Gedächtnistheorie bei Maurice Halbwachs ist die soziale Bedingtheit der Erinnerung.[7] Träger kollektiver Erinnerungen sind immer Individuen, das kollektive Gedächtnis und das individuelle Gedächtnis sind stark miteinander verflochten. Jede Erinnerung besteht in der Interaktion mit anderen, der Einzelne erinnert sich Halbwachs zufolge stets als Mitglied einer Gruppe. Der soziale Rahmen beeinflusst nicht nur die Wahrnehmung und Deutung der vergangenen Ereignisse, sondern ist auch eine unabdingbare Voraussetzung des Zugriffs auf Vergangenes.[8] Das kollektive Gedächtnis prägt das individuelle Gedächtnis nicht total, vielmehr stellt es einen vom Individuum handhabbaren Modus der Rekonstruktion von ‚gelebter' Vergangenheit dar, wobei diese Rekonstruktion sich an aktuellen Notwendigkeiten orientiert. Da Erinnerungen kommunikativ weitergegeben werden, sind Erinnerung und Kommunikation stark miteinander verbunden. Erinnerungen stehen somit auch – um mit Echterhoff/ Saar (2002: 18) zu sprechen „in einem Raum der virtuellen Adressaten“. Halbwachs unterscheidet zwischen zwei Gedächtnisformen: der inneren, persönlichen oder autobiographischen und der externen sozialen oder historischen, die mit dem kollektiven Gedächtnis identisch ist. Das soziale Gedächtnis betrachtet Halbwachs als getrennt von der Geschichte, da dieses eine andere Art von Geschichte wahrnimmt, eine kontinuierliche, „lebendige Geschichte“, wohingegen die

---

[6] HALBWACHS: *Das Gedächtnis und seine sozialen Bedingungen*, S. 8.

[7] In seiner ersten Abhandlung *Les cadres sociaux de la memoire* (1925) liegt der Akzent auf dem kollektiven Rahmen des individuellen Erinnerns, in *La memoire collective* (1950) geht Halbwachs auf den Prozess der Interaktion zwischen individuellem und kollektivem Gedächtnis ein.

[8] Vgl. HALBWACHS 1967 [1950], 3.

Bestehen einer Gruppe lebendig bleibt, ist ihre schriftliche Fixierung nicht nötig. Erst wenn das kollektive Gedächtnis zu erlöschen droht, setzt Geschichte ein.

In *A fost sau n-a fost?* geht es nicht um die Revolution als historisches Ereignis, wie es eine oberflächliche Lektüre nahe legen könnte, sondern um die Art und Weise, wie ein Ereignis aus der Vergangenheit von den Zeitgenossen zu einem späteren Zeitpunkt gesehen und ausgelegt wird, es handelt sich um die Frage, wie Geschichte entsteht.[10]

Der Film beginnt mit Ausschnitten aus dem Leben der drei Protagonisten, die im ersten Teil des Films als Personen mit voneinander gänzlich getrennten Schicksalen dargestellt werden. Im zweiten Teil werden sie in einem Fernsehstudio an einen schmalen Tisch gesetzt und physisch zu einer „Gruppe" gefügt (s. Abb. 1), die im Halbwachs'schen Sinne als „Erinnerungsgemeinschaft" dienen soll. Dieser soziale Rahmen ist jedoch instabil, ständig droht einer seiner Teilnehmer ihm zu entgleiten, was technisch von der wackeligen Kameraführung und der Kadrierung betont wird: Oft fällt einer der seitlich sitzenden Teilnehmer (Piscoci oder Mănescu) buchstäblich aus dem Rahmen (s. Abb. 2) und/oder die Kamera fokusiert auf die jeweils sprechende Person ohne Berücksichtigung der Mitredenden.

Es gilt nun, aus der gegenwärtigen Situation heraus mittels des gegenseitigen Erzählens von individuellen Erinnerungen zu bestimmen, ob ein vergangenes Ereignis stattgefunden hat oder nicht. Jeder ist – als Mitglied einer Gruppe – dazu geeignet, sich und die anderen aus

---

[9] Halbwachs 1967, 37.

[10] Corneliu Porumboiu führt erklärend aus: „Am tematizat subiectul astfel încât să arăt cum se raportează nişte oameni la istorie. Sunt trei personaje care încearcă să afle ceva din trecut. [...] Pe mine m-au atras foarte mult la acest subiect jocul memoriei, modul în care fiecare om personalizează istoria şi adevărurile fiecăruia." (Porumboiu 2006, 167 – „Ich habe das Sujet so dargestellt, dass ich zeigen kann, wie Leute sich auf Geschichte beziehen. Es geht um drei Gestalten, die etwas über ihre Vergangenheit erfahren wollen. Was mich an diesem Sujet anspricht, ist das Spiel mit der Erinnerung und die Art und Weise, wie jeder Mensch Geschichte und die Wahrheiten eines jeden personalisiert").

Abb. 1

Abb. 2

ob ein vergangenes Ereignis stattgefunden hat oder nicht. Jeder ist – als Mitglied einer Gruppe – dazu geeignet, sich und die anderen aus der gegenwärtigen Lage heraus an die vergangenen Ereignisse zu erinnern und diese zu deuten, wobei die Bemühungen der Protagonisten, die Ereignisse um die Revolution den gegenwärtigen Erwartungen der Gesellschaft „anzupassen“, nicht zu übersehen sind. „Das Gedächtnis lässt die Vergangenheit nicht wiederaufleben, sondern es rekonstruiert sie“ schreibt Halbwachs,[11] Erinnerungen sind demnach keine Abbilder der Vergangenheit, sondern Versionen von Vergangenheit, die aus den gegenwärtigen Erfordernissen heraus entstehen.[12] „Verschränkt mit den Rahmen, innerhalb derer sie ins Gedächtnis gerufen werden, tragen sie die Spuren der Zwecke und Kontexte ihrer Rekonstruktion. Damit sind aber die Gedächtnisinhalte nicht ‚gegeben' und als solche abrufbar, sondern unterliegen den Erfordernissen, die sich aus einer ‚Passung' in die gegenwärtigen Rahmen ergeben.“ [13] Mănescus Version der Ereignisse, in der er auf eine Selbststilisierung zum Helden hofft, wird schon von der ersten Anruferin ins Wanken gebracht, die Zweifel über den Wahrheitsgehalt seiner Erzählung aufkommen lässt. Dies leitet einen Prozess der Wahrheitsfindung in die Wege, der auf einer stellenweise detektivisch anmutenden Rekonstruktion beruht: Mit Bleistift und Papier notieren sich die Teilnehmer akribisch Uhrzeiten, sie versuchen Wegbeschreibungen und Handlungen anhand bestimmter Fixpunkte auf der Abbildung des Rathausplatzes (die der Sendung als Dekor im Hintergrund dient – s. Abb. 1) nachzuzeichnen. Die genaue Uhrzeit [14] (12:08) erwirbt im Laufe des Films eine leitmotivische Dominanz. Räumliche und zeitliche Bezugspunkte sind wichtige Elemente in der Halbwachs'schen

---

[11] Halbwachs 1985, 8.

[12] Halbwachs' Konzept von Vergangenheit als „soziale Konstruktion, deren Beschaffenheit sich aus den Sinnbedürfnissen und den Bezugsrahmen der jeweiligen Gegenwarten her ergibt“ (Assmann in Echterhoff/ Saar 2002, 9) wird von Assmann aufgriffen und als fruchtbarer Impuls für die aktuelle kulturwissenschaftliche Auseinandersetzung mit Erinnerung herausgearbeitet.

[13] Assmann 1992, 48.

[14] Der Titel des Films wurde ins Deutsche *12.08 östlich von Bukarest* und ins Englische *12.08 – East of Bucharest* übersetzt.

Gedächtnistheorie; Erinnerung konkretisiert sich laut Halbwachs an real existierenden Orten, da diese überdauernd und stabil sind. „So gibt es kein kollektives Gedächtnis, das sich nicht innerhalb eines räumlichen Rahmens bewegt. Der Raum indessen ist eine Realität, die andauert".[15] Dennoch erweist sich in dieser Situation der konkrete Anhaltspunkt, die Uhrzeit, als unzuverlässig: Die Rathausuhr ging nach.

Das gemeinsame Erinnern dient Halbwachs zufolge nicht nur der Auslegung und Wertung der Vergangenheit, sondern hat auch eine gemeinschaftskonstituierende Funktion. „Die Praxis des gemeinsamen Erinnerns [...] bildet den Ausgangspunkt der Entstehung einer Kollektividentität."[16] Jede Gruppe verfügt über vergangene Ereignisse, die sie als solche konstituieren und legitimieren; durch ihr gemeinsames Vergegenwärtigen soll verhindert werden, dass diese in Vergessenheit geraten. Im Kontext einer postrevolutionären oder Nachwende-Identitätskrise[17], in diesen Zeiten des sozialen Umbruchs in Rumänien, soll einem Identitäts- und Werteverlust entgegengewirkt werden, indem man auf historische und politische Mythen der nationalen (und regionalen) Geschichte zurückgreift – oder in Ermangelung solcher, versucht, die Ereignisse der Vergangenheit in Mythen zu verwandeln. Die Revolution in Rumänien könnte – weit gefasst – als Gründungsmythos einer neuen Ordnung gesehen werden und als ein „Fixpunkt" des kommunikativen und kulturellen Gedächtnisses im Assmann'schen Sinne. Für Mănescu wird die Revolution zum persönlichen Mythos, zu seinem eigenen glorreichen Moment; eine Revolution in der Stadt und

[15] Halbwachs 1967, 142.

[16] Neumann 2005, 159.

[17] Das Bild des gegenwärtigen Rumäniens ist von Widersprüchen geprägt, man hat es mit einer Gesellschaft zu tun, die nach Orientierungspunkten in einer Welt mit sich ständig wechselnden Bedingungen sucht. Der jahrzehntelang vorgetäuschte Versuch, eine homogene, gleichgestellte (sozialistische) Gesellschaft herzustellen, enttarnte sich schließlich über Nacht angesichts ihrer Heterogenität als Lüge und prägte die gesellschaftlichen Strukturen. Es wurde und wird immer noch von einer Identitätskrise im postkommunistischen Rumänien gesprochen, die sich im gesellschaftlichen und kulturellen Leben auswirkt (s. dazu auch Grancea 2002, 200ff).

Abb. 3

Abb. 4

seine Teilnahme daran würden ihn, den gescheiterten Geschichtslehrer und verschuldeten Trinker, sozial und persönlich rehabilitieren.

Die widersprüchlichen Aussagen und gescheiterten Rekonstruktionsversuche lassen jedoch – entgegen der geplanten Absicht – kein kohärentes Bild der vergangenen Ereignisse entstehen. Die gesamte Studiodiskussion droht zur Farce zu werden, was zu einer Hinterfragung der Revolution als solcher führt. Ihre Verankerung in der Realität wird kurz vor Abschluss der Sendung wiederhergestellt, als eine der Anruferinnen ihren bei der Revolution ums Leben gekommenen Sohn erwähnt.

Der Film endet mit dem Bild des leeren Rathausplatzes und verweist somit wieder auf die Verbindung von Erinnerung und Raum an. Der Rathausplatz als „Erinnerungsort" fungiert hier als eine Art „künstlicher Platzhalter für das nicht mehr vorhandene, natürliche kollektive Gedächtnis" (Erll 2005, 23), das an die Existenz der Gruppe gebunden ist und sich mit dem Auflösen der Gruppe selbst auflöst (s. Abb. 3 und Abb. 4).

„A fost sau n-a fost?" – ein selbstreflexiver Erinnerungsfilm

Das Potential einer doppelten Lektüre von *A fost sau n-a fost?*, einer buchstäblichen und einer selbstreflexiven, legt seine spezifische Positionierung innerhalb der rumänischen Filmlandschaft der Nachwendezeit nahe und konstituiert seinen Status als selbstreflexiven Erinnerungsfilm. Diese Charakterisierung setzt eine Diskussion um eine definitorische Eingrenzung des sogenannten „Erinnerungsfilms" voraus.

Das Genre des „Erinnerungsfilms" existiert als solches nicht, kein Film ist ein Erinnerungsfilm an sich, sondern wird es erst in einem sozialen und medienkulturellen Kontext – durch sein Potential, Bilder einer Gesellschaft und ihrer Werte zu einem bestimmten Zeitpunkt zu kreieren und in das kinematographische Gedächtnis des Zuschauers einfließen zu lassen. Eine Filmanalyse aus erinnerungskulturwissenschaftlicher Perspektive, die Status und Funktion eines Films als Erinnerungsfilm untersuchen will, muss einen doppelten Ansatz berücksichtigen: die „klassische“ filmimmanente Analyse (das sogenannte *close reading*) *und* eine filmtranszendierende, die über „die tatsächliche Wirkung des Films in konkreten Erinnerungskulturen“ Aufschluss geben soll.[18] Letztere ergibt sich allgemein aus der Rezeptionsforschung sowie auch aus der Analyse „sozialsystemischer Faktoren“[19], wie der Verleihung von Preisen, Kritik und Deutung, öffentlicher Diskussionen, von Marketingstrategien, Filmwerbung u.a.

Es wird ersichtlich, dass die filmimmanenten Beschreibungsparameter sich kaum festhalten lassen, da die Auffassungen über den inhaltlichen Bestand eines Erinnerungsfilms unterschiedlich ausfallen. Im allgemeinen Verständnis soll sich ein Erinnerungsfilm inhaltlich in der Vergangenheit positionieren und Geschichte vermitteln; die zentrale Stellung des historischen Ereignisses und der historische Quellenwert von Erinnerungsfilmen sind jedoch umstrittene Aspekte.[20] Erll und Wodianka[21] gehen davon aus, dass „nicht der Gegenstand des im Film Erinnerten, sondern das durch den Film, ‚um den Film herum‘ Erinnerte seinen Status als Erinnerungsfilm ausmacht“, eine Schwerpunktsetzung, die weitaus tragfähiger erscheint.

A fost sau n-a fost? hat keine dokumentarische Funktion (im Sinne eines historischen Films) in Bezug auf die Revolution, er bietet bewusst keinen Spiegel der Revolution als historisches Ereignis. Auf die bloße Rolle der Revolution als Handlungsauslöser des Filmgeschehens weist u.a. schon der Titel des Films hin.[22] *A fost sau n-a fost?* gibt stattdessen ein Bild von der Art und Weise, wie dieses Ereignis von den Zeitgenossen zu einem späteren Moment gesehen und ausgelegt wird und hat zugleich Aussagewert über die

---

[18] Erll & Wodianka 2008, 6.

[19] Ebd.

[20] Vgl. Vondereau 1999, 9ff, Zemon Davis 1991, 37ff.

[21] Erll & Wodianka 2008, 8.

[22] Relevant hier auch die Vorgeschichte der Betitelung des Films: Der erste Titelvorschlag lautete „A fost sau n-a fost revoluţie în oraşul nostru?”, der zweite “A fost sau n-a fost revoluţie?”, der dritte und endgültige Titel „A fost sau n-a fost?” (s. Porumboiu 2006, 165ff).

rumänische Gesellschaft zu einem bestimmten Zeitpunkt (15 Jahre nach der Revolution, dem vermeintlichen zentralen Ereignis). Somit könnte *A fost sau n-a fost?* zu einem späteren Zeitpunkt, retrospektiv, zu einem „Erinnerungsfilm“ werden, jedoch nicht über das auf der augenfälligen Ebene thematisierte Ereignis (die Revolution), sondern über die Gesellschaft Rumäniens zu dem Zeitpunkt der Entstehung des Films bzw. der dargestellten Talkshow.

Seinen Erfolg[23] hat der Film seinen beiden Lesarten zu verdanken, die ihm den Zugang zu unterschiedlichen Rezipientenkreisen und somit zu einem breiteren Publikum ermöglichen, aber auch den soziokulturellen und medialen Koordinaten seiner Entstehungszeit. *A fost sau n-a fost?* ist entstanden zu einer Zeit, in der die Zuschauer schon längst übersättigt waren von den immer wiederkehrenden Sujets – wie die Revolution und ihre Helden, *Securitate*-Agenten, die Enttäuschung über die politische und wirtschaftliche Stagnation und die sozialen Missstände – die sowohl inhaltlich als auch filmtechnisch eine barocke Opulenz aufwiesen. Vergleichsweise minimalistisch bot der Film seinem Publikum und seinen Kritikern eine willkommene Abwechslung. In seiner thematischen und ästhetischen Abgrenzung vom postrevolutionären Film bricht er bewusst mit der „Tradition“ des Nachwendefilms. Paradoxerweise bietet *A fost sau n-a fost?* eine filmische Aktualisierung des Mythos der Revolution, indem Porumboiu diesen Mythos dekonstruiert und dabei mit der vorhergehenden filmischen Darstellung dieses Ereignisses bricht. Dem Zuschauer werden weder Heldenbilder geboten, noch wird den Protagonisten gestattet, sich als solche darzustellen.[24] Zudem spielt

[23] *A fost sau n-a fost* erschien 2006 und erhielt in demselben Jahr im Inland drei Preise bei dem TIFF-Festival 2006 und zwei *Gopo*-Preise sowie auch die *Camera d'Or* für den besten Erstlingsfilm, und den Preis *Label Europe Cinema* bei den Filmfestspielen von Cannes und *Den Goldenen Schwan* des Kopenhagener Filmfestivals.

[24] Diese Dimension kommt auch durch den Einsatz wenig bekannter Schauspieler zum Tragen (es sind Schauspieler, die im Theater in der Provinz und selten in Bukarest arbeiten, für den Darsteller des Journalisten (Teodor Corban) und den des Lehrers (Ion Săpdaru) war es sogar die erste Langfilm-Erfahrung (s. PORUMBOIU 2006, 165ff).

die Handlung nicht mehr – wie bisher – an den gewohnten überstrapazierten Erinnerungsorten der Hauptstadt, sondern in den Plattenbauten einer anonymen Provinzstadt.

Ferner misst Porumboiu dem Interaktionsverhältnis zwischen Film und Zuschauer eine größere Bedeutung bei, indem er eine doppelte situative Einbettung des Zuschauers ermöglicht: Der Zuschauer sieht einen Spielfilm und eine Talkshow zugleich. Bis zu einem gewissen Moment ist die Talkshow für den Zuschauer Film- und Fernseherlebnis zugleich, zeitentbundene Fiktion und Darstellung der Jetzt-Situation (Echt-Zeit) mit Wahrheitsanspruch. Ab einem gewissen Moment verschwindet die Abgrenzung zwischen Film und Talkshow bzw. die Darstellung der Talkshow als Teil eines fiktionalen Geschehens, indem sich die Rahmen – die Kadrierung der Talkshow mit dem Rahmen des Fernsehers – filmtechnisch überlappen (s. Abb. 5 und 6). Ab diesem Moment verwandelt sich die Beobachterposition des Zuschauers in eine Teilnehmerposition. Der Zuschauer soll sich sowohl als (aktiver) Teilnehmer an einem historischen Ereignis wiedererkennen, als auch als (passiver) Konsument der Medialisierung eben dieses Ereignisses.

Selbstreflexiv ist der Film auch hinsichtlich seines filmtechnischen Minimalismus. Der Film lotet seinen dispositiven Charakter bewusst nicht aus bzw. inszeniert das Geschehen nicht anhand des genuin filmischen Mittels, des Bildes. *A fost sau n-a fost?* vermittelt von seinem vermeintlichen historischen Gegenstand keine Bilder – eben dadurch wird er zum selbstreflexiven Film und fordert zur Reflexion über die mediale Repräsentation und Vermittlung von Geschichte auf.

Mit *A fost sau n-a fost?* ist Corneliu Porumboiu ein Erinnerungsfilm der besonderen Art gelungen. Dem Kinogänger steht es frei, ob er in ihm die heitere Persiflage eines Revolutionsfilms sehen will, oder ob er sich zum Nachdenken über die mediale Darstellung historischer Ereignisse anregen lässt.

Abb. 5

Abb. 6

Literaturverzeichnis

ASSMANN, JAN: „Kollektives Gedächtnis und kulturelle Identität", in: Assmann, Jan & Hölscher, Tonio (Hg.): *Kultur und Gedächtnis*, Frankfurt am Main: Suhrkamp 1988, S. 9-19.

– *Das kulturelle Gedächtnis. Schrift, Erinnerung und politische Identität in frühen Hochkulturen*. München: Beck 1992.

ECHTERHOFF, GERALD & SAAR, MARTIN: „Das Paradigma des kollektiven Gedächtnisses. Maurice Halbwachs und die Folgen. Einleitung", in: ECHTERHOFF, GERALD & SAAR, MARTIN (Hg): *Kontexte und Kulturen des Erinnerns. Maurice Halbwachs und das Paradigma des kollektiven Gedächtnisses*. Konstanz: Universitätsverlag Konstanz 2002, S. 13-35.

ERLL, ASTRID: *Kollektives Gedächtnis und Erinnerungskulturen. Eine Einführung*. Stuttgart: Metzler 2005.

ERLL, ASTRID & WODIANKA, STEPHANIE: *Film und kulturelle Erinnerung. Plurimediale Konstellationen*. Berlin, NY: de Gruyter 2008.

– „Phänomenologie und Methodologie des Erinnerungsfilms. Einleitung", in: ERLL, ASTRID & WODIANKA, STEPHANIE 2008, S. 1-21.

ERLL, ASTRID & GYMNICH, MARION & NÜNNING, ANSGAR (Hg.): *Literatur – Erinnerung Identität. Theoriekonzeptionen und Fallstudien*. Trier: WVT 2003.

FULGER, MIHAI: "*Noul val" în cinematografia românească*, Bucureşti: Grup Editorial Art 2006.

GRANCEA, MIHAELA: „Ethnokulturelle Stereotype in der rumänischen Geschichtsschreibung der Nachwendezeit", in: *Journal for Transylvanian Studies* (Zeitschrift für Siebenbürgische Landeskunde) 2/2002, S. 199-208, www.ceeol.com.

HALBWACHS, MAURICE: *Das Gedächtnis und seine sozialen Bedingungen*. Frankfurt am Main: Suhrkamp, 1985 [*Les cadres sociaux de la memoire*. Paris: Presses Universitaires des France, 1925].

– *Das kollektive Gedächtnis*. Stuttgart: Ferdinand Enke Verlag 1967 [*La memoire collective*. Paris: Presses Universitaires des France, 1939].

PORUMBOIU, CORNELIU: „Există un *Nou Val*" [*Die neue Welle*, die gibt es]. (Interviu cu Magda Mihăilescu), in: FULGER 2006, S. 158-169.

NEUMANN, BIRGIT: „Literatur als Medium (der Inszenierung) kollektiver Erinnerungen und Identitäten", in: ERLL, ASTRID & GYMNICH, MARION & NÜNNING, ANSGAR (Hg.) 2003, S. 49-77.

VONDEREAU, PATRICK: „Historiography and Film: A Dangerous Liason?", in: ders., *Film as History/History as Film*. Berlin: Humbold-Universität 1999.

ZEMON DAVIS, NATALIE: „Jede Ähnlichkeit mit lebenden oder toten Personen. Der

Film und die Herausforderung der Authentizität", in: ROTHER, RAINER (Hg.): *Bilder schreiben Geschichte: Der Historiker im Kino*. Berlin: Wagenbach 1991, S. 37-64.

A fost sau n-a fost (Deutsch: *12:08 östlich von Bukarest* und Englisch: *12:08 – East of Bucharest*), Rumänien 2006 (89 min; 35 mm). Regie und Drehbuch: Corneliu Porumboiu. Darsteller: Teodor Corban (Virgil Jderescu), Mircea Andreescu (Emanoil Piscoci), Ion Săpdaru (Tiberiu Mănescu), Petrică Săpdaru (Petrică), Marius Rogojunski (der Nachbar), George Guoqiungyun (Chen), Cătălin Paraschiv (der Barmann), Mirela Cioabă (Frau Mănescu), Luminița Gheorghiu (Frau Jderescu), Lucian Iftime (Lică), Daniel Badale (der Lehrer), Cristina Ciofu (Vali), Constantin Diță (Tibi), Annemarie Chertic (Vera), Coca Bloos (Tina), u.a. Kamera: Marius Panduru. Schnitt: Roxana Szel. Musik: Rotaria. Ton: Alex Dragomir. Produktion: 42 Km Film. Auszeichnungen: Cannes 2006 – Caméra d'or, Prix Europa Cinémas, Transilvania International Film Festival: Publikumspreis, Bester rumänischer Film, Transilvaniy Trophy u.a. Filmsite: http://www.42kmfilm.ro/ro/a-fost-sau-n-a-fost

Links

Auszüge aus einem Pressegespräch mit Corneliu Porumboiu. In: http://stadtkinowien.at/filmtext/27/

http://www.cinemarx.ro/filme/A-fost-sau-n-a-fost-A-fost-sau-n-a-fost—180540.html

CARMEN-FRANCESCA BANCIU

Vaterflucht

Fragmente[1]

Deportation war eines der gefürchteten Wörter. Seine Bedeutung blieb mir lange unbekannt. Ich hörte es um mich herum. Immer öfter. Immer bedrohlicher. Wie eine Windmühle. Mit messerscharfen Flügeln, von der man sich fernhalten muß.

Deportation. In unserer Familie hörte ich einiges wispern. Es war wie ein Nebel um meinen Kopf. Ein Gift. Eine Schlange. Deportation. Melitta nannte das Wort ein paarmal. Ich habe es weggewischt. Nur seine Hülle behalten. Eine Hülle, aus der die Bedrohung und Ungerechtigkeit verschwunden waren. Ganz so, als stünde alles hinter einer Glasscheibe, und nur ein Teil des Übels wäre noch mächtig. Und der erreichte mich nicht.

Vielleicht wollte ich es nicht wissen. Ich wußte lange nicht, das ich es nicht wissen wollte. Melitta sprach irgendwie unbeteiligt über die Deportationen. Fast so, als wäre da etwas gewesen, das außerhalb von ihr stand. Etwas, das sie nicht berührte. Sie überhaupt nicht tangierte.

Oder habe ich es nur so empfunden. Wollte ich Dinge nicht verstehen, die meine Wahrnehmung ohnehin wegwischen mußte. War es meine Art, der Grausamkeit des Lebens ins Auge zu gucken und sie sofort zu vergessen.

Ich hatte das Wort öfter gehört. Aus Melittas Mund hatte es fremd und kahl geklungen. Ohne Konsistenz. Und doch hätte ich es wissen müssen.

Melitta schrieb an einem Roman über ihre Mutter, die sie so sehr vermißte. Aber natürlich mußte sie dabei auch über ihren Vater

[1] Aus Carmen-Francesca Banciu, *Vaterflucht*, Roman, Berlin: Rotbuch Verlag, 2009. Die Erstausgabe des Romans erschien 1998 im Verlag Volk und Welt, Berlin. Mit der freundlichen Genehmigung der Schriftstellerin.

schreiben. Den sie nicht vermisste. Denn er war noch da. In Bocşa. Weit weg von Temesvar. Immerhin aber noch erreichbar. Per Telefon. Per Post. Oder mit der Bahn.

Deportation war ein Wort, das auch Melittas Vater betraf. Aber damals dachte ich nicht, und vielleicht auch Melitta nicht, dass unsere Väter ein Teil der Geschichte waren. Angefangen bei der rumänischen Nazivergangenheit und bis hin zur rumänischen Kommunismusgeschichte.

Mein Vater war nicht im Krieg. Dazu war er zu jung. Ich weiß nicht, ob Melittas Vater im Krieg gewesen ist. Und auf welcher Seite. Er war ein alter Mann, als er aus der Deportation zurückkam. Über seine Jahre in Russland hat Melitta nicht allzu viel erfahren. In ihrem Roman ging es immer um die Mutter. Um Gewalt. Um Vergewaltigung.

Um Angst. Um Tod. Melittas Mutter hat die Heimkehr aus der Deportation nicht lange überlebt. Sie hatte eine Wunde aus Rußland mitgebracht, erzählte Melitta. Alle haben immer gesagt, das sei der Krebs. Der Krebs. Und das war es auch. Die Wunde wuchs und wollte nicht mehr heilen. Mutter konnte nicht mehr essen. Nicht mehr liegen. Nicht mehr schlafen. Eines Tages konnte sie nicht mehr leben. Sie wurde ins Krankenhaus gebracht. Sagte Melitta, wenn ich sie aufforderte über ihre Mutter zu erzählen. Dann haben wir sie nie mehr gesehen. Ich habe Mutter keinen Abschiedskuß gegeben. Ich bat Melitta immer wieder, über ihre Mutter zu erzählen. Ich bewahrte ihre Fotos auf. Ich habe sie heute noch. Anna Krause hieß sie als Mädchen.

Erzähle, Melitta, erzähle. Ich fühlte, wie sich meine Haut zusammenzog. Wie ein eisiger Strom sie wellenartig durchfloß. Ich spürte eine Schwere im Herzen. Im Bauch. Ich weiß nicht, wo. Es war ein unbekannter Schmerz, den ich nicht verstehen konnte. Und wollte es immer wieder hören. Erzähle, Melitta.

Als Vater aus der Deportation zurückkam, fand er seine Frau irgendwie. Ich weiß nicht wie. Und wollte nichts mehr von ihr wissen. Dann hat er wieder geheiratet. Meine Mutter. Ich habe noch eine Schwester. Vater hat noch ein Kind aus der ersten Ehe. Das ist unser Halbbruder.

War Melittas Vater im Krieg. Warum wurde er nicht ins Reich geholt. Heim. Nicht einmal die Mutter. Vielleicht war sie dafür zu krank. Melittas Vater war Pianist. Ob Pianisten wohl schießen können. Ob die Musik so gefährlich sein konnte, daß sie für irgend jemand eine Gefahr bedeutete. Für den Kommunismus zum Beispiel. Oder ob man durch die Musik ein Kollaborateur hätte sein können.

Mein Vater war nicht im Krieg. Und gehörte nicht der deutschen Minderheit an. Er gehörte zu keiner Minderheit. Er war, wie er stolz betonte, ein Hundertprozentiger. Aber wer kann schon hundertprozentig sein in einer Gegend, wo ungarische Mitbewohner Nemeth und rumänische Ungureanu heißen. Wo Rumänen magyarisiert und Ungarn romanisiert sind. Wo Deutsche. Und so weiter.

Der Tod kann vieles bewirken. Ein paar mehr Tode, und die Geschichte hätte sich anders entwickelt. Mit ihrem Tod haben manche den Lauf der Geschichte verändert. Melittas Vater hat die Deportation überlebt. Stalins Tod ist für ihn noch rechtzeitig gekommen. Dank Stalins Tod hat sich seine Lebensgeschichte verändert. Die Lebensgeschichte der Mutter hat sich nur wenig verändert. Es gibt gute und schlechte Tote. Es gibt Menschen, die mehr Gutes tun, wenn sie tot sind.

Niemand hat Melittas Vater heim ins Reich geholt. Oder meinte er, sein Heim wäre dort, wo er schon immer gelebt hat.

Er hatte teuer dafür bezahlen müssen, daß er dort bleiben wollte. Was ist Vaterland. Und wo ist Heimat.

Nach Stalins Tod hat sich vieles verändert. Manche Deportierte durften zurück in ihre Heimat. Melittas Vater, der damals noch gar nicht ihr Vater war, kam zurück. Und auch ihre zukünftige Mutter, seine zukünftige Braut. Einige Zeit später wurde Melitta geboren. Ich wurde zwei Monate früher geboren. Konnte früher das Schaudern im Rücken spuren.

Die Folgen der Spannung, einer Stimmung, die ein einziges Wort um mich herum erzeugte.

Mein Vater war nie deportiert worden. Und wenn ich mit ihm darüber sprach, meinte er zu wissen, daß Deportation eine gute und zugleich schlechte Sache sei. Denn es gäbe zu Recht und zu Unrecht Deportierte. Weil es so sei mit der Geschichte. Geschichte sei eben amoralisch.

Deportation. Ein Wort, das um mich herum dunkle Nebelfaden gesponnen hat. Wie ein undurchsichtiger und erstickender Schleier. In unserer Familie wurde es vermieden.
Und wenn ich Mutter danach fragte, wurde sie blaß. Und irgendwie zittrig. Mutter wußte etwas darüber. Mutter wußte über vieles Bescheid. Über vieles, das sie nicht erzählen wollte.

Mutter hat nie erzählt. Und das wenige, was ich von ihr weiß, ist bruchstückhaft. Zerbrechlich. Zufällig. Es platzte aus ihr heraus. Aus ihrer im dunklen Inneren vergrabenen Geschichte.

Mutter konnte nicht streicheln und konnte nicht erzählen. Aber manchmal rutschte irgendein starres Bild heraus. Eine eingefrorene Bewegung. Ein zur Ewigkeit verdammtes Bild der Grausamkeit.

Die Deutschen. Nein, die Deutschen waren es nicht. Sie haben uns Kinder nicht angegriffen. Wir waren geschützt. Und die bekannten Geschichten über Butter und all das. Daran erinnerte sich Mutter. Und an die Bomben. Aber das war es auch nicht. Die Russen. Wenn Vater sagte: Die Russen sollen mal kommen. Sie sollen Ordnung ins Land bringen. Dann konnte man hören, wie Mutters Stimme sich veränderte. Wie sich die Luft im Raum verdichtete, so daß sich Geräusche völlig verschwommen und verdrängt anhörten. Bis sie wegfielen. Ein Kurzschluß. Stillstand. Nur Mutters Herz. Und die Schläfen, die pochten. Dann, ein unendlich langes Piepsen. Kollaps. Mutter fing sich noch im letzten Moment vorm Umfallen. Aber Vater merkte nichts. Und Mutters Geschichten über Krieg und Vergewaltigung, waren nur einzelne versteinerte Bilder.

Das einzige Schmuckstück, das Mutter besaß, war ein verschnörkeltes Armband aus schwerem Gold. Mutter trug keinen Schmuck. Nur den Ehering. Und das Armband hätte auf keinen Fall zu ihr gepaßt. Ich bewahre es auf, damit ich nichts vergesse, sagte sie mir einmal. Er hat es mir gegeben. Dieser Soldat. Damit ich nichts weitererzähle. Damit ich alles in mir vergrabe. Um was es ging,

wollte Mutter ihr Leben lang nicht erzählen.
Deportation. Darüber konnte man auch nichts von ihr erfahren.

[...]
Wenn ich nach Hause kam, lag Mutter im Bett mit Kopfschmerzen.
Vater war Bürgermeister in einer anderen Stadt.

Mit siebzehn war die Welt ein dramatisch-trauriger Ort. Schlamm drohte mich zu ersticken. Ich schrieb eine Erzählung darüber. Und Mutter, die alles wissen wollte. Um alles Schlimme verhindern zu können. Die besser wußte, was gut für mich ist. Und mich schützen wollte. Mutter, vor der man keine Geheimnisse haben durfte. Mutter fand diese Erzählung.

Schlamm. Du wälzt dich im Schlamm. Wie tief bist du gesunken?

Die Prügel ließ nicht auf sich warten. Huren hat es immer in unserer Familie gegeben. Das war Mutters Obsession. Das Wunderkind im Schlamm.

Mutter durchsuchte regelmäßig mein Zimmer. Meine Kleidung. Meine Hefte. Meine Taschen. Mutter kam ins Bad, um sich zu vergewissern, daß alles in Ordnung ist. Irgendwann war ich nicht mehr zu retten.

Mutter wurde immer kränker. Vater war noch seltener zu Hause. Ich schrieb mein Tagebuch auf englisch. Endlich eine Sprache, die Mutter nicht verstand.

Mutter wurde immer kränker. Nicht nur meinetwegen. Ich saß in meinem Zimmer. Wälzte mich im Schlamm und spürte Mutters Kopfschmerzen. Wie sie mich angriffen. Mutter weinte insgeheim. Die Mulden in ihrem Schädel. Die verkrümmten Finger. Ich konnte nichts für Mutter tun. Ich fragte sie. Warum.
Ertragen.
Unterdrücken.
Beherrschen.
Überwinden.
Warum. Fragte ich Mutter.

Du weißt nicht, was gut ist.

Die Familie ist die Basiszelle der Gesellschaft. Wir dürfen sie nicht selbstsüchtig zerstören. Und diese Verantwortung hat Großmutter nie gehabt. Die war meinen Vorvätern nie bewußt geworden. Die übte Mutter. Die sollte ich lernen. Und weitergeben.

Du sollst nicht ohne Vater aufwachsen, sagte Mutter noch. Du weißt nicht, was das bedeutet.

Warum. Fragte ich Mutter. Ich fragte sie, wo der Vater sei, den ich hätte. Den sie für mich aufbewahre. Und was denn wäre, wenn er nicht mehr da sei, wo er sowieso nie da ist.

Du weißt nicht, was gut ist. Sagte Mutter.

Streit war der normale Zustand in unserer Familie.

Mutter war ein verschlossenes Wesen. Ob sie sich jemals jemandem geöffnet hat. Vater bestimmt nicht. Mutter meinte, man darf sich nicht öffnen. Denn die anderen würden es nur ausnutzen. Mutter glaubte nicht an die ewige Güte. Hatte kein Vertrauen in Gott. Und kein Vertrauen in die Menschen. Freundschaft war überflüssig. Sie glaubte nicht an die Macht des Guten. Und nicht an die Macht der Freundschaft.

Mutter war ein einsames Wesen. Das nur an selbstauferlegte Pflichten, nein, ich weiß nicht, an was Mutter geglaubt hat. Ich kenne Mutter nicht.

Wer kennt seine Mutter.

Oft hab ich versucht, mir Mutter als junges Mädchen vorzustellen. Es ist mir nicht gelungen. Mutter mit ihren schwarzen Zöpfen. Mit der Gymnasialuniform, der Schirmmütze. Aber wo blieb Mutter in dieser verordneten Verkleidung. Ihr kleines verwundetes Lächeln. Ihre etwas schiefen Zähne. Die zauberhaften Grübchen in den Wangen. Wieviel davon war Mutter. Und niemand anderes sonst.

Mutter hatte keine Vorlieben. Man wußte nie, was man Mutter schenken soll. Wenn überhaupt jemand auf den Gedanken kam, ihr irgend etwas zu schenken. Blumen hat Mutter nur zu ihrem Begräbnis bekommen.

Wann hat Mutter getanzt. Und wann war sie glücklich.

Vater hätte sich gern scheiden lassen. Aber die Partei erlaubte es nicht. Noch ganz andere Dinge hätte Vater machen wollen. Aber die Partei hielt ein Auge auf ihn und war anderer Meinung.

Vater opferte sich. Er opferte sich auf.

Irgendwann, als Vater noch jung war, wollte er Jura studieren. Aber die Partei meinte, er würde an Ort und Stelle gebraucht. Die Partei konnte es sich nicht leisten, daß wichtige Kader einfach ihren eigenen Interessen und Wünschen nachgingen. Sie brauchte gute Agitatoren. Vater opferte sich auch hier. Erfüllte die ihm zugeteilten Aufgaben.

Dann brauchte die Partei eines Tages junge Kader. Gebildete Menschen. Geschult und gut erzogen. Für Vater war es zu spät.

*

Seit sieben Jahren haben wir uns nicht mehr gesehen. Mein Vater und ich. Mein Vater lebt in Rumänien. Ich anderswo. Sieben Jahre sind eine gute Zeit. Eine Zeit des Vergebens.

Ich war noch keine zehn damals.

Ich saß eingewickelt in ein Schaffell auf einem Schlitten. Mein Vater zog mich durch die Kälte eines Winterabends. Durch das Glänzen und Knirschen des Schnees. Durch das gezähmte Licht, das emporsteigt, als würde der neue Tag von unten kommen.

Mein Vater zog am Seil des Schlittens. Führte mich durch den im Schnee versunkenen Tag, aus dem die Schlittenkufen die letzten Lichtreste herauspressten. Ich im Schaffell eingemummelt. Prägte mir Vaters Ledermantel und seine Fellmütze ein. Die Mütze, wie eine Krone auf seinem Haupt. Eine kirgisische Astrachanmütze. Eine edelgraublau schimmernde.

Glasblau seine Augen.

Silbern sein Haar.

Ich war noch lange nicht zehn. Wissend, daß Farben verblassen, Blumen verwelken und Menschen. Ja, Menschen … Ich hatte es in dem Film mit dem Grafen von Monte Christo gesehen. Nach der langen Zeit im Gefängnis. Die Haare. Die Falten. Die Veränderung. Die Erkenntnis, daß Menschen vergänglich sind. Das Schluchzen unter der Decke im Dunkeln. Daran kann ich mich erinnern. Und dann mein Vater. Sein Rücken leicht gekrümmt von der Schwere des Schlittens. Es hatte mich erschreckt.

Ich war noch lange nicht zehn. Sah ihn, wie er den Schlitten hinter sich herzog. Wie er mich an sich zog. Ein Band, ein Seil zwischen uns. Er zog. Zwischen uns blieb immer die gleiche Entfernung.

Der Graf von Monte Christo kommt als junger Mann ins Gefängnis und verläßt es als ein alter Mann. Vater ging vor mir. Ich berührte den Rücken meines Vaters mit meiner Angst. Tippte an seine Schultern. In zehn Jahren. Ob in zehn Jahren diese Schultern. Ob sie noch Halt geben können. Diese Arme. Diese Kraft. Ob sie. Und wie lange noch.

Vater ging vor mir. Zog das Seil. Zwischen uns immer die gleiche Entfernung. Und ich auf dem Schlitten, ich, die ich mich sehnte nach seiner Nähe.

Vater am Bahnhof. Er trägt die schimmernde Astrachanmütze. Der Ledermantel, wie ein gut erhaltenes Gesicht, ist edel verrunzelt. Kein Schnee in dem langen Winter. Mein Vater packt meine Koffer. Hinter mir mein Sohn. Vater packt die Koffer, und wir gehen nach Hause. Nach Hause heißt zu meinem Vater.

Die rumänischen Winter sind lang und entschlossen. Sie bringen beißende Kälte und eisig-peitschende Winde. Vom Osten. Man fürchtet sich davor. Wie man sich vor vielem anderen fürchtet. Alles Schlimme kommt vom Osten. Sagt man in Rumänien. Und, damit meint man immer noch die Russen.

Von den Russen kommt auch viel Gutes, sagt mein Vater. Er will und will nicht mit dieser einseitigen Sicht einverstanden sein.

Mein Vater ist vom neuen alten Schlag. Denn was ist schon neu und nicht gleichzeitig schon alt. In der nächsten Minute.

Mein Vater gehört der alten Generation an. Ich gehöre zur neuen alten. Und meine Kinder gehören der Zukunft.

Ich bin froh, daß mein Vater wenigstens ein Vorurteil nicht besitzt. Er ist nicht gegen die Russen. Er ist gegen Zigeuner und Juden. Gegen Ungarn und Kapitalisten und weiß Gott noch wen. Er ist nicht gegen Gott. Das hat er mir auf der kleinen Reise erklärt. Kurz nach unserer Ankunft. Er ist nicht mehr gegen Gott. Früher meinte er, es gäbe keinen Gott. Heutzutage meint Vater, es gäbe Platz genug in der Welt. Auch für Gott. Und er könnte damit leben, wenn es denn einen Gott gäbe.

Vater ist nicht gegen Gott. Aber er ist gegen Jesus. Denn der, meint Vater, ist einer so wie wir. Oder Marx. Aber viel schlauer. Er hat nur gepredigt. Und nicht einmal ein Werk hinterlassen.

Vater hat ein anderes Vorurteil. Nachdem er für sie, und dann gegen sie war, ist er jetzt für die Russen. Er wartet auf sie. Daß sie endlich wieder Ordnung ins Land, Ordnung in die Welt bringen.

Immer wieder hat man in Rumänien auf irgend jemand gewartet.

Nicht alles Schlimme kommt von den Russen, sagt mein Vater. Er will nicht mit dieser allgemein vertretenen Meinung einverstanden sein.

Mein Vater hat keine Laster, und das hat mir schon immer Angst gemacht. Er hatte eine unerbittliche Art, zu verlangen, exemplarisch zu sein. Ich sitze im Zug und denke an meinen Vater. Der Winter ist noch nicht vorbei. Ich habe Angst. Ich bin verspannt. Laß los, laß los. Egal wie viele Fehler. Laß los. Und schreibe so schnell wie nur möglich. Ich sitze im Zug. Ich fahre nach Rumänien. Kann nicht schreiben. Meine Hand ist verkrampft. Meine Hand schmerzt. Das Wort Rumänien brennt auf der Zunge. Das Wort Rumänien. Brennt. Meine Hand. Ich kann nicht schreiben. Ich bin. Ich bin. Was bin ich. Ich will. Ich will. In kürzester Zeit bin ich. Die Grenze. Die Grenze ist so nah. Mein Vater ist so nah. Vegeben. Versöhnen. Verzeihen. Vergeben, höre ich in meinem Kopf. Ich vergebe.

Ich vergebe mir selbst. Die ich wie mein Vater bin. Und nicht bin. Mein Kopf brummt. Ich vergebe mir. Ich bin glücklich. Fast immer schreibe ich »bin« mit zwei n. Immer wieder ertappe ich mich bei diesem Fehler. Ein Zeichen der Eitelkeit. Oder Selbstbehauptung.

Habar n-am. Das kann sogar ein Deutscher verstehen. Oder sonstwer. Denn es ist überhaupt nicht verständlich. Auch für einen Rumänen nicht. Habar n-am ist der wahre Ausdruck für nix verstehen. Nix kapieren. Man sollte es übernehmen.

Carmen-Francesca Banciu wurde 1955 in Lipova geboren, aufgewachsen in Guttenbrunn, Lipova, Temeswar (Timişoara) und Arad in Rumänien. Sie studierte Kirchenmalerei und Außenhandel in Bukarest. Die Verleihung des Internationalen Kurzgeschichtenpreises der Stadt Arnsberg im Jahre 1985 für die Erzählung *Das strahlende Ghetto* brachte ihr in Rumänien Publikationsverbot ein. Nach einem Aufenthalt in Österreich mit dem Salzburger Stipendium des Kulturministeriums und einem weiteren Aufenthalt in Berlin als Stipendiatin des Künstlerprogramms des DAAD lebt sie seit 1991 als freie Autorin in Berlin, schreibt Beiträge für Rundfunk und Zeitungen, leitet Seminare für Kreatives Schreiben und eine Weiterbildungswerkstatt für junge deutsche Autoren. Carmen-Francesca Banciu wurde mit zahlreichen Stipendien und Preisen ausgezeichnet und veröffentlicht seit 1996 auch in deutscher Sprache. Ausgewählte Werke: *Das Lied der traurigen Mutter*, Roman, 2007; *Verbotene Worte*, Prosa, 2005; *Berlin ist mein Paris*, Geschichten, 2002; *Ein Land voller Helden*, Roman, 2000; *Vaterflucht*, Roman, 1998; *Brüche und Übergänge*, Prosa, 1997; *Fenster in Flammen*, Erzählungen, 1992; *Rumänien erzählt*, Prosa, 1991.

II
Erinnerung als gesellschaftlicher Auftrag

ROBERT D. REISZ

Schuldige und Schuld im Prozess um den Kommunismus

Die Absicht, diesen Artikel zu schreiben, entstand als Reaktion der Massenmedien auf die Problematik einer Verurteilung des Kommunismus sowie auf das Drängen von Präsident Băsescu, die zur Entstehung und Aktivität der sog. „Tismăneanu- Kommission"[1] führten. Viel zu oft wurde das Problem der historischen Schuld des Kommunismus auf die Frage der Identifizierung einiger Taten und Fakten reduziert. Besonders in einer Artikelserie der Zeitung „Cotidianul" wurde die Aufstellung der Anklagepunkte als eine Aufzählung der Verbrechen und, im Allgemeinen, der Menschenrechtsverletzungen verstanden, die in Rumänien zwischen den Jahren 1948 und 1989 stattgefunden haben.[2]

Der vorliegende Artikel soll keine juristische Abhandlung dieser Problematik darstellen; ich möchte mich dieser Thematik, nämlich dem „Prozess um den Kommunismus", durch das Prisma einer Methodologie annähern, die man, um Karl Popper zu zitieren, als Rationalismus des „common sense" bezeichnen könnte (Popper, *Conjectures and Refutations: The Growth of Scientific Knowledge*). Ebenso bin ich mir der Tatsache bewusst, dass eine Diskussion über Schuldige und Schuld nicht ohne das zumindest implizite Vorhandensein einiger moralischer Prämissen stattfinden kann. Ich stehe bewusst auf dem Boden der jüdisch-christlichen Moral in seiner aktuellen europäischen Form, die von demokratisch-liberalen Ideologien geformt wird. Eine referenzielle Bezugnahme auf die kodifizierten Werke dieser Moral ist sicherlich nicht möglich, die große Anzahl

---

[1] „Die Kommission zur Erforschung des Kommunismus", von Vladimir Tismăneanu geleitet, wurde vom rumänischen Präsidenten Traian Băsescu ins Leben gerufen mit dem Ziel, ein amtliches Dokument zu publizieren, um die öffentliche Verurteilung des Kommunismus durch den Präsidenten zu unterstützen.

[2] Die Artikelserie „Victime pentru Băsescu" [Opfer für Băsescu] siehe http://www.cotidianul.ro/index.php?id=7374.

der von Verteidigern sowie Kritikern geschriebenen Texte und die Existenz eines moralischen „common sense“ sind aber wahrscheinlich ausreichend, um einen brauchbaren Rahmen zu bilden.

Ich versuche in diesem Text keineswegs die während der erwähnten Epoche begangenen Verbrechen zu relativieren, sehe das Hauptproblem in einem Prozess um den Kommunismus jedoch nicht in der Identifizierung und der Analyse der Fakten und Taten, die sich jenseits aller Zweifel befinden, sondern in der Begriffsinterpretation der „Schuld“.

Bei diesem Vorhaben gehe ich von der Prämisse des Kommunismus als Ideologie aus und mache mir den Standpunkt Vladimir Tismăneanus zu Eigen, der in seinen Schriften den Kommunismus vor allem als ein System betrachtet, „das sich auf den Primat der Ideologie stützt“.

1. Kann eine Ideologie an Verbrechen schuldig sein?

Nach einer allgemein akzeptierten Definition von Wallerstein (Wallerstein, *After Liberalism*) ist eine Ideologie ein Glaubenssystem oder ein Glaubensersatzsystem, das auf explizite Weise der menschlichen Aktivität auf individuellem und gesellschaftlichem Niveau eine Orientierung geben soll. Die gesellschaftlichen Ideologien, die die Absicht beinhalten, dem Agieren einer ganzen Gesellschaft eine Richtung (und Orientierung) zu geben, sind in dem Maße politisch, in dem sie dem Begriff des „good government“ eine allgemeine Akzeptanz verleihen. Eine politische Ideologie definiert das „good government“ und, explizit oder implizit, auch das Gute selbst. Dies ist der Definitionskontext, in dem ich die Frage stelle: Kann eine Ideologie töten?

Wir wollen eine allzu einfache Antwort von Anfang an ausschließen. Verbrechen, die im Namen einer Ideologie begangen wurden, müssen nicht notwendigerweise der Ideologie selbst angelastet werden. Ein Beispiel für diese Behauptung könnte die Erinnerung an die Unzahl von Verbrechen darstellen, die im Namen verschiedener Religionen begangen wurden. Die Verbrechen während der Kreuzzüge und die der Inquisition wurden im Namen der christlichen Religion begangen, aber eine Bezichtigung der christlichen Religion selbst wegen dieser Verbrechen wäre nur schwer zu akzeptieren.

Eine zweite einfache Herangehensweise könnte so aussehen: Wenn die Verbrechen und die Menschenrechtsverletzungen durch ihre Häufigkeit und den systemimmanenten Status der Täter bis an die Ebene der Staatsführung reicht, ist dann das politische System an sich und nicht nur seine Repräsentanten dafür als schuldig zu betrachten? Und wenn ein politisches System durch seine staatlichen Strukturen als Rahmen für wiederholte Menschenrechtsverletzungen dient, kann dann die Ideologie, auf die sich jenes politische System gründet, dafür schuldig gemacht werden? Bei solchen Fragestellungen ergibt sich sofort ein Problem hinsichtlich der betreffenden (Menschen)rechte. Wenn also eine Ideologie die Moral redefiniert und reinterpretiert, indem sie ein bestehendes (Menschen)recht abschafft, dann kann die Verletzung dieses Rechtes nur von der Position einer anderen Ideologie angeklagt werden. In dem betreffenden Fall ist die Lösung dieses Dilemmas dennoch einfach, denn Rumänien hatte wie fast alle anderen Staaten des Ostblocks die Allgemeine Erklärung der Menschenrechte schon 1949 unterzeichnet. Ich beabsichtige ebenfalls nicht, diese Herangehensweise detailliert zu analysieren aus dem Grund, dass keine der betreffenden osteuropäischen Nachkriegsgesellschaften kommunistisch war, nicht einmal auf deklarativer Ebene, geschweige denn deckungsgleich mit dem ideologischen marxistischen Konstrukt. Die betreffenden politischen Systeme wurden aber von Parteien geschaffen und geleitet, die sich großenteils als kommunistisch betrachteten und glaubten, eine Politik zu implementieren in der Absicht, am Ende die kommunistische Gesellschaft zu erschaffen. An dieser Stelle geht es mir aber nicht darum, die Schuld einiger Personen oder Personengruppen zu erforschen, also auch nicht die von Parteien, sondern die Schuld des Kommunismus als Ideologie.

Ich bin der Meinung, dass man eine Ideologie für Verbrechen verantwortlich machen kann. Sie kann einigen Menschen(gruppen) offen das Existenzrecht absprechen. Eine ganze Reihe von Ideologien, die sich von eugenischen Erwägungen leiten ließen, hat dies getan. Der Nationalsozialismus war jene Ideologie, die die Strategien zur „Verbesserung des menschlichen Genpools“ (Sloterdijk, *Regeln für den Menschenpark*) vielleicht am umfassendsten in die Praxis umgesetzt hat. Das Leugnen des Existenzrechtes einiger Menschen(gruppen) ist aber schon auf explizite Weise Teil vieler politisch-ideologischen Konstrukte gewesen, angefangen mit Plutarchs so einflussreicher Beschreibung Spartas unter der Herrschaft von Lycurg oder sogar mit Platos Republik. Seien es die Behinderten, die Homosexuellen oder rassische, ethnische oder religiöse Gruppen wie die Juden, seien es die Zigeuner oder die Tutsis, die physische Eliminierung einiger Menschengruppen für das angebliche Wohl anderer Menschen war fester Bestandteil vieler politischer Modelle. In solchen Fällen kann man getrost die Ideologie selbst für schuldig an den Verbrechen halten, die unter Zuhilfenahme ideologischer Rechtfertigung begangen wurden; in all diesen Fällen existiert die Schuld der Ideologie aber nur gegenüber einer ausländischen Behörde (eines ausländischen Gerichts), einer anderen Ideologie oder einer anderen Moral.

In keiner der grundlegenden Schriften des Kommunismus gibt es aber eugenische Lösungen, um die erwünschte vollkommene Gesellschaft zu erschaffen. Könnte aber schon die Absicht, eine perfekte Gesellschaft zu erschaffen, ein Problem an sich sein? Halten wir fest, dass in dem Maße, in dem die kommunistische Ideologie schuldig an Verbrechen ist, sie auch schuldig gegenüber der eigenen Moral sein könnte.

An dieser Stelle ist auch von Wichtigkeit, dass einige Ideologien verglichen mit anderen Ideensystemen insoweit verbrecherisch sind, in dem sie die Notwendigkeit von Verbrechen für die Erringung des „Gemeinwohls“ oder einer angeblich überlegenen Gesellschaftsform ins Feld führen. Auf der Ideologieebene wäre dies das Äquivalent eines vorsätzlichen Mordes, wenn man dieses juristische Beispiel anführen darf. Die Frage ist also, in welchem Maße eine Ideologie nichtvorsätzlicher Morde bezichtigt werden kann, wenn man anerkennt, dass eine Ideologie durch ihre Absicht, der menschlichen Aktivität eine Richtung zu geben, schon *per definitionem* einen solchen Vorsatz impliziert. Ebenso, ob eine Ideologie gegenüber sich selbst schuldig werden kann, nämlich schuldig der Verletzung einiger (Menschen)rechte, deren Einhaltung sie selbst vorher unterzeichnet hat, wie dies der Fall der Menschenrechte in den osteuropäischen Nachkriegsgesellschaften war.

Hinsichtlich eines „good government" und des Gemeinwohls ist eine Ideologie vor allem ein moralisches Konstrukt. Mehr noch, man könnte Durkheim zitierend behaupten, dass „jede Gesellschaft eine moralische Ordnung ist". Und die Ideologie, die das Fundament einer Gesellschaft bildet, ist auch das moralische Gerüst jener Gesellschaft. Wenn eine Ideologie in die Praxis umgesetzt wird, definiert sie durch ihre Auswirkungen die moralische Ordnung, bevorzugt einige Verhaltensweisen, die durch sie als gut definiert werden, und vermindert die Wahrscheinlichkeit oder verhindert gänzlich andere Verhaltensweisen. Die Ideologie führt zu einer Dominanz von Verhaltensweisen durch die Werte, die sie fördert, durch die vorgeschlagene Teleologie sowie durch die Art und Weise selbst, wie gewisse gesellschaftliche Handlungen der Kontrolle unterworfen werden. In die Wirklichkeit umgesetzte Ideologien konnten gewisse soziale Verhaltensweisen kontrollieren, weil sie einige Glaubenssätze und Werte verbreitet und weil sie einige gesellschaftliche Gemeinplätze redefiniert hatten. Auf diese Weise konnten Verhaltensweisen, die vor der Umsetzung in die politische Wirklichkeit einer Ideologie inakzeptabel gewesen wären, durch die Redefinierung des Guten als wünschenswert erscheinen. Diese Redefinierung kann zu einer Entkriminalisierung einiger Taten als Folge der politischen Ideologie führen. Andererseits ändert sich der moralische „common sense" nicht so leicht wie eine offizielle Ideologie. Die Latenz der alten Moral sowie die Rückkehr zu einem politischen System, das dem früheren (vor dem kommunistischen) ähnlich ist, können Taten kriminalisieren, die durch die „neue Moral" als akzeptabel oder wünschenswert definiert worden waren. Auf diese Weise ist das Miteinander zweier moralischer Systeme möglich. Die Latenz des moralischen „common sense" führt einerseits zur Wahrnehmung einiger Handlungen der „neuen Moral" als unmoralisch oder sogar als verbrecherisch. Andererseits können bei Regimewechseln Verbrechen, die zur Zeit des vorhergehenden Regimes begangen wurden, der ehemaligen „neuen“ Ideologie angelastet werden, in dem Maße, als diese Ideologie bestimmte, dass diese Untaten nicht als Verbrechen betrachtet werden sollten. Dies wird daran deutlich, dass die moralische Redefinierung, die von vielen Ideologien praktiziert wird, lange Zeit nur oberflächlich bleibt, da diese den veränderungsresistenten moralischen „common sense“ nur schwer aufbrechen kann.

In einer 1921 gehaltenen Rede sagte Lenin, zitiert von Tismăneanu, dass die kommunistische Moral sich von der „Moralität der Popen“ unterscheidet und dass „das Kriterium des Guten der Dienst an der Revolution“ sei (Tismăneanu, “Mărirea şi decăderea religiilor seculare” [Wachstum und Zerfall säkularer Religionen]). In dieser Rede bekämpfte Lenin gerade jene latente „rückwärtsgewandte“ Moral.

Eine Ideologie kann demnach töten, wenn sie explizit das Verbrechen predigt, oder wenn sie das Gute so definiert, dass ein Verbrechen als akzeptabel betrachtet wird. In diesen Fällen ist die Ideologie schuldig an Verbrechen aus der Perspektive einer anderen Ideologie.

Geht man jedoch noch einen Schritt weiter auf dem Weg der Entschlüsselung der Schuld einer Ideologie, dann kann man sich fragen, ob diese auch dann mitverantwortlich für Verbrechen ist, wenn sie einen Rahmen schafft, in dem die Verbrechen unausweichlich sind?

In dieser Form kann die Frage nur mit ja beantwortet werden. Bleibt offen, inwiefern die Unvermeidlichkeit von Verbrechen durch den politischen Rahmen bedingt wird und erklärt werden kann; zu diesem Thema komme ich später. Wenn aber eine solche Situation möglich wäre, dann könnte die Ideologie auch für Verbrechen schuldig gemacht werden, die sie nicht auf explizite Weise ideologisch rechtfertigt, folglich auch für Verbrechen, die ihrer eigenen Theorie zuwider laufen, also gegenüber sich selbst.

Eine erste Schlussfolgerung lautet nämlich, dass eine Ideologie prinzipiell schuldig an Verbrechen sein kann. Gegenüber wem und in welchem moralischen Kontext aber? Wir haben bereits drei Varianten für dieses Dilemma identifiziert, die in einer zeitlichen Beziehung gegenüber der betreffenden Ideologie spezifiziert werden können.

Eine Ideologie kann einerseits schuldig gegenüber einer früheren Moral (oder Ideologie) sein, die sie redefiniert, die aber im moralischen „common sense“ überlebt hat. Zweitens kann eine Ideologie im Lichte ihrer eigenen Moral gewertet werden. Und letztendlich werden Ideologien unvermeidlich von den ihnen nachfolgenden Ideologien beurteilt.

2. Andere mögliche Schuldige

Eine Ideologie kann freilich auch eine indirekte Schuld tragen. Die Ideologie kann folglich nicht allein schuldig an Verbrechen sein. Betrachten wir jetzt aus der Nähe die anderen Mitverantwortlichen an den Verbrechen in den realsozialistischen Staaten der Nachkriegszeit.

a) Direkttäter

An dieser Stelle muss an eine Binsenwahrheit erinnert werden: Kein Verbrechen ist möglich ohne Täter. Sicherlich, dieser kann verschiedene mildernde Umstände für sich in Anspruch nehmen, aber das Verbrechen wäre nicht möglich gewesen, wenn kein Mensch sich dafür hergegeben hätte, diese auch zu begehen. Abgesehen von dem Täter, der das Verbrechen direkt ausgeführt hat, können Personen, die in das Verbrechen involviert sind, durch individuelle Aktionen schuldig sein, denen keine ideologische Motivation zugrunde liegt. Die außerideologischen Motive der im Namen einer Ideologie begangenen Verbrechen dürfen keineswegs außer Acht gelassen werden. Das 2005 erschienene Buch von Götz Aly verdient hier erwähnt zu werden; darin thematisiert der Autor die wirtschaftlichen Motive der Judenverfolgungen im Dritten Reich, und noch viel mehr, die wichtigen ökonomischen Gründe, die zur Akzeptanz dieser Verbrechen oder sogar zur Teilnahme an ihnen seitens der deutschen Zivilbevölkerung führten.

Die Motivation für kriminelle Wut kann ein ideologisches Substrat haben oder auch nicht. Es können verschiedene Motive vorhanden sein, von ökonomischen bis zu diversen Formen von affektgebundenen Antrieben. Dan Stone versuchte in einem 2003 erschienenen Artikel den Mythos des bürokratischen Verbrechers, das heißt des Schreibtischtäters, abzuschwächen, indem er aufgrund von Teilnehmeraussagen die Hypothese aufstellte, dass in der Praxis des Völkermords Volksfestelemente zu finden seien, dass man es mit einer zeitlich begrenzten Suspendierung der vorhandenen moralischen Ordnung zu tun hätte, ja sogar von „Blutdurst" sprechen könne (Stone, *Genocide as Transgression)*. An dieser Stelle müssen die wertvollen und besonders reichhaltigen Gefängnismemoiren erwähnt werden, in denen immer wieder das Bild der sadistischen, kriminellen Gefängniswärter auftaucht. Selbst wenn dies das Ergebnis eines (negativen) Selektionssystems oder das entsprechende Verhalten einer bewusst übernommenen Rolle ist, taucht am Ende die Hypothese des Verbrechens aus Leidenschaft auf, selbst im bürokratisierten Kontext der Gefängnisse und Straflager.

Jedes Verbrechen findet in einem Rahmen statt, der Verbrechen begünstigt. In den meisten Fällen ist der Täter nicht wirklich amoralisch veranlagt, sondern agiert in einem Rahmen, in dem sein moralisches „Organ" außer Kraft gesetzt wird. Ich komme später auf den begünstigenden Charakter des Kontextes zurück sowie auf die herausragende Rolle, die von totalitären Institutionen dabei gespielt wird.

b) Moralische Täter

Als Hannah Arendt die Person Adolf Eichmanns beschrieb (Arendt, *Eichmann in Jerusalem*), fiel ihr bei ihm auch eine sonderbare Form des Stolzes über eine gut erledigte Arbeit auf. Eichmann sieht sich als Vollstrecker einiger punktueller Aktionen, wie z.B. der Organisierung von Eisenbahntransporten, und beharrt darauf, als effizienter Organisator angesehen zu werden. Seine Aktionen unterliegen keinerlei moralischen Zweifeln, weil ihre Richtigkeit durch einen höheren Plan vorgegeben ist. Um eine Metapher von Bourdieu zu verwenden, kann ein Mensch, der wie ein kleines Zahnrad Teil eines größeren Systems ist, kaum dessen Moralität infrage stellen. Seine gewohnheitsmäßige Position im System drückt sich durch Aktionen mit sehr kleinem individuellem Spielraum aus. Und dennoch kann das scheinbare Fehlen der moralischen Zweifel bei Eichmann nicht erklärt werden, ohne auf das Vertrauen zurückzugreifen, das dieser der nationalsozialistischen Ideologie und dem von ihr geschaffenen System entgegenbrachte.

Abgesehen von den direkten Tätern, die die Taten ausführen, gibt es eine beträchtliche hierarchische Pyramide von Bürokraten des Verbrechens, die frei von moralischen Zweifeln sind. Sie haben nur selten Kontakt zu den Opfern, und obwohl die Direkttäter diese Bürokraten als moralisch Schuldige an ihren eigenen Taten betrachten, tendieren diese wiederum, gesetzt den Fall, dass sie zur Verantwortung gezogen werden, die Schuld höher auf der Leiter des totalitären, hierarchischen Systems anzusiedeln. Ihrer Meinung nach konzentriert sich die moralische Schuld auf die Person des Diktators oder auf eine kleine Gruppe um diesen herum, auf eine *Junta* also. Der hierarchisierte totalitäre Staat mit seinem System der begrenzten Verantwortlichkeit führt also logischerweise zur moralischen Schuld einer einzigen Person, oder einer sehr begrenzten Anzahl von Individuen.

Wenn also die ideologische Politik des totalitären Staates symbolisch als über dem Diktator stehend betrachtet werden kann, dann müsste diese als eine logische Konsequenz davon auch die moralische Schuld auf sich ziehen.

Jedoch traf dies im Fall Rumänien nicht zu, wo die Politik des diktatorischen Systems nicht als der kommunistischen Ideologie untergeordnet wahrgenommen wurde, sondern als Ausdruck der diktatorischen Willkür.

3. Das totalitäre Regime und die Übertragung der individuellen moralischen Schuld

Ich glaube, dass in diesem Kontext zwei grundlegende Experimente der klassischen Sozialpsychologie erwähnt werden müssen. Im Jahre 1971 stellte Zimbardo an der Universität Stanford ein experimentelles Gefängnisumfeld auf, in dem freiwillig teilnehmende Studenten nach dem Zufallsprinzip Wärter- oder Gefangenenrollen zugeteilt wurden. Das Experiment musste zu guter Letzt vorzeitig abgebrochen werden, denn die Spannungen im „Gefängnis" hatten ein Niveau erreicht, an dem die physischen Gefahren für die Pseudo-Gefangenen nicht mehr zu vernachlässigen waren (Zimbardo, *Stanford Prison Experiment*). Ein anderes Experiment aus jener Zeit stellt die Abwehr der individuellen moralischen Schuld (durch Schuldübertragung) in einem völlig kontrollierten Umfeld heraus (Milgram, *Obedience to Authority*). Das experimentelle Umfeld sah eine Person vor, die Antworten auf verschiedene Fragen auswendig lernen musste und für falsche Antworten durch Elektroschocks von wachsender Stromstärke bestraft wurde. Die Rollenzuteilung „Lernender und Erzieher" fand durch ein inszeniertes Losverfahren statt. In diesem Experiment war die „lernende" Person eigentlich ein Schauspieler, der die Reaktionen auf die Elektroschocks nur spielt, während das Subjekt des Experiments jene Person war, die die Elektroschocks auf Anweisung des Experimentforschers verabreicht. Der „Erzieher" wusste das nicht, man hatte ihm nämlich vorher mitgeteilt, dass man ein Experiment durchführt, um die Auswirkungen des Stresses auf den Lernvorgang zu untersuchen. Ebenso war der „Erzieher" von der Realität der von ihm verabreichten Elektroschocks überzeugt. Der für das Experiment verwendete Apparat besaß sogar visuelle Warnvorrichtungen hinsichtlich der Gefährlichkeit beim Überschreiten gewisser Werte der Stromstärke. Ein Großteil (65%) der „Erzieher" erhöhte auf Anweisung des Experimentforschers die Intensität der Elektroschocks bis zum maximalen Wert, obwohl die Vorrichtung darüber informierte, dass dieser Wert für den Schüler lebensgefährlich sei und obwohl dieser dagegen protestierte, flehte, schrie und schließlich tat, als ob er in Ohnmacht fiele. Die „Erzieher" empfanden keinerlei moralische Verantwortung für ihre Handlungen, da sie die Entscheidungen dafür nicht selbst trafen und der Person und dem Status des Forschers Vertrauen entgegenbrachten. Ein Buch aus dem Jahre 1978, das unter anderem auch auf Milgrams Experiment Bezug nahm, stellte im Titel die Frage auf „Sind wir alle Nazis"? (Askenasy, *Are we all Nazis?*).

Das Problem des Gehorsams wurde in den Nachkriegsjahren ausführlich erforscht und eine Reihe von Untersuchungen hat Einzelheiten zutage gebracht, die diese Art des Transfers von moralischer Schuld verhindern oder erleichtern können. Ohne auf Details einzugehen, können diese Experimentergebnisse folgendermaßen zusammengefasst werden: Die Übernahme einer im Vorfeld genau definierten Rolle sowie das Aufstellen eines Umfelds des Gehorsams, vorzugsweise durch eine übergestellte Person von legitimer Autorität als Trägerin des Verantwortungstransfers, führt zu Situationen, in denen der traditionelle moralische Rahmen mit Leichtigkeit ignoriert werden kann.

Diese Übertragung der moralischen Schuld scheint totalitären Institutionen inhärent zu sein (Goffman, *Asylums. Essays on the Social Situation of Mental Patients and Other Inmates*). Unter dem Begriff „totalitäre Institution" versteht man eine Gruppe oder eine Organisation, die eine beinahe totale und permanente Kontrolle über das Individuum ausübt in der Absicht, die Auswirkungen der früheren Sozialisation des Individuums auszuradieren, um ihm einen neuen Bestand an Normen, Werten und Glaubenssätzen aufzuzwingen. Der Großteil der Verbrechen, die in einem Prozess um den Kommunismus relevant wären, fand in totalitären Institutionen statt: in Gefängnissen, Arbeits- oder Konzentrationslagern, selbst in Militärkasernen, psychiatrischen Anstalten und Waisenhäusern.

Die Umerziehung, oder besser gesagt die Umsozialisierung, die Teil einer totalitären Institution ist, definiert oftmals Taten, die außerhalb dieser Institution verurteilenswert sind, als akzeptabel oder sogar als wünschenswert innerhalb dieser. Als Beispiel diesbezüglich wäre die Ambivalenz der Armee gegenüber dem Gebot „Du sollst nicht töten" zu erwähnen. Das totalitäre Regime ist eben der Versuch zur Umwandlung eines ganzen Staates in eine totalitäre Institution. Die beinahe totale und permanente Kontrolle über die gesamte Bevölkerung repräsentiert eigentlich den Kern der gesellschaftlichen Führung in einem totalitären Staat; die Form der Umerziehung, welche die totalitären Staaten des 20. Jahrhunderts verkündet haben, war die Schaffung eines neuen Menschen. Diese Umerziehung gründete sowohl im Falle des Nationalsozialismus als auch in dem des Kommunismus auf einer neuen, revolutionären Moral.

Im Kern unterstützt die bisherige Abhandlung die These, dass der totalitäre Staat einen Rahmen schafft, der durch die Übernahme der moralischen Verantwortung von potenziellen Tätern und durch die Zuteilung sozialer Rollen, die mit denen in totalitären Institutionen identisch sind, Verbrechen begünstigt. Mehr noch, durch die Reinterpretation der Moral kann eine Ideologie selbst zur Schaffung dieses begünstigenden Rahmens beitragen. Ist dieser Rahmen ausreichend, um Verbrechen unvermeidlich zu machen? Und kann dieser zu Verbrechen selbst gegenüber der dominierenden Ideologie des jeweiligen politischen Systems führen?

Meines Erachtens hat die Antwort auf diese Fragen mit dem revolutionären Messianismus des Kommunismus zu tun.

4. Hätte die kommunistische Ideologie eine nicht-totalitäre Gesellschaft hervorbringen können?

Die marxistische Kommunismustheorie entstand als Ergebnis der marxistischen Geschichtstheorie. Der Kommunismus entstand als „logische Folge“ aus dem Verlauf der Weltgeschichte, als Spannung zwischen den Produktionsbeziehungen und dem Besitz der Produktionsmittel. Die kommunistische Eschatologie, wie verschiedene Denker aufgezeigt haben, stellt sich eigentlich als ein „übertragenes Christentum“ dar (Russel, *Philosophie des Abendlandes*; Bell, *Ideology and Soviet Politics*; Hayek, *The Fatal Conceit*). Der Kommunismus ist das irdische Paradies der Arbeiterklasse, und der kommunistischen Partei wird eine messianische Rolle zugesprochen. Ein grundlegender Schritt, der die kommunistische Utopie von anderen ähnlichen Konstrukten unterscheidet, wird in dem Moment unternommen, in dem das Manifest der Kommunistischen Partei zur Aktion aufruft, um die perfekte Gesellschaft zu errichten. Marx fällt es nicht allzu schwer, den Aufruf zum Aktivismus mit der Gesetzmäßigkeit der sozialen und kommunistischen Revolution zu vereinbaren. Bei den kommunistischen Politikern des 20. Jahrhunderts aber schließt der Aktivismus die Theorie der natürlichen, historischen Entwicklung auf dem Weg zum Kommunismus beinahe vollkommen aus. Mit Lenin wird die kommunistische Ideologie eine im Kern revolutionäre Weltanschauung und das Konzept des Klassenkampfes mit konkreten, *physischen* Konnotationen angereichert. In den Mythologien der kommunistischen Parteien nimmt das Konzept der Revolution die zentrale Rolle ein und wird sogar in die Vergangenheit zurückprojiziert. Auf diese Weise erscheint bei der RKP (Rumänische Kommunistische Partei) das seltsame Konstrukt der „revolutionären Tradition des Volkes", indem die historische Reihe der Produktionsbeziehungen durch eine Reihe von Revolutionen, von Bobâlna 1437[3] bis zum 23 August 1944[4], ersetzt wird. Der Klassenkampf musste in all diesen Revolutionen identifiziert und herausgestellt werden. Die Marx'sche ökonomische Theorie der aufeinanderfolgenden Produktionsbeziehungen verwandelt sich in eine Theorie der aufeinanderfolgenden Revolutionen. Der wissenschaftliche Charakter der Marx'schen Beweisführung wird völlig ausgeblendet, und die Theorie des permanenten Klassenkampfes zwingt der Gesellschaft eine Logik des Krieges auf. Die Gesellschaft wird nicht mehr aus ökonomischer Perspektive als eine Vielfalt von Tauschbeziehungen, sondern nur noch als eine von Machtverhältnissen betrachtet. All dies hatte zur Folge, dass die kommunistische Ideologie, unter anderem auch die von Ceauşescu, immer mehr verknöcherte und zu einer Ansammlung von Gewissheiten wurde.

Die Verknöcherung der kommunistischen Ideologie kann schon anhand von Lenins Texten herausgearbeitet werden. Interessant im Kontext der Ideologie als moralisches System sind insbesondere einige Fragmente seines Werks „Was tun?". Lenin entwickelt in diesen Fragmenten einen Diskurs, in dem er von der Inexistenz eines mittleren Weges, eines „dritten Weges", zwischen der „bourgeoisen Ideologie" und der des Kommunismus spricht. Er schließt mit der Behauptung ab, dass „ein auch noch so geringes Abweichen von der

[3] Bei dem Aufstand von Bobâlna im Jahre 1437 handelt es sich um eine ausgedehnte Bauernerhebung in Siebenbürgen gegen die zunehmende Unterdrückung durch den Adel. [Anmerkung des Übersetzers]

[4] Am 23 August 1944 schied Rumänien aus der Allianz mit dem Dritten Reich aus, um zwei Tage später Hitler-Deutschland den Krieg zu erklären und an der Seite der UdSSR den Krieg fortzuführen. Dieser Tag wurde zum Nationalfeiertag des kommunistischen Rumäniens. [Anmerkung des Übersetzers]

kommunistischen Ideologie die Verstärkung der bourgeoisen Ideologie zur Folge hat" (Lenin, 1961). Anhand dieser Schriften stellte Daniel Bell die Behauptung auf, dass die leninistische Ideologie „ein totalitäres Glaubenssystem" sei (Bell, *Ideology and Soviet Politics*).

Anscheinend hätte dies nicht in allen Ländern und während der gesamten kommunistischen Ära der Fall sein müssen. Vor allem nach Chruschtschows Kritik am Stalinismus hätte man schlussfolgern können, dass die stalinistischen Exzesse und die moralische Rigidität nicht notwendigerweise Teil der kommunistischen Ideologie seien.

Gegen Mitte der 1960er Jahre des vergangenen Jahrhunderts leiteten Gruppierungen innerhalb der kommunistischen Parteien in fast allen osteuropäischen Ländern Reformen oder zumindest Debatten über die Einführung einer sogenannten „technokratischen Richtung" ein, welche die Tatsache verschleierte, dass die KP eine Differenzierung der Gehälter für differenzierte Arbeit gebilligt hatte (Reisz/Stockmann, *Zwischen Expansion und Kontraktion*).[5] Anfangs hatten die Technokraten mehr oder weniger Erfolg. Der Kommunismus schien zunächst eine ideologische Erneuerung zu akzeptieren, aber nach dem Prager Frühling wurde es immer klarer, dass die technokratische Reform sogar zum Verlust der kommunistischen ideologischen Basis führen könne. Die antireformistischen Kommunisten gewannen für den Augenblick die „Schlacht" mit der Folge, dass das System verknöcherte. Das von den osteuropäischen KP's vorgeschlagene politische System schien sich dann als unreformierbar zu erweisen, und die moralische Rigidität des Leninismus stellte sich wieder ein. Die Reformierung an sich führte zur Zerstörung des Systems. Es spielt keine allzu große Rolle, ob das System tatsächlich unreformierbar war, für uns reicht es im Moment festzustellen, dass die Wiederkehr des Kommunismus stalinistischen Typs' mit dem Potenzial oder der angenommenen Gefahr der sogenannten „Rechtsabweichung" gerechtfertigt werden konnte. Bell zufolge ist dies der

[5] In Rumänien führte Alexandru Bârlădeanu eine kleine reformistische Gruppierung an, die ein programmatisches Dokument ausgearbeitet hatte, das aber noch nicht einmal zur Diskussion vorgelegt wurde (Tismăneanu, *Stalinism for all seasons*).

Moment, an dem die kommunistische Ideologie, abgesehen vom Glauben an die Dogmen des Kommunismus (dem dialektischen und historischen Materialismus, dem wissenschaftlichen Sozialismus etc.) den Glauben an die Partei als unfehlbare Organisation ins Feld führte (Bell, *Ideology and Soviet Politics*).

Die oben ausgeführten Betrachtungen kennzeichnen ein System, das auf Gewissheiten gründet und in dem jegliche Abweichung die Gefahr der Zerstörung des Systems an sich beinhaltet. Als Folge davon wird der „Abweichler" sogar noch stärker als der erklärte ideologische Gegner gerügt. Die Ideologie, die das künftige Glück verheißt, erlaubt keine individuellen Interpretationen, denn diese können das Erreichen dieses Glücks, die kollektive „Erlösung" selbst, in Frage stellen. Die Ideologie wird also von neuem totalitär. Sie zwingt eine totale Kontrolle über alle möglichen Abweichungen auf.

Mehr noch, das politische System des Kommunismus gründet auch auf einer Plan- und Befehlswirtschaft. Marx identifiziert die Entfremdung der Arbeiterklasse von den Produktionsmitteln als Haupthindernis auf dem Wege zum allgemeinen Glück. Die Lösung, die er vorschlägt, liegt in der kompletten Abschaffung des Privateigentums an diesen Mitteln. In der daraus resultierenden Wirtschaft eines solchen Systems fungiert der freie Markt nicht mehr als Motor für diese Wirtschaft, der die Profitmaximierung der Eigentümer an den Produktionsmitteln vorantreibt. Eine komplette Planung der Wirtschaft ersetzt den freien Markt in allen Ländern, die den Kommunismus einführen möchten. Die zentralisierte Planung muss selbstverständlich von einer zentralisierten Kontrolle der Planumsetzung begleitet werden. Die Wirtschaftsführung gründet nicht mehr auf dem Mechanismus der Nützlichkeit verschiedener individueller Protagonisten in der Wirtschaft, sondern auf einem System der Direktiven. In diesem System repräsentiert jede Privatinitiative eine Gefahr für das rigoros kalkulierte Gleichgewicht. Auf diese Weise wird auch die Wirtschaft, genauso wie die Ideologie, ein totalitäres System.

In der Theorie der politischen Ökonomie des Kommunismus, so wie diese ideologisch begründet und in die Praxis umgesetzt wurde, wird der Profit ausschließlich negativ konnotiert. Der Zweck der kommunistischen Unternehmen besteht nicht darin, Profit zu erzielen. Untersucht man die osteuropäischen Gesellschaften in ihrer Gesamtheit, entsteht der Eindruck, dass der Zweck der Unternehmen eher in der völligen Absorbierung der vorhandenen Arbeitskraft lag, oder anders ausgedrückt, in der Sicherstellung des Rechtes auf Arbeit. Die komplette Absorbierung der vorhandenen Arbeitskraft durch ein, wenn auch nur theoretisch, komplett kontrolliertes System stellt an sich schon eine Eingliederung in ein totalitäres System dar.

Die von den kommunistischen Parteien aufgebaute Gesellschaft ist in ideologischer Hinsicht also totalitär, impliziert die totale Kontrolle der Wirtschaft; auch der Versuch einer totalen Kontrolle des Privatlebens wird unternommen.

Wäre also eine nicht-totalitäre Gesellschaft, die auf der kommunistischen Ideologie gründete, möglich gewesen? Obwohl alle oben angeführten Argumente zu einer negativen Antwort führen, habe ich darauf noch keine völlig zufriedenstellende Antwort gefunden. Die Frage an sich ist aber von eminenter Wichtigkeit. Wenn eine auf der kommunistischen Ideologie gründende offene Gesellschaft möglich wäre, dann wäre nicht die kommunistische Ideologie an sich verantwortlich für die begangenen Verbrechen, sondern die Art und Weise, wie diese implementiert wurde. Ein solcher Diskurs fand eine weite Verbreitung im Rumänien der 1990er Jahre und würde wahrscheinlich auch noch heute viele Anhänger finden. Im Kern lautet die diesbezügliche Aussage folgendermaßen: „Der Kommunismus war gut, er wurde aber schlecht in die Praxis umgesetzt".

Stellen wir uns also eine offene kommunistische Gesellschaft vor. Das Bergson'sche Konzept einer offenen Gesellschaft, von Popper vereinfacht, kann auf der Hypothese gründen, dass es keinem Individuum möglich ist, über die Gesellschaft eine komplette Kenntnis zu besitzen. Von diesem Standpunkt aus schlussfolgert Popper auf überzeugende Weise auf die Unmöglichkeit einer perfekten Regierung und definiert infolgedessen eine offene Regierung als eine, die ersetzt werden kann, ohne zur Gewalt greifen zu müssen (Popper, *Die offene Gesellschaft und ihre Feinde*). Eine kommunistische Regierung setzt aber, wie wir gesehen haben, eine komplette Kenntnis der Gesellschaft voraus und kann also nicht offen sein. Die Prämissen der kommunistischen Ideologie an sich sind nämlich denen einer offenen Gesellschaft völlig konträr.

Letztendlich kann man davon ausgehen, dass aufgrund der bisherigen logischen Argumentation die kommunistische Ideologie nicht zufällig zu totalitären Gesellschaften geführt hat. Die Eliminierung der individuellen moralischen Verantwortung, die so typisch für solche Gesellschaften ist, fand durch die Absicht einer kompletten funktionalen Hierarchisierung der Gesellschaft statt und durch das für sich in Anspruch genommene teleologische Projekt. Diese wurden durch die Abschaffung des Rechtsstaates noch unterstützt und eröffneten auf diese Weise den Weg der brutalen Menschenrechtsverletzungen. Der Unterschied zur nationalsozialistischen Ideologie ist aber offensichtlich. Im Unterschied zu dieser hat die kommunistische Ideologie keiner Menschengruppe das Existenzrecht abgesprochen. Die kommunistische Ideologie hat das Existenzrecht einiger *gesellschaftlicher Rollen* geleugnet, nämlich das der gesellschaftlichen Rolle des Eigentümers an Produktionsmitteln. Dieses hätte aber nicht notwendigerweise zu einer Negierung des *Rechtes auf Leben* dieser *physischen* Personen führen müssen, die Träger dieser gesellschaftlichen Rolle waren, da das Recht auf Leben auch durch die kommunistische Ideologie garantiert wurde. Nur ihre Funktionalität, die in den Produktionsbeziehungen vorhanden war, hätte verschwinden müssen. Als beispielsweise die Gutsuntertänigkeit in den rumänischen Fürstentümern Mitte des 19. Jahrhunderts abgeschafft wurde, verschwand damit allmählich auch eine gesellschaftliche Rolle, nämlich die der Gutsbesitzer, nur führte dies nicht zur Verletzung anderer Rechte dieser Personen. Im Kommunismus war dies nicht der Fall.

Die Verletzung des Rechtes auf Leben derer, die nicht in die neuen Machtverhältnisse passten, war notwendigerweise das Resultat des Versuchs, die kommunistische Idee in die Wirklichkeit umzusetzen. Die Direkttäter an diesen Verbrechen wurden bei ihren Taten, wie bereits erwähnt, durch die Tatsache unterstützt, dass ihnen die individuelle Verantwortung abgenommen wurde. Die Unterwerfung, sowohl gegenüber einer formalen Autorität des allumfassenden bürokratischen Systems, als auch gegenüber dem höchsten Ziel einer „goldenen Epoche", führte dazu, dass in allen ideologisch-totalitären Systemen die individuell-moralische Verantwortung nicht problematisiert wurde. Wie in den Experimenten Zimbardos und Milgrams beschrieben, führen die Übernahme bestimmter Rollen sowie Gehorsam gegenüber Autoritäten zu einem Transfer der moralischen Verantwortlichkeit, der dadurch den Rahmen für das Begehen von Taten von schwer vorstellbarer Brutalität schafft. Kriminelle Handlungen, die typisch für totalitäre Institutionen wie Armee oder Gefängnis sind, besaßen ein günstiges Umfeld, um sich im totalitären Kommunismus auf der Ebene der gesamten Gesellschaft auszubreiten. Solche Handlungen wurden oftmals, auch im moralischen Kontext des Kommunismus, kriminalisiert und im Allgemeinen als „Exzesse" definiert. Zu keiner Zeit wurden diese jedoch so betrachtet, als wären sie dem totalitären System inhärent, als würde die Erschaffung einer zukünftigen kommunistischen Gesellschaft darauf fußen. Die Tatsache, dass die Verbrechen, selbst jene gegen die eigene Definition der kommunistischen Moral, in verschiedenen Gesellschaften in unterschiedlichem Ausmaß stattgefunden haben, aber gleichzeitig nirgendwo allumfassend waren, verdankt sich zu einem Großteil der Unmöglichkeit einer totalen gesellschaftlichen Planung, das heißt der Unmöglichkeit eines vollständig perfekten Systems, nicht aber der fehlenden Absicht der kommunistischen Ideologie.

Aus dem Rumänischen von Adrian Teleabă

Literaturverzeichnis

ALY, GOETZ: *Hitlers Volksstaat. Raub, Rassenkrieg und nationaler Sozialismus*, Frankfurt am Main: Fischer 2005.

ARENDT, HANNA: *Eichmann in Jerusalem: A Report on the Banality of Evil*, London: Faber & Faber 1963.

ASKENAZY, HANS: *Are we all Nazis?*, Secaucus: Lyle Stuart Inc. 1978.

BELL, DANIEL: „Ideology and Soviet Politics", in: *Slavic Review*, Bd. 24, Nr. 4 (1965), S. 591-603.

GOFFMANN, ERVING: *Asylums. Essays on the Social Situation of Mental Patients and Other Inmates*, New York: Doubleday 1961.

VON HAYEK, FRIEDRICH: *The Fatal Conceit. The Errors of Socialism*, Chicago: University of Chicago Press 1988.

LENIN, VLADIMIR ILIČ: *Ce-i de făcut? [Was Tun?]*, in: *Opere complete*, Bd. 6, Bucureşti: Editura politică 1961.

MILGRAM, STANLEY: *Obedience to Authority. An Experimental View*, New York Harper & Row 1974.

POPPER, KARL R.: *Conjectures and Refutations: The Growth of Scientific Knowledge*, London: Routledge 1963.

POPPER, KARL R.: *Societatea deschisă şi duşmanii ei [Die offene Gesellschaft und ihre Feinde]*, Bucureşti: Humanitas 2005.

REISZ, ROBERT / STOCK, MANFRED: „Zwischen Expansion und Kontraktion. Zur Inklusion ins Hochschulsystem in Osteuropa 1950 – 2000", in: *Berliner Journal für Soziologie*, Nr. 1 (2006), S. 77-93.

RUSSELL, BERTRAND: *Istoria filosofiei occidentale [Philosophie des Abendlandes]*, Bucureşti: Humanitas 2005.

SLOTERDIJK, PETER: *Regeln für den Menschenpark. Ein Antwortschreiben zu Heideggers Brief über den Humanismus*, Frankfurt a.M.: Suhrkamp 1999.

STONE, DAN: „Genocide as Transgression", in: *European Journal of Social Theory*, 7, 1 (2004), S. 45-65

TISMĂNEANU, VLADIMIR: *Stalinism for all seasons*, Berkeley (u.a.): University of California Press 2004.

TISMĂNEANU, VLADIMIR: „Mărirea şi decăderea religiilor seculare" [Wachstum und Zerfall säkularer Religionen], Microsoft-Konferenz, veröffentlicht in: *Orizont* (Timişoara) Nr. 9 (2005).

WALLERSTEIN, IMMANUEL: *After Liberalism*, New York: New Press 1995.

ZIMBARDO, PHILIP G.: *Stanford Prison Experiment. A Simulation Study of the Psychology of Imprisonment*, Philip G. Zimbardo, Inc. 1972.

EDDA BINDER-IIJIMA

Der oppositionelle Diskurs über die Monarchie in Rumänien nach 1989

Noch Jahre nach der „Revolution“ von 1989 war an der Mauer der Architekturfakultät im Zentrum Bukarests die Losung *Monarhia salvează România* – „Die Monarchie (er)rettet Rumänien“ zu sehen. Kaum mehr beachtet, erinnerte sie an den Protest und an das Alternativprogramm der Opposition in der ersten Hälfte der neunziger Jahre gegen das von den Postkommunisten unter Führung von Ion Iliescu etablierte Regierungssystem mit seinen vielen Kontinuitäten von kommunistischer Herrschaftsausübung und -mentalitäten. Die zentrale Frage, welche Richtung Rumänien nach dem Dezemberumsturz von 1989 einschlagen solle, wie ein Neuanfang aussehen könnte, hing – das machte diese Losung mit ihrem Manifestcharakter deutlich – eng mit dem Umgang mit der eigenen Geschichte zusammen. Gerade die Monarchie konnte aufgrund der Tatsache, dass mit dem 1921 geborenen König Mihai eine Herrschaftsalternative zur Verfügung stand, die Legitimität der Iliescu-Regierung in Frage stellen. So ist es kein Zufall, dass sich während der ersten Hälfte der 1990er Jahre, die durch starke Spannungen und einem unversöhnlichen Ton zwischen der Regierungsmacht unter Iliescu und der Opposition gekennzeichnet war, die Auseinandersetzung zwischen beiden auch auf dem Gebiet der Staatsform abspielten.

Die drei Begriffe, aus denen sich der oben genannte Leitspruch zusammensetzte, verwiesen in ihren semantischen Bezügen auf verschiedene Bereiche, die für den oppositionellen Diskurs wichtig waren: Erstens bedeutete die *Monarchie* das Gegenteil von *Republik*. Die Republik wiederum verband sich eng mit dem kommunistischen Regime, da diese Staatsform von den Kommunisten Ende 1947 mit der Sowjetmacht im Rücken als Novum in der rumänischen Geschichte eingeführt worden war.[1] Damit stand die Republik unter

[1] Am 30. Dezember 1947 wurde König Mihai zur Abdankung gezwungen, die am selben Tag durch eine Sitzung der Abgeordnetenkammer unter dem Vorsitz des

dem Signum eines von außen aufgezwungenen Unrechtssystems, in dem das eigene Volk über 40 Jahre lang unterdrückt worden war. Zugleich wurden die Gültigkeit der erzwungenen Abdankung von Mihai am 30. Dezember 1947 und die vom Procedere her verfassungswidrige Ausrufung der Republik am selben Tag durch ein Rumpfparlament in Frage gestellt. Auf diesen Punkt spielte die Aussage in einem Artikel von Adrian Niculescu Anfang Mai 1992 in der Zeitschrift *(Revista) 22* an, in dem es hieß: „Rumänien hat nie aufgehört, etwas anderes als eine konstitutionelle Monarchie zu sein, denn die Ausrufung der Republik war ungültig und die Abdankung von König Mihai, da erzwungen, null und nichtig."[2] Das bedeutete die Illegitimität der kommunistischen Herrschaft insgesamt und somit auch die der Nachfolgeregierung unter Ion Iliescu, während im Umkehrschluss die rechtmäßige Herrschaft dem König zustand. Indem man dadurch implizit auf eine demokratische Regierungsform vor dem Machtantritt der Kommunisten verwies, machte man auf das in den Augen der Opposition vorhandene Demokratiedefizit der Iliescu-Herrschaft aufmerksam.

Des Weiteren stellte die Berufung auf die Monarchie einen wichtigen Bezug zu einer genuin rumänischen Geschichte her, da diese eng mit der monarchischen Spitze als Fürst oder König verbunden war. Die Monarchie bedeutete in diesem Kontext eine Institution, die die über die Jahrhunderte bewahrte Eigenständigkeit repräsentierte und symbolisierte. Mit der Errichtung der Dynastie von Hohenzollern-Sigmaringen (1866) kam ein weiterer wichtiger Aspekt hinzu: die politische Ausrichtung zum Westen hin. Unter seinen Königen (1881: Ausrufung zum Königreich) hatte Rumänien eine anerkannte

---

bekannten Schriftstellers Mihail Sadoveanu in Form eines Gesetzes einstimmig angenommen wurde. IONESCU, *Dezvoltarea constituțională*, S. 757-764. In dem Abschlussbericht der Präsidentenkommission über die Analyse der kommunistischen Diktatur in Rumänien wurde die erzwungene Abdankung König Mihais mit zu den wichtigsten kriminellen Handlungen der kommunistischen Partei gezählt, die zu einer Verurteilung des Kommunismus berechtigten: COMISIA PREZIDENȚIALĂ pentru analiza dictaturii comuniste din România: *Raport Final*, S. 774.

[2] NICULESCU: „Dacă s-ar întoarce coroana la București" [Wenn die Krone nach Bukarest zurückkäme], in: *22*, 1.-7. Mai 1992, nr. 17 anul III, S. 6.

Stellung in Europa erlangt und verstand sich als Teil einer an den Westen ausgerichteten europäischen Staatenordnung. Die Monarchie verband sich somit mit Modernisierung, Europäisierung und einem bestimmten politischen und kulturellen Selbstwertgefühl. König Mihai stand für diese europäische Dimension[3] und für eine Prestigeerhöhung des Landes, während die Iliescu-Regierung mit ihrem gewaltsamen Vorgehen gegen die Opposition wie der *Mineriada*[4] im Jahre 1990 und der zunächst erfolgten außenpolitischen Anbindung an die Noch-Sowjetunion das Land diskreditiert und gegen anerkannte europäische Normen verstoßen hatte.

Zweitens zielte das Verb „retten, erretten", das die Verbindung zwischen Monarchie und dem Land herstellte, auf die Erlösung des Landes vom Kommunismus und seinem Erbe und sprach gleichzeitig Iliescu den Status eines „Erretters" vom Kommunismus ab, den er für sich und seine Rolle in den Revolutionstagen in Anspruch genommen hatte. Die Semantik von „erlösen" reichte natürlich auch in die Sphäre des Numinosen hinein, die eine Monarchie umgab. Die Losung *Monarhia salvează România* stellte die Iliescu-Herrschaft unter Anklage: Sie habe die Ideale des Dezemberaufstands von 1989 verraten und das Volk seiner aufgrund des Kampfes wieder gewonnenen Würde beraubt. Dieses Regime widersprach europäischen Werten aufgrund der anhaltenden korrumpierten und korrumpierenden Praktiken einer kommunistisch geprägten Elite mit Iliescu an der Spitze, die eine wirkliche Erneuerung und Demokratisierung des Landes verhinderte. Kommunistische Vergangenheit und – auch – Gegenwart gerieten zu einem illegitimen Zwischenspiel der rumänischen Geschichte.[5]

Das Thema der Monarchie bildete einen wichtigen Teil der „Gegen-

---

[3] Bereits unter Ceauşescu implizierte die Berufung auf Europa als Raum von Kultur eine Gegnerschaft zu der Barbarei und Kulturlosigkeit Ceauşescus: VERDERY, *National Ideology*, S. 1f.

[4] Aufmarch der Bergleute aus dem Jiu-Tal nach Bukarest im Juni 1990, um die Opposition gegen das Regime des Präsidenten Iliescu mit Gewalt zu zerschlagen.

[5] PAPACOSTEA: „Monarhie şi constituţie", http://www.revista22.ro/monarhie-si-constitutie-3731.html (18. Mai 2009).

ideologie“ eines antikommunistischen Narrativs der Opposition, das durch eine dichotome Struktur mit starken moralischen Untertönen gekennzeichnet war.[6] Besonders ausdrucksstark unterstrich dies der rumänische Philosoph und Begründer des Humanitas-Verlags, Gabriel Liiceanu, in einem Artikel in der Wochenzeitschrift *22*[7] von Mitte Januar 1992 mit dem Titel „Die zwei Porträts“ (Cele două portrete).[8] Er verglich darin die Lage Rumäniens nach der Revolution mit dem berühmten Höhlengleichnis aus der *Politeia* von Platon, in dem die angeketteten Menschen in der dunklen Höhle lieber ihrer Schattenwelt glauben als jemandem, der oben das Licht der Sonne gesehen und die wahre Realität der Gegenstände erkannt hat. Nach seiner Rückkehr stößt dieser auf Unverständnis und wird am Ende umgebracht, da er die vertraute Welt der Höhlenbewohner in Frage gestellt hat. Liiceanu überträgt das Gleichnis, das die platonische Erkenntnistheorie veranschaulicht, auf die zeitgenössische Situation:

> Das Furchtbare, das sich bei uns nach einigen Jahrzehnten des Kommunismus abspielt, besteht darin, dass wir die Psychologie und das Denken des Gefängnisses und der Höhle verinnerlicht haben. Wir sehen unsere Ketten mit Zärtlichkeit an, wir lieben die Wände der Höhle, das flackernde Licht und die Schatten, die es projiziert. Wir weigern uns, hinauszugehen in das starke Licht der Sonne. Wir haben einen König, der von kommunistischen Außerirdischen verjagt wurde und der ein Symbol unserer verlorenen Freiheit wurde. Wir weigern uns, ihn wiederzufinden als ein Symbol unserer wiedererlangten Freiheit, wir wählen mit geschlossenen Augen einen dieser Außerirdischen, die uns die Freiheit gestohlen und das Symbol unserer Freiheit vertrieben haben.[9]

---

[6] TANASOIU: *Intellectuals and Post-Communist Politics*, S. 83f.
[7] Ein führendes intellektuelles Oppositionsblatt seit der Revolution. Zur Bedeutung von *22* siehe: OANCEA, *Mythen und Vergangenheit*, S. 184.
[8] *22*, 17-24 Januar 1992, Nr. 2 (103).
[9] *22*, 17-24 Januar 1992, Nr. 2 (103). „Lucrul teribil care se petrece cu noi după cîteva decenii de comunism este că ne-am interiorizat psihologia şi gîndirea închisorii şi a peşterii. Ne privim lanţurile cu tandreţe, iubim pereţii peşterii,

Während dieses Beispiel auf die Haltung der Mehrzahl seiner Zeitgenossen abzielt, geht Liiceanu zur Kennzeichnung der Illegitimität des bestehenden Regimes noch einen Schritt weiter, indem er Shakespeares *Hamlet* zur Veranschaulichung der ungerechtfertigten Herrschaft der Postkommunisten durch ein Verbrechen heranzieht.[10] Explizit verurteilt er die „Maskerade der Wahlen vom 20. Mai 1990" und das Referendum für die Verfassung vom Dezember 1991, eine Verfassung, in der die Staatsform nicht Gegenstand einer Verfassungsänderung sein darf. Der König wird hier zu der lichtvollen Symbolgestalt für Freiheit, wobei auch der Bezug zum Erlöser hergestellt wird.

Die Vergleiche Liiceanus in diesem Text bestätigen die auch an anderer Stelle zu beobachtende elitäre Auffassung eines Teils der Intellektuellen, die das Wahlvolk als unreif, ungebildet und leicht zu manipulieren einstufen, da es mit der Freiheit nichts anzufangen weiß.[11] Weiter fällt auf, dass es sich bei dem Text von Liiceanu um keine historisch abwägende Auseinandersetzung mit der Monarchie handelt, sondern dass er auf einer metaphysischen Ebene angesiedelt ist und mit einem antagonistischen Schwarz-Weiß-Schema argumentiert. In den Oppositionszeitungen bündelte die Monarchie alle Argumente des antikommunistischen Diskurses: die Rückkehr zur Normalität, der Wiedererlangung von Ehre, Wahrheit und Würde; von Einheit und Beständigkeit, von Freiheit.[12] Mihai wurde zur

---

lumina incertă şi umbrele pe care ea le proiectează. Refuzăm să ieşim afară, la lumina tare a soarelui. Avem un rege care a fost izgonit de extratereştrii comunişti, devenind un simbol al libertăţii noastre pierdute. Refuzăm să-l regăsim, ca pe un simbol al libertăţii noastre regăsite, şi alegem cu ochii închişi pe unul dintre extratereştrii care ne-a furat libertatea şi a izgonit dintre noi simbolul libertăţii noastre. Deci alegem cu ochii închişi nelibertatea, votăm pentru rămînerea în peşteră."

[10] Ebd.

[11] TANASOIU, *Intellectuals and Post-Communist Politics,* S. 98f. Über die vergangene und gegenwärtige Kluft zwischen Elite und Volk siehe auch die Überlegungen von Patapievici in seinem Essay: *Înapoi la chestiunea specificului naţional* [Zurück zur Frage des nationalen Spezifikums], in dem er die Rückkehr zu einem Zensuswahlrecht fordert: PATAPIEVICI, *Politice*, S. 59-69, hier S. 67f.

[12] PIPPIDI: „Onor la Rege" [Ehre dem König], in: *22*, 1.-7. Mai 1992, nr. 17 anul III, S. 7.

Symbolfigur für „Reinheit und Nichtkontaminiertheit“, unverzichtbar für die moralische Gesundung des Staates, er wurde auch als der entscheidende politische Faktor für Ausgleich und Stabilität angesehen.[13] Die Person des Königs bot die Chance, mit der Berufung auf eine demokratische Vergangenheit das Land vom Erbe des Kommunismus zu befreien und mit einem Wiederaufbau zu beginnen.[14] Als Hauptfigur der Antihaltung gegen die postkommunistische Machtelite stellte er auch eine Art von Ehrenrettung Rumäniens im Hinblick auf den Widerstand gegen das kommunistische Regime dar: Die Tschechoslowakei hatte Havel, Polen Walesa und die Rumänen den König.[15] Eine historische Rechtfertigung wurde in der Symbiose des Königshauses mit den positiven Konnotationen von Fortschritt, Europäisierung und dem Ansehen Rumäniens konstruiert, die Monarchie besaß somit ein symbolisches Kapital, das sowohl eine demokratische wie geschichtliche Tradition betraf als auch die Anerkennung von außen.[16]

Daneben erschienen pro-monarchische Arbeiten, die gleichfalls die historische Bedeutung der Monarchie mit der aktuellen Politik verbanden und in der Wiederaneignung der Geschichte, in der die Könige einen wichtigen Platz einnahmen, die Bedingung dafür sahen, die wahre Identität des Landes wieder zu finden.[17] Mit dem erstmaligen Besuch von König Mihai zu Ostern 1992 sei auch „die Geschichte zurückgekommen, die Geschichte, mit der sich seine [des Königs] Taten und die seiner Vorgänger unauflösbar mit dem Schicksal des modernen Rumänien verflochten haben.“[18] Ein wichtiges Anliegen dieser Arbeiten bestand darin, über die Geschichte der Monarchie und ihre Bedeutung aufzuklären, denn Generationen von Schülern und Studenten waren indoktriniert worden, dass die Köni-

---

[13] NICULESCU: „Dacă s-ar întoarce coroana la Bucureşti“, in: *22*, 1.-7. Mai 1992, nr. 17 anul III, S. 6.

[14] PEPINE: „Unde vor duce limitările constituţionale“ [Wohin führen die konstitutionellen Beschränkungen], in: *22*, 1.-7. Mai 1992, nr. 17 anul III, S. 3.

[15] NICULESCU (s. Fußnote 12).

[16] NICULESCU (s. Fußnote 12).

[17] PIPPIDI, *România Regilor* [Das Rumänien der Könige], S. 5.

[18] Ebd.

ge Rumäniens „die Feinde des Volkes“ seien, „das Blut aus dem Volk gesaugt hätten“, „das Land den Fremden verkauft hätten“, dass „sie keine Rumänen waren und sind“.[19] Die Ziele dieser Indoktrination bestanden in einer Verdummung der Menschen, um sie leichter manipulierbar zu machen und in dem Bruch der Zukunft mit der Vergangenheit, die Gerechtigkeit, Wahrheit und Freiheit verteidigt hatte.[20] Es fehlte daher auch nicht der Hinweis, dass die Tradition eine monarchische Form habe, dass die Monarchie die „älteste Grundlage des rumänischen Volkes“ sei.[21]

Eine einigermaßen objektive Diskussion über die Monarchie wurde in der Tat sowohl durch eine große Unkenntnis als auch durch die kommunistisch geprägte negative Sichtweise der Monarchie erschwert. Kaum ein anderes Thema war in der kommunistischen Zeit derart totgeschwiegen bzw. diffamiert worden wie die Monarchie. Es gab zwar einen Versuch, auf literarischer Ebene dieses Schweigen zu durchbrechen, doch führte dies zu keiner geschichtlichen Neubewertung. So erschien Carol I. in dem zehnbändigen Romanzyklus von Paul Anghel, einem Vertreter des sogenannten Protochronismus,[22] über den Unabhängigkeitskrieg 1877/78 *Zăpezile de acum un veac* [Der Schnee vor einem Jahrhundert][23] als eine

---

[19] HOSSU LONGIN, *Monarhia românească*, S. 6.

[20] Ebd. Vgl. auch die Aussagen von Romulus Rusan und Ana Blandiana über das Verschweigen der Vergangenheit in ihren Beiträgen in diesem Band.

[21] PIPPIDI, *România regilor*, S. 7 („Tradiția era aceea a formei monarhice“ [Bei der Tradition handelt es sich um diejenige der monarchischen Form]); HOSSU-LONGIN, *Monarhia românească*, S. 7, in der Übernahme eines Zitats von Iorga: „.. monarhia vine din cea mai îndepărtată amintire, din fondul tradițional cel mai adînc al poporului românesc.“ [Die Monarchie kommt von der am entferntesten liegenden Erinnerung her, von dem tiefsten Grund des rumänischen Volkes].

[22] Unter Protochronismus versteht man die These von den autochthonen Ursprüngen und der Erstmaligkeit rumänischer Kulturleistungen, verbunden mit der Ablehnung ausländischer Einflüsse. Diese These wurde zu der beherrschenden Kulturtheorie des nationalistischen Diskurses unter Ceaușescu. VERDERY, *National Ideology*, S. 167-214.

[23] 1. Ieșirea din iarnă; 2. Fluviile; 3. *Te Deum* la Grivița; 4. Noroaiele; 5. Scrisoare de la Rahova; 6. Noaptea otomană; 7. Zăpezile; 8. Cutremurul; 9. Întoarcerea morților; 10. Ieșirea la mare. In den Romanen wird Fürst Carol meistens als „El“ (Er) oder „Principele“ tituliert, selten mit seinem Namen.

positive Hauptfigur vor allem in seiner Eigenschaft als militärischer Führer. Auch der Film von Sergiu Nicolaescu über den Unabhängigkeitskrieg *Pentru patrie* [Für das Vaterland], der 1977 gedreht wurde und in dem zum ersten Mal König Carol – eigentlich Fürst zu dem Zeitpunkt – (gespielt vom Regisseur) auftrat, brachte keine Änderung des nationalistischen Geschichtsbildes, obwohl gerade am Erfolg des Unabhängigkeitskriegs Fürst Carol einen entscheidenden Anteil hatte.[24]

Die unterschiedliche Behandlung von König Mihai und in den dadurch verfolgten Zielen lässt sich anhand des Beispiels von Marschall Ion Antonescu, der 1946 als Kriegsverbrecher hingerichtet worden war, verdeutlichen. Antonescu erfuhr bereits in der nationalistischen Ceauşescu-Ära eine positive Neubewertung, da er im nationalen Interesse gehandelt habe. Auch hier machte ein Roman den Anfang, *Delirul* [Das Delirium] von Marin Preda, erschienen 1975. Die selektive Auswahl bestimmter Eigenschaften, die in das nationalistische Weltbild passten, ließ eine parodox erscheinende Rehabilitierung von Antonescu zu, der nun als Mann von Ordnung, Stabilität und Verteidiger der territorialen Integrität Eingang in die Geschichtsbücher fand.[25] Auf diese Art konnte auch der „Raub" Bessarabiens 1940 durch die Sowjetunion thematisiert und politisch die Annullierung des Hitler-Stalin-Paktes von 1939 gefordert werden. Das historische Narrativ unter Ceauşescu zeichnete sich zudem durch eine starke Personalisierung aus, die bestimmte Personen zu Nationalhelden stilisierte, wenn sie in das propagierte Schema der Verteidiger und Bewahrer der Nation passten. Da dieser Nationsdiskurs in erster Linie zur Herrschaftssicherung und -legitimierung von Ceauşescu benutzt wurde,[26] musste sich die Auswahl der Personen nach diesen

[24] http://www.filmeleadevarul.ro/movie/12/ (abgerufen 12. November 2010) mit einigen Erläuterungen und einem Interview von Nicolaescu zu diesem Film. Der Film wurde von den Partei-Historikern Ion Ardeleanu und Mircea Muşat überwacht. Es gab 1977 zudem eine Fernsehserie über den Unabhängigkeitskrieg, die auf dem Romanzyklus von Paul Anghel beruhte und die in ihrer vollständigen Version 1997 wieder im Fernsehen gezeigt wurde.

[25] DRULĂ, *Ion Antonescu şi Mihai*, S. 224-229.

[26] URSPRUNG, *Herrschaftslegitimation zwischen Tradition und Innovation*, S. 304-316.

Bedürfnissen ausrichten. Damit schieden die Könige sowohl aus ideologischen wie – und dies noch in stärkerem Maße – auch aus politischen Gründen aus, da der exilierte König lebte und seine Präsenz eine latente Bedrohung der kommunistischen Legitimität darstellte.[27] Antonescu erfüllte daher schon unter Ceauşescu die Funktion, die Monarchie zu diskreditieren, um so mehr als in den 80er Jahren des vergangenen Jahrhunderts die Brüchigkeit des Ceauşescu-Kultes sichtbar wurde. Dabei stellte die Heraushebung der Führerqualitäten des *Conducătors* Antonescu, der in schweren Zeiten von der Bevölkerung Opfer abverlangte, um den Krieg gegen feindliche Mächte zu gewinnen und die rumänische Nation zu verteidigen, einen nicht zu übersehenden Bezug zur Gegenwart und zum *Conducător* Ceauşescu her.

Die Beschlagnahme der rumänischen Geschichte durch die Nationalkommunisten und ihr Deutungsmonopol über die Geschichte bedeuteten daher von vornherein ein schweres Hindernis für die Opposition nach 1989, dieses Terrain für sich zu erobern und einen neuen Diskurs einzuführen. Hinzu kam, dass sich die intellektuelle Opposition während der Ceauşescu-Zeit in die Kultur zurückgezogen hatte und eine Strategie des Schweigens hinsichtlich des propagierten primitiven Chauvinismus verfolgte, dem auch ein Verständnis von elitärer Solidarität zugrunde lag.[28] Nach dem Dezemberaufstand von 1989 gab es daher auch keine Konzepte für eine staatliche Neuordnung hinsichtlich einer monarchischen Staatsform, obwohl der Diskurs darüber schnell einsetzte, gerade weil er als einzige Alternative zur neokommunistischen Machtübernahme erschien.[29] An

[27] Über die Aktivitäten von I. C. Drăgan und Gh. Magherescu um die Rehabilitierung von Antonescu im Westen siehe Drulă, *Ion Antonescu şi Mihai*, S. 230.
[28] Culic, *The Strategies of Intellectuals,* S. 53.
[29] Oft wird von Monarchisten die Meinung vertreten, dass 1989 gleich nach der Revolution die Gelegenheit verpasst wurde, die Monarchie wieder einzuführen, siehe den Artikel: „O idee în libertate: monarhia constituţională", in: *Adevărul* [Die Wahrheit] vom 2. 9. 2008: http://www.adevarul.ro/articole/o-idee-in-libertate-monarhia-constitutionala.html (abgerufen am 11.10.2009), Papacostea: „Monarhie şi constituţie", http://www.revista22.ro/monarhie-si-constitutie-3731.html (18.Mai 2009). Auch beim Osterbesuch 1992 bestand in dieser Optik

diesem Punkt zeigten sich nun die Folgen der früheren ideologischen Dominanz, denn die neu-alte Machtelite unter Iliescu konnte in ihren Gegenmaßnahmen auf das alte Muster zurückgreifen, was dem Durchschnittsrumänen vertraut war. In dem Maße, wie der Monarch auf Seiten der Opposition zur Erlösungsfigur für ein neues, würdiges Rumänien mit Anschluss an Europa wurde, griff man auf Ion Antonescu als Rettergestalt zurück und stilisierte ihn seinerseits zum Gegenbild gegen Mihai. In Antonescu vereinigten sich alle positiven Eigenschaften eines rumänischen Führers, und er verkörperte nun eine Märtyrerrolle für die nationale Sache. König Mihai dagegen konnte aufgrund seiner Rolle beim Umsturz am 23. August 1944 als Verräter der Nation hingestellt werden, der das Land den Sowjets ausgeliefert hatte.[30]

Wenn man bedenkt, dass es sich dabei um oft dieselben Leute handelte, die mit höchstem parademäßigen Aufwand und rhetorischen Pomp den 23. August in kommunistischer Zeit als staatsbegründenden Nationalfeiertag gefeiert hatten, als den Tag, an dem Rumänien seine „wirkliche" Befreiung erlebte, so reiht sich diese Sichtweise in eine Reihe absurder und grotesk-pervers anmutender Beurteilungen eines Teils der Öffentlichkeit ein, dem die Maßstäbe abhandengekommen sind.

Die Rehabilitierung Ion Antonescus wurde nicht nur publizistisch durch nationalistische Zeitungen wie „România Mare" [Großrumänien] oder „Europa" geführt, sondern geschah auch in der Literatur und im Film. In diesem Kontext löste der Film *Oglinda* [Der Spiegel] des Regisseurs Sergiu Nicolaescu vom Dezember 1993 heftige Debatten aus, da Mihai als derjenige dargestellt wurde, der den Marschall Ion Antonescu verraten und die Sowjetisierung des Landes ermöglicht hatte. Antonescu erschien als der wahre Patriot – auch seine Hinrichtung wurde gezeigt –, während Mihai als Kompli-

eine Möglichkeit der Einführung der Monarchie.

[30] DRULĂ, *Ion Antonescu şi Mihai*, S. 235. CIOBANU, *Noi convorbiri*, S. 248. Dort berichtet Mihai von einer kleinen Gruppe mit Plakaten, auf denen stand „Asasinul mareşalului Antonescu" [Der Mörder von Marschall Antonescu] oder „Regele bolşevic" [Bolschewistischer König].

ze der Kommunisten handelte. Der König wurde somit als der Hauptschuldige für die Einführung des Kommunismus ausgemacht. Dementsprechend gab es vernichtende Kritiken auf Seiten der Opposition, die den Film als Angriff sowohl auf den König als auch auf die Geschichte interpretierten mit dem Ziel der Diskreditierung des Königs. Von „Verfälschung der Geschichte", vom „Angriff auf die Geschichte", „Gemeinheit", „Infamie", „Niedertracht der Regierung" sprachen die Kommentare, der Publizist Octavian Paler nannte den Film „faschistisch".[31] Die Umstände, wie der Film an Dokumentationsmaterial gekommen war, die Auswahl und Zusammensetzung von Zitaten sowie seine Ausstrahlung durch das staatlich kontrollierte Fernsehen zur besten Sendezeit am 30. Dezember 1993, ließen in der Tat nur die Auslegung einer von oben bestimmten erwünschten Interpretation der Ereignisse des 23. August 1944 zu.

Die Umdeutung Antonescus von einem Kriegsverbrecher zu einem rumänischen „Märtyrerhelden" schlug sich auch in der Umbenennung von Straßen, der Aufstellung von Büsten, der Herausgabe von Dokumenten durch ihm gegenüber positiv eingestellte Historiker nieder.[32] Schon am 1. Juni 1991 hatte das Parlament eine Schweigeminute für Ion Antonescu eingelegt, aber auch 1999 unter dem Präsidenten Emil Constantinescu kam es zu einer Feierstunde im Parlament.[33] Man betrieb nun auch seine politische und juristische Rehabilitierung. Vor allem rechtsextremistische, nationalistische Parteien fanden – und finden – in ihm eine Identifikationsfigur, allerdings wurde die wohlwollende Haltung auf Seiten der Regierenden immer mehr zu einer außenpolitischen Hypothek im Hinblick auf den Nato- und EU-Beitritt, so dass schließlich unter einer anderen Iliescu-

---

[31] *România liberă*, vom 4. Januar 1994 mit Artikeln verschiedener Autoren wie PETRE MIHAI BĂCANU, ROXANA IORDACHE u.a.

[32] Siehe die kritischen Beiträge von ANDREI PIPPIDI in seinem Aufsatzband: *Despre statui şi morminte* [Über Statuen und Grabmäler], S.226-244. Eine Übersicht über die seit 1989 erfolgten Schritte und Aktionen der Rehabilitierung von Antonescu: „Der Fall Antonescu – Cazul Antonescu": http://www.halbjahresschrift.homepage.t-online.de/ion.htm. DRULĂ, *Ion Antonescu şi Mihai*, S. 231-244.

[33] TOTOK, *Postkommunistische Märtyrologie*, S. 46.

Regierung 2002 ein Verbot hinsichtlich der Verehrung von Verbrechern gegen den Frieden und die Menschlichkeit erlassen wurde.

Eine ähnliche Rehabilitierung von König Mihai oder auch seinen Vorgängern fand politisch kaum statt, auch wenn man zu früheren monarchischen Namensgebungen von Straßen zurückkehrte.[34] Während im Fall von Antonescu die politische Entscheidung dem Diskurs vorausging, um diese Politik zu rechtfertigen, konnte bei König Mihai der Diskurs keine politische Entscheidung generieren. Das hing mit den eigentümlichen Machtverhältnissen nach 1989 zusammen, die eine starke Iliescu-Regierung hervorbrachten, die über den früheren Macht- und Sicherheitsapparat verfügte, gleichzeitig aber ein erhebliches Legitimationsdefizit aufgrund der ungeklärten Rolle der Postkommunisten während der blutigen Revolutionstage vom Dezember 1989 aufwies. Der Monarchiediskurs mit seinem Verweis auf den historisch illegitimen Herrschaftsantritt der Kommunisten und seinen Angriffen auf die neue Konstitution bedeutete einen weiteren Angriff auf die postkommunistische Herrschaft. Wie ernst Iliescu den König als Rivalen um seine Macht nahm, zeigte das Verhalten der Staatsmacht, die die geplanten privaten Besuche Mihais in Rumänien zu Ostern 1990 und Weihnachten 1990 auf eine unwürdige und demütigende Art und Weise unterband und ihn zusätzlich diffamierte. Die unter Gewaltandrohung erfolgte Abschiebung des Königs am 25. Dezember 1990 aus dem Land wurde mit seiner illegalen Einreise begründet und als Beispiel dafür, dass die königliche Familie das rumänische Volk nie respektiert habe.[35] Erst nachdem die Verfassung, die explizit eine Revision der Staatsform, der Republik, verbot, durch ein Referendum im Dezember 1991 bestätigt worden war, hielt Iliescu einen Besuch des Königs als Privatmann für nicht mehr gefährlich. Der Osterbesuch des „Privatmanns" Mihai 1992 geriet jedoch zu einer machtvollen Demonstration gegen den Präsidenten und seine Regierung. Die Begeisterung einer großen

[34] So erhielten wichtige Hauptstraßen in Bukarest und auch in anderen Städten ihre frühere Benennung nach den Königen/Königinnen oder Vorkriegspolitikern zurück.

[35] PORTER, *Michael of Romania*, S. 247.

Menschenmenge in Putna, vor allem aber in Bukarest mit promonarchischen rhythmisierten Sprechchören wie „Wir wollen keinen 10. Mai mehr ohne König Mihai" (*Nu mai vrem 10 mai fără Regele Mihai*) oder „Majestät, wir wollen Dich im Cotroceni-Palast" (*Majestate noi te vrem la Palatul Cotroceni*) bedeutete in den Augen der Opposition ein Referendum für die Monarchie und die legitime Ablehnung des Verfassungsreferendums vom Dezember.

Der Osterbesuch von Mihai 1992 und der begeisterte Empfang ließen für einen Augenblick die Monarchie als realisierbare Alternative zum bestehenden Regime erscheinen. Es gelang der Opposition aber nicht, dies in eine mehrheitlich befürwortende Politik umzusetzen, umso mehr, als sie selbst von dem diesmal genehmigten Besuch überrascht wurde.[36] Politisch reagierte vor allem die regierende Elite unter Iliescu, indem sie jetzt aktiv gegen den König vorging. Weitere Besuche wurden nicht mehr genehmigt, und verschiedene Aktionen galten seiner Diskreditierung im Lande wie ein Gerichtsverfahren wegen des illegalen Besitzes von Staatseigentum – es handelte sich dabei um 42 Gemälde – und die Anerkennung der Legitimität des Enkels von Carol II., Paul Lambrino, aus der Lambrino-Verbindung.[37] Dieser versucht seitdem, sich als Mitglied des Königshauses und als legitimer Nachfolger von Carol II. im gesellschaftlichen Leben Rumäniens Anerkennung zu verschaffen.[38] Die gegen den König ergriffenen Maßnahmen legten die Schwächung der Nationalen Front unter Iliescu offen. Diese war aufgrund der 1992 erfolgten Abspaltung der Gruppe um Petre Roman zum Regieren auf die extremistischen Rechtsparteien angewiesen, die den Antonescu-Kult offensiv vertraten.[39] Der Hinweis auf die republikanisch geprägte europäische

---

[36] CIOBANU, *Noi convorbiri*, S. 231f. Die Einladung an Mihai erging bezeichnenderweise von einem kirchlichen Repräsentanten, dem Erzbischof von Suceava, Pimen. Nach Meinung des Königs konnte die Opposition nicht mit dem politischen Kapitel des Osterbesuchs umgehen. PORTER, *Michael of Romania*, S. 257.

[37] Ebd. S. 259. Paul Lambrino wurde die Rückkehr nach Rumänien bereits 1991 gestattet.

[38] Siehe die Webseite von Paul Lambrino, der sich den Titel „Königliche Hoheit" zugelegt hat: www.princepaulofromania.com

[39] TOTOK, *Postkommunistische Märtyrologie*, S. 43f.

Umwelt war hingegen nicht so überzeugend, da man mit Spanien ein Gegenbeispiel vorweisen konnte, wie eine Diktatur mit Hilfe des Königs in eine Demokratie umgewandelt werden konnte, ohne das Land zu spalten.

In der ersten Phase der Regierungszeit von Ion Iliescu bis 1996 ging die Gegnerschaft des Königs zum Iliescu-Regime mit einer moralischen und politischen Aufwertung einher: Mit seiner Person konnte die Legitimität der Postkommunisten in Frage gestellt werden, er bedeutete eine moralisch-politische Erneuerung und gleichzeitig die Anknüpfung an demokratische Traditionen. Würde und Europäisierung ließen sich glaubhaft mit seiner Person verbinden. Im Grunde jedoch stand eine politische Alternative Republik – Monarchie nicht im Mittelpunkt einer öffentlichen Debatte. Weder die kritischen Intellektuellen und die Opposition noch der König waren von ihrem politischen Gewicht und Persönlichkeit her treibende Kräfte, politische Fakten zu schaffen. Das wurde deutlich, als mit Emil Constantinescu 1996 die bürgerlichen Parteien an die Macht kamen, die das Verhältnis zum König entspannten, ihm die rumänische Staatsangehörigkeit wieder zuerkannten, aber nicht die Rückkehr zur Monarchie einleiteten. Dies wurde auch in dem Leitartikel einer Ausgabe der Monatsschrift *Sfera Politicii* [Die politische Sphäre] aus dem Jahre 2000 analysiert, die sich dem Thema „Republik und Monarchie" widmete. In einem Kommentar mit der Überschrift *Dezbateri de formă, indiferență de fond* [Debatten der Form nach, Gleichgültigkeit gegenüber dem Inhalt] stellte der Autor nüchtern fest, dass das Thema Monarchie und König zu einem Mittel des Wahlkampfarsenals unterschiedlicher politischer Lager um die Führung im nachrevolutionären Rumänien geworden war.[40] Die Funktion des Königs als Protest und Gegenbild gegen die herrschenden Postkommunisten hatte in dem Maße ausgedient, als die frühere Opposition nun selbst die Regierung übernahm und nach 2000 unter der dritten Präsidentschaft von Iliescu auch die weitere Anbindung an Nato und Europäischer Union erfolgte. Mit diesen Themen konnte Iliescu nun positive, auf eine bessere Zukunft hin gerichtete Diskurse besetzen, die

[40] *Sfera politicii*, nr. 81/2000, S. 2 (ADRIAN CIOROIANU).

auch die Opposition vertrat. Damit verlor der König auch sein Monopol in der Frage der Anbindung des Landes an die europäische Politik und Kultur. Überhaupt bestand ein Schwachpunkt des Monarchiediskurses in seiner Vergangenheitslastigkeit. Die Anknüpfung an ein vermeintlich demokratisches Vorkriegsrumänien reichte nicht als Zukunftsvision aus und blendete zudem die Demokratiedefizite dieser Zeit aus. So konnten sich in den promonarchischen Stellungnahmen auch faschistische Töne mischen, die sich in ihrer Gegnerschaft zu den Postkommunisten ebenfalls auf das Königtum beriefen.[41] Die wenig thematisierte und konzeptionelle Zukunftsfähigkeit unterschied die rumänische, freilich unter ganz anderen Ausgangsbedingungen, auch von der spanischen Monarchie, die eine politische Neuausrichtung einleiten konnte.[42]

Auch für den König war es ein schwieriger Balanceakt, zwischen dem aufrechterhaltenen Anspruch und den politischen Möglichkeiten einen gangbaren Weg zu finden. Grundsätzlich machte er seine Entscheidung, auf den Thron zurückzukehren, von einem entsprechenden Votum des rumänischen Volkes abhängig.[43] Auf der anderen Seite ließ er sich und seine Familie für politische Aufgaben einsetzen. Unter seiner dritten Präsidentschaft bediente sich Ion Iliescu des ehemaligen Königs, den er jetzt nicht mehr zu fürchten brauchte, als Botschafter Rumäniens für den Nato-Beitritt und der Königsfamilie in Gestalt des Gemahls von Prinzessin Margareta, Prinz Radu, generell für die Verbesserung des Images des Landes. Aufgrund des

[41] Vgl. etwa das „Machwerk“ von Andrei-Iustin Hossu: *Istoria monarhiei române 10 Mai 1866 – 30 decembrie 1947*. Das Büchlein beginnt gleich mit einem Zitat des Führers der Eisernen Garde Corneliu Codreanu über das „Gesetz der Monarchie“.

[42] „O idee în libertate: monarhia constituţională“, in der Zeitung *Adevărul* [Die Wahrheit], 2. September 2008: http://adevarul.ro/articole/o-idee-in-libertate-monarhia-constitutionala.html (abgerufen am 11.10.2009)

[43] Insgesamt gesehen nahm Mihai eine abwartende, vorsichtige Haltung ein, ohne seinen Anspruch auf den Thron aufzugeben und ohne ihn aufzuzwingen. Vgl. etwa das Interview mit ihm von Anfang 1989, das im Auftrag von Radio Freies Europa von Emil Hurezeanu, Helmut Frauendorfer und Nestor Ratesh geführt wurde: *22*, Nr. 52+1, 22 decembrie 2009 – 4 ianuarie 2010, S. 13. Siehe auch die Ansprache Mihais am 30. Dezember 1997 anlässlich des 50. Jahrestages seiner erzwungenen Abdankung: Porter, *Michael of Romania*, S. 280.

Fehlens eines männlichen Erben hatte der König seine älteste Tochter Margareta zu seiner Nachfolgerin bestimmt. Allerdings war ihre Heirat mit Radu Duda im Jahre 1996 nicht unumstritten und dem Image der Königsfamilie eher abträglich. Auch die 2009 erfolgte Ankündigung einer Präsidentschaftskandidatur von Prinz Radu, die nach heftiger Kritik zurückgezogen wurde, fügte dem Ansehen des Königshauses Schaden zu. Welche politische Rolle der König bzw. seine Nachfolgerin zukünftig übernehmen könnten, ist daher ungeklärt. Nur eine Minderheit der Bevölkerung befürwortet die Wiedereinführung der Monarchie,[44] andererseits bedeutet dies nicht, dass der Monarchiediskurs nicht weitergeführt wird. Er ist weiterhin Teil eines Unzufriedenheitspotenzials mit den vorhandenen Verhältnissen, wobei der König die Funktion einer personellen Alternative gegenüber dem jeweilig amtierenden Präsidenten erfüllt. So entfachten die Liberalen im Herbst 2008 die Diskussion über eine Änderung der Verfassung, als sie entweder eine parlamentarische Republik oder eine konstitutionelle Monarchie forderten.[45] Den Hintergrund dafür bildeten die Streitigkeiten mit dem Präsidenten Băsescu und die Blokkade der Institutionen, wie sie aufgrund der Verfassung von 1991 gestaltet wurden und die auf das Präsidentenamt von Iliescu zugeschnitten waren. Die Frage der Staatsform kann demnach noch immer in Abhängigkeit von bestimmten politischen Bedingungen und Opportunitätserwägungen aktualisiert bzw. instrumentalisiert werden. Es ist kein Zufall, dass in der jetzigen Krise wieder Stimmen laut werden, die einen Ausweg in der Einführung der Monarchie sehen, da zwanzig Jahre unter dem Präsidialsystem Rumänien nicht weiter gebracht haben.[46] Dieser Diskurs bleibt ein Oppositionsdiskurs gegen die regierende Macht, ein Diskurs der Enttäuschung über mangelnde Fortschritte im zivilen und politischen Bereich, ein Diskurs auch der Sehnsucht nach dem Ende von Parteienstreit, nach

[44] Ebd. S. 279. Nach einer Umfrage von 2007 sprachen sich nur 14 % der Befragten für die Rückkehr der Monarchie aus.

[45] http://old.cotidianul.ro/pnl_monarhia_salveaza_basescu_mania-56647.html (*Cotidianul* vom 31.August 2008) Siehe auch: *Evenimentul zilei*, 14. Mai 2007, „Regele şi liberalii" (Ioana Lupea).

[46] http://www.ziare.com/articole/monarhia+salveaza+romania (9. November

einer ausgleichenden Instanz. So findet man jetzt unter der Losung *Monarhia salvează România* besonders viele zustimmende Einträge im Internet, und die Diskussion darüber wird solange weitergeführt werden, bis das gegenwärtige politische System Rumäniens seine Funktionsfähigkeit unter Beweis gestellt hat.

Literaturverzeichnis

CIOBANU, MIRCEA: *Nimic fără Dumnezeu. Noi convorbiri cu Mihai I al României* [Nichts ohne Gott. Neue Gespräche mit Mihai I. von Rumänen], Bucureşti: Humanitas 1992.

COMISIA PREZIDENŢIALĂ pentru analiza dictaturii comuniste din România: *Raport*

2010). Der Führer der Nationalliberalen Partei, Crin Antonescu, hat gerade wieder eine Diskussion über die Monarchie entfacht, indem er angesichts der jetzigen Krise von der „Monarchie als einem Projekt" sprach, geeignet, dem Land durch die Verbindung „Vaterland – König" wieder Kohäsion und Kraft zu verleihen: Ebd.

Final [Die Kommission des Präsidenten für die Analyse der kommunistischen Diktatur in Rumänien: *Abschlussbericht*], VLADIMIR TISMĂNEANU, DORIN DOBRINCU, CHRISTIAN VASILE (Hrsgg.), Bucureşti: Humanitas 2007.

CULIC, IRINA: „The Strategies of Intellectuals: Romania under Communist Rule in Comparative Perspective", in: BOKÓZI, ANDRÁS (Ed.): *Intellectuals and Politics in Central Europe*, Budapest: Central European University Press 1999, S. 43-71.

DRULĂ, LEONARD: „Ion Antonescu şi Mihai I între istorie şi politică", [Ion Antonescu und Mihai I. zwischen Geschichte und Politik], in: BOIA, LUCIAN (Ed.): *Mituri istorice româneşti*, Bucureşti: Editura Universităţii Bucureşti 1995, S. 220-254.

HOSSU, ANDREI-IUSTIN: *Istoria monarhiei române 10 Mai 1866 – 30 decembrie 1947*, cu note intrapaginale de dr. Milcoveanu Şerban. Bucureşti: Romcart S.A. 1995.

HOSSU-LONGIN, VALENTIN: *Monarhia românească*. Bucureşti: Editura Litera 1994.

IONESCU, CRISTIAN: *Dezvoltarea constituţională a României. Acte şi Documente 1741-1991* [Die Verfassungsentwicklung Rumäniens. Akten und Dokumente 1741-1991], [Bucureşti] Lumina Lex 1998.

OANCEA, GEORGETA DANIELA: *Mythen und Vergangenheit. Rumänien nach der Wende*. Inaug. Diss. München 2005 (Internetausgabe).

PATAPIEVICI, HORIA-ROMAN: *Politice*, Bucureşti: Humanitas 2007.

PIPPIDI, ANDREI: *România Regilor* [Das Rumänien der Könige], Bucureşti: Editura Litera 1994.

PIPPIDI, ANDREI: *Despre statui şi morminte. Pentru o teorie a istoriei simbolice* [Über Statuen und Grabmäler. Für eine Theorie der symbolischen Geschichte], Iaşi Polirom 2000.

PORTER, IVOR: *Michael of Romania. The King and the Country*, Phoenix Mill: Sutton Publishing 2005.

TANASOIU, COSMINA: „Intellectuals and Post-Communist Politics in Romania: An Analsysis of Public Discours 1990-2000", in: *East European Politics and Societies* 22 (2008), S. 80-113.

TOTOK, WILLIAM: „Postkommunistische Märtyrologie", in: *Halbjahresschrift für südosteuropäische Geschichte, Literatur und Politik* 12, Nr. 1 (2000), S. 40-55.

VERDERY, KATHERINE: *National Ideology Under Socialism: Identity and Cultural Politics in Ceauşescu's Romania*, Berkeley u.a.: University of California Press 1991.

URSPRUNG, DANIEL: *Herrschafslegitimation zwischen Tradition und Innovation. Repräsentation und Inszenierung von Herrschaft in der rumänischen Geschichte in der Vormoderne und bei Ceauşescu*: Kronstadt : Aldus-Verlag 2007 (im Auftrag des Arbeitskreises für siebenbürgische Landeskunde Heidelberg).

http://www.halbjahresschrift.homepage.t-online.de/ion.htm.

http://www.filmeleadevarul.ro/movie/12/

www.princepaulofromania.com

ROMULUS RUSAN

Die Geschichte der Gedenkstätte für die Opfer des Kommunismus und des Widerstands in Sighet

Die Geschichte der Gedenkstätte für die Opfer des Kommunismus und des Widerstands (Memorialul Victimelor Comunismului şi al Rezistenţei) begann 1992. Fast drei Jahre waren nach der antikommunistischen Revolution vergangen, und die Front der Nationalen Rettung –gebildet aus kommunistischen Aktivisten und deren Nachfolgern –, die die Macht übernommen hatte, hatte zum zweiten Mal die Wahl gewonnen. Die Diskussionen über einen möglichen Prozess gegen den Kommunismus, die von früheren politischen Gefangenen und einigen Intellektuellen der Elite angestoßen worden waren, hatten sich bereits erschöpft. Jede Anspielung auf ein „Rumänisches Nürnberg“ wurde als Hexenjagd angesehen. Der Angriff war die effektivste Waffe der Verteidigung der ehemaligen Folterer, welche, nachdem sie eine Zeit lang im Verborgenen geblieben waren, jetzt wieder in der Presse und in den neu entstandenen Radiosendern auftauchten und über die „reaktionären Banditen“ wie in den Tagen des Klassenkampfes sprachen. Selbst für einige Intellektuelle, die der neokommunistischen Macht nahe standen, galten die ehemaligen politischen Gefangenen als „Rachsüchtige, Blutrünstige“, deren Gesellschaft kompromittierend sei. Die Zahl der ehemaligen politischen Gefangenen unter dem kommunistischen Regime wurde vom damaligen Premierminister auf nur 10.000 geschätzt, während sie in Wirklichkeit nach den Schätzungen der Opfer zwei Millionen überstieg.

Die neue Machtelite hatte den Wunsch, dass mit dem Parodie-Prozess am Weihnachtstag 1989, als das Ehepaar Ceauşescu zum Tode verurteilt und hingerichtet worden war, die Schuld des Kommunismus ein für alle Male beseitigt gewesen wäre. Seit damals bis heute wurde hinsichtlich einer juristischen Verurteilung des Kommunismus nichts endgültig festgelegt, nicht einmal der Missbrauch und die Übertretung der stalinistischen Gesetze, wie es in anderen Ländern geschah. Die erste Strafanzeige, die vom Senator Constantin

Ticu Dumitrescu im Namen der Vereinigung ehemaliger politischer Gefangener gegen 200 berüchtigte Folterer aufgesetzt wurde, ließ man der Vergessenheit anheim fallen, obwohl 1991 ein liberaler Rechtsanwalt Justizminister geworden war. Die führenden Köpfe der Liste, gegen die Anklage erhoben worden war, verschwanden bald: Alexandru Drăghici floh nach Ungarn, das sich weigerte, ihn auszuliefern, und Alexandru Nicolschi starb eines ruhigen Todes in seiner Wohnung in Bukarest.

Die Bürgerallianz, eine Nichtregierungsorganisation, die 1990 als Protest gegen die blutige *Mineriade*[1] vom 13. Juni gegründet worden war, verfolgte als Hauptziel die Konsolidierung der Zivilgesellschaft durch Bildung. „Wir können es nur gemeinsam schaffen" und „Durch Zivilisation zur Demokratie" lautete die Devise. Die dringendste Aufgabe bestand darin, die Geschichte aufzuarbeiten, damit die Menschen – nach einem halben Jahrhundert Diktatur und Zensur – die Wahrheit über sich selbst erfuhren. Die Archive waren verschlossen, und in den Schulen unterrichtete man nach den alten kommunistischen Schulbüchern. Die einzige Möglichkeit, die Wahrheit zu erfahren, war die mündliche Geschichte. So initiierten wir ein Programm für die Aufnahme von Aussagen von Zeitzeugen, die die Erfahrung von Gefängnis und Arbeitslager erlebt hatten. Mit einigen Kassettenrekordern, gespendet von Dr. Radu Anastase aus Bochum, mit einem Fragebogen und einer Chronologie als Anhaltspunkte begannen wir, unterstützt von den Filialen der Bürgerallianz, die Interviews. Es war nicht einfach, die Betroffenen zu finden. Die Überlebenden des GULag[2] waren alt und eingeschüchtert. Wir selbst mussten unseren Mangel an Erfahrung überwinden. Heute, nach 17 Jahren, haben wir über 5000 Stunden Aufnahmen digitalisiert und in ein effizientes Suchprogramm eingegeben.

---

[1] Aufmarch der Bergleute aus dem Jiu-Tal nach Bukarest im Juni 1990, um die Opposition gegen das Regime des Präsidenten Iliescu mit Gewalt zu zerschlagen.

[2] GULag (russ.): Akronoym für die „Hauptverwaltung der Lager". Allgemeine Bezeichnung für das Repressionssystem mit Straf- und Zwangsarbeiterlagern, Verbannungs- und Deportationsorten in der Sowjetunion und in anderen kommunistischen Diktaturen.

Der nächste Schritt bestand in der Organisierung einer Ausstellung über den Kommunismus in einem Gebäude der ehemaligen Securitate[3], das im Dezember 1989 abgebrannt war. An die Wände hängten wir alles, was wir finden konnten, von Fotografien bis hin zu Dokumenten, von Verzeichnissen von Toten bis hin zu Listen der Folterer und Aktivisten der Partei. Im September 1992 während der Wahlkampagne beklebten die Allianz-Aktivisten alle Fenster mit dem Porträt Ion Iliescus. Wir fühlten, dass wir unser Ziel gerade in dem Augenblick erreichten, als wir sie zu stören anfingen.

Im Norden Rumäniens, in Sighet, gab es ein aufgelassenes Gefängnis. Als Haftanstalt des öffentlichen Rechts 1897 erbaut, wurde es zwischen 1948 und 1955 in eines der schlimmsten politischen Gefängnisse umfunktioniert. Wir beschlossen, dort eine Veranstaltung mit geschichtlichen Vorträgen zu organisieren, zu der wir ehemalige politische Gefangene und in ihrem Fach ausgewiesene Historiker einladen würden. Es war das erste Mal, dass bei uns eine derartige Mischung von Subjektivität von Zeugen und objektivem Urteil von Wissenschaftlern zustande kam.

Davor jedoch baten wir die städtischen Behörden um das Gebäude, um es in ein Museum und ein Studienzentrum umzuwandeln, die zusammen die Gedenkstätte von Sighet bilden sollten. Nachdem dieser Bitte entsprochen worden war, erhielt ein weiteres Gesuch auch die Genehmigung des Justizministeriums, das offiziell erklärte, keinen Bedarf an einer Ruine zu haben. Auf dem Weg zu einem Seminar über Menschenrechte in Straßburg stellte Ana Blandiana das Projekt über die zukünftige Gedenkstätte dem Generalsekretär des Europarats vor. Catherine Lalumière fand die Idee interessant. Dem Projekt lag die Idee zugrunde, dass die Verletzung der Menschenrechte ein gemeinsames Kennzeichen aller Diktaturen darstellt und dass diese Rechte im Kommunismus verhöhnt und bis hin zu Verbrechen missachtet worden waren. Das Gefängnis von Sighet hat diese Verbrechen als didaktisches Material aufbereitet. Zwei Expertenteams ka-

---

[3] Rumänischer Geheimdienst (Staatssicherheitsdienst). Dieses Gebäude befindet sich im Zentrum von Bukarest gegenüber dem Palast des ehemaligen Zentralkomitees der kommunistischen Partei.

men nach Rumänien und besichtigten Sighet, wogen die Chancen des Projekts ab und stellten es schließlich unter die Schirmherrschaft des Europarats. Die Leitung der Menschenrechtsabteilung (Pierre-Henri Imbert, Isil Gachet) hatte dabei das letzte Wort. Die Abteilung für das Kulturelle Erbe (José-Maria Ballester) richtete sein Augenmerk auf die architektonische Gestaltung des Projekts und stellte Schätzungen über die ungefähren Kosten an: 1,5 Millionen ECU (damalige Währungseinheit).

Eine solche Schirmherrschaft bedeutete nicht, wie einige glaubten, Fonds, Sponsoren oder finanzielle Erleichterungen. Sie bedeutete stattdessen eine Garantie gegen die Gegner des Projekts – innerhalb des Landes wie im Ausland. Viele Verleumdungen wurden unter verschiedenen Vorwänden gegen uns gesponnen, jede mit dem Ziel, den Prozess gegen den Kommunismus aufzuhalten, den wir auf diese Art begonnen hatten. Einige im Land schrieben (so in der damals offiziellen Regierungszeitung „Die Stimme Rumäniens" [Vocea României]), dass wir „das rumänische Leid an den Westen verkaufen" würden. Andere im Ausland kamen zu dem Ergebnis, dass wir, indem wir von den Verbrechen des Kommunismus sprachen, im Grunde damit diejenigen des Faschismus entlasteten. Selbst die EU war wenig hilfreich. Als wir zusammen mit den Experten des Europarats der Botschafterin der Europäischen Kommission in Bukarest einen Besuch abstatteten, blätterte diese ziemlich gelangweilt das Projekt durch und erklärte schließlich in einem feindseligen Ton: „Wir können ein derart *einseitiges Programm* nicht unterstützen!" Vermutlich, weil sie die damalige Regierung nicht verärgern wollte. Diejenigen aus Straßburg, die herzlicherer, aber ärmer waren als Brüssel, nahmen von dort das Projekt ostentativ weg und sagten: „Wir haben uns nicht an die Richtigen gewandt. Wir werden uns an PHARE[4] wenden." Aber auch bei PHARE hatten wir nicht mehr Erfolg, das Projekt wurde dreimal abgewiesen, da die Gutachter routi-

[4] Abkürzung für: Poland and Hungary: Aid for Restructuring of the Economies (Polen und Ungarn: Hilfe zur Restrukturierung der Wirtschaft). EU-Unterstützungsprogramm für die Regionalentwicklung Mittel- und Osteuropas der EU-Beitrittskandidaten. Ende 2006 ausgelaufen.

nemäßig die Zustimmung der Regierung aus Bukarest verlangten, die von Neo-Kommunisten und Extremisten dominiert wurde. Die Begründung der Ablehnung war, dass „das Ziel des Projektes nicht klar genug hervorgehe."

So begannen wir die Errichtung der Gedenkstätte mit leeren Händen, und in Straßburg wunderte man sich über unsere Fortschritte. Sie kamen jedes Jahr mit einer Botschaft zu den Symposien nach Sighet. Am Anfang waren wir mit so wenig Material ausgestattet, dass wir zunächst das Projekt ganz allein machten. Die Papiere kopierten wir wie die Schüler im Lyzeum auf Fensterglas, und Vergrößerungen sowie Vervielfältigungen machten wir auf einem Kopierer bei Nachbarn und bezahlten sie aus eigener Tasche.

1994 gründeten wir die Stiftung „Bürgerakademie" (Academia Civică) mit dem Ziel, die historische Erforschung des Kommunismus voranzutreiben und die Errichtung der Gedenkstätte zu unterstützen. Es war eine Ironie, dass die Bürgerakademie eine bis dahin von der Rumänischen Akademie hinsichtlich der Aufarbeitung der jüngsten Geschichte nicht geleistete Arbeit übernahm. Nachdem sie sich von der Ehrenpräsidentschaft von Nicolae Ceaușescu losgesagt hatte, gelang es der 1990 reorganisierten Rumänischen Akademie nämlich nicht, sich von der Hörigkeit gegenüber der Regierungspartei zu emanzipieren.

Allmählich half uns aber die Presse, ebenso unser Ansehen als Schriftsteller; auch die Anziehungskraft des Projekts veranlasste viele Rumänen aus dem Ausland (aber auch Nicht-Rumänen) von dem Wenigen, was sie hatten, zu spenden. Dabei stellten wir fest, dass die größte Spendenbereitschaft von den Ärmsten kam. Nicht unbedingt von denen, die inhaftiert gewesen waren, sondern von jenen, die wollten, dass ihr Land, das sie wegen des Kommunismus verlassen hatten, wieder kultiviert und anständig werden sollte, so wie sie es einst in ihrer Kindheit gekannt hatten (die meisten Spender waren alt).

Die größte Ausnahme von dieser Regel kam von einem Rumänen aus England, Mișu Cârciog, ein Jurist und Geschäftsmann, der eine bedeutende Summe für die Errichtung des „Raums der Einkehr und des Gebets" spendete. In Paris gründete Maria Brătianu, die Tochter des bedeutenden Historikers Gheorghe Brătianu, der 1953 in der Haft gestorben war, die „Association pour le Mémorial Sighet", durch die sie – wie auch mit Hilfe der Zeitschrift „Lupta/Le Combat" –Spendengelder sammelte und uns Bücher zur Publikation anbot. Cathérine Durandin organisierte im März 1996 einen runden Tisch bei INALCO[5] mit der Gedenkstätte als Schwerpunktthema.

In der Hauptstadt Englands boten uns die Historiker Dennis Deletant von der „London University" und Robert Perks vom „National Sound Archive" ihre berufliche Unterstützung an und übernahmen für uns Lobbyarbeit. Aus den Vereinigten Staaten half uns der Historiker Thomas S. Blanton vom „National Security Archive" (eine Nichtregierungsorganisation an der „George Washington University" in Washington D.C.) bei der Abteilung für mündliche Geschichte und bei den Symposien über die Geschichte der Revolution, die 1996 und 1999 in Timişoara stattfanden. Zugleich hatten wir aktive Unterstützungsgruppen von Rumänen aus Los Angeles, New York und München, aber auch unter aus Rumänien stammenden Deutschen. Im Dezember 1999 organisierten Katharina Kilzer und Gudrun Bossert in Frankfurt die bedeutendste Ausstellung über die Gedenkstätte Sighet, bei deren Eröffnung eine Diskussionsrunde mit Ana Blandiana, Dr. Joachim Gauck und dem Chefredakteur der „Frankfurter Allgemeinen Zeitung", Werner Adam, stattfand. Die Ausstellung lief damals in weiteren neun deutschen Städten (darunter auch Heidelberg, unterstützt von der „Alexandru Ioan Cuza-Gesellschaft" der Freunde Maria und Josif Herlo). Die letzte Station war 2002 bei der „Deutschen Welle" in Köln, organisiert von der unvergessenen Stela Rusu.

***

In dem Budget für die Einrichtung der Gedenkstätte war der größte Teil (87%) für die Rekonstruktion des Gebäudes bestimmt. Dieses war eine Ruine und hatte absolut nichts mehr von dem Aussehen der Jahre 1950-1955 bewahrt, als es ein politisches Gefängnis war. In

[5] Abkürzung für „Institut national des langues et civilisations orientales" mit Sitz in Paris.

den Jahren 1955-1977 wurde es wieder zu einer Haftanstalt des öffentlichen Rechts und der Unterbringungsstandard mit der Anbringung von Heizungen, Duschen und einem Ölfarbenanstrich verbessert. 1977 kam es zur Auflösung des Gefängnisses, als Nicolae Ceauşescu die Kampagne zur Erziehung der Sträflinge am Arbeitsplatz ausrief. Das Gebäude wurde der Reihe nach als Salzdepot, Gemüselager und als Besenfabrik genutzt. Feuchtigkeit und Schimmel setzten den Wänden zu, in denen nach 1990 Obdachlose Zuflucht fanden. Nur die massiven Stahltüren blieben unverändert. Die Reparatur dieser Ruine benötigte den größten Anteil an Zeit und Geld. Nach dem Entfernen des Verputzes haben wir die Wände mit weißem Kalk geweißt, um dem Inneren Helligkeit zu verleihen – mit Ausnahme von drei Zellen: die schwarze Zelle (Kerker und Folterzelle), die Zelle, in der Iuliu Maniu und jene, in der Gheorghe I. Brătianu gestorben sind.

Die fast 60 Zellen des Gefängnisses wurden zu Museumssälen umgebaut (oder sind im Umbau). Für jede einzelne haben wir ein Projekt der Aufarbeitung eines Themas erstellt. Angesichts des Fehlens von Objekten und weil wir kaum Fotografien zur Verfügung hatten, mussten wir mit der Kargheit der verfügbaren Dokumente kämpfen, um eine Monotonie zu vermeiden. Die Phantasie der Designer und das angebotene Material mussten sich in dem engen Raum einer 4x2m Zelle entfalten, um Themen wie „Zwangsarbeit“, „Widerstand in den Bergen Rumäniens“, „Frauen im Gefängnis“, „ Die Gefängnisse – innen und draußen“, „Das Alltagsleben“ zu illustrieren. In den großen Sälen werden Themen mit einer größeren Bannbreite dargestellt: „Kollektivierung der Landwirtschaft“, „Deportation in den Bărăgan “, „Die Securitate zwischen 1948-1989“, „Chronologie des Kalten Krieges.“ Die Säle im Eingangsbereich des Museums sind dem Gesamtkomplex des rumänischen Lagersystems gewidmet (weil das Museum dem ganzen GULag gilt und nicht nur dem Gefängnis von Sighet): Eine Reliefkarte mit über 300 schwarzen Kreuzen, die die Gefängnisse bezeichnen, die Lager und Verhörorte sowie die Orte der Aussortierung der Gefangenen, die Lager der Zwangsarbeit, die Orte von „Hausarrest“, des Weiteren psychiatrische Anstalten für politische Gefangene, die Orte, wo Exekutionen stattfanden, Ermordungen, Kämpfe zwischen Partisanen und der Securitate, Massengräber. Auf den sechs anderen Karten sind dieselben Kreuze mit Angabe der Kategorie des Inhaftierungsorts und des Namens eines jeden Ortes verzeichnet.

In den Innenhöfen der Gedenkstätte wurden zwei Ensembles errichtet: eine Statuengruppe des Bildhauers Aurel Vlad mit dem Titel: „Der Zug der Geopferten“ und eine überkonfessionelle Kapelle mit dem Namen: „Raum der Einkehr und des Gebets“. Ausgehend von der Idee, dass die politischen Gefangenen aufgrund des Glaubens die Erniedrigungen, die Unterernährung und die Terrormaßnahmen überlebt hatten, ersann Radu Mihăilescu einen unterirdischen *tholo*s, wo sich die Besucher nach dem Besuch des Museums innerlich sammeln und Ruhe finden können. In den Raum unter einem Hügel mit Rasen und Bäumen gelangt man, indem man eine Rampe hinabgeht, an deren Wänden die Namen der im Gefängnis Verstorbenen auf Andesitgestein eingraviert sind. Weil kein Platz mehr war, wurden Tausende anderer Namen von Verstorbenen an die Hofwände des Gefängnisses und auf dem Armenfriedhof geschrieben. Innen rings um die Kapellenmauer verlaufen Bänke der Meditation, und in der Mitte gibt es ein rundes Wasserbecken, wo man Kerzen anzünden kann. Das Tageslicht dringt durch eine offen gelassene Stelle in der Decke der Kapelle in Form eines Kreuzes hinein. An klaren Tagen wird das vom Licht auf das Wasser des Beckens gezeichnete Kreuz vom Gewölbe reflektiert und dann wieder vom Wasser, wodurch beeindruckende Effekte erzeugt werden.

Auf eine einfache Lösung mussten wir gleichfalls zurückgreifen, als wir den Armenfriedhof gestalteten, wo man nicht genau weiß, wie viele der 54 Toten von Sighet in anonyme Gruben geworfen worden waren. Der Großteil der Politiker, die in dieses Vernichtungsgefängnis gebracht wurden, war zwischen 60 und 93 Jahre alt, sodass ein Drittel von ihnen innerhalb von nur fünf Jahren verstarb. Unter ihnen die Führer der nationalen Parteien Iuliu Maniu (80 Jahre), Dinu Brătianu (84 Jahre), fünf katholische Bischöfe, zahlreiche Schriftsteller und Gelehrte. Unter den Letzteren befand sich Gheorge I.

Brătianu, einer der großen Historiker der Rumänen (im Alter von nur 54 Jahren). Die Art, wie sie gestorben sind und wie sie heimlich auf dem Friedhof an der rumänisch-sowjetischen Grenze verscharrt wurden, lässt auf Absicht schließen. Die rumänischen Kommunisten kerkerten die legitimen Führer hier ein mit dem Gedanken, sie notfalls über die Grenze in die UdSSR abzuschieben. Mit der Art der Anlage des Friedhofs verfolgten wir die Absicht, ein Gefühl der Wiedergutmachung hervorzurufen. Der Friedhof wurde mit unterschiedlich hoch wachsenden Nadelbäumen stufenförmig bepflanzt, und in die Mitte dieses Pflanzenamphitheaters kam als Ausschnitt eine Lichtung mit den Umrissen Rumäniens. Wir wollten auf diese Weise vermitteln, dass sich die Märtyrer von Sighet, aber auch die aus anderen anonymen Gräbern gleichzeitig nirgendwo (ihre Gräber sind unbekannt) und überall in den Armen des dankbaren Vaterlandes befinden. An Christi Himmelfahrt 2008, dem Tag, an dem sich die überlebenden Veteranen der kommunistischen Gefängnisse jährlich in der Gedenkstätte und auf dem Friedhof treffen, haben wir als Symbol des allgegenwärtigen Opfers ein Ehrengrabmal in Form eines Kreuzes aufgestellt, in das wir Erde von allen Orten füllten, an denen die Kämpfer gegen den Kommunismus ihr Leben geopfert hatten.

***

In den ersten Jahren mussten wir uns mit allen Details des Projektes, des Baus und der Forschung vertraut machen. 1993 hat sich uns der leider schon verstorbene Ingenieur Gheorghe Arvunescu angeschlossen, 1999 die junge Historikerin Ioana Boca, und allmählich haben wir zusammen mit anderen jungen Leuten ein Team zusammengestellt. Ohne es zu merken, haben wir, eine Handvoll Menschen, uns mit Dingen befasst, die sich vom Beruf des Schriftstellers, den wir vor 1989 ausübten, stark unterschieden: Wir stellten Jurys auf und richteten Architekturwettbewerbe aus, machten Ausschreibungen für die Wahl eines Baumeisters, führten Diskussionen mit Förstern wegen der Auswahl einiger Baumarten für den Friedhof, mit Steinmetzen wegen den Gravuren der Namen der Toten, mit Feuerwehrleuten wegen der Einhaltung der Brandschutzregeln, mit Informatikern wegen der Planung des Informationssystems im Museum, mit Designern wegen der Darstellung der Exponate in den Zellen, mit Elektrikern wegen der Geräte zum Aufnehmen und Abhören der mündlichen Geschichte. Doch der schwierigste Teil, mit dem wir begonnen haben und der noch lange nach dem Abschluss aller anderen Arbeiten fortdauern wird, bleibt die Erforschung der Geschichte. In Sighet haben wir zehn Symposien zur Geschichte organisiert, deren Thematiken verschiedene Perioden der Zeitgeschichte abdeckten.

Die Ergebnisse der Symposien haben wir in der Reihe „Die Annalen von Sighet" (7500 Seiten) veröffentlicht, die chronologisch Themen und Perioden verbinden, um somit eine Geschichte des Kommunismus in der Nachkriegszeit zusammenzustellen. So gab es folgende Diskussionsthemen (die später als Bücher erschienen): „Die Einführung des Kommunismus – zwischen Widerstand und Repression" (1995), „Das Jahr 1946 – der Anfang vom Ende" (1996), „Das Jahr 1947 – der Vorhang fällt" (1997), „Das Jahr 1948 – die Institutionalisierung des Kommunismus" (1998), „Die Jahre 1948-1953 – Die Mechanismen des Terrors" (1998), „1954-1960 – Das Auf und Ab des Stalinismus" (2000), „Die Jahre 1973-1989. Die Chronik eines Systems in der Auflösung" (2003). In Timişoara, dem Ort des authentischen revolutionären Aufstandes, haben wir 1996 und 1999 zwei Seminare organisiert, die die Beteiligten des Dezember 1989 und die Autoren von Büchern und Studien über diese Ereignisse zusammen in eine Diskussionsrunde brachten.

Es gibt noch einige Reihen, die unter Federführung der Gedenkstätte erscheinen: „Die Bibliothek Sighet" (bestehend aus Studien, Erinnerungen und Reportagen der Zeitgeschichte – einige sind von Fachautoren übersetzt), „Dokumente" (wiederentdecktes Material aus rumänischen und vor allem aus ausländischen Archiven), „Mündliche Geschichte" (Interviews), „Geschichtsstunde" (Zusammenfassungen im „Taschenformat" zum allgemeinen Verständnis) – insgesamt 20000 Seiten.

Ein wichtiges Ereignis für die Herausgebertätigkeit der Gedenkstätte Sighet bedeutete das Erscheinen des „Schwarzbuchs des

Kommunismus“ im Juni 1989, nur ein halbes Jahr nach der Veröffentlichung in Paris. Wir hatten das Glück, dass der Verlagsagent von „Robert Laffont“ unser Copyright akzeptierte als Folge einer einfachen Visitenkarte, mit der uns die Gedenkstätte ausgestattet hatte. Wir veröffentlichten im Inhalt auch einen Anhang über die Jahre des Kommunismus in Rumänien mit Angaben zum Kapitel „Mitteleuropa und Südosteuropa“ sowie mit einer Karte des rumänischen GULag. Da es die rumänischen Historiker bis dahin nicht geschafft hatten, eine Zusammenfassung über diese Periode, und sei sie noch so kurz, zu verfassen, übernahmen wir eine Pionierrolle, indem wir dem Leser, der bis zum damaligen Zeitpunkt durch Schule und Massenmedien eher mit Denkschablonen abgespeist worden war, eine Geschichte von 50 Seiten anboten. Sie ist in folgende Abschnitte eingeteilt: die Jahre 1945-1956, die Jahre 1959-1960, die Chronologie der „Jahre des Lichts“ (wie sie Ceauşescu nannte), die Gesetzgebung der Unterdrückung, die Erfahrungen in Haft und Arbeitslagern, der Zustand der Institutionen, usw.

Angesichts der Schwachstellen in der Forschung und im Schulunterricht über die kommunistische Zeit – und aufgrund mancher Orientierungslosigkeit in alternativen Lehrbüchern über die zeitgenössische Geschichte, die erst im Herbst 1999 (ein Jahrzehnt nach 1989!) erschienen sind –, haben wir uns ein besonderes Programm für die Jugend ausgedacht: Die Sommerschule. Aus Arbeiten, die wir anlässlich von Wettbewerben erhalten hatten, veröffentlichten wir einige Bücher, darunter „ Erinnerungs-Übungen“, ein richtungsweisendes Buch, das aus Antworten von Jugendlichen zwischen 13 und 18 Jahren auf die Frage „Was wissen wir über die Jahre des Kommunismus?“ bestand.

Die 150 Antworten dieser Jugendlichen veranschaulichen die außergewöhnliche Intuition der „Teenager“, denen es gelang – indem sie ihre eigenen Erinnerungen verarbeiteten oder die Erinnerungen ihrer Eltern und besonders Großeltern wiedergaben –, das Faktenmaterial viel freier und umfassender als die älteren Generationen zu interpretieren. Einer der jungen Briefautoren meinte zum Beispiel, dass, wenn die öffentlichen Verhaltens- und Denkweisen in Rumänien immer noch so von der Vergangenheit abhingen, es daran liege, dass die, die diese Zeit erlebt haben, immer noch mental von ihr abhängig seien. Und er unterstrich mit der Unerbittlichkeit seines Alters, dass eine wirkliche Ablösung der Mentalitäten von den Fehlern der Vergangenheit erst dann gelingen könne, wenn alle, die den Kommunismus erlebt haben (seien sie Befürworter, seien sie Opfer gewesen), „aus dem Lebengeschieden sind."

In gewisser Weise hat unser Briefschreiber recht: Die Mentalitäten in Rumänien – beherrscht von Resignation und Fatalismus aufgrund des Anpassungsprozesses an die freie Marktwirtschaft wie auch aufgrund der vom Kommunismus ererbten Armut – sind belastet gerade von der Unkenntnis über die Vergangenheit einer Epoche der modernen Geschichte des Landes, als dieses bemerkenswerte Erfolge beim Anschluss an das europäische demokratische und wirtschaftliche System verzeichnete. Eben darum muss der beharrlichste Kampf für einen Mentalitätswandel auf dem Gebiet der geschichtlichen Vergangenheit erfolgen, die während der Diktatur totgeschwiegen oder verzerrt wurde.

Was unsere Jugendlichen angeht, so stellt sich die Frage, ob sie nicht selbst, wenn sie einmal in das Ausbildungs- und Wissenschaftssystem eingetreten sind, diesen Virus aus der Zeit des Totalitarismus übernehmen werden, ob sie sich nicht von der Trägheit des Denkens anstecken lassen. Wer Jahrzehnte lang in einem zentralisierten und kontrollierten Staat gelebt hat, in einem Staat, in dem auch das Denken verstaatlicht war, dem fällt es schwer, sich der Prägung durch den Totalitarismus zu entziehen.

Um genau das zu vermeiden, ist es unser Ziel, Jugendliche an die Gedenkstätte für die Opfer des Kommunismus und des Widerstands in Sighet heranzuführen, an die Sommerschule, an Symposien, an Bücher, an die Strukturen des Museums: ihnen die Möglichkeit zu geben, nachzudenken und frei zu interpretieren, während wir uns darauf beschränken, ihnen nur die chronologischen, objektiven Grundlagen der Fakten zu geben, die wir, die älteren, am eigenen Leibe erlebt haben. So ist es uns bis jetzt gelungen, junge Leute auszuwählen, die sich besonders für Geschichte, Philosophie und

Soziologie begeistern und sie in Kontakt zu bringen mit Referenten aus Rumänien und aus dem Ausland (Historiker, Juristen, Wissenschaftler, Schriftsteller), alle ausgewiesene Experten auf ihrem Gebiet. Leiter der Sommerschule waren der Reihe nach Dennis Deletant und Stéphane Courtois.

Es war unser Wunsch von Anfang an, dass sich die *ausschließlich* von der Zivilgesellschaft geschaffene *Gedenkstätte für die Opfer des Kommunismus und des Widerstands* von Sighet zu einer *lebendigen, offenen Institution* entwickelt, zu einem Ort, der zum Nachdenken anregt und nicht nur als Aufbewahrungsdepot von mehr oder weniger subjektiven Erinnerungen dient. Wir haben erfahren, dass ähnliche Unternehmungen auch in anderen Ländern Mittel- und Osteuropas existieren, und es wäre ideal, wenn wir in dem Maße, wie sich unsere materiellen Möglichkeiten verbessern, nicht nur so wie bisher renommierte Forscher aus dem Ausland zu den Treffen in Sighet im Sommer einladen könnten, sondern auch Heranwachsende und Jugendliche, die dadurch die Möglichkeit erhielten, sich mit Gleichaltrigen aus Rumänien zu treffen.

Gelegen am Nordrand Rumäniens, aber gerade im Zentrum von Mitteleuropa, bedeutet die *Gedenkstätte von Sighet* somit nicht nur die Sicherung einer bleibenden Hinterlassenschaft für zukünftige Generationen, sondern sie besitzt auch – und vor allem – den Status eines lebendigen Museums, einer Werkstatt des Nachdenkens. Solange die Gräuel und die Verbrechen der Vergangenheit in den mittel- und osteuropäischen Ländern aus juristischer Sicht ungesühnt bleiben, mag – mit den Worten Ana Blandianas aus der Anfangszeit der Gedenkstätte – „*Die Erinnerung, sie allein, eine Form der Justiz sein*“.

Interview mit ANA BLANDIANA

Ich kann alles – ich bin der Autor

Katharina Kilzer: *Sie erwähnten einmal, dass Sie als verbotene Schriftstellerin bekannt waren, bevor Sie als Schriftstellerin berühmt wurden. Erinnern Sie sich an die erste Begegnung mit einem Securisten?*[1]

Ana Blandiana: Dem ersten Securisten in meinem Leben (eigentlich waren es drei) bin ich im Alter von sieben Jahren bei der ersten Verhaftung meines Vaters begegnet. Diese Begebenheit habe ich ausführlich in einem Interview mit Virgil Podoabă erzählt (erschienen in der Zeitschrift „Vatra" [Heimstätte] und später nochmals veröffentlicht in dem Buch *Cine sunt eu?* [Wer bin ich?, Cluj: Dacia 2001]). Es war eine existentielle Begegnung, die meine Kindheit geprägt hat, nicht weil ich gewusst hätte, was ein Securist bedeutet, sondern weil sie während der Durchsuchung, ohne dass ich das merkte, eine Pistole in meine Spielzeugschublade gelegt und daraufhin meinen Vater wegen des illegalen Besitzes von Waffen verhaftet hatten. Ich glaube, dass ich bis dahin nie eine Pistole gesehen hatte, nicht einmal im Kino, aber der Ausdruck von Bestürzung und Entsetzen meines Vaters damals, als er die Pistole zwischen meinen Stoffpuppen sah, schuf in mir ein heftiges Schuldgefühl, so als ob ich oder meine Puppen ihm geschadet hätten. Später, als ich verstand, dass mein Vater unter einem Vorwand in den Hof hinausgelockt wurde (und ich war ihm gefolgt, weil ich Angst hatte, mit den Securisten im Haus zu bleiben), verstärkte sich diese Schuld, und – während mein Vater im Gefängnis war – träumte ich nachts eine bereinigte Szene mit mir, die im Haus blieb und versuchte, sie daran zu hindern, die Pistole in die Schublade zu legen; in einigen Träumen gelang es mir, in anderen nicht.

[1] Mitglied des berüchtigten rumänischen Geheimdienstes *Securitate* während der kommunistischen Zeit.

Was haben Sie in Ihrer Kindheit auf die Frage geantwortet: Was willst du einmal werden, wenn du groß bist?

Ich kann mich an keine noch so entfernt liegende Zeit erinnern, als dass nicht jeder gewusst hätte, dass ich Verse schrieb. Ich las und schrieb, bevor ich zur Schule ging, und alles verlief so, als ob es schon immer so entschieden gewesen wäre. Seit damals und bis heute hat sich mir nie das Problem gestellt, etwas anderes zu machen oder zu werden als die Autorin meiner Seiten.

Wie sah Ihr Leben in Rumänien während der 1960er Jahre nach Ihrer Heirat mit Romulus Rusan aus?

Wir wohnten in einem Zimmerchen, abgeteilt auf einem Dachboden, zu dem man auf einer Sprossenleiter hinaufstieg, wobei es nicht leicht war, das Gleichgewicht zu halten, wenn man einen Eimer mit Wasser hinauftrug, das man aus dem Parterre holte. Da es – vor einigen Jahren – Romi gelungen war, sich an der Universität einzuschreiben und zu studieren, nachdem er ein Jahr als Heizer (sein Vater war inhaftiert gewesen) gearbeitet hatte, beschloss ich, diesen Versuch zu wiederholen und ließ mich als Lehrling auf einer Baustelle anstellen. Es herrschte die Illusion, dass harte körperliche Arbeit die „ungesunde Herkunft" austreiben könnte. Ich reichte den Maurern die Ziegel, mischte Mörtel, lernte gar zu verputzen. Ich arbeitete an dem höchsten Plattenbau am Mihai Viteazu-Platz (davor erhebt sich jetzt die Statue des Fürsten), und manchmal in der Mittagspause begleiteten Romi einige Kollegen aus der Redaktion, um mich auf dem Gerüst zu sehen. Ich erinnere mich noch heute an das Gefühl aus einer Mischung von Scham und Stolz: Scham, dass sie mich müde, verdreckt mit Kalk und Mörtel sahen, Stolz, dass ich in der Lage war, das zu machen, was ich machte und dass meine eigenen Kollegen aus der Arbeitsgruppe (alles Maurer-Bauern aus demselben Dorf, Săvădisla, neben Klausenburg), die mich wie ein Kind behandelten, sahen, wie mich Erwachsene mit einem intellektuellen Aussehen besuchten. Leider war es ein schwerer Winter, man arbeitete natürlich draußen, und alles endete mit einem Krankenhausaufenthalt. Andererseits brachte mir der Nachweis, dass ich auf dem „Feld der Arbeit“ gewesen war, wie man damals sagte, überhaupt keinen Nutzen, ja mehr noch, man sagte mir sogar, dass meine Geste „bei der Partei“ als Provokation angesehen wurde. Meine Zukunftspläne waren ein Studium, was immer durch irgendetwas vereitelt wurde. Der Eintritt in die Fakultät bedeutete viel mehr als nur das Recht zu lernen, es war das Symbol der Integration in die Gesellschaft.

Die ersten vier Ehejahre, eigentlich die Jahre zwischen der Beendigung der Gymnasialzeit und dem Beginn des Studiums, gehörten mit zu den schwersten: Auf der einen Seite hatte ich weder meinen Sinn und Zweck in der Welt gefunden, noch besaß ich die Gewissheit, ihn jemals zu finden; auf der anderen Seite war ich zu jung, um meine Berufung als Realität zu begreifen, die mir alles ersetzen konnte (wie es später in den schweren Zeiten geschehen sollte). Zusätzlich fühlte ich mich schuldig, dass Romi wegen mir Probleme in der Redaktion hatte, genauer gesagt, erfand man die Behauptung, dass er mich nur geheiratet hatte, weil meine Familie ihm Schmuck gegeben hätte. Man konnte sich nicht vorstellen, dass ein Jugendlicher, selbst wenn er verliebt war, sich nicht über die aus der „ungesunden“ Herkunft seiner Geliebten ergebenen eventuellen Risiken im Klaren war, um so mehr, wenn diese Geste zu der eigenen „ungesunden“ Herkunft hinzukam.

Und später? Wie lebte ein Schriftsteller, wie konnte er publizieren, wie konnte er während des Kommunismus reisen? Wie viel ist Wahrheit und wie viel ist Legende von dem, was man sich über diese Zeit erzählt?

Es kursieren Legenden, weil die kommunistische Zeit so wenig bekannt ist. Und sie ist so wenig bekannt, damit Legenden als Formen der Manipulation kursieren können. Ich bin aus ganzem Herzen überzeugt (und aus dieser Überzeugung heraus entstanden sowohl die Gedenkstätte Memorial Sighet als auch die Sommerakademie von

Sighet), dass wir nur dann imstande sein werden, uns zu definieren und aus der offenkundigen Identitätskrise, die wir durchleben, herauszufinden, wenn wir die kommunistische Zeit rückhaltlos und genau analysieren, ihre Verbrechen, Etappen und Nuancen entdecken und aufdecken. Denn es gab kein einheitliches Böses, wie auch die Bevölkerung kein undifferenzierter Brei war: Einige waren Henker, die anderen Opfer, einige waren Verräter, andere Verratene (was nicht ausschließt, dass auch die Verräter verraten werden konnten); einige Perioden waren furchtbar, die anderen näherten sich der Grenze des Erträglichen. Es gab einen ständigen, teuflischen Nervenkrieg, ein ständiges Anziehen und Lockern der Schraube, wie man es mit einer eigentümlich suggestiven Metapher sagen könnte. Offensichtlich war der Beginn der 1950er Jahre schrecklicher als die Jahre nach dem Tod von Stalin und der Genfer Konferenz,[2] und die Jahre nach der ungarischen Revolution, besonders 1958-59 mit der Verfolgung von Intellektuellen, den öffentlichen Schauprozessen und den Prozessen von Schriftstellergruppen und von jugendlichen Gruppen unendlich furchtbarer als die Jahre nach 1964, als sich die Gefängnisse öffneten und als auf jedem von ihnen – das erzählte mir mein Vater, der bei dieser Gelegenheit aus dem Gefängnis entlassen wurde und wenige Wochen später sterben sollte – pathetisch und heuchlerisch eine weiße Fahne gehisst wurde. Das Jahr 1968, eigentlich die Zeit zwischen 1968 und 1971, war bei Weitem die liberalste Zeit in der Geschichte des rumänischen Kommunismus; eine Freiheit, die beginnend mit dem Jahr 1964 langsam zunahm und die nach 1972 allmählich verlosch. Es war das große Glück der 1960er Generation, dass sie sich in den wenigen Jahren danach (etwa von 1964-1974) entfalten und behaupten konnte, als sich während dieser relativen Freiheit auf allen Gebieten eine außergewöhnliche intellektuelle Tätigkeit fieberhaft ausbreitete.

Dann, mit dem Nahen der 1980er Jahre wurde alles wieder grau,

[2] Stalin starb 1953, die Genfer Konferenz der Großmächte USA, UdSSR, England und Frankreich fand 1955 statt und führte zu einer gewissen Entspannung in den gegenseitigen Beziehungen.

immer dunkler, eine Dunkelheit, die um so drückender war, als sie nicht mehr blutig, sondern irrsinnig war. Ich habe diese lange Einleitung gemacht, um auf Ihre Frage antworten zu können. Als Kind habe ich die 1950er Jahre erlebt, als angehende Schriftstellerin die antiintellektuelle Welle von 1958, als junge Schriftstellerin die Entspannung nach 1964, als nicht nur im eigenen Land bekannte Schriftstellerin die Abschließung der 1980er Jahre, die endgültig erschien.

Wir sind in jenen wenigen Jahren der Entspannung vom Ende der 1960er und Anfang der 1970er Jahre fast problemlos gereist, als an die Spitze des Schriftstellerverbandes anstelle der stalinistischen Clique um Mihai Beniuc[3] Zaharia Stancu[4] als Vorsitzender kam, der von einem Direktoriumskomitee unterstützt wurde, zu dem Schriftsteller wie Geo Bogza oder Eugen Jebeleanu[5] gehörten. Als Schriftsteller genügte es damals, mit einer Einladung aus dem Westen (seitens eines Poesiefestivals, eines Kongresses, eines Symposiums, eines Kolloquiums, einer Zeitschrift) zum Schriftstellerverband zu gehen, damit man dir die Formulare ausstellte, d.h. du erhieltest das rumänische Ausreisevisum, und man genehmigte dir den Umtausch einer Summe in Höhe von 10 Dollar (wie jemand so mutig, asketisch oder unverantwortlich sein konnte, um mit 10 Dollar hinaus in die Welt zu reisen, ist ein anderes Problem).

1968 war ich 25 Jahre alt und hatte zwei Bücher und einige Gedichte veröffentlicht, die in europäischen Zeitschriften übersetzt worden waren. Als man mir gegen Ende 1967 seitens des Verbandes mitteilte, dass ich eine Einladung für eine Dichterlesung am Theater

[3] Mihai Beniuc, proletkultischer Autor, von 1962 bis 1965 Präsident des rumänischen Schriftstellerverbandes.

[4] Zaharia Stancu, linksorientierter Journalist der Zwischenkriegsjahre, proletkultischer Autor, von 1966 bis 1975 Präsident des rumänischen Schriftstellerverbandes.

[5] Sowohl Geo Bogza, als auch Eugen Jebeleanu waren Schrifsteller, die sich vor dem Krieg einen Namen gemacht haben. Geo Bogza agierte in den Kreisen der Surrealisten, wurde als Theoretiker der Avangarde und als Pionier der rumänischen literarischen Reportage gepriesen. Eugen Jebeleanu debütierte als hermetischer Dichter in der Zwischenkriegszeit und avancierte zum proletkultischen Autor nach dem Krieg.

der Nationen erhalten hatte, die von Pierre Emmanuel,[6] dem wichtigsten lebenden französischen Dichter, unterschrieben worden war, glaubte ich zu träumen. Und ich denke jetzt noch, dass ich träume, wenn ich das Programmheft aufschlage und mein Foto einer linkischen Heranwachsenden sehe neben dem von Eugenio Montale.[7] Als ich damals in Paris ankam, entdeckte ich, dass dort die Dichtkunst viel weniger wichtig zu sein schien als Brandparolen. Es war im Mai 1968, und ich erinnere mich noch immer daran, dass, während ich vorlas, das Publikum zu weinen anfing, und bevor ich Zeit hatte, mich darüber zu wundern und begreifen konnte, was passierte, erreichte das Tränengas, das von draußen von der Straße hereindrang, die Bühne. Ich habe dann in jenem „revolutionären Mai" entdeckt, als ich durch Paris herumwanderte, eine Stadt mit abgehauenen, zu Barrikaden umgewandelten Bäumen und mit der Sorbonne, die mit den Porträts von Marx, Lenin, Mao und Che Guevara geschmückt war, wie wenig diese beiden Teile Europas miteinander kommunizierten.

Der Zufall wollte es, dass ich nach weniger als zwei Monaten in Prag ankam, wo die Revolution nicht nur nicht gewaltsam war, sondern eine genau entgegengesetzte Bedeutung hatte. Dieses Mal begleitete ich meinen Mann, der auf Empfehlung von Frau Kafkova, einer anerkannten Spezialistin für Rumänisch an der Karls-Universität in Prag, eingeladen worden war, um über den „Prager Frühling" zu schreiben. Er kam nicht mehr dazu, das zu machen. Einige Tage nach unserer Rückkehr besetzten sowjetische Truppen die Tschechoslowakei, und die Ereignisse überstürzten sich. Das war der Anfang. In den nächsten Jahren gab es keinen Mangel an Einladungen, die nicht so wichtig ihres Inhalts wegen waren, sondern weil sie uns ermöglichten, zu reisen und die Welt zu entdecken. So haben wir 1969 Italien entdeckt, als wir von Zuhause mit 20 Dollar und einem Koffer mit 65 Kilogramm abreisten: Pulvermilch, Kakao,

[6] Französischer Schriftsteller, 1916-1984. Gilt auch als Dichter der Résistance.
[7] Italienischer Lyriker, 1896-1981, Journalist, Senator, Lyriker der Moderne und ein Hauptvertreter des Hermetismus, 1975 Nobelpreis für Literatur.

Zucker, Salami aus Sibiu[8], Schmelzkäse, Zwieback, kurz: unsere Nahrung für den nächsten Monat in Italien. Wir haben sie in drei gleiche Teile geteilt: Einen haben wir postlagernd nach Palermo geschickt, einen anderen postlagernd nach Venedig, und den dritten Teil haben wir uns für die Mitte Italiens aufgehoben. Die Zugfahrkarten hatten wir zu Hause gekauft, und von jeweils drei Nächten verbrachten wir zwei im Zug. Von Museum zu Museum, von einer archäologischen Ausgrabungsstätte zur anderen haben wir nicht nur Italien entdeckt, sondern auch die großartige Kunst. In die Museen kamen wir mit unseren ehemaligen Studentenausweisen umsonst hinein.

Als ich 1973 ein amerikanisches Stipendium erhielt, hatte sich die Lage bereits drastisch verschlechtert. Das internationale *Writing Program* der Universität Iowa lud Autoren aus der ganzen Welt ein, darunter seit mehreren Jahren auch rumänische Schriftsteller, u.a. Alexandru Ivasiuc, Marin Sorescu, Ştefan Bănulescu, Cezar Baltag, Constanţa Buzea. Wir wurden zusammen mit Petru Popescu[9] eingeladen. Aber gerade damals war eine Anordnung erlassen worden, wonach der rumänische Staat keine Stipendien mehr akzeptierte, die vom Ausland vergeben wurden. Man hatte trotzdem eine Ausnahme für Petru Popescu gemacht, der auch abgereist war, um zu Beginn des akademischen Jahres anzukommen. Wir kamen am Vorabend des Weihnachtstages an, erst nach unzähligen, wiederholten Anfragen, Insistieren und Protesten von Paul Engle,[10] dem amerikanischen Dichter und Organisator des Programms, der Universität Iowa und der amerikanischen Botschaft. Von dem Stipendium, von dem wir uns das Geld bis aufs Blut absparten, um zu reisen, entstand das

[8] „Salam de Sibiu" war die bekannteste und beste Salami in der kommunistischen Zeit in Rumänien.

[9] Bedeutende Dichter und Prosa-Autoren, die in den sechziger Jahren debütierten. Nach Abschluss des Programms entschied sich Petru Popescu in den Vereinigten Staaten zu bleiben und begann eine Karriere als Drehbuch-Autor.

[10] Paul Engle (1908 – 1991): Amerikanischer Schriftsteller, Direktor des Iowa *Writers' Workshop* und Begründer des *International Writing Program* an der Universität von Iowa.

Buch *America Ogarului Cenuşiu* [Das Amerika des Greyhound, Bukarest: Cartea Românească 1977][11] (das damals in der Zeit einen enormen Erfolg hatte wegen der Ehrlichkeit und der Strenge, mit der es die amerikanische Realität darstellte, und das, wie ich höre, einige junge Schriftsteller, die es natürlich nicht gelesen haben, heute als eine kommunistische Kritik an der Konsumgesellschaft darstellen). Auf dem Rückweg nach Hause haben wir unter denselben studentischen Bedingungen die Museen und Städte Spaniens und Frankreichs erkundet. 1982, als ich den Herder-Preis erhielt (den man ein halbes Jahr vor der Verleihung bekannt gibt und an der der Präsident Österreichs teilnimmt), bekam ich kein Visum bis zum allerletzten Augenblick, und ich hatte auch schon nicht mehr damit gerechnet, es zu bekommen. Der diplomatische Druck und die Sorge Ceauşescus um den Erhalt seines noch nicht beschädigten Images im Ausland gaben dann den Ausschlag. Wir kamen in Wien nur wenige Stunden vor der Zeremonie an, es gelang uns kaum, das Hotel zu finden, uns umzuziehen, und schließlich erreichte ich außer Atem die Bühne. Während dieser Tage in Wien erhielt ich die Mitteilung, dass mein Buch *Proiecte de trecut* [Projekte der Vergangenheit, Bukarest: Cartea Românească 1982], das seit längerem zurückgehalten worden war, sich gerade im Druck befand. Das war eine größere Freude als die Freude über den Preis. Und da wir das Gefühl hatten, dass es sich vielleicht um die letzte Oase der Freiheit handelte, beschlossen wir, das Preisgeld für eine Entdeckungsreise der alten Kulturen des östlichen Mittelmeerraums – Griechenland, Türkei (Byzanz), Ägypten – zu nutzen und nicht eher nach Hause zurückzukehren, bevor wir nicht alles ausgegeben hätten. Mein Mann sollte dann später ein Buch in drei Bänden schreiben: *O călătorie spre marea interioară* [Eine Reise zum inneren Meer, Bukarest: Cartea Românească 1986], indem er dieses faszinierende Abenteuer des Kennenlernens beschrieb. Mein Buch über die Reiseeindrücke erhielt in der ersten Auflage den Titel: *Cea mea frumoasă dintre lumile posibile* [Die schönste aller möglichen Welten, Bukarest: Cartea Românească 1978], in dem

[11] *Greyhound*: größtes nordamerikanisches Busunternehmen.

natürlich erklärt wurde, dass die Welt, die ich gesehen hatte, schöner als die wirkliche Welt war, denn sie war mit der Aureole des Wunders, dass ich sie überhaupt sehen konnte, vergoldet, und dies alles mit einer an Absurdität grenzenden Sicherheit, dass es das erste und das letzte Mal war.

Nach einigen Jahren – in der Zwischenzeit kam die Episode der Gedichte von „Amfiteatru" dazwischen und das darauf folgende Publikationsverbot[12] – wurde ich zu einer Dichterlesung im *Covent Garden* eingeladen. Ich glaube, es war 1986, die Atmosphäre wurde immer düsterer, ich erinnere mich, wie verlegen und gleichzeitig ängstlich mir zumute war, als man mich wiederholt aus London anrief, und ich sagen musste, dass ich kein rumänisches Visum erhalten hätte; statt meiner verlas man auf der Bühne einen Protestbrief an Ceauşescu und spielte eine Kassette ab mit meiner Stimme, die Gedichte vorlas.

Über „Die Mutmaßung einer verborgenen Zustimmung" habe ich in einem anderen Zusammenhang gesprochen, in einem ganzen Essay, der genau diesen Ausdruck im Titel trug und den zusammenzufassen mir hier schwerfällt. Ich kann aber soviel sagen, dass es sich auf die ganze perverse Komplexität eines beängstigenden Bösen bezieht wegen der Subtilität, über die ich am Anfang sprach.

Können wir die Wahrheit über die Zusammenarbeit mit dem kommunistischen Regime von Leuten des kommunistischen Regimes erfahren? Ist die bekannte Wahrheit wirklich wahr?

Ja, und gerade in letzter Zeit hat man bedeutende Schritte hinsichtlich des Stellens von Fragen gemacht. Die Politiker müssen in eigener Verantwortung erklären, ob sie mit der *Securitate* zusammengearbeitet haben, und, falls aufgedeckt wird, dass sie lügen, können sie strafrechtlich verfolgt werden. Wenn ich daran denke, dass im Jahr

[12] Ana Blandiana veröffentlichte 1984 in der Studenten-Zeitschrift „Amfiteatru", bei der sie als Redakteurin arbeitete und wodurch sie die Zensur umgehen konnte, vier Gedichte: „Der Kreuzzug der Kinder", „Alles", „Ich glaube" und „Die Pflanzen".

2000 die Bürgerallianz genau dieses vorgeschlagen hatte – die ganze Führung der Bürgerallianz hatte in diesem Sinn beim Notariat Erklärungen abgegeben –, wurden wir als Geistesverwirrte oder als Extremisten angesehen. „Das Jahrhundert schreitet voran“ wie Grigore Alexandrescu[13] sagt, selbst wenn bei weitem nicht so schnell, wie wir es uns wünschen.

Welche Kompromisse sind Sie während des Kommunismus eingegangen?

Ich bedauere am meisten die Tatsache, dass ich die Veröffentlichung meines ersten Bandes in der verstümmelten Form, wie er zum Druck gelangte, akzeptiert hatte, mit geänderten Versen, mit hinzugefügten Versen, und das zu einem Zeitpunkt, als das Buch wegen der so lange verschleppten Drucklegung mich schon nicht einmal mehr vom künstlerischen Standpunkt repräsentierte. Trotz des Erfolgs seitens der Kritik war ich so frustriert und gedemütigt von diesem Erscheinen, dass ich für den Rest meines Lebens im Laufe der Jahrzehnte des Herumschlagens mit der Zensur nie mehr eine Änderung akzeptiert hatte: Bei dem kleinsten Einwand zog ich es vor, auf das ganze Gedicht zu verzichten.

1977 wurde Paul Goma[14] aus dem Schriftstellerverband ausgeschlossen. Erinnern Sie sich noch daran, was damals passierte?

Ich habe nicht nur nicht an jener Sitzung teilgenommen, sondern habe auch bis heute nicht erfahren können, wie sich die Dinge abgespielt haben. Weder in *Culoarea curcubeului '77* [Die Farbe des

---

[13] Grigore Alexandrescu (1810-1885): Rumänischer Schriftsteller der Romantik, der zu den literarischen Wegbereitern der Revolution von 1848 gehörte. Er war berühmt für seine Fabeln.

[14] Paul Goma (geb. 1935): Rumänischer Schriftsteller und berühmter Dissident, der immer wieder inhaftiert und von der Securitate verfolgt wurde. Er wurde nach einem offenen Brief 1977, in dem er die Unterstützung der *Charta 77* forderte, aus dem Schriftstellerverband ausgeschlossen und emigrierte nach Frankreich, wo er seit 1977 lebt.

Regenbogens '77, erste Auflage auf Französisch unter dem Titel *La couleur de l'arc-en-ciel '77*, 1979], noch in der Akte Goma bei der CNSAS,[15] gegründet im Dezember 1999, die im Anhang der letzten Auflage des Buches veröffentlicht wurde, finden sich Verweise auf Namen, die nur in den Schmähschriften der letzten Jahren häufig auftauchen. Was mich betrifft, so habe ich keine persönlichen Erinnerungen, die sich mit diesem Ereignis verbinden, ich weiß aber auch nicht, ob sich das durch die Tatsache erklärt, dass ich bei dieser Sitzung nicht anwesend war oder aber kein Recht hatte, anwesend zu sein (ich konnte in der Unordnung des Archivs des Schriftstellerverbandes das Datum nicht herausfinden, wann ich in den 90köpfigen Ausschuss gewählt wurde), oder weil der Ausschluss von Paul Goma aus dem Schriftstellerverband schlicht und ergreifend nicht das Ergebnis einer Abstimmung unter den Schriftstellern war, sondern das einer Entscheidung der Partei, die einfach nur mitgeteilt wurde. Die Nachricht habe ich später vom Sender „Radio Freies Europa" erfahren, und ich glaube, dass ich sie in dieser Weise interpretiert habe; wenn es sich nämlich um eine Sitzung und um eine Abstimmung gehandelt hätte, wäre darüber eine Aufregung entstanden, von der man gehört hätte, ich hätte Einzelheiten erfahren, man hätte darüber geredet. Es war die Zeit, in der man beim Schriftstellerverband geheim abstimmte und Schriftsteller, die Mitglieder des Zentralkomitees oder der Großen Nationalversammlung waren, bei der Abstimmung automatisch durchfielen. Das war eine überall bekannte und von allen kommentierte Tatsache. Es wäre daher ein Risiko für die Macht gewesen, dieses Problem den Schriftstellern zur Diskussion zu überlassen und sich der Gefahr eines negativen Abstimmungsergebnisses auszusetzen.

Die Trennung des Guten vom Bösen, so haben Sie einmal gesagt, sei ihr Wunsch gewesen, d.h. die kommunistische Zeit ehrlich auszuleuchten. Gibt es noch Chancen, dass so etwas geschieht?

[15] *Consiliul Național pentru Studierea Arhivelor Securității* (Nationaler Rat zur Untersuchung der Archive der Securitate).

Ihre Frage – eher ein Essay, der das Verhör mehr als eine rhetorische Stilfigur denn als wirkliche Neugierde begreift – würde von meiner Seite, selbst wenn Ihnen dies unerwartet vorkommt, eine optimistische Antwort erhalten. Ja, ich bin überzeugt, dass, wie kompliziert der Prozess auch sein mag, die Erinnerung und die Geschichte damit enden, dass die Wasser von dem Trocknen geschieden werden, die Wahrheit von der Lüge, das Gute vom Bösen. Wurden nicht die Beweggründe und Einzelheiten der Tragödie von Tutanchamun entdeckt, warum sollten dann die Verbrechen des Kommunismus nicht aufgeklärt werden? Es müssen nur die Archive geöffnet werden und junge Leute bereit sein, die Zukunft aus der Vergangenheit vorauszusagen. Die Sommerakademie von Sighet ist ein Beweis, dass es sie geben wird. Übrigens, alles was dort geschieht, ist ein Weg, nicht so sehr in die Vergangenheit, als einer in die Zukunft. Es stimmt, alles ist so kompliziert, weil wir noch zeitlich nah zu den Verbrechen leben, in einer Welt, in der die wirtschaftliche Macht und in einem hohen Maße auch die politische noch in den Händen der Nutznießer und manchmal sogar der Urheber jener Verbrechen liegen. Die hauptsächliche Leistung der kommunistischen Macht lag in dem Aufbau dieser wohlweislich kalkulierten Konfusion, in der sich alles vermengte, um die Ebenen von Gemeinheit und Schuld zu vereinheitlichen, so dass man sogar akzeptierte, dass alle schuldig sind: Die einen für das, was sie getan haben, die anderen für das, was sie nicht getan haben.

Ich, zum Beispiel, fühle mich schuldig, weil ich 1987, als die Arbeiter aus Kronstadt auf die Straße gingen, nichts getan habe. Ich weiß nicht genau, was ich hätte tun können, ich wusste es auch damals nicht, ich weiß nicht, an wen ich mich hätte wenden müssen, um eine Erklärung abzugeben, als ich davon erfuhr – einige Tage, nachdem der Aufstand niedergeschlagen worden war. Aber damals wie heute, nach mehr als einem Vierteljahrhundert, lebe ich mit dem Gefühl der Schuld wegen etwas, was ich nicht getan habe. Warum waren die polnischen Intellektuellen in Danzig, wir aber nicht in Kronstadt? Ein beunruhigendes Beispiel für die Organisation von Konfusion ist die Art, in der, wenigstens bis heute, die CNSAS funktioniert hat, die ihre Arbeit damit begann, eifrig die Mitarbeiter der Securitate unter den ehemaligen politischen Gefangenen zu enttarnen (Menschen, die wahrscheinlich nachgegeben hatten, nachdem man ihnen die Knochen gebrochen, die Zähne ausgeschlagen, die Nerven in den langen Jahren im Gefängnis zerrüttet hatte), aber man beeilte sich nicht, die Offiziere der Securitate zu enttarnen, diejenigen, die jene gezwungen hatten, Spitzel zu werden, diejenigen Leute, denen die Denunziationen mit Furcht und Schrecken gemeldet wurden. Was man damit erreichte, bestand in dem Ergebnis, dass nicht einmal die politisch Inhaftierten eine reine Weste hatten.

Aber da wir gerade vom Durcheinander sprechen: Tia Şerbănescu[16] ist viel zu jung, um in Bumbeşti-Livezeni[17] gewesen zu sein, wer weiß, ob diese Geschichte nicht die Antwort derjenigen ist, die auch schon vorher „Desinformation“ betrieben angesichts der Radikalität ihrer Meinung über die Nutznießer des Postkommunismus. Umgekehrt ist Silviu Brucan, der stellvertretende Chefredakteur der „Scânteia“[18] (seine Frau Alexandra Sidorovici war eine öffentliche Anklägerin), der 1947 in der „Scânteia“ den Tod von Iuliu Maniu[19] forderte, der Autor des „Briefes der Sechs“ aus den

[16] Bekannte kritische Journalistin (geb. 1945), die unter Ceauşescu Publikationsverbot hatte, Redakteurin bei verschiedenen Zeitungen nach 1989. Siehe ihre Erinnerungen: *Femeia din fotografie. Jurnal 1987-1989* [Die Frau auf dem Foto. Tagebuch 1987-1989], Bukarest: Compania, 2002.

[17] Die Eisenbahnlinie Bumbeşti-Livezeni im Jiu-Tal (Schilltal) gehörte zu den „nationalen Baustellen“, die nach der Errichtung des kommunistischen Regimes gegründet wurden und wo hauptsächlich freiwillige Brigaden arbeiteten, die von der kommunistischen Jugendorganisation rekrutiert wurden. Tia Şerbănescu wurde vorgeworfen, die Zeitung dieser Brigade ideologisch geleitet zu haben, was aufgrund ihres Alters unmöglich war. 2009 unterstützte sie die Präsidentschaft von Traian Băsescu.

[18] Parteiorgan der Kommunistischen Partei Rumäniens.

[19] Iuliu Maniu (1873-1953), Vorsitzender der Nationalen Bauernpartei und rumänischer Ministerpräsident in der Zwischenkriegszeit. Nach dem Sturz von Marschall Ion Antonescu am 23. August 1944 beteiligte er sich an der Regierung, aber bereits am 6. März 1945 wurde die Bauernpartei aus der Regierung ausgeschlossen. Am 11. November 1947 wurde er zu lebenslanger Zwangsarbeit verurteilt, welche aus Altersgründen in eine lebenslängliche Haftstrafe umgewandelt wurde. Er starb 1953 in Gefangenschaft .

1980er Jahren, in dem es, als von der Securitate in der Zeit von Ceauşescu die Rede war, wörtlich hieß: „nicht dafür haben wir die Securitate gegründet"; er gab also zu, dass er zu denjenigen gehörte, die die Securitate in einer unendlich blutigeren Form und Zeit gegründet hatten. Über die Gruppe der 22 Schriftsteller[20] können Sie, wenn Sie starke Nerven haben, in einer Nummer der Zeitschrift „Adevărul literar şi artistic" vor ungefähr einem Jahr das Stenogramm ihrer Unterredung mit Nicolae Ceauşescu lesen; schließlich muss ich gestehen, dass mich sowohl die Beleidigungen und Anschuldigungen gegen Adrian Marino [21] als auch gegen Constantin Noica[22] tief traurig stimmen, nicht nur, weil es sich um zwei große Persönlichkeiten unserer Kultur handelt (eine Tatsache, von der man unter keinen Umständen absehen kann), sondern auch weil sie zwei Menschen sind, die Jahre lang im Gefängnis saßen und die jetzt mit einer Leichtfertigkeit von Personen verurteilt werden, die keine derartigen Erfahrungen gemacht haben, und daher nicht wissen, wie sie sich in einem solchen Fall verhalten hätten.

Kennen Sie Bücher aus der kommunistischen Zeit, die sich als schädlich erwiesen haben oder einen unheilvollen Einfluss besaßen?

---

[20] 1980 fand ein Treffen von 22 Schriftstellern, darunter so bekannten wie Nichita Stănescu, Fănuş Neagu, Ion Alexandru, Ion Lăncrănjean, Paul Anghel u.a., mit Nicolae Ceauşescu statt, in dem diese Schriftsteller die Gründung eines Schriftstellerverbandes vorschlugen, dem nur "wahre" kommunistische Schriftsteller angehören sollten, mit der Begründung, dass der allgemeine Schriftstellerverband von "Radio Freies Europa" manipuliert sei.

[21] Adrian Marino (1921-2005), bedeutender Essayist, Literaturwissenschaftler und -historiker. Im Jahre 1949 der Propaganda für die Nationale Bauernpartei beschuldigt und verhaftet. Nach acht Jahren aus dem Gefängnis entlassen, weitere sechs Jahre nach Bărăgan deportiert. Bis 1965 unter Veröffentlichungsverbot, 1969 politisch rehabilitiert. Zeit seines Lebens besaß er keine Festanstellung. Nach der Wende wurde ihm Kollaboration mit der Securitate vorgeworfen.

[22] Constantin Noica (1909-1987), bedeutender rumänischer Philosoph. Unter Hausarrest von 1949 bis 1958. 1958 wird er verhaftet und wegen Besitzes und halb-öffentlicher Lesungen verbotener Bücher zu 25 Jahren Zwangsarbeit verurteilt. Nach sechs Jahren vorzeitig entlassen. Man hat ihm eine gewisse Naivität im Umgang mit der Securitate vorgeworfen und dass er Kompromisse mit dem kommunistischen Regime eingegangen ist.

Statt einer Antwort würde ich es vorziehen, Sie zu einem Besuch des Ausstellungssaals im Memorial aus Sighet einzuladen, der der Unterdrückung der Schriftkultur gewidmet ist, ein Saal, für den wir mehr als ein Jahr Dokumente und Analysen aus dem Archiv studiert haben, die genau Ihre Frage beantworten. Übrigens habe ich in der Beilage „Aldine" der Zeitung „România liberă" vom 14. oder 15. Juli letzten Jahres die wichtigsten Schlussfolgerungen dieser mich aufwühlenden Untersuchung des literarischen Infernos veröffentlicht. Sie finden dort Einzelfälle von wirklich moralischen Vorbildern (N. Steinhardt, Alice Voinescu, Vasile Voiculescu, Lucian Blaga, Constant Tonegaru).

Schädliche Bücher? Von *Mitrea Cocor* und *Nada Florilor* [Die Blumenbucht] von Sadoveanu bis zum *Drum fără pulbere* [*Weg ohne Staub*, über den Donau-Schwarzes-Meer-Kanal] und *Vânătoare de lupi* [*Wolfsjagd*, über den Widerstand in den Bergen] von Petru Dumitriu, gibt es Tonnen von Makulatur, in denen die Wirklichkeit genommen, sie auf den Kopf gestellt und in den Schulen unterrichtet wurde. Zum Beispiel wurde der Roman *Wolfsjagd*, wie ich erfahren habe, ein ganzes Jahr hindurch während der 1950er Jahre im Rumänischunterricht durchgenommen. Über die 1970er bis 1980er Jahre, die ich selbst aktiv erlebt habe, habe ich es vorgezogen, in Ziffern zu sprechen (zum Beispiel gab es 1988 viel mehr Spitzel als Bespitzelte); die Interpretationsmodelle dieser Jahre werden diejenigen vorlegen, die nach uns kommen. Was diese Texte angeht, so schlecht sie auch waren, richteten sie doch nicht denselben Schaden an wie in der stalinistischen Ära, weil sie niemand mehr las, kein einziger bedeutender Schriftsteller hat sich herabgelassen, eine Ode an Ceauşescu zu schreiben.

Kannten Sie Momente der Angst vor 1989? Oder Momente der Solidarität, als sie verboten und überwacht wurden?

Ich denke, es war der Zeitpunkt, an dem mir die Ideen zu einem Text kamen, der dann heißen sollte: „Von der prophylaktischen Angst zur Mutmaßung über ein verborgenes Einverständnis" (es handelte sich um die Funktionsmechanismen eines Systems, das seinem Ende zuging und in dem die Grausamkeit durch die perverse Subtilität und die physische Repression durch die moralische Korrumpierung ersetzt wurde). Angst ist eigentlich nicht der richtige Ausdruck, die Ära Ceauşescu war nicht blutig, sondern schmutzig. Das Unerträgliche war das Gefühl einer unendlichen Demütigung angesichts der Mischung von Dummheit, Bosheit und Hinterhältigkeit, die alles dominierte. Eine Kitsch-Demütigung, wenn man so sagen kann.

Was mich angeht, äußerte sich die Solidarität in einer Weise, von der ich heute nur noch voller Nostalgie träumen kann. Es passierte mir häufig, dass unbekannte Personen, gewöhnliche Intellektuelle oder sogar einfachere Leute, sobald sie meinen Namen hörten, ihre Hand zum Herzen führten und mir komplizenhaft, in einer Art Anerkennung zulächelten. Dies war wie ein kodifiziertes Zeichen, mit dem sie mir nicht ihr Herz zeigten, sondern ihre Brusttasche, wo sie meine handschriftlich kopierten Gedichte aus „Amfiteatru" aufbewahrten oder bestimmte Zeitungsartikel aus „România literară". Es kam sogar vor, dass ich Blumen auf den Treppe vor der Tür fand, was den Mut voraussetzte, an dem Auto mit den Securisten vor dem Eingang vorbeizugehen, die nicht eingriffen, aber natürlich alles registrierten.

Es stimmt, es gab auch eine gegenteilige Geste, an die ich mich erinnere, eine Äußerung einer begabten Kollegin, die gesagt haben soll: „Dies braucht sie, um berühmt zu werden". Mich verwunderte dabei nicht die Freude angesichts der Repression, sondern der unglaubliche Zusammenhang zwischen Verfolgung und Berühmtheit. Auf der anderen Seite erhielt ich während des Skandals um *Motanul Arpagic* [Der Kater Arpagic; unter dem Titel *Întâmplări de pe strada mea*, Begebenheiten in meiner Straße, Bukarest: Ion Creangă 1988 erschienen] einen wunderbaren Brief von Nicolae Steinhardt, in dem er mich für den Ausdruck *Maidania*[23] beglückwünschte und mich ehrte durch den Vergleich dieses Ausdrucks mit dem berühmten *Kakanien* von Robert Musil. Ich erinnere mich, wie viel mir damals

[23] Maidan (Lehnwort aus dem Türkischen): freier, unbebauter, ungepflegter Platz.

diese Botschaft der Ermunterung eines Kollegen bedeutete, den ich persönlich nicht kannte, aber über den ich so viele außergewöhnliche Dinge wusste.

Vor 1989 wurden Sie von der Securitate überwacht, ein Auto stand immer vor Ihrem Haus, Ihr Telefon ebenso wie Ihre Korrespondenz wurden unterbrochen, aber wie Sie sagten, fühlten sie sich physisch nicht bedroht, anders als nach 1990 nach der ersten Mineriade! [24] *Warum? Was hat sie vorher geschützt?*

Der Wunsch Ceauşescus, als Partner des Westens anerkannt zu werden sowie mein eigener Name, mit dem man sich solidarisierte (zum Beispiel in einem offenen Brief an Ceauşescu, initiiert von Professor Renzi von der Universität Padua und dem großen Dichter Andrea Zanzotto, der von mehreren Persönlichkeiten des italienischen Kulturlebens unterschrieben wurde).

1984, nach der Veröffentlichung der vier Gedichte („Der Kreuzzug der Kinder", „Alles", „Ich glaube", „Die Pflanzen") in der Zeitschrift „Amfiteatru" erhielten Sie erneut Publikationsverbot. Wie haben Sie damals diese Nachricht erhalten? Wie haben Sie die Tage nach der Veröffentlichung dieser Verse in „Amfiteatru" erlebt?

Niemand hatte mir irgendetwas gesagt. Ich erfuhr privat durch Bekannte, die in verschiedenen Redaktionen arbeiteten, dass mein Name verboten worden war. Hätte ich nicht die Kolumne in der „România literară", die natürlich nicht mehr erschien, so wäre nicht einmal bemerkt worden, dass etwas geschehen war. Durch das Verschwinden der Kolumne wurde jedoch alles bekannt, und im gleichen Ausmaß, wie sich die Kunde von dem Verbot verbreitete, nahm die Vervielfältigung durch handschriftliche Kopien (*samizdat*) zu.

[24] Aus dem Rumänischen „mineriadă": Gewalttätiger Aufmarsch von Bergleuten aus dem Jiu-Tal (Schilltal), die vom damaligen Präsidenten Ion Iliescu 1990 in Bukarest eingesetzt wurden, um die Opposition gegen ihn niederzuknüppeln.

Aber, um noch einmal auf die Zeitpunkte der Verbote zurückzukommen: das von 1988 nach dem Skandal von *Arpagic* war schwerwiegender, obwohl die Ausgangslage der Gedichte 1984 im „Amfiteatru“ viel ernster war. In diesen drei Jahren jedoch war das Ansehen von Ceauşescu im Westen auf null gesunken, daher brauchte er keine Rücksicht mehr zu nehmen. Während 1985 das Verbot rückgängig gemacht worden war, endete das von 1988 erst mit der Revolution. Darüber hinaus wurden meine Bücher in die Geheimfonds der Bibliotheken verbannt.[25] Dann trat die „Abteilung für Desinformation“ in Aktion. Ich erfuhr, dass jemand mich angeblich am Flughafen Lissabon getroffen hätte (folglich war es normal, dass ich nichts veröffentlichte, da ich ja verreist war). Wir regten uns auf, und da gerade das George Enescu Festival[26] begann, kauften wir so viele Eintrittskarten wie möglich, um gesehen zu werden und das falsche Gerücht zu widerlegen. Doch wie ein Tier passte sich das Gerücht der neuen Lage an: Ich erfuhr, dass behauptet wurde, ich hätte die endgültige Ausreise aus dem Land beantragt. Wer das tat, wurde bis zur Abreise aus der Gesellschaft ausgeschlossen. Außerdem weckte es bei denen, die zurückblieben, ein Gefühl der Verlassenheit. Darauf hatte ich nun keine Antwort mehr. Ich konnte ja nicht jeden anhalten und ihm sagen: „Wissen Sie, das stimmt gar nicht. Ich habe nicht um die Ausreise angesucht. Ich will in Rumänien bleiben und schreiben.“ Und weil man anfing über diesen ganzen Skandal im *Radio Freies Europa* zu berichten, wurde ich auf der Straße von einem Securisten angehalten, der mir vorschlug, wieder zu publizieren und zwar beginnend mit einem Text gegen *Radio Freies Europa*. Natürlich habe ich abgelehnt.

Sie wurden als öffentliche und politische Persönlichkeit wahrgenommen, doch in Ihrer Eigenschaft als Schriftstellerin litten Sie unter den Folgen. Im Ausland brachte es Ihnen Vorteile, weil Sie

[25] Für die Bücher im sogenannten Geheimfonds („Giftschrank“) brauchte man eine besondere Genehmigung.

[26] Wichtigstes Festival für klassische Musik in Bukarest.

auf einmal bekannt wurden. Hat dies auch der Schriftstellerin Ana Blandiana geholfen?

Im Ausland, möglicherweise schon, allerdings nur kurz vor und kurz nach der Revolution. Danach ist das Interesse für den Osten und besonders für Rumänien abrupt zurückgegangen. Was die Übersetzungen betrifft, so haben sie sich, nachdem sie einmal in den gängigen Sprachen erschienen waren, von selbst vervielfältigt. Zum Beispiel bewirkten die Übersetzungen ins Deutsche, dass ich in den skandinavischen Ländern entdeckt und dann auch übersetzt wurde. Derzeit liegen meine Bücher in 24 Sprachen vor. In Rumänien jedoch hat der Status einer öffentlich bekannten Persönlichkeit der Schriftstellerin, die ich ja bin, einen enormen Schaden zugefügt.

Einerseits waren da die Beleidigungen, Verleumdungen, Angriffe, die, auch wenn sie gar nichts mit Literatur zu tun hatten, auch die Schriftstellerin in den Schmutz zogen. Andererseits überdeckt und trübt das öffentliche Bild, selbst wenn es positiv ausfällt, das literarische Bild, es zerstört dessen Einzigartigkeit.

Haben Sie Ihre Akte bei der CNSAS gelesen?

Ich forderte sie vor einigen Jahren an, nachdem die CNSAS gegründet worden war. Um ehrlich zu sein, tat ich es ohne Neugier, mich ängstigte die Vorstellung, dass ich Freunde entdecken könnte, die mich verraten haben. Ich habe es dennoch getan, weil ich einen Sprecher des SRI – Serviciul Român de Informaţii (Rumänischer Nachrichtendienst), gegründet 1990, im Fernsehen sagen hörte – anlässlich des Erscheinens des Bandes, der den Schriftstellern im *Weißbuch der Securitate*[27] gewidmet war, dass meine Akte von meinem Verfolger im Dezember 1989 vernichtet worden war. Und ich wollte das nachprüfen, besonders deswegen, weil es mich nicht überzeugte. Tatsche ist, dass ich bis heute keine Aufforderung erhalten habe, meine Akte einzusehen, mir offiziell aber auch nicht mitgeteilt

[27] Veröffentlichung von Dokumenten der Securitate durch den SRI in mehreren Bänden, deren Aussagegehalt oft als manipulativ kritisiert wird.

wurde, dass sie nicht vorhanden ist. Ich habe nur einige zehn Seiten aus anderen Akten gesehen, in denen ich lediglich am Rande in irgendeiner Aufzählung von Namen erschien oder in der Niederschrift einer Sendung von *Radio Freies Europa*, in der ich erwähnt wurde.

Sie sind Dichterin, Schriftstellerin, Sie waren auf dem Universitätsplatz im Dezember 1989, Sie haben die Bürgerallianz 1990 gegründet, Sie haben politische Projekte in der CDR[28] *auf die Beine gestellt, Sie haben das Memorial (Gedenkstätte) Sighet 1993 gegründet; Sie haben die Symposien und die Sommerakademie in Sighet organisiert. Es heißt, dass jede Schlacht aufreibt. Sind Sie müde geworden?*

Ja. Vor allem im Sinne einer verzweifelten Ungeduld, wieder dorthin zu kommen, wo es in meinem Leben nichts anderes außer dem Schreiben gibt. Leider ist das noch nicht möglich. Die Gedenkstätte besitzt eine zu große internationale Tragweite, sie ist mehr als notwendig und zu wichtig, als dass ich schlicht und einfach sagen könnte: Ich will jetzt gehen, weil ich schreiben möchte. Und doch, dies ist die Wahrheit. Eine Wahrheit, die für mich wie für meinen Mann gilt, der sich in einem wirklich selbst aufopfernden Maße diesem Werk verschrieben hat und auf dessen Schultern die ganze Forschungsarbeit liegt. Unsere einzige Chance als Schriftsteller liegt darin, dass wir eine ausreichend große und zuverlässige Gruppe von jungen Historikern finden, die imstande ist, unsere Arbeit und unser Werk zu übernehmen und uns für unsere literarische Arbeit freizustellen. Aber leider stützt sich noch ein großer Teil der internationalen Mitarbeiter auf unsere Namen.

Interessiert Sie noch, was heute auf der politischen Bühne passiert?

---

[28] Convenţia Democratică Română: Zusammenschluss von Oppositionsparteien 1991 als Gegengewicht gegen die regierende Front der Nationalen Rettung (Frontul Salvării Naţionale unter Ion Iliescu). Existierte bis 2000.

Ja, auf der Ebene der Ideen und der Mechanismen. Nicht aber auf der Ebene der Personen.

Sie waren niemals Mitglied einer politischen Partei. Dennoch sagt man, dass Sie die Verantwortung dafür tragen, dass ein Präsident und eine politische Partei an die Macht kamen, die am Ende gescheitert sind. Welches Gefühl hatten Sie nach dem Scheitern der Wahlen von 2000? Welche Beziehung haben Sie zu Nicolae Manolescu, dem Literaturkritiker, der das Vorwort zu Ihrem Erstlingswerk geschrieben hat und der nach der Revolution ein Politiker wurde, der oft die Ideen, die Sie vertraten, angegriffen hat.

Zunächst einmal, da Sie von den Wahlen von 2000 gesprochen haben, möchte ich klarstellen, dass ich nicht zu denen gehörte, die, wie man damals geschrieben hatte, an einen möglichen Sieg von Vadim Tudor[29] glaubten und daher aus Angst vor seinem Extremismus die Wahl von Ion Iliescu empfahlen. Das Schüren einer solchen Angst und die Übertreibung einer extremistischen Gefahr war einer der großen, erfolgreichen Manipulationen der PSD.[30] Die Bürgerallianz vertrat jedoch eine klare Position: „Wählen Sie nicht Vadim Tudor, vergessen Sie nicht, dass er eine Erfindung von Ion Iliescu ist". Übrigens, das Ergebnis der Wahlen war für mich keine Überraschung: Ein gutes Jahr zuvor hatten wir eine Diskussion über eine gemeinsame Strategie der Mitte-Rechts-Parteien angeregt, denn es war klar, dass ohne diese die Wahlen zu einem Desaster werden würden. Aber die demokratischen Parteien beteiligten sich nur gelangweilt an den Diskussionen, nahmen sich keine Zeit zum Nachdenken, waren zu sehr mit Rechenspielen beschäftigt.

Was Emil Constantinescu angeht, so waren wir keine Kollegen der Bürgerallianz mehr seit dem Zeitpunkt, als in dem Wahlkampf von 1992 die radikale Position der Bürgerallianz der immer stärker politisierten Wahlkampftruppe des Kandidaten der Konvention lästig

[29] Rechtsextremistischer Politiker, Führer der nationalistischen Partei.

[30] Partidul Social Democrat: Sozialdemokratische Partei. Nachfolgepartei der ehemaligen Kommunisten.

wurde. Dann brachen die immer gespannteren Verbindungen 1997 praktisch ab, zur gleichen Zeit mit der Erklärung, dass Punkt 8 der Proklamation von Temeswar nicht mehr zeitgemäß sei.[31] Es gab noch einige Auseinandersetzungen mit breiter Öffentlichkeitswirkung während der Kongresse der „Bürgerallianz", wo der ehemalige Vizepräsident der Allianz, nun Präsident des Landes geworden, von denjenigen scharf kritisiert wurde, die ihn vorher unterstützt hatten. Nach 2000 haben wir überhaupt keine Beziehungen mehr gehabt.

Mit Nicolae Manolescu habe ich immer ein höfliches, ja sogar herzliches Verhältnis gehabt, obwohl wir uns immer im Temperament und Charakter unterschieden und auch unsere Auffassungen nach 1989 oft auch unterschiedlich waren. Wenn Sie sich auf die Kritik an die Adresse der Demokratischen Konvention beziehen, so kann ich nur sagen, dass ich darin oft mit ihm übereinstimmte, aber weder mit ihrem Ton noch mit ihrer Heftigkeit und Aversion, ja manchmal sogar Hass, die sie übermittelten. Der Unterschied zwischen uns besteht darin, das ich keinen Augenblick vergessen kann, dass die wirklichen Gegner diejenigen sind, die von der Konvention nur zeitweilig besiegt und bei weitem nicht geschlagen wurden und dass – im Gegensatz zu den Autoren der Schmähschriften – ich versucht hatte, mit Taten und nicht mit Worten etwas gegen die alten Strukturen zu unternehmen. Dies alles führte nur dazu, dass meine Enttäuschung zunahm angesichts des schwachen menschlichen Fundaments, auf dem man etwas hätte aufbauen können.

Gibt es Menschen, mit denen Sie die Literatur verbindet, die Politik aber trennt? Ist das auch umgekehrt vorgekommen?

Ja, damals, als Menschen, die ich respektierte, hauptsächlich ehemalige politische Gefangene, mir Manuskripte mit Gedichten brachten, in denen sie aufrichtig und ohne auf ästhetische

[31] Die „Proklamation von Temeswar" wurde am 12. März 1990 in Temeswar als antikommunistisches Manifest verabschiedet und forderte in ihrem Punkt 8 das Verbot der Besetzung von öffentlichen Ämtern und der politischen Kandidatur durch Personen, die zu der Nomenklatura der kommunistischen Partei und der Securitate gehört hatten.

Gesichtspunkte Rücksicht zu nehmen, von ihrem Leid erzählten. Es ist aber wahr, dass ich unabhängig davon, was ich von ihrem künstlerischen Wert hielt, nicht vergessen konnte, dass es sich um Verse handelte, die zuerst mit Morsezeichen an die Wände der Gefängnisse geklopft worden waren, bevor sie zu Papier gebracht wurden. In diesem Sinn ist einer der Säle in Sighet, der mir am wichtigsten ist, der „Dichtung in den Gefängnissen" gewidmet, in dem wir die Wände komplett mit Versen bedeckt haben.

Sie sagten einmal: „Die Einsamkeit ist der Begriff, der meine Beziehungen zum Literaturbetrieb definiert". Haben Sie Freunde im Literaturbetrieb? Was halten Sie von den jungen Schriftstellern von heute?

Mit dem Literaturbetrieb als Ganzem habe ich überhaupt keine Beziehungen mehr seit dem Zeitpunkt, als ich mich gegen die Einführung von hundert lebenslangen Gehältern für besondere Verdienste wandte, und dies damit begründete, dass es keine Möglichkeit zur Aufstellung und vor allem zur Einhaltung von Kriterien gäbe, nach denen man aus zweitausend größtenteils bettelarmen Schriftstellern hundert auswählen könne, die in überdurchschnittlich guten Verhältnissen leben sollen. Deswegen haben sowohl Romulus Rusan als auch ich darauf verzichtet, die Millionen zu erhalten, die bis ans Lebensende unsere nicht geringen finanziellen Probleme gelöst hätten, mit denen wir uns herumschlagen. Sicherlich war es eine Donquichotterie, vielleicht sogar eine lächerliche, aber sicherlich keine, die die Aversion rechtfertigt, die uns plötzlich entgegenschlug, und zwar nicht nur von denjenigen, die sich beleidigt fühlten, weil sie das Geld akzeptiert hatten, sondern auch von denen, die darauf hofften, es nach dem Tod der Ausgewählten zu erhalten. Mir kam es so vor, als handelte es sich um ein Mittel, die Generationen zu entzweien, und ich erwartete daher die berechtigte Wut der Jungen. Aber nichts dergleichen geschah trotz der Tatsache, dass der Eintrag dieser hundert Schriftsteller in die Liste in keinerlei Beziehung zu ihrem künstlerischen Wert stand. Die Jungen warteten brav, bis sie an die

Reihe der ungerechtfertigten Wohltaten kämen. Das ist jedoch eine Reaktion auf den Literaturbetrieb und nicht auf die Literatur, die man schreibt und die ich, besonders im Fall der jungen Schriftsteller, mit großer Neugier und nicht ohne Bewunderung lese. Zum Beispiel war das letzte Buch, das mich begeisterte, *Der Kreuzzug der Kinder* von Florina Ilis,[32] ein Roman, dem ein internationaler Erfolg zu wünschen wäre, weil er über einen wirklichen ästhetischen Wert hinaus den Blick auf die Obsession des von Straßenkindern geprägten Rumänienbildes richtet.

2006 erschien ihr Prosaband Die Angst vor der Literatur *im Humanitas Verlag. Wer hat Angst vor der Literatur?*

Ich habe immer klar unterschieden zwischen der Dichtkunst (lyrische, epische, dramatische, wie es in alten Handbüchern hieß) als solche, als einer existenziellen Erfahrung, auch wenn sie ästhetischer Natur ist, und der Literatur als Beruf. Sicher ein hoch angesehener, aber doch nur ein Beruf, der Regeln, Ambitionen, Errungenschaften, Erfolge beinhaltet. Solange ich denken kann, schreibe ich, und solange treibt mich auch die Sorge um, nicht aus Versehen diese Grenze zu übertreten, die diese beiden Dinge trennt und die so wenige sehen.

Ihre Bücher sind in verschiedene Sprachen übersetzt, Sie haben viele internationale Preise erhalten. Gibt es einen Preis, den Sie noch nicht erhalten haben, den Sie aber gerne hätten?

Es gibt eine Menge Preise, die ich nicht erhalten habe. Gewünscht habe ich weder diese, noch jene, die ich erhalten habe. Es waren ganz einfach angenehme Überraschungen. Sie haben meinen wirklichen Lebensweg in keinster Weise beeinflusst. Ich glaube nicht,

---

[32] Florina Ilis, geb. 1985. Der Roman *Cruciada copiilor* erschien 2005, erhielt mehrere Literaturpreise und machte die Schriftstellerin berühmt. In deutscher Übersetzung erschien ein Romanfragment in der Anthologie zeitgenössischer Prosa aus Rumänien *Im kalten Schatten der Erinnerung*, hg. von Romanița Constantinescu unter Mitwirkung von Edda Binder-Iijima und Antonio Staude, Ludwigsburg: Pop Verlag, 2009, S. 98-109.

dass ich mir einen Preis wünschen würde, der wichtig genug wäre, mein Leben zu verändern.

Haben Sie in den letzten Jahren dem Schreiben wieder mehr Zeit gewidmet? Welches Buch planen Sie in der nächsten Zukunft?

Ja, ich habe mich ernsthaft bemüht, den Schwerpunkt meines Lebens wieder in die Ausgangsposition zurückzuverlegen, als nur das Schreiben zählte. Ich schreibe weiterhin Gedichte, ob ich will oder nicht. In letzter Zeit habe ich sogar viele Gedichte geschrieben, wobei ich das Gefühl habe, einen neuen Ton zu hören, der mich in Erstaunen versetzt und mich emotional berührt. Ich habe einige Gedichtzyklen veröffentlicht und mich über Rückmeldungen gefreut, aus denen hervorgeht, dass auch andere dies bemerkt haben. Im Laufe dieses Jahres (2010) wird ein neuer Band von mir mit noch unveröffentlichten Gedichten erscheinen. Seit einigen Jahren schreibe ich aber auch an einem Buch über mich selbst, genauer gesagt, über den Teil in meinem Leben, der von mir bestimmt wurde. Der Titel wird lauten: *Der falsche Leitfaden der Manipulation*,[33] und mit etwas Glück werde ich es in diesem Jahr beenden. Dann träume ich, mich der fantastischen Prosa zuzuwenden.

„Ich kann alles – ich bin der Autor" so ertönt der Schrei auf der letzten Seite des Romans Sertarul cu aplauze *[Die Applausmaschine, 1992, auf Deutsch Göttingen: Steidl Verlag 1993]. Können Sie sich der Niederträchtigkeit entziehen?*

Ich fürchte mich nicht vor der Heimtücke, sondern vor der Verhöhnung. Die Bösen hätten keinen Erfolg, wenn es denjenigen, die zum Guten fähig sind, nicht wirklich gleichgültig wäre, was geschehen ist, und wenn die ernsthafte Auseinandersetzung nicht durch die Magie einer alles zersetzenden Verhöhnung ersetzt würde.

---

[33] Anspielung auf den Essay *Pseudo-kynegeticos (Falscher Leitfaden über die Jagd)* des rumänischen Schriftstellers und Archäologen Alexandru Ioan Odobescu (1834-1895), erschienen 1874.

Was mich betrifft, so bin ich leider nur der Autor meiner Bücher, nicht aber der Realität, der sie ihre Entstehung verdanken.

Der Roman Die Applausmaschine *wurde als postmodern, sogar fantastisch bezeichnet. Kann man von einer inneren Zensur während des Schreibens dieses Buches in den letzten Jahren des Kommunismus sprechen?*

Nein, im Gegenteil. *Die Applausmaschine* war das Gegenmittel, das ich gegen die innere Zensur erfunden habe. Da ich den Roman in dem Bewusstsein und in der Überzeugung schrieb, dass er nie veröffentlicht werden könnte und er ein posthumes Werk sein würde, habe ich ihn in einer vollkommenen inneren Freiheit verfasst. Der Roman half mir übrigens auch zu überleben in dem Sinne, dass ich in dieser schwierigen Lebensphase die Realität leichter ertragen habe in dem Wissen, dass diese Realität als Rohmaterial für das Buch diente.

Das Interview wurde im April 2010
von Ana Blandiana aktualisiert.
Die Fragen stellte Katharina Kilzer.

S. DAMIAN

Die Klauseln eines Vertrags[1]

Ich stelle mir einen Fragebogen über biblische Themen vor, den zu beantworten sich Ana Blandiana bewegen ließe. Auf die Frage, was sie mit einer dramatischen Episode, der Übergabe der Gesetzestafeln auf dem Berg Sinai, verbinden könnte, würde sie, vermute ich, in erster Linie nicht an die prophetische Seite denken. Auch die Begleiterscheinungen bei der Vorbereitung der Menschenmenge für den Durchzug durch die Wüste würden nicht ihre Aufmerksamkeit fesseln. Ich glaube eher, sie würde einen Punkt der Übereinstimmung bei Wahrung der Verhältnismäßigkeit in der Offenbarung des Patriarchen entdecken, nämlich dass er seiner Bestimmung folgt, den Weg zu weisen und zu warnen, selbst wenn er betrübt ist, dass sich die Menge, für die er sich opfert, von anderen Verlockungen verführen lässt. Das Feierliche wird durch das blinde Vergnügen um das goldene Kalb entwürdigt. Bei Ana Blandiana kommt zur Betätigung als Apostel, der sie sich nicht entzieht, noch die Qual einer Hingabe, nämlich des Dienstes am Kunstwerk, hinzu, zu dem sie sich berufen fühlt und der Beharrlichkeit, Konzentration, die Verfeinerung des Gedankens und des Ausdrucks einfordert. Zwischen diesen beiden Polen (bürgerliche Pflicht und Kunst) muss sie hin und herpendeln und nach einem Gleichgewicht streben. Das sind also die Bestimmungen eines Vertrags, die sie nicht aufkündigt, was für Opfer auch immer ihr das abverlangen mag.

Ich kann eine persönliche Aussage vorbringen und auf diese Weise eine Zeit der Wende auf dem Lebensweg der Lyrikerin beleuchten. Diese Begebenheit habe ich in einem ausführlichen Bericht dargestellt, der in der Presse erschienen ist. Wenn ich darauf zurückkomme, trete ich anscheinend auf der Stelle, angeregt von zeitlich

[1] Aus: S. DAMIAN, *Zbor aproape de pământ* [Flug nahe über der Erde] Eseuri, Bucureşti: Hasefer 2008.

zurückliegenden Fakten. Dennoch bewege ich mich vorwärts, ich begebe mich zu einem anderen Ort im Raum, denn ich wähle einen unterschiedlichen Blickwinkel, lege andere Akzente, erreiche andere Ziele. Ich vertraue auf die Fähigkeit, Erinnerung neu heraufzubeschwören. Dieses Mal will ich nicht die Gelegenheit versäumen, eine Reihe von Lücken zu füllen, die bei der ersten Erwähnung ausgelassen worden waren. Worum handelt es sich also? Um die Überraschung, die ich eines Morgens erlebte, als ich im Briefkasten meiner Wohnung in Heidelberg, im Hölderlinweg, einen rätselhaften Briefumschlag fand.

Eine chiffrierte Korrespondenz

Es war im letzten Jahr vor dem Zusammenbruch der Diktatur in Rumänien, und die seltsame Botschaft reihte sich irgendwie in die Nichtvorhersehbarkeit der darauf folgenden Ereignisse ein. Ich messe den Umständen keine übertriebene Bedeutung bei, sondern versuche, erst jetzt einige Verbindungen zu enthüllen. Der Briefumschlag war nicht frankiert, der Name des Absenders ging daraus nicht hervor, er schien nicht den normalen Postweg genommen zu haben. Ich ging neugierig den Text durch und suchte den geheimen Sinn zu entschlüsseln. Mir schrieb eine Kollegin aus der Schriftstellerzunft, Ana Blandiana, die mir signalisierte, dass sie mit ungewöhnlichen Umständen konfrontiert war. Sie war gezwungen gewesen, Vorsichtsmaßnahmen zu treffen, um eine Intervention des Unterdrückungsapparats zu vermeiden. Erst später konnte ich das Geheimnis lösen (welchen Weg das Schriftstück genommen hatte). Ana Blandiana hatte die Unterstützung der deutschen Botschaft in Bukarest erhalten, die die Beförderung durch den diplomatischen Kurierdienst übernommen hatte, sodass die strikte Kontrolle der lokalen Stellen umgangen werden konnte. Was übermittelte mir die Dichterin, der das Wasser bis zum Halse stand? Sie befand sich in einer Zwangslage, war in eine ausweglose Lage geraten, nicht nur was ihre schriftstellerische Arbeit betraf, sondern auch ihre Existenz. Sie beschrieb anschaulich ihre ausweglose Lage und sagte, sie sei

„in Schweigen eingemauert". Ein alles erstickender Kreis hatte sich um sie zusammen gezogen.

Man hatte die Veröffentlichung eines bereits in der Reihe „Bibliothek für alle" [Biblioteca pentru toți] des Bukarester Minerva-Verlages angekündigten Bandes gestoppt. Eine von ihr betreute Kolumne in der Zeitschrift „România literară" durfte nicht mehr erscheinen. Vor dem Haus stand ständig ein Auto, sie konnte nicht ausmachen, wer drinnen war, vermutete aber, dass die betreffende Person einen Auftrag des Abhörens und der Kontrolle erfüllte und auf Befehl in einem geeigneten Moment einzugreifen hätte. Es waren keine Einbildungen eines ängstlichen Menschen, der zu Halluzinationen neigt. Die Lyrikerin kannte ähnliche Fälle, Schicksale, die auf Befehl eines launischen Despoten aus ihrer Lebensbahn geworfen wurden. Warum suchte sie um meine Unterstützung nach? Sie hatte mich zusammen mit ihrem Mann, Romulus Rusan, ein einziges Mal in Heidelberg besucht während meiner Tätigkeit als Lektor an der Universität. Unser Gespräch verlief offen, ohne Vorsichtsmaßnahmen, eben wie unter Berufskollegen, die auf derselben Barrikade für die Vertreibung der Tyrannei, für die Freiheit des Schreibens, für die Verteidigung des Ästhetischen kämpften. Wir hatten in Bukarest keine besonders engen Beziehungen unterhalten, da wir in anderen, von unterschiedlichen Generationen geprägten Kreisen verkehrten.

In dem bekenntnishaften Stil dieses merkwürdigen Briefes scheute sie sich nicht, einen warmen, vertraulichen Ton anzuschlagen, aus dem ein ganz und gar nicht selbstverständliches Vertrauen sprach. Ich wurde gewahr, dass dies die Aussage eines verzweifelten Menschen war und ich gebeten wurde, sofort etwas zu unternehmen. Sie sah in mir ein Rädchen in einem Mechanismus, der in Gang gesetzt werden konnte. Indem sie sich für diese Relaisübermittlung entschied, wollte sie jeden Verdacht der Überwacher zerstreuen, denn sie nahm keinen direkten Kontakt mit der Presse oder ausländischen Radiosendern auf. Sie beschränkte sich auf die Bitte um Zusammenarbeit unter Berufskollegen, die sich auf derselben Umlaufbahn bewegten, da ich weiterhin Mitglied der literarischen Zunft war. Sie konnte ja nicht wissen, dass die Universität Heidelberg in den Augen der Securitate einen zweifelhaften Ruf genoss, dass sie auf der schwarzen Liste stand, dass denen, die ins Ausland reisten, die Anweisung gegeben wurde, nicht in der Stadt am Neckar zu verweilen, wo sich ein reaktionärer Herd von Faschisten und Zionisten eingenistet hatte. Diese Vermutungen, dass wir in eine bösartige Kategorie eingestuft worden waren, fand ich bestätigt, als ich nach 1989 die Möglichkeit hatte, die in Bukarest veröffentlichten Berichte des Geheimdienstes zu lesen.

Ana Blandiana benutzte eine doppeldeutige Sprache, aber daraus ging doch hervor, dass sie darauf bestand, dass ich die Daten aus ihrem Brief an die Freunde von „Radio Freies Europa“ weiterleiten sollte. Was ich auch tat. Über die Mikrofone der Radiosender von München und Paris haben zuerst Gelu Ionescu[2], dann Monica Lovinescu[3] umgehend und scharf auf das böswillige Verbot von Bukarest reagiert. Das Alarmsignal wurde in seiner ganzen Bedrohlichkeit wahrgenommen. Eine Lyrikerin von hoher Qualität wurde daran gehindert, weiter zu schreiben, und vom Terror erdrückt. Sofort erfolgte eine Entschärfung des Konflikts, die Behörden beeilten sich, den äußeren Schein zu wahren. Der beschlagnahmte Band wurde für ein oder zwei Tage in die Buchhandlungen ausgeliefert und zum Verkauf freigegeben. Danach wurde er erneut aus dem Handel gezogen. Nun konnte aber nicht mehr behauptet werden, dass man im Kulturbereich auf Verbote und administrative Sanktionen zurückgriff. Man trieb ein doppeltes Spiel. Was man an der Oberfläche ausbesserte, glich die Störungen in der Tiefe nicht aus. In diesem Fall wurde ein verletzliches Wesen in schlechter gesundheitlicher Verfassung, isoliert und halb eingekerkert, dem Hohn ausgeliefert,

---

[2] Gelu Ionescu, Literaturkritiker und -historiker, Essayist, seit 1982 im Exil. Senior Program Editor bei dem Radiosender Freies Europa in München (1983-1995). Danach Lektor für Rumänisch in Heidelberg (bis 2002).

[3] Monica Lovinescu, Literaturkritikerin, Radiojournalistin, seit 1947 im Pariser Exil. Ihre Sendungen auf Radio Freies Europa, für das sie 28 Jahre lang als Kulturredakteurin arbeitete, *Actualitatea culturală românească* [Die aktuelle Kulturszene in Rumänien] und *Teze şi Antiteze la Paris* [Thesen und Antithesen in Paris] übten einen bedeutenden Einfluss auf intellektuelle Kreise und auf das breite Publikum in Rumänien aus.

von einigen primitiven Zerberussen abhängig zu sein.

Das Unterdrückungssystem agierte seltsam. Was in dem Machtbereich geschah, der den unteren Schergen mit ihren endlosen Missbräuchen überlassen wurde, musste anderen Kriterien entsprechen. Für die Außenwelt setzte das Regime des rohen Diktats eine Maske von Toleranz und Sanftmut auf, man versuchte weiszumachen, ohne dass die Lüge ihre Urheber vor Scham erröten ließ, dass sich die Bürger frei bewegen konnten und das Recht auf Meinungsfreiheit garantiert war. Andererseits konnte man sich aber auch nicht auf diesen flagranten Widerspruch verlassen, denn der Tyrann hatte Anfälle von Unbeherrschtheit, wodurch die Taktik des Verschleierns mit Streicheleinheiten und Schmeicheleien gegenüber dem Westen brüsk ausgehebelt wurde. Dann folgten immer wieder Ausbrüche von Brutalität, und der absolute Herrscher schlug schonungslos zu, ohne Rücksicht auf die Folgen zu nehmen.

Die Präsenz derer von „Radio Freies Europa“ war ein wichtiger Faktor für ein relatives Gleichgewicht, denn so gab es eine Gegenwirkung, man konnte die Einmischung in die Kultur nicht mehr verschleiern. Ein anderes Machtzentrum wurde geschaffen, an dem auch die Parteikader abprallten; eine Wertehierarchie wurde nach und nach in einem anderen Bereich errichtet, die von Ideologie und Parteitreue geprägte Werteskala besaß keine Gültigkeit mehr. Wer von Paris oder München gefördert wurde, hörte auf, ein völlig passives, den Schikanen und Missbräuchen schutzlos ausgeliefertes Objekt zu sein.

Zusammenarbeit und Erfordernisse

Durch diese Darstellung der außerordentlichen Schwierigkeiten, in die Ana Blandiana gebracht worden war, habe ich gezeigt, wie tadellos die Gruppe von „Freies Europa“ vorgegangen war. Was in der Sendung gesagt wurde, erzeugte ein sofortiges Echo, die Zerberusse waren gezwungen, ihre Willkürakte zurückzunehmen. Die Radiohörer erwarteten gespannt die Beurteilungen von Monica Lovinescu über Bücher, die in den Buchhandel kamen, wodurch die offizielle Bilanz und die falschen Bewertungen korrigiert wurden. Die talentierten Schriftsteller bekamen ein Zeugnis ihres echten Talents, das bei ihren Verhandlungen mit Zeitschriften und Verlagen als Empfehlung diente. Sie erhielten dadurch Zugang zum Publikum. Sie besaßen eine Legitimation. Im Eifer des Gefechts kamen auch subjektive Noten vor, denn nicht immer wurde dem ästhetischen Feingefühl Vorrang eingeräumt; verständlicherweise bevorzugte man die radikale Ausdrucksform der Verneinung. Um die beiden Vorkämpfer wahrer Kultur, Monica Lovinescu und Virgil Ierunca[4], fand sich ein Kreis von Literaturexperten zusammen, die allwöchentlich die neuen Namen kommentierten und sie nach ihrem Wert beurteilten. Dabei herrschte ein Geist des Zusammenhalts, der im Übrigen in den Beziehungen unter den von Berufs wegen Schreibenden selten anzutreffen ist. So haben sich in dem Bemühen um Auswahl und Bewertung Dumitru Ţepeneag[5], Paul Goma[6], Lucian Raicu[7] ausgezeichnet. Damals kristallisierte sich eine Solidarität unter einem guten Vorzeichen heraus. Sie waren großzügig und freuten sich über den Erfolg anderer. Sie gaben sich Mühe, Argumente zur Unterstützung heranzuziehen, ihre Grundlage waren Vernunft und Enthusiasmus. Was für ein ermutigendes Gefühl! Leider hat sich diese Atmosphäre nicht gehalten. In die Sendungen haben sich Hochstapler eingeschlichen, die ihren Widerstand nur simulierten, im Trüben fischten und sich danach als Karrierestreber und Liebhaber von Skandalen entpuppten.

[4] Virgil Ierunca, Dichter, Literaturkritiker und Journalist, seit 1947 im Pariser Exil. Redakteur der Sendungen in rumänischer Sprache der *Radiodiffusion Française* (1951-1974). Beiträge zu den Sendungen *Actualitatea culturală românească* und *Povestea vorbei (Pagini uitate, pagini cenzurate, pagini exilate)* [Die Geschichte des Wortes (Vergessene, zensierte, exilierte Seiten)] des Radiosenders Freies Europa. Virgil Ierunca und Monica Lovinescu galten mit als die schärfsten Kritiker des rumänischen Präsidenten Nicolae Ceauşescu.

[5] Dumitru Ţepeneag (Tsepeneag), rumänischer Dichter, seit 1975 im Pariser Exil. Gilt zusammen mit Leonid Dimov als Wortführer der Oneiriker, eine von dem politischen Regime in Rumänien unterdrückte literarische Strömung.

[6] Paul Goma, rumänischer Schriftsteller und bekanntester Dissident , seit 1977 im Pariser Exil.

[7] Lucian Raicu, rumänischer Schriftsteller und Literaturkritiker, seit 1986 im Pariser Exil.

In außergewöhnlicher Weise setzte sich in dieser Arbeitsatmosphäre das Prinzip der Diskretion durch, man intervenierte vorsichtig. Auch wenn man sich auf freiem Gebiet, geschützt vor der Zensur und vor vertraulichen Protokollen bewegte, konnte man davon ausgehen, dass man andernorts wusste, was gesprochen wurde, wer mit wem plauderte. Das umsichtige Verhalten von Monica Lovinescu zeigte sich in ihrem Bemühen, eine Art Geheimhaltung zu wahren. Um ihre Gesprächspartner aus Rumänien vor der Willkür des Polizeiapparats zu schützen, offenbarten die Gastgeber aus Paris anderen nicht, welche Besuche sie empfangen hatten und sagten auch nicht weiter, was ihnen mitgeteilt worden war. Ein Gast, der mit der wärmsten Liebenswürdigkeit empfangen wurde, ahnte nicht, wer außer ihm noch die Türschwelle der Wohnung überschritten hatte; das Geheimnis war tief vergraben, wie es die Regeln der Konspiration verlangten. Ich erinnere mich, welche Route ich um das Jahr 1984 zusammen mit Ioana Crăciunescu[8] an den Ufern der Seine einschlug, als wir aus der „Höhle“ von Goma aufbrachen, einen Zwischenstopp in einem Café am Odeon einlegten, wo wir uns mit Virgil Tănase[9] treffen sollten, und dann unsere Wanderung bis zur Rue Pichon fortsetzten. Dabei zogen wir in Betracht, dass möglicherweise überall Bukarester Spione zugegen sein konnten. Ich bekenne hier meine Enttäuschung angesichts des später festgestellten Gegensatzes zwischen der Kommunikation auf hohem Niveau im Haus von Monica Lovinescu, die auf Wertschätzung und Vertrauen basierte, und einigen Eintragungen im Tagebuch von Monica Lovinescu, die skeptisch und weniger freundlich waren.

Anderer Natur waren die allergischen Reaktionen anderer Barrikadenkämpfer. Ich habe mich oft den scharfsinnigen und hellsichtigen Urteilen von Paul Goma über das Gehabe einiger herausragender Vertreter der Dissidenz angeschlossen. Mir missfiel allerdings sein mürrischer und spöttischer Kommentar über den

---

[8] Ioana Crăciunescu, rumänische Dichterin und Schauspielerin, lebt seit 1990 in Paris.

[9] Virgil Tănase, rumänischer Schriftsteller und Dramaturg. Im Pariser Exil seit 1977.

Beitrag von Ana Blandiana; seine ironischen Bemerkungen über die Heldentaten des Katers Arpagic[10] waren unredlich. Ihm, einem absoluten Meister in der Kunst des Widerstands, konnte doch nichts von seiner Glorie geraubt werden, wenn er auch andere Beteiligungen am Widerstand zugab, die auf der Skala von wagemutigem Verhalten vielleicht nicht so auffällig waren.

In der Arena

Nachdem sie in das Licht der Öffentlichkeit getreten war, hatte man Ana Blandiana die Mission übertragen, eine moralische Instanz zu sein. Sie schien geradezu prädestiniert zu sein, eine Rolle als Wegbereiterin der kollektiven Emanzipationsbemühungen zu übernehmen, da sie mehrere Eigenschaften verkörperte: Sie war eine Frau von schönem und zartem Aussehen, sie bewies einen ausgeprägten Bürgersinn, sie urteilte vernünftig wie ein für den Ideenkampf ausgebildeter Streiter; sie hatte gesellschaftlich verantwortliche Positionen inne, ihr vertraute man Hoffnungen und Klagen an. In erster Linie gab sie dem Begriff der Nation einen neuen Inhalt, wobei sie die alten fruchtbaren Tendenzen der Tradition konsequent beibehielt, den Bedeutungsumfang jedoch um die Öffnung hin zur Modernität, zur Toleranz, zur Brüderlichkeit hinsichtlich einer europäischen Integration erweiterte. Vielleicht hat sie gerade deswegen die Feindseligkeiten böser Geister auf sich gezogen. Was die Wut anfachte, war ihr Entschluss, die scheinbar ewig gültigen Gemeinplätze herauszufordern. Sie wollte die fatalistische Unbeweglichkeit nicht konservieren. Aus der Unmenge von peinlichen Angriffen grabe ich ein Pamphlet aus, das in einer wichtigen Zeitung „Adevărul“ [Die Wahrheit] mit hoher Auflage am 25.8.1990 erschienen war. Die Anklage beginnt mit einer direkten Anrede:

---

[10] Kater Arpagic, literarische Figur in mehreren Kinderbüchern Ana Blandianas: *Întâmplări din grădina mea* [Ereignisse aus meinem Garten], *Alte întâmplări din grădina mea* [Andere Ereignisse aus meinem Garten], *Întâmplări de pe strada mea* [Ereignisse in meiner Straße] , usw. Der Kater Arpagic wurde als Karikatur von Ceaușescu verstanden.

> Das Schicksal Rumäniens, Frau Blandiana, steht heute am Scheideweg nicht nur, weil eine politische Diktatur beseitigt wurde, sondern weil irgendwo im Netzwerk des kosmischen „Computers" – der die Geschichte koordiniert – eine Sternenrevolution heranreift, die dem rumänischen Unterbewusstsein diesen scharfen Befehl auferlegt, den Hamlet seiner Mutter aufzwang: „Teile dein Herz in zwei Teile und wirf die faule Hälfte weg." Dies ist die große ontologische Bruchspalte, die wir in vollem Bewusstsein durchqueren, und die politischen Abgründe haben nur bewirkt, die intelligente Schicht auf ihre Fähigkeit des historischen Erfassens zu überprüfen, eine Intelligenz, die uns als Aushängeschild erschien und die sich zu einem guten Teil unfähig erwiesen hat, diese Abgründe zu überwinden. Brutal ausgedrückt, gehört sie heute zu einen Teil der „faulen Hälfte" des rumänischen Schicksals, dazu auserkoren, nur bis zur aktuellen Zeitschranke fruchtbar zu sein, sie hat ihren weltschöpferischen Horizont bis aufs Letzte ausgeschöpft... Jedes Gewebe mit einer funktionalen Störung setzt unweigerlich Giftstoffe frei. Diese „überragende" Intelligenz, die zur verfaulten Hälfte des rumänischen Schicksals verkommen ist, hat durch die eigene Beschränktheit ihres funktionalen Horizonts das ganze Gift ihrer eigenen Erbitterung freigesetzt: Sie versuchte gegen den normalen Lauf der Geschichte wirksam zu werden.

Abgesehen von dem ganzen Unsinn (eine schrille Terminologie: kosmischer Computer, rumänisches Unterbewusstsein, Sternenrevolution, genetisches Schicksal, ontologische Bruchspalte etc.) kann man eine Angriffsrichtung herauslesen:

1. Die Elite, die sich von dem Willen der Masse entfernt hat, hat Verrat begangen, ist steril, muss beseitigt werden;

2. Die Art der Ausrottung beinhaltet Gewalt, die physische Beseitigung, Lösungen, die keiner Begründung mehr bedürfen.

Unter diesen unheilverkündenden Auspizien erfolgte der Zusammenstoß mit der Ideologie der Primitivität. Wie reagiert die „gesunde" Natur? Die Schmähschrift schlägt eine Methode vor, die Dinge gnadenlos und ohne Mitleid zu beseitigen, ins lebende Fleisch zu schneiden:

> Der Instinkt zum Widerstand der Gesunden (die aber keine Möglichkeit hatten, durch Bildung und Kultur zu einem intellektuellen Verständnis der Dinge zu gelangen) war prompt. Er war nur eine Reaktion der „gesunden Zellen", die immer danach trachten, die „kranken" zu ersetzen, und sie zu „vernichten" (sie im wahrsten Sinne des Wortes zu vernichten). Daher, Frau Blandiana, waren Sie physisch bedroht und fühlen sich noch bedroht: Die gesunden Zellen verfügen über den genetischen Instinkt des historischen Ablaufs!... Folglich kann es sein, dass es zu Ihrem Schicksal... und zu dem der anderen gehört, in dieser konfusen Diskrepanz zu bleiben: Sie sollen zu einem unserer Schmerzen werden, dem Schmerz einer ontologischen Chirurgie – notwendig, himmelschreiend und eliminatorisch – in der zeitlichen und nicht nur räumlichen Wahrnehmungsfähigkeit des rumänischen Geistes.

Mir fällt auf, dass ich bei dem Versuch, die Konturen eines Porträts zu skizzieren, nicht auf einige grundlegende Züge im Profil von Ana Blandiana eingegangen bin.

a) Ihre außergewöhnlich lyrische Begabung. Die Entwicklung der Poesie hin zur Prägnanz, die Metapher fällt nicht aus dem Register der Ernsthaftigkeit heraus. [...]

b) Die Energie und der persönliche Einsatz bei Projekten von gesellschaftlichem Nutzen (Die Bürgerakademie, Die Gedenkstätte von Sighet).

c) Der hohe Bekanntschaftsgrad, den sie durch Kontakte mit dem Ausland erreicht hat. Ana Blandiana wird eingeladen, zur Aufklärung von Themen, die mit der Konsolidierung der europäischen Solidarität verbunden sind, beizutragen. Ihre in der ausländischen Presse publizierten Texte („Frankfurter Rundschau") zeichnen sich durch Kenntnis von komplexen Strukturen und Gewandtheit in der Formulierung von Thesen aus. Ich erlaube mir, diesen Punkt kurz an einem Beispiel zu erläutern.

Ana Blandiana untersucht die Psychologie der Masse im Prozess der Erneuerung von Mentalitäten; sie erkennt die diffuse Angst über das Verschwinden von Sicherheiten und eines Gleichgewichts. Zur Charakterisierung von Sachverhalten verzichtet sie nicht auf poetische Formulierungen wie „mit einem wie Wasser schwankenden Licht, dem es nicht gelingt, die Form des Gefäßes anzunehmen, in das es gegossen wurde." „Eine Mischung von Scham, Unsicherheit und Furcht" entdeckt sie bei denen, mit denen sie gesprochen hat. Dabei fällt auf, dass sie sich selbst nicht ausschließt und bei sich denselben Prozess des Nichtfestlegens entdeckt. Die alten Reflexbewegungen gehen verloren, und es braucht Zeit, bis sich andere neue herausbilden (Der Artikel: „Furcht und Faszination beim Verschwinden eines Systems" – „Frankfurter Rundschau", Oktober 1993). In einem anderen Text spricht sie von der „Freiheit als Neurose". Und folgert: „das Geheimnis der Demokratie ist in letzter Instanz ein Geheimnis von Proportion und liegt in dem Verständnis, niemandem einen so großen Anteil an Macht zu geben, dass daraus die Versuchung entstehen könnte, sie ganz zu nehmen. Ein Geheimnis, das schwer zu erlernen ist." Das sind kluge Worte, die die Reife des politischen Denkens und eines Verständnisses über das Stadium der Zivilisation bezeugen. Ich würde nur eine kleine Einschränkung machen. Wenn sie die strikt lokale Perspektive verlässt und von oben, objektiv, auf die Bemühungen um ein autochthones Verständnis herabblickt, überwindet selbst sie nicht, manchmal sogar in einem entschiedeneren Ton, den Instinkt von „Komplizenschaft" (sie ist der Meinung, es sei eine gute Sache, das Image ihres Landes in der Welt vorbehaltlos zu verteidigen).

GÉZA SZŐCZ

Die Wege zur Mauer

Gemeint sind die Wege der Politik. Die Wege, entlang derer sich eine unumrissene Absicht, ein Traum, ein vager Entwurf verdichteten und sich zu einem spektakulären historischen Ereignis sublimierten.

In den deutschen (damals westdeutschen) Rundfunk- und Fernsehsendern hörte ich in den achtziger Jahren häufig Gespräche mit verschiedenen berühmten Persönlichkeiten. Ein Thema kehrte immer wieder zurück: Die Spaltung des Landes und der Nation. Doch während der Diskurs sozusagen ohne Ende fortgeführt wurde, war niemand in der Lage, Vorstellungen zu jenem Szenario zu formulieren, das zur Vereinigung führen könnte. Ja, es war eher ein unheilvolles Zeichen, dass stattdessen die kommunistischen Theoretiker im Osten immer öfter darüber Artikel verfassten, dass es in Wirklichkeit gar nicht eine einzige deutsche Nation gebe, sondern nunmehr eher zwei. Selbst wenn dieser Zustand noch nicht erreicht sei, so ginge die Entwicklung bereits in diese Richtung.

In Moskau wollte man von der deutschen Einheit gar nicht hören. Ich erinnere mich an jenen Skandal, den die Novelle eines damals so gut wie unbekannten und auch heute nicht allzu bekannten jungen deutschen Schriftstellers zu Beginn der achtziger Jahre auslöste. Die Geschichte handelte davon, dass einmal in sehr ferner Zukunft – keinesfalls im zwanzigsten Jahrhundert – der Druck Chinas auf die Sowjetunion Moskau zunehmend größere Probleme bereiten würde. Dieser Druck aus dem Osten würde die Aufmerksamkeit des Reiches vollkommen beanspruchen und man verlegte den gesamten Kriegsschauplatz nach Sibirien. Dann käme der Moment, den die Deutschen ausnutzen würden, indem sie sich rasch wiedervereinigten.

Die meisten Deutschen stimmten vermutlich in ihrem tiefsten Inneren mit dieser Spekulation überein. Doch die sowjetischen Genossen horchten auf, und aus der Sache wurde ein diplomatischer Notenwechsel. Ja, die mächtige Sowjetunion mit ihrem ganzen Reichsgewicht fuhr den absolut unbekannten Schriftsteller an und drohte ihm ordentlich. Nicht nur ihm, sondern ganz Deutschland, zumindest den Deutschen, die von der Einheit zu träumen wagten.

Zum Ende des Jahrzehnts hatte sich die Situation von Grund auf geändert. Das Thema der Wiedervereinigung galt nicht mehr als Tabu, es gab Spekulationen, ob a.) die Amerikaner b.) die Russen c.) die Westdeutschen d.) die Ostdeutschen wohl für die Vereinigung wären.

Damals arbeitete ich bei Radio *Free Europe*. Ich erhielt den Auftrag, ein Budapester Büro für den Sender zu gründen und später zu leiten. Diese Situation ermöglichte es mir, in den verschiedensten gesellschaftlichen Schichten und von den kontroversesten politischen Polen her einen Einblick in die Politik zu gewinnen, was damals bedeutete: in die gegenwärtige Geschichte. Die Mitarbeiter des Büros versuchten ihren eigenen Platz und den Sinn ihrer Arbeit in der Interferenz der verschiedensten Interessen, Absichten, Bestrebungen, Manipulationen und Strategien zu bestimmen. Die Gesetzgeber des amerikanischen Kongresses hatten ebenso ihre Meinung und ihren Standpunkt wie die Bürokraten des State Departments, die reformkommunistische Führung in Budapest wollte ebenso gerne Herr der Lage bleiben, wie die ungarische Opposition gerne die Macht im Lande übernommen hätte.

In diesem Raum voller Spannungen und Turbulenzen entstand im August 1989 bei einem freundschaftlichen Treffen in Debrecen der Gedanke, man müsste in unmittelbarer Nachbarschaft der ungarisch-österreichischen Grenze, am Fuß des Stacheldrahtzaunes, ein Picknick organisieren. In den vorangegangenen Wochen hatten der österreichische Außenminister und sein ungarischer Kollege den Stacheldraht an einem Punkt der Grenze bereits symbolisch durchschnitten, und dies schien als positives symbolisches Ereignis geeignet zu sein, nun am Fuße des gefürchteten Eisernen Vorhanges eine Demonstration zu organisieren. Die Botschaft hieß: Das zivile Europa ist stärker als die militärischen Blöcke, und das Volk Europas duldet nicht weiter, dass mit inneren Mauern und Vorhängen ein Teil vom anderen getrennt wird. Zumindest leitete die Hauptveranstalterin Mária Filep die Aktion mit dieser Einstellung, behilflich waren ihr Freunde aus Debrecen und Sopron, und als Ergebnis kam das Picknick an der Grenze tatsächlich zustande. Als Teil dessen war im Drehbuch auch vorgesehen, dass die Teilnehmer nach Österreich *hinüberspazieren* und dann wieder zurück, um der weiten Welt zu zeigen, der Eiserne Vorhang ist bereits passierbar.

Nun, dies war der neuralgische Punkt, mit dem der Erfolg des gesamten Experiments stand oder fiel. Das heißt, wie die bewaffneten Kräfte des Grenzschutzes reagieren würden, wenn sie sehen, dass eine zivile Gruppe ohne Pass, Visum und jegliche Erlaubnis den symbolischen Graben, der Europa durchtrennt, einfach überschreitet.

Das wirkliche Gewicht verlieh dieser Frage jener Umstand, dass sich in Ungarn damals mehrere Tausend DDR-Bürger aufhielten, denen es gar nicht in den Sinn kam, in das kommunistische Ostdeutschland Erich Honeckers und seiner Genossen zurückzukehren. Sie alle wollten in den Westen gelangen, vor allem nach Westdeutschland, doch dort war der Eiserne Vorhang noch so fest, dass man sich ihm nicht einmal nähern konnte. Es schien einfacher, in das ferne Ungarn zu kommen und von dort aus einen Versuch über Österreich zu unternehmen. Und dieser Vorstellung kam der Speckbraten an der österreichisch-ungarischen Grenze gerade recht, zu dem man auch die Chance und das Abenteuer des Hinüberspazierens auf freien Boden organisiert hatte.

Die Nachricht verbreitete sich unter den DDR-Bürgern wie ein Lauffeuer. An jenem Tag, dem 19. August 1989, füllte sich die Umgebung der Straße, die aus Sopron an die Grenze führt, mit Trabis. Die Ostdeutschen spürten, sie könnten bald Westdeutsche, oder einfach nur Deutsche sein, wenn man sie beim Picknick nicht erschießen würde.

Wir, die Mitarbeiter von Radio *Free Europe*, hatten eine riesige Verantwortung. In erster Linie, weil man wirklich nicht wissen konnte, ob die kommunistischen Grenzbeamten schießen würden. Dagegen konnte man sich nur auf eine Weise schützen: mit der Öffentlichkeit. Das Problem war nur, dass die amerikanische politische Führung diesen Prozess, der damals in Osteuropa seinen Anfang genommen hatte, nicht aufrichtig unterstützte. Einerseits waren ihre Ansichten durch den *Status quo*, das Umgehen von Konflikten, das Dogma der Konsolidierung der Verhältnisse bestimmt, wie auch später bis zum Zerfall Jugoslawiens. Andererseits – das spürten wir schon damals, genauer gesagt: Es war uns ganz klar – wollte der Westen die deutsche Wiedervereinigung auch nicht. Dies galt nicht nur für Amerika. Nach Dokumenten, die vor Kurzem aus dem Kreml ans Tageslicht kamen, wollte das auch England nicht, seien wir konkreter: Die Regierung von Mrs. Thatcher wollte es nicht. Warum hätte sie auch – fragen die Kommentatoren heute, wissen wir doch, dass England nicht Freunde oder Feinde hat, sondern Interessen. Und damals war es nicht im Interesse der Engländer, dass ein riesiges und starkes Deutschland entstand.[1]

Wie die Angelsachsen auch dachten – von den sowjetischen Genossen ganz zu schweigen –, das Budapester Büro von *Free Europe* steckte in einem Dilemma. Es wäre ein Infragestellen seines moralischen Ichs und des philosophischen Sinnes der Existenz des Senders gewesen, hätte man die Veranstalter des Picknicks zurückgehalten und ihnen die Veranstaltung ausgeredet oder, dass sie die Ostdeutschen dorthin lassen sollten oder, dass sie den geplanten Spaziergang unternehmen sollten. Das nämlich hätte man in Washington von uns erwartet – dass der Sender das Ereignis nicht unterstützt und möglichst auch nicht davon berichtet. Das heißt: Auf keinen Fall sollte der Anschein geweckt werden, die amerikanische Außenpolitik oder eine amerikanische Unterstützung jeglicher Art könnten hinter der Aktion stehen. Unter diesen Umständen musste ich selbst dafür kämpfen, an dem Picknick überhaupt teilnehmen zu dürfen, denn es war eine Demonstration, und durch meine Person war die

[1] Diese Dokumente aus dem Kreml beziehen sich auf Gespräche der westlichen Regierungschefs mit Gorbatschow, die von einem russischen Historiker, Pavel Stroilov, kopiert und in den Westen gebracht wurden. Auszüge davon erschienen am 11. September 2009 in „The Times“ (Anmerkung der Herausgeber).

amerikanische Diplomatie betroffen, und betroffen wollte sie keineswegs sein. Es gab eine strenge Regel, dass die Redakteure des Senders an keinerlei politischen Aktionen teilnehmen durften – einer meiner Kollegen, György Krassó, musste gerade einen Monat zuvor den Sender verlassen, weil er dieses Prinzip verletzt hatte.

Es wäre zu ausführlich, die Ereignisse des Picknicks hier chronologisch aufzuzählen oder die spätere Ereignisfolge zu überblicken, deren Dominosteine, wie sie nacheinander umfielen und schließlich die absurde und unglaubliche Berliner Mauer unter sich begruben. Lassen Sie mich aber zwei Momente hervorheben. Zum Einen die Person von Árpád Bella, dem Befehlshaber des betreffenden Grenzabschnitts. Seiner Geistesgegenwärtigkeit ist es zu verdanken, dass trotz des gültigen Schießbefehls an diesem Tag nicht ein einziger Schuss abgegeben wurde. Wie ernst die Lage war, zeigt, dass zwei Tage später einige Kilometer vom Schauplatz des Picknicks entfernt ein junger DDR-Bürger erschossen wurde. Zum Anderen, worüber man unbedingt sprechen muss: der Augenblick des Durchbruchs selbst. Der geplante Spaziergang verzögerte sich nämlich irgendwie, während die Anspannung von Minute zu Minute stieg. Die mehreren Hundert Ostdeutschen schielten immer häufiger zum Stacheldrahtzaun, an dem ein seit fünfzig Jahren verschlossenes Tor anzeigte, wo der einstige Feldweg nach Österreich geführt hatte. An dem Tor hing ein riesiges Vorhängeschloss, dessen Schlüssel wer weiß in welchem Panzerschrank lag. Doch auf Druck der zunehmend größeren Menschenmenge wurde das Tor schließlich eingedrückt – obwohl es ursprünglich gar nicht nach außen, sondern *nach innen* aufgegangen ist – und die DDR-Bürger rannten nach Österreich hinüber, gewissermaßen entgegengesetzt zur verkündeten Konzeption, in der es um einen Spaziergang und um Rückkehr gegangen war. Nun, von den Deutschen kehrte keiner zurück, und die damals und dort entstandenen Fotos sind die wichtigsten und denkwürdigsten Aufnahmen des Jahrhunderts – unvergessliche Dokumente des tränenreichen, euphorischen Hinüberschreitens in die Freiheit.

Seitdem haben den Veranstaltern des Picknicks zahlreiche deutsche Politiker ihren Dank ausgesprochen, zuletzt Kanzlerin Angela Merkel. Den Einfluss des Picknicks würdigen Unmengen von Abhandlungen, Konferenzen und Erinnerungen. Uns bleibt keine andere Aufgabe, als uns bewusst zu machen: Die Berliner Mauer reichte bis nach Sopron – zu ihrem Pech, denn mit dem dort veranstalteten Picknick wurde sie zwischen zwei Scheiben Speck und dem Öffnen von zwei Flaschen Wein mit einem Schlag in ihren Grundfesten erschüttert.

III
Erinnerung und Identität

ESZTER PROPSZT

Erinnerung und Identität in der ungarndeutschen Gegenwartsliteratur

In der vorliegenden Arbeit möchte ich der Einladung, gedächtnisbildende, erinnerungskonstitutive Tendenzen der ungarndeutschen Gegenwartsliteratur nachzuzeichnen. Gedächtnisbildung und Erinnerungskonstitution betrachte ich als Semiotisierungs- bzw. Semantisierungsprozesse: Meine Ausführungen werden die jeweiligen Kommunikationssysteme (soziokommunikativen Kontexte) skizzieren, in denen die Selektionsprinzipien sowie die Funktion des Erinnerungswürdigen festzustellen sind, und diejenigen funktional ausgerichteten Semantisierungsstrategien analysieren, mit denen die Wertbesetzung und die Bedeutungsaufladung des Erinnerten erfolgt. Ich möchte auch eine Kritik der ungarndeutschen literarischen Erinnerungskonstruktion versuchen, indem ich untersuche, inwiefern die vorgelegten Erinnerungskonstrukte persönlichen Identifikationsprozessen und kollektiver Identitätsbildung zugänglich sind, ob sie dem Leser Identitätsmuster zur Verfügung stellen, die erlebbar sind, d.h. inwiefern sie über die integrative, sinnbildende Ordnung bzw. Modellierung von ungarndeutschen alltagsweltlichen und historischen Erfahrungen dem Leser eine Möglichkeit der Interpretation und der Verarbeitung dieser Erfahrungen bieten, und inwiefern die Identitätskonstrukte eine Selbstreflexion des Lesers ermöglichen.

Das Kommunikationssystem, in dem die ungarndeutsche Gegenwartsliteratur in den 1970er Jahren institutionalisiert wird, wird von einem Kurswechsel der ungarischen Nationalitätenpolitik strukturiert, der die These des Automatismus (wonach sich die Nationalitätenfrage unter den Bedingungen des Sozialismus und dessen Durchsetzung in allen Lebensbereichen von selbst lösen würde) aufgibt, und das Einbeziehen der Nationalitäten in den „Aufbau des Sozialismus" propagiert.[1] Die Erinnerungskonstruktion steht im Dienste einer ideo-

[1] Siehe dazu die Vorbereitung des Preisausschreibens „Greift zur Feder!" (1973),

logischen Sozialisation, sie soll systemangepasste und systemstabilisierende Werte vermitteln.

Ein ungarndeutsches Gedächtnis wird über die Inhalte „Besiedelung", „Mitwirken am Wiederaufbau des Landes nach der Türkenherrschaft", „Mitwirken an der Revolution 1848", „Opfer des Na-

---

mit dem die Literarische Sektion des Demokratischen Verbandes der Ungarndeutschen ungarndeutsche Schriftsteller auf den Plan rufen will: „Wir wissen, daß im Mittelpunkt aller künstlerischen Bemühungen die Weiterentwicklung unserer sozialistischen Kultur steht, insbesondere die Gestaltung des sozialistischen Menschen. [...] Mitte und Ende der vierziger Jahre gab es hier kaum Deutschschreibende, beziehungsweise Personen, die ihre Gedanken in deutsche Worte kleideten. Dies war durch die Entwicklung der neuen Arbeits- und Lebensverhältnisse in Ungarn bedingt. Die wirtschaftliche Entwicklung nach Kriegsende brachte es mit sich, daß auch die Deutschen in Ungarn in den Städten neue Arbeitsmöglichkeiten fanden. [...] Das führte einerseits zu einem gewissen Abschleifen ihrer nationalen Besonderheiten, andererseits aber zum gegenseitigen besseren Verstehen, zum Wachsen der gegenseitigen Achtung und Zusammenarbeit. [...] Es gibt keine heimische Literatur in deutscher Sprache, die Einsicht gewähren könnte in die Geschichte dieser Jahre [...]. Das ist schade, denn geschriebene und gelesene Werke appellieren an das Gedächtnis. Sie bringen den Menschen sich selbst in Erinnerung. [...] Die Trümmerzeit und die sorgenvollen, manchmal aussichtslos erschienenen Jahre der Nachkriegszeit haften in unserer Erinnerung. Aus ihnen erwächst die Gegenwart, die siegreich fortschreitende Welt des Sozialismus und des Friedens. Einst standen wir vor den öden Feldern, vor den zerbombten Fabriken, Betrieben und Häusern. [...] In hellem Licht liegt der Reichtum unserer Tage vor uns. Erfüllte Pflichten, erfolgreiche Arbeit und Lebensfreude prägen das Gesicht unserer Dörfer, Städte, Landschaften. [...] Sozialismus, Frieden und Freundschaft einen Ungarn und Nationalitäten zu einem starken Bund. Diese Entwicklung müßte auch von der Sektion der Deutschschreibenden in Worte gekleidet werden. Ihr Schaffen würde unserer Heimat dienen und der gesamten Kultur unseres sozialistischen Vaterlandes ein bleibendes Geschenk darbringen. [...] Kunde geben über die Einzelheiten der Entfaltung bis zum Durchbrechen der Freiheit, die das Antlitz eines großen Teiles der Welt, wie auch das unserer Nationalitäten, von Grund auf veränderte. [...] Das Wirken der Deutschschreibenden kann dazu beitragen, daß das heutige Leben der Deutschen in der Öffentlichkeit erschlossen und das Erbe auf diese Weise sichergestellt wird, wodurch zugleich die Leser zu einer noch erfolgreicheren Teilnahme am sozialistischen Aufbau ermuntert werden." WILD, *Sektion der Deutschschreibenden: Greift zur Feder!*, S. 2.

tionalsozialismus", „Mitwirken am Wiederaufbau des Landes nach 1945" und „Mitwirken am sozialistischen Aufbau" gebildet (z. B. Nikolaus Márnai-Mann: *Vun wu kummscht du?*; *Wuhin kehscht tu?*[I]; Georg Fath: *Mein Vaterland*; Erika Áts: *Die Linde*). Die Semantisierungs-strategie ist im Grunde genommen eine unifikatorische und kohäsiv wirkende, für die Darstellung der Ungarndeutschen als Mitglieder der sozialistischen Gemeinschaft Ungarns werden mit den Ungarn verbindende Gemeinsamkeiten, mit den Ungarn geteiltes Leid, geteilte Sorgen hervorgehoben, der Wille zum Zusammenwirken, zur Solidarität betont. Jedoch werden dadurch, dass die nationalitätenpolitische Diskriminierung nach dem Zweiten Weltkrieg (Vertreibung, Enteignung, Entzug politischer Rechte usw.) aus den Inhalten des ungarndeutschen Gedächtnisses selektiert wird, die literarischen Erinnerungskonstrukte der 1970er Jahre so stark beeinträchtigt, dass sie ihre interpretativ orientierende und gesellschaftlich reintegrierende Funktion einbüßen; sie können dem Leser nicht helfen, bedrängende alltagsweltliche bzw. geschichtliche Erfahrungen zu verarbeiten.

Erwähnenswert für die 1970er Jahre sind die dokumentarischen Bestrebungen der ungarndeutschen Gegenwartsliteratur, die die Speicherung von Volksbräuchen und Volksliedern, Sagen und Legenden in einem ungarndeutschen Gedächtnis erzielen. Obwohl in ihnen die Absicht einer Kontinuation festzustellen ist, bleiben ihre Semantisierungsstrategien – meistens ist eine vage Bewahrungsstrategie zu konstatieren – eher unsicher: Das Vorgefundene wird nicht gedeutet bzw. es fehlt an einer übergreifenden literarischen Struktur, die dem Dokumentierten literarische Kohärenz verleihen würde. Die beabsichtigte Sozialisierung erfolgt nicht durch die Figurenkonstellation oder die Handlung, die dokumentarische Darstellung sollte an sich sozialisierend wirken bzw. zur Bewusstseinsbildung führen (z. B. Georg Wittmann: *Die Holzpuppe*; *Das Jahr der Flut*).

Anfang der 80er Jahre wird das für die ungarndeutsche Gegenwartsliteratur konstitutive Kommunikationssystem umstrukturiert, wiederum durch einen Wechsel des nationalitätenpolitischen Kurses: Die ungarische Staatsführung revidiert die Theorie der Kollektivschuld als eigenen „Fehler“[2], d. h. die Rolle der Sowjetunion bei der Vertreibung oder bei Maßnahmen wie der Verschleppung zur Zwangsarbeit usw. ist nach wie vor tabuisiert. Das ungarndeutsche Gedächtnis kann also immer noch nicht frei verwaltet werden, die Semantisierungsmöglichkeiten der erwähnten Inhalte (also der Vertreibung, Enteignung, Zwangsarbeit) sind stark eingegrenzt.[3]

In diesen Grenzen wird ein narratives und somit ein bedeutungs-

---

[2] So hieß es in der Rede von György Aczél vor dem VI. Kongress des Demokratischen Verbandes der Ungarndeutschen: „In Ungarn hat sich der Begriff ‚Nationalitätenangehöriger‘ von Grund auf geändert. Doch es war auch für die Ungarndeutschen ein langer Weg, nicht frei von tragischen Ereignissen. [...] In diesem Teil Europas haben wir anhand der an Tragödien so reichen Geschicke der Nationen und Nationalitäten die Lehre ziehen müssen, daß es kein Heilmittel gegen innere Schwierigkeiten sein kann, Nationalitäten oder Religionsgemeinschaften zum Sündenbock zu machen, den Rassenhaß zu schüren oder nationale Animositäten zu entfesseln. [...] Wir sind der Überzeugung und halten es auch heute für gerecht und begründet, daß die Schuldigen – ob Deutsche oder Ungarn – zur Verantwortung gezogen werden. Unsere Überzeugung ist es aber auch, daß keinerlei kollektive Verantwortung gerechtfertigt war. Es gibt keine sektiererischen oder faschistischen Völker. Und wie Brecht sagt: Völker kann man nicht ablösen! Wir bedauern tief, daß auch unschuldige, ja sogar fortschrittlich gesinnte Menschen für Sünden büßen mußten, die sie nicht begangen haben“ (Zitiert nach SITZLER, *Ungarische Stellungnahmen zur Nationalitätenfrage*, S. 519-533).

[3] Vgl. „2. Obige Grundprinzipien unserer Nationalitätenpolitik vor Augen haltend, regt der Verband nach wie vor die Ungarndeutschen zur aktiven Beteiligung am Aufbau des Sozialismus an.

3. Der Verband ermuntert die Ungarndeutschen, einzeln und kollektiv, mehr als bisher von ihren verfassungsmäßigen Rechten Gebrauch zu machen. Dies erfordert vor allem eine stärkere bewußtseinsformende Tätigkeit:

- Die fortschrittlichen Traditionen der Ungarndeutschen, ihre hervorragenden Persönlichkeiten, die Tatsache, daß die überwiegende Mehrheit des Ungarndeutschtums im Laufe seiner Geschichte in Ungarn durch Fleiß und Wissen zum wirtschaftlichen und geistigen Aufbau des Landes beitrug, sollen mehr als bisher vergegenwärtigt werden. Dies ist natürlich nicht nur Aufgabe des Verbandes. Deshalb wendet sich der Verband an die ungarischen Massenmedien mit der Bitte, über die Gegenwart und Vergangenheit der Ungarndeutschen – so auch über die mit unserer Nationalität zusammenhängenden Ereignisse der Kriegs- und Nachkriegsjahre und deren Ursachen – mehr analysierende Artikel zu veröf-

bildendes Schema entwickelt, das die ungarndeutsche Erinnerungskonstruktion in deutscher Sprache bis heute prägt: Die Kriegs- und Nachkriegsgeschichte der Ungarndeutschen wird in einem Schicksalsschema gestaltet und interpretiert, dessen semantische Grundlage die Seme „Ahnungslosigkeit", „Hilflosigkeit" und „Ausgeliefertheit" ergeben. Als Vorlage für die Verarbeitung des Kriegs- und Nachkriegstraumas der Ungarndeutschen wird mit dem Schema eine Opferidentität angeboten, die aus (sozial)psychologischer Sicht stark zu kritisieren ist, da sie von der Verantwortung entlastet und die Konfrontation des Lesers mit sich selbst nicht fördert.

In den 1980er Jahren wird die Kontinuation bzw. die Bewahrungsstrategie in der literarischen Erinnerungsarbeit semantisch ausdifferenziert. Die anlaufende Erforschung der Volkskultur, Sprache, Geschichte und Soziologie der Ungarndeutschen etabliert eine Pflegesemantik (es wird stets betont, dass Sprache, Tradition, Kultur usw. „gepflegt" werden müssen), die mit einer Natur- bzw. Natürlichkeitssemantik gekoppelt das sinnbildende Schema des Gartens sowie der Gartenpflege installiert. Einige Erinnerungskonstrukte vermitteln die Perspektive des „pflichtgemäß optimistischen Gärtners" (z. B. Josef Mikonya: *Der alte Kirschbaum)*, ihre Agitation bleibt aber wenig konkret, da sich die Beschreibung des Gartens nicht auf konkrete soziale Schwierigkeiten oder Aufgaben beziehen lässt. Andere Konstrukte weisen sehr deutlich auf die Unzulänglichkeit der Bewahrungsstrategien hin. Claus Klotz' *Das Zweiglein. Ungarndeutsche Lesebuchgeschichten à la Borchert*[11] verfolgt beispielsweise die am meisten relevanten Bedeutungsumlagerungen des Zeichens „ungarndeutsch" von seiner Konstituierung im Kontext der Besiede-

---

fentlichen; […]

- Der Verband macht den Ungarndeutschen bewußt: Sie entsprechen den Forderungen unserer sozialistischen Gesellschaft am besten, wenn sie neben der tüchtigen Arbeit sich mehr auf ihre Nationalitätenwerte besinnen und daß zur Pflichterfüllung auch das Pflegen und Weiterreichen der eigenen Sprache und Kultur gehören." (*Beschlüsse des VI. Kongresses des Demokratischen Verbandes der Ungarndeutschen*, S. 2).

lung bis hin zum Verlust seiner Funktionalität im zeitgenössischen Kommunikationssystem. Die Lesebuchgeschichten erinnern an Ereignisse, die dem Zeichen „ungarndeutsch“ und „Heimat“, das mit „ungarndeutsch“ gekoppelt erscheint, stets neue konnotative Ketten bzw. Werte zugeordnet, und dadurch im Endeffekt jegliche gemeinschaftlichen Bindungen aufgelöst haben, die durch diese Zeichen getragen waren – was mit dem Abbruch verwandtschaftlicher Beziehungen einhergegangen ist. Das abgebrochene Zweiglein, in dem die Lebenssäfte nicht zirkulieren können, exponiert, was früher retuschiert worden ist: die Diskontinuität. Auch Josef Michaelis' *Nachblüte* attackiert die offizielle Natur- bzw. Natürlichkeitssemantik, und zwar durch das Bild eines falschen, „trughaften“ Frühlings. Indem der Text auf den VI. Kongress des Demokratischen Verbandes der Ungarndeutschen verweist, auf dem über „die Früchte der Arbeit der Ungarndeutschen“[4] gesprochen wird, qualifiziert das Sem „trughaft“ auch die Rede über das Ungarndeutschtum und weist die Vorlagen der aktuellen semantischen Umstrukturierung des Zeichens „ungarndeutsch“, die Vorlagen der kollektiven Identitätsbildung als „unfruchtbar“, d.h. als „unwirksam“ aus. Die Falschheit und Naturwidrigkeit der Nachblüte destruiert die offizielle Pflegesemantik, die eine kontinuierliche und organische Entwicklung suggeriert, die Eingriffsversuche in das Selbstverständnis der Ungarndeutschen werden voller Skepsis betrachtet.

Im Laufe der 1980er Jahre drängt die ungarische Nationalitätenpolitik den Minderheitenautoren mit zunehmender Intensität eine „Brückenfunktion“ auf. Der „Brückenschlag“ intendiert einerseits, nach „Osten“, die Entschärfung eines Konfliktpotentials zwischen Ungarn und seinen Nachbarstaaten mit ungarischer Minderheit (vor allem zwischen Ungarn und Rumänien); andererseits richtet sie sich an den „Westen“ und ist von wirtschaftlichen Interessen geprägt.[5] Der politischen Indienstnahme, der vorgeschriebenen Identitäts-

---

[4] Zitiert in eigener Übersetzung, *Együtt a nemzetiségekkel: Nemzetiségi politika a mai Magyarországon,* S. 102.

[5] Die bereits zitierte Aczél-Rede soll noch einmal bemüht werden: „Ein wichtiges, unentbehrliches Element unserer Nationalitätenpolitik ist, daß sich die Kontakte

konstruktion werden streng persönliche Erinnerungskonstrukte entgegengesetzt, wie in Claus Klotz' *mein deutschtum*[III].

Im Umkreis der Wende, als ihr die Befreiung des Gedächtnisses die Möglichkeit einer Erneuerung der Erinnerungskonstruktion anbietet, erweist sich die ungarndeutsche Literatur als unfähig zur Herausbildung neuer Identitätsmuster. Die Krise, welche die Entmachtung der alten Kommunikationssysteme und die Auflösung des alten, vorgeschriebenen Selbstverständnisses der ungarndeutschen Gegenwartsliteratur verursacht, wird nicht selten durch das Fortschreiben des alten Selbstverständnisses abgewehrt.[6]

Die Erinnerungskonstruktion wird zwar inhaltlich modifiziert bzw.

---

der Nationalitäten zu den Nationen frei entfalten, die die gleiche Sprache sprechen. Die Nationalitäten haben bei der Vertiefung der Völkerfreundschaft eine wichtige Mission zu erfüllen. Mag diese Mission Brückenbau, Bindeglied, Anreiz oder wie auch immer genannt werden, wesentlich ist der Inhalt. Wir streben auch im weiteren auf diesem Gebiet die Zusammenarbeit mit den sozialistischen Nachbarländern und mit der Deutschen Demokratischen Republik an. Wir halten es für natürlich, dankens- und wünschenswert, daß die Institutionen der DDR – aufgrund der gleichen Gesellschaftsordnung – uns bei der kulturellen Versorgung der Ungarndeutschen, der Erhöhung des Niveaus ihres Bildungswesens vielseitige Unterstützung und Hilfe angedeihen lassen. Wir halten auch jenes Interesse für natürlich, das seitens des benachbarten Österreich und der Bundesrepublik Deutschland für das Leben der Ungarndeutschen bekundet wird. Unsere Nationalitätenpolitik ist eine offene Politik. Auch sie kann dazu beitragen, daß man im Ausland ein reales Bild von unserem Land, unserem Volk, unseren Nationalitäten macht. All dies wird auch durch ein solch fundamentales Menschenrecht, wie die Pflege verwandtschaftlicher Kontakte, gefördert" (Zitiert nach SITZLER, vgl. Fußnote 3). Sitzler hält auch die außenpolitischen Implikationen in der Reinterpretation der Kriegsrolle der Ungarndeutschen fest, vgl. SITZLER, *Die ungarische Nationalitätenpolitik der letzten Jahre*, S. 33-44. Mit der Revision des Prinzips der Kollektivschuld und der Neubewertung der Aussiedlung gilt auch die BRD nicht mehr als „Hort des Revanchismus", in der Konsequenz, dass die durch starke außenwirtschaftliche Interessen geprägten Kontakte der Ungarndeutschen zu den Ausgesiedelten als „natürliche" gefördert werden.

[6] Anschaulich wird die Krise durch den Rechtfertigungsversuch dokumentiert, mit dem Helmut Rudolf auf Ingmar Brantsch' Studie, „Das Leben der Ungarndeutschen nach dem Zweiten Weltkrieg im Spiegel ihrer Dichtung" reagiert: „Zur ungarndeutschen Literatur kann man stehen wie man will, eine derartige

stärker ausdifferenziert – das bedeutet einerseits die Aufnahme neuer Inhalte wie „Zwangsarbeit", „Internierung" bzw. die Erweiterung von alten Inhalten wie „Aussiedlung", andererseits die Verlagerung der Akzente von der Konstruktion von „Besiedelung", „Mitwirken am Wiederaufbau des Landes nach der Türkenherrschaft", „Mitwirken an der Revolution 1848" auf die Konstruktion der Kriegs- und Nachkriegsereignisse; die Konstruktion der Inhalte „Opfer des Nationalsozialismus", „Mitwirken am Wiederaufbau des Landes nach 1945", „Mitwirken am sozialistischen Aufbau" bleibt konstant gewichtig –, aber eine Neukonstruktion oder Transformation der

---

Wortwahl ziemt sich nicht und zeugt entweder von Absicht oder Unvermögen, mit Menschen und ihren Texten umzugehen, und die äußeren und inneren Bedingungen ihres Schaffensprozesses in jedem Einzelfall vorurteilslos zu werten; auf offensichtliche Widersprüche, Schwarzweißmalerei, Geschmäcklerisches oder Herabwürdigungen sollte grundsätzlich verzichtet werden. Das fördert nicht. [...] Seit mehr als zwei Jahrzehnten ist die ungarndeutsche Literatur im Bewußtsein der Leser. Ihrer Entfaltung stellte sich niemand und nichts in den Weg, sie war – im Gegensatz zu anderen Vertreiberstaaten – möglich, doch nicht problemlos. Und sie behauptet sich nach wie vor, entgegen mancher Zweifel, vielleicht sogar Erwartungen, und im Unterschied zu verdrängten oder verfolgten Literaturen. Daß ungarndeutsche Autoren nicht vordergründig ihre Verneinung herrschender gesellschaftlicher Bedingungen zum Ausdruck brachten, war ihr gutes Recht. Sie setzten auf anderes: auf das Zusammenleben ohne Aufgabe des Eigenen, auf die wirkungsvolle Tradition der Gemeinsamkeit und die Verständigung, ohne sich auszuliefern. Damit behielten sie recht, denn die Überwindung von Gegensätzen ist unerläßlich. Und sie sagten auf ihre Weise, was zu sagen geboten war, allerdings überlegten sie, was sie sagten, und verstanden, ihre inneren Anliegen so zu gestalten, daß dem Wort weder der Zwang zum Verstummen noch zur Aussiedlung folgte. Hätte sie ihnen die Heimat ersetzt? Darüber ist nachzusinnen! Das eben ist eine Besonderheit des Ungarndeutschtums (und seiner Literatur), daraus Vorwürfe abzuleiten heißt, die Menschen in ihrem Dasein und Wollen zu verkennen" (RUDOLF, *Nicht ohne Widerspruch!*, S. 10). Die Argumentation verankert die Beurteilungskriterien (bzw. Wertungskriterien) der ungarndeutschen Gegenwartsliteratur nur scheinbar in ihren sozialen Entstehungsbedingungen, in Wirklichkeit verfolgt sie eine Rechtfertigungsstrategie, indem sie die Abhängigkeit von Außen betont und die Verantwortung auf die äußeren Umstände abschiebt. Sie will ihre Wertung durch die Bezugnahme auf das soziale Bedingungsgefüge nicht begründet, sondern relativiert wissen.

ungarndeutschen Identität wird in den Erinnerungskonstrukten nicht geleistet. Zwar werden die literarischen Identitätsvorlagen thematisch vielfältiger, jedoch nicht funktionsfähiger als zuvor.

Unter den Semantisierungsstrategien erleben die bewahrenden eine Hochkonjunktur; nicht selten wird die Notwendigkeit des Sich-Erinnerns bei der Identitätsbildung reflektiert, der Anspruch auf eine kontinuierliche Identität wird expliziert. Diesem Anspruch kommen die dokumentarischen Bestrebungen entgegen, die nach wie vor keine komplexen wirklichkeitsinterpretierenden literarischen Strukturen entwickeln – wahrscheinlich in der Annahme, dass der Nachvollzug der handlungsmäßig vorgefundenen und sprachlich vorgeformten „Wirklichkeit" die Interpretation der Zusammenhänge bereits in sich trüge. Um eine Kontinuität vermitteln zu können, klammern die Bewahrungsstrategien der dokumentarischen Texte die Frage nach der Verantwortung sowie der Täterschaft meistens aus. In einigen dokumentarischen Texten erscheint das einfach semantisierte Schicksalsschema (z. B. Franz Sziebert: *Weihnachtsabend*; *Silvesterfeier – anders*), den Ungarndeutschen wird der Zustand der Passivität, die Rolle des machtlosen Objektes angedichtet – die Vereinfachung der komplexen und konfliktbeladenen Realität lockert zwar die Spannung zwischen objektiver historischer Diskontinuität und subjektivem Anspruch auf biographische Kontinuität, vermag aber keine Handlungspläne für den Umgang mit ähnlichen Konfliktsituationen zu vermitteln. In den Bewahrungsstrategien und in den Rechtfertigungs- und Relativierungsstrategien, die die Fremdbestimmtheit, die Abhängigkeit von äußeren Kräften betonen, ist einerseits die perennierende kommunistische Deutungsmacht zu entdecken, die an der Vagheit der nationalitätengeschichtlichen Wertung interessiert war, andererseits eine mangelnde Selbstverantwortung zu konstatieren.

Die Semantik des Schicksalsschemas artikuliert sich in den Nachwendejahren in der Konstruktion der Kriegs- und Nachkriegserinnerung am prägnantesten. Der Zweite Weltkrieg findet vor allem als „Liebe im Krieg" literarische Verarbeitung, die Konfiguration und somit die Konfliktstruktur wird in diesen Erzählungen auf der Basis der semantischen Opposition zwischen „schicksalhaft ausgeliefert" und „böse" konstruiert (z. B. Josef Mikonya: *Todestanz*; Ludwig Fischer: *Am 20. Oktober 1946*). Obwohl die Ausführung der Konfliktstruktur das Zerstören der Möglichkeiten humaner Existenz durch den Krieg sehr intensiv nachempfinden lässt, leistet sie durch die eindimensionalen Figuren, d.h. dadurch, dass die Figuren nur durch eine semantische Achse, durch die der semantisch als „natürlich" ausgewiesenen Eigenschaften „gut" und „böse" konstruiert werden, eine sehr eingeschränkte Wirklichkeitsinterpretation. Die Aussiedlung wird semantisch meistens als „unverarbeitbar" festgehalten. Nikolaus Márnai-Manns *Tie verlaareni Homet (Tr Apschied)* veranschaulicht das Trauma der Aussiedlung an der schwierigen Trennung zweier Freundinnen. Mit der Verzweiflung der 15jährigen Mädchen wird auch ein Bewusstseinszustand fixiert, für den Erklärungs- und Beweggründe nicht zugänglich sind. Das Festhaltenwollen des Schocks, der lange Jahre hindurch ein Tabu war, ist unbedingt verständlich. Die Funktionsfähigkeit einer Identitätsvorlage aber, die ein Trauma als unverarbeitbar fixiert, die die Wahrnehmungsbeschränkungen derer, die das Trauma erlebt haben, weder reflektiert noch aufhebt, ist fragwürdig.

Es ist augenfällig, dass die Erfahrungen des Sozialismus nur selektiv erinnert werden. Wertende Positionen werden nur für die Beurteilung der „stalinistischen" Periode herausgebildet. Diese leisten eine moralische Wertung, schreiben aber oft die Ideologiehaltigkeit der sozialistischen unifizierenden Semantisierungsstrategien weiter (z. B. Franz Sziebert: *Unzuverlässig?*). Die „realsozialistische" Periode wird nicht oder nicht ausreichend bewertet.

Einige Texte weisen im Umkreis der Wende deutlich auf die Unzulänglichkeit der gängigen Semantisierungsstrategien hin: Valeria Koch stellt in ihrem Gedichtzyklus *Wandlung,* im Gedicht *Mein Jahrgang*[IV], angesichts der Erschütterung der einschränkenden, aber wohlbekannten und deshalb auch Sicherheit bietenden und wenig Selbstverantwortung fordernden Kommunikationssysteme die Frage „was noch so richtig eine Bedeutung haben kann"; und Josef Michaelis' *Agonie*[V] weist die politisch-gesellschaftlichen Versuche nach der Wende, unter ihnen auch das Minderheitengesetz von 1993, die zu Werten der Vergangenheit zurückführen sollten, als Manifestationen der „gelernten Hilflosigkeit" aus, die bloß die Agonie der Volksgruppe zur Schau stellen bzw. sie als „Touristenattraktion" vermarkten und hinter der Fassade der verantwortungsvollen Identitätsformung Hilflosigkeit generieren. Allerdings bieten diese Texte keine neuen Anhaltspunkte für die Herausbildung neuer, kritisch erinnerungskonstitutiver Semantisierungsstrategien an.

Unbedingt zu erwähnen sind die seltenen Beispiele der semantischen Transformationsstrategien, die die Erinnerung nicht über das Verdrängen der Verluste, sondern über die Konfrontation mit dem Verlust konstruieren, in diesen konturieren sich an der Stelle der etablierten Identitätsmuster (bzw. an der Stelle von deren Bestandteilen) neue. In Nikolaus Márnai-Manns *Tr Trauerweidepoom* machen sich die Protagonisten bewusst, was das Verlorene an ihrer Persönlichkeit geformt hat und was sie gerade deshalb nie verlieren werden – d.h. sie leisten die Trauerarbeit, die die meisten Figuren der ungarndeutschen Gegenwartsliteratur versäumen –, somit wird für sie der Verlust verarbeitbar und eine Neubildung ihrer Identität möglich. In Robert Beckers *Requiem. Ein Monolog* leistet der Ich-Erzähler Trauerarbeit, indem er sich am Haus seiner Ahnen, das am folgenden Tag abgerissen werden soll, deren (Über)Lebensstrategien vergegenwärtigt. Anstelle von diesen, anstelle von Trotz, Sichfügen und Realitätsflucht, entwirft er eine Identität, die die Realität des Verlustes annimmt – die alten Identitätsstrukturen werden in neue überführt.[7]

[7] Vgl. „Großmutter war nicht in der Lage herzukommen. Für sie hatte sich die Vergangenheit in ein trauriges Märchen verwandelt [...] in ein Leben im Damals.

Bis zu ihrem Tod bin ich auch nicht hierhergekommen. Doch weiß ich, wo der Herd stand, und alle Geschichten, die man damals am Abend [...] erzählte, sind mir bekannt und gegenwärtig. Ich weiß auch, daß der Dachboden eingestürzt ist, weil die Zigeuner, denen das Gebäude zugewiesen worden war, nachdem sie den Anspruch auf eine städtische Wohnung geltend gemacht hatten, bevor sie gingen, die Dachziegel noch verkauften. Später erwarben die Deutschen ihr Vermögen zurück. Die Ungarn sagten damals, man müsse die Deutschen nur nackt über das Dach werfen und auf der anderen Seite fallen sie voll bekleidet herunter.

Die Schwierigkeit der Erneuerung der ungarndeutschen Erinnerungs- und Identitätskonstruktion in der Nachwendezeit ist auch an dem ersten Roman der ungarndeutschen Gegenwartsliteratur, Béla Bayers *Dort drüben* (2002), abzulesen. Der Roman konstruiert eine ungarndeutsche Erinnerung aus der Perspektive des „Gärtners", die Pflegesemantik der 1980er Jahre weiterführend[8], die

---

Zweifellos war es der mühevolle Kampf um das Eigene, um das unverstanden Verlorene, der den sturmmachenden Trotz zur Folge hatte. Dieser Trotz raubte unsere Worte. Unsere Worte waren aber unser Bewußtsein – und unser Bewußtsein unser Trotz. Als unser Trotz auslöschte, entspannten sich die Fäuste, die Blicke senkten sich zu Boden, und wir begannen ungarisch unsere Gebete zu murmeln, unsere Bücher zu verbrennen und unsere Ahnen zu vergessen. Also wurden wir gleichberechtigte Bürger Ungarns [...]. Meine Generation, die zweite nach dem Krieg, ist diejenige, die im Kindergarten noch unbekümmert deutsch plauderte, im Grundschulalter auf Großmutters Fragen ungarisch antwortete und später beim Ausfüllen von Bewerbungsbögen ungarische Nationalität angab.

Jetzt sitze ich auf der Schwelle der Wassermühle, lasse Gedanken durch mein Gehirn schweifen, als wären sie Staub in einer unbegreiflichen Sanduhr, als wären sie das Geräusch des Baches, als wären sie ein betäubendes Mittel, das in eine längst verdiente Ruhe überführt.

Morgen überrollen haushohe Feldmaschinen diese Ruine und machen sie mit dem Erdboden gleich, damit im nächsten Frühling schon kräftiger Mais auf dem ausgeruhten Boden wachsen kann. Doch meines Besitzes werde ich auch dann nicht beraubt sein: Durch alle sich im Wind schaukelnden Blätter wird meine Großmutter mir entgegenwinken und aus den Kolben blickt sie mich an, mit ihren Augen, die mir ewig zulächeln, mit einem Blick, der mich immer begleitet" (BECKER, *Requiem. Ein Monolog*, S. 13).

[8] Vgl. „Der Dombay-See in der Nachbarschaft der Weinberge, die Weinstöcke haben ihn vieles gelehrt, worauf er früher nicht achtete. Die Erde wird vom Regen abgetragen, aber die Stöcke bleiben. Die Wurzeln halten den ganzen Berg zusammen und geben einen köstlichen Tropfen. Wenn man eine Weinlese beobachtet, das Reifen des neuen Weines, ist man sich der Tatsache bewusst, Zeuge eines tausendjährigen Brauchtums zu sein, was gepflegt werden muss und wofür der Mensch selbst die Verantwortung trägt. Nur von ihm alleine ist es abhängig, ob die Kenntnisse verloren gehen oder nicht, was zu seiner Seele gehört in ihrer sich immer wandelnden Eigenart. „Wenn ich dazu fähig sein werde", formulierte Martin seine Gedanken, „wird mein Leben so ähnlich sein wie diese Gegend, wo die Farbe des Weines goldgelb ist. Man müsste diese Erwartung beibehalten. Sich mit weniger zufrieden zu geben hätte keinen Zweck" (BAYER, *Dort drüben,* S. 167-168).

historisch konkrete Semantik der ungarndeutschen Geschichte wird in ihm zu einem wertmäßig leicht überschaubaren Weltmodell verarbeitet: Die Welterfahrung der Ungarndeutschen vor dem Zweiten Weltkrieg wird nach der mythischen Vorlage des Paradieses modelliert, die Welterfahrung nach dem Zweiten Weltkrieg nach der der Hölle. Die Wiedererstellung des Paradieses wird durch das Erinnern und Erzählen ebendieses versucht, der zentralen Figur des Romans, der diese Re-Konstruktion zur Lebensaufgabe wird, gelingt die Aufgabe jedoch nur in der Weltabgewandtheit. Infolgedessen erscheint sein „Paradies" als Fluchtraum, in dem die vermisste Wirklichkeit durch Wunschvorstellungen ersetzt wird, ein Stück „Natur" zur Idylle umgewandelt und in der „Natur" Asyl vor dem bewegten Draußen gesucht wird.

Semantisch komplexer ausdifferenziert als in den deutschsprachigen verläuft die Erinnerungskonstruktion in den ungarischsprachigen Texten der ungarndeutschen Gegenwartsliteratur (die ich deshalb der ungarndeutschen Gegenwartsliteratur zuordne, weil sie ebenso Vorlagen für eine ungarndeutsche ethnische und/oder nationale Identität entwerfen wie die deutschsprachigen Texte). Der Unterschied ist allerdings meines Erachtens nicht in der Sprache begründet, sondern darin, dass das Kommunikationssystem der ungarischsprachigen Texte nicht so stark durch die Nationalitätenpolitik instrumentalisiert war, und darin, dass die ungarischschreibenden Autoren eine kompliziertere und langwierigere literarische Sozialisation erfahren haben.

Hervorzuheben unter diesen Texten ist Márton Kalász' *Winterlamm*, der die Erinnerungskonstruktion mit dem Schicksalsschema hinterfragt, zumal unter dem Motto, „Wir, die Figuren des Romans, sind mit lebenden Personen nicht gleichzusetzen; nur unser Gedächtnis ist dem der Lebenden gleich". Der Leser wird zur Diskussion der Behauptung „…jedwedes Schicksal ist ein gutes" eingeladen, indem zwei Bewusstseinsstufen und somit zwei Semantisierungsstrategien des Ich-Erzählers miteinander konfrontiert werden: seine Bewusstseinsstufe und Semantisierungsstrategie als erzählte Figur mit seiner Bewusstseinsstufe und Semantisierungsstrategie als rückblickend erzählende Figur. Als Romanfigur muss er (Andreas Mess) an dem Tag, als er das Telegramm über den Tod seines Vaters erhält, auf ein Vorwerk, um eine Lebendinventur zu machen.[9] Die Ausgeliefertheit, die er an dem Tag in der Schutzlosigkeit der Lämmer sieht, verbindet er in einer Erzählung mit der Ausgeliefertheit seines kranken Vaters, in der er wohl dessen „Schicksal“ und das seiner Gefährten zu entdecken meint. Der reifere Mess, der Romanschreiber, der die Inventur ungarndeutscher „Schicksale“ aufnimmt, scheint mehr zu sehen. Er scheint auch die „sturen Lämmer“ zu sehen, die keine Verantwortung für sich selbst übernehmen, d.h. nie über die Beweggründe oder die möglichen Konsequenzen ihrer Taten nachdenken, ihr Leben als verhängtes „Schicksal“ erleben, keine Autonomie entwickeln, daher die „Freiheit“ immer von außen erwarten und so mit der Freiheit der Entscheidung auch die Fähigkeit verlieren, sich durch Taten frei zu machen: Durch die Inventur der „Schicksale“ scheint Mess sich selbst, seine Identität aus dem Undeutlichen seines „Schicksals“ und

[9] Vgl. „Er besah sich die Lämmer in der offenen Tür des Schafstalls stehend, drin holten sich zwei Schäfer immer ein neues Schaf aus der Herde, packten es an den Läufen und so auf die Streu. Die anderen stauten sich im Halbdunkel des Stalls. Mess wollte nicht unkundig erscheinen, also fragte er nicht. Der Leiter des Betriebsteils, ein junger Mann, stand mit hochgeschlagenem Kragen neben ihm. ‘Schöne Lämmer haben wir’, sagte er. Mess versetzte dieser Ausspruch in Wut, er sah nur die bibbernden, kleinen Kreaturen, wie sie sich ins dichteste Gewühl im Stall verkrochen, die Wärme der größeren Leiber suchten, unter die grauen, fettigen, zottligen, wolligen Bäuche flüchteten. Sie greinten mit dünner Stimme und zitterten. Ihre Beine waren vielleicht noch viel zu schwach und zu weich, um fest auf dem Boden zu stehen. Unterm Dach, zwischen dessen morschen Brettern schlimme Lücken gähnten, tobte sich Zugluft aus. Die Streu lagerte dünn, und auch der Gestank vermochte die Luft nicht zu mildern. ‘Die frieren gar nicht so sehr, wie sie denken’, sagte einer der Schäfer hinzutretend zu ihnen. ‘Gewiß, quälen tun sie sich, wenn sie in dieser Jahreszeit zur Welt kommen. Sie sind dann in der Fährde, das stimmt schon. Aber wir passen auf sie auf, so gut wir können. Ganz zart scheinen sie alle, aber wenn sie durchhalten, bis es warm wird und sie auf die Weide kommen, legen die auch noch als ausgewachsene Böcke und Zibben den schönsten Tanz hin. Die sind dann nicht unterzukriegen.’ [...] Der Leiter des Betriebsteils [...] sagte ihm [...]: ‘Nun ja, so führen halt Schäfer ihre Reden. Es verenden auch welche. Aber stimmen tut’s trotzdem.’[...] ‘Wieviel sind bis jetzt verendet?’ fragte [Mess]. Der Leiter sah ihn mißtraurisch an. ‘Sie haben grad Inventur gemacht’, sagte er selbstsicher. ‘Kein einziges.’ Nicht so habe er gemeint, schüttelte Mess den Kopf“ (KALÁSZ, *Winterlamm,* S. 428-429).

des „Schicksals" von seinesgleichen herausfinden zu wollen. Das bedeutet, seine Erinnerung stellt ein Wiederholen, genauer ein Sich-Wieder-Holen dar. Dafür nimmt er auch die Hilfe des Lesers in Anspruch, den er durch das detaillierte Erzählen zahlreicher Episoden die Motive seiner Figuren reflektieren lässt: Wenn Motive und Entscheidungen ersichtlich werden, hört „Schicksal" als solches auf zu existieren. Und der Leser wird, erstmalig in der ungarndeutschen Gegenwartsliteratur, auch mit den individual- und sozialpsycholo-gischen Motiven der Entscheidung für den Volksbund, für die „Kommunisten" usw. konfrontiert. Die textuelle Entfaltung des semantisch konträr besetzbaren Symbols „Lamm" – dem Lamm können nicht nur die semantischen Merkmale „fromm", „sanft", „geduldig", „unschuldig", sondern auch „einfältig", „beeinflussbar", „unselbständig" zugewiesen werden – macht die Selbstverantwortung der „Opfer" diskutierbar, und die Zuordnung der konträren semantischen Merkmale zu den „Lämmern" fällt dem Leser als Aufgabe zu. Die soziokommunikative Funktionsfähigkeit des Werkes liegt dadurch weit über der des Schicksalsschemas, das die deutschsprachigen Werke realisiert haben.

Ein erwähnenswertes ungarndeutsches Erinnerungskonstrukt ist auch István Elmers *Volksbarock,* nicht zuletzt, weil der Text den engen Zusammenhang von Erinnerung und Identitätsbildung anschaulich werden lässt. Die Selbstfindung des Haupthelden (Aladar Bischof) erfolgt in einem kollektiven Gedächtnisraum, in dem Gedächtnisraum seiner Familie: Während Aladar das Pfarrhaus begeht, das seine Ahnen gebaut haben und das er nun für seine, einstweilen nur imaginäre Familie kaufen will, stellt er sich vor, dass ihm sein längst verstorbener Großvater die Geschichte seiner Ahnen seit der Besiedelung vorführt bzw. dass er ihn an dieser Geschichte teilhaben lässt. In der Erinnerung vermengen sich die Episoden der Lebensgeschichten seiner Vorfahren mit den Episoden seiner eigenen Lebensgeschichte bzw. verwischen sich. Eine Vermittlung zwischen den Episoden schaffen rekurrierende semantische Einheiten, die die episodischen Informationen ordnen, abfiltern, d.h. zu Identitätsmerkmalen, Identitätskategorien integrieren. In der semantischen Vermittlung zwischen den Episoden entsteht somit ein „Dialog", in dem die Sinnbildung, d.h. Aladars Persönlichkeitsdeutung, vonstatten geht. Durch diese Vermittlung, durch die Vermittlung der „Anderen", wird Aladars Ich konfiguriert: Sein erzähltes Selbst schöpft aus den internalisierten Haltungen, Wertungen und Verhaltensdispositionen der erinnerten „Bezugspersonen" und soll sich zugleich an diesen bewähren. Über den Prozess der Internalisierung konstituiert sich sein Verantwortungsgefühl, sein Gewissen. Das Bewusstwerden seiner sozialen Identität lässt Aladar zu dem werden, was er ist. Im Pfarrhaus, das vielfältige Zustände und Erfahrungen mehrerer Generationen integriert und deshalb als die Verräumlichung des Familiengedächtnisses betrachtet werden kann, gelangt Aladar zur Integration widerstrebender Tendenzen seiner Persönlichkeit bzw. zu einem integrierten Selbstverständnis, zum Bewusstsein seiner Stellung in der ungarndeutschen Kultur und Geschichte.

Auch die ungarischsprachigen „schwäbischen" Texte von Robert Balogh durchbrechen und unterlaufen wirkungsmächtige Identitätsmuster der deutschsprachigen Texte. Die Erinnerungskonstruktion im ersten „schwäbischen" Text, *Schwab evangiliom: Großmutters Arzneibuch,* zeichnet sich durch ihre konfrontative und interaktive Semantik aus. In *Schwab evangiliom* werden die Inhalte einer ungarndeutschen Erinnerung einerseits durch die „konventionellen" Strategien der Semantisierung mit Bedeutung und Werten aufgeladen, andererseits auch mit den Strategien der Konventionskritik gestaltet, z.B. mit einer „emotionsgeladenen", in der die Werte der Konvention als Manifestationen der Lieblosigkeit erscheinen, oder mit einer „pragmatischen", die z.B. den konventionellen Wert der Maßhaltung als übertriebene Anpassung kritisiert usw. In der Konfrontation diverser Semantisierungsstrategien werden die Erinnerungsinhalte stets neuinterpretiert, neusemantisiert, neugewertet – sie werden in ihrer Komplexität ins Bewusstsein gehoben, außerdem wird ein Anspruch auf die Lebens(re)integration des Bewusstgewordenen erhoben. Die formale Ausgestaltung des Textes (die am Textrand platzierten Fotos, Dokumente und Quellen) kommuniziert eine potenzielle Interaktivität und motiviert den Leser sozusagen zur Stellungnahme, zur Aufnahme einer aktiven Beziehung zum Text, d.h. zur Erarbeitung der individuellen Bedeutung und individuellen Wertung der thematisierten Erinnerungsinhalte und damit zur Integration der erarbeiteten Bedeutungen und Werte in die Identitätsstruktur.

Der zweite „schwäbische" Text von Robert Balogh, *Schwab legendariom: Traumbuch,* konstruiert die ungarndeutsche Erinnerung durch ihre abgewehrten Inhalte. Die traumatischen Erfahrungen des ungarndeutschen Alltags und der ungarndeutschen Geschichte werden als persönlichkeitsspaltende Kräfte festgestellt, die im Unbewussten wirksam sind und die Grenze des Bewusstseins immer wieder zu überschreiten versuchen. Das Traumbuch plädiert für die Konfrontation mit den unverarbeiteten Erinnerungsinhalten, tut es aber mit einer Großzügigkeit, die das Erinnerte in einem traumhaften Zwischenzustand festhält und dem Leser die Entscheidung überlässt, ob er seine Realität vor der gelesenen Phantasie schützt, oder ob er sie in seine Realität hineinbezieht, beispielsweise in Form einer Bewusstwerdung von ursprünglich unbewussten, aber im Text „wiedererkannten" eigenen seelischen Spannungen oder der Freisetzung jener Energien, die zur Unterdrückung dieser Spannungen notwendig waren. Dem Leser wird die Möglichkeit der Selbstbesinnung angeboten, das Gelesene bleibt aber existenziell unverbindlich. Der traumhafte Zwischenzustand nimmt auch den Charakter eines sozialen Ereignisses an und ist nicht nur für den individuellen Leseakt relevant, nicht nur aus individualpsychologischer Perspektive interessant, sondern auch aus sozialpsychologischer. Das Traumbuch erzielt nämlich auch eine soziale Kompromissbildung, es bricht mit dem Schweigetabu der ungarndeutschen Gemeinschaft. Das Schweigen scheint für die Schweigenden angemessener Ausdruck des unaussprechlichen Leids zu sein, das ihnen widerfuhr, und impliziert auch fortdauerndes Gedenken an das Geschehene – allerdings ein emotionsloses Gedenken. Dieses Schweigen bricht Balogh, als er das Verbotene, auch wenn nur in verhüllter, in traumanaloger Form, freigibt. Er strebt wohl dadurch eine Änderung im Umgang mit dem Erinnerten an: eine Änderung der Trauer in regungsloser Haltung.

Im Zeichen der Trauer steht auch der dritte „schwäbische“ Text von Robert Balogh, *Schwab diariom: letzter Schwabe.* Seine Erinnerungskonstruktion verläuft stark skeptisch, unter dem Motto „Vorbei, alles vorbei!“. Die Erinnerung verliert beträchtlich an reflexivem Potenzial, das Vermessen von Erinnerungsorten lässt allerdings dem Sich-Erinnernden ein (nicht näher bestimmtes) Wohlbehagen zuteil werden.

Als Fazit kann festgestellt werden, dass die ungarischsprachigen Texte über differenziertere und kohärentere semantische Strategien ein leistungsfähigeres ungarndeutsches Gedächtnis stiften bzw. eine leistungsfähigere ungarndeutsche Erinnerung konstruieren als die deutschsprachigen. Ihre Erinnerungskonstrukte sind persönlichen Identifikationsprozessen und kollektiver Identitätsbildung besser zugänglich als die der deutschsprachigen Texte, ihre Identitätsmuster sind erlebbar, ermöglichen Interpretation und Verarbeitung ungarndeutscher Erfahrungen und eröffnen dem Leser die Möglichkeit einer Selbstreflexion in Bezug auf seine alltagsweltlichen und ideologischen Wahrnehmungsbeschränkungen. Für das Fortbestehen der deutschsprachigen ungarndeutschen Gegenwartsliteratur scheint mir die kritische Reflexion bzw. Erneuerung ihrer erinnerungskonstruierenden Strategien unabdingbar.

[I] **Nikolaus Márnai: *Vun wu kummscht du?***

Schwowische Pauer un Arweider
Sein kumme vun weide ins Land.
Schwowisch Plut fließt in teini Ader,
Ziehscht a heint nimmer on tes aldi Kwant.

Arweit, Ehrlichkeit un Fleiß
War immer tr Ahnen Parole,
Sie erreichten alles nar turch ten Schweiß,
Im Lewe hen sie nix leicht khat zu hole.

Sei stolz uf teini Arweider und Pauer Ahne,

Schau tich um in unsrem Land,
Wu nach ten Türken einst nar Ruine ware,
Is a neies Lewe entstane turch fleißichi Schwowehand.

Mer hen to kemeinsam karweit
Mit vieli Priedervölker,
Kemeinsam war oft unsri Freit un Leid,
Un sein sei a kumme vun andri Länder.

Wie alli Leit uf tr Welt
Hen mer a oft Fehler kmacht,
Awer unsri Arweit un Ehr is mehr wert wie Geld,
Ti wegzunehme, tazu kipt's uf tr Ert k Macht.
[…] MÁRNAI, *Vun wu kummscht du?*, S. 49

Nikolaus Márnai: *Wuhin kehscht tu?*

[…]
Nach farne muß a jeder Schwowe schaun,
Nar so verschwindet s Schlechti in ti Verkessenheit.
Mer jage nimmer nach tem alden Traum,
Nar so erreiche mer Wohlstand un Einichkeit.

Ti nei Welt hen mer a ufkepaut,
Unser Schweiß un Plut is a tapei,
Trum Schwowe sinkt und sakt es laut,
Tie Unkerechtichkeit muß far immer vorpei.

Mer klawe an onri pessri Welt,
Wu Freindschaft un Vernunft wert siege,
Wu net ti hersche, ti hen viel Kelt,
Awer ti, ti kämpfe far ten Friede. (MÁRNAI, *Wuhin kehscht tu?*, S. 51)

II Claus Klotz: *Das Zweiglein (Ungarndeutsche Lesebuchgeschichten à la Borchert)*

Das Zweiglein brach ab. Niemand sah es, nur der Gärtner. Die Adern pumpten noch Blut bis zur Wunde. Aber das Zweiglein wurde immer dürrer. Und der Gärtner war traurig.

***

Als wir die Urheimat verließen, hatten wir noch keine Heimat. Wir hatten nur Dörfer, Städte und Heime. Wir zogen nach Osten und bauten uns Heime. Wir zogen freiwillig, man hat uns gerufen. Später hatten unsere Brüder aus deutschen Landen eine Heimat. Mit Feuer und Eisen. Jene Heimat war aber nicht mehr die unsrige. Wir waren aber Deutsche und wußten die Sprache unserer Väter zu bewahren.

***

Es kam die Not. Gegen uns wurden Soldaten geschickt. Sie sprachen deutsch wie wir. Wir griffen zu den Waffen und kämpften für unsere neuen Heime. Zusammen mit den Magyaren gegen sie. Auch wir erkämpften uns unsere Heimat: das Ungarland.

***

Es kamen wieder die Not, wieder die Soldaten: „Ihr seid Deutsche, sollt auch ganz deutsch werden!“ Was müssen wir tun? „Schreit: Heil Hitler!“ Und viele von uns haben es geschrieen. Man zog wieder gen Osten.

***

Als die Soldaten, und die, die mitgeschrieen haben, aus tausend Wunden blutend zurückmarschierten, befahlen sie:
„Kommt mit!“
„Wohin?“
„In die Heimat. Hier wird man euch erschlagen.“
Aber wir wußten, sie haben weder Heimat noch Heim.
Noch hatten wir sie.

***

Als die Soldaten und einige von uns abzogen, kamen andere Soldaten. Sie zogen gen Westen. Nach ihnen kamen Fremde. Sie hielten eine Karte in der Hand. Darauf waren unsere Dörfer mit rotem Stift bekreuzt. Da gab es Jammer und Weh. Mutter und Kind, Schwester und Bruder, Bruder und Bruder wurden getrennt.
„Aber wir haben doch nichts getan!“

„Ihr seid Deutsche", war die Antwort. Und viele von uns mußten Heim und Heimat verlassen.

***

Vorige Woche frug ich einen blonden Jungen auf der Straße in einem unserer Dörfer:
„Wie heißt du?"
„Eichard István."
„Bist du Deutscher?"
„Nein. Nur mein Großvater und meine Großmutter waren es."

***

Das Zweiglein brach ab. Niemand sah es, nur der Gärtner. Die Adern spritzten noch Blut zur Wunde, aber das Zweiglein wurde immer dürrer. Und der Gärtner war traurig. (KLOTZ, *mein deutschtum*, S. 5-6)

III Claus Klotz: *mein deutschtum*

mein deutschtum ist
die rodung im wald
auch sankt iwan bei ofen genannt
mein deutschtum ist das bröckelnde
bauernhaus in leinwar
der friedhof dort
wo dutzende von steinen
meinen
namen tragen
[…]
mein deutschtum ist die schule
wo ich in der pause nur ungarisch
sprechen durfte
aber auch die wöchentlich zwei
stunden muttersprache

mein deutschtum ist das
graner gymnasium
wo ich ungarischer dichter
werden wollte
das germanistische seminar
budapest und leipzig
[…]
mein deutschtum ist
aber auch der bolschewistische
zum sozialdemokraten avancierte
dann kommunistische und wieder
zum sozialdemokraten abgestempelte
grossvater
mein deutschtum ist
klopstock und lenau
marx
und auch puschkin
dessen verse die russische
großmutter an friedlichen abenden
vorlas
der gutmann geheissene urahn
der hergelaufene
von dem man nicht weiss
ob sein deutscher name echt ist
mein deutschtum ist der ungarische
freund der kindheit
[…] (KLOTZ, *mein deutschtum*, S. 11-13)

IV Valeria Koch: *Mein Jahrgang*

Wie die beiden deutschen Staaten
so alt und so gespalten
und wir fragen uns zögernd jetzt
wo die Grenzen langsam an Bedeutung
verlieren was noch so richtig
eine Bedeutung haben kann jetzt
wo endlich die Mauer fällt
müßten auch wir unsere inneren
Mauern abbauen und suchen
nach Identität die Einheit antasten
bevor wir zerfallen denn
was hält uns zusammen der Wüstensand
vielleicht seit vierzig Jahren
und wer von uns kommt jemals
in das Gelobte Land (KOCH, *Mein Jahrgang*, S.10)

V Josef Michaelis: *Agonie*

Nach dem Zweiten Weltkrieg
wurden wir als Faschisten verschrieen,
dann in die weite Welt vertrieben …

Dann wurden die Vereine der Hierbleibenden aufgelöst
dann unsere Namen geändert,
dann unsere Häuser weggenommen,
dann unsere Schulen gesperrt,
dann unsere Priester zum Schweigen gebracht,
dann unsere Gebräuche verboten,
dann sangen unsere Mütter keine Wiegenlieder,
dann sprachen wir untereinander nicht mehr Deutsch,
dann radebrechten wir unsere Muttersprache,

dann verloren wir unsere Identität,
dann ließen wir unsere Friedhöfe verwildern,
dann …
zuletzt gaben wir unseren Glauben auf …

HEUTE HABEN WIR SCHON EIN MINDERHEITENGESETZ

Jetzt bedeuten wir den Westen nur billige Arbeitskraft,
jetzt werden wir als Touristenattraktion gezeigt,
[…]
jetzt verscheiden unsere noch deutschsprechenden Großeltern,
jetzt vermodern unsere Stammbäume,
jetzt wird die allerletzte Wurzel herausgerissen
von uns selbst,
jetzt vergeuden wir die zurückgelegten Kreuzer unseres Erbes,
jetzt verkaufen wir unsere noch auffindbaren Volkstrachten,
[…]
jetzt atmen wir noch,
jetzt möchte ich doch hoffen …

HEUTE LERNEN UNSERE NACHKOMMEN IM KINDERGARTEN
ALS MUTTERSPRACHE EINE FREMDSPRACHE

most magyarul folytassam? (MICHAELIS, *Agonie*, S. 1)

Literaturverzeichnis

Primärliteratur

BAYER BÉLA: *Dort drüben*, Szekszárd: Kerényi, 2002.
BECKER, ROBERT: „Requiem. Ein Monolog", in: *Signale* 11 (1994), S. 13.
FODOR PÉTER, KŐVÁGÓ LÁSZLÓ, STARK FERENC UND VERSEGHI GYÖRGY (Hrsg.): *Együtt a nemzetiségekkel: Nemzetiségi politika a mai Magyarországon*, Budapest: Kossuth 1984 S. 102.
KLOTZ, CLAUS: „mein deutschtum", in: JOHANN SCHUTH (Hg.): *Das Zweiglein: Anthologie junger ungarndeutscher Dichter*, Budapest: Tankönyvkiadó 1989, S. 11-13.
KOCH, VALERIA: „Mein Jahrgang", in: *Wandlung*, Budapest: VUdAK 1993, S.10. Ders.: „Das Zweiglein (Ungarndeutsche Lesebuchgeschichten à la Borchert)", in: JOHANN SCHUTH (Hg.): *Das Zweiglein: Anthologie junger ungarndeutscher Dichter*,Budapest: Tankönyvkiadó 1989, S. 5-6.
MÁRNAI, NIKOLAUS: „Vun wu kummscht du?", in: SZENDE BÉLA (Hg.): *Jahresringe: Ungarndeutsche Anthologie*, Budapest: Tankönyvkiadó 1984, S. 49.Ders.: „Wuhin kehscht tu?", in: SZENDE BÉLA (Hg.): *Jahresringe: Ungarndeutsche Anthologie*, Budapest: Tankönyvkiadó 1984, S. 51.
MÁRTON, KALÁSZ: *Winterlamm.* Aus dem Ungarischen übersetzt von PAUL KÁRPÁTI, Graz: Styria 1992.
MICHAELIS, JOSEF: „Agonie", in: *Signale* 10 (1993), S. 1.
WILD, FRIEDRICH: „Sektion der Deutschschreibenden: Greift zur Feder!", in: *Neue Zeitung* 7 (1972), S.2.

Sekundärliteratur

Beschlüsse des VI. Kongresses des Demokratischen Verbandes der Ungarndeutschen (1983) zitiert nach: *Neue Zeitung* (Budapest) 50 (1983), S. 2.
RUDOLF, HELMUT: „Nicht ohne Widerspruch! Notwendige Antwort auf eine Schrift zur ungarndeutschen Literatur", in: *Signale* 12 (1995), S. 10.
SIGNALE. NEUE-ZEITUNG-BEILAGE FÜR LITERATUR UND KUNST *(Budapest)* 11 (1994), S. 13.
SITZLER, KATHRIN: „Ungarische Stellungnahmen zur Nationalitätenfrage", in: *Südosteuropa* 9 (1986), S. 519-533.
SITZLER, KATHRIN: „Die ungarische Nationalitätenpolitik der letzten Jahre", in: *Südosteuropa* 1 (1987), S. 33-44.

Der Waggon*

Profanes Mysterienspiel

I. Akt

Stille. Im Zwielicht des vollkommen leeren Waggons schläft das Kind allein, es schreit im Traum auf: „Ich will kein Schwabe sein!“ erwacht, steht langsam auf, geht hin und her, denkt stark nach, versucht sich zu erinnern und inzwischen stimmt es seinen Monolog an. Sobald im Monolog ein Name ertönt, betritt der Darsteller mit seinen Habseligkeiten die Bühne. Aus den Lautsprechern tönen ländliche Bahnhofsgeräusche.

Kind

Wie war es bloß? Wie ist es zugegangen? Fest steht, dass er sehr voll war. Seitdem träume ich mit dem Waggon. Er war sehr voll. Allerhand Menschen und ihre Habseligkeiten. Als ich meine Mutter gefragt hatte, was das Ganze bloß war, schwieg sie lieber oder schickte mich zur Omama, und die schwieg dann auch. Und ich erinnere mich gar nicht mehr so richtig. Ich war ein Kind, ein kleines Kind, wie könnte ich mich noch daran erinnern? Dass die Omama mit dabei war, weiß ich noch. Sie sagte etwas her, was sie auch später öfters wiederholte. Was aber? Wie lautete es denn? Nun ja, jenes Gebet. Sie fing immer damit an, dass im Namen des Vaters, des Sohnes und des Heiligen Geistes. Immer damit. Und dann das Kreuzschlagen, ja, auf Opapa, damit er genese. Ja, da war auch der Opapa noch mit uns, der arme Opapa, und wie voll der Waggon war (*es werden Gegenstände herabgelassen in den Waggon*), allerlei Säcke, Kisten, Menschen, Dau-

* Das Theaterstück „Der Waggon“ in deutscher Übersetzung wurde noch nicht veröffentlicht.

nenbetten in wirrem Durcheinander. Und Omama sagte bloß dieses Gebet oder was auch immer her, und schlug das Kreuz. O weh, Opapa! Ich kann mich kaum mehr erinnern, war er denn wirklich verrückt oder nicht?! Ich weiß es nicht, am meisten erinnere ich mich an die Omama, wie sie dort betete. Und an meine Mutter, ja, Mutter wusste auch, wie jenes Gebet lautete, wie lautete es wirklich?! Omama schwieg später über alles, umsonst fragte ich sie über die alten Sachen. Ach ja, gewiss, es gab dort noch jemanden, jenen Friseur, ja, der war auch dort! Ach! Wie sagte bloß Omama? Ja, ich erinnere mich, es ging um einen Apfelbaum, der geschüttelt, mehrmals geschüttelt und gesegnet werden musste oder umgekehrt, ja, umgekehrt, gesegnet und geschüttelt. Und noch um irgendeinen Vogel, damit er sie wegbringt. Das Übel und die Krankheit. Ja, eine Übertragung, eine Abwälzung auf den Baum und auf den Vogel, der auf dem Baum sitzt, und wenn der Vogel wegfliegt, dann fliegt auch die Krankheit mit ihm fort. Haha… Ja. Alles Übel geht vorbei, wenn der Vogel es wegnimmt … Haha … Dann das Kreuzschlagen. Und wie oft es wiederholt werden muss, damit es wirkt, damit es wirklich wirkt. So dürfte es gelautet haben. Denn, wenn dem Vogel etwas zustößt, dann, aber nur dann genest auch der Kranke, aber wie war es genau? Ich weiß es nicht. Aber jener Waggon war so voll … Die vielen Menschen. Und wir rückten mehrere Tage über nicht vom Fleck.

[…]

Mutter

Pass auf, mein Junge, vergiss nichts, denn wer wird sich noch erinnern, wenn ich nicht mehr da sein werde?

Kind

Also ich werde mich bestimmt nicht erinnern! Ich bestimmt nicht! Nie!

Mutter

Draußen bei den Deutschen hat die Omama bei reichen Familien gesponnen, und dafür Geld bekommen, oder sie tauschte es für Lebensmittel ein. Aus Deutschland schickte Omama Fransen, die habe ich lange an meinem Taschentuch getragen. Sie arbeitete für Tagelohn, es ging ihnen dort schlecht. Sie wurden immer nur ungarische Zigeuner genannt.

Kind

(schreit, klatscht dazu, stampft mit den Füßen auf, als ob er sich auf einem Fußballmatch befände) Ach, Mutter, lasst mich mit Ihrer abgelaufenen Platte! Als ob wir Daheimgebliebenen indes in unserem Haus mit seinen Lehmwänden auf Sommerfrische gewesen wären. Schwäbische Türkei! Juhuuu! Schwäbische Türkei! Juhuuu! Schwäbische Türkei! Goldene Zeit! Goldene Zeit!

Omama

Ich war die schönste Frau im Dorf, nicht wahr, das hattest du gesagt. Und so, zerlumpt, verdreckt, alt geworden?

Opapa

Alt geworden? Was redest du, mein Herz! *(Omama lächelt sanft)*

Kind

Mutter, das Schwäbische ist eine Bauernsprache! Warum habt Ihr mit mir Schwäbisch gesprochen? Ich will Hosen tragen. Ein Herr will ich werden. Versteht Ihr, Mutter? Sagt mir nicht, „sché“. Wisst Ihr was im Lehrbuch steht? Was ist der Schwabe? Ein über die Donau flussabwärts schiffender Volksüberschuss. Die Türken und die Pest haben die Bevölkerung ausgerottet und über die Donau kam der flussabwärts schiffende Volksüberschuss. Germanis hominibus bene stantibus wurden benötigt für die brachliegenden ungarischen Böden! Es wurde ihnen alles versprochen und sie trauten den vier Ws, nämlich dem W als Wald, dem W als Wasser, dem W als Wiese und dem W als Weinberg. Wald-Wiese-Wasser-Wein! Was kann ihnen schon Malaria und Wechselfieber anhaben! Was Morast, Mücken und Fliegen. WWWW! Schwäbische Türkei! Goldene Zeit! Goldene Zeit! Juhuuu!

[…]

Mutter

(tritt hinter das Kind, packt es an den Schultern, erklärt, setzt aber auch das Aufräumen fort) Erinnerst du dich, mein Junge!? Es hatte viermal geläutet, als das Tor geöffnet wurde. Bis zum Abend erzählte die Omama, und vom Abend bis zum frühen Morgen, erst dann hat sie aufgehört, als wir um sie herum bereits im Stehen eingenickt waren. Sie hatte zwei Tage lang geschlafen, lag nur im Bett, oder hatte sich mittags in die Sonne gesetzt. Hatte die Augen geschlossen, und so ihr Gesicht dem Himmel zu erhoben. Auch später hatte sie oft geblinzelt. Am dritten Tag stand sie auf, trank einen Schluck Wein, nahm die Hacke und wir gingen aufs Feld.

Opapa

Hörst du mir zu? Ein kleiner Traum hat sich auch mir im Kopf festgemacht. Jemand hilft mir aus dem Grab, wir spazieren weiter, ein ernster Greis, sein weißer Bart flattert. Er geht eilenden Schrittes, kauert sich zu den Schollen hin, hilft allen auf die Beine. Er fragt mich, was ich mir wünsche. Ich wusste nicht, was antworten. Ist das schlimm?

Omama

Wer weiß? *(sagt den Text wie ein Gebet auf, zum Schluss schlägt sie das Kreuz)* Die, die im Dunkeln irren, und niemanden fragen können, und niemand mehr sich für sie rührt. Die einstigen Alten wussten, was tun. Sie waren einfache, liebenswürdige Wesen, sie kommen zu mir. Ein warmer Wind weht sie hinter das Haus, und der kartoffelähnliche Mond scheint auf. Eine glimmende, bebende Nacht. Sie kommen über den holperigen Himmel auf mich zu. Ihr Gesicht ist blass, ihr Blick leer, sie schauen auf mich, sind mit mir, aber sonst nichts. Ich strecke meine Hand ihnen entgegen. Habt mich lieb.

(Nach dem Gebet gehen die Deportierten einzeln rücklings

hinaus, jeder nimmt auch sein Gepäck mit, die Mutter räumt nach allen auf, zum Schluss bleibt der Waggon fast leer. Die Omama löst ihre Haare, fängt an sie lange und gründlich zu kämmen, sie flechtet sie nicht wieder zusammen, bleibt mit aufgelösten Haaren.)

[…]

Mutter

(Mit dem Besen in der Hand fängt auch sie an sich zurückzuziehen) Und dann haben wir über die Deportation, den Waggon, und die Soldaten nicht gesprochen, wir haben darüber geschwiegen, als ob es sie gar nicht gegeben hätte, weil wir uns nicht trauten, darüber zu sprechen, und worüber man nicht spricht, das gibt es auch nicht! Auch du bist groß geworden, die Enkel wurden geboren. Wir haben euch einen Trabant gekauft. Zur Kirchweih kommt ihr und zur Weinlese. Ostern, Weihnachten. Wir steckten euch das Geld in die Tasche. Lebten so, wie es ging.

Omama

(auch sie geht rückwärts, ihr Sarg geht in die Höhe) Wasche mich sauber von meinem Schmutz, wasche mich von meinen Sünden frei. Ich flehe Dich so an, wie es mir niemand beigebracht hat. Wasche mich sauber. Bring mich in Dein Bett, wasch mir die Haut ab, das Fleisch, gib mir ein neues Kleid, erwärme mir mein Blut.

Opapa

(auch er geht langsam, immer wieder stehen bleibend rückwärts, auch sein Sarg erhebt sich) Was ist los, Köpfchen, was ist mit dir los, na erzähl mir. Was gibt es in deinem Köpfchen, warum bist du traurig? Was gibt's, Köpfchen, warum freust du dich nicht so, warum läufst du nicht im Kreis um mich herum?

Omama

(geht zurück) Die Ersten ernteten den Tod, die Söhne litten Not, erst die Enkel hatten das Brot.

Mutter

(geht rückwärts) Als die drei Lokomotiven begannen, mit der endlosen Reihe der Viehwaggons zu rangieren, bekamen diese einen solchen Schwung auf dem Abhang, dass nur der Hügel vor dem nächsten Dorf sie stoppen konnte …

Opapa

(geht rückwärts) Wir bohrten ein Loch im Waggon, durch das wir unsere Not verrichteten, bedeckten unseren Kopf mit einer Decke, um nicht gesehen zu werden. Wer verstorben war, der wurde verbrannt. Die Lokomotive wurde mit den Toten befeuert. Die Kräftigen wurden ausgewählt …

Omama

Ostern, mein Junge, am Gründonnerstag – Gründonnerstag furt die Glocken floge – fliegen die Glocken fort. Am Karsamstag sind sie zurück – am Kharsamstak zurückkomme –, wenn die Glocken wieder läuten, müssen Obstbäume und Weinreben geschüttelt werden. Damit es viel Obst, und nicht nur Maikäfer gibt. Das halbe Dorf rannte im Garten herum und schüttelte die Bäume. Auch ich. So war's, mein Junge.

Kind

Nicht auf schwäbisch, das Schwäbische ist eine rückständige Sprache …

Opapa

Einmal möchte ich noch an den Häusern entlanggehen, wo ich bisher gelebt habe, möchte in die Fenster hineinschauen, die alten Frauen begrüßen …

Kind

Ich verstehe es nicht. Verstehe es nicht. Warum erzählen sie mir alles? Warum sagen sie es mir? Ich verstehe es nicht. *(Alle stellen sich hinter das Kind auf, als ob sie sich für ein Foto aufstellen würden, das Licht reicht nur noch für das Kind, das langsam, mal auf ungarisch, mal mit schwäbischem Akzent den Text sagt.)*

Kind
Die Stross der Toten ist die Stross der Lebenden.
Das ist das Einzige, das uns verbindet.
Das ist das Einzige, das noch ta is.
Wer sie passiert hat, sage es im Vertrauen.
Damit's leichter zum Klaube is.
Damit wir net mene, es is e Spaß.
Denn der Vogel kommt um,
Und der Kranke wird ksund.
(es wird dunkel)

ENDE

Aus dem Ungarischen von Julia Schiff

Robert Balogh wurde 1972 in der ungarischen Stadt Pécs (Fünfkirchen) geboren. Er stammt aus einer deutsch-ungarischen Familie, doch schon als Kind distanzierte er sich von Brauchtum, Kultur und Sprache seiner Vorfahren mütterlicherseits. Über die Mutter, die aus einem donauschwäbischen Dorf stammte, und vor allem dank der Großmutter verschaffte er sich nach und nach Zugang zu Geschichte und Selbstverständnis der deutschen Minderheit in Ungarn. Die Erfahrungen der Donauschwaben in Ungarn verarbeitet er unter anderem in seinen zu einer Trilogie zusammengefassten Romanen: *Schwab evangiliom: Großmutters Arzneibuch*, *Schwab legendariom: Traumbuch* und *Schwab diariom: letzter Schwabe.*

Julia Schiff wurde 1940 in Detta, im rumänischen Banat geboren. Sie lebt seit 1981 in der Bundesrepublik Deutschland, ist Übersetzerin, Dichterin, Erzählerin, Essayistin. Unter anderem übertrug sie zusammen mit Robert Schiff den ungarischen Schriftsteller Márton Kalász ins Deutsche, und verarbeitete die Tagebuchaufzeichnungen ihres Vaters während der Deportation in den Bărăgan in dem Band *Steppensalz. Aufzeichnungen eines Deportierten* (München: Südostdeutsches Kulturwerk 2000).

GABRIEL COŞOVEANU

Die betrügerische Geschichte und ihre hermeneutischen Monopolisten

Man kann für die Idee plädieren, das Exil als die *höchste Bewährungsprobe* zu bezeichnen. Unter denjenigen, die sich mit dem Phänomen beschäftigt haben, sind einige zu dem Schluss gekommen, die Formel *ubi bene, ibi patria* stelle eine passende Zuflucht für die Traumata der Adaptation dar. Sollte es gar so einfach sein? Ein Kern der Erbitterung bleibt bestehen, der an allen Exilierten zu beobachten ist, ganz gleich, ob sie durch ein bestimmtes Regime ins Exil gezwungen wurden oder ob das Exil ein selbstgewähltes war. Die Zerstreuung über die Welt, nun *allgemeiner Nomadismus* genannt, ist zum Studienobjekt geworden unter dem Andrang der Phänomena der Akkulturation, der Dekulturation und der Transkulturation. Sie scheint ein grundsätzliches Motiv zur Neu-Vermessung des Planeten zu konstituieren, wobei man sich auf zwei gleichermaßen ernste Situationen einlässt. Einerseits ist es möglich, sogar wahrscheinlich, dass die Übertragung von Leidenschaften oder der symbolischen „Mitgift" des Stammes die Errichtung einer Enklave mit spezifischen, patriotisch genannten Werten bedeutet, eigentlich aber die Anfachung explosiver Potentiale des Fundamentalismus. Über dieses irgendwie katastrophisch geartete Szenario (obschon einige religiös motivierte Ausbrüche der jüngeren Vergangenheit oder Attentate auf die nationalen Abzeichen mit ernsthaften Konsequenzen Tatsachen darstellen und keine Spekulationen) hinaus, gäbe es andererseits hinreichende Argumente, im postmodernen Nomadismus einen durchaus gradlinigen Weg zu einem Zustand zu sehen, den der rumänische Philosoph Constantin Noica als das *galaktische Schwärmen* bezeichnet. Der Reisende oder der Überläufer, der früher den Kannibalismus (was noch keine zwei Jahrhunderte zurückliegt) und heute die Alterität fürchtet, werden sich im Allgemeinen an alle „Kuriositäten" gewöhnen, sei es, dass sie die Inklusion in eine bestimmte Kultur wünschen, sei es, dass sie, eine Adaptation nur vorschützend, ihre Vorbehalte ein ganzes Leben lang nähren. Aber letzlich werden auch sie wissen wollen, was *hinter* dem Horizont liegt.

Als die Schwächung des Codes ließe sich die anthropologische und religiöse Bewegung qualifizieren (ganz zu schweigen von den massiven kulturellen Implikationen), welche die Öffnung gegenüber Erfahrungen bewirkt, die den Menschen in seinem gesamten Sein fordern bis an die Grenze der Unerträglichkeit. Und dennoch, selbst die offensichtliche ökonomische Prosperität, die jedem als Zuflucht vor der Unrast gilt, kann ein gewisses Dürsten nach dem Anderen nicht bändigen. Alles äußert sich im Umkreis der – begrenzten! - Macht des Codes. Er „verschleißt sich" auf fatale Weise in der Dynamik der Transkulturation, von Tzvetan Todorov definiert als Erwerb eines neuen Codes, ohne dass der alte auf diese Weise verloren ginge. Der solchermaßen konfigurierte Dualismus aber ist nicht in der Lage, die Egalisierung jener beiden Lebensformen zu suggerieren, die sich im Grunde unterteilen in eine „mühelose", bereits entwickelte, beglaubigte, eventuell eingerahmt von großen *legitimierenden Erzählungen*, und in eine andere provokante, *in progress*, verheißungsvoller als Herausforderung für die vielleicht unsterbliche Seele, wie der Philosoph demonstriert, gewiß aber, ihrem Wesen nach, eine *nomadische*. Man betrachte beispielsweise, einmal mehr, die „Erzählung" der Gründerväter Amerikas. Gemeinschaften mit ausstrahlender Tradition wie die mosaische berichten von Unzulänglichkeiten, und die Christen haben eine beträchtliche Anzahl von Autoren von Apostaten hervorgebracht. Aus der Perspektive der Nicht-Zugehörigkeit sprechen die Propheten Israels, so wie Jesaja, Jeremia und Ezechiel, von der Zukunft eigentlich als von einem, die empirische Welt symbolisch negierenden Raum, vom „Ende aller Tage", mit anderen Worten von dem Ausgang aus der engen Sphäre irdischen Seins (die Kategorie der Propheten, ihre Aktivität „ermüden" mithin, gemäß ihrer Natur, *tout court*, den Code). Die Beipiele ließen sich jederzeit vermehren.

Als er den *Menschen in der Revolte (l'homme révolté)* definiert, behauptet Camus, dieser sei derjenige, *der nein sagt*, was nicht bedeutet, dass er, indem er eine Axiologie verweigert, aufgäbe – was wiederum bedeutet, dass der Mensch in der Revolte ein Mensch (*révolté*) ist, der von Anfang an auch *ja* sagt. Auf die Wechselfälle, die ihm das Schicksal beschert hat, antwortet Dieter Schlesak mit *nein* und mit *ja*. Nein – unter dem Gesichtspunkt einer einzigen, nicht wiederholbaren, von ihrem natürlichen sozialen und biologischen Verlauf abgebrachten Entität. Ja – aus dem Blickwinkel des Schöpfers, der die Negation mittels einer offenkundigen literarischen Schöpfung sublimiert hat. „Ceci est un effort pour comprendre mon temps", behauptet Camus in dem Vorwort zu seinem Essay. Der erwähnte Satz könnte als Motto auch für Schlesaks Werk dienen. Sein Begehren zu verstehen, moduliert seinen Diskurs genau in dem Maße, in dem er die rhetorische Progression dynamisiert und misst. Die Idee hinter einer Empfindung scheint immer durch, wie intensiv deren Erleben auch sein mag. Der authentische Intellektuelle neigt zur *Unpersönlichkeit*, sein Ich auslöschend, so wie sich die Dinge beispielsweise in *Capesius, der Auschwitzapotheker* ereignen. Aber auch in den aufgezeichneten Reflektionen der Interviewer, die beeindruckt sind von dem Fehlen jeglicher Ressentiments. Das Gebiet des Bekennens ist gekennzeichnet von Besonnenheit, von einem gemäßigten und glaubwürdigen Ton. Die Spaltung des Ich trägt nicht die konvulsiven Merkmale der beschriebenen Prozessualität. Der Autor drückt sich eindeutig aus: „Es ist mithin die Rede von Brüchen, für die es einen gemeinsamen Nennner zu finden gilt: Nazismus, Krieg, Kommunismus, Emigration, Brüche, die sowohl meine als auch die jüngere Literatur ermöglicht haben. Einige von diesen, wenn nicht gar alle, sind Autoren geworden. Ich weiß nicht, ob meine Entwicklung in ruhigeren Zeiten ausschließlich diese Richtung genommen hätte. Brüche, der Bruch, dieses 'Sein zwischen' eines Exilierten, gleich welchen Landes, haben meinen Stil geprägt." Da *Le style* c'*est l'homme*, haben wir es mit einer Persönlichkeit zu tun, die Zugang schafft zu Themen aus der Sphäre des Vergessenen oder Vernachlässigten oder schlicht Unbekannten, denn sie beschreiben die Vertrautheit. Abschweifend aber in die eigene Einschüchterung, fühlt sich der Autor unentscheidbar verbunden mit der Vertrautheit der Geschichte. Ihre schändlichen Segmente empfindet er als diffuse persönliche Schuld in dem Sinne, dass die ethnische und geopolitische Zugehörigkeit die öffentliche Ausdrucksform beeinflusst. Ein Soziolinguist würde eine Goldmine finden in der folgenden Feststellung: „Merkwürdig ist, dass das Rumänische wie das Deutsche für mich auch Sprachen der Verhöre, der Schuld, der Schrecken bleiben. Ich habe also eine schizophrene Beziehung zu diesen beiden Sprachen. Die rumänische Sprache, die politische Redeweise, die der Untersuchungen, der Diskurse Ceauşescus ... quälte mich auf rumänisch. Auch diese Erinnerung ist präsent. Mir widerfährt es bisweilen, dass ich Alpträume in rumänischer Sprache habe – doch auch die Träume auf deutsch sind Alpträume."

Die Anamnese trägt die Zeichen der großen Gefahr, die Dieter Schlesak durchlaufen hat – die Entfremdung, der begegnet wird durch die soteriologische Tendenz zu schreiben, das Absurde zu verdammen, auszugleichen. Der typische Gestus des Menschen in der Revolte (*l'homme révolté*). Das Bekennen entspricht einem ontologischen Halt: „Schließlich bleibt die Sprache immer noch die Heimat, und hätte ich diese Heimat nicht gehabt, wäre ich umgekommen. Als ich in Deutschland ankam, dann in Italien, egal, wo ich mich befand, im Bett, in der Straßenbahn, gehend oder stehend ich schrieb. Ich habe unzählige Hefte mit Aufzeichnungen. Um nicht im Zeitraum einer einzigen Sekunde in den Abgrund zu stürzen, schrieb ich. Meine Sinne waren verloren gegangen, und ich musste alles neu erlernen. Das Schreiben und die Bücher haben mir geholfen zu überleben." Wir machen in diesen Zeilen eine *kalte Empathie* aus, so gesund, wenn die Rede auf die sensiblen Entwicklungen der jüngeren Geschichte kommt, indem sie vorrangig auf die Revanchisten und rhetorischen Profiteure zielt, die das Monopol der Auslegung beanspruchen. Desgleichen ist die kalte Empathie eine wesentliche Hilfe bei der Beherrschung der Neurosen, die mit einem jeden *Bruch* einhergehen (wenn wir Neurose definieren als die Fähigkeit, in jeglicher Umgebung eine irritierende Komponente, einen toxischen Kern zu identifizieren).

Eins der nicht zu bestreitenden Verdienste von Dieter Schlesak liegt in der Tatsache, dass er seine Leser vor einem bastardhaften Verständnis des Bekennens schützt, nicht in einen rechthaberischen Ton verfällt und sich keine Unfehlbarkeit anmaßt. Zu diesem Punkt möchte ich bemerken, dass sich der Autor der *Transsylvanischen Reise* keineswegs dem postmodernen Projekt anschließt in dem Sinne, dass er ganz und gar abgeneigt ist, die Frage „Ist es wahr?" durch „Ist es verkäuflich?" oder „Ist es angenehm?" zu ersetzen. Wenn der gemeine Osteuropäer neurotisch wird, sobald er das gedeihliche Antlitz des Westens entdeckt, so erweist sich der Aspekt der Anpassung als komplizierter im Falle eines im Geiste der Toleranz und eines in einer Art ideologischer, postaufklärerischer Ökumene, theoretisch gebildeten Menschen, welcher die Vorstellung von Rasse hinter sich lässt. Deshalb brauste er auf, als er mit der gängigen Wahrnehmung der multiplen Identität konfrontiert wurde, die auch Eliade oder Cioran, Celan, Fundoianu oder Țepeneag teilten: „... 1964 wurde mir die Frage gestellt, was ich eigentlich sei: Rumäne bist Du nicht seit dem Moment, da Du Dich aus den Reihen der Sachsen aus Transsylvanien zurückgezogen hast, doch Deutscher bist Du auch nicht, denn Du bist nie in Deutschland gewesen. Vermutlich bist Du Jude". Schlesaks Schriften dekonstruieren dieses auf der Logik des „entweder - oder" basierenden hermeneutischen Monopols. Der Zweisprachige haftet in diesem Fall für das Misstrauen und sieht sich, historistisch motiviert, zur „Wahrheit" seiner ontischen Position befragt. Es gibt hermeneutische Monopolisten der Superiorität des Rumänischseins, ähnlich wie auch im Fall der geschichtlichen Beispiellosigkeit der Schoah Monopolisten sehr aktiv sind, ganz zu schweigen von dem Konfiskations-Prozedere des gegenwärtigen Diskurses bei den Nazis oder den Sowjets. In einem seiner Prosatexte behauptet Borges, die Gegenwart sei „bescheiden"; die Tatsachen als solche sagen uns nichts, wir wissen nicht, woher sie kommen und wohin sie uns führen werden. Dennoch existiert, sagt Borges ebenda, auch eine „anmaßende Schilderung" der Gegenwart, auf den Weg gebracht und konsolidiert in der offiziellen Rhetorik. Er nennt diese die betrügerische Geschichte. Diese bewirkt, dass auch die armseligsten Länder – ein auch noch heute gültiger Aspekt – auf betrügerische Art und Weise erzählerische Kunstgriffe entwickeln können, wonach die Misere in Wohlergehen, die Unterdrückung in Freiheit, die Denunziation aber in *self-respect* übergeht. Alles ist in der Regel um einen Mythos konstruiert, um eine sekuläre Eschatologie mit der Figur eines Machtmenschen (*the strong man*) im Zentrum.

Gegen ein offizielles und verlogenes Referenzsystem, das Begriffe zelebriert wie Beitritt, Elan, bedingungslose Unterordnung, letzlich den Glauben, erhebt sich Dieter Schlesak im Rahmen seiner Prosa und Zeugenschaft. Er hat sich gewünscht – und es ist ihm geglückt –, kein Komplize zu sein der betrügerischen Geschichte, die mittels der Behinderung oder Eliminierung des freien Denkens mit großem symbolischem, aber auch ökonomischem Nutzen Hierarchien etabliert. Folglich erscheint mir Schlesak hier als ein Intellektueller, der sich grundlegend unterscheidet von Marx, der noch mächtige Schatten wirft, nicht nur auf die Westeuropäer. Der Transsylvanier betrachtet das Essentielle nicht als etwas, was der Veränderung oder dem Gebrauch entspringt, und vor allem macht er nicht den manischen Eindruck, die Sprache sei ein *Verbalismus*. Im Gegenteil, seine Bücher können, da sie nicht der Ägide der Politologie folgen, als ein *Vademecum* auf dem gewundenen Wege des Abstreifens einer hölzernen Sprache fungieren. Die *Selbsterklärung* nimmt eine zentrale Position in der diskursiven Praxis ein im Unterschied zum grellen Triumphalismus der betrügerischen Geschichte, die mittels ihrer Koryphäen mit simplen Lösungen diejenigen betrügen konnte, welche die Modalitäten der Autoskopie fürchteten. Schlesak hat sich der Selbstbefragung verschrieben, und so wundert es nicht, dass seine Anziehungskraft, die sich aus der Selbstkontrolle fernöstlicher Provenienz speist, die bloße Neugierde hinter sich lässt und ins Stadium der über- und auf sich genommenen Technik führt.

Aus dem Rumänischen von Stefan Moosdorf

WOLF VON AICHELBURG im Briefwechsel mit ULI ROTHFUSS

„Ich selbst bin ein ungünstig gewählter Ratgeber in diesem Fall“ Wolf von Aichelburg über Heimat

Ende der 1980er und Anfang der 1990er Jahre führte ich, damals junger Schriftsteller, einen intensiven Briefwechsel mit dem Dichter, Schriftsteller, Maler und Komponisten Wolf von Aichelburg. In einem Brief vom 8.11.1993 antwortete Wolf von Aichelburg auf meine Fragen zum Thema Heimat – über das ich im Rahmen eines Projektes mit Jugendlichen arbeitete.

Wolf von Aichelburg wurde 1912 im istrischen Pola, damals zur österreichisch-ungarischen Monarchie gehörend, als Sohn eines Marineoffiziers geboren. Nach Ende des Ersten Weltkriegs zog die Familie nach Rumänien, nachdem der Vater von Aichelburg als Offizier in die rumänische Kriegsmarine eingetreten war. In der Zwischenkriegszeit wirkte Aichelburg als Dichter und Essayist, Mitarbeiter der renommierten rumänischen Literaturzeitschrift Revista Fundaţiilor Regale. Wegen des Versuchs des illegalen Grenzübertritts 1948 wurde er zu drei Jahren Haft verurteilt. Ab 1952 und bis 1956 befand er sich in Zwangsaufenthalt in der Gemeinde Măicăneşti (Moldau). Im Rahmen des berühmten Kronstädter Schriftstellerprozesses wurde er 1959 zu 25 Jahren Zwangsarbeit und 10 Jahren Aberkennung der bürgerlichen Rechte verurteilt. 1964 wurde er aufgrund einer Generalamnestie für politische Häftlinge entlassen. Es erfolgen 1968 Rehabilitierung, Aufnahme in den rumänischen Schriftsteller- und Komponistenverband; zahlreiche Bücher erscheinen (Lyrik, Erzählungen, Dramen, Essays, Nachdichtungen, Übersetzungen). 1980 reiste Aichelburg in die Bundesrepublik Deutschland aus, wo er in Freiburg als Schriftsteller und Komponist lebte. Am 24. August 1994 ertrank er vor der Küste von Mallorca in seinem geliebten Mittelmeer. Wolf von Aichelburg hat zahlreiche dichterische, erzählerische und essayistische Werke hinterlassen, u.a. seine Gesammelten Gedichte (*Tuskische Gärten*, München 1993) und Gesammelten Dramen (*Der Brand des Tempels*, München 1993), sowie Malerei und Kompositionen.

Auszug aus dem Brief von Wolf von Aichelburg an Uli Rothfuss vom 8. November 1993

...
Heimat? Das ist wohl für jeden etwas anderes. Die Eindrücke vor allem im ersten Lebensjahrzehnt sind sehr tiefgreifend. Wenn man in dieser Zeit stark an einen Ort oder eine Gegend gebunden war, wird dies zum Mythus, den nichts ersetzen kann. Rein rationell ist Heimat bedeutungslos, da wir ein Dach überm Kopf, Lebensgefährten und ein materielles Fortkommen überall finden können. Diese Einstellung verweist den Heimatbegriff ins Sentimentale. Von diesem Standpunkt geht der Kommunismus aus, der großzügig verbannt und versetzt. Einer laut weinenden Mutter in Czernowitz, der Sowjetsoldaten in der Nacht die beiden Söhne festnahmen und verschleppten, sagten diese mitleidig: Aber Babuschka, sie bleiben doch im großen Rußland.

Ich selbst glaube Folgendes. Ein halbwegs seelisch lebendiger Mensch wird nie „vergessen", daß er aus einem Lichtreich in dieses irdische Dasein (im Mittelalter wurde es „lacrimarum vale" genannt) „verbannt" wurde, zu Fall kam, wie es die Bibel ausdrückt. Er sucht daher ersatzweise einen paradiesischen Ort, und das ist für die meisten ihre Kindheit, wo man dem Ursprung noch näher war. Auch für die Romantiker war Heimat ein das Jenseitige ersehnender, nie konkret zu erreichender Ort. Ich selbst bin ein ungünstig gewählter Ratgeber in diesem Fall. Die ersten zehn Lebensjahre war ich unausgesetzt auf Wanderung im großen Rahmen der ehemaligen ö.-u. Monarchie. Wenn die Seele Wurzeln schlagen wollte, wurde ich immer weggerissen. Den größten Teil meines Lebens habe ich in Siebenbürgen verbracht. Ich empfinde es aber n i c h t als meine Heimat. Ich habe Heimweh danach wie ich auch nach den Lofoten (die mich bezauberten) Heimweh habe und auch nach Assuan in Oberägypten etwa. Nicht viel anders. Ein Heim muß der Mensch gewiß haben. Ein obdachloser Streuner ist für mich das traurigste, was es gibt. Dieses Heim, diese Intimsphäre, die ich jetzt in Freiburg habe und liebe, ist aber nicht die Heimat. Es ist bloß ein dem Menschen notwendiger Unterschlupf, letztlich auch stellvertretend für die grenzenlose Heimat jenseits unserer Sinnenwelt, von der Plato wußte, Plotin und vor allem der Zimmermannssohn Jehoschua. Sie können das nehmen, wie sie wollen.

...

Uli Rothfuss, geboren 1961, Schriftsteller und Professor für Kulturwissenschaften, Rektor der staatlich anerkannten IB-Hochschule Berlin; Professor für Deutsche Sprache und Kultur an der Matej-Bel-Universität Banská Bystrica/Slowakei, Garant für Bachelor- und Masterprogramme. Mehr als 20 Buchveröffentlichungen, Vorsitzender der Europäischen Autorenvereinigung Die KOGGE, Mitglied des Internationalen PEN und des Institut International des Droits de l'Homme (IIDH), Strasbourg.

ANA BLANDIANA

Curriculum vitae[1]

Marea se luptă cu ea însăşi
Se azvârle, se ciocneşte de ţărm
Se sparge, se întoarce asuprăşi,
Se loveşte de sine pulverizându-se.
Ce-şi reproşează? Ce urlă? Ce spumegă?
Ruptă în valuri aruncându-se
Unul asupra altuia cu înverşunare
Ce urmăreşte cu mânia ei albă şi verde
Zdrenţuind orizontul,
Fără să întrebe măcar
De ce se urăşte?
De ce nu se iartă?

[1] Aus Ana Blandiana, *Uhren auf Schienen*, Gedichte, Auswahl und Nachdichtung aus dem Rumänischen von Franz Hodjak, Weilerswist: Ralf Liebe 2010. Mit der freundlichen Genehmigung der Dichter. Auf Rumänisch erschien „Curriculum vitae" 2004 im Gedichtband *Refluxul sensurilor* [Die Ebbe der Bedeutungen] im Humanitas Verlag, Bukarest und „Lamento" im Jahre 1990 in dem Lyrikband *Arhitectura valurilor* [Arhitektur der Wellen] bei Cartea Românească, Bukarest.

Curriculum vitae

Das Meer kämpft mit sich,
bäumt sich auf, schlägt ans Ufer,
zerschellt, fällt erneut über sich her,
reibt sich auf, bis es zu Pulver zerstäubt.
Was wirft es sich vor? Was brüllt es heraus? Weshalb schäumt es?
Was verfolgt es mit seinem weißen und grünen Zorn,
sich zerfetzend in Wellen,
die sich gegenseitig jagen,
den Horizont zerfleischend,
ohne sich zu fragen,
weshalb haßt es sich so,
weshalb kann es sich nicht vergeben?

Lamento

Mi-e greu cu mine,
Cu ceilalți amar,
Se scorojesc pe frunze
Culorile mai noi
Şi de sub straturi râncede de var
Ies rânjete de dinainte de război.

Mai răul lasă-n dinți nisip,
Mai binele dospeşte acru rime,
Singur mi-e greu,
Dar şi mai greu mulțime,
Mi-e greu să tac,
Dar şi mai greu să țip
Un adevăr făcut fărâme.

Dar mai ales, mi-e frică şi mi-e greu
Să-l car napoi în cer
Pe Dumnezeu.

Lamento

Es ist schwer allein,
bitter mit andern Leuten
die neueren Farben abzutragen
von der Blätterkuppel,
und unter der Kalkschicht, auf dem ranzigen Stein
erscheint ein Grinsen aus Vorkriegszeiten.

Das größere Übel hinterläßt Sand zwischen den Zähnen,
das Gute, griesgrämig, ist bemüht, sich um Reime zu kümmern,
es ist schwierig allein,
schwieriger jedoch mit der Meute,
es fällt mir schwer, zu schweigen,
doch schwerer ist es, herauszuschrein
eine Wahrheit in Trümmern.

Es fällt mir, vor allem, schwer, es zu wagen,
Gott zurück
in den Himmel zu tragen.

Ana Blandiana (bürgerlicher Name Otilia-Valeria Coman), geboren 1942 in Temeswar, studierte Romanistik an der Universität Klausenburg (Cluj-Napoca). 1964 erschien ihr erster Gedichtband *Persoana întîia plural* (Erste Person Mehrzahl), danach folgten zahlreiche weitere Lyrikbände, Essays, Reiseaufzeichnungen. Sie veröffentlichte Prosabände, einen Roman, Kinderliteraturbücher. Unter der Ceauşescu-Diktatur litt sie mehrmals unter Veröffentlichungsverbot. Sie erhielt zahlreiche internationale Preise und Stipendien, u.a. den Gottfried-von-Herder-Preis. In deutscher Übersetzung erschienen: *Die Applausmaschine* (1993), *Engelernte* (1994), *Kopie eines Alptraums* (1988, 1996), *Sternenherbst* (1999, 2002), *Uhren auf Schienen* (2010). Nach der Wende richtete Ana Blandiana gemeinsam mit ihrem Mann, dem Erzähler und Publizisten Romulus Rusan, in Sighetul Marmaţiei, wo sich ein berüchtigtes Gefängnis für politische Häftlinge befand, eine Gedenk- und Begegnungsstätte für die wissenschaftliche Aufarbeitung der kommunistischen Vergangenheit Rumäniens ein.

Franz Hodjak, geboren 1944 in Hermannstadt (Sibiu, Rumänien), studierte Germanistik und Rumänistik in Klausenburg. Zwischen 1970 und 1992 betätigte er sich als Lektor für deutschsprachige Bücher im Dacia Verlag, Klausenburg. Er debütierte 1970 mit dem Band *Brachland. Gedichte*. Es folgten mehrere Kinderbücher, Prosabände und Lyrik. 1992 übersiedelte er nach Deutschland. Lebt als freier Schriftsteller in Usingen im Taunus. Zuletzt erschienen: *Landverlust* (1993), *Grenzsteine* (1995), *Ankunft Konjunktiv* (1997), *Der Sängerstreit* (2000), *Ein Koffer voll Sand* (2003), *Die Faszination eines Tages, den es nicht gibt* (2009).

IV
Deportation als Erinnerungsort

OLIVIA SPIRIDON

Herta Müllers *Atemschaukel* im Kontext der literarischen Erinnerungen an die „Russlanddeportation“

Zwanzig Jahre nach der Auflösung des Ostblocks nimmt Herta Müller weiterhin ihre Rolle als Chronistin des Lebens in der Diktatur wahr. Zu den Aspekten, die sie in den Brennpunkt der Öffentlichkeit rückten, gehörten sicherlich auch das Beharren auf dem zentralen Thema „Erfahrung des Totalitarismus“ im östlichen Europa der Nachkriegszeit und, damit im Zusammenhang, das literarische Aufgreifen der Migration als einer intensiv erlebten Daseinsform des zwanzigsten Jahrhunderts. Ein Fall für den Nobelpreis im zwanzigsten Jahr „danach“: „Sie zeichne mittels Verdichtung der Poesie und Sachlichkeit der Prosa Landschaften der Heimatlosigkeit“, lautete das Urteil der Schwedischen Akademie in Stockholm. Herta Müller verarbeite in ihren Werken „ihre Erlebnisse von politischer Verfolgung und Fremdheit“.[1]

Auserkoren wurde sie sicherlich auch aufgrund ihres letzten, im August 2009 erschienenen Romans *Atemschaukel*. Geehrt wird nicht nur die Autorin allein, die aufgezeichnet, recherchiert und sprachgewaltig imaginiert hat. Oskar Pastiors Gefühl für sensible Details,

[1] *Nobelpreis für Herta Müller*, in: *Die Zeit*, 8.10.2009. Weitere Preise: Förderpreis des Literaturkreises Adam-Müller-Guttenbrunn (1981), Debütpreis des rumänischen Schriftstellerverbandes (1982), Preis des rumänischen kommunistischen Jugendverbandes (1982), Aspekte-Literaturpreis (1984), Literaturförderpreis der freien Hansestadt Bremen (1985), Rauriser Literaturpreis (1985); nach der Auswanderung in die Bundesrepublik: Ricarda-Huch-Preis (1987), Marieluise-Fleißer-Preis der Stadt Ingolstadt (1989), Villa Massimo-Stipendium (1991), Kritikerpreis (1992), Heinrich-von-Kleist-Preis (1984), Europäischer Literaturpreis Aristeion (1995), Franz-Nabl-Preis (1997), IMPAC-Preis (1998), Ida-Dehmel-Literaturpreis (1998), Franz-Kafka-Literaturpreis (1999), Joseph-Breitbach-Preis (2003), Konrad-Adenauer-Preis (2004), Berliner Literaturpreis (2005), Würth-Preis für Europäische Literatur (2005), Walter-Hasenclever-Literaturpreis (2006), Ehrengabe der Heinrich-Heine-Gesellschaft Düsseldorf (2009), Franz-Werfel-Menschenrechtspreis (2009), Hoffmann-von-Fallersleben-Preis (2010).

sein Erinnerungseinsatz befinden sich unverrückbar – so die Autorin – zwischen den Seiten des Buches. Nicht minder bedeutend ist das Thema ihres letzten Romans, die Russlanddeportation, die Herta Müller nun souverän ins Blickfeld der Weltöffentlichkeit führt.

Die „Russlanddeportation" und ihre historischen Hintergründe

Die „Russlanddeportation" ist ein besuchter Erinnerungsort der Deutschen aus Rumänien. Dabei handelt es sich um die Deportation von Hunderttausenden Angehörigen deutscher Minderheiten aus Ostmittel- und Südosteuropa zur Zwangsarbeit in die Sowjetunion in den letzten sechs Monaten des Zweiten Weltkriegs. Zu den historischen Hintergründen: Während des Zweiten Weltkriegs geriet die deutsche Minderheit aus Rumänien zwischen die Mühlsteine zwischenstaatlicher Abkommen, ließ sich vereinnahmen und wurde mit schlimmsten Folgen für die Einzelnen vereinnahmt. Genannt seien die Abkommen zwischen dem Deutschen Reich und Rumänien, die eine Annäherung zwischen den beiden Staaten ab Ende der 1930er Jahre bewirkten. Durch die Wirtschaftsverträge vom 23. März 1939 und 29. Mai 1940, schließlich durch den Beitritt Rumäniens zum Dreimächtepakt (Deutsches Reich, Japan, Italien) am 23. November 1940 wurde Rumänien voll in die Wirtschafts- und Kriegsplanung des Deutschen Reiches eingebunden. Am 12. Mai 1943 wurde eine Vereinbarung zwischen dem Reich und Rumänien unterzeichnet, wonach es auf legalem Wege möglich war, die Deutschen aus Rumänien in die Waffen-SS einzuziehen.[2] Dadurch standen sich Agehörige der deutschen Minderheit aus Rumänien nach August 1944 auf feindlichen Seiten der Front gegenüber. Einer kollektiven Beschuldigung der Deutschen wurde durch diese Vorgeschichte der Weg geebnet; aufgrund ihrer ethnischen Zugehörigkeit wurden sie kollektiv für die im Zweiten Weltkrieg von deutschen Truppen bei ihrem Angriffskrieg auf die UdSSR verursachten Zerstörungen in Haft genommen. Sowjetische Nachkriegsplanungen, in denen Reparationen einen hohen Stel-

[2] GÜNDISCH/BEER, *Siebenbürgen und die Siebenbürger Sachsen*, S. 205-210.

lenwert hatten, gehen auf die Zeit nach der Niederlage der deutschen Truppen bei Stalingrad 1943 zurück, als die Wende an der Ostfront abzusehen war.[3] Die Situation der Deutschen aus Rumänien änderte sich nach dem 23. August 1944 vorerst nicht, aber ab Anfang 1945 kam es plötzlich zur Deportation der Deutschen zum Zweck des Wiederaufbaus der Sowjetunion, „aufgrund der Forderung der Sowjetunion, die sie mit dem sowjetisch-rumänischen Waffenstillstandsabkommen vom 12. September 1944 und der im Januar 1945 abgeschlossenen sowjetisch-rumänischen Wirtschaftskonvention begründete".[4]

Die Ereignisse der Jahre 1943/44 führten dazu, dass die Deutschen aus Rumänien mit den Worten Dieter Schlesaks „aus der Geschichte verschwanden".[5] Was sich noch vor Ende des Zweiten Weltkriegs abspielte und danach fortsetzte, „war ein Trümmerhaufen toter Geschichte." Vor und nach Ende des Weltkriegs ein Ereignis, ein Untergang: „Auschwitz, Stalingrad, Deportation, Enteignung, Vertreibung von Haus und Hof, Verhaftungen, Schikanen, Entpersönlichung, Rechtsunsicherheit".[6]

---

[3] BEER, *Deutsche Deportierte aus Ostmittel- und Südosteuropa in der UdSSR*, S. 465f.

[4] GÜNDISCH/BEER, *Siebenbürgen und die Siebenbürger Sachsen*, S. 214 und 219. Von den erfolglosen Protesten der damaligen rumänischen Regierung bei den Briten und Amerikanern berichtet Elena Zamfirescu und stützt sich auf Archivmaterial aus britischen Dokumenten. In einem Schreiben Winston Churchills an das Foreign Office vom 19. Januar 1945 heißt es, man solle sich über die Deportation von Österreichern, Sachsen und anderen Deutschen aus Rumänien „nicht zu sehr aufregen", man habe versprochen, „das Schicksal Rumäniens weitgehend in der Hand der Russen zu belassen." Die rumänische Regierung hatte am 3. Januar 1945 gegen die Forderung der sowjetischen Vertreter in der Alliierten Kommission protestiert, rumänische Staatsbürger deutscher Nationalität nach Sowjetrussland zu überführen. Der Standpunkt Churchills setzte sich durch, die Amerikaner intervenierten nur für Deutsche mit amerikanischer Staatsbürgerschaft. Elena Zamfirescu, *Die Deportation und die Haltung Rumäniens – damals und heute*, S. 21-23.

[5] Dieter Schlesak bezieht sich auf die Einreihung der wehrpflichtigen Deutschen in die Waffen-SS mit dem Kommentar: „So schaufelte man andern und sich selbst das Grab." In: *„Sprachwaage, Wortwaage, Heimatwaage Exil"*, S. 222.

[6] SCHLESAK, ebd., S. 225f.

In diese Ereigniskette gehört auch die Deportation. Dazu schreibt Herta Müller im Nachwort der *Atemschaukel* in aller Knappheit zur Erklärung des historischen Hintergrunds:

> Als im Sommer 1944 die Rote Armee schon tief nach Rumänien vorgerückt war, wurde der faschistische Diktator Antonescu verhaftet und hingerichtet. Rumänien kapitulierte und erklärte dem bis dahin verbündeten Nazideutschland völlig überraschend den Krieg. Im Januar 1945 forderte der sowjetische General Vinogradov im Namen Stalins von der rumänischen Regierung alle in Rumänien lebenden Deutschen für den ‚Wiederaufbau' der im Krieg zerstörten Sowjetunion. Alle Männer und Frauen im Alter zwischen 17 und 45 Jahren wurden zur Zwangsarbeit in sowjetische Arbeitslager deportiert.[7]

Tabuthema „Russlanddeportation"

Von einem „rumänischen Tabuthema" spricht die *Neue Zürcher Zeitung* im Zusammenhang mit der Russlanddeportation[8], des Weiteren kommt es im Interview Nicole Hennebergs mit Herta Müller zur Sprache.

Die Tabuisierung dieses Themas weist auf den Umgang eines totalitären Staates mit Geschichte hin: Die Allianz Rumäniens mit Nazideutschland wurde größtenteils ausgeblendet und es wurde übergewichtig an das Kapitel an der Seite der Sowjetarmee erinnert. Die operativen Eingriffe in die kollektiven Gedächtnisse mittels Geschichtsschreibung und Erinnerungskultur gehörten zum Instrumentarium der Ostblockstaaten. „Die Sowjets verlangten von Rumänien für die Beseitigung der Kriegsschäden die deutsche Minderheit, obwohl die rumänische Armee auch in Stalingrad war. Weil das Thema an die Verstrickung mit Hitler erinnerte, wollten die Rumänen nichts davon wissen. In der Ukraine wussten die Leute auch nicht, dass es

---

[7] MÜLLER, *Atemschaukel*, S. 299.

[8] KÖHLER, *Das Buch vom Hunger*, S. 21.

diese Arbeitslager gab. Die Sowjets hatten alle Spuren beseitigt, auch die Friedhöfe."[9]

Mag das Thema „Russlanddeportation" in der deutschen Literatur aus Rumänien nach 1945 auchr mit einem Tabu belegt worden sein – es wurde ohne Unterlass gebrochen. Das Schreiben über die Russlanddeportation wurde zur „Wiederholungstat", zum Austragungsort politischer und sozialer Diskussionsthemen, zum Anlass literarischer Experimente in der Nachbarschaft der Kontrollbehörden, ein eroberter Freiheitsraum. Gleichzeitig gewährt die Thematisierung dieser Ereignisse Einblicke in die Art und Weise, in der Widersprüchlichkeiten und abgekartete Spiele im kulturellen Leben Rumäniens durch Kulturfunktionäre, Kontrollbehörden und bis hin zur Regierungsebene in Szene gesetzt wurden. Auf der einen Seite ist die Stellungnahme Ceauşescus auf der Landeskonferenz der Rumänischen Kommunistischen Partei im Juli 1972 zu erwähnen, der „falsche Maßnahmen" in der Behandlung der deutschen Minderheit aus Rumänien zugab. Der Staatschef bezog sich auf „die Umsiedlung", „die völlige Enteignung" der im Besitz von Deutschen sich befindenden Landwirtschaftsflächen und „andere ökonomische Maßnahmen".[10] Die Thematisierung dieses Stoffes blieb dennoch weiterhin ein sensibler Bereich, den die Zensur mehr oder minder wachsam im Visier behielt, ein Topos, den die Kontrollbehörden – wie am folgenden Beispiel ersichtlich – zu unterbinden versuchten.

Ein Einblick in die Kulissen des deutschen Literaturbetriebs aus Rumänien

Darüber gibt Johann Lippets Securitate-Akte Auskunft: Die Quelle „Mayer" berichtet über eine Lesung des Literaturkreises „Adam Müller-Guttenbrunn" vom 11.11.1977, wo Lippet aus einem „autobiographischen Roman" las und unter anderem die Russland-

---

[9] HENNEBERG (Interview), *Die Zumutung des Lagers sollte in der Sprache spürbar werden*", S. 23.

[10] *Neue Literatur* (Bukarest), Heft 7(1972), S. 4-5.

deportation thematisierte.[11] Nikolaus Berwanger[12], der den Literaturkreis „Adam Müller-Guttenbrunn" mitbegründet hatte und dessen Leiter war, lobte den Text „übertrieben", so die Quelle „Mayer". In seiner „Mitteilung" mit dem Datum 24.04.1978 wurde zusammenfassend festgehalten, welche Autoren über die Deportation schrieben oder zu schreiben gedachten. Es wird darin auf ein Gespräch Nikolaus Berwangers mit den Mitgliedern des Literaturkreises Bezug genommen, in dem Berwanger die Wichtigkeit des Themas Deportation in die Sowjetunion und in den Bărăgan hervorgehoben haben soll. Diese Ereignisse hätten das Leben der Deutschen aus Rumänien „tief geprägt". Lippet zitiert die in seiner Akte überlieferte Argumentation Nikolaus Berwangers, der die deutsche Literatur aus Rumänien den im Westen erscheinenden Texten mit dieser Thematik pointiert gegenüberstellt:

> [...] das sind Probleme, die vom politischen und historischen Standpunkt als Fehlentscheidungen der damaligen Staatsführung angesehen werden, die in der Gegenwart von der Position eines engagierten Schriftstellers behandelt werden müssen und nicht nur in revanchistischen Werken aus dem Westen ihren Niederschlag finden dürfen. [...]

Der Vermerk der Securitate dazu lautet:

> Wir glauben, heißt es schlussfolgernd, dass das Verfassen, die Darbietung und die Veröffentlichung von Werken mit dieser Thematik in den Reihen der deutschen Bevölkerung, einschließlich der Jugend, zum Wiedererwachen von unangemessenen Gefühlen führt, und das um so mehr, da auch gegenwärtig von einigen

[11] Gemeint ist *biographie. ein muster,* erschienen 1980 im Bukarester Kriterion Verlag. LIPPET: *Das Leben einer Akte*, S. 49.

[12] Als stellvertretender Vorsitzender des rumänischen Journalistenrates, Mitglied im Leitungsrat des Schriftstellerverbandes Rumäniens und der Temeswarer Schriftstellervereinigung, als Chefredakteur der *Neuen Banater Zeitung* war Nikolaus Berwanger eine einflussreiche Person, die mehrmals eine schützende Hand über die jungen kritischen Autoren um die Aktionsgruppe Banat hielt.

> Personen die Idee der Auswanderung vertreten wird, weil sie angeblich im Laufe der Jahre ungerecht behandelt wurden und ihnen Schwierigkeiten durch die Verbringung in die UdSSR und in den Bărăgan entstanden sind.[13]

Entgegen der Empfehlung des rumänischen Geheimdienstes ging Johann Lippets Roman in Versform *biographie. ein muster* in Druck. Er erschien 1980 im Kriterion Verlag und erhielt den Debütpreis des Rumänischen Schriftstellerverbandes. Eine rumänische Übersetzung von Gabriel Gafiţa wurde drei Jahre später im Verlag Cartea Românească veröffentlicht. Dieser Tatbestand wirft mehrere Fragen auf. Ist dieses widersprüchliche Verhalten der unterschiedlichen staatlichen Entscheidungsstellen darauf zurückzuführen, dass sie schlicht und einfach verschiedene, streckenweise entgegengesetzte Interessen vertraten? Hat man es vermutlich auch mit einem Hinweis darauf zu tun, dass die Zentralisierung der Staatsmacht doch nicht so vollendet war und dass dadurch Freiräume entdeckt werden konnten? Gleichzeitig sind Kulissenspiele zu erahnen, Verhandlungen, Konflikte, die im Hintergrund zwischen Geheimdienst, Zensurbehörde, Kulturfunktionären und Schriftstellern ausgetragen wurden.

Beispiele für die Auseinandersetzung mit dem Thema „Russlanddeportation"

In den Schilderungen einiger Autoren war es nicht vorrangig, wie über die Deportation berichtet wurde, sondern dass sie überhaupt zur Sprache kam, wie beispielsweise in Anton Breitenhofers *Spiel mit dem Feuer*. Das Erzählen über die Russlanderfahrung wird zum Seiltanz zwischen Dichtung und Wahrheit, der Sinn solcher Darstellung ist zweifelhaft. Mit ausschweifenden Landschaftsbeschreibungen wie dieser:

> Unvorstellbar schön und sauber ist der Uralwald! Tannen- und Fichtenstämme, schlank und mächtig wie die Türme gotischer

[13] LIPPET, *Das Leben einer Akte*, S. 52-54.

> Dome, ab und zu sonnige Birkenhaine dazwischen. Die Luft, rein und würzig, mit Sauerstoff und Harzduft angereichert, ist kräftiger als bei uns auf dem guten Semenikhang. (S. 239)

‚erkauft' Breitenhofer Aussagen wie folgende: „Wenn das Heimweh und das ewige Jammern meines Strizzis im Zwerchfell nicht wären, könnten wir es gerade noch aushalten. Freilich gibt es viele Kranke, und einige unserer Landsleute sind gestorben."[14] Dabei ist der in Briefen aus der UdSSR überlieferte Kode anders strukturiert. Formulierungen wie „es geht mir gut", „ihr braucht euch um mich keine Sorgen zu machen" waren die Voraussetzung, dass die Nachrichten nach Hause die Lagerzensur passierten. Die Absender hofften, dass die Empfänger zwischen den Zeilen lesen konnten.[15]

Ludwig Schwarz behandelt in seinem breit angelegten Mundartroman *De Kaule-Baschtl* die Russlanddeportation über mehrere Kapitel. Der Heimkehrer aus der Gefangenschaft erzählt das nach dem Krieg verstörte Leben in einem schwäbischen Dorf aus dem Banat und berichtet ausgiebig von der Heimkehr einer Gruppe von „Rußländern".[16]

Autoren aus dem Umfeld der Aktionsgruppe Banat bringen auch die Deportation zur Sprache, wie mehrfach Richard Wagner. Die Deportation ist ein Nebenthema, ein knapper Einschub im Rahmen einer Kurzgeschichte, beispielsweise im experimentellen Text „Marlene. Anmerkungen einer Geschichte", wo die Umstände für die späte Heirat und den verspäteten Kindersegen von Marlenes Eltern augenzwinkernd erklärt wird:[17]

[14] Breitenhofer, *Spiel mit dem Feuer*, S. 239.
[15] Vgl. Mathias J. Kandler, *Nr. 657. Im Donbass deportiert*, S. 129 und 249.
[16] Ludwig Schwarz, *Es dritti Buch vum De Kaule-Baschtl*. Vgl. die ersten Kapitel des dritten Bandes der Trilogie, als der Protagonist von der Deportation seiner Frau erfährt, sich dann an die Verhältnisse im Nachkriegsrumänien anpasst bis ins 18. Kapitel, als die „Rußländer" ins Kleinwalddorf zurückkehren (S. 77).
[17] Der Text ist in der Bukarester Zeitschrift *Neue Literatur* Heft 12/1980, S. 10-16 erschienen; ein ‚Deportations-Konglomerat' kommt in der Kurzgeschichte „Kauten" nur andeutungsweise zur Sprache. Der Text ist im Band *Das Auge des Feuilletons. Geschichten und Notizen.* Klausenburg 1984, aufgenommen in der Anthologie *Das Land am Nebentisch*, S. 82ff.

> ([...] Moment, sagt da der Autor. Erlaubt mir eine kleine Zwischenbemerkung. Das Leben der Eltern ist nicht so geradlinig verlaufen, wie der Unvorbelastete meinen könnte. Die Umstände haben sie erst sehr spät heiraten lassen, fügt er dann langsam hinzu. Ja, die Umstände. Da aber nicken die Eingeweihten vielsagend. Und Marlene wird ihr Alter nicht mehr streitig gemacht.) (S. 14)

Das Leben kann nicht mehr offen erzählt werden, daher wird der Erzählprozess zurückgenommen, er schrumpft zu bloßen Anmerkungen. Der auktoriale Erzähler hält sich zurück und signalisiert Unsicherheit. Daher stehen die einzelnen Absätze in Klammern und der Leser wird gebeten, als Mitverfasser zu wirken, den Text in seinem Sinne weiterzuschreiben. Die Erwähnung der „Umstände“ als punktuelle Anmerkung ist nur für „Eingeweihte“ verständlich.

Johann Lippet schafft es erstaunlicherweise, den Stoff breit anzulegen – der Band *biografie. ein muster* verarbeitet in Versform mit erstaunlicher Detailfreude Ereignisse der Nachkriegszeit, Zwangsarbeit in der UdSSR, Deportation in den Bărăgan, Enteignung und Kollektivierung, Ereignisse, die die deutsche Minderheit aus Rumänien zu einer Schicksalsgemeinschaft zusammenschweißten. Persönliche Biografie wird kollektive, „ein Muster“, das, verschriftlicht, einen angemessenen Platz in der kollektiven Erinnerung beansprucht:

> sammeln am bahnhof des nachbardorfes
> listen über listen
> durchgestrichen im letzten moment
> aufgeschrieben im letzten moment
> von zu hause weg im letzten moment
> waggons waggons waggons waggons
> ungewissheit
> fahren fahren fahren fahren fahren
> warum warum warum warum
> (S. 20)

Anspielungen auf dieses Ereignis enthalten die Gedichte Horst Samsons aus den Bänden *der blaue wasserjunge* und *tiefflug*[18], wie auch Joachim Wittstocks chiffrierte Texte „Der Imker oder: Misslingen eines Gedichts aus dem Jahr 1965" (Band *Mondphasenuhr*, 1983), die Erzählungen „Im Nordwesten des Königssteins", „Lazarett Beraun" (Band *Ascheregen*, 1985) und besonders die längere Erzählung „Zaunholzgasse" aus dem Band *Parole Atlantis* (1980).[19] In Ernst Kulcsars Erzählung „Schöner deutscher Bub"[20] geht die Hermannstädter deutsche Bevölkerung „in die Ferne, zu Tode arbeiten" (S. 21), ein Bekannter „starb in einer Kohlenzeche bei Kriwoi Rog" (S. 10). Diese knappen Angaben werden nicht weiter ausgeführt. Ähnliche Aussagen finden sich auch in Wolfgang Kochs kurzer Erzählung „Mac"[21].

Die Verarbeitung der Nachkriegstraumata erfolgt in deutschen Texten aus Rumänien parallel zur Rehabilitierung des Alltäglichen, der zunehmenden Psychologisierung in der Personengestaltung und durch Einsatz neuer Erzählstrategien und Wahrnehmungsmodalitäten durch Kamerablick, erlebte Rede, Techniken des aussparenden Erzählens, durch die Erzeugung von Ambiguität. Der Stoff „Russlanddeportation" ist nur ein Teil des Ganzen, wird punktuell behandelt im Zusammenhang mit dem Einsatz von Techniken der Verschleierung. Diese Schreibtechniken der Chiffrierung und Rücknahme des eigentlichen Erzählaktes erleichtern die Thematisierung der Deportation in den in Rumänien erschienenen Texten. Demgegenüber sind viele der im westlichen Ausland lebenden Schriftsteller

---

[18] Aus dem Band: *der blaue wasserjunge* (Temeswar 1978) das Gedicht „stilleben", S. 21 und aus dem Band *tiefflug. gedichte* (Klausenburg 1981) die Texte „schneehütte" (S. 17) und „sprache" (S. 22).

[19] Alle drei Bände sind im Klausenburger Dacia Verlag erschienen. In „Zaunholzgasse" werden die Umstände der Deportation verschleiert zur Sprache gebracht, ohne dabei die Sowjetunion zu erwähnen. Es heißt, dass „die Arbeitsfähigen" abtransportiert wurden, in einem Zustand versetzt, „der mit der Nennung eines Landes angedeutet werden konnte, das etwa am Don, Dnestr oder Dnepr beginnt und sich dann ins Unendliche fortsetzt." („Zaunholzgasse", S. 40)

[20] Erschienen in der *Neue Literatur* (Bukarest), Heft 9/1982, S. 7-23.

[21] Erschienen in der *Neue Literatur* (Bukarest), Heft 9/1982, S. 2.

rumäniendeutscher Prägung weniger am Wandel ihrer literarischen Techniken interessiert, sondern halten weiter an der traditionellen Erzählung fest. Den Deportationsgeschichten wird ausreichend Platz eingeräumt; sie sind als eine Art Metadiskurs zur Geschichte aufzufassen.

In der Bundesrepublik konnten in der gesamten Nachkriegszeit Erzählungen und Bücher mit memorialistischem Charakter erscheinen. Bernhard Ohsam schildert die „Russlanddeportation" in *Eine Handvoll Machorka* (Augsburg 1958). Hans Bergel erzählt in *Das Venusherz* (1987) die langfristigen und dramatischen Folgen der willkürlichen Menschentransporte. Hier wird die Begegnung einer französischen Touristin mit einem um die Hälfte jungeren Mann an der Schwarzmeerküste im Rumänien Mitte der 1960er-Jahre beschrieben. Die Liebe zueinander schlägt ein wie ein Blitz, ist wie eine Naturgewalt, der sich keiner von den beiden widersetzen kann. Ihre Liebesgeschichte ist nicht von Dauer, in einem Sturm kommen sie gemeinsam ums Leben. Das wundersame Wirken unsichtbarer Bande wird im Nachhinein von feinfühligen Freunden aufgeklärt, und nicht etwa durch die ignorante Berichterstattung der Behörden. Bruchstückhaft werden die Hintergründe der Geschichte geklärt: Es handelt sich um eine Mutter und ihren Sohn. Sie musste, im Januar 1945 in die Sowjetunion zu Zwangsarbeit deportiert, ihr dreizehn Monate altes Kind zurücklassen. Verletzt und mit einer schweren Gedächtnisstörung wird sie zurückgeschickt, immer weiter nach Westen bis nach Frankreich. Sie erkennt in dem 20-jährigen Mann nicht ihren Sohn, sondern übersetzt ihre Anziehung zu ihm in die allgemeine Sprache der Liebe. Wie blind tappt sie auf einer wiederentdeckten Landkarte verlorener Liebe und Heimat, ohne jedoch den Weg bewusst zurücklegen zu können.

Die rebellische Generation der Schriftsteller, die im Rahmen der „Aktionsgruppe Banat" Anfang der 1970er-Jahre in Rumänien auf sich aufmerksam machten, wählte nach der Auswanderung in die Bundesrepublik oft den Roman als passende Ausdrucksform. In der ab 2000 erschienenen Familiensaga Johann Lippets, *Die Tür zur hinteren Küche* (2000) und *Das Feld räumen* (2005), ist die

Russlanddeportation ein Schlüsselereignis der Elterngeneration: Der Vater war schon mit 17 bei der SS, die Mutter landete nach der Deportation in der Bundesrepublik, ging dann über die Grenze nach Österreich, wo sie ihren zukünftigen Ehemann kennenlernte. Auch in seinem Roman *Migrant auf Lebzeiten* wird die Deportation zum einschneidenden Erlebnis, das über Jahrzehnte Grenzen zwischen Familienmitgliedern zog.[22]

Eine längere Passage wird der Russlanddeportation im Roman *Habseligkeiten* von Richard Wagner gewidmet, wo sich der Sohn an diese Station im Leben des verstorbenen Vaters mithilfe von Dokumenten annähert, „handgeschriebene Eingaben, Ausweise, Fotos. Ein Ahnenpass. Habseligkeiten, Erinnerungsstücke".[23]

Nach der Wende 1989 in Rumänien explodierte die Zahl der Selbstzeugnisse und Dokumentationen.[24] Sie entsprachen der Notwendigkeit, die Aufklärung über die Vorgehensweise der Machthaber in Bukarest und ihrer Verbündeten in den Jahren nach dem Zweiten Weltkrieg voranzutreiben, indem sie den Wissensstand über diese Jahre durch Geständnisse der Zeitzeugen aufzuholen versuchten. Auch für die rumänische Literatur wird dokumentiert, dass die jahrzehntelange Manipulierung des Lesers nach 1989 im „Durst nach dem Dokument, nach dem unmittelbaren Zeugnis" ihren Niederschlag gefunden hat.[25]

---

[22] Ludwigsburg: Pop 2008, S. 127.

[23] Richard Wagner: *Habseligkeiten*, S. 123. Es folgt eine längere Passage über den Aufenthalt des Vaters in der UdSSR, S. 126-176.

[24] Um nur einige davon zu nennen: *Rußland-Deportierte erinnern sich. Schicksale Volksdeutscher aus Rumänien, 1945-1956* (Bukarest: Verlag der Zeitung Neuer Weg 1992), Hermann Rehner: *Wir waren Sklaven. Tagebuch eines nach Rußland Verschleppten* (Privatdruck, Bukarest 1993), die Dokumentation *Deportarea etnicilor germani din România în Uniunea Sovietică 1945* (Sammlung von Archivdokumenten, zusammengestellt von Hannelore Baier, herausgegeben vom Demokratischen Forum der Deutschen in Rumänien, 1994).

[25] So Damian in seiner Untersuchung zur Entwicklung des rumänischen Romans: *Pivnițe, mansarde și nu puține trepte. Note despre roman* [Keller, Dachwohnungen und nicht wenige Treppen. Bemerkungen zum Roman]. In: *România literară* (Bukarest) 2001, Nr. 2 und 4. Um nur einige Beispiele aus der rumänischen Gefängnisliteratur zu nennen: Ion Ioanid: *Închisoarea noastră cea de toate zilele*

1991 wurde der Schubladenroman Erwin Wittstocks *Januar '45 oder Die höhere Pflicht* veröffentlicht, der bereits Ende der Vierzi-ger-jahre bis 1954 entstand. Er erschien in mehr als hundert Folgen der Zeitung „Neuer Weg" (Bukarest) und als Buch im ADZ-Verlag, Bukarest 1998. Joachim Wittstocks Roman *Bestätigt und besiegelt* wurde 2003 im Bukarester ADZ-Verlag veröffentlicht. Erwin Wittstock und Joachim Wittstock nehmen eine Sonderstellung ein. Sie gießen das Thema in breite Erzählformen und fokussieren nicht auf das Leben im Arbeitslager, sondern auf die zu Hause Verbliebenen, in deren Daseinsmittelpunkt Schuldfragen stehen.

Erwin Wittstock begann in Zeiten massiver Repression seine Arbeit am Roman *Januar '45 oder Die höhere Pflicht*. Der Roman wurde Anfang der 1950er-Jahre einflussreichen Personen aus dem Verlagswesen ohne Erfolg vorgelegt, in den Achtzigerjahren wurde das Typoskript von Wolfgang Wittstock dem Staatsratsmitglied Eduard Eisenburger zur Lektüre übergeben. Eisenburger hat daraufhin als Chefredakteur der *Karpatenrundschau* ein Fragment abgedruckt.[26] „In der Einführung heißt es reichlich nebelhaft, Erwin Wittstock schreibe in seinem Roman ‚über einschneidende gesellschaftliche Ereignisse der mittvierziger Jahre im Leben seiner Mitbürger, über Menschen im Versagen, in der Bewährung, und immer wieder über die moralische Pflicht solidarischen Handelns'".[27]

Auch Joachim Wittstock verbleibt bei der Behandlung des Themas „Deportation" in heimatlichen Gefilden. Aus der Perspektive

---

[Unser alltägliches Gefängnis], Bukarest 1991; Marcel Petrişor: *Fortul 13. Convorbiri din detenţie* [Fort 13. Gespräche aus der Haft], Bukarest 1991; Virgil Ierunca: *Fenomenul Piteşti* [Das Phänomen Pitesti], Bukarest 1991; N. Steinhardt: *Jurnalul fericirii* [Tagebuch der Glückseligkeit], Cluj 1992; Cicerone Ioniţoiu: *Tombées sans croix. Génocide en Roumanie*, Bd. 1, Freiburg i. Br. 1985. Darüber hinaus widmen Literaturzeitschriften ganze Nummern der Gefängnis-Literatur. Die Zeitschrift „Echinox" überschreibt beispielsweise die Nr. 1-3 (1997) mit dem Titel *Die Literatur des rumänischen Gulag.* Hervorzuheben ist auch die Buchreihe *Analele Sighet* und viele andere.

[26] Das Fragment „Brief einer Mutter" erschien in der Zeitung *Karpatenrundschau* (Braşov/Kronstadt) vom 30.12.1982.

[27] JOACHIM WITTSTOCK im Nachwort zu *Januar '45 oder Die höhere Pflicht*, S. 357.

verschiedener Gestalten werden im Roman *Bestätigt und besiegelt* Fragen der Schuld von Einzelnen und der deutschen Gemeinschaft als Ganzes erörtert sowie die Anstrengungen, die Konsequenzen der auferlegten Kollektivschuld zu überwinden und in ein Zeitalter der Sittlichkeit zurückzufinden.

Weitere Belege für die literarische Thematisierung der Russlanddeportation sollen an dieser Stelle Erwähnung finden: Eginald Schlattners Romane[28] sowie die bemerkenswerten Erzählungen Walther Gottfried Seidners „Die entschärfte Gewehrkugel" oder „Der niedrige Zaun".[29]

Die Entstehung solcher Texte, die nicht nur Orte kollektiver Erinnerungen inszenieren, sondern deutlich auf den Bestand der Kollektivgedächtnisse zurückgreifen, um ihn zu variieren und mit weiteren, detaillierteren Inhalten zu bereichern, ist symptomatisch für die Bemühung des Symbolsystems „Literatur", auf die Erinnerungskultur zu wirken.[30]

Das Thema „Deportation" in den Texten Herta Müllers

Wie ein roter Faden zieht sich die Russlanddeportation durch Herta Müllers Werk, ein Thema, das die Schriftstellerin vom ersten Band an, *Niederungen*, begleitete: „Ich sah Mutter nackt und erfroren in Russland liegen, mit zerschundenen Beinen und mit grünen Lippen von den Futterrüben. Ich sah Mutter durchsichtig vor Hunger, ausgezehrt und faltig bis unter die Haut, wie ein müdes, bewusstloses Mädchen."[31] Bei der Veröffentlichung ihres Erstlings in Rumänien musste „Russland" aus dem Text gestrichen werden und mit „ein fernes, fremdes Land" ersetzt werden. Das Buch lag (sicherlich auch

[28] SCHLATTNER: *Rote Handschuhe*. Wien: Zsolnay 2000 und *Klavier im Nebel*. Wien: Zsolnay 2005.

[29] WALTHER GOTTFRIED SEIDNER: *Auf Wolke Sieben7Bürgen. Paradies in der Hölle ... gute Nachtgeschichten*. Sibiu/Hermannstadt: Honterus 2007. „Der niedrige Zaun" erschien in der Anthologie *Aufs Wort gebaut. Deutsche Autoren aus Rumänien*. S. 177-191.

[30] Vgl. auch die Ausführungen von ERLL, *Gedächtnisromane*, S. 146.

[31] MÜLLER: *Niederungen*. Berlin: Rotbuch 1984, S. 93. Der Band erschien zuerst 1982 im Bukarester Kriterion Verlag.

aus anderen Gründen) drei Jahre beim Verlag, bis es die Zensur durchlief.[32]

Weitere Bezüge zur Deportation findet man in Erzählungen größeren oder kleineren Ausmaßes, wie beispielsweise in „Die Grabrede"[33] oder in *Der Mensch ist ein großer Fasan auf der Welt*[34], außerdem auch in essayistischen Texten.[35] Krieg und Nachkriegsgeschehen

[32] VOGL (Interview), *Bewohner mit Handgepäck*, Seite VI.

[33] Diese im Band *Niederungen* erschienene Erzählung ist ein Beispiel für das Nebeneinander von Täter (Vater) und Opfer (Mutter). Die Mutter erinnert sich: „In Russland haben sie mich geschoren. Das war die kleinste Strafe, sagte sie. Ich taumelte vor Hunger. Nachts kroch ich in ein Rübenfeld." Das russische Rübenfeld ist gleichzeitig der Ort, wo der Vater einige Jahre zuvor, als er als Soldat durch Russland marschierte, eine Frau vergewaltigte. In „Grabrede" heißt es weiter: „Dein Vater hat viele Tote auf dem Gewissen, sagte eines der betrunkenen Männchen. Ich sagte: Er war im Krieg. Für fünfundzwanzig Tote hat er eine Auszeichnung bekommen. Er hat mehrere Auszeichnungen mitgebracht." (*Niederungen*, 1984, S. 9)

[34] Erschien 1986 in Berlin. „Geflickte" Schicksale gehören zu den Folgen des Krieges in dieser Erzählung größeren Ausmaßes (Berlin 1986): „Windisch war aus der Kriegsgefangenschaft ins Dorf zurückgekommen. Das Dorf war wund von den vielen Toten und Vermissten gewesen. Barbara war in Russland gestorben. Katharina war aus Russland zurückgekehrt. Sie wollte Josef heiraten. Josef war im Krieg gestorben. [...] Die Grabsteine standen in weißen Reihen. Das Eisentor quietschte. Katharina schlug das Kreuz. Sie weinte. Windisch wusste, dass sie um Josef weinte. Windisch schloss das Tor. Er weinte. Katharina wusste, dass er um Barbara weinte. Katharina hatte wie Windisch den Tod gesehen. Katharina hatte wie Windisch ihr Leben mitgebracht. Windisch hängte sein Leben rasch an sie." (S. 46-47) Im epischen Block „Die Grassuppe" im Rahmen der gleichen Erzählung wird vom verzweifelten Überlebenskampf der Deportierten erzählt: „Windischs Frau war fünf Jahre lang in Russland gewesen. [...] Als der Schnee zum ersten Mal geschmolzen war, wuchs in den Schneesteinmulden spitzes, dünnes Gras. Katharina hatte ihren Wintermantel verkauft für zehn Scheiben Brot [...] Dann war der zweite Schnee gekommen. [...] Katharina ging ins Eisenbett eines Mannes. Der war Koch [...] Er wärmte sie und gab ihr Kartoffeln." Als weniger überlebensfähig erweist sich Barbara, die im zweiten Jahr der Russlanddeportation stirbt.

[35] „Eine warme Kartoffel ist ein warmes Bett", erschienen im gleichnamigen Band, Hamburg 1992, S. 65-68. Weitere Textbelege findet man im gleichen Band: „Der Einbruch eines staatlichen Auftrags in die Familie", S. 75-78. Des Weiteren im Text: „Sag, dass du fünfzehn bist – weiter leben Ruth Klüger", in: Herta Müller: *In der Falle*, S. 25-40 oder im Band: *Der Fremde Blick oder Das Leben ist ein Furz in der Laterne*, S. 22-24.

werden erst im Leseprozess durch den Mechanismus der Mustererkennung „Ursache-Folge" verknüpft. Die Schilderung der Deportationszeit erfolgt daher in der Nachbarschaft von Abrechnung mit den Fehlern der Eltern- und Großelterngeneration.

Bis zum Erscheinen ihres im August 2009 veröffentlichten Romans *Atemschaukel* war die Russlanddeportation ein allgegenwärtiges Randthema, das jedoch zum Kern ihrer literarischen Botschaft führt: die Entmündigung des Individuums in einer totalitären Welt, der Mensch in der Defensive vor der ‚großen Politik', seine Ohnmacht angesichts der Vereinnahmung durch kollektivistische Ideologien, das Diktat von ‚Normalität' und ‚Norm' jenseits der Moral, zudem auch die Leichtigkeit, mit der sich Einzelne am Unrecht beteiligen und es verharmlosen. Den thematischen Schwerpunkt auf die Russlanddeportation zu verlegen bedeutete, im Auftrag einer sich erinnernden Gemeinschaft zu handeln, und war, durch das Hinaustragen des Themas in die bundesdeutsche Öffentlichkeit, Erinnerungspolitik.[36]

„Atemschaukel" als Gedächtnismedium

Die Arbeit am Roman hat Herta Müller im Vorfeld gründlich dokumentiert. Das Projekt begann schon 2001 und war eine Generationen überbrückende Gemeinschaftsarbeit, veranlasst durch Erinnerungen der Mutter und von ehemaligen Deportierten aus ihrem Heimatdorf.[37] Hinzu kam Oskar Pastior, der mit siebzehn Jahren in einem Arbeitslager in der Ukraine interniert wurde und schon durch sein Alter nicht zu der oft beschriebenen schuldbelasteten Elterngeneration gehören konnte.[38] Pastior verarbeitete die Erfahrung des

[36] Wie auch im Falle von Günter Grass' Novelle *Im Krebsgang* (Göttingen 2002) ein Buch, das den tabubehafteten Topos ‚Deutsche als Opfer' in den Brennpunkt rückte.

[37] Herta MÜLLER: *Nullpunkt der Existenz,* S. 73.

[38] Allerdings wurde Oskar Pastior im Herbst 2010 durch einen neuen Aktenfund als inoffizieller Mitarbeiter der „Securitate" enttarnt – was nicht nur in den bundesdeutschen Medien ausgiebig diskutiert wurde. Dies mildert keineswegs die Schlagkraft der Erzählung, zu fragen ist jedoch nach der literarischen Verarbei-

Arbeitslagers seinerseits in lyrischer Form. Seine Gedichte lassen, wie man bei ihm gewöhnt ist, Anspielungen zumeist nur erahnen.[39]

Über die Zusammenarbeit mit Oskar Pastior erzählt Herta Müller: „Oskar Pastior hat erzählt, ich habe aufgeschrieben. Ich wollte wissen, was ein Mensch in so einer Situation fühlt, und habe nach den winzigsten Kleinigkeiten gefragt. Oskar Pastior hat das Lager und das Kokswerk auch aufgezeichnet. Er hat sich an alle Details erinnert. [...] Seine detaillierten Erinnerungen waren ein Glücksfall, denn die anderen Überlebenden, die ich befragt habe, konnten nicht über sich reden, sie hatten keine Sprache für ihre Gefühle. Es kamen immer nur Klischees: Man hatte gelitten, was haben wir durchgemacht ... Klischees, mit denen man nichts anfangen kann."[40] Als

tung dieses Stoffs durch Herta Müller in der *Atemschaukel*, wenn sie darüber informiert gewesen wäre. Einige Beispiele für das außerordentliche Presseecho der Nachricht von der Mitarbeit Oskar Pastiors bei der „Securitate": C. Schmidt und L. Müller: „Der verstrickte Gefährte. Herta Müller und Oskar Pastior", in: *Süddeutsche Zeitung*, 16.09.2010; „Der Dichter Oskar Pastior war IM der Securitate", in: *Frankfurter Allgemeine Zeitung*, 16.09.2010; „Der Fall Pastior: Maß der Schuld", in: *Frankfurter Allgemeine Zeitung*, 17.09.2010; Michael Krüger: „Ein zarter, trauriger Mensch. Er bleibt mein Freund Oskar", in: *Frankfurter Allgemeine Zeitung* , 17.09.2010; „Nobelpreisträgerin Herta Müller im Interview. Die Akte zeigt Oskar Pastior umzingelt", in: *Frankfurter Allgemeine Zeitung*, 17.09.2010; Lothar Müller: „Herta Müller und Oskar Pastior. Die Mondlandung", in: *Süddeutsche Zeitung*, 17.09.2010; „Oskar Pastior und die Securitate. Die späte Entdeckung des IM ‚Otto Stein'", in: *Frankfurter Allgemeine Zeitung*, 18.09.2010; Gregor Dotzauer: „Oskar Pastior im Zwielicht", in: *Der Tagesspiegel*, 17.09.2010; Richard Wagner: „Oskar Pastior: Der Dichter als Informant", in: *www.achgut.de (Die Achse des Guten)*, 18.09.2010, schließlich die umfangreiche Dokumentation von Stefan Sienerth. Vgl. SIENERTH, *Ich habe Angst vor unerfundenen Geschichten.* S. 236-271.

[39] Beispielsweise im Gedicht „Mann, du hörst die Schere", in *Höricht. Sechzig Übertragungen aus einem Frequenzbereich.* Lichtenberg 1975, sowie in der Anthologie *Das Land am Nebentisch*, 1993, S. 104f. erschienen. Eindeutig ist die Bezugnahme hingegen in den „Rußlandgedichten", die Oskar Pastior Mitte der 1950er-Jahre in Hermannstadt geschrieben hat und die er in einer Anmerkung erwähnt. Überliefert ist diese Notiz in Pastiors Nachlass im Deutschen Literaturarchiv Marbach. Vgl. auch Sienerth: *Ich habe Angst vor unerfundenen Geschichten,* S. 245 und 262-263.

[40] HENNEBERG, *Die Zumutung des Lagers sollte in der Sprache spürbar werden.* S. 23.

Hilfe für die Repräsentation der Lagerlandschaft fungierte zusätzlich die gemeinsame Reise in die Ukraine Juni 2004. „Nur weil ich diese Landschaft gesehen hatte, konnte ich die Situationen erfinden.“ [41]

Auf mehreren Schichten an Information beruht die Substanz des Romans: auf den Fakten des historisch belegten Geschehens, auf den zu einem emotionalen Kern geschrumpften Erlebnisberichten, auf den durch den poetischen Filter des Dichters Pastiors gesiebten Erinnerungen.

An dieser Stelle setzte die Vertextungsarbeit durch die Erzählinstanz ein. Zu fragen ist, was ein literarischer Text leistet, wie dieser Roman emotionale und kognitive Verarbeitungsprozesse in Gang bringt. Was bringt er Neues in die Darstellung des Gefangenenuniversums, mit welchen poetischen Mechanismen schafft es die Erzählung, die Phantasie der Leser auszuhebeln und ins Universum eines Arbeitslagers Ende der 1940er-Jahre zu versetzen? Zum geeigneten Gedächtnismedium wird ein Text durch die Bildung prägnanter Erinnerungsfiguren, die Tendenz zur Sinnstiftung durch Narrativisierung – da sind Ähnlichkeiten zu den anderen an der kollektiven Gedächtnisbildung beteiligten kulturellen Phänomenen zu sehen. Zu den distinkten Merkmalen und Privilegien literarischer Texte mit fiktionalem Status gehört die Möglichkeit der uneingeschränkten Innenweltdarstellung,[42] wodurch die dargestellte Wirklichkeit eine erhöhte Dichte erhält.

Bezeichnend ist die Wahl der Hauptgestalt Leo Auberg, um dessen Lebensweg sich die Handlung des Romans organisiert. Er ist als Ich-Erzähler die wahrnehmende Instanz, die für die Kameraführung zuständig ist. Seine Geschichte bricht nicht mit der chronologischen Richtigkeit der Ereignisfolgen: Dem Siebzehnjährigen steht die Deportation bevor. Er lehnt sich aber nicht dagegen auf, als Unschuldiger für die Fehler anderer zu büßen, und als Eintrag auf Listen riesiger Verwaltungsapparate sein Leben zu fristen. Im siebenbürgischen Kleinstadtmilieu Hermannstadts als Homosexueller ein Außenseiter und dazu verurteilt, seine wahre Natur zu verbergen und Normalität

[41] Ebd.

[42] Erll, *Gedächtnisromane*, S. 5-6.

vorzutäuschen, wartet er fast ungeduldig auf die Reise in die Weiten des Ostens. Fünf Jahre verbringt er in einem sowjetischen Arbeitslager in der heutigen Ukraine, wird schließlich mit den anderen Überlebenden nach Hause entlassen. Auch nach seiner Rückkehr leidet er unter dem Druck der kollektiven Vorstellungen von Normalität, denen er sich durch eine schnelle Heirat anzupassen versucht. Es folgt eine Reihe von Ausbrüchen aus der existenziellen Enge: durch den Umzug nach Bukarest und schließlich durch die Auswanderung nach Österreich. Er kann aber die ihm aufgezwungene Realität des Lageruniversums nicht überwinden und bleibt ein ewiger Gefangener seiner Erinnerungen.

Die Geschichte Leo Aubergs erzählt das Drama eines Menschen, der zwangsweise für eine Gemeinschaft in die Pflicht genommen wird und sich ein Leben lang von der Inbesitznahme durch die auferzwungene Buße nicht loslösen kann. Im Elternhaus fehlt die Bereitschaft, sein Leid wahrzunehmen und sich mit dessen Ursachen auseinanderzusetzen. In Ermangelung eines Diskussionspartners dokumentiert Leo einen gescheiterten Sozialisierungsprozess, er fristet sein Dasein nach der Rückkehr im Alleingang, im Monolog mit einem Diktandoheft, in dem er die Geschichte der „Lagerbevölkerung" festhält. Die schriftlich festgehaltenen Erinnerungen an Tur Prikulitsch, Planton-Kati, Trudi Pelikan, an das Werk Koksochim Zavod und den Kohlebahnhof Jasinowataja (281) stellen Ausbruchsversuche aus dem mentalen Gefängnis dar, das ihn nicht freigibt. „In den nächsten Wochen habe ich das VORWORT verlängert, drei Hefte lang." (281) Selbst das Erinnern an seine Heimkehr ist kein Überwinden, sondern ein aussichtsloses Ringen mit dem Vergessen:

> Bis nach Hause, mit zweimal umsteigen in Baia Mare und Klausenburg, waren es höchstens zehn Stunden. Unsere Sängerin Loni Mich schmiegte sich an den Advokaten Paul Gast, richtete ihre Augen auf mich und meinte zu flüstern. Doch ich verstand jedes Wort, sie sagte:
> Schau, wie der heult, dem läuft was über.
> Diesen Satz habe ich mir oft überlegt. Dann habe ich ihn auf eine

> leere Seite geschrieben. Am nächsten Tag durchgestrichen. Am übernächsten wieder daruntergeschrieben. Wieder durchgestrichen, wieder hingeschrieben. Als das Blatt voll war, habe ich es herausgerissen. Das ist Erinnerung. (282-283)

Das Lebendigwerden des Deportationserlebnisses geschieht auch durch großzügige Einblicke in die Innenwelt der Protagonisten. In einem 1991 erschienenen Essay deutet Herta Müller auf die Grundzüge ihrer Poiesis hin:

> Ich merke an mir, dass nicht das am stärksten im Gedächtnis bleibt, was außen war, was man Fakten nennt. Stärker, weil wieder erlebbar im Gedächtnis, ist das, was auch damals im Kopf stand, das, was von innen kam, angesichts des Äußeren, der Fakten.
> Denn das, was von innen kam, hat unter den Rippen gedrückt, hat die Kehle geschnürt, hat den Puls gehetzt. Es ist seine Wege gegangen. Es hat seine Spuren gelassen.[43]

Das Lager besteht aus Gefühlen und Reizen, aus Biografien und Geografie. Es wird von Hunger und Heimweh regiert und ist von einer übersichtlichen Anzahl von Personen bevölkert, über die der Leser durch erzählend-beschreibende Sondierungsmomente unterrichtet wird. Die Wahrnehmung des Jugendlichen strukturiert das Geschehen in 64 Abschnitte, sodass seine subjektive Selektion innere und äußere Räume zum Vorschein bringt, in denen die Lagerinsassen erleben und sich bewegen. Das schnelle Umschwenken des Kamerablicks, der in der erzählten Gestalt Leo ihren Fixpunkt hat, unterstützt diese Strategie des „dichten" Erzählens. Bei der Darstellung des Lageralltags wird nicht Lückenlosigkeit simuliert durch sorgfältig ausgewählte Konnektoren, welche disparate Szenen in die Ordnung eines logischen Nacheinanders fügen. Im Gegenteil, Fragmentarisches, Relevantes tritt überdimensioniert in den Fokus einzelner Textabschnitte. Heidrun Gast verhungert, ihr Mann betrügt sie um ihre dünne Suppe, Irma Pfeifer erstickt in der Mörtelgrube,

[43] MÜLLER, *Der Teufel sitzt im Spiegel*, S. 10.

die versehentlich deportierte Corina Marcu erfriert, doch die Trudi Pelikan überlebt, wie auch die schwachsinnige Katharina Seidel aus dem Banat, Platon-Kati genannt. Ihre Darstellung ist beispielhaft für die Zeichnung von Gestalten und ihren Kontexten innerhalb und außerhalb des Arbeitslagers. Das Mädchen überlebt, ohne das Lager wahrzunehmen, eine göttliche Gnade: „Zum Appell sagte sie Apfel" (104) und „wenn ein Glöckchen an den Koksbatterien bimmelte, meinte sie, in der Kirche fängt die Messe an." (104) Ihre Anwesenheit im Lager informiert indirekt über die Zustände in den Dörfern im Vorfeld der Deportation sowie über die Entstehung spontaner humaner Ordnungen in dem von chronischem Hunger geplagten Lager. Ein Schuft oder ein Sadist muss das Mädchen zu Hause auf die Liste gesetzt haben – die Deportation kam für sie einem Todesurteil gleich. Doch die Deportation überlebt sie dank einer im Lager eingehaltenen grundlegenden Gesetzlichkeit des freiwilligen Tausches und des Verbots von Diebstahl, dem Willen nach Menschlichkeit, der zeitweilig körperliche Bedürfnisse überwindet.

> Eines Abends tauschte der Akkordeonspieler Konrad Fonn mit der Planton-Kati. Sie gab ihm ihr Eigenbrot, aber er gab ihr ein viereckiges Stückchen Holz in die Hand. Sie biss darauf, staunte groß und schluckte leer. Niemand außer dem Akkordeonspieler lachte. Und Karli Halmen nahm der Planton-Kati das Brettchen und versenkte es in der Krautsuppe des Akkordeonspielers. Der Planton-Kati gab er ihr Brot zurück.
> Jeder tappt in die Brotfalle. [...]
> Aber die Planton-Kati lebt, auch wenn sie nicht weiß, wo sie ist. Wir wissen es und behandeln sie wie unser Eigentum. An ihr können wir gutmachen, was wir einander antun. Solang sie zwischen uns lebt, gilt für uns, dass wir zu allerhand, aber nicht zu allem fähig sind. (122)

Die Schuldfrage an der Verschleppung wird im Roman nur indirekt thematisiert. Im Fokus der Darstellung stehen Jugendliche, die ihre Überlebenskraft nicht aus den Werten der Gemeinschaft schöpfen.

Zu keinem Zeitpunkt leisten sie Buße für ein Kollektiv, denn sie verstehen sich nicht als Repräsentanten einer Gemeinschaft. Mit ihrem genauen Blick zeichnet die Erzählinstanz immer wieder ihre Orientierungslosigkeit auf, das Verlassen-Sein in einer Geografie, in der sich die Kampfeslust der Erwachsenengeneration ausgetobt hat. Auf das Unrecht, das ihrer Person angetan wurde, reagieren sie kindlich. Sie träumen. Leo fliegt auf einem Schwein in eine menschenleere heimatliche Landschaft, Trudi Pelikan hat den zarten Erlösungstraum aus dem ewigen Hunger, der sie der Welt zurückgeben soll, doch nicht dem heimatlichen Gefilde:

> Sie sagte, dass sie auch jetzt, wenn sie die Toten zur Tür hinausträgt, oft die Augen zumacht und dasselbe träumt wie damals am Kalkwagen im Pferdegeschirr.
> Was, fragte ich.
> Dass ein reicher, schöner, junger – schön und jung muss er nicht sein – sagte sie, amerikanischer Schweinefleischkonservenfabrikant sich in mich verliebt – verliebt muss er nicht sein – sagte sie, aber so reich, dass er mich freikaufen und von hier herausheiraten kann. Das wäre wirklich Glück, sagte sie. Und wenn er dann noch für dich eine Schwester hätte.
> Schön und jung muss sie nicht sein, verliebt muss sie nicht sein, wiederholte ich. Und dann lachte die Trudi Pelikan überspannt. Und ihr rechter Mundwinkel kam ins Flattern und verließ ihr Gesicht, als sei dort, wo das Lachen an die Haut gebunden ist, der Faden abgerissen. (170)

Mit Details wird nicht gespart, der poetischen Leistung des Textes ging die gründliche Dokumentation der verschiedenen Arbeitsvorgänge im Lager voraus. Ob es um Zement auf dem Bau geht, um Kohleschaufeln oder die Entsorgung von Schlacke – die Erzählung besticht durch die Genauigkeit der Sprache. Die Beseitigung der riesigen Mengen an Schlacke, die als Nebenprodukt der Kohleverbrennung entstehen, werden zum tagtäglichen Überlebenskampf des zentralen Protagonisten: Es gibt die weiße festgebackene und die nicht festgebackene Schlacke, die dunkelrote gemahlene Hochofenschlacke, dann die grünbraune, festgebacken auf der wilden Wiese hinter der Fabrik. Und dann „mein Ein und Alles, meine Jeden-Tag-Schlacke und Tag-und-Nachtschichtschlacke“, die heiße und die kalte Kellerschlacke (173). Peinigend ist die heiße Schlacke, die jeden Tag anders sein kann, mal spröd und brüchig, locker „wie geröstetes Brot“, mal zäh wie Lava, weißglühend und klebrig, und, die schlimmste aller Schlacken, die „Durchfallschlacke“, rot und weißglühend, gefährlich, da sie einem „in jedes Loch der Kleider fließen“ kann (174).

Eine innere „Arbeitskarte“ des Lagers wird visualisiert, beschrieben mit einem persönlichen Wortschatz, der Namen für unbekannte Arbeitsvorgänge und Materialien erfindet. Für den Leser entsteht so die Möglichkeit, den Lagerinsassen durch ihren Alltag auf Schritt und Tritt zu folgen. Die Arbeit bedingt das Leben, man sucht in ihr Schutz, wo sonst keiner mehr zu finden ist. Das Ergebnis der detaillierten Beschreibungen, der Mischung von Außen- und Innenperspektiven, ist ein Zugewinn an erinnertem räumlichem Wissen, entstanden durch die poetisch-narrative Gestaltung des Lagerumfeldes:

> Die andere weiße Schlacke lag in mannshohen Haufen als Hügelkette neben der Jama. Sie war nicht festgebacken, an den Rändern wuchs Gras. Wenn es beim Kohleschaufeln stark regnete, suchten wir darin Unterschlupf. Wir höhlten uns Löcher in die weiße Schlacke. Sie rieselte nach und packte uns ein. Und im Winter dampfte auf ihr der Schnee, und wir wärmten uns in den Löchern und waren dreimal versteckt, in der Schneedecke, in der Schlacke und in der Pufoaika-Montur. Es roch anheimelnd nach Schwefel, der Dampf quoll durch alles. Wir saßen bis über den Hals in den Löchern, mit der Nase wie voreilig gekeimte Blumenzwiebeln über der Erde und der schmelzenden Schneeschicht am Mund. Wenn wir aus der Schlacke herauskrochen, waren unsere Kleider löchrig von den Glutstückchen, überall hing die Watte heraus.“ (172, Kapitel „Von den Schlacken“)

Rezeption der Atemschaukel

Herta Müllers Roman wurde zum Zeitpunkt seines Erscheinens intensiv besprochen; seine Rezeption hat sich zusätzlich durch die Nobelpreisverleihung an Herta Müller kurze Zeit nach der Veröffentlichung des Romans verstärkt. Dieses Echo in der deutschen Presselandschaft kommt einer intensiveren Wahrnehmung des historischen Ereignisses „Deportation der Deutschen Südosteuropas in die Sowjetunion" gleich und ebnet den Weg für weitere Stationen seiner Verankerung im europäischen kulturellen Gedächtnis. Der am 17. August 2009 erschienene Roman kam ins Blickfeld der namhaftesten deutschen Zeitungen: „Die Zeit", „Süddeutsche Zeitung", „Neue Zürcher Zeitung", „Frankfurter Rundschau", „taz". Auch in medialen Nischen wurde er zur Kenntnis genommen, so geriet er beispielsweise in den Zerrspiegel der „Titanic".[44] Das Verdienst Herta Müllers wurde in „Cicero. Magazin für politische Kultur" auf den Punkt gebracht: „Der Literaturnobelpreis an Herta Müller ist nicht bloß ein Glücksfall für die deutsche Literatur. Er wirkt auch wie ein Donnerschlag für unser historisches Bewusstsein. Denn diese Ehrung hält uns Europäern einen Spiegel vor mit der Forderung: Hört endlich auf mit der Verniedlichung des sozialistischen Unrechts."[45]

Laut Michael Naumann ist Herta Müllers Werk „ein unübersehbarer literarischer Erinnerungsposten in der Geschichte des politischen Terrors". Es sei die „bildersatte Sprache", die „sachgebannte Genauigkeit, mit der Herta Müllers poetische, zugleich aber buchhalterisch präzise Aufzählung der kleinsten Habseligkeiten des Lagerlebens die beklemmende Lektüre auf paradoxe Weise erträglich macht." *Atemschaukel* sei „ein Ergebnis literarischer Empathie ohne Beispiel in der deutschen Literaturgeschichte". In „mikroskopisch genauer Betrachtung, in einer Art protokollarischen Poesie" leide die Autorin mit den Opfern der Tyrannei mit. Herta Müllers Werk enthalte etwas „Altmodisches in der zeitgenössischen deutschsprachigen Literatur", die Tatsache, dass es „immer noch eine Form dichte-

---

[44] *Titanic. Das endgültige Satiremagazin* Nr. 11, November 2009, S. 6 und 9.
[45] WEIMER, *Ein Nobelpreis gegen das Vergessen*, Internetausgabe.

rischer Empörung gibt, der es um so große Dinge wie Recht und Gerechtigkeit, um die Gefährdung von Menschenwürde und Freiheit geht."[46] Karl-Markus Gauß bezeichnet die *Atemschaukel* als „erschütternden Roman", „das beste Buch, das Herta Müller [...] geschrieben hat, ein verstörendes Meisterwerk, mutig und sprachschöpferisch, ein Versuch, aus dem Inneren der Hölle zu sprechen, in einer ganz eigenen, bildstarken Sprache.[47]

Vorwürfe an den Roman gründen auf die Entlarvung der poetischen Sprache des Textes als stilistisches Mittel, die Unzulänglichkeiten des Erzählens „aus zweiter Hand" zu überbrücken. „Das Zeitalter der Gulag-Literatur" (vertreten durch die Auschwitz-Romane von Imre Kertész und Primo Levi, die Gulag-Romane von Andrej Sinjawskij, Wassilij Grossmann und Warlam Schalamow) habe sein „natürliches Ende" gefunden. Herta Müllers Roman ist „kraftlos und schal", „von peinigender Parfümiertheit", die „erlesenen Herz-Schmerz-Vokabeln" und „Engelbeigaben" bringen eine „Kunstschnee-Prosa hervor". Dieses „poetische Vokabular des Humanismus gehört nicht mehr ins Zeitalter der Gulagerfahrung". „Die fliegenden Engel und die lyrische Wie-Vergleichsmaschine" wirken „gepudert und kulissenhaft", „darin liegt ein Unernst, eine unverbindliche Virtuosität".[48] Auch die Vorwürfe Christoph Schröders beziehen sich auf den Mangel an Authentizität. Herta Müllers neues Buch wirke „wie ein falsches Kleidungsstück, das jemand sich übergeworfen hat".[49]

Die Möglichkeit, als Nicht-Zeugin über das Leben in sowjetischer Deportation zu schreiben, wird hingegen von Andrea Köhler bejaht. Das Buch Müllers sei die Axt, von der Franz Kafka spricht, „für das gefrorene Meer in uns", sie habe „für den Schrecken des Hungers Worte gefunden, die das Fleisch von den Knochen säbeln. Sie sind

---

[46] NAUMANN, *Herta Müllers neuer Roman über den sowjetischen Gulag-Alltag*, S. 43.

[47] GAUSS, *Das Lager ist eine praktische Welt,* S. 12.

[48] RADISCH, *Gulag-Romane lassen sich nicht aus zweiter Hand schreiben* S. 43. Die beiden Beiträge von Naumann und Radisch tragen den Obertitel: „Kitsch oder Weltliteratur?"

[49] SCHRÖDER, *Wieder und immer der Hunger,* S. 24.

detailgenau wie die hundert Sorten Asche, Schlacke und Lagerstaub".[50] Auch Ina Hartwig sieht kein Problem in der Tatsache, dass Herta Müller sich „die Geschichte eines anderen leiht". Eine biografische und eine poetische Dimension habe der Roman, denn Herta Müller erzählt die Geschichte Oskar Pastiors und wiederum auch nicht. Auf der „persönlichen Ebene" muss erlaubt sein, das Buch „als Hommage an den Freund zu lesen". Die Rezensentin sieht in den Wortbildungen Müllers („Eigenbrot", „Herzschaufel", „Atemschaukel") Ähnlichkeiten mit der frühen Lyrik Paul Celans, wo das Deutsche an der Grenze anderer Sprachen lebte und ihre Poetik aus dem zwischensprachlichen Transfer schöpfte. Die altertümliche, mal klare, mal überbordende Sprache dieses Romans konserviert diese „untergegangene Welt". Ein „schwierig schönes Geschenk".[51]

Abschließende Bemerkungen

Die „Russlanddeportation" ist dokumentiert: Post- und Grußkarten, sparsame tagebuchartige Notizen auf Zementsackpapier und zahlreiche Erinnerungsbücher legen über dieses Ereignis Zeugnis ab. Auffallend ist die Fülle an Fotos aus der Deportationszeit, die zur Verankerung des außertextuellen Ereignisses „Deportation" im kollektiven Gedächtnis beitragen. Sie werden in hoher Dichte in persönlichen Erlebnisberichten abgebildet, wo sie die subjektiv organisierte Narration durch objektive Bezugnahme ergänzen.[52] Die Rezeption dieser Bücher begrenzte sich allerdings auf Regionen, Minderheiten- und Altersgruppen, wie oft bereits im Motto oder Vorwort nahegelegt wird.

Die Erinnerung an die „Russlanddeportation" ist generationenspezifisch besetzt und umkämpft. Herta Müller kritisierte den Umgang mit den Ereignissen der Kriegs- und Nachkriegszeit in regionalen Texten älteren Datums relativ undifferenziert: „Man kennt das

---

[50] KÖHLER, *Das Buch vom Hunger*, S. 21.

[51] HARTWIG, *Der Held heißt Hungerengel*, S. 22-23.

[52] Beispielsweise KANDLER: *Nr. 657. Im Donbass deportiert* oder STIEBER-ACKERMANN, *Allein die Hoffnung hielt uns am Leben*.

Dienen in der rumäniendeutschen Literatur, der Scholle oder dem Handwerk hatte man gedient, der Landschaft. Meist mit inbegriffen, aber nicht selten deutlich ausgesprochen der ‚Sache' von Hitler, Stalin, Ceauşescu. In welchem rumäniendeutschen Buch steht die schmerzhaft erlebte, mit aller persönlichen Unbestechlichkeit geschriebene Erfahrung eines SS-Soldaten – oder der in sowjetische Arbeitslager oder in den Bărăgan Deportierten? Ich hätte sie gerne gelesen."[53]

Der Autorin ging es nicht um das Zusammenschweißen relativ begrenzter Erlebnisgruppen durch die Zeichnung kollektiver Identitätsmuster durch erfahrenes kollektives Leid und auch nicht um die Einbettung von Schicksalsgemeinschaften in rechtfertigende und stabilisierende Erzählungen, sondern um die Erfahrung von Zwang und Willkür auf einer allgemeineren Ebene aus der Perspektive von einzelnen Subjekten. Die *Atemschaukel* hat es erreicht – wie die Rezeption des Romans in Feuilletons wie auch durch die Bestsellerlisten veranschaulicht –, die sich erinnernde Region zu verlassen. Dabei ist die Wirksamkeit dieses Stoffs nicht nur auf die innere Organisation des Materials zurückzuführen, sondern auch auf den Entstehungskontext dieses Romans, auf seinen Stellenwert im Rahmen des bisherigen Werkes von Herta Müller. Die Schriftstellerin konnte mit ihrer Thematik, der sie über lange Zeitspannen treu geblieben ist, in der westlichen Erinnerungskultur wichtige Positionen besetzen: ausgehend von der thematischen Nische ‚Schreiben gegen die Diktatur' am spezifischen Beispiel Rumänien bis hin zum weitaus allgemeineren ‚Leiden an kollektivistischen Ideologien' und zur ‚Enteignung des Individuums' in verschiedenen gesellschaftlichen Konstellationen. Ihr Bekanntheitsgrad und die damit verbundene Erwartungshaltung hat die Zuordnung des Romans erleichtert und seine Wirksamkeit erhöht.

Die Einzigartigkeit der *Atemschaukel* liegt des Weiteren auch in der Individualisierung des Erlebens und in der poetischen Konfigu-

[53] *Diese Bilder trugen mir die Tage zu.* Herta Müller im Gespräch mit Stefan Sienerth, S. 210.

ration der Deportationserfahrung. Aber auch darin, dass der Text das Ergebnis von Teamarbeit ist. Herta Müller hat mit Oskar Pastior „geflunkert",[54] mit poetischem Vermögen und sensibler Erinnerung Erlebnislücken zugewebt, verborgenen Momenten menschlichen Leids Ausdruck gegeben. Herta Müller zeigt, was gute Literatur schafft, nämlich jene Winkel zu beleuchten, wo das historisch überlieferte Dokument und das unmittelbare Alltagsvokabular keinen Zugang haben. Eine emotionale Chronik ist statt der dürren Berichterstattung entstanden, dichte Texturen, die den Informationsgehalt von Sachtexten übertreffen.

Herta Müller hat zu dem Erinnerungsreservoir der Menschheit ein Kapitel hinzugefügt, ein konkretes, es wurde durch die Nobelpreisverleihung zusätzlich „weltfähig" und verallgemeinerungsfähig gemacht: das Erinnern an fast noch Kinder, die für politische Machtspiele jenseits ihres Erfahrungshorizonts das eigene Leben und lebenslange Erinnerungen verpfänden mussten. Der Nobelpreis wurde an eine Ost-West-Autorin verliehen, die über die Verbrechen der osteuropäischen Totalitarismen geschrieben hat, doch diesmal nicht über Stacheldrahtzäune hinweg, sondern innerhalb eines größer gewordenen Raumes frei zirkulierender Erinnerungen. Ein überregional noch unbekannter Ort wurde zu einem Erinnerungsort gestaltet – mit zu diesem Zeitpunkt noch unvorhersehbaren Folgen.

Literaturverzeichnis

Primärliteratur

BERGEL, HANS: *Das Venusherz*, München: Schumacher Gebler 1987.
BREITENHOFER, ANTON: *Spiel mit dem Feuer. Roman*, Bukarest: Kriterion 1982.
KANDLER, MATHIAS J.: *Nr. 657. Im Donbass deportiert*. 1945-1949. Russlanderinnerungen, Villingen-Schwenningen: Farca 2009.
KOCH, WOLFGANG: „Mac", in: *Neue Literatur* (Bukarest), Heft 9 (1982), S. 25-30.
KULCSAR, ERNST: „Schöner deutscher Bub", in: *Neue Literatur* (Bukarest), Heft

[54] Herta MÜLLER, *Nullpunkt der Existenz*, S. 73.

9 (1982), S. 7-23.
LIPPET, JOHANN: *biografie. ein muster*, Bukarest: Kriterion 1980.
LIPPET, JOHANN: *Die Tür zur hinteren Küche,* Heidelberg: Wunderhorn 2000.
LIPPET, JOHANN: *Das Feld räumen*, Heidelberg: Wunderhorn 2005.
LIPPET, Johann: *Migrant auf Lebzeiten*, Ludwigsburg: Pop 2008.
LIPPET, JOHANN: *Das Leben einer Akte. Chronologie einer Bespitzelung*, Heidelberg: Wunderhorn 2009.
MÜLLER, HERTA: *Niederungen*, Berlin: Rotbuch 1984.
MÜLLER, HERTA: *Der Mensch ist ein großer Fasan auf der Welt,* Berlin: Rotbuch 1986.
MÜLLER, HERTA: *Der Teufel sitzt im Spiegel. Wie Wahrnehmung sich erfindet*, Berlin: Rotbuch 1991.
MÜLLER, HERTA: *Eine warme Kartoffel ist ein warmes Bett,* Hamburg: Europäische Verlagsanstalt 1992.
MÜLLER, HERTA: *In der Falle*, Göttingen: Wallstein 1996.
MÜLLER, HERTA: *Der Fremde Blick oder Das Leben ist ein Furz in der Laterne*, Göttingen: Wallstein 1999.
MÜLLER, HERTA: *Atemschaukel*, München: Hanser 2009.
SCHWARZ, LUDWIG: *Es dritti Buch vum De Kaule-Baschtl*, Temeswar: Facla 1981.
SAMSON, HORST: *der blaue wasserjunge,* Temeswar: Facla 1978.
SAMSON, HORST: *tiefflug. Gedichte*, Klausenburg: Dacia 1981.
SEIDNER, WALTHER GOTTFRIED: *Der niedrige Zaun,* in: ERWIN ȚIGLA und HANS LIEBHARDT (Hg.): *Aufs Wort gebaut. Deutsche Autoren aus Rumänien* (Anthologie), Bukarest: ADZ 2003, S. 177-191.
SEIDNER, WALTHER GOTTFRIED: *Auf Wolke Sieben7Bürgen. Paradies in der Hölle ... gute Nachtgeschichten*, Sibiu/Hermannstadt: Honterus 2007.
SCHLATTNER, EGINALD: *Rote Handschuhe. Roman*, Wien: Zsolnay 2000.
SCHLATTNER, EGINALD: *Klavier im Nebel. Roman*, Wien: Zsolnay 2005.
STIEBER-ACKERMANN, HEDWIG: *Allein die Hoffnung hielt uns am Leben*, Villingen-Schwenningen: Farca 1999.
WAGNER, RICHARD: „Marlene. Anmerkungen einer Geschichte", in: *Neue Literatur* Heft. 12 (1980), S. 10-16.
WAGNER, RICHARD: *Habseligkeiten. Roman,* Berlin: Aufbau 2004.
WICHNER, ERNEST (Hg.): *Das Land am Nebentisch. Texte und Zeichen aus Siebenbürgen, dem Banat und den Orten versuchter Ankunft*, Leipzig: Reclam 1993.
WITTSTOCK, ERWIN: *Januar '45 oder Die höhere Pflicht*, Bukarest: ADZ 1998.
WITTSTOCK, JOACHIM: *Parole Atlantis,* Klausenburg: Dacia 1980.
WITTSTOCK, JOACHIM: *Mondphasenuhr*, Klausenburg: Dacia 1983.
WITTSTOCK, JOACHIM: *Ascheregen*, Klausenburg: Dacia 1985.
WITTSTOCK, JOACHIM: *Bestätigt und besiegelt*. Roman, Bukarest: ADZ-Verlag 2003.

Sekundärliteratur

BEER, MATHIAS: „Deutsche Deportierte aus Ostmittel- und Südosteuropa in der UdSSR“, in: KLAUS J. BADE, PIETER C. EMMER, LEO LUCASSEN, JOCHEN OLTMER (Hg.): *Enzyklopädie Migration in Europa*, Paderborn, München, Wien, Zürich: Ferdinand Schöningh, München: Wilhelm Fink 2008. S.465-470.

can/AP/AFP/dpa: „Herta Müller nimmt den Literaturnobelpreis entgegen“, in: *Spiegel online,* 10.12.2009.

DAMIAN, S.: „Pivnițe, mansarde și nu puține trepte. Note despre roman“, in: *România literară* (Bukarest) Heft 2 und 4 (2001).

KÖHLER, ANDREA: „Das Buch vom Hunger. Herta Müllers ungeheurer Roman *Atemschaukel*“ (Rezension), in: *Neue Zürcher Zeitung*, 25.08.09, S. 21.

ERLL, ASTRID: *Gedächtnisromane. Literatur über den Ersten Weltkrieg als Medium englischer und deutscher Erinnerungskulturen in den 1920er Jahren,* Trier: Wissenschaftlicher Verlag 2003.

GAUSS, KARL-MARKUS: „Das Lager ist eine praktische Welt. Ein europäisches Ereignis: Herta Müllers Roman *Atemschaukel* über die Deportation der rumäniendeutschen in die Sowjetunion nach 1945“, in: *Süddeutsche Zeitung,* 20.08.09, S. 12.

HARTWIG, INA: „Der Held heißt Hungerengel. Herta Müllers neuer, wagemutiger Roman *Atemschaukel* begibt sich in die Innenwelt eines sowjetischen Arbeitslagers“, in: *Frankfurter Rundschau,* 21.08.2009, S. 22-23.

HENNEBERG, NICOLE (Interview): „Die Zumutung des Lagers sollte in der Sprache spürbar werden. Herta Müller über ihren Roman und die Arbeit mit Oskar Pastior“, in: *Frankfurter Rundschau*, 21.08.09, S. 23.

GÜNDISCH, KONRAD unter Mitarbeit von BEER, MATHIAS: *Siebenbürgen und die Siebenbürger Sachsen*, München: Langen Müller 1998 (Studienbuchreihe der Stiftung Ostdeutscher Kulturrat Band 8).

KÖHLER, ANDREA: „Das Buch vom Hunger. Herta Müllers ungeheurer Roman *Atemschaukel*“, in: *Neue Zürcher Zeitung,* 25.08.09, S. 21.

MÜLLER, HERTA: „Nullpunkt der Existenz. Mit Oskar Pastior in der Ukraine“, in: *Neue Zürcher Zeitung,* 21/22. Oktober 2006, S. 73.

NAUMANN, MICHAEL: „Herta Müllers neuer Roman über den sowjetischen Gulag-Alltag ist ein atemberaubendes Meisterwerk“, in: *Die Zeit,* 20.08.2009, S. 43.

NAUMANN, MICHAEL: „Sie kann nicht vergessen“, in: *Zeit online*, 9.10.2009.

RADISCH, IRIS: „Gulag-Romane lassen sich nicht aus zweiter Hand schreiben. Herta Müllers Buch ist parfümiert und kulissenhaft“, in: *Die Zeit*, 20.08.09, S. 43.

SCHLESAK, DIETER: „'Sprachwaage, Wortwaage, Heimatwaage Exil'. Chancen des

Verlustes auf Rumäniendeutsch“, in: Ernest Wichner (Hg.): *Das Land am Nebentisch. Texte und Zeichen aus Siebenbürgen, dem Banat und den Orten versuchter Ankunft*, Leipzig: Reclam 1993, S. 217-242.

SCHRÖDER, CHRISTOPH: „Wieder und immer der Hunger“, in: *taz*, 22.08.2009, S. 24.

SIENERTH, STEFAN (Interview): „Diese Bilder trugen mir die Tage zu“. Herta Müller im Gespräch mit Stefan Sienerth, in: *Südostdeutsche Vierteljahresblätter* 1997, S. 205-211.

SIENERTH, STEFAN: „Ich habe Angst vor unerfundenen Geschichten. Zur „Securitate“- Akte Oskar Pastiors“, in: *Spiegelungen. Zeitschrift für deutsche Kultur und Geschichte Südosteuropas*, Heft 3 (2010), S. 236-271.

VOGL, WALTER: „Bewohner mit Handgepäck. Aus dem Banat nach Berlin ausgewandert – die Schriftstellerin Herta Müller im Gespräch“, in: *Die Presse* (Wien), 7/8. Januar 1989, Spectrum, S. VI.

WEIMER, WOLFRAM: „Ein Nobelpreis gegen das Vergessen“, in: *Cicero. Magazin für politische Kultur*. November 2009 (http://www.cicero.de/839.php?ausgabe=11/2009).

ZAMFIRESCU, ELENA: „Die Deportation und die Haltung Rumäniens – damals und heute“, in: HANS-WERNER SCHUSTER, WALTHER KONSCHITZKY (Hg.): *Deportation der Südostdeutschen in die Sowjetunion 1945-1949*. München: Haus des Deutschen Ostens 1999, S. 21-29.

„Nr. 657. Im Donbass deportiert"[1]

Erinnerungen an die „Russland-Deportation"

Die Wende

Der 8. Dezember 1947 ist der Tag, den keiner, der damals in der Sowjetunion lebte, vergessen wird, sei es als Bürger des Landes, als Internierter oder als Kriegsgefangener. An diesem historischen Tag nach dem orthodoxen Kalender feierte Generalissimus Josif Wissarionowitsch Stalin seinen Geburtstag. Der „geniale Führer" der Sowjetunion, der Besieger Hitlerdeutschlands, beschenkte seine Völker und uns an diesem Tag mit der Abschaffung aller Lebensmittelmarken. Brot, Zucker, Margarine, Pflanzenöl, Butter und Mehl war in den Kaufhäusern der ganzen Sowjetunion frei zu kaufen. Gott sei Dank!

Uns trommelte der Lagerleiter im Lager zusammen. Der Lagerkommandant Gowronow wiederholte seine Lobeshymne in seiner Rede, pries die Sowjetunion und den Genossen Stalin. Besonders seine militärischen, politischen und wirtschaftlichen Erfolge, die Fürsorge der Partei für die Bevölkerung, ja sogar für uns Internierte, hob er hervor. Die wirtschaftlichen Erfolge des sozialistischen Systems werden bald um den Erdkreis gehen und werden allen Menschen das Dasein erleichtern. Jetzt haben alle, auch die Internierten, freien Zugang zu allen Lebensmitteln.

Es war höchste Zeit, denn wir standen kurz vor dem allgemeinen Kollaps. Allzu lange hätten wir den Hunger nicht mehr ertragen.

Was uns bis jetzt am Leben hielt, war neben der Hoffnung das tägliche Brot. Es war trotz aller Qualitätsmängel unsere Hauptnahrung. Je nach der Schwere der Arbeit gab es drei Tagesrationen

[1] Erschienen 2009 im Farca Verlag Villingen- Schwenningen. Das vorliegende Fragment umfasst die Seiten 206-213 und wurde mit der freundlichen Genehmigung des Autors gedruckt.

Brot. Bei Leichtarbeit waren es Rationen von 500 Gramm (Krankenschwestern, Putzfrauen und viele andere), bei Handwerkern und bei normaler Arbeit waren 700 Gramm, und bei den Schwerstarbeitern waren 1000 Gramm die tägliche Brotration (Domino, Transport, Martinowski, Walzwerkarbeiter u.a.).[2]

Wer sich jetzt vorstellt, dass das Brot so war, wie wir es kennen und wie Brot in ganz Europa im Handel ist, dem muss ich Folgendes sagen. Unser Brot war aus Gerstenschrot, ohne ein Gramm Weizenmehl. Es war ein Gerstenbrei, manchmal mit etwas Maisschrot vermischt, ohne Hefe gebacken. Dieser Brei kam in einer viereckigen Backform in den Ofen, wurde dort so lange getrocknet, bis die Hitze eine Art Kruste bildete. Dass der Gerstenschrot ungesiebt, mit Wasser und Salz zu einem weichen Brei angerührt wurde, erfuhren wir täglich. Nach dem Essen musste man die harten Gerstenrispen mit dem Finger zwischen Zahnhals und Zahnfleisch rausbohren. „Buchanka", so wurde diese Brotform genannt. Ein Brotlaib war ungefähr 14 cm breit, 12 – 14 cm hoch und dreißig Zentimeter lang. 500 Gramm Brot war ein zwei Finger breites Stück, 700 Gramm waren drei Finger breit und 1000 Gramm waren ein vier Finger breites Stück Brot. Zu allem Elend erfolgte die einmalige tägliche Brotausgabe nach dem Morgenappell, kurz nach sechs Uhr in der Früh. Mit der Brotration gingen wir „po tschetiri" zur Arbeit. Die Brotration sollte für das Essen um zehn Uhr und für die zweite Mahlzeit um vier Uhr eingeteilt werden. Die Wenigsten konnten das, die ganze Brotration war schneller gegessen, als wir im Werk waren.

Jeder von uns hatte einen Brotbeutel. Darin bewahrten wir, oft mit eisernem Willen, die Hälfte der Brotration bis nachmittags auf.

---

[2] „Domino" wurde die Zeche genannt, welche die Aufgabe hatte, bei der Beschikkung des Hochofens mit Handkarren, „Wagonnetki", die notwendigen Rohstoffe anzuliefern.
Martinowski bezieht sich auf das in der Metallurgie eingesetzte Verfahren (Siemens-Martin-Verfahren) zur Erzeugung von Stahl im Siemens-Martin Ofen. Roheisen und Schrott werden eingeschmolzen und durch langsames Verbrennen der Nebenteile unter Zuschlag von Kalk sowie Einblasen von Luft in Stahl umgewandelt. Diese Zeche nannten die Russen einfach „Martinowski". (Erklärungen des Autors)

Um den Hunger etwas zu mildern, denn ein hungriger Magen am Abend im Bett machte das Einschlafen mühsam. Der Brotbeutel gehörte zur Standardausrüstung eines jeden Internierten, darin wurden später die Makukaplatten[3] mitgetragen. Beim Salzabladen hatte der Beutel eine große Wertschätzung. Mit Salz gefüllt, zur Sicherung mit einer Schnur an den Hosenriemen befestigt, wurde er unter den Hosenriemen geschoben, mit dem Riemen fest an den Leib gezurrt. So schmuggelten wir das begehrte Salz durch die Kontrolle, wenn wir nicht die langen Unterhosenbeine als Versteck benutzten.

Gott sei Dank, das Hungern hatte ein Ende!

Wenn du am Verhungern bist, geht dein Stolz und deine Menschenwürde verloren, alles ist dir egal. Der Hunger beeinflusste den Verstand so sehr, dass sich die Gedanken nur noch um das Essen drehten. Hungern ist keine Diät, Hungern ist vom Schlimmsten, wenn man ihn erleiden muss. Der Körper verlangt nach Essen, die Speicheldrüsen arbeiten, doch im Mund ist nichts zum Befeuchten, da schluckt man seinen Speichel mit Nullnährwert runter. Wir tranken Wasser, wenn es nicht mehr zum Aushalten war. Leider ist der menschliche Magen so klug, er lässt sich nicht täuschen. Er kann genau zwischen Wasser und Milch unterscheiden.

Der Hunger schaltete das Schamgefühl aus. Die reichen Banater Bauern wühlten in Russland genauso wie die Akademiker und Pfarrer, wie wir, in den Abfallkisten neben den Kantinen nach Kartoffelschalen, nach allem Essbaren. Die Schalen wurden im Lager gekocht, jede einzelne Schale kratzten wir mit dem Löffel aus, die magere Ausbeute wurde gegessen. Einer der reichsten Bauern aus Tschakowa stand täglich um fünf Uhr in der Früh auf, wenn das Brotauto im Lager ankam, und half Brot abzuladen. Zur Belohnung durfte er die Ladefläche abkehren und die Brotkrümel behalten. Dieser viertelvolle Brotbeutel mit Brotkrumen war seine tägliche Zusatznahrung, sie trug dazu bei, dass er gesund und heil heimkehrte.

Einer der bedeutendsten Banater „Sprachforscher“, den ich per-

[3] Sonnenblumenkerne wurden in der Ölmühle geröstet, unter Druck in einer Ölpresse ausgepresst. Das Öl floss ab. Durch den hohen Druck bildeten die Kerne eine fast homogene Platte, die Makuka benannt wurde.

sönlich gut kannte, einer der klügsten Deutschlehrer der damaligen Banatia, der spätere Hochschulprofessor an der Universität in Temeswar, erzählte mir, als wir von der Hungersnot in Russland sprachen, dass er in der Mülltonne neben einer „Stolowaja“[4] Fischköpfe fand, die er im Lager kochte. Doch um würdiger zu erscheinen, hat er sie erst dann gegessen, nachdem er den Verbrennungswert der Mahlzeit in Kalorien berechnet hatte.

Es soll vorgekommen sein, dass eine Katze oder ein Hund im Lager in den Kochtöpfen verschwand. Es soll vorgekommen sein, dass ein Internierter den anderen beim NKVD-ist aus Neid angeschwärzt hat. Die Internierten, die eine Quelle entdeckten, ein Zubrot zu ergattern, taten gut daran, dies zu verschweigen.

Gott sei Dank, das Elend hatte ein Ende!

Die Lagerleitung teilte uns mit, dass unsere Leistungen im Werk von heute an bezahlt würden. Wir würden Lohn erhalten und müssten uns in Zukunft mit diesem Geld alle Lebensmittel selbst kaufen und uns selbst verpflegen. Das sei ein Ansporn, um in der Zukunft noch besser und noch mehr zu arbeiten. Gleich nach der Zusammenkunft werde jedem in seiner Baracke ein Umschlag mit 300 Rubel als Startkapital ausgehändigt. Und noch mal wiederholte Gowronow: Wir müssten der sowjetischen Führung und den Völkern der Sowjetunion dankbar sein, die es immer nur gut mit uns meinten.

Wir gingen in unsere Baracke, dort waren Listen mit unseren Arbeitsnummern, davor aber waren unsere Namen in Russisch geschrieben, das war neu. Namentlich wurden wir aufgerufen, ein Umschlag wurde uns in die Hand gedrückt mit der Bemerkung: „Tschitai“, zähl nach. So richtig begriffen wir erst ein paar Tage später, was uns geschah, dass jetzt eine Wende zum Besseren in unserm Leben stattfand. So schnell rechnete ich noch nie im Kopf. Als wir erfuhren, dass ein Kilo Brot 0,6 Rubel, also 60 Kopeken kostete, rief ich in die Baracke: „Mir kenne uns jede a halwi Tonn Brot kaafe!“ Bei manchen dauerte es länger, bis sie das begriffen. Kein Wunder, es war unbegreiflich und doch wahr. Ich griff ein paar

[4] Aus den beiden russischen Wörtern für „Küche“, „Kutschnaja“ und „Stol“, wurde „Stolowaja“.

Mal an meine Hosentasche um das Geld zu fühlen, auch um zu sehen, ob ich wach sei und nicht träumte. In der Offizierskantine konnte man so viel Brot kaufen, wie man wollte. Unweit des Lagers war ein mittelgroßer Lebensmittelladen, dorthin durften wir zum Einkauf gehen. Was dort im Schaufenster ausgestellt war, grenzte an Magie. Ein Margarinekloß von 50 x 50 x 50 cm, so einen großen Block Butter oder Margarine habe ich nie wieder gesehen. Die Brotlaibe, die „Buchankas" waren auf 1 x 1 x 1 Meter hoch aufgetürmt. Säcke mit Zucker, Würfelzucker, Kristallzucker, Hunderte Ölflaschen und Säcke mit Mehl standen vor den Verkaufspulten. Es war wie im Schlaraffenland. Wenn man bedenkt, gestern zerriss uns der Hunger bald die Därme und heute konnte man so viel essen, dass die Därme vom Essen zerreißen könnten. Ein halbes Kilo Sonnenblumenöl oder Margarine, ein Kilo Kristallzucker und zwei Kilo Brot konnte man um weniger als fünf Rubel kaufen. Ein Wahnsinn! So wie in der Ritterzeit eine Sauforgie auf der Tagesordnung stand, so waren bei uns jetzt die Fressorgien. Jeder hatte ein Messer, eine Metallklinge, meist von einem alten Eisensägeblatt, zu einer Klinge geschliffen. Mit diesem Messer rückten wir dem Brot zu „Leibe", verteilten auf die Brotscheibe oder nur auf einem mundgerechten Stück Brot reichlich Margarine und wälzten das belegte Brot in Kristallzucker. Die Feinschmecker kauften sich Sonnenblumenöl, es war noch saftiger und roch nach Banat. Sonnenblumenöl in der Gamelle mit Zucker vermischt war der Schlager, vor allem weil das Brot Öl ansaugte und dabei etwas weicher wurde. Beim Zubereiten des Zucker-Öl-Gemisches lief uns das Wasser im Mund zusammen. Das Krachen der Zuckerkristalle zwischen den Zähnen war lange Zeit die schönste Musik für uns.

Unser Dr. Schütz ging von Baracke zu Baracke und ermahnte uns, nicht zu viel und zu hastig auf einmal zu essen, um der Gesundheit nicht zu schaden. Diese Mahnung wurde nur von wenigen befolgt, es war so, als würde man einem Tauben „Gute Nacht" sagen.

Der Alkoholiker weiß, dass es ungesund ist, wenn er säuft. So war das auch mit uns. Unsere Fettzellen waren auf ein Minimum geschrumpft. Diese erwachten, signalisierten dies unserem Gehirn und das Gehirn nahm die Signale auf.

Wir haben gegessen und gegessen und wurden nicht mehr satt. Wir hatten durch den ewigen Hunger das Sättigungsgefühl gänzlich verloren. Es hat Jahre gedauert, bis wir die Befürchtung verloren haben, nicht wieder Hungern zu müssen oder dass eine Hungerkrise hereinbrechen könnte, die uns wieder in Mitleidenschaft zieht. Gott sei Dank wurden diese Befürchtungen nicht wahr.

Während dieser wichtigen Beschäftigung, dem „Essen", schaute ich zu meinem Nachbarbett und sah wie Peter Saal, ein Johannisfelder Landsmann, die Augen verdrehte und umkippte. Instinktiv sprang ich über das Bett, stellte fest, dass er nur kurz und stoßweise atmete. Ohne viel zu denken, zog ich seinen Unterkiefer runter und steckte ihm drei Finger tief in den Rachen. Und siehe da, Peter fing an sich zu erbrechen und erwachte aus der Ohnmacht. So viel hatte er gegessen, dass der Lunge kein Platz mehr zum Atmen blieb.

Wir legten ihn auf sein Bett. Bis der herbeigerufene Arzt kam, war er schon wieder bei Bewusstsein. Kaum hatte Dr. Schütz den Raum verlassen, aß Peter munter weiter. Das war für uns keine Lehre. Es wurde weder langsamer noch weniger gegessen.

Wir versuchten zwar, weniger zu essen und längere Esspausen einzulegen, doch es gelang uns nicht, es war einfach ein unbändiger Esszwang vorhanden. So haben wir uns durch den Winter gefressen. Es war gar nicht mehr so kalt wie früher. Die Durchblutung der Gliedmaßen wurde normal, die ewig kalten Hände und Füße waren auf einmal verschwunden. Wir kamen unglaublich schnell wieder zu Kräften. An den Oberarmen, an den Oberschenkeln, an den Waden bildeten sich langsam wieder Muskeln. Wir wurden voll im Gesicht, die Hautfarbe wurde wieder normal.

Wir wurden Männer. Langsam, langsam kamen wir zu Kräften, die wir uns selbst nicht mehr zugetraut hatten. Von der russischen Zivilbevölkerung waren wir nicht zu unterscheiden. Unser Gang war nicht mehr schleppend. Wenn wir eine Strecke liefen, bemerkten wir, dass dort, wo wir zuvor nach zehn Metern gekeucht hatten wie eine Lokomotive, wir erst richtig Schwung beim Sprinten holten.

Nach dem 8. Dezember 1947 wurden wir etwas humaner behandelt. „Po tschetiri“ gingen wir immer noch zur Arbeit. Ein Wächter begleitete uns weiterhin, aber seine „Wintovka“, seinen Karabiner, trug er nicht mehr auf seinem Rücken.

Wenn wir während der Hungersnot nur vom Essen träumten und davon redeten, stellten wir nun fest und nahmen wahr, dass die Menschheit aus Männlein und Weiblein bestand. Auch, dass unsere Mädchen im Lager viel schöner als vorher waren. Es wurde mir bewusst, dass wir die Mädchen umschwärmten.

Mathias J. Kandler wurde am 30. Januar 1929 in Johannisfeld (Banat/Rumänien) geboren. Mit sechzehn Jahren wurde er in die Sowjetunion deportiert, wo er fünf Jahre im Internierungslager Stalino im Donezbecken Zwangsarbeit leistete. Kurz nach der Rückkehr wurde er, diesmal gemeinsam mit der Familie und innerhalb der rumänischen Grenzen, verbannt: Von 1951 bis 1956 lebte er in der Bărăgan-Steppe und auch als Bausoldat am Donau-Schwarzmeer-Kanal. Sein Bildungsweg verzögerte sich. Nach der Rückkehr ins Banat holte er das Abitur nach, absolvierte 1968 das Temeswarer Polytechnikum und hatte bis zu seiner Auswanderung 1984 im Banat leitende Funktionen inne. Zur Zeit lebt er als Rentner in der Bundesrepublik Deutschland.

Mathias Johann Kandler veröffentlichte in Heimatzeitungen Gedichte in der Mundart von Johannisfeld. Seine Erinnerungen an die Deportation verfasste er für einen engen Freundeskreis ebenfalls in Mundart unter dem Titel *Schwob in Not*.

„Und ist etwas gewaltiger als das Schicksal, so ist es der Mut, der’s unerschütterlich trägt.“ (Felix Dahn) – diese Worte schickt Mathias J. Kandler seinem Selbstzeugnis über die Deportation in die Sowjetunion als Motto voraus. Als Sechzehnjähriger gehörte der Autor zu den Jüngsten der 75000 Deutschen, die im Januar 1945 zur Zwangsarbeit in die Sowjetunion deportiert wurden.

In Geschichtsbüchern erfährt man von Menschengruppen, die aufgrund der schonungslosen Behandlung durch totalitäre staatliche Institutionen zu Leidens- und Opfergemeinschaften umgewandelt wurden. Dieses Buch, als ein Beispiel in einer langen Reihe von Selbstzeugnissen, berichtet an der literarisch-narrativen Grenze zwischen Literatur und Geschichtsschreibung: Zum einen führt es in die individuelle Erfahrungswelt des Einzelnen, zum anderen öffnet es kollektive Erinnerungsräume. In seiner Ansprache an den Leser legitimiert sich der Autor im Vorwort seines Buches deswegen gleich doppelt: Auf der einen Seite erzählt er persönliche Erfahrungen, auf der anderen spricht er als Vertreter einer Region und einer Minderheit.

„Die Russlandverschleppung 1945 war in unserer Banater Geschichte ein trauriges Kapitel. Sie war trauriger und brutaler als die Vorstellungskraft mancher Menschen. Wer kann den Trennungsschmerz von der Familie, allzu oft von dem zurückgelassenen Kleinkind, die Erniedrigungen, den Hunger hinter Stacheldraht ermessen?“. Das ursprünglich in banatschwäbischer Mundart verfasste Buch veröffentlichte Kandler 2009, sechzig Jahre nach der Heimkehr aus der Deportation – eine lange Zeitspanne, die manches „verklärt“, aber nicht „verfälscht“ habe. Die Übertragung ins Hochdeutsche zielt auf einen weiteren Leserkreis ab und hängt nicht zuletzt mit der Widmung des Buches zusammen: Es soll an die Notleidenden jener Jahre erinnern, an banat-schwäbische , aber auch an siebenbürgisch-sächsische Freunde aus dem Arbeitslager, und an jene, die nicht mehr heimgekehrt sind. „Die ‚Russlanderinnerungen’, die unseren Leidensweg zeichnen, beruhen auf erlebter Wahrheit, ohne Groll und ohne Hass.“

WOLFGANG GERHARD BINDER

Die Künstlerin und Dichterin Frida Binder-Radler – Lebensstationen[1]

Einleitende Bemerkungen

Der Lebenslauf eines Menschen beginnt lange Zeit vor seiner leiblichen Geburt und das Datum, zu dem er zur Welt kommt, verrät nur wenig über die Faktoren, die seine Persönlichkeit geprägt haben. Denn ein Mensch wird in eine Familie hineingeboren, die in einem historisch gewachsenen Gesellschaftsgefüge eingebettet lebt, einem System, das durch spezifische Werte gekennzeichnet ist und sich in einem determinierten Sinn wandelt.

1908 – die Gemeinschaft der Siebenbürger Sachsen im Karpatenbogen bröckelt. Die acht Jahrhunderte des Ringens um ihr Sein und Fortbestehen hat das kleine Völkchen seiner geschichtlichen Erschöpfung nahe gebracht. Nach dem Verlust der letzten Privilegien und der Auflösung des Königsbodens 1876, fühlte sich der Volksstamm in seiner herkömmlichen Weise immer mehr bedroht.

Es leisteten viele sächsische Persönlichkeiten aus der Reihe des Bürgertums Nennenswertes auf wirtschaftlichem, kulturellem, kirchlichem und schulischem Gebiet, um den Volkskörper vor seinem Untergang zu bewahren, denn der Sinn der letzten Botschaft eines Mannes um die Mitte des 19. Jahrhunderts bewirkte im Bewusstsein unserer Repräsentanten die Besorgnis um unser Fortbestehen: „Ist es im Rath der Geschichte beschlossen unterzugehen, so geschehe es auf eine Art, dass der Name unserer Vorfahren nicht schaamroth werde …“

1849 ahnte der zum Tode verurteilte Stephan Ludwig Roth die Gefährdung des Nationalkörpers als Folge der ungarischen Revolution und der sich abzeichnenden Annexion Siebenbürgens an Ungarn

[1] Stil und Sprachduktus des Textes wurden beibehalten, da es sich um ein anschauliches Beispiel des siebenbürgisch-sächsischen Selbstverständnisses handelt. [Anmerkung der Herausgeber]

mit deren Folgen für die relative Autonomie des sächsischen Volkes. Darum meinte er in seinem Abschiedsbrief wörtlich: „Umso mehr wünsche ich die Erhaltung des Geistes, der einmal in diesen Formen wohnte."

Schon lange lebten die Sachsen nicht mehr unter sich. Andere Völkerschaften machten sich in den sächsischen Gemeinden ansässig. Man lebte friedlich nebeneinander – weniger unter- oder miteinander –, aber man brauchte einander, vor allem wirtschaftlich. Man brauchte einander, sonderte sich aber trotzdem voneinander ab. Und dennoch sollte die Kommunikation zwischen den Völkern alle Beteiligten prägen.

Leben und Werk

Frida Binder-Radler ist die zweitjüngste der fünf Töchter des Volksschullehrers Johann Radler und der Catharina, geborene Rampelt. Der Vater – Jahrgang 1875 – besuchte das Lehrerseminar und arbeitete als junger Lehrer in Großprobsdorf (Prostea Mare) und in Zuckmantel (Ţigmandru) im Zwischenkokelgebiet. Nach wenigen Jahren gründete er in Elisabethstadt (Dumbrăveni) eine bald berühmt gewordene Baumschule. Er pflegte nicht nur zu Baumgärtnern der Umgebung, sondern auch zu ausländischen Pomologen rege Beziehungen.

Die Großeltern väterlicherseits waren angesehene Landwirte aus Pretai in der Nähe von Mediasch. Der Großvater mütterlicherseits, Johann Rampelt, war der Dorfprediger, der außer dem geistlichen Amt sich auch der Landwirtschaft und dem sächsischen Kulturleben des Dorfes widmete. Was ihm hoch angerechnet wurde, war sein Bemühen um die kulturelle Emanzipation der in Pretai ansässigen Zigeuner. Er unterwies sie im Musizieren und baute eine Zigeunerfanfare auf, die es nicht nur im Kokeltal zu Berühmtheit brachte, sondern bis nach Wien. Sein Bruder war gleichzeitig Dorfrichter und Bürgermeister von Pretai. Dieser besorgte den Zigeunern die Musikinstrumente. Aus dem Geschlechte der Pretaier Zigeuner entstammen mehrere Persönlichkeiten des rumänischen Musiklebens, wie beispielsweise der berühmte Temeswarer Musikprofessor Beldi.

Für die fünf Töchter der Radlers – ein Sohn starb als Kind – war Pretai die erste Wiege der Entfaltung zu Frauen tiefster sächsischer Empfindsamkeit. Obwohl alle Töchter höhere Schulen besuchten, waren die Höfe der Rampelts und Radlers beliebte Feriendomizile der Mädchen, bis die Eltern nach dem I. Weltkrieg Hof und Grund in Pretai verkauften und das Landgut eines Adligen in Michelsdorf im Kaltbachtal erwarben.

Während des I. Weltkriegs diente der Vater als Söldner und die Familie lebte in Hermannstadt. Für den verdienten Sold konnte Johann Radler nach seiner Heimkehr eine Kälberzucht aufbauen und somit dem Michelsdorfer Gut die Grundlagen für einen ansehnlichen Wirtschaftskomplex legen. Der neue elterliche Hof und Wirtschaftshof lag ungefähr zwei Kilometer außerhalb von Michelsdorf auf einem Plateau, das die Familie die „Greuze“ nannte. Da und in der Umgebung, auf circa 149 Joch (an die 80 Hektar), blühte in wenigen Jahren eine Musterwirtschaft auf: Viehzucht, Acker-, Wein- und Obstbau, Imkerei sowie Forstwirtschaft wurden ergiebig betrieben. Viele der Dorfbewohner wurden in den Wirtschaftskomplex einbezogen, um nicht nur materiell daran teilzuhaben. Vielmehr bezweckte Johann Radler, die Nachkommen der ehemals leibeigenen Bevölkerung zu selbstständigen Bauern zu qualifizieren und ihnen die Ergiebigkeit der modernsten Methoden der Landwirtschaft schmackhaft zu machen.

Die Weltwirtschaftskrise und der Zweite Weltkrieg erschwerten aber dem Utopiker, sein wirtschaftliches Vorhaben zu Ende zu bringen. Auf einem Höhenpunkt befand sich die Wirtschaft 1944, als bei dem Besuch eines russischen Regiments am gleichen Tag alle Rinder, die Schweine und das Geflügel für ein üppiges Gelage erschossen wurden.

1945 verlor Johann Radler das Gut samt der wirtschaftlichen Einrichtungen. Die Michelsdorfer vergaßen aber die Menschlichkeit ihres „domnu“ („Herrn“) nicht. In den Nachkriegsjahren, als die Sachsen Verfolgung und Deportation erleiden mussten und als die Großgrundbesitzer zwangsumgesiedelt wurden, waren es nicht zufällig die Rumänen unter den Michelsdorfern, die sich dem Vorhaben der Parteiaktivisten und Gendarmen widersetzten. Johann Radler durfte auf seinem nun enteigneten Hof weiterwohnen, den Garten zu seinem Unterhalt weiterbearbeiten, und da seinen Lebensabend verbringen. Und es waren die gleichen Menschen, die ihn mit Feldfrüchten unterstützten, obwohl es ihnen von Seiten der politischen Aktivisten verboten wurde. Die Güter befanden sich nach der Agrarreform von 1945 nicht mehr in seinem Besitz, aber die neuen Eigentümer des zerstückelten Gutes schätzten ihn auch weiter, bis er 1957 im Alter von 83 Jahren verstarb. Nicht zu unterschätzen ist die Anwesenheit seiner Ehegattin Catharina, die bis zu ihrem Tode 1947 durch Klugheit und Mitgefühl das Leben auf dem Gut mitgestaltete und für die Frauen des Dorfes eine Leitfigur war und bleiben sollte.

Diese Lebensstationen prägten die spätere Künstlerin und Dichterin. Während das Kind Frida in Pretai unter freien sächsischen Bauern lebte und aufwuchs, verbrachte die adoleszente und junge Frau ihre Ferien- und Freizeit in Michelsdorf unter Menschen, in deren Seelen der einstige arme und gedemütigte Leibeigene noch fortlebte. Michelsdorf, die zweite prägende Wiege, in der Frida aufwuchs, liegt nämlich nicht auf dem einstigen „Königsboden", sondern auf „Komitatsboden", auf dem der Adel bis zur Auflösung der Leibeigenschaft herrschte und das wirtschaftliche und gesellschaftliche Leben bestimmt und nicht zuletzt auch die Seele der Bauern auf Generationen prägte. Die Leibeigenschaft war auch in Siebenbürgen unter den Sachsen verbreitet, was im Allgemeinen in populärwissenschaftlichen Geschichtsbeiträgen kaum Erwähnung findet. Ein Drittel der sächsischen Dörfer war hörig. Das betraf um die Mitte des 19. Jahrhunderts rund 40.000 sächsische Bauern, also ca. ein Viertel der gesamten sächsischen Bevölkerung. Die Leibeigenschaft wurde zwar *de jure* 1848 auf dem Klausenburger Landtag abgeschafft, *de facto* aber verzögerte sich die Befreiung der Bauern im Kaltbachtal bis in die siebziger Jahre des 19. Jahrhunderts.

Zudem waren diese Menschen unterschiedlicher Volkszugehörigkeit, sprachen jeweils Rumänisch, Sächsisch oder Ungarisch. Sie besuchten und unterstützten einander und verstanden auch die Sprache des anderen. Zu den Hochzeitsgästen gehörten auch immer die andersvölkischen Nachbarn und Freunde und an den Beerdigungen erwiesen alle Dorfbewohner dem Verstorbenen die letzte Ehre. Wenn ein Michelsdorfer starb, läuteten immer die Glocken aller drei Kirchen als Zeichen dafür, dass wir vor Gott alle gleich sind – ungeachtet der Volks- oder Religionszugehörigkeit. Es ist auch bekannt, dass es mehrere rumänische Familien waren, die den Bau der neuen evangelisch-sächsischen Kirche nach dem verheerenden Brand von 1892 mit Geld unterstützten. Als Dank wurden jahrelang täglich die Glocken zum Gedächtnis an die Wohltäter geläutet. Selbst in den Jahren des nationalchauvinistischen Wetteiferns kam es in Michelsdorf zu keinen ernsthaften Auseinandersetzungen zwischen den Volksgruppen. Denn eines hatte die Michelsdorfer zusammengeschweißt: die Leibeigenschaft, das jahrhundertelang gemeinsam ertragene Joch der Willkür der Mächtigen über die Armen. Ein während des Zweiten Weltkrieges in Michelsdorf geplantes Progrom an der sächsischen Bevölkerung durch eine Gruppe rumänischer Nationalisten, angestiftet vom damaligen Bürgermeister Duca, wurde vom rumänischen katholischen Pfarrer Simion Domşa verhindert. Er soll zu den Rädelsführern gesagt haben: „Să nu faceţi păcatul acesta!“ (Diese Sünde sollt ihr nicht begehen!), worauf die Angesprochenen kommentarlos nach Hause gingen.

Frida, die in den Jahren nach dem I. Weltkrieg auf dem väterlichen Gut selbst Verantwortung übernahm und mitarbeitete, kannte die Bauern persönlich, die wenige Jahrzehnte zuvor noch in der Leibeigenschaft gelebt hatten. Sie verweilte viel unter ihnen und ließ sich Begebenheiten berichten sowie Legenden, Sagen und Volksmärchen erzählen, die sie schriftlich festhielt. Dazu wurde sie auch von der Michelsdorfer Lehrerin Margarethe Friedsmann angeregt und unterstützt. Sie verstand die drei Umgangssprachen der Dorfbewohner und pflegte die Freundschaft mit den Nachkommen der Adligen sowie mit den Lehrern und Geistlichen der drei Volksgruppen. Selbst die bei der „Steiner Mühle“ lebenden Zigeuner ließ sie nicht außer Acht. So war die gebürtige Steiner-Zigeunerin Jova, die in Pretai verheiratet war, ein regelmäßiger Gast auf der Michelsdorfer Greuze, und sie besuchte die seit 1930 in Mediasch vermählte Frida gerne auf dem Zekesch. Es waren die Kontakte und das Zusammenleben mit den Menschen aller Volksgruppen in Pretai und dem Kaltbachtal, die die Aufgeschlossenheit für das Seelenleben der Dorfbewohner bei Frida Binder-Radler förderten. Der Lebensweg von Frida Binder-Radler ist beispielhaft für die Brüche, die die ideologischen Irrungen des letzten Jahrhunderts den Menschen bescherte. Sie besuchte in Hermannstadt die Volksschule, fünf Jahre lang die höhere Handelsschule und nach deren Auflösung das Schäßburger Lehrerseminar. Danach studierte sie 1928/29 bildende Künste in Neustadt (Baia Mare). 1930 ehelichte sie den Bankbeamten Gerhard Binder (Jahrgang 1905), den Sohn des Mediascher Uhrmachers Ludwig Binder. Dem jungen Ehepaar wurden 1938 der Sohn Dietrich und 1944 der Sohn Wolfgang geboren.

Drei Jahre lang arbeitete sie im Atelier des Bildhauers Böge, der aus Deutschland gerufen wurde, um das Stephan-Ludwig-Roth-Denkmal und die Büste des sächsischen Nationalhelden anzufertigen. Schon in Mediascher Zeit beteiligte sie sich an mehreren Ausstellungen, in ihrem Mediascher Atelier entstanden die ersten für den Verkauf bestimmten Keramikarbeiten und Bilder.

Parallel zur Beschäftigung als bildende Künstlerin entstanden in den dreißiger Jahren Frida Binder-Radlers erste lyrische Gedichte in deutscher Sprache, die sie zum Teil in den „Kirchlichen Blättern" (Hermannstadt) veröffentlichte. Anfang der 1940er Jahre schrieb sie die meisten Weihnachtsgedichte, die ihr Sohn Dietrich auswendig lernte und die sie seit 1977 ihrer achtjährigen Enkelin Evamaria diktierte. Die von dem Kind schriftlich festgehaltenen Gedichte sicherten die Textbasis für das Bändchen, das 1999 in Augsburg im Selbstverlag erschien. Die ersten Mundartgedichte erschienen 1947, sie wurden von Misch Foith herausgegeben.[2] Fünf repräsentative Gedichte in sächsischer Mundart wurden erst 2002 im Siebenbürgisch-sächsischen Hauskalender abgedruckt.[3]

[2] *Gedichte*. Herausgegeben von Misch Foith. Druck: Hans Christel, Zeiden 1947.
[3] Wolfgang Gerhard Binder: *Frida Binder-Radler. „Der rechte Weg geht über Steine"*. In: *Siebenbürgische Zeitung*, 15.07.2008.

In den Nachkriegsjahren lebte die Witwe mit ihren beiden Söhnen in äußerster materieller Not. Um mit ihren Kindern zu überleben, gründete sie 1946 in Mediasch die Firma „Arta Frida Binder", in der sie auch Mitarbeiter beschäftigte. 1949 löste sie diese auf und zog zu ihrer kinderlosen Schwester Sara Csallner nach Hermannstadt um. Hier arbeitete sie zunächst in der Produktionsgenossenschaft des Handwerks (PGH) „Voința" als Puppenkonfektioneuse, danach als Bühnenbildnerin am Staatstheater. Sie beteiligte sich auch an der Gründung der deutschsprachigen Abteilung des Puppentheaters, schließlich war sie als Kunstpädagogin an der „Şcoala de Artă" (Kunstschule, Abteilung für Skulptur) tätig, bis sie chauvinistischen Machinationen zum Opfer fiel: Sie wurde aus dem Schuldienst entlassen und von einem mit Parteibuch ausgestatteten Kollegen abgelöst. Es waren aber ihre rumänischen Schülerinnen und Schüler, die an die Schulbehörde eine Eingabe machten und die Rückkehr ihrer Lehrerin forderten. Erfolglos, denn sie war kein Mitglied der rumänischen Arbeiterpartei und konnte keine „gesunde Herkunft" („origine sănătoasă") nachweisen. Zur Erinnerung an die Schulzeit fertigte der Schüler Brudea ein Porträt seiner Kunstpädagogin an, das Frida Binder-Radler bis zu ihrem Tode in Ehren aufbewahrte. Mehrere ihrer Schülerinnen und Schüler haben die künstlerische Laufbahn einschlagen können. Der Begabteste von allen ist Prof. Peter Jakobi, der an der Bukarester Kunstakademie weiterstudierte und heute in Wurmberg bei Pforzheim lebt.

Als anerkannte Künstlerin war Frida Binder-Radler aktives Mitglied des „Fondul Plastic" im Künstlerverband Rumäniens. Zusammen mit ihren Kolleginnen und Kollegen Trude Schullerus, Else Roth, Sylvia Radu, Hans Hermann, Ferdinand Mazanek, Karl Closius, Trude Vandory, Horst Zay u.a. zeigte sie ihre Arbeiten in zahlreichen Ausstellungen in Hermannstadt, Kronstadt und Bukarest. Sie arbeitete an riesigen Skulpturen und Porträts und fertigte zum Verkauf Tonvasen und -krüge. Am bekanntesten sind wohl ihre keramischen Arbeiten, insbesondere die ornamentierten Krüge und Stehlampen mit den sächsischen und rumänischen Pärchen sowie die Mädchen und Bübchen in Volkstracht. In den fünfziger Jahren entstanden auch die beiden Trachtengemälde: „Tanzendes Paar" und „Vorbereitung für das Fest". Bis zum Vorabend ihres Todes modellierte die Künstlerin und malte Kirchenburgen, Landschaften, Blumensträuße, die sie gut verkaufen konnte, um ihren Unterhalt und den der Familie zu sichern. Zu erwähnen wären nicht zuletzt Entwürfe von sächsischen Motiven für Polster und Möbel, die zum Teil im Nachlass erhalten sind, aber auch die Büsten namhafter Persönlichkeiten wie Ciprian Porumbescu und Friedrich Krasser.

Das dichterische Schaffen geriet in dieser Zeit in den Hintergrund, obwohl sie als Mitbegründerin des Kreises der Mundartdichter einige Male aus ihren Werken vorlas. An eine in Deutschland lebende Freundin schrieb sie verzweifelt: „[...] Mir ist die moderne Welt fremd. Aus dem Schriftstellerverein habe ich mich zurückgezogen, weil die Jungen sich vordrängen und man dort nichts mehr zu bestellen hat. Die moderne Literatur ist entsetzlich [...]".

Dennoch entstanden in den letzten beiden Jahrzehnten ihres Lebens zahlreiche Bühnenstücke, sieben in deutscher Sprache und vierzehn in sächsischer Mundart. Einige wurden „wohlwollenden" Interessenten anvertraut und gelten heute als verschollen. Verschollen sind bis heute auch eine Vielzahl von Noten zu ihren Gedichten, die ebenfalls glaubwürdig auftretenden Personen anvertraut wurden und nie mehr in ihren Besitz zurückgekehrt sind. Es handelt sich um Vertonungen von Hans Mild, Obert, Porr, Martin Kutschis, Gerhard Miess. Die Vertonungen von Heinrich Erich Bretz konnten dank des Wohlwollens seiner Tochter, Frau Dr. Bretz-Schwarzenbacher, dem Nachlass der Dichterin wieder beigefügt werden. Einige von den ungefähr 32 Vertonungen davon befinden sich im Repertoire sächsischer Singgruppen und werden als Volkslieder gesungen. Verschollen sind zum Teil die Partituren zum Singspiel „Heimatklang", vertont von Hans Mild und gänzlich, wahrscheinlich unwiderbringlich, jene zur Zigeuneroper „Agnes", vertont von Iuliu Brașoveanu.

Außer den in mehreren Dörfern aufgeführten Bühnenstücken waren es nur vereinzelt einige Gedichte und Lieder, die über die Zeitschriften „Volk und Kultur" und „Karpatenrundschau" das Publikum erreichten. 1983 erschien im Ion-Creangă-Verlag eine Auswahl von

60 von mehr als 200 Sagen und Volkserzählungen aus dem Kaltbachtal, die Prof. Horst Schuller Anger betreute.[4] Die Herausgabe der Zigeunersagen und –erzählungen durch Franz Remmel scheiterte in den letzten Jahren der Ceauşescu-Diktatur. Deren Herausgabe erfolgte erst 2005 im Selbstverlag Wolfgang Binder Augsburg.

Schon in der fünfziger Jahren zeichnete sich eine schwere Krankheit der Künstlerin ab: Knochentuberkulose. In stoischer Haltung ertrug sie ihr Leiden, das wegen einer Fehldiagnose fehlbehandelt wurde. Ein junger rumänischer Arzt, damals noch ohne Renommee, erkannte 1964 ihre Krankheit und sagte zu ihr: „Sie haben Tuberkulose. Freuen Sie sich, denn sie sind gerettet!“

Nach einer Operation an der rechten Hand erfolgte die Genesung, aber Frida Binder-Radler blieb für den Rest des Lebens behindert und arbeitete fortan mehr mit der linken als mit der rechten Hand und schrieb nur noch auf der Schreibmaschine. Und so lebte sie weitere zweiundzwanzig Jahre, in denen unter anderem ihre Bühnenstücke entstanden. Sie stellte die in jungen Jahren gesammelten Sagen, Erzählungen und Zeitberichte für den Druck bereit, ordnete Gedichte und Bühnenstücke, suchte aber vergebens nach den verschollenen Partituren. Sie durfte aber erleben, dass viele ihrer sächsischen Schwänke auf den Dörfern gespielt wurden, und einige Male wohnte sie den Vorführungen bei. Das Vorhaben, Szenen aus dem Leben Stephan Ludwig Roths für die Laienbühnen zu dramatisieren, konnte sie nicht mehr realisieren.

Wenige Tage vor ihrem Tod führte sie mich an den Koffer, in dem sie ihren Nachlass aufbewahrte und brachte ihre Hoffnung zum Ausdruck, dass die Zeit kommen werde, in der die Nachwelt sich daran erfreuen könnte. Denn Frida Binder-Radler ging in ihrem Werk nicht auf Kompromisse mit der herrschenden Ideologie ein und fügte sich nicht den doktrinären Richtlinien des so genannten „Sozialistischen Realismus“, den sie nicht verstand – oder ihn nicht verstehen wollte.

---

[4] *Das Brauthemd. Sagen und Volkserzählungen aus dem Kaltbachtal.* Herausgegeben von Horst Schuller Anger, Illustration: Ortwin Weiss, Bukarest: Ion Creangă 1983.

Der literarische Nachlass von Frida Binder-Radler umfasst 160 Gedichte lyrischen Inhalts, 21 Bühnenstücke, mehrere Novellen sowie eine Sammlung von über 200 Sagen und Volkserzählungen, die sie im Laufe der Jahrzehnte vorwiegend im Kaltbachtal von Sachsen, Rumänen, Ungarn und Zigeunern gesammelt hatte. Der gesamte Nachlass der Autorin ist in den letzten Jahren beinahe aufgearbeitet und von Wolfgang Binder im Selbstverlag herausgegeben worden. Mögen ihre lyrischen Verse „so empfunden werden, wie sie in der Gefühlswelt der vom Schicksal schwer geprüften Verfasserin einst geboren wurden und ihr Muße brachten."[5]

Der Literaturkritiker Alfred Knitter, der eine Anthologie der rumäniendeutschen Poesie zur Herausgabe vorbereitete, bemerkte 1969 in einem Schreiben an die Dichterin: „Ihr lyrisches Schaffen bildet einen Höhepunkt der siebenbürgisch-sächsischen Mundartdichtung unserer Tage."

Die folgenden drei Gedichte in siebenbürgisch-sächsischer Mundart entstanden in der Zeit nach 1945. Verständlich werden sie vor allem im Kontext ihrer Entstehung: Das bescheidene Gedichtbändchen, das 1947 erschien, widmete die Dichterin bezeichnenderweise ihrem im Februar 1946 in der Deportation bei Kriwoirog in der Ukraine verstorbenen Mann. Sie selber entging der Deportation dank der Geburt ihres zweiten Sohnes, der noch kein Jahr alt war.

Die Erfahrung von Deportation und Entrechtung bildet den Hintergrund dieser Gedichte. In der Mundart fand die Dichterin die vertraute und angemessene Sprache, um Hoffnungen und Wünschen, Verlust und Leid Ausdruck zu verleihen.

[5] „Zum Geleit" des Bandes von Frida Binder-Radler *Licht ins Dunkel. Gedichte*. Hg. von Wolfgang Binder, Augsburg 2006.

Wäjelíedchen

Haia popaia, mä Kängdche, schlóf än.
Wó síl deng Vueter si spét hekt nóch sen?
Kit eos dem Bäsch hie mät Akes uch Siech,
zíjen vum Hemmel de Stärn äm de Wiech.

Haia popaia, der Wängt, die blést kaold.
Schlóf nor, der Vueter broingt híme goar baold
Hulz mengem Kängdchen zem Hízen det Heos,
dró kaon äm eas et uch stermen derteos.

Haia popaia, deng Vueter äs kun,
nea gíht hie nemi vun eas här dervun.
Haia popaia, nea schlófe mir än,
sen dró zesummen äm Hemmel dertän.

Wiegenlied

Eia popeia, mein Kindchen schlaf ein!
Wo mag dein Vater heut Abend noch sein?
Kommt aus dem Wald er mit Axt und mit Säg',
zeigen vom Himmel die Stern' ihm den Weg.

Eia popeia, der Wind bläst so kalt,
schlaf nur, der Vater bringt heim uns gar bald
Holz meinem Kindlein zum Heizen das Haus,
dann mag es stürmen und toben da draus!

Eia popeia, der Vater ist hier.
Nun bleibt er immer bei dir und bei mir.
Eia popeia, nun schlafen wir ein,
werden so froh wie im Himmelreich sein.

Morjenzéhrchen[6]

Morjenzéhrchen, bló wä Troa,
blähst äm Bleameguerten,
wíßt, datt ech de gaonzen Daoch
af me Lewke wuerden.

Sealwerpärl, tea schroast äm Dá
schiun um frähe Morjen,
wel tea wíßt, des Daoches Mäh
broingt mir weder Sorjen.

Morjenzéhrchen bäst verbläht
wieltj äm Bleameguerten.
Giestern Ówend sóst tea mir,
ech síl nemmi wuerden.

[6] Morjenzéhrchen (Morgentränchen) ist die Perlhyazinthe.

Morgenträne

Morgenträne, blau wie Treu,
hörest meine Klage,
weißt, dass um den Liebsten mein,
ich viel Leid ertrage.

Silberperl, du weinst im Tau
Schon am frühen Morgen,
weil du weißt, des Tages Müh
bringt mir wieder Sorgen.

Morgenträne bist verblüht,
welk im Blumengarten,
sagtest gestern Abend mir,
ich sollt nicht mehr warten.

Erschienen im Band *Gedichte in siebenbürgisch-sächsischer Mundart*, hg. von Wolfgang Binder im Eigenverlag, Augsburg 2005. Die Übersetzungen aus dem Siebenbürgisch-Sächsischen von Frida Binder-Radler wurden im Band *Licht ins Dunkel. Gedichte* (hg. von Wolfgang Binder im Eigenverlag, Augsburg 2006) veröffentlicht.

Waräm schroást tea?

„Waräm schroást tea, härzet Médchen?
Iweraoll äs Sannescheng.
Waräm messen deng bló Újen
ängde vueller Zéhre sen?“

„Meng bló Újen messen ängden
äm meng härzet Lewken schroán.
Hie äs fär vu mir. Wä saoll ech
mech nóch íst vun Härze froán?“

„Ínsem bän uch ech – si ínsem –
óhnen datt mech emend sekt.
Ínsem góhn ech durch de Gassen,
ínsem bleiwen ech uch hekt.“

Warum weinst du?

„Warum weinst du, herz'ges Mädchen?
Überall ist Sonnenschein.
Müssen deine blauen Augen
immer voller Tränen sein?"

„Meine Augen müssen immer
um den Herzensliebsten wein'.
Er ist weit von mir. Wie soll ich
mich noch mal von Herzen freu'n?"

„Einsam bin auch ich – so einsam –
ohn' dass jemand nach mir sucht.
Einsam geh ich durch die Gassen,
einsam bleibe ich auch heut."

Erschienen im Band *Gedichte in siebenbürgisch-sächsischer Mundart*, hg. von Wolfgang Binder im Eigenverlag, Augsburg 2005. Aus dem Siebenbürgisch-Sächsischen von Renate Krestel.

JOHANN LIPPET

Dorfchronik. Ein Roman

Auszug[1]

Dominik Polen war wohl einer von den wenigen, die Adam Reiser so spät durch die Gasse kommen sahen, wenn er nachts, hustend und nach Luft ringend, auf einem Stuhl im Gang seines Hauses saß. Er litt unter Bronchialasthma. Das hatte er sich auf seiner wochenlangen Flucht, zu Hause im Kellerversteck und während der Deportation in den Baragan zugezogen. Er war im Krieg Mitglied der Waffen-SS und hatte sich in Österreich kurz vor der Gefangennahme von seiner Einheit abgesetzt. Bei Bauern ergatterte er Zivilkleidung und machte sich auf den Weg nach Hause, kam nach einer Odyssee an, riß mitten in der Nacht seine Mutter und die beiden Kinder aus dem Schlaf. Er erfuhr, daß seine Frau im Januar 1945 zur Aufbauarbeit in die Sowjetunion deportiert worden war.

Die Familie stand auch materiell vor dem Nichts, denn eine marodierende Bande hatte sie in den Wirren der Nachkriegszeit ausgeraubt, Rumänen aus Komlosch, behaupteten die Leute, bei einem anderem Überfall war der Nachtwächter des Dorfes erschlagen worden. Schon bald wußte man im Dorf von der Rückkehr des Polen Domnik, hielt aber dicht, und er war nicht der einzige, der sich verstecken mußte. Erst mit der Rückkehr anderer Kriegsteilnehmer aus der Gefangenschaft, wir werden noch darauf zu sprechen kommen, hatte das Katz- und Maus Spiel ein Ende. 1949 wurde seine Frau, arbeitsunfähig geworden, aus dem Arbeitslager im Ural nach Hause entlassen.

Das Glück der Familie sollte nicht lange währen, denn im Juni

---

[1] *Dorfchronik. Ein Roman*, erschienen im Pop Verlag, Ludwigsburg 2010, erzählt aus der Perspektive eines Chronisten, Erzählers und Ich-Erzählers die Geschichte des Dorfes Wiseschdia im Banat, Rumänien, anhand von Familiengeschichten, die miteinander verwoben sind und aufeinander verweisen. Die 180 Geschichten entsprechen der Anzahl der Häuser des Dorfes, ihre Handlungen spielen vorwiegend in der Zeit unmittelbar nach dem II. Weltkrieg und bis in die Gegenwart von 1992 mit Verweisen, die bis zur Gründung des Dorfes 1786 zurückreichen.

1951 wurde sie zusammen mit anderen Familien aus dem Dorf, insgesamt 115 Personen, in den Baragan zwangsumgesiedelt, wo mein Klassenkollege Reinhold Polen, bei der Deportation zwei Monate alt, die ersten Jahre seiner Kindheit verbringen sollte.

So lapidar ließe sich die Familiengeschichte zusammenfassen, will ich aber die Geschichte erzählen, stehe ich unter ständigem Erklärungszwang. Ich muß die Umstände und Zusammenhänge erläutern. Namen von Ortschaften, Jahreszahlen sagen nur mir und Eingeweihten etwas. Dennoch, das Ende vornweg. 1956 durften die aus dem ganzen Banat entlang der jugoslawischen Grenze Deportierten, Rumänen, Serben, Deutsche, in ihre Heimatorte zurückkehren, die Dörfer, im wörtlichen Sinne aus dem Boden gestampft, blieben sich selbst überlassen.

Montag, dem 18. Juni 1951 im Morgengrauen schlugen sie zu, denn Deportationen wurden schon immer um diese Tageszeit angesetzt und von Armee und Polizei durchgeführt. Als um 5 Uhr morgens Schläge gegen die Haustür donnerten, die Polen befürchteten, man könnte sie einschlagen, ahnten sie nichts Gutes.

Dominik Polen wird vom Milizmann, der in Begleitung zweier Soldaten mit aufgepflanztem Bajonett das Haus betritt, gefragt, ob er das Oberhaupt der Familie sei und ob hier Familie Polen wohnt. Er bejaht. Laut Verfügung des Innenministeriums werde die Familie umgesiedelt. Wieso? Warum? Wohin? Der Milizmann verliert die Nerven, verletzt die ihm auferlegte Geheimhaltung. Unverläßliche Elemente, Faschisten, tobt er. Nach Verkündigung des Urteils werden die Namen verlesen: Polen Dominik mit Ehefrau Anna sowie die Kinder Polen Anna, Francisc und Reinhold. Der Name des älteren Bruders ist die rumänische Variante von Franz, den Namen des späten, ungewollten Zuwachses der Familie vermag der Milizmann nur verstümmelt auszusprechen, dieser schreit herzzerreißend in seinem Kinderbett. Anna Polen, die in ihrem langen, weißen Nachthemd im Türrahmen zum Zimmer steht, wird von ihren beiden erwachsenen Kindern gestützt, denn sie droht ohnmächtig zu werden. Der Weinkrampf löst sich, und es kommen die Tränen. Alle weinen, nur Dominik Polen steht wie versteinert da.

Sofort packen, lautete die Verordnung, bis am Abend alle auf der

Hutweide am Bahnhof von Gottlob einfinden, wo Güterwaggons bereit gestellt sind. Mitnehmen darf man Lebensmittel aller Art, Kleider, Hausrat, Möbel, Vieh, auch Kuh und Pferd. Eine Stunde, nachdem die Kirchenglocken zum Morgengebet geläutet hatten, wußte man im Dorf, wer auf der Liste stand. Wer hatte sie aufgestellt? Es traf nicht alle Familien, aus denen Männer in deutschen Verbänden am Krieg teilgenommen hatten. Warum waren die als zuverlässig eingestuft worden und sie nicht?

Rumänien nahm 1941 als Verbündeter Hitlerdeutschlands am Überfall auf die Sowjetunion teil, die wehrpflichtigen Deutschen als Angehörige der rumänischen Armee. Laut einem Abkommen von 1943 durften die Deutschen aus Rumänien in deutsche Verbände wechseln und wurden vorwiegend in die Waffen-SS oder in die „Organisation Todt" eingereiht. Am 23. August 1944 wechselte Rumänien die Fronten, und das wurde den Deutschen aus Rumänien zum Verhängnis. Von den insgesamt 97 Kriegsteilnehmern aus Wiseschdia wechselten 80 in deutsche Verbände, 8 blieben in der rumänischen Armee, in der bis dahin 9 gefallen waren, 19 kamen in deutschen Verbänden ums Leben.

Zwei Tage lagerten die zur Deportation Verurteilten mit ihrem Hab und Gut auf der Hutweide von Gottlob und warteten auf die Waggons. Sie durften von Verwandten, die nicht deportiert wurden, mit warmer Nahrung versorgt werden. Das war in diesem ganzen Elend nur ein kleiner Trost. Und wie sollten die zurückgebliebenen Alten sich durchschlagen, da sie nun auf sich allein gestellt waren? Sechs Jahre nach Kriegsende wurden die Familien wieder auseinandergerissen, erst anderthalb Jahre waren vergangen, seit die letzten Überlebenden aus der Deportation in die Sowjetunion zurückgekehrt waren.

Dorthin waren die Deutschen aus Rumäniens im Januar 1945 als Arbeitskräfte deportiert worden, Männer zwischen 17-45, Frauen zwischen 18-30. Unter den etwa 75.000 Deportierten befanden sich aber auch viele, welche die vorgesehene Altergrenze überschritten hatten oder jüngere. 86 Bewohner aus Wiseschdia, darunter 53 Frauen, wurden deportiert, 15 starben, die letzten Überlebenden kehrten 1949 zurück.

Vor allem die Frauen haderten mit ihrem Schicksal, und Anna Polen konnte nicht mehr an sich halten: Wäre sie doch in Rußland verreckt, dann hätte sie das alles jetzt nicht mehr erleben müssen. So dürfe sie nicht reden, sie trage Verantwortung für die Familie, schimpfte sie ihre Schwiegermutter, die ihnen Essen gebracht hatte. Ihren Vorschlag, Reinhold mit nach Hause zu nehmen und zu verstecken, bis sich die Lage wieder beruhigt hatte, lehnte Anna Polen entsetzt ab. Von wegen, das fiele nicht weiter auf. Und die anderen Frauen mit ihren Kleinkindern? Wenn das alle machen? Nein, nein, das schaffte nur böses Blut.

Man hatte sich schließlich in sein Schicksal gefügt, rätselte aber noch immer herum, wer aus dem Dorf beim Aufstellen der Liste die Hand im Spiel gehabt haben könnte. Imre Nagy, bis 1950 Richter, der letzte im Dorf, ein Ungare, beteuerte, bei der Aufstellung der Liste nicht mitgewirkt zu haben, die sei von oben gekommen. Und der letzte bis 1950 zuständige Notar für Wiseschdia, ein Rumäne? Auf keinen Fall. Hatte er doch ehemaligen Kriegsteilnehmern in den Verbänden der Waffen-SS verholfen, nach ihrer Rückkehr wieder in den Besitz von Personalausweisen zu gelangen, für den Generator gesorgt, das Dorf elektrifiziert, in seiner Amtszeit war die Kegelbahn parkettiert, im Bauernheim ein Kino eingerichtet worden.

Die Frage nach Schuld oder Unschuld stand auch nicht im Vordergrund. Die Ungewißheit, wohin es gehen sollte, bereitete den Betroffnen die größten Sorgen, denn sie bekamen keinerlei Auskunft. Und es kam das Gerücht auf, es gehe wieder nach Rußland wie Januar 1945. Wenn es nach Rußland ginge, hätte man ihnen doch nicht erlaubt, ihr weniges an Hab und Gut mitzunehmen, die Kinder hätten zu Hause bleiben dürfen, und man würde doch die eigenen Leute, alteingesessene Rumänen aus Komlosch, nicht nach Rußland deportieren, wurde argumentiert. Aber warum Mitte des Jahres, im Juni? Bald stand die Ernte bevor, wer sollte die einbringen? Waren die da oben völlig verrückt geworden, wenn ihnen nicht einmal daran lag?

Die deutschen Bauern waren wohl im März 1945 enteignet worden, sie hatten sich als Pächter rumänischer Bauern und Kriegswitwen durchgeschlagen, aber würden nun die zurückgebliebenen Alten überhaupt ein Anrecht auf den Pachtanteil in Naturalien haben, der ihren deportierten Familienangehörigen zustand? Wie sollten sie sich allein durchschlagen? Und dorthin wo sie, die Verurteilten, kämen, reichte die Zeit nicht mehr, um Felder zu bestellen. Ins Gemachte käme man nicht, darüber war man sich im klaren und mußte auf das Schlimmste gefaßt sein.

Da der Güterzug von Temeswar aus gegen Osten rollte, zweifelte Anna Polen noch immer, obwohl durchgesickert war, das Ziel sei der Baragan. Wo lag denn das? Südöstlich der Hauptstadt Bukarest. Wenigstens ein Anhaltspunkt. Lediglich die Männer, die ihren Militärdienst in Städten am Rande des Baragan geleistet hatten, kannten die Gegend vom Namen her.

Der Baragan war eine Steppenlandschaft östlich von Bukarest, bevor Bewässerungssysteme angelegt wurden, die sich mit dem Wasser von Donau und Ialomiţa speisten und bei deren Bau auch die Deportierten eingesetzt wurden. Es war eine unwirtliche Gegend mit heißen, niederschlagsarmen Sommer und harten Winter, wenn der Crivaţ tobte, der berüchtigte Wind, und es zu orkanartigen Schneestürmen kam.

In seinem Roman „Die Disteln des Bărăgan“ hat Panait Istrati diesen Landstrich auf eindrucksvolle Weise beschrieben, und wir nehmen uns die Freiheit anhand einer Montage aus Zitaten dem geneigten Leser eine Vorstellung von der Gegend zu vermitteln, in der die Leute fast fünf Jahre in der Verbannung lebten:

Kein Baum wächst auf seinem Rücken. Und von einem Brunnen zum anderen ist es so weit, daß man leicht halben Wegs verdursten kann. Der Bewohner des Baragan hofft immer, es würde einmal jemand kommen, der ihn lehrte, wie es sich auf seinem Baragan besser leben ließe, auf dieser ungeheuren Weite, die nur in ihrem allertiefsten Schoße Wasser birgt und auf der nichts wächst außer Disteln. In weniger als einer Woche bedecken sie das ganze Land. Das ist alles, was der Baragan auf seinem Rücken duldet, außer den Schafen, die lüstern nach diesen Disteln sind und sie gierig abweiden. Kommt der Winter, überläßt der Hirte diese gottverlassene Gegend Gott und kehrt heim. Der Baragan zieht aber seinen weißen Pelz über und legt sich für sechs Monate schlafen. Nichts lebt da mehr. Das ist der Baragan.

Anna Polen, die in den letzten Tagen kaum ein Auge zugemacht hatte, war in einen tiefen Erschöpfungsschlaf gefallen, mußte geweckt werden, als sie ankamen und es hieß: Ausladen! Den Verbannten wurde klargemacht, daß hier nicht Endstation für sie war, sondern etwa 45 Kilometer weiter. Jeder Familie werde eine Parzelle zugeteilt, es sei alles vorbereitet.

Der Milizmann der Ortschaft wurde vom Offizier des Innenministeriums zusammengestaucht: die Schaulustigen nach Hause schicken, nur die her beordneten Pferdegespanne und LKWs hätten hier was zu suchen, ob er den Befehl nicht kenne. Anna Polen, die Reinhold in die Obhut ihrer Tochter gegeben hatte, bestürmte, während sie ausluden, ihren Mann mit Fragen.
Wo bringen sie uns hin?
Hast du doch gehört!
Parzellen! Was hat das zu bedeuten?
Weiß ich nicht.
Werden wir unter freiem Himmel übernachten?
Wie's aussieht.
Was haben die mit uns vor?
Weiß ich nicht, verflucht noch mal. Und hör' endlich auf!
Wir werden hier elend zugrunde gehen!

Die bösen Ahnungen der Anna Polen sollten sich, ihre Familie betreffend, nicht bewahrheiten. Sie überlebten und ihr einziger Trost im nachhinein war, daß alle heil nach Hause zurückkehrten.

Elend zu beschreiben, davon zu erzählen, ist schwierig; wenn es nicht gelingt, läuft man Gefahr, Klischees zu bedienen. Alle meine Versuche, den weiteren Verlauf der Geschichte in Fiktion zu verpacken, sind kläglich gescheitert. Auch Erlebnisberichte unmittelbar Betroffener offenbaren tiefe Hilflosigkeit, beim Versuch darüber zu erzählen. Die darin enthaltenen Informationen, die Fakten, aber lassen erahnen, in welcher aussichtslosen Lage die Verbannten sich befanden und wie es ihnen gelang, zu überleben.

Die den Verbannten zugewiesenen Parzellen waren Hausplätze

mitten in der Einöde, auf Ackerfeld. Die kühne Vorstellung einiger, man würde sie in Baracken unterbringen, war rasch verflogen. Für die notdürftige Versorgung mit Trinkwasser wurden Tanklaster eingesetzt oder es wurde in Fässern auf Ochsenwagen herangekarrt. Bis Brunnen gegraben und gebohrt wurden, sollte es noch dauern. Man richtete sich mit den mitgebrachten Möbeln, mit Maislaub, Astwerk und Schilfrohr aus den Donauauen Behausungen ein. Gekocht wurde auf offenen Feuerstellen im Freien von den Nahrungsmittel, die man mitgebracht hatte. Brennmaterial zu beschaffen, war ein Problem, denn das aus unmittelbarer Umgebung war rasch aufgebraucht. Man knüpfte Kontakte zu den Einheimischen, von denen man Holz kaufte und Petroleum für die Lampen. Bis der Verkauf, auch von Grundnahrungsmitteln, über Bezugsscheine, geregelt war, vergingen Wochen. In eine der umliegenden Städte zu gelangen, war nicht möglich, zudem war die Bewegungsfreiheit der Verbannten auf einen Umkreis von 15 Kilometern beschränkt. Hätte man es gewagt, das Verbot zu mißachten, wären Deutsche schon wegen der spärlichen rumänischen Sprachkenntnisse nicht weit gekommen, mal abgesehen davon, daß im Personalausweis über dem Lichtbild ein Stempel mit zwei Buchstaben prangte: DO, Domiciliu obligatoriu, Zwangs-aufenthalt.

Der Aufforderung, mit dem Bauen der Häuser zu beginnen, wurde schließlich Folge geleistet, Widersetzen war zwecklos, und es ging ums nackte Überleben. Die Häuser durften laut Vorschrift für bis zu vier Personen aus einer Küche und einem Zimmer bestehen, für mehr Bewohner war ein zusätzliches Zimmer erlaubt. Für die Unterbringung der Tiere konnte an der Rückwand der Häuser ein Schuppen oder Stall errichtet werden.

Die noch gar nicht existierenden Ortschaften hatten vorerst mal alle den Zunamen Nou, Neu, erhalten, in Anlehnung an die Ortsnamen der Nachbardörfer. Bis zum Einbruch des Winters standen die Häuser der 18 Dörfer, in Eigenleistung und Nachbarschaftshilfe errichtet. Die Mauern der ebenerdigen Häuser bestanden aus Lehmziegeln oder waren aus Erde gestampft, als Außen- und Innenverputz sowie für Fußböden wurde ebenfalls Lehm verwendet, zur Bedachung diente

Stroh oder Schilfrohr. Bloß das Holz für den Dachstuhl wurde gestellt, die Fenster- und Türrahmen.

Obwohl mit dem Bau der eigenen Häuser beschäftigt, wurden die Deportierten verpflichtet, auch Ziegel für die Errichtung von Gemeindehaus, Schule, Krankenstation, Milizstation, Konsumladen zu schlagen und beim Bau mitzuhelfen. Gleichzeitig mußte jede Familie Personen für die Arbeit auf den Feldern der Staatsfarmen stellen. Sie wurde schlecht bezahlt, besser verdiente man in den Viehställen oder als Traktorfahrer, in Betrieben durften nur diejenigen arbeiten, deren Wohnort innerhalb der 15 Kilometer Zone lag. Maurer, Zimmerleute und Tischler waren gefragt, galt es doch Gebäude, Stallungen und Getreidespeicher für die neu gegründeten Staatsfarmen zu errichten. Und obwohl die Handwerker unter den Deportierten weniger Lohn erhielten als die Einheimischen, verdienten sie am besten.

Die Deportierten, die offiziell als Umgesiedelte bezeichnet wurden, waren von der Außenwelt völlig isoliert, der Briefwechsel mit den Angehörigen zu Hause wurde zensiert oder unterschlagen, Besuche von Verwandten waren strikt untersagt. Dennoch riskierten einige nach zwei Jahren Kopf und Kragen und gelangten auf abenteuerliche Weise in die Dörfer, sogar Kinder wurden nach Hause geschmuggelt.

Das erste Jahr war das schlimmste, bis man wieder das Leben und den Alltag im Griff hatte. Ehen wurden geschlossen, Kinder geboren, Tote in den neuen Friedhöfen zu Ruhe gebettet mit dem Versprechen, sie nach Hause zu holen, sollte der Tag kommen. Kirchweih wurde gefeiert, von deportierten Pfarrern an improvisierten Altären die Messe gehalten und die Erstkommunion erteilt, Musikkapellen wurden gegründet und Fußballmannschaften. Man ging zur Arbeit, die Kinder besuchten die Schule, wo sie bis zur VII. Klasse auch von deportierten

Lehrern unterrichtet wurden, weiterführende Schulen gab es nicht.

Nach fast fünf Jahren wurde für die überwiegende Mehrheit der Deportierten der Zwangsaufenthalt aufgehoben. Aus Wiseschdia durften alle nach Hause, nichts hätte sie mehr halten können. Zu Hause ist zu Hause, auch wenn es hinter dem Ofen ist, sagten sie.

Sie wußten wovon sie sprachen, denn in ihren Häusern zu Hause wohnten inzwischen neu angesiedelte rumänische Kolonisten.

Für die Zugfahrtkarten, den Rücktransport von Hab und Gut und dem, was man sich erwirtschaftet hatte, mußten die Deportierten aufkommen. Doch so einfach kamen sie nicht davon. Jeder benötigte plötzlich ein Gesundheitszeugnis, Bestätigungen, daß man dem Staat gegenüber keine Schulden hat, waren einzuholen; der Frachtbrief mit den Habseligkeiten für den Güterwaggon mußte die Person als rechtmäßigen Eigentümer ausweisen und ein genaues Inventar enthalten nach Stückzahl, Möbel, Hausrat, Tiere, und Gewicht, Mais, Weizen, Nahrungsmittel, Holz. Für die mitgeführten Tiere mußte zusätzlich ein tierärztliches Zeugnis vorliegen.

Obwohl mit eigenen Händen und ohne staatliche Hilfe gebaut, war nach der Errichtung der Häuser ein Protokoll angefertigt worden, aus dem hervorging, daß dem genannten Bewohner das Haus vom Staat zur Verfügung gestellt wurde. Nun, mit der Heimreise, war ein Übergabeprotokoll fällig. Nach Erledigung der Formalitäten wurden Frauen, Kinder und ältere Familienangehörige vorsichtshalber schon mal vorausgeschickt. Die Männer als Begleitpersonen von Hab und Gut mußten noch bleiben, warten, bis die Güterzüge abgefertigt waren, und sie hatten eine zusätzliche Fahrtkarte vorzuzeigen.

Die Männer redeten nicht viel von jenen Jahren, und wenn die Frauen während der Arbeit in der Kollektivwirtschaft von den schweren Zeiten erzählten, erinnerten sie sich an Schönes, wie sie es nannten: wie man Kirchweih feierte, Hochzeiten, wie alle sich freuten, wurde ein Kind geboren. Anna Polen erzählte, daß Reinhold die erste Nacht im Bărăgan, in Decken gehüllt, ganz ruhig schlief und am Morgen rote Bäckchen hatte. Dieses Bild habe sie immer vor Augen gehabt, wenn sie nahe daran war, zu resignieren, das habe ihr die Kraft verliehen, durchzuhalten.

Als Dominik Polen 1971 im Alter von sechzig Jahren stirbt, sind die Kinder aus dem Dreck, wie man sagte, die zwei älteren haben geheiratet, und er hat fünf Enkelkinder. Die Beziehung zum Schwiegersohn war nicht einfach, die zur Schwiegertochter und deren Eltern angespannt. Doch das ist eine andere Geschichte. Jahre später sollten sich die Männer im Dorfwirtshaus daran erinnern, was der Polen

Domnik, mal zum Erstaunen aller gesagt hat, als der Gedanke an die Auswanderung nach Deutschland noch für viele fern lag. Er habe nämlich gesagt, daß er nach Amerika auswandern könnte, sollte es eines Tages soweit kommen, denn durch seine Geburt dort 1911, während des Arbeitsaufenthalts seiner Eltern, sei er amerikanischer Staatsbürger.

Johann Lippet, geboren 1951 in Wels/Österreich, besuchte die Grundschule in Wiseschdia, dem Geburtsdorf des Vaters, Banat, Rumänien, wohin die Familie 1956 zurückgekehrt war, dann weiterführende Schule in der Kleinstadt Großsanktnikolaus. Er studierte Germanistik und Rumänistik an der Universität Temeswar. Mitbegründer des Literaturzirkels „Aktionsgruppe Banat", der 1975 von der Securitate, dem rumänischen Geheimdienst, zerschlagen wurde. Er betätigte sich als Deutschlehrer (1974-1978) und als Dramaturg am Deutschen Staatstheater Temeswar (1978-1987). 1987 Aussiedlung in die Bundesrepublik Deutschland, hier Tätigkeit u.a. für das Nationaltheater Mannheim, die Stadtbücherei Heidelberg, die Akademie für Ältere Heidelberg, freischaffender Schriftsteller. Er veröffentlichte zahlreiche Bände von Erzählungen, Essays und Gedichten, unter anderem: *biographie. ein muster* (Poem, Bukarest 1980, Debütpreis des rumänischen Schriftstellerverbandes 1980, 1983 erschien der Band in rumänischer Übersetzung); *Protokoll eines Abschieds und einer Einreise oder Die Angst vor dem Schwinden der Einzelheiten* (Roman, Heidelberg 1990); *Der Totengräber* (Erzählung, Heidelberg 1997, Preis des Landes Baden-Württemberg an Autor und den Verlag); *Die Tür zur hinteren Küche* (Roman, Heidelberg 2000); *Banater Alphabet* (Gedichte, Heidelberg 2001); *Das Feld räumen* (Roman, Heidelberg 2005), *Migrant auf Lebzeiten* (Roman, Ludwigsburg 2008); *Das Leben einer Akte. Chronologie einer Bespitzelung durch die Securitate* (Heidelberg 2009), *Dorfchronik, ein Roman* (Ludwigsburg 2010).

V
Grenzüberschreitungen

JOHANNES KRAMER

Das erste Akademiewörterbuch

Kulturgeschichtlich muss man bekanntlich Rumänien vom Rest der Romania trennen und Gesichtspunkte einbeziehen, die auch für die übrigen Nationen gelten, die von der Orthodoxie bestimmt wurden. Das heißt beispielsweise, dass die Periodisierung, die für die katholisch geprägte westliche Hälfte der Romania gilt, für das Rumänische nicht sinnvoll ist; stattdessen muss man eher auf eine Periodisierung zurückgreifen, wie sie für slavische Sprachen des Ostens und Südostens gilt. In der Sprach- und Literaturgeschichte ist der Übergang vom „Mittelalter" zur „Neuzeit" also nicht im 14. und 15. Jahrhundert anzusetzen, sondern erfolgt erst im 18. Jahrhundert, und zwar angestoßen von Anregungen, die man im Kontakt mit westlichen Entwicklungen gewonnen hat: Peter der Große (1672–1725) hat persönlich Westeuropa besucht, um seine Pläne für eine Modernisierung Russlands reifen zu lassen, Karađorđe Petrović (1762–1817), der von 1804 bis 1812 an der Spitze des Aufstandes der Serben gegen das Osmanische Reich stand, war zutiefst von der französischen Aufklärung geprägt, und Païsi von Hilandar (1722-1773), der „Vater der bulgarischen nationalen Wiedergeburt", empfing wesentliche Impulse von westlichen Besuchern der Athos-Klöster. Auch für den rumänischen Sprachraum bildet das 18. Jahrhundert die Schwelle zwischen „Mittelalter" und „Neuzeit". Im 18. Jahrhundert wurden noch eifrig Chroniken und Heiligenleben verbreitet und rumänische Fassungen des Alexanderromans, der äsopischen Fabeln oder des Physiologus gedruckt, also Themen und Darstellungsformen, die beispielsweise im Altfranzösischen des 12. Jahrhunderts gut vertreten sind, aber zugleich betraten „neuzeitliche" Schriften wie die Werke von Dimitrie Cantemir oder die Arbeiten der latinistischen Vertreter der *Siebenbürgischen Schule* die Bühne.

Der Weg in die Moderne war in Südosteuropa zunächst einmal

geprägt durch den Versuch einer Verankerung in der eigenen Geschichte, die nach allgemeiner Überzeugung in ihrer frühen Phase einen Höhepunkt gekannt hatte, an den man anknüpfen wollte. Am deutlichsten stellte sich die Lage im Falle des Griechischen dar: Natürlich war die große Zeit des Griechentums die klassische Periode, also die Zeit zwischen 450 und 350 v. Chr., und eine literarische und sprachliche Rückbesinnung auf diese Zeit wurde als eine der Ingredientien bei der Befreiung vom türkischen Joch angesehen. So propagierte Adamantios Korais (1748–1833) eine von fremden Elementen befreite griechische Hochsprache mit zahlreichen Rückgriffen auf das Attische der Antike. Für die slavischen Sprachen diente die Symbiose der verschrifteten Volkssprache mit Elementen, die aus dem Altkirchenslavischen entlehnt waren, als Erweis der Einbeziehung der großen Geschichte der eigenen Vorfahren in die Erneuerungsbewegung. Vor diesem Hintergrund ist es klar, dass auch die Rumänen bei ihrem Schritt in die Moderne zunächst an ihre ruhmreichen Vorfahren, die Römer, dachten, mit denen sie sich ja sogar durch den Volksnamen verbunden wähnten.[1]

Es ist hier nicht der Ort, die Geschichte der literarischen Verarbeitung des Romanitätsgedankens zum wiederholten Male nachzuzeichnen. Vom *de la Râm ne tragem* beim Chronisten Grigore Ureche (1590–1646) über die Bemerkungen *de lingua Moldavorum* in der *Descriptio Moldaviae* des Fürsten Dimitrie Cantemir (1673–1723) bis hin zu den Autoren der *Siebenbürgischen Schule*, also Samuel Klein = Samuil Micu (1745–1806), György Sinkay = Gheorghe Şincai (1754–1816) und Petru Maior (1756–1821), begegnet einem immer wieder der Gedanke, dass der Stolz über die Abkunft von den Römern – und damit verbunden natürlich die selbstbewusste Absetzung von den Nachbarvölkern und die Hinwendung zu den romanischen Völkern des Westens, besonders zu den Italienern und Franzosen – einen wichtigen Bestandteil der nationalen Identität der Rumänen ausmache.

Wenn die Rumänen aber Nachfahren der Römer sind, so mussten

[1] Kramer, *Die Sprachbezeichnungen*, S. 130–139 und 143–146.

sie einmal Latein gesprochen haben, und wenn man das Rumänische von den nichtlateinischen Bestandteilen reinige, so das zeitgenössische Raisonnement, dann kehre man zu einer reineren, eben lateinnahen, Sprachform zurück. Damit war die Grundlage zu einem lateinisch-romanischen Purismus gelegt, der die Sprachgeschichte des 19. Jahrhunderts weitgehend bestimmte.

Dass die Rumänen ihre Sprache bis zum Konzil von Florenz (1439–1443) mit lateinischen Buchstaben geschrieben hätten, war eine Geschichtsklitterung, die der Chronist Miron Costin (1633–1691) im 17. Jahrhundert ersonnen hatte, die von Dimitrie Cantemir aufgegriffen wurde und die zum Gemeingut in der *Siebenbürgischen Schule* aufstieg. In diesem Kontext müssten die Rumänen also das fremde, ihnen von bulgarischen Bischöfen aufgezwungene kyrillische Alphabet aufgeben und zur Schreibung mit lateinischen Buchstaben zurückkehren. Die lateinische Schrift wäre nach dieser Argumentation nicht nur die Wiederherstellung des antiken römischen Zustandes, sondern auch des natürlichen Brauches der mittelalterlichen Rumänen, der von den machthungrigen Bulgaren an der Schwelle der Neuzeit unterdrückt worden war, um die unterworfene Nation in der Barbarei versinken zu lassen. Die Ersetzung des kyrillischen Alphabets durch das lateinische war vor diesem Hintergrund zu einer Forderung geworden, die ebenso wie der latinisierende Sprachpurismus die rumänischen Intellektuellen der ersten Hälfte des 19. Jahrhunderts umtrieb, bis nach zahllosen Experimenten und Vorarbeiten endlich 1860 die Schreibung mit lateinischen Buchstaben offiziell wurde.

Das Dekret, das die Lateinschreibung für das Rumänische durchsetzte, gehörte zum kulturellen Programm, das nach der Vereinigung der beiden Fürstentümer Moldau und Walachei am 24. Januar 1859 die politische Einheit durch eine kulturelle Einheit flankieren sollte. In diesen Zusammenhang gehört auch die Gründung einer Akademie nach französischem Vorbild. Ioan Maiorescu und sein Sohn Titu Maiorescu propagierten seit 1860 eine *societate academică*, deren Ziel primär die Kultivierung der Sprache und die Abfassung einer vaterländischen Geschichte sein sollte, und am 1. April 1866 konnte auf Vorschlag von Constantin Alexandru Rosetti

(1816–1885) eine *Societate Literară Română* offiziell ins Leben gerufen werden, deren Ziel die Festlegung der rumänischen Orthographie, die Abfassung einer Grammatik und die Veröffentlichung eines umfassenden Wörterbuchs der rumänischen Sprache war. Die Mitglieder sollten von Anfang an nicht nur das neue Rumänien der zwei Fürstentümer, sondern alle rumänischsprachigen Gebiete vertreten, so dass es neben den sieben Vertretern aus der Moldau und der Walachei drei aus dem ungarischen Siebenbürgen, drei aus dem russischen Bessarabien, zwei aus der österreichischen Bukowina, zwei aus dem ungarischen Banat und zwei aus dem türkischen Makedonien gab. In der ersten Plenarsitzung Anfang August 1867 beschloss man, sich in *Societatea Academică Română* umzunennen. Der erste Präsident wurde Ion Heliade Rădulescu (1802–1872), dem am 1. August 1870 August Treboniu Laurian (1810–1881) folgte, der dieses Amt mit einer kurzen Unterbrechung bis 1876 innehatte. Am 30. März 1879 erhielt die Einrichtung durch ein Sondergesetz auch Zuständigkeiten im Bereich der Naturwissenschaften und der Künste; ihr neuer Name war *Academia Română,* natürlich nach dem Vorbild der *Académie française*.

In einem Punkt wollte die rumänische Akademie ihr französisches Vorbild übertreffen: Waren in Paris von der Gründung der Akademie 1635 bis zur Publikation ihres *Dictionnaire* 1694 fast sechzig Jahre nötig und bis zur Veröffentlichung der *Grammaire* 1935 nicht weniger als drei Jahrhunderte, so hatte man es in Bukarest eilig: Die Grammatik von Timotei Cipariu (1805–1887) erschien in zwei Bänden 1869 und 1877, und das Wörterbuch kam 1871 und 1876 in drei Bänden heraus.

In der *Societate Academică Română* gab – nach unzähligen Diskussionen über den richtigen Kurs bei der Standardisierung der Sprache – die latinistische Richtung den Ton an, die eine Schreibung ohne diakritische Zeichen nach etymologischen Gesichtspunkten („erste akademische Rechtschreibung") und eine weitgehende Ersetzung von Wörtern nichtlateinischer Etymologie durch Neubildungen vorsah. Diese Ausrichtung hatte Timotei Cipariu in Fortsetzung von Ansätzen der *Siebenbürgischen Schule* schon seit den vierziger Jahren des 19. Jahrhunderts verfolgt. Durch diesen latinistischen Geist ist das erste Jahrzehnt der modernen rumänischen Sprache geprägt, bis 1881 eine moderat-etymologische Orthographie mit Sonderzeichen, die „zweite akademische Rechtschreibung", und eine tolerantere Haltung gegenüber den fremden Bestandteilen der Sprache die Übertreibungen des Latinismus aus der Öffentlichkeit vertrieb.

Im Folgenden soll es nun um das lexikographische Herzstück dieser strikt latinistischen Periode der modernen rumänischen Sprachgeschichte gehen, um das *Dictionariulu limbei române, dupo insarcinarea data de Societatea Academica Romana elaboratu ca proiectu de A. T. Laurianu si J. C. Massimu.* Der erste Band (XXVI und 1242 Seiten) mit den Buchstaben A bis H erschien 1871 in *Bucuresci* in der *Noua typographia a laboratoriloru romana*, der zweite Band (1622 Seiten) mit den Buchstaben I bis Z ebendort 1876, und der dritte Band (584 Seiten), das *Glossariu care coprinde vorbele d'in limb'a romana straine prin originea sau form'a loru, cumu si celle de origine indouiosa*, trägt die Jahreszahl 1871. Diese Zahlen sind freilich mit Vorsicht zu genießen, denn Band I und das *Glossariu* tragen lediglich das Datum des Erscheinens des jeweils ersten Faszikels. In Wirklichkeit kamen die letzten sieben Faszikel des ersten Bandes erst 1873 heraus, und in demselben Jahr erschien auch der erste Faszikel des Bandes II, der in der Tat 1876 vollendet wurde. Die Faszikel des *Glossariu*, für das Massim weitgehend verantwortlich war, erschienen zwischen 1873 und 1877.[2]

Wer waren die beiden Redakteure dieses ersten Akademiewörterbuches? August Treboniu Laurian, geboren am 17. Juli 1810 in Hochfeld (Fofeldea) im Bezirk Hermannstadt, war eine der herausragenden Figuren der zweiten, extrem latinistischen Phase der *Siebenbürgischen Schule.*[3] Er hat das Gymnasium von Hermannstadt und Klausenburg besucht und hat seine Studien in Wien und Hannover vollendet. Er gewann europäisches Ansehen durch seine Wiener Dissertation von 1840: *Tentamen criticum in originem, derivationem*

---

[2] SECHE, *Schiță de istorie*, S. 135–140.

[3] MACREA, *Studii*, S. 67.

et formam linguae Romanae in utraque Daciae vigentis vulgo Valachie. Am Bukarester Gymnasium Sf. Sava wurde er Philosophie- und Lateinprofessor, fungierte ab 1846 als Inspektor der Schulen der Walachei und gab zahlreiche historisch-sprachwissenschaftliche Studien und Zeitschriften heraus. Am Vorabend der Revolution von 1848 kehrte Laurian nach Siebenbürgen zurück und wurde einer der Wortführer der Volksversammlung von Blasendorf, die die Berücksichtigung der nationalen Rechte der Rumänen gegenüber den Ungarn und Deutschen einforderte. Als Mitglied einer Delegation, die in Audienzen bei Kaiser Ferdinand und Franz Joseph (letztlich vergeblich) die Durchsetzung der Forderungen zu erreichen versuchte, verbrachte er drei Jahre, von 1848 bis 1851, in Wien und nutzte die Zeit zur Abfassung umfangreicher deutscher Abhandlungen über *Die Rumänen in der österreichischen Monarchie* und *Die Rechte der rumänischen Nation gegen die Angriffe der Sachsen.* 1851 wurde er mit dem Auftrag, das moldauische Schulwesen zu reorganisieren, nach Jassy berufen, kehrte aber 1859 nach Bukarest ans Gymnasium Sf. Sava zurück. Ab 1864 war er Professor für Latein an der neu errichteten Universität und bis zu seinem Tod am 25. Februar 1881 Dekan der Philosophischen Fakultät. Er war eine der angesehensten Persönlichkeiten des intellektuellen Lebens dieser Zeit und war an der Gründung der *Societate Literară Română,* der *Societate Academică Română* und der *Academia Română* maßgeblich beteiligt.[4] In die Zeit seiner Präsidentschaft über die *Societatea Academică Română* (1870–1872 und 1874–1876) fällt auch die Veröffentlichung seines Hauptwerkes, des *Dictionariulu limbei române.*

Der zweite Autor dieses Werkes ist Ioan C. Massim, der 1825 in Gropeni im Bezirk Brăila geboren ist. Er hat von 1844 bis 1847 das Kolleg Sf. Sava in Bukarest besucht, wo A. T. Laurian zur selben Zeit Lehrer war. Nach einer Zeit am Gymnasium von Brăila (1847–1856) wurde ihm ein Stipendium gewährt, das er benutzte, um sich von 1856 bis 1860 in Paris die Grundzüge der entstehenden Romanistik anzueignen. Von 1864 bis 1877 war er als Nachfolger von

---

[4] Macrea, *Studii*, S. 67.

Laurian am Gymnasium Sf. Sava in Bukarest tätig, von wo er 1877 an die neue *Şcoală normală superioară* als Rumänischprofessor berufen wurde. Zusammen mit Ion Heliade Rădulescu und Alexandru Roman hat er die latinisierende Orthographie des Rumänischen ersonnen, die 1869 eingeführt wurde. I. C. Massim ist einer der ersten rumänischen Erforscher des Aromunischen (*Gramatic'a macedo-romanesca*, Bukarest 1862) und Verfasser einer griechischen Grammatik (1850). Kurz nach der Veröffentlichung des zweiten Bandes des *Dictionariulu*, an dem seit 1874 auch Iosif Hodoş (1829–1880) und George Bariţiu (1821–1893) mitgearbeitet hatten, ist I. C. Massim am 2. Juni 1877 in Bukarest verstorben.[5]

Aus der „Prefatione" [V–XXVI] erfährt man die wesentlichen Absichten des Wörterbuchs; sie seien hier in kommentierter Kurzform dargestellt. Der Einleitungssatz stellt heraus, dass das Wörterbuch als bedeutende nationale Aufgabe den wertvollsten Schatz aller Rumänen, den Wortschatz, darstellen muss, und deutet an, welcher Gesamtplan, welcher Artikelaufbau und welche Orthographie zugrundegelegt werden sollen (V).

> Presentandu nationei una carte de insemnatatea acestei-a, una carte care coprende tesaurulu cellu mai pretiosu allu tutoru Româniloru, se semte imperiosa necessitate de a spune în câteva vorbe, ce *coprensu* s'a aflatu co s'ar cadé se aiba cartea preste totu, cu *ce planu si economía* se se lucredie fiacare articlu in parte, in *ce forma ortografica* se se investimente fiecare cuventu, ce face obiectulu unui articlu.

Gemäß diesem Gliederungsplan geht es im ersten Kapitel des Vorworts um „Coprensulu dictionariului si allu glossariului". Zunächst wird der Unterschied zwischen einem Glossar, das nur den außer Gebrauch gekommenen Wortschatz umfasst, einem Vokabular, das nur den Grundwortschatz enthält, und einem Wörterbuch, das als umfassender Thesaurus definiert wird, terminologisch für die Romania (!) erfasst (V).

[5] BALACCIU/CHIRIACESCU, *Dicţionar*, S. 175.

> *Glossariu, Vocabulariu, Dictionariu,* suntu numirile romanice celle mai usitate, cari s'au applecatu si se appleca la collectioni coprenditorie de materi'a unei limbe. Glossariele inse nu coprendu decâtu vorbe mai multe sau mai pucinu essite d'in usulu limbei. Vocabulariele nu dau decâtu cuventele celle mai usitate cu insemnarile celle mai communi. Numai dictionariele cauta a imbraciosiá *tota* materi'a unei limbe.

Für die Autoren kann es vor dem Hintergrund der romantischen Überzeugung, dass „limb'a unui poporu fiendu productulu acellui poporu" (V), für ein Wörterbuch nicht darum gehen, den Sprachgebrauch klassischer Autoren („limb'a autoriloru asiá numiti classici") zu belegen, sondern ein Gesamtbild der geschriebenen wie der gesprochenen, aus „dem lebendigen Gebrauch des Volkes" gesammelten Sprache zu liefern – freilich nur, insofern die mündlichen Äußerungen „korrekt" und „dem Sprachgeist entsprechend" sind.

> Dictionariulu, ca tesauru allu limbei, cauta, sub pedepsa de a fi de pucinu folosu, se coprenda limb'a in totulu seu, se imbraciosiedie nu numai form'a asiá numita classica, ci tote cuventele si constructionele de cuvente, nu numai câte se afla scrisse in verce epoca a limbei, ci si câte se potu cullege d'in viulu graiu allu poporului, destullu numai ca acelle cuvente si combinationi de cuvente se fia correcte si conforme cu geniulu limbei.

Gemäß dieser Grundüberzeugung muss nach der Überzeugung der Autoren auch das *Dictionariulu limbei române* angelegt sein, zumal das Fehlen einer eigentlich klassischen Sprache die Aufgabe erleichtert. Das Wörterbuch soll folglich alle „rein romanischen" Wörter, die irgendwo im rumänischen Sprachgebiet auftreten, enthalten und für ihre Verbreitung bei den Rumänen sorgen, die die jeweilige Form nicht kennen (VI).

> Unu dictionariu românu, demnu de acestu nume, cauta se coprenda tote cuventele, tote formele si constructionile de cuvente *curatu romanice*, câte vre una data s'au scrissu si câte mai allessu

> se audu in gur'a poporului românu d'in tote partile, pre unde sortea a arruncatu pre Români; verce vorba, verce forma curatu romanica, aflese ea in verce ânghiu, in gur'a unui câtu de margenitu numeru de Români, are dreptulu necontestatu de a trece in gur'a totoru Româniloru, si prin urmare dreptulu de assemenea necontestatu de a capetá unu locu-in dictionariulu limbei române. Sengurulu criteriu, care cauta se conduca pre lessicografulu românu, este si nu pote fi de câtu romanitatea cuventelor in forma ca sí in materia.

Laurian und Massim sind hier an dem Punkt, in dem ihre zunächst deskriptive Lexikographie – Aufnahme *aller* Wörter, Formen und Konstruktionen – eine präskriptive Haltung annimmt: Das Kriterium für die Aufnahme sehen sie in der „romanitatea cuventelor in forma ca sí in materia" (VI). Der modernere Ausdruck „romanitate" ist hier an die Stelle der „latinitate" der alten *Siebenbürgischen Schule* getreten, aber „die lateinische Herkunft des rumänischen Volkes und die Kontinuität des rumänischen Elements"[6] bleiben die Leitschnur des Wörterbuchs: „Vorbele de origine neromanica … nu potu si nu se cade se aiba locu intr'unu dictionariu romanescu" (VI).

Es bleibt aber nicht bei der Absicht, fremde Elemente einfach nicht aufzunehmen, sondern man will mit dem Wörterbuch „prin curatirea limbei române de strainismi" (VIII) zur „puritatea limbei" (VII) kommen. Es gilt also, die fremden Elemente des Rumänischen zu ersetzen, und zwar nicht nur die materiell fremden Elemente wie *slava, cinste, iubire, vreme* usw., sondern auch rumänische Grundwörter mit slavischem Suffix wie *acărniță* (statt *acar* 'Nadelbüchse'), *gurariță* (statt *gurar* 'Mundfäule'), *amarnic* (statt *amar* 'schrecklich'). Diese Hybridformen – bei deren Exemplifizierung Laurian und Massim übrigens Elemente vom äußersten Rand des Wortschatzes ausgewählt haben – werden für noch gefährlicher als die fremden Wörter gehalten (VI–VII):

[6] BEHRING, *Rumänische Literaturgeschichte*, S. 92.

> Form'a determina si mai bene de câtu materi'a addeveratulu caracteriu allu unei limbe. [...] Câtu de mare este superioritatea formei asupr'a materiei, se pote intellege forte bene si d'in alte ordini de lucruri, cari cadu mai dereptu sub semtitile nóstre: frumosele pannure ce se tiessu d'in lan'a oiloru nostre, elegantile mobili ce se facu d'in lemnulu superbiloru nuci ai Romaniei, lussosele metassaríe ce se tragu d'in gogosiele vermiloru crescuti de Români, suntu verce, numai romanesci nu, pentru co, desí fabricate d'in materi'a romanesca, form'a inse, sub care ne revinu, le este intiparita de mân'a artistului strainu. Asiá déro pentru vorbele de origine romanica, inse de forma straina, cauta se fimu, de se pote, mai rigorosi de câtu pentru celle ce si de origine su de forma suntu straine limbei nostre.

Nach Ansicht der Autoren erzeugen die fremden Elemente des Rumänischen eine „scissione intre fratii de acellu-asi sange, peno astadi asiá de strinsu uniti prin legamente limbei", während die „romanitatea cuventeloru in forma ca sí in materia" den entsprechenden Wörtern das Recht gibt, „de a trece in gur'a totoru Româniloru" (VI) und so den nationalen Zusammenhalt fördern.

Interessanterweise sind Laurian und Massim sehr zurückhaltend bezüglich der Methoden, mit denen die „curatirea limbei romane de strainismi" (VIII) betrieben werden soll. Im Vordergrund der Aufmerksamkeit stehen natürlich romanische Synonyme oder Quasi-Synonyme zu fremden Elementen, und auch die Beobachtung, dass einheimische Elemente eher die Basis für Ableitungen bilden können, spielt eine Rolle, wobei freilich in der konkreten Beweisführung Erbwörter und rezente Entlehnungen aus romanischen Sprachen munter miteinander verquickt werden (VIII):

> Cene déro pote sustiené, co romanescele: *tempu* si *demandare* nu au dreptulu de a inlaturá cu totulu parasitele: *vreme* si *poruncire*? Romanesculu *demandare* cauta se allunge pre strainulu *poruncire*, cu atâtu mai multu cu câtu acestu-a sterpu pre pamentulu romanescu nu a datu si nu mai pote dá decâtu *porunca*, pre candu acellu-a se presenta incongiuratu de una numerosa familia:

> *mandare, mandatu, mandatariu, commandare, commanda, recommandare, recommandatione, recommandabile*, etc.

Die Kategorie der „materia curatu romanica" wird erweitert um „termenii grecesci de arti si scientie, admissi in tote limbile romanice", die „de si de origine greca, porta inse sigillulu unei inalte vechime, se afla in gur'a mai totoru Româniloru" (IX).

Kunst-, Handwerks- und Wissenschaftstermini werden sogar dann ins Wörterbuch aufgenommen, wenn sie nicht auf ein lateinisches oder griechisches Grundwort zurückgehen, aber in mindestens zwei romanischen Sprachen, konkret im Italienischen und Französischen, nachzuweisen sind (X):

> Nu mai remane acumu de câtu una sengura si ultima observatione de facutu asupr'a coprensului dictionariului românu: in respectulu vorbeloru de arti, maiestrie sau scientie, de cari amu avé semtita lipsa, si cari nu s'aru poté aflá in limb'a latina sau formá d'in una radecina romanica, déro aru essiste in alte limbe romanice noue, s'a adoptatu ca regula a nu admitte in dictionariulu românu de câtu pre acellea, cari s'aru aflá adoptate celle pucinu in doue d'in acelle limbe romanice, in cea italiana si francesa.

Weiter gibt es noch in Redewendungen vorkommende, mit Derivaten versehene und bei allen Rumänen bekannte fremde Elemente, die sozusagen das rumänische Bürgerrecht erworben haben und also im Wörterbuch zu berücksichtigen sind (IX):

> Se afla inca unu numeru de cuvente, parte de origine inca neconoscuta, parte de origine neindoiosu straina, cari, fiendu co se afla in gur'a Româniloru d'in mai multe provincie, fiendu co prin intrarea loru in locutioni popularie si prin derivatele ce au datu, au prensu radecine mai multu sau mai pucinu affunde in limba; fiendu co in fine neci in form'a loru gramaticale, neci in structur'a loru fonetica, nu presenta nemica straniu urechiei romanesci, se potu admitte la dreptulu de cetatianía romåna, si prin urmare introduce in dictionariulu limbei române.

Interessanterweise findet man in der „Prefatione" kaum Angaben darüber, wo denn die „vorbe curatu romanice" herkommen, die „au reintratu in modu nerevocabile ... in loculu … vorbeloru straine" (VIII–IX), denn es ist ja klar, dass die wenigen romanischen Synonyme zu fremden Elementen nicht reichen werden. Lazăr Şăineanu, der der nächsten Generation angehörige schärfste Kritiker des Wörterbuchs, hat einfach behauptet, dass das Wörterbuch nur als eine rumänische Version eines lateinischen Wörterbuchs anzusehen sei (1895, 196), und noch im *Dicţionarul limbii romîne literare contemporane* (1955, IV) heißt es: „Reprezintă, în istoria culturii noastre, momentul culminant al exagerărilor latiniste, întregul dicţionar constînd din cuvinte luate de autori direct din dicţionarele latine". Wenn man dem ersten oberflächlichen Eindruck glaubt, könnte man in der Tat meinen, hier habe einfach jemand lateinische Wörter mit einer rumänischen Endung versehen, und wenn unter dem Lemma *bellu* zwei verschiedene (und in der wirklichen Sprache nichtexistente) Wörter verzeichnet sind, nämlich 1. 'Krieg' (< lat. *bellum*) und 2. 'schön' (< lat. *bellus*, vgl. rum. *băl* 'mit weißem Fell; hübsch'), dann kann man wirklich den Eindruck haben, hier werde ein künstliches Rumänisch ohne Rückhalt in der gesprochen Sprache eingeführt. Das ist freilich übertrieben: Etwa die Hälfte der verzeichneten Wörter haben in der Tat keinen Rückhalt in der wirklichen Sprache,[7] aber wir dürfen nicht vergessen, dass wir in einer Periode der extremen Bereicherung des rumänischen Wortschatzes sind: Laurian und Massim greifen dafür auf das Lateinische zurück, Ion Heliade Rădulescu hatte sich im Italienischen bedient, das Französische war und ist für alle eine Quelle, die man ohne Gewissensnöte ausbeuten darf.

Der fremde Wortschatz, der keinen Platz „in acestu monumentu allu romanitatei nostre" (VI) beanspruchen durfte, wird in den dritten Band verbannt, ins *Glossariu care coprinde vorbele d'in limb'a romana straine prin originea sau form'a loru, cumi si celle de origine indoiuosa.* „La tote vorbele straine escluse d'in dictionariu stau

[7] SECHE, *Schiţă de istorie,* S. 147.

deschise portile glossariului" (IX). Vom äußeren Umfang her scheint dieser Teil der am wenigsten umfangreiche des Werkes zu sein: Der erste Teil des *Dictionariulu limbei române* mit den Buchstaben A bis H umfasst 1242 Seiten, der zweite Teil mit den Buchstaben G bis Z nimmt 1622 Seiten ein, aber das *Glossariu* hat nur 584 Seiten. Dieser erste Eindruck täuscht allerdings: Hier sind nämlich unter den Lemmata alle Wörter zusammengetragen, die nach Auffassung der Autoren derselben Wortfamilie angehören. „În cadrul celor aproape 6.000 de articole-titlu, cîte figurează în glosar, autorii au înregistrat un total de circa 20.000–25.000 de cuvinte, în mod obişnuit cu definiţii independente."[8]

Mircea Seche hat zu Recht herausgearbeitet, dass das Wörterbuch von Laurian und Massim an Materialreichtum alles bis dahin Dagewesene bei weitem in den Schatten stellt: Die beiden Hauptbände umfassen etwa 43.000 Lemmata, zu dem noch etwa 5.000 Suffix- und Präfixartikel hinzukommen. Wenn man die 20.000 bis 25.000 Wörter hinzurechnet, die in den 6.000 Lemmata des Fremdwörterglossars behandelt sind, kommt man an 70.000 Wörter: „Numărul de cuvinte din cele trei volume ale lucrării se ridică la circa 70.000, cifra impresionantă, neatinsă pînă astăzi de nici un dicţionar explicativ tipărit al limbii române."[9] Wenn man davon ausgeht, dass etwa die Hälfte der Lemmata der zwei ersten Bände Neuprägungen nach lateinischem Vorbild sind, während natürlich die Wörter des Glossars mehr oder weniger alle die sprachliche Realität widerspiegeln, kommt man auf zwischen 40.000 und 50.000 rumänische Wörter, die registriert sind. „Opera lexicografică a lui Laurian şi Massim rămîne extrem de bogată, ajungînd la un total de aproape 50.000 de cuvinte reale."[10]

Die einhellige Verurteilung des Werkes von Laurian und Massim als „momentul culminant al exagerărilor latiniste" hat lange Zeit den Blick dafür verstellt, dass man das Wörterbuch im Kontext der

[8] SECHE, *Schiţă de istorie*, S. 146.
[9] Ebd., S. 146.
[10] Ebd., S. 148.

kulturellen Zeitumstände sehen und beurteilen muss. Das späte 18. und das 19. Jahrhundert ist auf dem ganzen Balkan das Zeitalter des Erwachens des Nationalismus, der ja zusammen mit anderen Ideen der Aufklärung aus West- und Mitteleuropa übernommen worden ist, wobei für die Rumänen eher der von Johann Gottfried Herder formulierte Volksgeist-Gedanke der Romantik als der rationalistische Staatsnationalismus Frankreichs ausschlaggebend wurde. Ideelle Werte wie Brauchtum, Lebensart, historische Erfahrung, Religion, Sprache, kurz der traditionelle Volksgeist, machen das Volk und zugleich die Nation aus. Jede Nation hat also ihren Platz im Weltgefüge, muss diesen Platz jedoch beständig gegen äußere Anfeindungen, die von anderen Völkern ausgehen, verteidigen, wobei es vor allem darum geht, sich auf die eigenen Werte zu besinnen und sie von Verfremdungen, wie sie im Laufe der Zeit aufgetreten sind, zu befreien. In beeindruckender Weise hat Michael W. Weithmann die Mechanismen beschrieben, die überall in den Balkanländern des 19. Jahrhunderts wirksam wurden:[11]

> Die „nationale Wiedergeburt" begann in Südosteuropa nicht mit politischen Bewegungen und festen Programmen. Voraussetzung dafür war das Erwachen des eigensprachlichen Bewußtseins und die Wertschätzung des eigenen „Volkstums", der Folklore und der Volksüberlieferung. Zuerst geht der Kampf um die sprachliche Wiederfindung und die Selbsterhaltung und damit um die kulturelle Selbstangrenzung gegenüber der nationalen Umwelt. Daneben kristallisieren sich aus der religiösen Überlieferung die nationalen Mythen der Balkanvölker heraus. Die Berufung auf die große mittelalterliche Geschichte, die durch einen übermächtigen „heidnischen" Gegner ein abruptes Ende gefunden habe, ist das Gemeingut der orthodoxen Balkanvölker. Als das überragende kollektive Schicksal gilt ihnen die Erfahrung des langen Widerstands gegen die Fremdherrschaft. [...] Die „Spracherwecker", die das sprachliche und kulturelle Bewußtsein der Zusammengehörigkeit erst schaffen und damit das nationale Wiedererwachen

[11] WEITHMANN, *Balkan-Chronik*, S. 210–211.

einleiten, sind in der Mehrzahl nicht westlich beeinflußte Aufklärer, sondern Herdersche Romantiker.

Während die Sprachneuschöpfung im nationalen Geist bei den slavischen Völkern nur auf einen gemeinsamen mittelalterlichen Referenzpunkt, eben auf das Altkirchenslavische, zurückgreifen konnte, hatten die Griechen und die Rumänen – ebenso wie übrigens die Juden – einen antiken Referenzpunkt, das Altgriechische und das Lateinische (und je weiter man seinen „Ursprung" in der Geschichte nach hinten verschieben konnte, desto lauter glaubte man, auf seine historisch mehr oder weniger berechtigten nationalen Forderungen pochen zu können). Das klassizistische „Reinigen" der „verderbten" Volkssprache wird als wichtiger Bestandteil des nationalen Erwachens und des Erstarkens eines kulturellen Überlegenheitsgefühls gegenüber den Nachbarn mit einer weniger ehrwürdigen Sprachtradition angesehen. Im griechischen Kontext hieß das, dass man versuchte, die gewachsene griechische Volkssprache (δημοτική) zurückzudrängen und stattdessen einen mehr oder weniger engen Anschluss an das antike Griechisch herzustellen; diese künstlich reantikisierte Sprachform wird unter dem gemeinsamen Nenner 'Reinsprache' (καθαρεύουσα) zusammengefasst, wobei es unterschiedlichste Ausprägungen gab, von einer radikalen Wiederbelebung des antiken Attisch bis zu Reformern, die die Volkssprache lediglich durch Anleihen als Altgriechische veredeln wollten.[12] Da die Graphie des Griechischen immer antikisierend war und bis heute ist, brauchte man in diesem Gebiet keine Reformen vorzunehmen, hingegen war die Wortbildung, bei der man alle fremden, nichthellenischen Elemente zu ersetzen suchte,[13] ein beliebtes Arbeitsfeld, wobei das Motto hieß: Neue Wörter, ob zum Ausmerzen eines Fremdwortes oder zur Wortschatzerweiterung bei Neuerungen, sind durch Rückgriffe auf das

[12] KRAMER *Antike Sprachform*, S. 174–187.

[13] Ebd., S. 182–183:σταμπαρία >τυπογραφεῖον 'Druckerei', γαζέττα >ἐφημερίς 'Zeitung', πόστα > ταχυδρομεῖον 'Post', φοῦρνος > ἀρτοποιεῖον 'Bäckerei', μπίρα > ζῦθος 'Bier'.

Altgriechische zu bilden. Man scheute freilich auch vor Eingriffen in die Morphosyntax (Wiederbelebung des ausgestorbenen Dativs, Präpositionen mit dem Genitiv statt mit dem Akkusativ, alte Verbformen) nicht zurück.[14] Einige Sprachreiniger glaubten, am Ende des 19. Jahrhunderts ihr Ziel bereits erreicht zu haben (P. Sutsos schrieb 1853: „Wir heutigen Hellenen haben die Sprache unserer Vorfahren; wir sind Kinder der alten Hellenen und haben ihre alte Sprechweise bewahrt"[15]), obwohl nur die Oberschicht die καθαρεύουσα bei offiziellen Gelegenheiten mehr schlecht als recht radebrechte, aber die nationale Absicht, durch Sprachpflegemaßnahmen zur antiken Größe aufzusteigen und die vermeintliche kulturelle Überlegenheit gegenüber den Nachbarn in politische Überlegenheit umzumünzen, ist kläglich fehlgeschlagen. Das Sprachenproblem, das das kulturelle Leben Griechenlands fast zwei Jahrhunderte lang beherrscht hatte, endete mit dem Sturz der Militärdiktatur (23. Juli 1974) und mit der Verbannung der καθαρεύουσα aus dem Gerichtswesen im März 1986.[16] Auf den ersten Blick hat die δημοτική gesiegt, auf den zweiten Blick aber nur eine δημοτική, die die antikisierenden Mittel der Wortschatzerweiterung nahezu *in toto* aus der καθαρεύουσα übernommen hat.

Für den Wortschatz der orthodoxen slavischen Völker hat das Kirchenslavische seit dem 17. Jahrhundert genau die Rolle übernommen, die die καθαρεύουσα für die moderne δημοτική hat: Es dient als Reservoir „auf dem Gebiet der Lexik und Wortbildung", wo es „einen Vorsprung in der Bildung von Abstrakta und in der Formulierung von abstrakten, theoretischen Gedankengängen" hatte, obwohl es als eigentliches „Kommunikationssystem schon zu Grabe getragen war".[17] Das Bulgarische konnte diese Bereicherungsquelle in zweierlei Hinsicht nutzen, einerseits durch direkte Anleihen an das Kirchenslavische, andererseits durch Entlehnungen aus dem Rus-

[14] KRAMER, *Antike Sprachform*, S. 181; BROWNING, *Medieval and Modern Greek*,, S. 107–108.

[15] KORDATOS, Ἱστορία ..., S. 110.

[16] KRAMER, *Antike Sprachform*, S. 203–204.

[17] BOECK/FLECKENSTEIN/FREYDANK, *Geschichte*, S. 67–68.

sischen, das seinerseits diese kirchenslavischen Anleihen für sich selbst durchgeführt hatte: „Beim Neuausbau der Sprache hat vielfach das Russische Pate gestanden, wodurch auch viele Kirchenslavismen nach Jahrhunderten wieder zu ihrem Ursprung zurückkehrten (Wörter und Wortformen bulgarischer Herkunft)".[18] In den österreichisch-ungarisch bestimmten Teilen Serbiens war die serbische Redaktion des Kirchenslavischen im 17. Jahrhundert durch das Kirchenslavische russischer Prägung abgelöst worden.[19] „Anstatt der mittelalterlichen, kirchlichen, eckigen Kyrillica wird die praktischere moderne bürgerlich (*graždanska*) Kyrillica eingeführt, die in Rußland unter Peter dem Großen unter ähnlichen Bedingungen entstand und die der modernen westeuropäischen lateinischen Schrift angepaßt war."[20] Die Neuorientierung, die Vuk Karadzić in der ersten Hälfte des 19. Jahrhunderts einläutete, spielt in unserem Zusammenhang keine weitere Rolle. Es bleibt jedoch festzuhalten, dass der Rückgriff auf die eigene „Ursprache", das Kirchenslavische, in Verbindung mit einer Anlehnung an die sprachliche Ausrichtung des großen außerbalkanischen Vertreters der Slavia, Russland, zunächst die Richtung der Modernisierung der serbischen Schriftsprache bestimmte, die auch mit einer Orthographiereform verbunden war.

In diesen Zusammenhang sind *mutatis mutandis* auch die Bemühungen der Rumänen um eine Reform ihrer Schriftsprache zu stellen. Die „Ursprache", in diesem Falle das Lateinische, spielte naturgemäß die erste Geige, die Anlehnung an Verwandte in West- und Südeuropa, konkret an die Franzosen und an die Italiener, hatte ebenfalls einen hohen Stellenwert, und die Orthographiereform sollte die forcierte Selbstinszenierung als Bestandteil der romanischen Sprach- und zugleich Völkerfamilie auch für das Auge der Laien deutlich machen. Zwischen den drei Polen Latein – romanische Schwestersprachen – Schreibung mit lateinischen Buchstaben schwanken alle rumänischen Sprachreformbestrebungen im 19. Jahrhundert, und Spätwirkungen (wie zum Beispiel die pseudo-

[18] PANZER, *Die slavischen Sprachen*, S. 150.
[19] POPOVIĆ, *Geschichte*, S. 634–636.
[20] Ebd., S. 435.

etymologische Ersetzung des *î* im Wortinnern durch *â,* wirken bis in die Gegenwart.[21]

Das Wörterbuch von Laurian und Massim vertritt das Extrem einer Richtung, der konsequenten Orientierung am Lateinischen: Ein „puristisch-etymologisches Orthographiesystem", das „die fast identische Beibehaltung der lateinischen Form bei Wörtern lateinischen Ursprungs" und darüber hinaus „die Ausweitung dieses Verfahrens auf andere Wörter durch Analogie" beinhaltete, trat an die Stelle der „nicht weniger als 43 Systeme, die für das Jahrhundert zwischen 1780 und 1881 verzeichnet wurden";[22] der rumänische Wortschatz wird in eine lateinische und eine nicht-lateinische Abteilung getrennt, wobei der lateinische Teil durch eine ungefähr die Hälfte des Wortschatzes umfassende Liste von Neologismen, schärfer gesagt von „cuvinte nereale",[23] aufgeblasen wird; beim Fehlen lateinischer Vorbilder werden Bildungen der romanischen Sprachen Französisch und Italienisch nachgeahmt.

Mircea Seche hat ungefähr hundert Jahre nach dem Beginn der Redaktionsarbeiten am *Dictionariulu limbei române* eine gelungene Ehrenrettung versucht: Allem übertriebenen Latinismus zum Trotz gilt, dass „ajungînd la un total de aproape 50.000 de cuvinte reale, opera lexicografică a lui Laurian şi Massim rămîne extrem de bogată",[24] dass „un foarte mare număr de neologisme care astăzi constituie bunuri consacrate ale lexicului nostru şi-au făcut probabil intrarea – ori măcar s-au impus – prin această lucrare"[25] und dass „definiţiile din dicţionarul lui Laurian şi Massim sînt remarcabile şi constituie neîndoios unul din aspectele cele mai de preţ ale lucrării"[26] – viele treten fast unverändert in allen späteren einsprachigen Wörterbüchern auf! Die Gesamtwürdigung lautet:

---

[21] MUNTEANU/ŞUTEU, *Sprachplanung,* S. 1443.
[22] Ebd., S. 1436.
[23] SECHE, *Schiţă de istorie*, S. 148.
[24] Ebd., S. 148.
[25] Ebd., S. 152.
[26] Ebd, S. 163.

> Plin de contradicţii, de inegalităţi, *Dicţionarul limbei române* are însă mai multe merite decît se crede. Latinismul autorilor, care constituie sursa principală de unde provin defectele operei lexicografice analizate, se dovedeşte, în practică, mai puţin extremist decît a părut (şi mai pare încă) filologilor şi lingviştilor noştri. Marele număr de cuvinte reale înregistrate – circa 50.000 – arată că avem de-a face pînă atăzi cu cel mai bogat dicţionar tipărit al limbii române. Efortul autorilor în campania de îmbogăţire „ideală" a vocabularului românesc a dus la punerea în circulaţie a numeroase neologisme, rămase pînă astăzi în limbă; prin volumul de neologisme înregistrat, dicţionarul nu are precedent în istoria lexicografiei române.[27]

Der Extremismus der latinistischen Orientierung hat die rechte Würdigung und das weitere Schicksal des Wörterbuchs von Laurian und Massim bestimmt: Die Zeitgenossen nahmen die Sprachregulierung nicht an, denn zu kompliziert war die etymologische Schreibung, zu schwierig war die Unterscheidung zwischen lateinischen und nicht-lateinischen Elementen, zu phantastisch waren einige – längst nicht alle – der Wortneuschöpfungen. Die totale Neuausrichtung des Rumänischen am lateinischen Erbe und an den romanischen Schwestersprachen konnte so nicht funktionieren, man musste vielmehr den Weg der partiellen Adaptation wählen.

Der Akademie blieb nichts anderes übrig, als den Rückwärtsgang einzuschalten: Als sie sich am 30. März 1879 als *Academia română* neu gegründet hatte, wurde sofort eine Kommission eingesetzt, die zunächst eine neue Orthographie, „care să corespundă usului",[28] auf den Weg bringen sollte. Der totkranke Laurian nahm an den ersten Sitzungen noch teil und verteidigte vergeblich die Prinzipien der etymologischen Schreibung: Sein letzter Beitrag am 12. April 1880 favorisierte – vergeblich – die Beibehaltung von *ph, th, y* und *k*.[29] Als er am 25. Februar 1881 starb, wusste er, dass der weitere Lauf der

[27] SECHE, *Schiţă de istorie*, S. 180.
[28] MACREA, *Contribuţii*, S. 65.
[29] Ebd., S. 66.

rumänischen Schriftsprache nicht den Vorgaben folgen würde, die er und „I. C. Massim, colaboratorul său devotat",[30] gelegt hatten. Immerhin darf man nicht vergessen, dass ihr Akademiewörterbuch bis heute das einzige vollendete Großwörterbuch des Rumänischen ist: Ihr direkter Nachfolger Bogdan Petriceicu Hasdeu kam mit seinem pharaonisch konzipierten *Etymologicum Magnum Romaniae* nur bis zum Lemma *bărbat*, und das derzeitige *Dicţionarul limbii române,* dessen erster Faszikel 1907 unter der Leitung von Sextil Puşcariu dem Druck übergeben wurde, ist zwar im Jahre 2000 (!) beim Buchstaben *Z* angelangt, aber es fehlen noch kurze Abschnitte bei *D* und *J*. Wirklich vollständig liegt nur das vierbändige *Dicţionar al limbii romîne literare contemporane* (Bukarest 1955–1957) vor, das freilich die Zwänge der Zeit, in der es entstanden ist, deutlich sehen lässt.

Was bleibt von Laurians und Massims Bemühungen im kollektiven Gedächtnis der Rumänen? Wohl vor allem die spöttische Speisekarte, die Alexandru I. Odobescu am 15. September 1871 in der *Societatea Academică* zum Besten gegeben hat. Sie folge hier (mit Odobescus eigener Übersetzung in „normales" Rumänisch) als heiterer Abschluss einer Studie über einen auf den ersten Blick unglücklich verlaufenen, auf den zweiten Blick doch auf lange Sicht durchaus respektablen Versuch der „Verwestlichung" der rumänischen Sprache.[31]

PRANDIULU ACADEMICU	Prânzul academic
Miercuri XV Septembre MMDCIX. V. C.	Miercuri, 15 Septemvrie 1871
VINU-ARSU DE ANICETU	Rachiu anason
Sorbitione cu Scriblete	*Supă cu plăcintioare*

[30] Macrea, *Contribuţii*, S. 65.
[31] Odobescu, *Mihnea-Vodă,* S. 170–172.

VINU PERUNCTU DEIN INSULELE FORTUNATE (*Madera*)	Vin dulce de Madera
Fame-stimuli varii	*Mezelicuri felurite*
Siluru minitu cu astaci fluviali, in condimentu de sinape	*Somn fiert însoţit cu raci şi cu sos de muştar*
VINU ALBICANTE PERENNIU ALUTENSE DE ACIDAVA	Vin alb vechi de Drăgăşani
Lumbu bubulinu intinctu in cremore, cu bacce e tuberculi leguminose	*Muşchi de vacă cu sos de smântână, garnit cu mazăre boabe si cu cartofi*
VINU NIGRU DE BURDIGALA (*Sanctu Julianu*)	Vin negru de Bordeaux
Coturnici cu pulte venatorica, abstrudi în placenta foliacea	*Pepeliţe gătite cu sos de vânat şi năbuşite în foi de plăcintă*
POTIONE CONGELLATA DE MODU ROMANU	Punch à la Romaine
Melungine rubre cu farcimine de minutale	*Pătlăgele roşii cu tocătură de măruntaie*
Copsa de ariete in verubi torresa	*Coapsă de berbece friptă la frigare*
Acietaru de olere, condita pre usu Athonicu	*Salată de verdeţuri, gătită ca la muntele Antonului*

VINU CAMPANICU SPUMOSU	Vin de Champania
(*Silleriu*) *Casiu induratu de Batavia*	*Caşcaval uscat de Olanda*
Vesice fermentate pre ratione Germanica	*Gogoşi dospite nemţeşti*
Biscopte lactantie glaciate	*Biscoturi cu îngheţată de lapte*
Canistru multipomariu	*Coşuleţ cu poame*
Pepone Cantaliense	*Pepene cantalup*
VINU APPIANU BASTARNICU (*Tocaiu*)	Vin dulce de Tokay
Conditure melimeraria e prunaria	*Dulceţuri de mere dulci şi de prune*
Confapte saccharine	*Cofeturi cu zahar*
LICUORE BELLARIA DE BROMELIA	Vutcă de ananas

Bibliographie

BALACCIU, JANA / CHIRIACESCU, RODICA: *Dicționar de lingviști și filologi români*, București: Editura Albatros 1978.

BEHRING, EVA: *Rumänische Literaturgeschichte*, Konstanz: Universitätsverlag Konstanz 1994.

BOECK, WOLFGANG / FLECKENSTEIN, CHRISTA / FREYDANK, DIETRICH: *Geschichte der russischen Literatursprache*, Leipzig (Enzyklopädie) 1974.

BROWNING, ROBERT: *Medieval and Modern Greek*, London: Hutchinson 1969.

KORDATOS, GIANNIS: *Istoria tou glossikou mas zitimatos*, Athen: Boukoumanis1973.

KRAMER, JOHANNES: „Antike Sprachform und moderne Normsprache II: Griechisch", *Balkan-Archiv* 11, 1986, 117–209.

KRAMER, JOHANNES: *Die Sprachbezeichnungen* Latinus *und* Romanus *im Lateinischen und Romanischen*, Berlin: Erich Schmidt Verlag 1998.

MACREA, DIMITRIE: *Studii de lingvistică română*, București: Editura didactică și pedagogică 1970.

MACREA, DIMITRIE: *Lingvistică și cultură*, București: Editura didactică și pedagogică 1978.

MACREA, DIMITRIE: *Contribuții la istoria lingvisticii și filologiei românești*, București: Editura științifică și enciclopedică 1978.

MUNTEANU, EUGEN / ȘUTEU, FLORA: „Sprachplanung, Sprachlenkung und institutionalisierte Sprachpflege: Rumänisch", in: ERNST, GERHARD / GLEß GEN, MARTIN-DIETRICH / SCHMITT, CHRISTIAN / SCHWEICKARD, WOLFGANG, *Romanische Sprachgeschichte* II, Berlin / New York 2006, 1429–1445.

ODOBESCU, ALEXANDRU I.: *Mihnea-Vodă cel rău*, vol. II. București: Editura tineretului 1959.

PANZER, BALDUR: *Die slavischen Sprachen in Gegenwart und Geschichte*, Frankfurt etc.: Peter Lang ²1996.

POPOVIĆ, IVAN: *Geschichte der serbokroatischen Sprache*, Wiesbaden (Harrassowitz) 1960.

ȘĂINEANU, LAZĂR: *Istoria filologiei române*, Bucuresci : Socecu ²1895.

SECHE, MIRCEA: *Schiță de istorie a lexicografiei române I*, București : Editura științifică 1966.

WEITHMANN, MICHAEL W.: *Balkan-Chronik. 2000 Jahre zwischen Orient und Okzident*. Darmstadt: Wissenschaftliche Buchgesellschaft ²1997.

GEORGE GUȚU

Der rumänische Blick auf deutsche Kulturleistungen in der Epoche des Übergangs von der Vormoderne zur Moderne

Nachstehende Ausführungen stellen einen Versuch dar, die allmähliche Ausbreitung rationalistischen Denkens in der rumänischen Kultur aufgrund von zunehmenden Kontakten mit der deutschen Kultur nachzuzeichnen. Ziel ist es dabei, das überwiegend positive Stereotyp vom Deutschen[1] bei den Rumänen zu relativieren und zugleich auch seinen möglichen negativen Sinngehalt zu entdecken.

Rodica Binder, eine seit vielen Jahren in Deutschland lebende, aus Rumänien stammende Journalistin, hielt einmal dieses Phänomen des besagten Stereotyps lakonisch fest: Die Rumänen bemühen sich "obsessiv um ein günstiges Bild"[2] von den Deutschen. In seiner Besprechung des 1998 erschienenen Buches von Dumitru Hîncu *„Noi" şi germanii „noştri" 1800-1914. Un studiu imagologic urmat de tablouri dintr-o lume, care a fost* – [„Wir" und „unsere" Deutschen 1800-1914. Eine imagologische Studie mit Ansichten über eine vergangene Welt] hebt der Historiker Thomas Nägler „einige Übertreibungen, sehr zugunsten der Sachsen" beim rumänischen Verfasser hervor, wie etwa die Behauptung: „Toate la neamț îs cu rânduială" [Bei den Deutschen ist alles geordnet], und fügt hinzu, dies sei „durchaus eine allgemeine Meinung der Siebenbürger Rumänen".[3] Eine derartige Imagologie verfällt leicht der Stereotypie und dem Klischee und gehört in den Bereich der reflexiven Darstellung des Bildes vom Anderen, der Alteritäts- und Identitätsforschung, die in Bezug auf Blick und Gegenblick des Rumänen vom Anderen bzw. vom Deutschen sowie des Deutschen/Österreichers vom Rumänen[4] grundle-

[1] ZĂLOAGĂ 2004. Siehe Erläuterungen zu den Begriffen: "neamț", „german", „sas".
[2] BINDER 2000, S. 8.
[3] NÄGLER 1999, S. 145.
[4] GUȚU 2000, S. 152-161.

gende Beiträge hervorgebracht hat.[5] Generell sind dabei die Begriffe „german“ und „neamţ“ semantisch gleichzusetzen, wobei letzterer Begriff slawischer Herkunft ist.[6]

In Bezug auf unser Thema gehört es bereits zum allgemeinen Wissensgut, dass Kultur- und Literaturbeziehungen zweigleisig sind: Sie führen sowohl ins eigene Land als auch in die Fremde. Der Anfang der deutsch-rumänischen Kultur- und Geistesbeziehungen ist schwer zu bestimmen. Die Siebenbürger Sachsen, also „unsere Deutschen“, wie sie Hîncu nennt, nahmen das Volk der Rumänen als Wlachen/Walachen, als Transsylvanier oder als Moldauer wahr. Mit der Ansiedlung Deutschstämmiger in Siebenbürgen (Transsilvanien) ab dem 12. Jahrhundert begann eine Phase direkter geistig-zivilisatorischer Berührung beider Völker. Das Siedlungsgebiet dehnte sich im Laufe der Jahrhunderte immer mehr auch auf andere rumänische Gebiete aus. Eine jahrhundertelange Tradition gegenseitiger Anregungen nahm ihren Anfang, wovon beide Völker nur gewinnen konnten.[7]

Die rumänische Literatur wird von ihren frühesten Anfängen an

[5] Hier sei nur noch auf einige hingewiesen: MAZILU: *Noi despre ceilalţi. Fals tratat de imagologie*, Iaşi: Polirom 1999; ARMBRUSTER: *Dacoromano-Saxonica. Cronicari români despre saşi. Românii în cronica săsească.* Bucureşti: Editura Ştiinţifică şi Enciclopedică 1980; HEITMANN: *Das Rumänenbild im deutschen Sprachraum (1775-1918). Eine imagologische Studie*, Köln u.a.: Böhlau 1985 (Studia Transylvanica Bd. 12, 1985); Rumänische Ausgabe: *Imaginea românilor în spaţiul lingvistic german*, übersetzt von Dumitru Hîncu, Bucureşti: Univers 1995; GRANCEA: *Călători străini prin Principatele Dunărene, Transilvania şi Banat (1683-1789). Identitate şi alteritate*, Sibiu: Editura Universităţii "Lucian Blaga" 2002; ZĂLOAGĂ: *Imaginea celuilalt în „Chronica românilor". Viziunea şincaiană asupra populaţiilor germanice din Transilvania.* Institutul de Cercetări Socio-Umane „Gheorghe Şincai" Târgu-Mureş, s.a. [2004].

[6] "... la români nu există o imagine unitară a germanului, el fiind prezent în scrisul românesc în două ipostaze: ca locuitor al spaţiului lingvistic german şi ca membru al populaţiei germane din zonă, fiecare cu specificităţile şi influenţele lor, atât în sens pozitiv cât şi negativ.“ [... bei den Rumänen gibt es kein einheitliches Bild vom Deutschen, der im rumänischen Schrifttum in zwei Hypostasen aufscheint: als Einwohner des deutschen Sprachraums und als Angehöriger der deutschen Bevölkerung in der Region, wobei eine jede ihre sowohl positiven als auch negativen Eigentümlichkeiten aufweist]. So bei ZĂLOAGĂ, a.a.O.

[7] Siehe dazu u.a. auch: DUMISTRĂCEL, „Germanul în mentalul rural românesc“ in: ZUB (Hrsg.): *Identitate şi alteritate în spaţiul cultural românesc*, Iaşi: Editura

durch die Phänomene von Kontakt und Interaktion gekennzeichnet. Denn „mit dem Eintritt einer sich zeichenhaftig manifestierenden Kultur in die Sphäre der Kommunikation“[8] bezeugt eine Kultur, also auch die rumänische, ihre unverwechselbare Eigenart und erweist sich als identitätsstiftend.

Nachstehend werden wir versuchen, das sehr breit gestreute imagologische und interkulturelle Thema auf den Bereich der Kultur- und Literaturbeziehungen zu beschränken, wobei nur auf wichtigere, relevante Momente geistig-kultureller Berührungen, Interferenzen oder – wie wir es nennen – Interreferenzialitäten hingewiesen werden soll.[9]

Die rumänische Literatur mit ihren Identitätsmerkmalen ist seit ihrem ersten dokumentarischen Beleg nicht nur kommunikativ, sondern auch interethnisch und somit von Anfang an interkulturell geprägt. Bei dem ersten bekannten Dokument in rumänischer Sprache handelt es sich um einen Brief des Rumänen Neacşu aus Câmpulung an den deutschen Bürgermeister der Stadt Braşov/Kronstadt Hanăş Bengner (Johannes Benkner) aus dem Jahre 1521.[10] Ersterer macht

---

Universităţii „Al.I.Cuza“ 1996, S. 221-239; Berindei: „Istoricii români şi lumea germană (de la mijlocul secolului al XIX-lea la începutul secolului XX)“, in: *Revista de Istorie*, Bd. 38, 1985, S. 457-470; Eiwen: „Das Bild der Siebenbürger Deutschen im Rumänischen Schrifttum. Momentaufnahmen aus seiner Entstehung und Entwicklung“, in: Gündisch / Höpken / Markel (Hrsg.), *Das Bild des anderen in Siebenbürgen*, Köln: Böhlau 1998, S. 264ff; Popescu: *Relaţii românoaustriece*, Iaşi: Institutul European 1998; Popescu: *Rumänien im Spiegel der Weltgeschichte. Deutsche und andere Quellen, Betrachtungen, Meinungen über die Vergangenheit und die Gegenwart des rumänischen Volkes*. München: Sammlung Observator-Hefte 1995; Corbea/ Nicolae: Interferenţe culturale românogermane, Iaşi: Editura Universităţii „Al. I. Cuza” 1986.

[8] Geringhausen/Seel 1984, S. 139.

[9] Lascu 2002.

[10] „... dau ştire domnietale za lucrul turcilor, cum am auzit eu că împăratul au eşit den Sofiia, şi amintirea nu e, şi s-au dus în sus pe Dunăre. I pac să ştii domnia ta că au venit un om de la Nicopol de mie mi-au spus că au văzut cu ochii loi că au trecut ceale corabii ce ştii domniiata pre Dunăre în sus. I pac să ştii că bagă den tote oraşele cîte 50 de omin să fie în ajutor în corăbii. I pac să ştii cumu se-au prins neşte meşteri den Ţarigrad cum vor treace acele corăbii la locul acela strîmtul ce ştii şi domniiata...“ In: Călinescu 1982 (1941), S. 7.

dem Briefpartner Mitteilung über Truppenbewegungen der Türken an der Donau, die bereits "donauaufwärts" aufgebrochen seien und mit Handwerkern aus Zarigrad übereingekommen seien, "jene enge Stelle" zu überwinden, "die ja auch Ihre Hoheit kennt". Das ist also die erste uns bekannte "zeichenhafte" Manifestation der rumänischen Kultur/Literatur, die so in die "Sphäre der Kommunikation" – genauer gesagt: der interkulturellen Kommunikation eintrat.

Ein wahrhaft *merk*würdiger Tatbestand!

Dass dies keine Laune des Zufalls war, wird durch weitere ebenso *merk*würdige kulturgeschichtliche Tatbestände erhärtet, von denen George Călinescu, auf den wir gelegentlich zurückgreifen werden, wie folgt berichtet:

> Das erste uns in Siebenbürgen bekannte rumänische Druckerzeugnis, ein 1544 in Sibiu/Hermannstadt nach einer deutschen Vorlage gedruckter ‚Katechismus', ging verloren, erhalten geblieben ist eine handschriftliche Kopie davon, die der Pope Grigore von Măhaci angefertigt hatte (‚Codicele Sturzan'). Der Bürgermeister von Braşov/Kronstadt, Hans Benkner, holte nach Braşov/Kronstadt mit propagandistischen, aber auch kommerziellen Absichten den Diakon Coresi von Tărgovişte, um rumänische und altslawische Bücher zu drucken. Mit Hilfe eines gewissen Schreibers (‚diac'; *G.G.*) namens Tudor begann dieser am 3. Mai 1560 ein rumänisches ‚Tetraevangheliar' zu drucken.[11]

Vertreten durch die bereits im 12. Jh. in Siebenbürgen angesiedelten sogenannten Siebenbürger Sachsen, standen die Deutschen mit den dort lebenden Rumänen auf gleicher Ebene: Der interkulturelle Blickkontakt funktionierte seit Jahrhunderten und wurde im 16. Jh. belegbar. Das hatte Folgen für beide Seiten. Denn fast zeitgleich übten sich Siebenbürger Sachsen wie Johannes Schesäus in humanistischen, kartografischen Beschreibungen der rumänischen Fürstentümer. Bereits identitätsunsicher geworden, waren nicht wenige von den Siebenbürger Sachsen geneigt zu glauben, sie seien wie die Rumänen Ab-

---
[11] CĂLINESCU, a.a.O., S. 7f.

kömmlinge dakisch-getischer Stämme – eine abwegige These, die nicht lange danach durch historiografische Nachforschungen (Valentin Frank von Frankenstein, mit Widerhall in *Cronica românilor* von Gheorghe Şincai) verworfen werden konnte.[12]

Ansichten über die Deutschen gab es auch aus den beiden rumänischen Fürstentümern Moldau und Walachei. Dabei ist die dortige Historiografie eher geneigt, Mythen Glauben zu schenken.[13] So bietet der Chronist Ion Neculce in seiner *Letopiseţul Ţării Moldovei* [Chronik des moldauischen Fürstentums] eine amüsante außenpolitische Sicht, die auf Typologien wie der des Franzosen, Deutschen, Türken oder Engländer basiert. Ein jedes Ereignis entspringe ihren Abmachungen und Streitereien:

> Der Franzose schlägt den Türken mit dem Ellenbogen, [der Franzose seinerseits, G.G.] kämpft mit dem Deutschen um das Land der Spanier, um es an sich zu reißen und zu beherrschen, da es keinen König hat. Und der Deutsche besiegt immer wieder den Franzosen, denn auch andere helfen diesem, nicht nur seine eigenen Leute. Auch England gab ihm 40.000 Soldaten und Holland 30.000. Doch durch so langjährige Schlachten verärgert, neigte er zur Versöhnung, allein der Deutsche wollte dem nicht zustimmen ...[14]

Immer wieder rückten Deutsche aus Rumänien ins Blickfeld rumänischer Chronisten. So erwähnte Radu Popescu in seiner *Geschichte der Wallachei im Jahre 1689* ironisch den zornigen General Hassler aus Braşov/Kronstadt. Einem deutschen Drucker aus derselben Stadt, Friedrich Herfurt, ist im Jahre 1808 eine Neuauflage der beliebten Spruch- und Geschichtensammlung *Floarea Darurilor* [*Fiore di virtù*] zu verdanken. Ianache Văcărescu traf im Jahre 1773 in Braşov/Kronstadt den Kaiser Joseph II., der sich dort zu einem Besuch

---

[12] Siehe Zănoagă, a.a.O.
[13] Siehe Hitchins 1997.
[14] Nach Călinescu, a.a.O., S. 26. In weiteren Hinweisen stehen im Text in Klammern gesetzte Seitenangaben aus demselben Werk.

aufhielt. 1781 besuchte der Rumäne Wien, wo der Kaiser ihn auf einem Empfang sprechen wollte. Ianache Văcărescu überrascht dabei durch Selbstbewusstsein und Bildung, auch wenn er die orientalische Etikette steng einhielt, wie er brieflich gestand:

> Als ich eintrat, sah ich den Kaiser inmitten des Raumes ohne Kopfbedeckung stehen, da machte ich kaum zwei Schritte und sank auf türkische Art in die Knie und wollte den Kopf auf den Fußboden senken, doch der Kaiser legte seine Hand auf mein Haupt und sagte, ein solches Zeremoniell sei nicht nötig, ich solle aufstehen, und als ich seine Hand küssen wollte, zog er sie zurück und erinnerte sich an unsere Begegnung im Jahre (17)73 in Braşov und sagte mir lächelnd: Signore Vacarescule, wie war es für Sie denn möglich, nach Wien zu kommen, da Sie doch ein Ratgeber im Fürstentum sind? [CĂLINESCU, 34]

Unter Bezugnahme auf die kriegerischen Auseinandersetzungen zwischen Deutschen/Österreichern und Russen, die zur ersten Teilung Polens führten und auch die rumänischen Fürstentümer in Mitleidenschaft zogen, schilderte der Klerikermönch Dionisie (Dionisie Eclisiarhul) den Auftritt der Deutschen in Bukarest und Craiova in den Jahren 1718-1739;[15] Sie hätten gleich angefangen zu musizieren und Bälle zu veranstalten. Sie waren sorglos und „hatten viele Weiber mit, nach deutschem Brauch, von denen die einen mit den Soldaten waren, andere wiederum mit den Truppen, um Wäsche zu waschen" und auch andere „schamlose Dinge zu tun"; „die Deutschen hatten auch Kühe und Ziegen für Milch, und die Milch war für Generäle und Offiziere bestimmt, die sie mit Kaffee tranken, und die Ranghöchsten hatten auch Lebedamen". Der Chronist wundert sich deshalb kaum, dass unter diesen Umständen die Türken die

---

[15] Siehe u.a. PAPACOSTEA: *Oltenia sub stăpânirea austriacă 1718-1739*, Bucureşti: Editura Academiei R.S.R. 1971; DUŢU: „Das Bild der Österreicher und der Türken in der rumänischen Literatur am Ende des 17. Jahrhunderts", in: HEISS / KLINGENSTEIN (Hgg.): *Das Osmanische Reich und Europa 1683 bis 1789: Konflikt, Entspannung und Austausch* (= Wiener Beiträge zur Geschichte der Neuzeit 10), Wien-München: R. Oldenbourg Verlag, 1983, S. 44-53.

Deutschen „wie Kohlköpfe" mit ihren Säbeln erschlugen. Auch Gheorge Şincai berichtete später von ähnlichen Begebenheiten.[16]

Mit Dimitrie Cantemir begann eine differenziertere Wahrnehmung der rumänischen Fürstentümer in Deutschland. Als Sohn eines Analphabeten, des Fürsten Constantin Cantemir, gelang es Dimitrie zum Gelehrten aufzusteigen und am 14. Juli 1714 zum Mitglied der Berliner Akademie gewählt zu werden. Der deutsche Kaiser ernannte ihn zum Fürsten des Römischen Reiches. Berühmt machten Dimitrie Cantemir seine Beschreibung der Moldau (*Descriptio Moldaviae*, 1711; erst 1769 ins Deutsche übersetzt und in Hamburg herausgegeben) und die Geschichte des Aufstiegs und des Niedergangs des Osmanischen Reiches (*Historia incrementum et decrementum Aulae Othomanicae*, 1715-16; 1734 ins Englische übersetzt). Cantemir gehört zu den Begründern der rumänischen Kultur.[17] Er unternahm auch die ersten Versuche, philosophische Termini auf Rumänisch zu konstruieren. Bemerkenswert und fast wie eine philosophisch begründete Vorwegnahme einer Erkenntnis fördernden Imagologie ist das Bild eines alten Philosophen aus Cantemirs Schrift *Sacrosanctae scientiae indepingibilis imago*:

> Ein Alter mit einem Spiegel in der Brust ähnelt in seiner Gutmütigkeit einer Beatrice oder dem Heiligen Paulus, der Spiegel eröffnet dem Philosophen den sich schnell verändernden Anblick der Welt. (...) Im Spiegel entfaltet sich eine regelrecht vollständige Kosmo-

[16] La anul 1236 „după Analii bisericei din Braşău tătarii din nou au prădat Ungaria şi în Ardeal au zăbovit şapte ani. Pe Cadan unul dintre craii lui Bat (…) l-au întâmpinat teutonii cari lăcuiau peste munţi, în păduri, gândind că se vor încărca de dobânzi ci Cadan s-au făcut a fugi, iară saşii s-au înturnat veseli şi lepădând armele se ospăta, când Cadan i-au asuprit fără de veste şi pre mulţi i-au tăiat." [Laut Jahrbücher der Kirche in Braşov/Kronstadt haben die Tataren erneut in Ungarn und Siebenbürgen Raubzüge unternommen und blieben dort sieben Jahre. Cadan, einem der Anführer von Bat (…), kamen die Teutonen entgegen, die jenseits der Berge, in den Wäldern, lebten und gehofft hatten, Raubgut davon zu tragen, doch Cadan tat so, als flüchte er, und die Sachsen kamen fröhlich heim, warfen die Waffen weg und aßen kräftig, als Cadan sie ohne Vorwarnung angriff und viele von ihnen mit dem Schwert erschlug] Nach: Zăloagă, a.a.O.

[17] Surdu 2000, S. 111.

> gonie, die mit den Augen eines Physikers betrachtet, dennoch von Zeit zu Zeit als rätselhaftes Phänomen beschrieben wird. [CĂLINESCU, 37]

Die deutsche Literatur wird dem rumänischen Leser allmählich im Laufe des 17. und 18. Jahrhunderts zugänglich gemacht. Übersetzungen erweisen sich bereits in dieser Zeit als wertvolle und wirksame Vermittlungsform, auch wenn zuerst deutsche Literatur über das Griechische oder Französische ins Rumänische übersetzt wird - wie etwa Alexandru Beldimans Übertragung von Salomon Gessners *Der Tod Abels* – nach *La mort d'Abel*, 1759; oder *Erastos* von demselben Autor, das zunächst von Ruxandra Samurcaş ins Griechische (1819), dann von Zoiţa Grigoriu ins Rumänische übertragen wurde (1822). Ja sogar das bekannte Gedicht von Ienăchiţă Văcărescu „Într-o grădină" [In einem Garten] war keine Entlehnung von Goethe, wie man lange angenommen hat, sondern entsprang eher einer griechischen Quelle, wie George Călinescu feststellte [68].

*

Diese Zeit markierte bei den Rumänen zugleich ein zunehmendes *Selbstbewusstsein ihrer (westlich orientierten) europäischen Identität*, auch wenn die Einflüsse von Byzanz/Konstantinopel noch lange nachwirkten. Durch Besuche, durch Studien in westlichen Ländern, zunächst verstärkt in Polen, Frankreich und Italien, dann immer mehr auch in Deutschland und Österreich, festigte sich bei den Rumänen das europäische Zusammengehörigkeitsgefühl, das mit der Entdeckung und einem tieferen Verständnis der westlichen Kultur gegen Ende des 18. und zu Beginn des 19. Jahrhunderts einherging. Die „von den deutschen Universitäten stammenden Einflüsse" prägten eine Reihe von rumänischen Persönlichkeiten, die im Westen studierten und die vormoderne Entwicklung in die Wege leiteten. Deren Grundvoraussetzung erwähnt Călinescu unmissverständlich: „Die rumänischen Fürstentümer lagen niemals außerhalb Europas, ihre Anfänge standen fest im Zeichen der feudalen Entwicklung", die sehr früh mit aufklärerischen Akzenten versehen waren: Fürst Eraclit Despotul

(1561-1563) gründete in Cotnari (in der Moldau) eine lateinische Universität, an der auch die siebenbürgisch-sächsischen Gelehrten Johannes Sommer und Johann Rheticus unterrichteten. Rumänisierte Siebenbürger Deutsche (Sachsen) wurden in den Kanzleien der Fürstentümer beschäftigt. Die Rumänen in Siebenbürgen fanden über die mit Rom unierte Kirche (1697; 1700) schnellen Zugang zum westlichen Kulturgut. So entstand die sogenannte Siebenbürgische Schule (Şcoala Ardeleană) der Rumänen, die ein zweites wichtiges Moment ihrer geschichtlich-kulturellen Entwicklung darstellte. Zur selben Zeit waren die Fürstentümer regelrecht von westlichen Sekretären überlaufen. Wegen der revolutionären Ereignisse in Frankreich emigrierten viele Franzosen, darunter auch viele bedeutende Lehrer, in die östlichen Regionen Europas. Die Habsburger schickten ihrerseits in die von ihnen beherrschten östlichen Landesteile (Galizien, Siebenbürgen, die Bukowina) viele Lehrer und Beamte. Aus Rumänien wurden junge Studierende nach Paris zum Studium geschickt, die Privatbibliotheken waren voll italienischer und französischer Bücher. Die sogenannten Fanarioten, durch das Osmanische Reich ernannten Fürsten der rumänischen Länder, waren bekanntlich griechischer Herkunft und über die eigene Kultur mit der westlichen eng verbunden. Auf diesem kulturellen Umweg drangen viele geistige Anregungen in die Donaufürstentümer ein. Der Übergang von einer Epoche zur anderen vollzog sich langsam, war oft mit Rückschlägen verbunden und brachte zunächst eine religiös geprägte Literatur hervor: Obwohl er über sehr viele Kenntnisse der westlichen Kultur verfügte, kehrte beispielsweise Dimitrie Cantemir, als er Fürst wurde, zu überholten Bräuchen zurück:

> Dieses Mitglied der Berliner Akademie ist sogar in mancher Hinsicht merkwürdig überholt. Die Idee einer Literatur im westlichen Sinne sollte sich sehr schwer durchsetzen. [Călinescu, 61]

Am schnellsten reagierte die rumänische Sprache auf die westlichen Impulse, die ihren Wortschatz schnell und nachhaltig bereicherten.[18]

[18] So auch bei Hîncu, a.a.O., der die Einflüsse der deutschen Sprache bzw. der sächsischen Mundart auf das Rumänische belegt.

Einen Beleg für diese Tendenz bieten die zahlreichen Wörterbücher, die in dieser Zeit – nicht selten mehrsprachig – gedruckt wurden, wie das 1825 veröffentlichte *Lesicon romanescu – latinescu – unguresco – nemţescu* (Buda).

Der rumänische Blick auf die deutsche Literatur wird immer *neu*gieriger und *aufnahme*fähiger. Deutsche Quellen stehen immer wieder Pate bei der Entstehung von Werken rumänischer Autoren, die allerdings selten über das Epigonenhafte hinauszugehen vermögen. Vasile Aaron schreibt 1805 nach dem Vorbild von Klopstocks *Messias* seine *Patimile şi moartea a Domnului şi Mântuitorului nostru Iis(us) H(ristos)* – [Passion und Tod unseres Herrn und Erlösers Jesu Christi]. Der Siebenbürger Ion Popovici Barac übersetzte Shakespeares *Amlet* [Hamlet] nach einer deutschen Vorlage und direkt aus dem Deutschen das Volksbuch über Till Eulenspiegel (*Toată viaţa, isteţiile şi faptele minunatului Tilbuhoglindă*). Während seiner Wiener Studien sammelte der ebenfalls aus Siebenbürgen stammende Ion Budai Deleanu Material für ein *Rumänisch-deutsches und deutsch-rumänisches Lexikon*. Literarisch interessiert, erwarb er Kenntnisse über die klassischen Literaturen sowie die italienische, deutsche, französische und englische Literatur, so dass er im westlichen Sinne ein Gebildeter war, ohne seine im Wesentlichen bäuerliche Grundhaltung aufzugeben. Aufgewachsen im multikulturellen Gebiet Siebenbürgens, entwickelte er jene außerordentliche Fähigkeit, Fremdwörter zu assimilieren, „denen er mit verwundertem Ohr lauschte und die er in Bauerntrachten kleidete" [CĂLINESCU, 79]. Deleanu verfasste eines der ersten, als wirklich literarisch zu bezeichnenden Epen der rumänischen Literatur: *Ţiganiada*, eine Zigeunerdichtung im Geiste zeitgenössischer Travestien.

In einer Zeit zahlreicher Reiseberichte und -beschreibungen fühlte sich der eigentlich unscheinbare Bojar Dinicu Golescu angeregt, seinen Landsleuten über die von ihm mit eigenen Augen gesehenen Wunder der westlichen Welt zu berichten. Seine berühmten *Aufzeichnungen meiner Reise* durch Österreich, Italien, Bayern und die Schweiz aus dem Jahre 1824 schrieb er zunächst auf Griechisch, danach übersetzte er sie ins Rumänische. Es handelt sich um ein erstes Reisetagebuch mit Berichten über eine Entdeckungs-/Bildungsreise, das sich damit in die Menge der Texte der rumänischen und der Weltliteratur einreiht, die zu Beginn und um die Mitte des 19. Jahrhunderts entstanden und, wenn sie auch unterschiedlichen Gattungen – Reisejournal, Kulturbeschreibung, ethnografischer Essay etc. – zuzuordnen sind, einen Blick auf jeweils andere Kulturen werfen.

Interessant ist dabei der „ethnologische Blick", die alteritäre Entdeckung des Fremden im Vergleich zum Eigenen. Die Konstruktion von Alterität, von imagologischen Sichtweisen wurde – zumindest im Verhältnis der Deutschen und Rumänen zueinander – in einigen Fällen gründlich untersucht. Dabei kam man zu dem Ergebnis, dass die deutsche bzw. österreichische (Hoch)Kultur von den rumänischen Autoren mit Achtung und Anerkennung betrachtet wird, während in den deutschsprachigen Texten meist der ursprünglich-exotische, orientalische Charakter der rumänischen (Volks)Kultur (mit allen negativen Konnotationen, die einem solchen Begriff in der westlichen, „zivilisierten" Welt anhaften) hervorgehoben wird. Auch Golescus Blick ist durchweg positiv: „Die Leute (in Österreich; G.G.) sind fleißig und entschlossen, die Dinge gründlich und in bester Ordnung zu einem guten Ende zu führen ...".[19] An dieser Stelle können wir – unter Bezugnahme auf Dinicu Golescus (später auch auf Nicolae Filimons) Reiseaufzeichnungen – aber auch den Einfluss feststellen, den die rumänischen Reiseberichte durch die heftige Klage über Missstände im eigenen Land auf die Wahrnehmung des Anderen über ihr Land ausgeübt haben, vor allem wenn man bedenkt, dass sich diese Reisenden *vor* der Reise Literatur über die bereisten Länder besorgt hatten. Dem Klischee leisteten daher Behauptungen von Rumänen selbst Vorschub: So habe ein kritisch denkender Bojar Golescu in Wien mitgeteilt, er würde es vorziehen, eher Gärtner in Schönbrunn zu sein als ein Gebietsvorsteher in der Walachei. Im Angesicht geradezu paradiesischer Zustände in Bayern etwa erinnert sich der rumänische Reisende ständig an die Missstände in seinem eigenen Land:

---

[19] GOLESCU 1990 (1826), S. 21ff.

"Wird sich denn diese über dem rumänischen Geschlecht schwebende dunkle Wolke von Bösem und Qualen niemals auflösen?" [CĂLINESCU, 80]. Dabei denkt er an seine "Brüder", die Bauern, die in Rauchkammern mit dem Kopf nach unten gehängt werden, um ihre Abgaben zu zahlen. Diese Art Spiegelverfahren zieht sich durch alle Aufzeichnungen Golescus hindurch, so dass der Blick auf fremde Zustände den Rück-Blick auf die einheimischen schärft. Es findet dabei eine zweigleisige Aufklärung statt, auch wenn unbewusst Klischees zugearbeitet wird. Blick und Gegenblick stehen komplementär zueinander.

Wenn Golescu an die Verhältnisse in seiner Heimat denkt, verspürt er nur Melancholie und Tristesse, Eindrücke und konkrete Detailbeschreibung gehen im Text Hand in Hand. Wenn auch meistens sachliche Beschreibungen von Bauten und Landschaften vor den Augen des Lesers vorbeiziehen, so schwingt die Bewunderung des östlichen Reisenden über die Leistungen der Menschen in den besuchten Ländern deutlich mit. Die Forscher sprechen in diesem Zusammenhang von einem „Golescu-Komplex", d.h. von „einem bedrückenden Minderwertigkeitskomplex, dem sich die Anregung anschließt, dem fremden Vorbild zu folgen, um dem Vaterland eine glücklichere Zukunft zu sichern; es entsteht dabei der Mythos der modernen Zivilisation und der nationalen Zukunft."[20]

Constantin Conachi, der erste rumänische Petrarca-Anhänger, trat für die Förderung der Nationalsprache ein wie in den Ländern, in denen Chateaubriand, Schiller, Goethe, Karamzin und andere schrieben. Gheorghe Asachi, der Herausgeber der bekannten Zeitung „Albina Românească" [Die rumänische Biene, 1829], studierte in Lemberg und in Wien. 1816 spielte eine Theatertruppe unter Costache Ghica zum ersten Mal in rumänischer Sprache ein Stück von Salomon Gessner und Florian, das Asachi für die Bühne adaptiert hatte. Ebenfalls ein deutscher Autor, August von Kotzebue, eröffnete die Aufführungen des Nationaltheaters in Jassy 1837 und blieb auf der von ihm gegründeten Bühne ständig präsent. Gottfried August Bürgers *Leonore* diente Asachi als Vorlage für eine rumänische Deutung dieses bekannten Motivs.

[20] LASCU, a.a.O.

Iancu Văcărescu gehörte zu den aktivsten Übersetzern seiner Zeit. Neben französischer und italienischer Literatur übertrug er auch dramatische Werke der deutschen Literatur, u.a. von Kotzebue. Dessen großer Erfolg erklärte sich vor allem dadurch, dass er vom französischen Theater beeinflusst war, was dem Geschmack des damaligen, frankophilen rumänischen Publikums voll entsprach. Văcărescu schrieb auch Balladen, für die er Vorlagen von Gottfried August Bürger und Goethe übernahm. In der Ballade „Dracul" [Der Teufel] stellen die ersten 11 Zeilen die ins Rumänische übersetzten Worte des Erdgeistes aus dem *Faust* dar.

Nationale Belange, Fortschrittswille, Kulturhunger, Rückbesinnung auf eigene Kulturwerte der Vergangenheit, Herkunftsfragen, kritische Akzente gegenüber Missständen im eigenen Land, ironisierende Haltung der in den Westen reisenden Rumänen – das alles bereitete den Weg für die – relativ späte – Entfaltung romantischer Strömungen und Vorlieben in Rumänien. Blick und Gegenblick ergänzten sich ständig: Man wird nicht als „Anderer" geboren, man *wird* zum „Anderen" gemacht, sobald man zum Objekt einer (ethnologischen) Be-Schreibung gerät.

Nicht nur bei den Rumänen, die den Westen bereisten und die heimatlichen Missstände kritisch hinterfragten, sondern auch bei den westlichen Reiseberichterstattern ist dasselbe Spiegelverfahren in ihren Einschätzungen festzustellen: bei von Berg ebenso wie bei Johann Ferdinand Neigebaur in seiner *Beschreibung der Moldau und Walachei* (Leipzig, 1848). Für diesen Autor, wie für Berg, bietet sich dabei die Gelegenheit, das politische System in seiner Heimat und seine deutschen Mitbürger anzugreifen:

> Bei allem Druck, unter dem das niedere Volk lebt, bemerkt man aber dennoch Spuren des Bewusstseins einer gewissen Menschenwürde; so dass wenigstens in diesen Ländern Börne nicht die Servilität gefunden haben würde, welche er den Deutschen vorwirft.[21]

---

[21] Lascu, a.a.O.,S. 321.

Die deutsche Kultur verblieb weiterhin im Blickfeld rumänischer Literaten. Der erste passeistische Romantiker Rumäniens, Vasile Cârlova, der die ruhmvolle Vergangenheit und verfallene Ruinen pries, schrieb 1827 sein erstes pastorales Gedicht nach dem Muster des Deutschschweizers Gessner.

Die nach Dimitrie Cantemir zweite große Persönlichkeit für die rumänische Kultur war Ion Heliade Rădulescu, der im Lyzeum von Gheorghe Lazăr Vorlesungen über Kant hörte und aus dessen Werk zu übersetzen versuchte. Außer Übersetzungen aus der französischen und englischen Literatur hatte er sich vorgenommen, ein Gedicht von Schiller („Ritter Toggenburg"), Stellen aus Goethes Gesprächen mit Eckermann (über das Französische), Texte von Leibniz, Wolff, Kant Fichte, Schelling, Hegel (*Die Phänomenologie des Geistes*) sowie ästhetische Schriften von Jean Paul Richter zu übertragen. In einem Gedicht „La F. Schiller" [An F. Schiller] wurde der deutsche Dichter als ein Prophet dargestellt, den die Zeitgenossen gekreuzigt hätten, als ein Kosmopolit, der es verdiene, von der gesamten Welt gefeiert zu werden:

> Wiederholt in Chören, durch Tausende von Myriaden
> Das ganze Germanien, Amerika und England,
> Es ertöne der ganze Erdball, wo freie Menschen leben!
> [CĂLINESCU, 147]

Der Bukowiner Mihail Cuciuran brach 1837 zum Studium nach Deutschland auf: Er kannte das Werk von Schiller, Wieland und Goethe, doch der Tod seines Vaters ließ seine Pläne scheitern.

Der Blick der Rumänen auf die deutsche Kultur sollte dann durch Mihail Kogălniceanu wesentlich geschärft werden, womit auch eine kritische Phase eingeleitet wurde. Er gehörte zu den ersten rumänischen Intellektuellen, die sich durch eine große Urteilsfähigkeit über die reale Welt, verbunden mit einer konstruktiven Haltung, auszeichneten und die nach 1834 scharenweise in den Westen gingen, um dort zu studieren. Sein nicht allzu umfangreiches Werk hat vom literarischen Standpunkt nicht viel zu bieten, allein seine Briefe aus dem Ausland zeichnen sich durch präzise Beschreibungen eines klugen und erfahrenen Menschen aus. In Berlin knüpfte er in den Salons von de Savigny Beziehungen zu Humboldt sowie zum mittelmäßigen Schriftsteller Willibald Alexis. Das ihm und seiner Heimat entgegengebrachte Interesse bewog den „schwarzen Griechen", wie er in den Berliner Salons genannt wurde, einen Abriss der Geschichte der Rumänen zu schreiben, die 1837 in Joseph Lehmanns *Magazin für die Literatur des Auslands* erschien.

Am 27. Oktober 1837 immatrikulierte er sich an der Berliner Universität. Kogălniceanus Ansichten wurden immer liberaler; er besuchte den Grafen von Schwerin auf dessen Schloss, da dieser viele Leibeigene befreit hatte. Als Kogălniceanu ein Jahr später nach Jassy zurückgerufen wurde, beantragte er einen Nachweis für die in Berlin besuchten Lehrveranstaltungen. In Jassy übersetzte er Dimitrie Cantemirs *Descriptio Moldaviae* aus dem Deutschen. In den darauffolgenden Jahren widmete er sich ganz politischen Aufgaben im Gefolge von bedeutenden geschichtlichen Ereignissen: die Vereinigung der Fürstentümer der Moldau und der Walachei zum gemeinsamen Staat Rumänien (1859), Erlangung der Unabhängigkeit (1877), nachdem 1866 ein Hohenzollern als Herrscher ins Land geholt worden war. In der von ihm herausgegebenen „Dacia Literară" [Literarisches Dakien] nahm er theoretisch Stellung zur nationalen Frage und veröffentlichte Theaterkritiken.

Mit ihren weniger passeistischen, dafür eher exotischen und geheimnisvollen Romantikern erwies sich die deutsche Literatur als anregender Faktor für die rumänische. So zeigte das literarische Werk von Dimitrie Bolintineanu, obwohl er in Paris studierte, einen deutlicheren Einfluss der deutschen Romantik. Die von ihm unter dem Titel *Märchen* gesammelten Gedichte waren eigentlich Balladen nach dem Vorbild von Bürger und Uhland, deren Handlung in einer dunklen, fantasievollen und ritterlichen Epoche spielte. Der deutsche Einfluss lag hier auf der Hand. Bolintineanu kam – laut Călinescu –

das Verdienst zu, „die deutsche Ballade für das Gebiet Dakiens“ [232 ff.] adaptiert zu haben.

In Paris studierte auch Cezar Bolliac, der sich durch seine revolutionären Ansichten hervortat. Doch am deutlichsten traten seine aufklärerischen Ideen in der Auffassung von einer streitbaren Dichtung zutage:

> Es ist an der Zeit, dass sich die Dichtung in Bewegung setzt, dass sie alle ihre Möglichkeiten einsetzt für eine totale Veränderung, für eine Reform des Bewusstseins – für die Veränderung aller bisherigen Auffassungen des Menschen von der Welt. [CĂLINESCU, 248]

Der Verfasser der heutigen offiziellen Hymne Rumäniens *Deşteaptă-te, române* [Erwache du Rumäne], Andrei Mureşanu, wirkte zuerst in Siebenbürgen, wo andere nationale Ansichten vertreten wurden, die sich in seinen literarischen Erzeugnissen niederschlugen. Als General Karl von Schwarzenberg 1851 Sibiu/Hermannstadt besuchte, schrieb er ein österreichfreundliches Gedicht, in dem es hieß, der Rumäne sehe seine Rettung in Österreich unter dem Schutz des Kaisers. Diesem widmete er 1852 ein *Treuebekenntnis* [Omagiu de fidelitate]. Dies lässt sich kaum mit der Aura eines nationalen Märtyrers, die um ihn entstanden war, vereinbaren.

Obwohl stark frankophil eingestellt, hatte Vasile Alecsandri auch Kontakte zum deutschen Kulturbereich. Bereits als Kind lernte er Französisch, Deutsch und Griechisch. Während eines Aufenthalts in Wien improvisierte er sogar deutsche Gedichte für ein „Fräulein“. Alecsandri erfreute sich unter den jungen Mitgliedern des Literaturkreises „Junimea“ [Die Jugend] aus Jassy besonderer Achtung, was sich auch darin ausdrückte, dass sich alle erhoben, wenn er den Saal betrat, und Titu Maiorescu und Jakob Negruzzi ihn mit besonderer Zuvorkommenheit behandelten. Alecsandris Vorbilder waren französisch, doch in einer Trauerromanze „Pohod na Sybor“ ahmte er den Stil Heines in dessen „Grenadieren“ nach.

Deutlichere Blicke auf Deutschland und die Deutschen warfen

immer mehr die Periodika, wie etwa George Sion 1860 in „Revista Carpaţilor“ [Karpatenrevue] und Alexandru Odobescu in seiner „Revista română“ [Rumänische Zeitschrift]. Nach der 1859 erfolgten Vereinigung der beiden Fürstentümer gab es die Auffassung, dass, um auch kulturell Anerkennung zu finden, der neue Staat entsprechend bedeutende Leistungen aufweisen müsse: Nicht die Gebrauchsgegenstände der einzelnen Länder, und seien sie noch so schön, rechtfertigten ihre nationale Existenz, sondern es bedürfe einer überragenden kulturellen Größe „so wie Moses bei den Juden, Homer bei den Griechen, ein Schiller und ein Goethe bei den Deutschen, ein Shakespeare bei den Engländern und ein Dante bei den Italienern, ein Rousseau und Voltaire bei den Franzosen und Mickiewicz bei den Polen, ein Puschkin bei den Russen“ [Călinescu, 343]. Das schrieb George Sion im Jahre 1860 in der „Revista română“. 1861 setzte er deutlichere programmatische Akzente:

> [Görres] prophetische Worte (1810: G.G.) können wir auch auf unser Land anwenden, und wir sind der festen Zuversicht, dass solche Worte, die in Deutschland ihre Früchte trugen, wo sie in einem der bewegendsten Momente der Geschichte dieses Landes gesprochen wurden, bei uns keine irreführende Wirkung haben werden, zumal hier der Samen des Fortschritts von einer wohlmeinenden Hand auf einen reichen und fruchtbaren Boden geworfen wurde. [Ebd.]

Das kulturelle Interesse an Deutschland besaß demnach auch Auswirkungen auf die politische Orientierung des jungen Staates Rumänien.

In der umfangreichen Bibliothek seines Vaters fand der junge Alexandru Odobescu viele deutsche Bücher, etwa von Klopstock, Lessing, Wieland, Herder, Schiller, Goethe (*Werther*, in französischer Übersetzung), Grabbe, Körner, Ludwig Tieck, Ludwig Uhland, Hoffmann, Heine, Al. von Humboldt, Mommsen, Fr. A. Schlegel, Hegel (in französischer Übersetzung) und sogar Gervinus (*Geschichte der deutschen Dichtung*). Mit seinem berühmten theoretisch angelegten Werk *Pseudokynegetikos* strebte Odobescu eine Nachahmung von Lessings *Laokoon* an. Im Gegensatz zu Lessing, der bestrebt war, ein System aufzubauen, vermied Odobescu aber jeglichen Ansatz einer derartigen Konstruktion.

Rumänische Übersetzungen deutscher Autoren förderten ihrerseits die Kreativität rumänischer Autoren. So schätzte Gr. H. Grandea besonders die von Gavril Munteanu 1842 angefertigte Übersetzung von Goethes *Werther* [*Suferințele junelui Werther*] und ließ sich dadurch zu Versen inspirieren:

> „Werther, Werther, immer dich
> Les' ich immer, immer dich,
> Und mit heißen, stillen Tränen
> Will dir meine Lieb' ich zeigen,
> Guter Freund, ein Freund wie dich
> Find' ich nirgends, nimmer mehr." [CĂLINESCU, 366][22]

Der rumänische Autor und Universalgelehrte B. P. Haşdeu (Hâjdeu) besuchte die nach deutschem Vorbild errichtete Universität in Charkow. Wie Kogălniceanu war auch er ein Befürworter der Abschaffung der Leibeigenschaft (was sich in seinem bekanntesten Stück *Răzvan şi Vidra* niederschlug) und verstand sein Wirken in aufklärerischer Absicht. Daraus ließe sich auch seine kritische Einstellung zu den „Junimisten" erklären, deren Vorbild der deutsche Philosoph Schopenhauer war. Obwohl er selbst Schopenhauer verehrte, konnte er den zur Schau getragenen Pessimismus der jungen Autoren, die sich um die Zeitschrift „Convorbiri literare" [Literarische Gespräche] gruppierten, nicht verstehen:

> In Deutschland ist Schopenhauer ebenso am Platze wie Falstaff in einem Drama Shakespeares oder wie Tersites in der *Ilias*. Dort stellt er eine weitere Nuance in der Vielfalt des Bildes dar. Aber Pessimismus bei uns? Pessimistische Kinder? Wir haben kaum gelebt und jammern schon, dass die Brustmilch nicht gut sei!" [CĂLINESCU, 381]

[22] Siehe auch HÎNCU 1996, S. 34f.

Der „Junimea“-Kreis und dessen *Spiritus rector* Titu Maiorescu gelten als das dritte bedeutende Moment in der rumänischen Literatur und Kultur. Der Blick auf die Deutschen besaß nicht mehr nur einen quantitativen Aspekt, sondern machte einen qualitativen Sprung, indem die rumänische Kultur und Kulturreflexion anfing, kritische, Mythen dekonstruierende Akzente zu setzen.

Bis jetzt waren Bojaren die Träger der kulturellen Kontakte und Entwicklung, die Verfasser von Reiseberichten und Protagonisten einer theoretischen Aufklärungsarbeit gewesen. Dem „Junimea“-Kreis gelang es, die kreative Kraft der Bauernschaft heranzuziehen und sie mit jener der Aristokraten zu verbinden. Ohne diesen Kreis wäre etwa der Aufstieg des zum Klassiker gewordenen, aus den Reihen der Bauern stammenden Schriftstellers und Erzählers Ion Creangă nicht denkbar gewesen. Sogar Titu Maiorescu entstammte derselben Schicht, da sein Vater als Bauernsohn aufgewachsen war und später Lehrer wurde. Nicht zuletzt war dies eine bedeutsame Folge der bisherigen aufklärerischen Bemühungen der rumänischen Kultur. Maiorescu besuchte das *Theresianum* in Wien und empörte sich über die gängigen imagologischen Stereotypen über die „Wallachen“ – „ich werde es den Wiener Eseln zeigen, was ein Rumäne bedeutet!“ Mit 15 Jahren begann er ein Tagebuch zu führen. Călinescu urteilte über ihn: „Ein angeborener kristallklarer Verstand, der keine Fortschritte mehr machte ...“ [397f.]. Maiorescu verfasste deutsche Gedichte wie etwa:

> Alles lacht in eitler Freude,
> Überall seh ich nur Lust,
> Bei mir niemals; ich nur leide,
> Fühle Schmerz in meiner Brust [Călinescu, 398]

und nahm sich vor, fast das gesamte Werk von Lessing zu übersetzen.

1858 kam er nach Berlin und promovierte recht schnell in Gießen: „Ein Spiel“ meinte dazu das „Genie“. Hier lernte er Klara Kremnitz kennen, die er später heiraten sollte. Ihre Schwägerin, Mite Kremnitz, die sich später mit ihrem Mann, dem Hofarzt Wilhelm Kremnitz, in Rumänien niederließ, übernahm eine wichtige Vermittlerrolle in den deutsch-rumänischen Literaturbeziehungen. Mit 21 Jahren wurde Titu Maiorescu Mitglied der Philosophischen Gesellschaft in Berlin und verfasste den Aufsatz *Einiges Philosophisches in gemeinfasslicher Form*. Er las viel und kannte sich in der deutschen Literatur besser aus als in der französischen – mit Maiorescu begann in der rumänischen Kultur eine starke *Hinwendung* zur deutschen Kultur. Er vertrat konsequent eine aufklärerisch geprägte Philosophie und entwarf das Konzept einer modernen Kultur in Rumänien.[23] Mit 22 Jahren hielt er bereits Vorlesungen – darunter auch über Fichte – an der Universität Bukarest.

Sein Tagebuch zeichnete sich durch Kargheit aus. Călinescu kommentiert:

> Der Kritiker war immer von Goethe obsessiv fasziniert, dessen Biografie er noch in den Jugendjahren studierte, zunächst mit etwas Zurückhaltung, dann immer heftiger. Er ist überzeugt, dass er die Goethesche Universalität verwirklichen wird: als Schriftsteller und Staatsmann. (....) Auch die Gewohnheit zu zeichnen, sich für die meteorologischen Veränderungen zu interessieren, rühren bei ihm von Goethe her. [402]

Doch bald begann Maiorescu an den Folgen seiner literarisch-kulturellen Präferenzen zu leiden: Der Faustische Ekel („Was kann mir das Leben noch Neues anbieten?“) verband sich mit einer existenziellen Werther-Krise – infolge seiner Beziehung zu seiner Schwägerin Mite liebäugelte er mit Suizidgedanken. Man hat oft seine unklare Befindlichkeit hervorgehoben, da er sich zu sehr von der deutschen Romantik habe beeinflussen lassen. Und wie eine Goethesche Angewohnheit schien auch seine Neigung zu sein, „die Vorzüge der höchsten Gesellschaft zu genießen.“ [CĂLINESCU, 403] Gleichzeitig stellt er höhere Ansprüche an sich selbst: „Ich werde mich auf meine

[23] GHIȚĂ 1981, S. 44f.

Prozesse und auf Schopenhauer konzentrieren. Mehr Philosophie, Herr Maiorescu!" [Călinescu, 405].

Noch hingen die Junimisten der Hegelschen Ästhetik an, die sie mit Schopenhauerschen Elementen kombinierten im Sinne der dualistischen Auffassung, dass die Wissenschaft sich mit der Wahrheit, die Kunst sich aber mit dem Schönen befasse. In seinen ästhetisch-kritischen Urteilen erwähnte Maiorescu häufig Lessing, niemals aber die französischen Ästhetiker. Dies korrelierte mit seinen philosophischen Ansichten, die nur „alle Consequenzen des klaren Realismus" anerkennen und stets „mit beiden Füßen am klaren Ufer" stehen. Die Philosophie „steht nicht über ihrer Zeit ..., und ebenso wenig steht ein jedes x-beliebige Individuum als Sohn seiner Zeit über dieser."[24] Mensch und Zeit stehen in einem unzertrennlichen Verhältnis zueinander – womit mit dem Begriff Verhältnis sein grundlegendes Konzept genannt ist. Allein „die universelle Wahrheit ist der ewige Fluß der Unsterblichkeit". Maiorescus frühe Schriften, die weitgehend unbekannt geblieben sind, hätten vieles erklären können, darunter auch „die Einflüsse Lessings, Herders, Schillers, Goethes, Hegels und insbesondere Feuerbachs" auf sein Denken.[25]

Um die *Junimea*-Zeitschrift „Convorbiri literare" bildete sich eine Gruppe von Autoren wie N. Scheletti, der in Berlin und Potsdam studierte und sehr früh in Wien starb, D. Petrino, der aus Protest gegen die Feier zum 100. Jubiläum der Besetzung der Bukowina durch die Österreicher 1875 seine Heimat verließ, Samson Bodnărescu, ein Bukowiner, der in Wien sowie in Berlin studiert hatte und in Gießen mit einer Dissertation über Lessings *Laokoon* promovierte, Mihai de Bonachi, der mit 17 Jahren einen Pass für Sachsen besaß, mit 18 nach Berlin aufbrach und eine Deutsche heiratete, weiter Michail Korné (M. D. Cornea), der seinen Namen französierte und ironisch Kritik an der bedingungslosen Liebdienerei den Ausländern gegenüber in zweisprachig gemischten Gedichten übte wie in „Von Kalikenberg concesionar":

[24] Maiorescu 1981 (1861), S. 271.
[25] Ghiță, a.a.O., S. 10.

Ich Herr von Kalikenberg
Tocmai din Berlin alerg,
Mit hoher Protection
Für grosse Concession.

Dai la mine nur parale
Şi eu face tumitale
Alles schön und alles gut,
Cum nime n-a mai făcut!...

Toţi nemţile vorbesc
Că la ţara românesc
Toţi faliţii pot să vie,
Ca să facă bogăţie.

Ist genug s-aduci în ţară
Două rânduri din afară,
Und mit ein solcher Papier
Sie bekommen alles hier...
[CĂLINESCU, 430]

Ich Herr von Kalikenberg
Komm' von weitem aus Berlin
Mit hoher Protection
Für grosse Concession.

Gib nur genügend Geld
Und ich erledige für Sie
Alles schön und alles gut,
Wie kein anderer das tut.

Alle Deutschen sprechen nur
Dass ins Lande der Rumänen
Kommen alle Hergelauf'nen
Um sich schneller zu bereichern.

Ist genug ins Land zu bringen
Nur zwei Zeilen von auswärts
Und mit ein solcher (sic!) Papier
Sie bekommen alles hier...

Iacob Negruzzi, der Sekretär des „Junimea"-Kreises, studierte in Berlin (Jura) und in Halle-Wittenberg. Er besorgte Übersetzungen aus Schiller („Die Räuber", „Die Verschwörung des Fiesko", „Kabale und Liebe", „Maria Stuart") und ahmte in seinem Stück *Miron und Florica* Goethes *Hermann und Dorothea* nach. Doch nach Călinescus Aussage war das alles „totes Zeug" [435]. In seinem Nachlass fand man handschriftliche Übersetzungsversuche aus Goethes *Faust* und aus Uhland „Des Sängers Fluch".

Schließlich studierten auch Geschichtswissenschaftler und Philosophen in Österreich und Deutschland. Der Historiker A. D. Xenopol beispielsweise, der Verfasser einer auch heute noch lesenswerten *Istoria românilor* [Geschichte der Rumänen] promovierte zweimal in Berlin. Ein anderes Beispiel ist der Philosoph Vasile Conta, ein pessimistisch-sensualistischer Denker, der sich in einem platten und verworrenen Materialismus verstrickte.

Zum Schluss sei noch auf Nicolae Filimons Reisebericht *Escursiuni în Germania meridională. Memorii artistice, istorice şi critice* [Ausflüge in Süddeutschland. Künstlerische, historische und kritische Erinnerungen] aus dem Jahre 1858 hingewiesen.[26] In jeder neuen Stadt listete der kulturinteressierte Filimon wie jeder Bildungsreisende alle Sehenswürdigkeiten auf und gab seitenlange Erklärungen für unerfahrene Leser. Dem folgte dann noch eine sechzehnseitige Beschreibung des Schlosses Belvedere und der Gemälde dieses Museums.

Die postkoloniale Theorie geht davon aus, „dass der Ort, aus dem man kommt, und der Ort, in dem man ist, Teil sind von dem, was man denkt, schreibt oder entwirft, und unterstreicht die geokulturelle Standortbestimmung im Vorgang der Wissenskonstruktion."[27] Eine Beschreibung des Anderen stellt demnach zugleich einen Vorgang der Selbstverständigung des Reisenden dar. Jedes Urteil über Werte fremder Kulturen offenbart Bewertungsmaßstäbe für den eigenen Kulturraum. Wir bezeichneten das als *Spiegelverfahren*. Eine Eigenart vieler rumänischer Reiseberichte liegt darin, dass diese Reflexion oft explizit artikuliert wird. So berichtete Filimon gleichermaßen über die ihm bis dahin unbekannte, fremde Welt, als auch stets – im erwähnten Spiegelverfahren – über seinen eigenen kulturell-mentalen Herkunftsraum. Blick und Gegenblick stehen spiegelgleich identitär einander gegenüber:

> In Wien ist das Straßenpflaster sehr gut, und man hält es sehr sauber, daher kommt es, dass Bewohner aller Klassen mehr zu Fuß gehen [*Fußnote*: Die Straßen Wiens wurden im Jahre 1781 mit Kopfsteinpflaster versehen. Es wäre sehr nötig, dass man bei uns auch anfängt diese Pflasterung zu benutzen, damit auch die Einwohner unserer Hauptstadt sich endlich von der traurigen

[26] Nachstehende Ausführungen fußen auf dem ähnlich angelegten Beitrag von Melwisch-Birăescu: „Deutsche Kulturbringer vs. rumänische Kulturreisende? Ost und West besuchen einander", in: *transcarpathica. germanistisches jahrbuch rumänien*, herausgegeben von Guţu / Müller / Schares, Heft 5-6, 2006-2007. Verantwortlicher Hrsg.: Nubert /Lutz, Bucureşti: Paideia, S. 119-131.
[27] Pagni 1999, S. 5.

> Notwendigkeit befreien, sechs Monate im Jahr im Kot zu schwimmen und andere sechs Staub zu fressen]; trotzdem findet man eine Menge sehr eleganter öffentlicher Kutschen [...].[28]

Die darin enthaltene didaktische Absicht ist unüberhörbar. Sie ist allen in den Westen reisenden Rumänen eigen, wobei eine aufklärerische Idee zum Tragen kommt. Auf diese Weise erfolgt „[d]er Transfer an Wissen und Meinungen",[29] der die eigenen zivilisatorischen Bestrebungen unterstützen soll. Es reisten aber viel weniger Rumänen in den Westen, als Deutsche/Österreicher im 19. Jahrhundert nach Rumänien kamen. Sie gehörten zu der meinungsbildenden, gebildeten Schicht ihrer Zeit, hochrangige Intellektuelle, politische Persönlichkeiten und Aristokraten, die sich ihrer Macht, Veränderungen herbeiführen zu können, und auch ihrer Pflicht, die Leser zu bilden und aufzuklären, bewusst waren.

Interessant ist, dass sich Filimon nicht darauf beschränkte, Kirchen, Museen, Hotels oder das moderne Trottoir zu beschreiben, sondern auch ethnografische Beschreibungen lieferte. Ethnospezifische Elemente wurden von ihm mit kritischer Akribie festgehalten:

> Bis jetzt haben wir über die guten Seiten der Deutschen gesprochen, kommen wir jetzt auch zu den Mängeln dieser Nation.
> (...)
> Der Deutsche hat generell eine sehr zierliche körperliche Beschaffenheit, die Haut seines Gesichts ist meistens blutleer oder vorzeitig verwelkt, seine Augen sind oft blau und selten schwarz, doch sowohl im ersten als auch in letzterem Fall fehlen ihnen die Heiterkeit und der Geist, der in den Augen südlicher Nationen

---

[28] FILIMON 1975 (1858), S. 69. („În Viena pavagiul este foarte bun şi se ţine în mare curăţenie; d-aci vine ca locuitorii de toate clasele umblă mai mult pe jos [notă: Căile Vienei s-au aşternut cu pietre cubice la anul 1781. Ar fi de mare necesitate să înceapă şi la noi sistemul acesta de pavagiu, ca să se libereze odată şi locuitorii capitalei noastre de trista necesitate de a înota şase luni ale anului în noroi, iar celelalte şase a mînca praf.]; cu toate acestea se găsesc o mulţime de trăsuri publice (birji) foarte elegante [...]").

[29] JACOBS 1995, S. 11.

> erstrahlt. Ihr galliges (giftiges) Aussehen bewirkt, dass sie mit allem, was sie auf der Welt sehen und hören, unzufrieden sind; und manchmal erreichen sie einen sehr hohen Grad von Neid. [...].[30]

Filimon bezog, ganz im Geist der Zeit, physische Merkmale auf charakterliche, wobei er ein differenzierteres Bild von den Deutschen zeichnete. Das bekannte Schema westlicher Reisender wurde durchbrochen: Der als kulturell ‚minderwertig' abgestempelte ‚Hinterweltler' meldet sich zu Wort und dreht, wenn auch nur auf der Ebene des für seine Landsleute bestimmten Diskurses, das Machtverhältnis um.

So wurden manche Zustände im Gastland mit bissiger Ironie kommentiert, Österreicher und Deutsche genau unter die Lupe genommen und scharfsinnig beurteilt. Die gängigen, meist positiven Stereotypen schienen ihre Anziehungskraft bei Filimon vollkommen verloren zu haben. Tatsächlich war eine sarkastische Haltung mehreren rumänischen Reisebeschreibungen eigen, wie die Beschäftigung mit der Primärliteratur deutlich werden lässt. Im Hofbräuhaus hatte Filimon beispielsweise die Gelegenheit, die Deutschen näher zu beobachten, und kam unter anderem zu folgender Schlussfolgerung in Bezug auf deren Temperament:

> Zehn Minuten waren vergangen und die bestellten Braten waren noch immer nicht in Sicht; ich wartete darauf, die Deutschen aufgeregt zu sehen, diese hingegen waren sehr ruhig. [...]
> [M]an merkt, dass bei diesen Menschen kein Herz in der Brust

[30] Filimon 1975 (1858), S. 195. ("Pînă aci vorbirăm despre partea cea bună a germanilor; să venim acum şi la defectele acestei naţiuni. Ca să ajungem la ţinta noastră, adecă la definiţia defectelor morale ale naţiei în chestiune, cată să observăm mai întîi fizicul ei, căci toate calităţile şi defectele morale îşi au sorgintea lor din calităţile şi defectele fizice. Germanul în general este de o constituţie fizică foarte delicată, pieliţa feţei sale este mai totdauna fără sînge sau veştejită înainte de timp, ochii lui sunt mai adesea azurii şi rareori negri, dar şi în cazul dintîi şi în cel dupe urmă sunt lipsiţi de voiciunea şi spiritul ce brilează în ochii naţiunilor meridionale. Complesiunea lor biloasă (veninoasă) îi face să fie nemulţumiţi de tot ce văd şi aud în lumea aceasta; iar uneori ajung la un grad foarte înalt de invidie [...]").

> schlägt oder dass durch ihre Adern Bier und nicht Blut rinnt, ansonsten könnten sie nicht so viel Geduld haben. [...] Beobachtet doch die Deutschen aufmerksam, [...] und wenn ihr bemerkt, dass einer von ihnen den Ellenbogen auf den Tisch gesetzt hat und seine Stirn auf die Handflächen stützt, glaubt nicht, dass er über etwas nachdenkt, denn da liegt ihr falsch; in diesen Momenten ist er in Ekstase, das heißt, er ist in eine totale Lähmung der geistigen Fähigkeiten gefallen.[31]

Natürlich wollte der rumänische Schriftsteller auch über die deutschen Frauen berichten:

> Diesen Frauen fehlt nichts, was die Schönheit anbelangt, es fehlt ihnen aber dieses ‚gewisse Etwas', das einen Mann zur Frau hinzieht. In der Liebe sind sie sehr pedantisch und entwickeln oft die absurdesten Ansprüche. Falls du dich unglücklicherweise in eine Deutsche verliebt hast, hast du keine andere Chance bei ihr anzukommen, als dich so traurig wie möglich zu zeigen, gedankenverloren und ab und zu zu seufzen, falls du es kannst. Im Gespräch musst du dich bemühen und ihr zeigen, dass du die deutsche Literatur sehr gut kennst, und du solltest ihr Liebesgedichte und Briefe von Werther an Charlotte so affektiert wie möglich in einer höchst dramatischen Manier vortragen; schließlich musst du vor ihr knien und kriechen wie ein Verurteilter vor seinem erbarmungslosen Richter, ansonsten wird es dir nicht gelingen, die Liebe in diesen eiskalten Herzen erwachen zu lassen.[32]

---

[31] FILIMON, a.a.O., S. 199. ("Trecu vreo zece minute şi fripturile ordonate tot nu se arătau; aşteptam să văz pe germani iritaţi, dar din contră ei erau foarte linişţiţi. [...] oamenii aceştia se vede că n-au inimă în piept sau că prin vinele lor curge bere, iar nu sânge, căci altfel n-ar avea atîta răbdare. [...] Să observaţi cu băgare de seamă pe germani [...] şi cînd veţi vedea pe vreunul puind cotul pe masă şi rezemînd fruntea pe palme, să nu credeţi că el se gîndeşte la ceva, căci vă amăgiţi; el în momentele acelea, este în estaz, adică căzut într-o paralizie totală a facultăţilor intelectuale").

[32] Ebenda, S. 159. („Acestor femei, deşi nu le lipseşte nimic din nuanţele ce compun frumuseţea femeii, le lipseşte însă acel „nu ştiu ce" care atrage pe om

In diesem ironischem Ton belehrte Filimon sein Publikum über den Umgang mit der deutschen Damenwelt.

*

Blick, Rückblick, Gegenblick. Zum Schluss nur noch einige Bemerkungen zu der nächsten Etappe deutsch-rumänischer Annäherung, die an dieser Stelle freilich nicht mehr untersucht werden kann. Dazu bietet sich ein beredtes Beispiel an: Nachdem sich die rumänische Regierung im Ersten Weltkrieg in die moldauische Hauptstadt Jassy geflüchtet hatte, zogen deutsche Truppen in Bukarest ein. General Mackensen führte den Einmarsch der Sieger an. Entgegen aller Erwartung musste der deutsche General mit erheblichem Staunen feststellen, dass die Besiegten, die Bukarester Bevölkerung, ihm einen begeisterten Empfang bereiteten. Im Tagebuch des damaligen römisch-katholischen Erzbischofs von Bukarest Raymund Netzhammer findet sich die Aussage von Mackensen, wie er als Heerführer noch vor seinen Truppen als erster in eine feindliche Stadt einzog:

> Auf das hin … bin ich langsam in die Stadt gefahren. Bald war mein Auto voll von Blumen. Je weiter wir vordrangen, um so größer wurde die Begeisterung, mit der man uns empfing. Ich skandalisierte mich wirklich an diesem Enthusiasmus, denn es jubelte uns doch die gleiche elende Bande zu, welche früher nach Krieg gegen uns geschrien hatte.[33]

---

către femeie. În amor ele sunt foarte pedante şi ajung de multe ori la nişte pretenţiuni ridicole. Daca din nefericire ţi-au căzut la inimă vro germană, alt mijloc ca să reeşi lîngă dînsa nu e decît să te arăţi cît îţi va sta prin putinţă trist, gînditor şi din cînd în cînd să oftezi, de vei putea. Cînd te vei afla conversînd cu dînsa, să te sileşti a te arăta că cunoşti literatura germană cu profunditate şi să-i recitezi cu o manieră cît se va putea mai afectată sau ultradramatică poezii amoroase şi corespondenţe de ale lui Werther cu Charlotta; în fine sa te pui în genunche şi să te tîrăşti înaintea ei întocmai ca un condamnat înaintea judelui său neplacabil, căci altfel nu vei putea reeşi a deştepta amorul în acele inimi de gheaţă").

[33] Netzhammer 1995, I, S. 698.

Dies geschah in einer Zeit, als deutschfreundliche Generäle wie Sturdza verhaftet oder – wie Crăiniceanu – wegen Hochverrats sogar hingerichtet wurden.

Als das kulturelle Europa unter den zwei Diktaturen Stalins und Hitlers zusammenzubrechen drohte, sah Rumänien keinen anderen Ausweg, als durch ein Bündnis mit Deutschland die territorialen Verluste zurückzuerhalten. Beide angeführten Verhaltensweisen waren zumindest fragwürdig.

Wie genaue Analysen der jeweiligen Epochen zeigen, war gerade in schwierigen Zeiten eine starke Präsenz der deutschen Kultur in Rumänien zu verzeichnen. Neuere Forscher meinen, es habe "eine bizarre Koinzidenz der Zeiten der Vorherrschaft des deutschen Kulturvorbildes und der Zeiten politischer Vorherrschaft Deutschlands auf dem Kontinent" gegeben.[34] Auf die heutige Frage, ob das kulturelle Deutschland nach zwei Weltkriegen und den Holocaust noch ein Vorbild für Europa sein könne, geben sie die Antwort: Jener kritische, Gleichgewicht schaffende Geist der deutschen Kultur, den der „germanomane" „Junimea"-Kreis seinerzeit mit dem Blick auf die eigene nationale Tradition verbunden hatte, sei in unserer Zeit um so dringender notwendig, je länger die derzeitige schwindelerregende Verwirrung innerhalb der rumänischen (und auch der europäischen) Gesellschaft andauere.

Von einer Germanisierung der rumänischen Kultur ist dabei nicht die Rede, ganz abgesehen davon, dass sie auch unmöglich wäre, doch der ständige Kontakt – auf gleicher interkultureller Augenhöhe – mit jedem anderen Kulturraum, der partnerschaftlich kreative und kommunikative Umgang mit dem Anderen und Fremden können in der heutigen kulturellen und geistigen Entwicklung nur dauerhaft fruchtbare Folgen zeitigen.[35] Die von Niklas Luhman postulierte gegenwärtige "Bürodemokratie" müsste angesichts vielfältiger und penetranter (meist medialer) Formen der Subkultur europäischer, noch stärker außereuropäischer Provenienz rück- oder weitergeführt werden zu einer von klassischen Werten geprägten, modern aufklä-

[34] VONCU 2000, S. 135.
[35] Ebenda, S. 136f.

rerisch und tolerant verstandenen Volks- und Individuendemokratie.

Wir haben in unseren Ausführungen nur einige Momente, Erscheinungen, Vorgänge, Epochenprägungen, Berührungen, Interferenzen, Kon- und Inkongruenzen des komplexen Phänomens der Annäherungsgestaltungen der rumänischen an die deutsche Kultur zur Sprache gebracht. Denn nur durch konkrete Erscheinungsformen kann ein *imago* in seiner schwer greifbaren Vielfalt entstehen. Ganz zum Schluss sei in diesem Kontext eine hohe Instanz zitiert – Goethe:

> Denn eigentlich unternehmen wir umsonst, das Wesen eines Dinges auszudrücken. Wirkungen werden wir gewahr, und eine vollständige Geschichte dieser Wirkungen umfasste wohl allenfalls das Wesen jenes Dinges. Vergebens bemühen wir uns, den Charakter eines Menschen zu schildern; man stelle dagegen seine Handlungen, seine Taten zusammen, und ein Bild des Charakters wird uns entgegentreten.[36]

Literaturverzeichnis

ARMBRUSTER, ADOLF: *Dacoromano-Saxonica. Cronicari români despre saşi. Românii în cronica săsească* [Dacoromano-Saxonica. Die rumänischen Chronisten über die Siebenbürger Sachsen – Die Rumänen in der siebenbürgisch-sächsischen Chronistik] Bucureşti: Editura Ştiinţifică şi Enciclopedică, 1980.

BERINDEI, DAN: „Istoricii români şi lumea germană (de la mijlocul secolului al XIX-lea la începutul secolului XX)“ [Die rumänischen Historiker und die deutsche Welt (von der Mitte des 19. bis zum Beginn des 20. Jahrhunderts)]. In: *Revista de Istorie*, Bd. 38, 1985, S. 457-470.

BINDER, RODICA: "Premise identitare: Despre dificultatea de a fi german…" [Identitätsvoraussetzungen: Von der Schwierigkeit ein Deutscher zu sein]. In: *Modelul german în dialog cu spiritualitatea românească* [Das deutsche Vorbild im Dialog mit der rumänischen Geisteswelt]. Hrsg. v. Henri Zalis. Caietele "Viaţa Românească", nr. 1/2000, Bucureşti, S. 152-161.

CĂLINESCU, GEORGE: *Istoria literaturii române de la origini pînă în prezent*. Ediţia

[36] GOETHE: *Die Schriften zur Naturwissenschaft*, Leopoldina Ausgabe, I-4, S. 3.

a II-a revizuită şi adăugită. Ediţie şi prefaţă de Al. Piru [Geschichte der rumänischen Literatur von den Anfängen bis zur Gegenwart], 2. verbesserte und ergänzte Ausgabe, hrsg. und Vorwort von Al. Piru, Bucureşti: Minerva, 1982.

CORBEA, ANDREI; NICOLAE, OCTAVIAN: *Interferenţe culturale româno-germane* [Rumänisch-deutsche Kulturinterferenzen]. Iaşi: Editura Universităţii „Al. I. Cuza", 1986.

DUMISTRĂCEL, STELIAN: „Germanul în mentalul rural românesc" [Der Deutsche in der mentalen Vorstellung der rumänischen Dorfwelt]. In: ALEXANDRU ZUB (Hrsg.): *Identitate şi alteritate în spaţiul cultural românesc* [Identität und Alterität im rumänischen Kulturraum], Iaşi: Editura Universităţii „Al. I. Cuza", 1996, S. 221-239.

DUŢU, ALEXANDRU: „Das Bild der Österreicher und der Türken in der rumänischen Literatur am Ende des 17. Jahrhunderts". In: GERNOT HEISS / GRETE KLINGENSTEIN (Hgg.): *Das Osmanische Reich und Europa 1683 bis 1789: Konflikt, Entspannung und Austausch* (= Wiener Beiträge zur Geschichte der Neuzeit 10), Wien, München: R. Oldenbourg Verlag, 1983, S. 44-53.

EIWEN, DANIEL: „Das Bild der Siebenbürger Deutschen im rumänischen Schrifttum. Momentaufnahmen aus seiner Entstehung und Entwicklung". In: KONRAD GÜNDISCH, WOLFGANG HÖPKEN, MICHAEL MARKEL (Hrsg.), *Das Bild des anderen in Siebenbürgen*. Köln u.a.: Böhlau, 1998, S. 263-284.

FILIMON, NICOLAE: *Escursiuni în Germania meridională. Memorii artistice, istorice şi critice (1858).* In: *Opere* I, hrsg., mit einer Einleitung v. Mircea Anghelescu, Anmerkungen v. George Băiculescu, Bukarest: Ed. Minerva, 1975.

GERINGHAUSEN, JOSEF/SEEL, C. PETER: Der fremde Lerner und die fremde Sprache. In: *Jahrbuch Deutsch als Fremdsprache*. Heft 10, München: Hueber Verlag, 1984, S. 126 - 262.

GHIŢĂ, SIMION: „Introducere" [Einführung]. In: TITU MAIORESCU: *Scrieri din tinereţe. 1858-1862* [Frühe Schriften 1858-1862]. Hrsg. v. Simion Ghiţă. Übersetzungen der Texte von Alex. Ionescu, Radu Stoichiţă, Ion Herdan, Tudor Vianu und I. E. Torouţiu, Cluj-Napoca: Dacia, 1981.

GOLESCU, DINICU: *Însemnare a călătoriei mele Constantin Radovici din Goleşti făcută în anul 1824, 1825, 1826* [Aufzeichnungen meiner Reisen aus dem Jahre 1824, 1825, 1826 von Constantin Radovici aus Goleşti], erste Veröffentlichung Buda: 1826, in: GOLESCU, DINICU: *Scrieri* [Schriften]. Hrsg., mit einer Einleitung, Anmerkungen, Kommentaren, Sach- und Namenverzeichnis v. Mircea Anghelescu, Bucureşti: Minerva, 1990.

GOETHE, JOHANN WOLFGANG VON: *Die Schriften zur Naturwissenschaft.* Vollständige, mit Erläuterungen versehene Ausgabe. Hrsg. v. Dorothea Kuhn u. Wolf von Engelhardt (Leopoldina Ausgabe). Weimar: Hermann Böhlaus Nachfolger, 1947 ff.

GRANCEA, MIHAELA: *Călători străini prin Principatele Dunărene, Transilvania şi*

Banat (1683-1789). Identitate şi alteritate [Ausländische Reisende in den Donaufürstentümern, Siebenbürgen und im Banat (1683-1789). Identität und Alterität], Sibiu: Editura Universităţii „Lucian Blaga", 2002.

GUŢU, GEORGE: „Preliminarii imagologice – umaniştii saşi din Transilvania despre români şi originea acestora" [Imagologische Präliminarien - die siebenbürgisch-sächsischen Humanisten über die Rumänen und deren Ursprung]. In: *Modelul german în dialog cu spiritualitatea românească* [Das deutsche Vorbild im Dialog mit der rumänischen Geisteswelt], Caietele „Viaţa Românească", 1, Bucureşti 2000, S. 152-161.

HEITMANN, KLAUS: *Das Rumänenbild im deutschen Sprachraum (1775-1918). Eine imagologische Studie*, Köln u.a.: Böhlau, 1985 (Studia Transylvanica, Bd. 12) -Rumänische Ausgabe: *Imaginea românilor în spaţiul lingvistic german: 1775-1918. Un studiu imagologic* (ins Rumänische übersetzt und mit einer Einleitung versehen von Dumitru Hîncu), Bucureşti: Univers, 1995.

HITCHINS, KEITH: *Mit şi realitate în istoriografia românească* [Mythos und Wirklichkeit in der rumänischen Geschichtsschreibung], übersetzt von Sorana Georgescu-Gorjan, Bucureşti: Editura Enciclopedică, 1997.

HÎNCU, DUMITRU: „Goethe und Schiller. Rumänische Räsonanzen in den ersten Dezennien des 19. Jahrhunderts". In: EVA BEHRING (Hrsg.): *Rumänien und die deutsche Klassik.* Deutsch-Rumänisches Wissenschaftliches Kolloquium der Südosteuropa-Gesellschaft und der Rumänischen Kulturstiftung. Weimar, 20. bis 22. März 1995. München: Südosteuropa- Gesellschaft, 1996 (Aus der Südosteuropa-Forschung, Band 4).

HÎNCU, DUMITRU: *„Noi" şi germanii „noştri" 1800-1914. Un studiu imagologic urmat de tablouri dintr-o lume, care a fost* – [„Wir" und „unsere" Deutschen 1800-1914. Eine imagologische Studie mit Ansichten über eine vergangene Welt], Bucureşti: Univers 1998.

JACOBS, HANS C.: *Reisen und Bürgertum. Eine Analyse deutscher Reiseberichte aus China im 19. Jahrhundert. Die Fremde als Spiegel der Heimat*, Berlin: Köster, 1995 (Wissenschaftliche Schriftenreihe Geschichte Bd. 1)

LASCU, GHEORGHE: „Imagologia literară comparată. Câteva repere teoretice şi metodologice" [Die literaturvergleichende Imagologie. Einige theoretische und methodologische Gesichtspunkte]. In: „Caietele Echinox", 2/2002, Fundaţia Culturală Echinox, S. 78-86.

NÄGLER, THOMAS: „Hîncu, Dumitru: 'Noi' şi germanii 'noştri' 1800-1914. Un studiu imagologic urmat de tablouri dintr-o lume, care a fost" ['Wir' und 'unsere' Deutschen 1800-1914. Eine imagologische Studie mit Ansichten über eine vergangene Welt] (Buchbesprechung). In: *Zeitschrift für Siebenbürgische Landeskunde*, 22 (1999), S. 145.

NETZHAMMER, RAYMUND: *Bischof in Rumänien. Im Spannungsfeld zwischen Staat und Vatikan*, hg. v. Nikolaus Netzhammer in Verbindung mit Krista Zach, 2 Bde., München: Verlag Südostdeutsches Kulturwerk 1995 [rum. *Episcop în România. Într-o epocă a conflictelor naționale și religioase*, übersetzt von George Guțu, București: Editura Academiei Române 2005].

MAIORESCU, TITU: "Considerații filosofice pe înțelesul tuturor" [Einiges Philosophische in gemeinfasslicher Form]. In: Ders.: *Scrieri din tinerețe. 1858-1862* [Frühe Schriften 1858-1862]. Hrsg. v. Simion Ghiță. Übersetzungen der Texte von Alex. Ionescu, Radu Stoichiță, Ion Herdan, Tudor Vianu und I. E. Toroutiu, Cluj-Napoca: Dacia, 1981.

MAZILU, DAN HORIA: *Noi despre ceilalți. Fals tratat de imagologie* [Wir über die Anderen. Imagologisches Pseudo-Traktat], Iași: Polirom, 1999.

MELWISCH-BIRĂESCU, SIMINA: „Deutsche Kulturbringer vs. rumänische Kulturreisende? Ost und West besuchen einander". In: *transcarpathica. germanistisches jahrbuch rumänien*, Herausgegeben von George Guțu, Reimar Müller, Thomas Schares, Heft 5-6, 2006-2007. Verantwortliche Hrsg. des Bandes: Roxana Nubert und Johannes Lutz. București: Paideia, S. 119-131.

PAGNI, ANDREEA: *Post/Koloniale Reisen. Reiseberichte zwischen Frankreich und Argentinien im 19. Jahrhundert*. Tübingen: Stauffenburg, 1999.

PAPACOSTEA, ȘERBAN: *Oltenia sub stăpânirea austriacă 1718-1739*. [Oltenien unter österreichischer Herrschaft 1718-1739] București: Editura Academiei R.S.R., 1971.

POPESCU, ALEXANDRU: *Relații româno-austriece* [Rumänisch-österreichische Beziehungen], Iași: Institutul European, 1998.

POPESCU, ALEXANDRU (Hrsg.): *Rumänien im Spiegel der Weltgeschichte. Das rumänische Volk: ein Rätsel und ein Wunder der Geschichte. Deutsche und andere ausländische Quellen, Betrachtungen, Meinungen über die Vergangenheit und die Gegenwart des rumänischen Volkes*. München: Sammlung Observator-Hefte, 1995.

SURDU, ALEXANDRU: „Titu Maiorescu – medalion aniversar" [Titu Maiorescu zum Gedenken]. In: *Modelul german în dialog cu spiritualitatea românească* [Das deutsche Vorbild im Dialog mit der rumänischen Geisteswelt]. Caietele "Viața Românească", nr. 1/2000, București, S. 111-115.

VONCU, RĂZVAN: "Modelul german și actualitatea *Junimii*"[Das deutsche Vorbild und die Aktualität des Literaturkreises *Junimea*]. In: *Modelul german în dialog cu spiritualitatea românească* [Das deutsche Vorbild im Dialog mit der rumänischen Geisteswelt]. Caietele "Viața Românească", nr. 1/2000, București, S. 135-137.

ZĂLOAGĂ, MARIAN: *Imaginea celuilalt în «Chronica românilor». Viziunea șincaiană asupra populațiilor germanice din Transilvania* [Das Bild des Anderen in der *Chronik der Rumänen*. Șincais Ansichten über die deutschen Volksgruppen in Siebenbürgen], Institutul de Cercetări Socio-Umane „Gheorghe Șincai" Târgu-Mureș, s.a. [2004], elektronische Veröffentlichung: http://www.bjmures.ro

ELENA SIUPIUR

Carmen Sylva – Königin Elisabeth von Rumänien im bulgarischen literarischen und öffentlichen Diskurs 1895 - 1916

In einer Arbeit über die rumänisch-bulgarischen Literaturbeziehungen[1] habe ich festgestellt, dass es in Bulgarien ab dem ausgehenden 19. Jahrhundert bis zum Ersten Weltkrieg eine rege Übersetzungsarbeit rumänischer Literatur gab. Man versuchte sich dabei auch an der Übersetzung von Lyrik, die jedoch aufgrund der künstlerischen Unbeholfenheit der Übersetzer eher geringfügig publiziert wurde. Hingegen erschienen in einigen renommierten bulgarischen Zeitschriften Übersetzungsvorhaben von Prosa. So wurden beispielsweise in der „Bălgarska Sbirka“ [Bulgarische Sammlung] im Jahre 1900 zwei Erzählungen von Alexandru Vlahuță veröffentlicht, begleitet von einem Übersetzungsprogramm, das von seinem Übersetzer Nemo vorgeschlagen wurde:

> Außerdem wollen wir hier einige Erzählungen auch von anderen rumänischen Schriftstellern vorstellen wie Carmen Sylva, Petre Ispirescu, Theodor M. Stoenescu, Duiliu Zamfirescu, Mihail Zamfirescu, Petre Dulfu, Barbu St. Delavrancea, Iulia Haşdeu sowie weiteren jüngeren und älteren Schriftstellern, um hier bei uns ein komplexeres Bild von der Literatur des Nachbarlandes zu vermitteln, in der wir sehr häufig gemeinsame kulturelle und spirituelle Züge mit unserer jungen Literatur finden.[2]

Nemo und vor allem die „Bălgarska Sbirka“ sollten das Programm dann umsetzen. Auch andere Übersetzer verwirklichten einen Teil

---

[1] SIUPIUR, Elena: *Relații literare româno-bulgare în perioada 1878-1918* [Rumänisch-bulgarische Literaturbeziehungen zwischen 1878 und 1918], Bukarest: Minerva 1980.

[2] „Bălgarska Sbirka” (BS) 1900, Nr. 1, S. 58. Die „Bulgarische Sammlung” gehörte seit ihrer Gründung 1894 zu den einflussreichsten Zeitschriften Bulgariens.

dieses Plans oder denjenigen des Journalisten und Politikers Ivan Slavejkov (1853 – 1901), Sohn des Dichters Petko R. Slavejkov (1827 – 1895) und Bruder des Dichters der Moderne Penčo Slavejkov (1866 – 1912). Das Projekt von Ivan Slavejkov, der als Diplomat in der bulgarischen Vertretung in Bukarest von 1881 bis 1884 gearbeitet hatte, war bereits 1895 ebenfalls der Zeitschrift „Bălgarska Sbirka“[3] vorgeschlagen worden. Mit Ausnahme von Alexandru Vlahuță, auf den etwa acht Veröffentlichungen entfielen, sollte jeder der in die Übersetzungsprogramme aufgenommenen Autoren mit einer, höchstens zwei Veröffentlichungen in der literarischen Publizistik Bulgariens vertreten sein. Es war aber Carmen Sylva, die sich der größten Beachtung in der bulgarischen Literaturwelt und Öffentlichkeit erfreute. So erschien ihr Name zwischen 1895, als eine feministische Zeitschrift in Bulgarien die Legende *Piatra arsă* [Der verbrannte Stein] veröffentlichte, und 1916, ihrem Todesjahr, fast dreißig Mal in der bulgarischen Presse und zwar mit folgenden Übersetzungen und Anmerkungen: Die Legende *Piatra arsă* aus dem Zyklus *Pelesch-Märchen*[4] (1895), gleichfalls 1895 *Carmen Sylva*[5] (eine Vorstellung der Schriftstellerin Carmen Sylva als auch der Königin Elisabeth von Rumänien), dann *Mărturiile Carmen Silvei despre româncă*[6] [Die Bekenntnisse Carmen Sylvas über die Rumänin] im Jahre 1896, ergänzt um folgende Anmerkung:

> In der *Revue des Revues* hat eine Reihe von Artikeln über Frauen zu erscheinen begonnen, geschrieben von Frauen. Der erste Artikel, mit dem diese Reihe anfängt, ist der Rumänin gewidmet und von Königin Elisabeth von Rumänien verfasst, in der Literatur bekannt unter ihrem Pseudonym Carmen Sylva. Dieser Artikel wur-

---

[3] BS 1895, Nr. 12.

[4] *Raskaz za istinska ljubov* von Carmen Sylva (Königin Elisabeth von Rumänien), Übersetzung von N. K. Mirska in „Semeino Ognište“ [Heimstatt der Familie] I/ 1895, Nr. 12, S. 265-267.

[5] Eine Darstellung über die Schriftstellerin Carmen Sylva in BS 1895, Nr. 10, S. 1049.

[6] *Svideteltsvo na Karmen Silva za rumânkata,* in BS 1896, S. 95-96.

de bald darauf in der russischen Zeitschrift 'Trud' [Die Arbeit] übersetzt. Um die Schönheit der Rumänin weiß man seit langem; ihre weiteren Qualitäten jedoch – Energie, Kraft, Hingabe – sind noch nicht ausreichend bekannt in Europa, das auch sonst über die Geschichte Rumäniens nur sehr wenig Bescheid weiß. Aus dieser Geschichte läßt sich, sofern man mit ihr wohl vertraut ist, ein reales Bild der rumänischen Frau gewinnen, der Rumänien seine Existenz verdankt. Die Rumäninnen sind die Bewahrerinnen aller Werte, der Religion, der Sprache und der Liebe zum Vaterland. Eine Sammlung alter Legenden und Balladen, zusammengetragen von dem Dichter Vasile Alecsandri, besingt die Kraft, die Opferbereitschaft und die Hingabe der Rumänin.

Es folgten *Mama lui Ştefan cel Mare*[7] [Die Mutter Stephans des Großen], 1897 aus dem Russischen übersetzt von T.[8], darauf *Femeia română*[9] [Die rumänische Frau] 1898, *Prin Vrancea*[10] [In der Vrancea] 1899, *Mama lui Ştefan cel Mare*[11] (die Übersetzung ist ergänzt um eine biographische Notiz über Carmen Sylva) 1899, *Pietrele Doamnei*[12] [Die Frauenfelsen] 1900, *Constantin Brâncoveanu*[13] 1900, *Fiica lui Decebal*[14] [Decebals Tochter] 1901, *La semnul Crucii*[15] [Im Zeichen

[7] *Majkata na Stefan Veliki*, „Život" (Leben) 1897/1898, Nr. 2, S. 91-94.

[8] Wer sich hinter dieser Initiale verbarg, konnte nicht geklärt werden. Möglicherweise handelte es sich um einen Bulgaren aus Bessarabien, der nur des Russischen mächtig war.

[9] Übers. von D. Dančeva, in BS 1898, Nr. 2, S. 158-166. Eine Artikelserie von Carmen Sylva war im Jahre 1896 unter dem Titel „Femeia Română" [Die rumänische Frau] in der Zeitschrift „Telegraful român" in Sibiu/Hermannstadt erschienen.

[10] *Văv Vrancea*, übers. von D. Kačemakov, in BS 1899, Nr. 13-14, S. 668-669.

[11] *Majkata na Stefan Veliki,* übers. von D. Kačemakov, in BS,1899, Nr. 13-14, S. 666-669.

[12] *Skalite na caricata*, übers. von D. Kačemakov, in „Letopisi" [Chroniken] 1900, Nr. 19, S. 373-376.

[13] Übers. von D. Kačemakov, in „Letopisi" 1900, Nr. 13, S. 257.

[14] *Dăštereata na Dečebal,* übers. von B. Avidžiev in „Rodina" [Heimat] 1901, Nr. 12, S. 466-473.

[15] *Pri krăstnija znak,* übers. von M. N. P., in „Rodina" 1902, Nr. 6-7, S. 191-198.

des Kreuzes] 1902, dann, gleichfalls 1902, eine Information zu Carmen Sylva: „Die Königin von Rumänien, in der Literatur bekannt unter dem Namen Carmen Sylva, hat sich in einem Brief an den Grafen Lev N. Tolstoj gewandt mit der Bitte, ihr einen Besuch in ihrer Residenz in Sinaia abzustatten. Die Wiener Zeitungen schreiben, Tolstoj habe diese Einladung angenommen."[16] Es folgten *Frumoasa şi viteaza Maruca*[17] [Die schöne und tapfere Maruca] 1903, *Ciobanul Focşan*[18] [Der Hirte Focşan] 1905, *Adevărata menire a femeii*[19] [Die wahre Aufgabe der Frau] 1902 – 1903, *Cuvinte şoptite*[20] [Geflüsterte Worte] 1903, *Istoria suferinţei*[21] [Leidens Erdengang] in der Übersetzung von M. Balabanov, und zwei weitere Male *Mama lui Ştefan cel Mare*[22] mit einer Anmerkung 1903, die eine kurze Vorstellung der Autorin enthielt sowie eine Erklärung über Stefan den Großen („einer der berühmtesten Herrscher der Moldau, er herrschte 47 Jahre lang, von 1457 bis 1504, und hat, meistens siegreich, gegen Türken, Polen, Ungarn, Tataren gekämpft")[23], und, ebenfalls in der Übersetzung von M. Balabanov, *Mama lui Ştefan cel Mare*[24] 1905 – 1906, *Istoria suferinţei*[25] 1903, übersetzt von M. Balabanov, eine Hommage an *Carmen Sylva*[26] 1903 mit dem Titel *Die Dichterkönigin Carmen Sylva. Anlässlich des 60. Geburtstages der Königin Elisabeth von Rumänien* mit einem Porträt der Königin. Aus gleichem Anlass erschien 1903 eine weitere Ehrung *Carmen Sylva,*[27] versehen mit der Ankündigung eines ihren Dramen über das Thema Meister Manole

---

[16] BS 1902, IX, Nr. 7, S. 483.

[17] *Krasivata i junaškata Maruka,* in „Tri Bogatstva" [Drei Reichtümer] 1903, Nr. 8, S. 7.

[18] *Ovčar Focšan,* in „Vjasti" [Nachrichten] 1905, Nr. 84, S. 3-5.

[19] „Vjasti" 1902/1903, Nr. 33, S. 3-4.

[20] *Šepnati dumi,* in „Vjasti" 1902-1903, Nr. 33.

[21] *Istorija na teglotata,* übers. von M. Balabanov, in „Letopisi" 1903, Nr. 5, S. 102-105.

[22] „Letopisi" 1903, Nr. 3, S.102-105.

[23] Ebd, S. 104.

[24] *Perli na čuždata literatura,* Bd. I, 1905-1906, S. 241-245.

[25] *Istorija na teglotata,* „Letopisi" 1903, Nr. 5, S. 102-105.

[26] „Večerna Pošta" [Abendpost], 1903, Nr. 866, S. 1-2.

[27] „Bălgarski Tărgovski Vestnik" [Bulgarische Handelszeitung] 1903, Nr.145, S. 2.

und weiteren Informationen zur Autorin. Andere Übersetzungen und Artikel folgten: *Intâmplări adevărate de pe câmpul de luptă*[28] [Wahre Begebenheiten vom Schlachtfeld] 1904, *Călugărița*[29] [Die Nonne], in der Übersetzung von N.I. Draganov 1907, *Căsătorit*[30] [Verheiratet], in der Übersetzung von Hr. N. Dreankovski 1908, *Despre Carmen Sylva*[31] [Über Carmen Sylva] 1908, *Despre Carmen Sylva*[32] 1908, *Ecouri despre Tolstoi*[33] [Echos auf Tolstoj] gleichfalls 1908, in der Übersetzung von K. Hitov, *Istoria suferinței*[34] in der Übersetzung von Eva 1908. Aus Anlass ihres Todes erschienen 1916 zwei Artikel unter demselben Titel *Über Carmen Sylva*:

> Das rumänische Nachbarvolk trauert. Die von ihm so geliebte Carmen Sylva ist gestorben, die Gattin des vom rumänischen Volk vielgeliebten Königs Carol I. Mit dem Tode Carmen Sylvas hat das rumänische Volk seine geliebte Königin verloren, die es 'Mutter der Verwundeten' nannte, es hat seine Wohltäterin verloren und die rumänische Literatur eine große Schriftstellerin.[35]

In beiden Zeitungen wurde der Nekrolog durch eine detaillierte Biographie der Königin und Schriftstellerin ergänzt.[36]

Diese Vorliebe für Carmen Sylva im bulgarischen literarischen Milieu stellt ein interessantes Phänomen dar. Wir hatten bereits darauf hingewiesen, dass in der Zeit nach der Befreiung Bulgariens im Jahre 1878 im Kontext der Entwicklung einer nationalen intellektuellen Bewegung in dem neu gegründeten Staat (davor hatten sich das literarische Leben und die bulgarische intellektuelle Bewegung haupt-

---

[28] „Tri Bogatstva" 1904, Nr. 5, S. 4.

[29] *Kalugerka,* in „Nova Marica",1907, Nr. 105, S. 2.

[30] *Zadomen,* übers. von Hr. N. Dreankovski, in „Iz života" 1908, Nr. 66-79.

[31] *Za Karmen Silva*, BS 1908, Nr. 8, S. 534.

[32] *Za Karmen Silva*, „Iz života" 1908, Nr. 89, S. 8.

[33] „Vreme" 1908, Nr. 2, S. 82.

[34] *Istorija na teglotata,* in „Svetlina" 1909, Nr. 5, S. 11-12.

[35] *Za Karmen Silva*, „Narod" 1916, Nr. 42, S. 1. *Za Karmen Silva*, „Narodni prava" 1916, Nr. 47, S. 1.

[36] Ebd.

sächlich in der Emigration entfaltet)[37] eine sehr rege intellektuelle Aktivität einsetzte, die sich auf der öffentlichen, insbesondere aber auf einer literarischen Ebene artikulierte. Sie wurde begleitet von einer Vielzahl von Zeitschriften zu Kultur und Politik, vor allem auch zu Literatur, wobei man zum einen die mündlichen Überlieferungen der Bulgaren wieder entdeckte, zum andern sich aber in hohem Maße der Übersetzung von Weltliteratur widmete. Man übersetzte aus der französischen, deutschen, österreichischen, russischen, polnischen, rumänischen Literatur, etc. Keinem Autor jedoch – abgesehen einmal von solchen vom Range eines Tolstoj, der in Bulgarien sehr beliebt ist, oder eines Sienkiewicz', den man wegen seiner historischen Romane schätzte, um nur zwei Namen zu nennen – wurden im letzten Jahrzehnt des 19. und den ersten 15 Jahren des 20. Jahrhunderts mehr als zwei bis drei, höchstens vier Übersetzungen zuteil. Warum also erfreute sich Carmen Sylva einer derartigen Popularität, um nicht zu sagen Sympathie, eines derartigen Respekts und Bewunderung im bulgarischen literarischen und publizistischen Milieu? Steht diese Tatsache in Zusammenhang mit der Präsenz des Königshauses von Bukarest, sprich mit der von Carol I. von Hohenzollern, und natürlich von Königin Elisabeth, in der bulgarischen kollektiven Erinnerung, insbesondere aber der politischen und kulturellen Erinnerung? Meines Erachtens trifft diese Tatsache zu. Ich habe in einer der rumänischen Monarchie gewidmeten Studie[38] von der Bedeutung Carols I. für die balkanische und besonders für die bulgarische Welt gesprochen, deren Eliten ein Jahrhundert lang bis 1878 in der Emigration erzogen und ausgebildet wurden, größtenteils auf dem Territorium Rumäniens. Hier wäre zu ergänzen, dass auch Königin Elisabeth die

---

[37] Vgl. Siupiur, *Emigrația: condiție umană și politică în Sud-Estul european* [Emigration: menschliche und politische Bedingungen im europäischen Südosten], Bucureşti: Verlag der Rumänischen Akademie 2009; dies., *Bălgarska emigrantska inteligencija v Rumânija prez XIX-ti vek* [Die Emigration der bulgarischen Intelligenz in Rumänien im 19. Jahrhundert], Sofia: Verlag der Bulgarischen Akademie 1982.

[38] Siupiur, Elena, *Charles I. Un modèle politique pour les monarques du Sud-Est européen,* Köln u.a.: Böhlau 2010, S. 123-134.

gleiche Popularität im bulgarischen intellektuellen Milieu besaß. Und dies nicht nur, weil sie Königin von Rumänien war (obschon manchmal auch nur deshalb), sondern dank ihrer Literatur, der Eigentümlichkeit ihrer Prosa, ihres Wirkens in der europäischen Frauenbewegung, ihres Rufes als Beschützerin der Künste und der Kultur, besonders der Literatur in Rumänien und ebenso dank ihrer vielfältigen Aktivitäten auf dem Gebiet der sozialen Fürsorge und der Emanzipation der Frau. Darauf muss hier nur insoweit eingegangen werden, indem es eine zusätzliche Erklärung liefert für den literarischen und öffentlichen Erfolg Carmen Sylvas in Bulgarien.

Es fällt auf, dass in Bulgarien der Name der Schriftstellerin Carmen Sylva immer zusammen mit dem Titel Königin Elisabeth von Rumänien erscheint und dass in sämtlichen Darstellungen ihre Aktivitäten im gesellschaftlichen und kulturellen Bereich erwähnt werden. Ich würde sogar soweit gehen zu sagen, Carmen Sylva und ihre Literatur bildeten häufig den Anlass für das andere Interesse, nämlich sie in ihrer Funktion als Königin von Rumänien von Zeit zu Zeit ins Blickfeld der Bulgaren zu rücken. Auf der einen Seite war dies das Ergebnis einer bestimmten Richtung innerhalb der bulgarischen intellektuellen Bewegung, andererseits wirkte die Erinnerung der ehemaligen bulgarischen Emigranten in Rumänien fort, die nach der Errichtung des bulgarischen Staates sich in intellektuellen Berufen betätigten oder an der politischen Führung des Landes beteiligt waren. Die Gestalt des im bulgarischen politischen Milieu in hohem Maße respektierten Königs Carol I. wurde in der öffentlichen Meinung Bulgariens mit der anmutigen Persönlichkeit Königin Elisabeths verbunden. Sie gehörte zu den ersten Königinnen im neuzeitlichen Südosteuropa und war darüber hinaus eine in den öffentlich-kulturellen Raum eingebundene Persönlichkeit, wodurch sie noch eine andere Funktion erhielt. Sie stellte etwas Neues für den Südosten dar, was wahrscheinlich dem Wunsch der balkanischen Welt entgegenkam, nämlich die Verkörperung der Eigenschaften von Königin, Künstlerin und gesellschaftlicher Aktivistin, die im gesamten europäischen Raum bekannt und mit vielfältigen philanthropischen Aktivitäten eng verbunden war.

Über welche Interessenskanäle fand Königin Elisabeth den Zugang zum Gedächtnis der bulgarischen Öffentlichkeit und wie konnte sie sich unter dem Namen Carmen Sylva etablieren?

Das erste Zeichen des Bekanntwerdens von Carmen Sylva in der bulgarischen Publizistik setzte, wie bereits erwähnt, Ivan Slavejkov, der ehemalige Diplomat in Bukarest, danach Politiker, der es 1901 bis zum Bildungsminister brachte. Ivan Slavejkov veröffentlichte 1895 in der „Bălgarska Sbirka"[39] ein Programm für die Übersetzung rumänischer Literatur ins Bulgarische. Leider hinderten ihn seine politischen Aktivitäten daran, sich persönlich dieser Übersetzungsarbeit zu widmen. Doch die „Bălgarska Sbirka" nahm sich seines Programms an. Das geschah nicht zufällig. Die „Bălgarska Sbirka" wurde von Stefan S. Bobčev geleitet, einem Juristen und in der Kulturwelt hoch geachteten Mann, der von 1876-1878 in der Emigration in Rumänien lebte. Um diese Zeitschrift versammelten sich viele der ehemaligen Emigranten in Rumänien, große Namen der bulgarischen Kultur, Literatur und Politik wie Ivan Vazov, Kiriak Cankov, Dimitrie Grekov, Dimitrie D. Agura, Grigor Načovič, aber auch Dimitrie Velichin, Angelache Savič, die große Bewunderer Rumäniens und auch des rumänischen Monarchen waren. Diesem Kreis sollte sich auch der große Gelehrte Ivan Šišmanov anschließen, ein Bewunderer der Königin Rumäniens, der als Bildungsminister Bukarest einen Besuch abstattete, und natürlich auch Sinaia mit dem Schloss Pelesch, von wo er seiner Frau Briefe voller Enthusiasmus und Entzücken über die Begegnung mit dem König von Rumänien und vor allem mit Königin Elisabeth schrieb.[40] Nach Besuchen in Bukarest 1903/04, bei denen Fragen des Erziehungssystems erörtert wurden, brachte Professor Šišmanov zusammen mit Ion Bogdan, dem Direktor der Zeitschrift „Convorbiri literare" [Literarische Gespräche] ein bilaterales Übersetzungsprogramm beider Literaturen[41] auf den Weg. Be-

[39] BS 1895, Nr.12.

[40] BAN, NA (Bălgarska Akademija na Naukite, Naučen Archiv), Fond 11, op. 3, Briefe an Lidia Šišmanova.

[41] BAN, NA, f. 11, op. 3, Nr. 942, fl. 3-4, Brief von S. Mehedinţi an I. D. Šišmanov von 1908.

züglich dieser Vereinbarung schrieb Simion Mehedinţi, der neue Direktor der „Convorbiri literare”, an Šišmanov im Jahr 1908 einen Brief; dieses Übersetzungsvorhaben sollte dann in Sofia wiederum von der „Bălgarska Sbirka“ und später von den Zeitschriften „Bălgarski Pregled” [Bulgarische Rundschau], „Letopisi” [Chroniken] und „Misăl” [Der Gedanke][42] in die Praxis umgesetzt werden. Die „Bălgarska Sbirka” hatte – wie oben erwähnt – bereits 1900 ein Programm mit Übersetzungen vieler rumänischer Schriftsteller veröffentlicht, die sie dann auch publizierte. In diesen Jahren gab es einen regen Handel von Büchern und Übersetzungswerken in beiden Ländern, wobei Bukarest und Iaşi die Zentren in Rumänien bildeten, Sofia das Zentrum in Bulgarien. Die aus der früheren Emigration in Rumänien hervorgegangene bulgarische intellektuelle und politische Elite unterstützte dieses kontinuierliche Publikationsprogramm von Carmen Sylva in Bulgarien.

Diese von den früheren Emigranten eingeschlagene Richtung führten nach 1890 bulgarische Studenten weiter, die an der Universität Bukarest oder der dortigen medizinischen Fakultät studierten. So zum Beispiel ein Student an der Fakultät für Philologie der Universtität in Bukarest während der Jahre 1895-97, D. Kačemakov, der Šišmanov beim „Bălgarski Pregled” ein Übersetzungsvorhaben rumänischer literarischer Werke[43] zuschickte. Er selbst sollte viele Jahre lang rumänische Literatur ins Bulgarische übersetzen, allerdings nicht Lyrik, wie er es ursprünglich vorgehabt hatte, sondern Prosa, einschließlich der Erzählungen von Carmen Sylva. Ein anderer Student, der viele Jahre in Rumänien zugebracht hatte und sich im Jahre 1900 Übersetzungen widmete, war N. Nikolaev (Pseudonym Nemo); auch er übersetzte Werke von Carmen Sylva. Er kam als Student und Journalist viel in Rumänien herum und veröffentlichte auch in rumänischen Zeitungen. In ähnlicher Weise kann davon ausgegangen werden, dass es sich bei anderen Übersetzern von Carmen Sylva um ehemalige Studenten in Bukarest handelte wie zum Beispiel M.

---

[42] Siupiur, *Relaţii literare*, S. 93.

[43] BAN, NA, f. 11, op. 3, Nr. 687. Briefwechsel I. D. Šišmanov - D. Kačemakov; Siupiur, *Relaţii literare,* S. 60, 73, 89.

Balabanov (1903 - 1905), B. Avidžiev (1901-1905), N. I. Draganov (1907), Hr. N. Dreankovski (1908), K. Hitov (1908). Ihre enthusiastischen Briefe aus Bukarest beweisen zudem, dass sie sich im rumänischen Literaturbetrieb gut auskannten.[44]

Der andere Zugang zu Carmen Sylva erfolgte über die Frauenbewegung.[45] Obwohl wir nur drei Übersetzerinnen vorfinden – N. K. Mirska, D. Dančeva und eine, die mit Eva unterschrieb – gehörte die Frauenbewegung in Bulgarien mit zu der ersten Personengruppe, die sich für Carmen Sylva interessierte und deren Wahl aus den zugesandten Übersetzungen auf Erzählungen mit Heldinnen fiel. Daneben verfolgte sie, wie bereits erwähnt, die publizistischen Arbeiten Königin Elisabeths über Frauen und die europäische wie auch die rumänische Frauenbewegung. So suchten sie aus französischen, deutschen, österreichischen und russischen Zeitschriften Artikel über die Dichterkönigin aus und übersetzten diese ins Bulgarische. Es waren dieselben Feministinnen, die die Aufmerksamkeit gleichermaßen auf die philanthropischen Aktivitäten der Königin Elisabeth lenkten. Dieses Interesse galt aber eher der Königin, nicht so sehr der Schriftstellerin. Die Feministinnen bedienten sich vor allem der Zeitschriften „Letopisi", „Bălgarska Sbirka" und „Semeino Ognište" [Die Heimstatt der Familie] aus Sofia.

Was wurde von Carmen Sylva übersetzt und weshalb? Was schrieb man über Carmen Sylva, die Königin von Rumänien, und weshalb

Wenn man sich die übersetzten Erzählungen von Carmen Sylva näher anschaut, so entdeckt man vier klare Orientierungen der Übersetzer und der Zeitschriften in Bulgarien. Die Anziehungskraft ging von der historischen und mythologischen Thematik ihrer Literatur sowie von den weiblichen Figuren ihrer Erzählungen aus. Vor allem die von historischen Themen angeregte Literatur stellte einen wichtigen Rezeptionskanal für Carmen Sylva dar, da sich jene im ausgehenden 19. Jahrhundert in Bulgarien großer Beliebtheit erfreute. Dies betraf nicht nur einheimische Werke, sondern auch Übersetzungen. Insbesondere die dramatische Entfaltung historisch inspirierter Mo-

---

[44] SIUPIUR *Relații literare*, S. 90, 137,141

[45] Ebd., S.106.

tive erfuhr hierbei eine Weiterentwicklung. So übersetzte man in dieser Zeit aus der rumänischen Literatur die historischen Legenden Carmen Sylvas, die besonders geeignet schienen, dem bulgarischen Leser einige rumänische historische Persönlichkeiten vor Augen zu führen: Ştefan cel Mare (die Erzählung *Mama lui Ştefan cel Mare* wurde dreimal veröffentlicht, versehen mit Erklärungen zur Figur des Herrschers im Fürstentum Moldau), Constantin Brâncoveanu, Decebal (die Erzählung *Fiica lui Decebal*).

Ein anderer Zugang erfolgte über die Volksmythologie, aus der Carmen Sylva viele ihrer Themen geschöpft hatte. So finden wir ins Bulgarische übersetzt *Piatra Arsă* (in der Übersetzung auch unter dem Titel *Povestire despre o iubire adevarata* [Die Geschichte einer wahren Liebe]), entnommen dem Band *Poveştile Peleşului,* dann *Pietrele Doamnei, Fiica lui Decebal, La semnul Crucii, Ciobanul Focşan, Frumoasa şi viteaza Maruca.* Solche Volksmärchen stießen nicht nur bei Literaten auf Beachtung, sondern auch bei Historikern und Philologen. Gerade in dieser Zeit erschienen viele Studien über alte Legenden und Gebräuche der mündlich überlieferten Kultur Bulgariens. Professor Ivan D. Šišmanov war der Initiator von Studien zu Volksmythen, -legenden, -gebräuchen und -erzählungen, Studien, die einen komparatistischen Zugang zu Balkanliteraturen ermöglichten. Berühmt wurde seine Studie *Lenore – Cântecul fratelui mort* [Lenore – Die Ballade vom toten Bruder],[46] die zuerst in Deutschland veröffentlicht wurde. Dabei wurden Vergleiche auch zu deutschen Legenden gezogen.

Ein weiterer Aspekt betraf die Personengruppe der weiblichen Helden. Die Mehrzahl der übersetzten Erzählungen und Legenden handelte von Heldinnen – jungen Mädchen oder tapferen Frauen, die sich hingebungsvoll der Familie und dem Land widmen. Hier sei auf die obige Liste verwiesen: *Piatra arsă* (publiziert 1895 in der Zeitschrift „Semeino Ognište"), dann *Mama lui Ştefan cel Mare* (1897, 1899, 1903, 1905), *Pietrele Doamnei* (1900), *Fiica lui Decebal*

[46] Schischmänov, Ivan D.: Der Lenorenstoff in der bulgarischen Volkspoesie, in: *Indogermanische Forschungen. Zeitschrift für Indogermanistik und allgemeine Sprachwissenschaft* 4 (1894), S. 412-448.

(1901), *Frumoasa şi viteaza Măruca* (1903), *Călugăriţa* (1907).

Zu dieser weiblichen Galerie gesellte sich die Publizistik Carmen Sylvas über die Frau: *Mărturiile Carmen Silvei despre româncă* (1896), *Femeia română* (1898), *Cuvânte şoptite* (1902-1903). Unabhängig von ihrem thematischen Zugang boten all diese Erzählungen die gesamte Palette von Gefühlen: Liebe, Leiden (s. *Istoria Suferentei*), Heldentum, Mut, Hingabe. Diese Richtung wurde nicht nur von der feministischen Bewegung mit Begeisterung übernommen, sondern auch von den Literaten; zudem erfreute sie sich allgemein der Wertschätzung des bulgarischen Lesers. Diese Thematik in Verbindung mit dem Ende des 19. und Anfang des 20. Jahrhunderts bevorzugten literarischen Genres der Kurzerzählung war in Bulgarien erfolgreich. Hinzu kamen auch Übersetzungen von Erzählungen anderer rumänischer Prosaautoren: Anton Bacalbaşa, Alexandru Vlahuţă, Mihail Sadoveanu, Ion Al. Brătescu-Voineşti, Nicolae Gane, I. L. Caragiale, G. Sion. Es handelte sich hierbei um Literatur mit Anklängen an den Sămănătorismus und die Narodnikibewegung, eine in Bulgarien zu Beginn des 20. Jahrhunderts sehr aktive literarische Strömung.[47]

Schließlich wurde das Bild Carmen Sylvas durch ihr Wirken als Mäzenin vervollständigt; hier seien vor allem die Ereignisse hervorgehoben, die auf den berühmten russischen Schriftsteller Lev N. Tolstoj Bezug nahmen, der in der bulgarischen Presse häufig mit dem Namen der Königin von Rumänien assoziiert wurde. Darüber berichteten auch deutsche, französische, österreichische und ungarische Zeitschriften. Von den in der „Bălgarska Sbirka" im Jahre 1902 erschienenen Informationen in Zusammenhang mit der an Tolstoj ergangenen Einladung war bereits die Rede gewesen. Später

[47] Sămănătorismus („Sämann-Bewegung"): kulturelle, literarische Strömung in Rumänien um die Wende vom 19. zum 20. Jahrhundert, die ein vermeintlich rumänisch authentisches Bauerntum propagierte und die eigene Geschichte idealisierte. Wichtigster Vertreter war der Historiker Nicolae Iorga. Die Narodniki-Bewegung („Volkstümler") stammte aus Russland und hatte zum Ziel, das Niveau der bäuerlichen Bevölkerung durch Erziehung und Aufklärung zu heben. In Rumänien wurde der Poporanismus von ihr beeinflusst.

veröffentlichte wiederum die „Bălgarska Sbirka” in einer Broschüre, in der L. Tolstoi, sein Werk und das Faktum seiner Exkommunikation durch die russische Kirche dargestellt wurden, auf der gleichen Seite ein Fragment von Carmen Sylva über Tolstoj:

> Von allem, was dieser große Dichter und Mensch geschrieben hat, haben seine Kurzgeschichten den stärksten Eindruck auf mich gemacht. Ich halte sie für die vollkommensten Schriften. Jene, die ihn nicht im Original lesen können, müssen sich kategorischer Urteile enthalten. Denn auch die beste Übersetzung bleibt eine Art von Verstümmelung. Seine Volkserzählungen enthalten meistens Perlen, weil sie in ihrer Schlichtheit als künstlerische Form am ausdrucksstärksten sind. Diese Schlichtheit ist wahrhaftig die höchste Kunst, die zu allen Zeiten lebendig sein wird, wie Dante, Shakespeare, Goethe, wie die Bibel, denn sie ist die ewige Wahrheit, die auch von keiner Übersetzung verstümmelt werden kann. In ihnen ist soviel seelische Tiefe, soviel aufrichtiger Glauben, soviel Sehnen nach wahrer Liebe, dass man, je häufiger man sie liest, in ihnen umso mehr neue Wunder entdeckt. Sie sind das einzige Buch, das man sich gleich dem Evangelium neben dem Bett wünscht, in Reichweite für die Minuten unruhiger Schlaflosigkeit. Hätte Tolstoj nichts außer diesen Volkserzählungen geschrieben, so gebührte ihm dennoch ein Rang unter den großen Schriftstellern aller Zeiten! Welch edles Gefühl! Welche Reinheit, Weisheit, Zartheit! Dem, der dies geschrieben hat, kam niemals ein kleinlicher Gedanke; er ist wirklich ein Freund menschlichen Leidens. [48]

Um auf die Popularität der Königin Elisabeth, der Schriftstellerin Carmen Sylva, in der bulgarischen Öffentlichkeit zurückzukommen, so wäre zusammenfassend zu sagen, dass diese auf der Tatsache beruhte, dass sich die Königin – wie beschrieben – in die kulturellen und gesellschaftlichen Strömungen der Zeit einreihte. Darüber hinaus wurde sie im Gedächtnis der Bulgaren als „Königin der Rumänen“, „Mutter der Verwundeten“ und „große, von ihrem Volke so

---

[48] BS 1908, Nr. 8, S. 534.

sehr geliebte Wohltäterin", „geliebte Gattin des vom rumänischen Volke geliebten Königs Carol I." und „berühmte Schriftstellerin der Rumänen" behalten. Diese letzten Gedanken zu Königin Elisabeth erschienen in der bulgarischen Presse nach dem zweiten Balkankrieg, an dem – und damit an ihrer Niederlage – die Bulgaren Rumänien die Schuld gaben, darüber hinaus einige Monate vor Eintritt Rumäniens in den Ersten Weltkrieg und damit in einen Krieg, in dem die beiden Länder Gegner waren.

All diese Charakterisierungen aus unterschiedlichen Zeiten und verschiedenen Publikationen drücken großen Respekt aus, Sympathie, Wertschätzung und gleichzeitig die besondere Verbundenheit, die die Bulgaren der Dichterkönigin Elisabeth von Rumänien entgegenbrachten. Davon legen auch die Worte des bulgarischen Diplomaten Petăr Nejkov Zeugnis ab, der sich an ein Treffen mit der königlichen Familie in Sinaia erinnerte:

> Mein erstes Diner an der königlichen Tafel. Die Züge des Königs waren mir vertraut schon seit meiner Kindheit, in der wir fortwährend sein charakteristisches Profil mit der geraden Stirn, der leicht gekrümmten Nase und dem vortretenden Kinn zeichneten. Mal glaubte ich zu träumen, mal bildete ich mir ein, ich hätte mein ganzes Leben an der Tafel im königlichen Speisezimmer gesessen.[49]

Der bulgarische Diplomat stammte aus einer Emigrantenfamilie aus Brăila und war dort zur Schule gegangen. Dieselben Gefühle teilten auch weitere ehemalige bulgarische Emigranten, Namen, die zur ersten Reihe der bulgarischen literarischen, politischen und diplomatischen Elite gehörten.

Aus dem Rumänischen von Stefan Moosdorf

[49] Petăr Nejkov, *Spomeni* [Erinnerungen], Sofia: Otečestven Front 1991. Das Fragment wurde von Daniel Cain ins Rumänische übersetzt, erschienen in „Ziarul financiar. Ziarul de duminică" [Sonntagsausgabe der Finanzzeitung], Nr. 33 vom 25 August 2006, S. 4, unter dem Titel *Petăr Nejkov, diplomat la Bucureşti* [Peter Nejkov, Diplomat in Bukarest].

MARIA IROD

Dieter Schlesaks Ost- und Westkonzeptionen im Zusammenhang mit dem Begriff „Zwischenschaft"

In verschiedenen Stellungnahmen zum Zeitgeschehen nach dem politischen Umbruch in Osteuropa, die vor allem in der rumänischen Presse erschienen sind,[1] hat Dieter Schlesak eine brisante Formulierung geprägt, die seine Zeitkritik und die im Laufe mehrerer Jahrzehnte herausgearbeitete Geschichtsauffassung vorzüglich zum Ausdruck bringt. Er spricht wiederholt von einem „Reichtum des Ostens" und einer „Armut des Westens". Was durch dieses scheinbare Paradox auf die Spitze getrieben wird, ist die für das literarische Werk Dieter Schlesaks grundlegende Weigerung, einen (post)modernen immer noch von Historismus und Materialismus geprägten Wertekanon durch das eigene Schreiben fortzuführen.

Die Problematik der Gemeinsamkeiten und Unterschiede zwischen Ost und West beschäftigt den in den Westen ausgewanderten deutschstämmigen Osteuropäer bereits in seinem ersten Prosabuch mit dem eindeutigen Titel *Visa. Ost-West-Lektionen* (S. Fischer Verlag, Frankfurt/Main 1970). Mit diesem Essayband hebt Schlesaks Gesellschaftskritik an, die in seiner Sonderposition eines zwischen Sprachen und Kulturen angesiedelten Künstlers gründet. Die „Zwischenschaft" als Erkenntnismittel und Identitätsmerkmal wird also gleich nach der „Weltenwechselerfahrung" thematisiert. Hier handelt es sich freilich in erster Linie um eine Verortung im geografischen und politischen Sinne, als geistige Anwesenheit sowohl im Osten, als auch im Westen, *und* als Distanzierung von beiden Systemen, die „den unbestechlichen Blick" und die Kritikfähigkeit des Schriftstellers ermöglichen. Auch wenn die Ausführungen

[1] Vgl. SCHLESAK, *Bogăţia estului şi sărăcia vestului*, S. 20. Der Text beruht auf einem Vortrag, den Dieter Schlesak am 19. März 1993 in der „Evangelischen Akademie Siebenbürgen" in Hermannstadt gehalten hat. Vgl. dazu: SCHLESAK, *Stehendes Ich*, S. 158 f.

im Hinblick auf Rumänien ihre Aktualität weitgehend eingebüßt haben, ist das Buch mehr als nur ein historisches Dokument.[2] Es enthält Aussagen, die zum Kern des Schlesak'schen Denkens gehören und die in späteren Schriften wiederaufgenommen, nuanciert, ergänzt, radikalisiert und nur selten widerlegt werden. Für die Identitätskonstruktion des „Zwischenschaftlers" ist es ein sehr aufschlussreiches Dokument, in dem die bewusste Entscheidung für ein Beharren in der Heimatlosigkeit, d.h. für eine absolute Deterritorialisierung im Sinne von Deleuze und Guattari deutlich artikuliert wird.

Bezeichnend dafür ist auch die Reaktion Ciorans, der dem Autor im Zusammenhang mit diesem Buch und einem weiteren Essayband (*Geschäfte mit Odysseus. Zwischen Tourismus und engagiertem Reisen*, Hallwag Verlag, Bern und Stuttgart 1972) schreibt: „Man merkt [...], dass Sie für immer durch Ihre balkanischen Erfahrungen gezeichnet sind. Sie werden niemals ein Westler sein."[3] In einem früheren Brief heißt es ebenso eindeutig:

> Bei unserer Begegnung in Paris fiel mir auf, wie sehr Sie von dem walachischen Milieu geprägt worden sind, in dem Sie lebten. Eine wahrlich tiefreichende Erfahrung, da Sie nicht zögern, Notre Dame die winzigen Moldauklöster vorzuziehen [...]. Aber es kommt noch besser: als ich zum erstenmal in den „Westen" kam, störte mich am meisten das Fehlen der Zeit. [...]. Sie haben also die gleiche Erfahrung gemacht wie ich. Dazu machen Sie eine erstaunliche Bemerkung: „Was bei uns die Angst ist, ist hier der Zeit-Mangel und die Hast." [...].
>
> „Progressivität als Kitsch" konnte nur einer schreiben, der aus dem Osten kommt. Mich macht all das Falsche und Groteske der „revolutionären" Unternehmen in den so genannten zivilisierten Ländern genauso rasend wie Sie.[4]

[2] Oliver Sill vertritt diesbezüglich eine andere Meinung. Vgl. SILL, *„Reisen wegwohin"*, S. 809.

[3] Brief vom 9. September 1972. Vgl. *Briefe E. M. Ciorans an Linde Birk und Dieter Schlesak*. In: SCHLESAK, *Zeugen*, S. 159.

[4] Ebd., S. 158.

Dabei identifizert Cioran treffend die Hauptursachen des Unbehagens, das Dieter Schlesak bei seinem ersten Kontakt mit Westeuropa empfindet: den Zeitmangel und die Fortschrittsgläubigkeit, beides Auswirkungen des modernen linearen Zeitbegriffs.

Grundsätzlich hat sich Schlesaks Einstellung nach dem Zusammenbruch der kommunistischen Regierungen in Osteuropa nicht geändert. Die Problematik der Zeit bleibt für sein Verstehen der Differenzen zwischen Ost und West weiterhin zentral. Eingedenk der Erfahrungen, die er in einer von Hektik, ständiger Zeitnot, dem Diktat der Effizienz und dem Arbeitsfanatismus geprägten Gesellschaft machen musste, entwickelt Dieter Schlesak ein Konzept, das man auf den ersten Blick als völlige Abkehr von der säkularisierten Moderne bei gleichzeitiger Hinwendung zu vormodernen Traditionen deuten könnte, zumal er wiederholt und mitunter in Anlehnung an rumänische Vorbilder vom „Boykott der Geschichte"[5] als einem Desiderat des befreiten Individuums auf dem Weg zur Selbstverwirklichung spricht.

Auf die Frage der Chronokratie als Krankheit des modernen Menschen, die im engen Zusammenhang mit einer auf Fortschritt und rationale Planbarkeit gerichtete Gesellschaftsordnung steht, sowie auf den von Dieter Schlesak oft thematisierten Versuch, mit Mitteln der Literatur der Kontingenz zu entfliehen und so Zugang zum Bereich des Zeitlosen zu suchen, ist bereits eingegangen worden.[6] Hier gilt es die Ost-West-Dialektik angesichts der „spirituellen Wende"[7] im Denken Dieter Schlesaks nach 1989 zu untersuchen. Dabei wird

---

[5] Schlesak, *Von der Stärke des Gedankens in finsterer Zeit. Der rumänische Philosoph Constantin Noica.* In: Schlesak, *Zeugen*, S. 335.

[6] Vgl. Irod, *Schrift und Melancholie*, S. 326 f.

[7] Bereits in Schlesaks Frühwerk (etwa im Debütband *Grenzstreifen* oder in *Visa. Ost-West-Lektionen*) macht sich eine Tendenz bemerkbar, aus dem Kreis der bloßen Gegenständlichkeit hinauszutreten und die eigenen Interessen auf ein Unsichtbares, hinter der Erscheinung Stehendes, zu verlegen. Dieser Impuls, neue spirituelle Wege zu beschreiten, verstärkt sich zunehmend, aber erst in den letzten zwei Jahrzehnten rückt das Numinose in den Vordergrund des Schlesak´schen Werkes. Aufgrund der intensiven Beschäftigung mit der Transkommunikation, den Nah-Tod-Erlebnissen und anderen Grenzphänomenen so-

das Augenmerk hauptsächlich auf den nicht-fiktionalen Textkorpus gerichtet.[8]

Die Ost-West-Thematik erscheint mir als ein Teilaspekt des Schlesak'schen Grundbegriffs „Zwischenschaft", der in seinen biografischen, politischen und weltanschaulichen Implikationen bereits besprochen wurde.[9] Meine These lautete, dass Dieter Schlesak sich allmählich von der Dialektik des Fremden und des Eigenen distanziert zugunsten einer Radikalität im Denken des Fremden. Die Fremdheit ist eine unaufhebbare Bedingung der menschlichen Existenz und die Zwischenschaft ist die Anerkennung dieser Grundbedingung und die Verweigerung, sein Denken in die gewohnten Kategorien anzusiedeln. Nach dem Zusammenbruch des alten Paradigmas, d.h. nach dem Ende der Metaphysik, der auch mit den historischen Katastrophen des 20. Jahrhunderts zusammenhängt, sei eine „Umkehr aller Vorstellungen", um mit Friedrich Hölderlin, einem von Schlesak oft zitierten Autor, zu sprechen, dringend notwendig. Schlesak findet eine Lösung in der „Rückkehr zu Längstgewusstem", d.h. in der Wiederaufnahme einer hermetischen, dissidierenden Tradition, jenseits der offiziellen Denksysteme. Diese Wiederaufnahme

wie deren literarischer Thematisierung könnte man von einem *spiritual turn* im Schreiben Dieter Schlesaks sprechen.

[8] Für die hier besprochene Themenkonstellation relevante Buchveröffentlichungen sind vor allem *Wenn die Dinge aus dem Namen fallen* (1991), *Stehendes Ich in laufender Zeit* (1994), *Eine Transsylvanische Reise* (2004) und *Zeugen an der Grenze unserer Vorstellung* (2005). Von einer scharfen Trennung zwischen Fiktion und Erlebnisschilderungen in Dokumentarform bzw. poetologischer Aussage kann nicht die Rede sein. So wie Oliver Sill in Bezug auf *Stehendes Ich in laufender Zeit* richtig bemerkt, will Dieter Schlesak sein Werk als literarischen Text, nicht als historisches Dokument verstanden wissen (vgl. SILL, wie Anm. 2, S. 848). Die Tagebuchform mit ihrem ständigen Wechsel zwischen verschiedenen Zeitebenen, die er im Falle der ersten zwei hier erwähnten Bücher wählt, entspricht nicht nur seiner Skepsis gegenüber großen epischen Konstrukten, die mit einem veralteten bruchlosen Identitätskonzept arbeiten, sondern wird größtenteils „durch die Hoffnung auf neue und tiefgreifendere Einsichten im Zuge des letztlich unabschließbaren Prozesses der Selbstvergewisserung" (SILL, wie Anm. 2, S. 850) motiviert.

[9] Vgl. IROD, *Dieter Schlesaks Zwischenschaft.*

bedeutet jedoch keine Reterritorialisierung, sondern vielmehr einen ständigen Versuch, durch Variationen des Alten unbekannte Resonanzen spürbar zu machen. Das Beharren in der Nicht-Zugehörigkeit kommt einer „Augenöffnung“ gleich, einer Bewusstwerdung, die dem Leben Intensivität verleiht. Das Schreiben im Zustand der Zwischenschaft ist folglich mehr als nur Schreiben. Es ist eine dem Gebet und der Meditation ähnliche Lebenspraxis, die eine Wiederversöhnung zwischen Körper und Geist anstrebt. Und diese psychologische *Coniunctio* vollzieht sich auf der Ebene der Schrift, die selber doppelter (immaterieller und irdischer) Natur ist.

Im Rahmen dieser komplexen Problematik der Zwischenschaft ist auch Schlesaks Gebrauch der Kategorien Ost und West zu verstehen. Der Autor betont erneut seine zwischenschaftliche Position, indem er den Standort beschreibt, von dem aus er seine Überlegungen zum Thema der Kulturkreiszugehörigkeit formuliert. Sein „ostwestlich gespaltenes Bewusstsein“[10] hält ihn davon ab, von einem einzigen Bezugspunkt auszugehen und den Vergleich zwischen Ost und West eindeutig im Spannungsfeld von Moderne und Tradition zu verorten.

Freilich ist in diesem Zusammenhang nicht immer leicht zu erkennen, was mit unter Ost bzw. West gemeint ist. Ausgehend von dem biografischen Hintergrund des Autors sowie von seinen Ausführungen im oben erwähnten Vortrag über den „östlichen Reichtum“ und die „westliche Armut“ darf man annehmen, dass es sich hauptsächlich um Ost- und Westeuropa vor und nach dem Fall des Eisernen Vorhangs handelt. In diesem Sinn ist auch eine Kontinuität zwischen dem in *Visa. Ost-West-Lektionen* unternomenen Systemvergleich und der Auseinandersetzung mit den seit dem Umbruch von 1989 zu bewältigenden Transformationsprozessen festzustellen. Dass dabei Rumänien im Mittelpunkt der Auseinandersetzung mit der Ost-West-Thematik steht, ist nicht allein auf die Herkunft von Dieter Schlesak zurückzuführen, sondern darüber hinaus auf den Sonderstatus, der diesem Land in seiner Vorstellungswelt zu-

---

[10] SCHLESAK, *Eine Transsylvanische Reise*, S. 131.

kommt: als imaginierten Ort der denkbar größten Vielfalt Europas, quasi als geopolitische Verkörperung des Zwischenschaftlichen:

> ... es ist bis in die Sprache, den Lebensstil, die Menschen von einer Symbiose von Einflüssen und Kulturen geprägt, die ihresgleichen sucht: ostwestlich, türkisch, byzantinisch, orthodox, römisch, dakisch; es gab slawische, französische, deutsche, ungarische, habsburgische, russische Einflüsse; es gibt kaum ein Land in Europa, das so eine Synthese bietet.[11]

Es wäre an dieser Stelle nach den methodologischen Ansätzen zu fragen, mit denen sich die Bedeutung von Ethnizität und die Thematisierung der kulturellen und nationalen Differenzen bei Dieter Schlesak am besten untersuchen ließen. Zweifellos kämen aus dem Bereich der imagologischen Forschung wichtige Impulse zur Interpretation einschlägiger Textstellen. Dabei ginge es vor allem darum, das Vorhandensein unterschiedlicher national gefärbter Fremd- und Eigenbilder festzustellen und ihre Funktion innerhalb des Textes zu beleuchten. Es ist allerdings anzumerken, dass es sich bei Dieter Schlesak nie um eine binäre Oppostion zwischen Auto- und Heteroimages[12] handeln kann, da er selbst aus einer nicht eindeutig

---

[11] Ebd., S. 7.

[12] Die komparatistische Imagologie, die sich als Teildisziplin einer interdisziplinär vorgehenden Literaturwissenschaft begreift, zieht dem auch in nicht-wissenschaftlichen Kontexten auftretenden Wort „Bild" den Terminus „Image" vor. Das Image wird sowohl von der kritisch-rationalistischen als auch von der hermeneutischen Richtung der imagologischen Forschung als Metazeichen definiert, dessen Denotat typische Vorstellungen vom Andersnationalen/Anderskulturellen und vom Eigenen sind, während dessen Form die Reihe der typischen Kollektivaussagen vom Eigenen und Fremden in verschiedenen sozialen/kulturellen Diskursen darstellt. Dabei wird der Akzent in erster Linie auf das Typische gelegt, was den literarischen Images nur selten gerecht wird. Daher ist die imagologische Analyse literarischer Texte bestrebt, die Funktion der Images im werkimmanenten Zusammenhang sowie ihre Wechselbeziehungen mit den Kulturcodes des jeweiligen historischen Entstehungskontextes zu untersuchen. Allen Ansätzen der zeitgenössischen imagologischen Literaturwissenschaft liegt die konstruktivistische Annahme zugrunde, dass weder Nationen noch Kulturkreise naturgegeben

einzuordnenden Perspektive des Querdenkers spricht. Für sein Literaturkonzept, das die mimetische Wiedergabe der sozial und kulturell produzierten Wirklichkeitsbilder verwirft und die Erfassung von Realität in einem kohärenten Ganzen als Fiktion entlarvt, sind die fragmentarische (Nicht)Identität und das Sich-Bekennen zur Erfolglosigkeit im marktwirtschaftlichen System von großer Bedeutung:

> ... ich will mich mit der Wahrheit des Choks und der Querschläger weiter verbünden, während die „Sieger" das „Ausmalen" möchten, den beschränkten Horizont des „Antiquarischen", Kleinen, Regionalen, Landschaftlichen [...] Der Beweis bei den Siegern ist der Erfolg. Unsereiner aber steht in Beweisnot. [...] Nun aber wollen plötzlich alle zu den Siegern des „Alles-ist-so-wie-es-ist" gehören. Weiter: Auch ob einer zur *Handlungseinheit* gehört, über die er berichtet, ist entscheidend für seine Perspektive. Und als Emigrant und *Zwischenschaftler* gehöre ich nicht mehr dazu.[13]

Die Ost- und Westbilder und die Nation-Images, deren sich Dieter Schlesak bedient, haben, wie mir scheint, mit den identitätsstiftenden Auto- und Heteroimages wenig zu tun. Indem er sich der Identifizierung mit einem festen sozialen oder kulturellen Zentrum enthält, gelingt es ihm, das kulturell Bestimmte immer wieder ins Unbestimmte des Imaginären zu treiben und eine Sichtweise über Länder und Kulturkreise zu bieten, die sich in kein kollektivabhängiges Konstrukt der Welt integrieren lassen. Das schließt jedoch eine politische Interpretation seiner Schilderungen von Ost- und Westverhältnissen nicht aus. Hinter seiner Kritik an der Konsumgesellschaft liegt ein klares Engagement für ein „anderes Daseinsgefühl" und gegen die

---

seien. Daraus ergibt sich die starke entideologisierende Komponente der Imagologie, die jede bipolare – staatliche oder völkische – Identitätsbildung, die die Welt in ein „Wir" und die „Anderen" einteilt, hinterfragt. Für eine übersichtliche und kritische Darstellung des Forschungsstandes vgl. LOGVINOV, *Studia Imagologica*.

[13] SCHLESAK, *Stehendes Ich*, S. 70 f.

„ontologische Zensur", die im Westen alle öffentlichen Handlungen und die Institutionen bestimme:

Für den Westeuropäer ist es dagegen nicht diese leicht auszumachende politische Zensur, sondern eine viel tiefer gehende innere ontologische Zensur, die von der Psychiatrie bewacht wird, die eiserne Grenze für konformes Verhalten, dessen Ränder kaum definierbar, aber in letzter Instanz mit Logik und Rationalität, Raum und Zeit, mit dem veralteten Newton'schen Weltbild zusammenhängen.[14]

Von unverkennbarer politischer Relevanz ist das Thema der „ontologischen Zensur". Sie erhält auf der einen Seite die Scheinwirklichkeit einer heilen bruchlosen Welt aufrecht. Auf der anderen Seite schließt sie die in die Geschichte, d.h. in die „ohnmächtige Linearität der Schlüsse"[15] nicht einzugliedernden Ereignisse (Massenvernichtungen, Katastrophen, Revolutionen) aus dem Bereich des Erklärlichen aus. In seiner Auseinandersetzung mit einigen Interpreten von Paul Celan, die immer noch in der als überholt erachteten Aufklärungstradition verharren und angesichts der Poetik Celans zu Klischees wie „Hermetik" oder „absolute Sinnlosigkeit" greifen, kritisiert Dieter Schlesak die strikte Trennung von Transzendenz und Geschichte und die damit einhergehende Unfähigkeit, die „unerklärlichen" historischen Ereignisse als Einbrüche aus einem höheren Bereich der Wirklichkeit anzuerkennen. Damit setzt er sich für ein „Zusammentreffen zweier seit der Aufklärung getrennter Kulturen" ein: „Geist" und „Politik", „exakt" und „human", „Engagement" und „Transzendenz".[16]

Erwähnung verdient in diesem Zusammenhang auch das Thema der Interdisziplinarität, die einen wesentlichen Aspekt des Begriffs

---

[14] SCHLESAK, *Wenn die Dinge aus dem Namen fallen*, S. 80.

[15] SCHLESAK, *Die nachzustotternde Welt. Paul Celans „Wahn-Sinn" – Leid und Erkenntnis eines millenaren Zeitbruches*. In: SCHLESAK, *Zeugen*, S. 25.

[16] SCHLESAK, *Wort als Widerstand (I). Paul Celans Herkunft – Schlüssel zu seinem Gedicht?*. In: SCHLESAK, *Zeugen*, S. 32.

„Zwischenschaft“ darstellt.[17] Darunter versteht Dieter Schlesak vermutlich eine Aufhebung der seit Anfang der Moderne bestehenden Trennung zwischen dem wissenschaftlichen und dem literarischen Diskurs, die jenseits der akademischen Institutionen zu vollziehen ist, als gegenseitiges Inspirieren und Affizieren von verschiedenen Disziplinen, Künsten, Praktiken etc. Angesichts der unzureichenden Instrumente der Erkenntnis und der Weltauslegung, die teilweise in den Geisteswissenschaften und auch in der Literatur noch angewandt werden, schlägt Dieter Schlesak eine Poetik vor, die in Anlehnung an die Quantentheorie dem chronologischen Längsschnitt der traditionellen Erzählung und dem rationalen Gedankengebäude eine „Ästhetik der Plötzlichkeit“ (K. H. Bohrer) und den Querschnitt des augenblicklichen Erlebnisses vorzieht:

> ... gewohnte Worte und Bilder sind unfähig, das Geschehen im subatomaren Bereich auszudrücken. [...]. Einzig Kunst und Poesie wären bei einer Selbstverwandlung ihrer metaphorischen Mittel zu einem Brükkenbau über den Abgrund fähig. Die Spur der Schrift ins Offene des Augenblicks beim Schreiben etwa, da, wo Zeit, die noch nie war, sich als überraschendes Fallen aus dem Unbekannten zur Inspiration verdichtet, kooperiert auch mit dem Wissen der Quantenlogik, einer Wissenschaft von JETZT, die, wie auch eine neue Kunst, erst im Entstehen ist. Dies im Schreiben, in der Meditation, im Gebet, in der Liebe und in der Fantasie und in den besten Stunden vieler Einzelner, ein Raum, wo neue Wirklichkeit entstehen wird.[18]

[17] Dieter Schlesak weist in seiner Ansprache anlässlich der Verleihung des Dr. honoris causa der Universität Bukarest am 7. November 2005 darauf hin: „Zwischenschaft benennt nicht nur das Nirgends-Zuhause-Sein, das zwischen alle Stühle Gefallene, das Bodenlose, sondern inzwischen auch das heute so wichtige Interdisziplinäre, das ja das global Verbindende, ja, Vernetzte ist, sie muss der neuen Immaterialität unserer Wirklichkeit eingedenk sein, um in der wirklichen Gegenwart, in dem, was Historie heute meint, anzukommen.“ Vgl. http://www.ggr.ro/schlesakDE.htm auf der Internet-Seite der Gesellschaft der Germanisten Rumäniens (GGR).

[18] SCHLESAK, *Über Sprachskepsis, Bildverbot und den Begriff Zeit*. In: SCHLESAK, *So nah, so fremd*, S. 357.

Vor dem Hintergrund dieses umfassenderen Erklärungsmusters, das poetologische, erkenntnistheoretische und ethische Aspekte miteinander verbindet, ist auch die Problematik der „westlichen Armut" und des „östlichen Reichtums" zu verstehen. Um der Übersichtlichkeit willen kann man die Unterscheidungsmerkmale von Ost und West, so wie sie in den hier analysierten Büchern vorkommen, wie folgt zusammenfassen:

West:	Ost:
Die westliche Zivilisation konstituiert sich infolge der Säkularisierung, d.h. der Verdrängung des Numinosen	Der Reichtum des Ostens bestehe im Primat des Geistes
Die Abwehrmechanismen gegen das Andere der Vernunft (Schlesak nennt sie „ontologische Zensur", „kulturbedingte Blickbeschränkung") erzeugen eine Scheinwirklichkeit, für die nur das Sichtbare und rational Fassbare gilt (Welt des „Alles-ist-so-wie-es-ist")	Abneigung gegen das Systematische, Geplante, treng Disziplinierte
Die westliche „Guckkastenmetaphysik" stetzt eine Distanzierung vom Objekt der	Teilhabe, Auflösung des erkennenden Subjektes in den Gegenstand seiner Betrach-

Erkenntnis voraus	tung; Schlesak bezieht sich auf Peter Sloterdijks Einteilung der Erkenntnisarten in zwei Kategorien (Distanzierung zwecks der Beherrschung des Objektes und Teilhabe am Forschungsgegenstand) und spricht sich für die Aufgabe des veralteten abendländischen Herrschaftsmodells aus[19]
Der Mensch ist biologisches Wesen und Produkt historischer Zusammenhänge	Der Mensch wird noch als Ebenbild Gottes aufgefasst
Vorherrschende harte auf Unterwerfung der Natur zielende Fortschrittsideologie	Skepsis gegenüber dem zivilisatorsisch Heldenhaften, Faustischen (Passivität eher als Aggressivität im Kollektivverhalten)
Totalisierungstendenzen, die die Komplexität der Wirklichkeit ständig reduzieren (durch Abstraktionen, Ideologien) und letzten Endes als Erstarren im Begriff und Sich-nicht-	Öffnung gegenüber dem Irrationalen; weniger Abstraktheit /Intellektualismus, eine Mystik der sinnlichen Präsenz des Transzendenten (in der Orthodoxie) im Unterschied zur Ver-

[19] SCHLESAK, *Eine Transsylvanische Reise*, S. 128.

öffnen-Können gegenüber dem Unberechenbaren (dem Ganz Anderen der Mystik) erscheinen	mittlung durch das Wort bei den Protestanten
Der Zeitbegriff kennt ausschließlich die „profane" Zeit, um mit Eliade zu sprechen, deren Konsequenz nicht nur eine gewisse Melancholie des Unwiederholbaren, sondern vor allem der Terror der Vergänglichkeit, des Planens und des Sofort-alles-erreichen-Müssens ist	Der Osten leide noch nicht an Chronokratie; im Gegenteil, dort sei „eine Maßlosigkeit des Zeithabens, eine Art Ichauslöschung, ein Bad im Chaos"[20] festzustellen
Die westliche Kultur ist ästhetisiernd und „darstellerisch orientiert"[21], d.h. extrovertiert in der Jung'schen Terminologie, legt mehr Wert auf das Äußere / Objektive; alles passiert an der Oberfläche, dort wird eine Art transsubjektive Realität nachgebildet bzw. neu hergestellt (etwa durch die Werbung)	„Boykott der Geschichte" – eine für unterdrückte Völker spezifische Haltung; Annäherung an die vormoderne Zeitauffassung, die die autonome nicht auf Archetypen gegründete Geschichte ablehnt

[20] SCHLESAK, *Eine Horde von Verzweifelten im Herzen des Balkans*. In: SCHLESAK, *Zeugen*, S. 130.
[21] Ebd., S. 344.

Eine derartige Gegenüberstellung droht in eine Schwarz-Weiß-Malerei zu münden, die dem Osten ausschließlich Positives andichtet. Tatsächlich weist Marian Victor Buciu mit Recht auf eine gewisse verklärende Nostalgie hin, die in der Thematisierung des Ostens bei Dieter Schlesak zu spüren ist.[22] Die Idealisierungstendenzen kommen am deutlichsten in der Behandlung der Orthodoxie zum Ausdruck, deren „sinnliche Mystik" und Öffnung dem abstrakten Denken, der Erfahrungsarmut und der Neurose des modernen Intellektuellen gegenübergestellt werden.[23]

In der Begeisterung für die orthodoxe Spiritualität, die Nähe und Unmittelbarkeit in der Erfahrung Gottes aufwertet, klingt fast eine melancholische Selbstbezichtigung mit, wenn man bedenkt, dass Dieter Schlesak den Schreibenden – dabei die eigene Betroffenheit hervorhebend – mit dem Vampir als Symbol der Abwesenheit und des Nicht-leben-Könnens vergleicht.[24] Um mittels eines imagologischen Interpretationsverfahrens die Schlesak'schen Ost- und Westbilder zu erfassen, mag das von Swiderska in Anlehnung an Gadamer und Ricoeur erarbeitete Konzept[25] geeignet sein, welches zwischen zwei komplementären Typen der „Figuren des Fremden" unterscheidet. Die eine Möglichkeit, das Fremde darzustellen, ist die *Alter*-Relation, in der das fremde Element (*Alter*) in unmittelbarer Beziehung zum Eigenen steht und als Kontrastfigur die Identität der eigenen Gruppe stärkt. Hingegen stellt *Alius* ein ganz Fremdes dar, das unbestimmt und fern außerhalb der Vorstellungswelt einer bestimmten Gruppe oder Kultur sich befindet. Während *Alter* meistens in die Ideologie einer Gruppe integriert wird, weist *Alius* einen utopischen und subversiven Charakter auf.

Bei Dieter Schlesak ist das Image des Ostens trotz seiner überwiegend positiven Eigenschaften nicht in der Lage, Angebote zur Bildung einer kollektiven Identität zu unterbreiten. Weder der Osten noch der Westen können die Rolle des *Alter* gegenüber einem hypo-

[22] Vgl. BUCIU, *Dieter Schlesak*, S. 67.

[23] SCHLESAK, *Eine Transsylvanische Reise*, S. 125.

[24] SCHLESAK, *Der Tod und der Teufel*, S. 155.

[25] Vgl. SWIDERSKA, *Studien zur literaturwissenschaftlichen Imagologie*, S. 13.

stasierten Konstrukt des Eigenen übernehmen, auch wenn sie scheinbar in binärer Opposition zueinander stehen. Der Schreibende selbst ist nicht mehr zentriert auf eine ideale Position, von der aus die Darstellung von Wirklichkeit gesichert wäre. Für ihn sind nur die „Hypostasen des Fremden“ wahr, „wo auch die Sprache sich von Satz zu Satz wundert, dass sie noch da ist, und es sagt.“[26] In der „Abschiedssituation“, in der sich der Zwischenschaftler befindet – „...jetzt vor allem, wo sogar der Osten in die Vergangenheit rückt, die Kindheit während der Nazizeit in die Vorvergangenheit, immer im Abschied und voller Trauer, wie schon gestorben, zwischen Leben und Tod, das in sich spiegelt, was die Zeit ist: alles noch da und schon längst vergangen“[27] – fasst er sein Schreiben als ein „Kreisen an den Rändern unseres Bewusstseins“[28] auf. Hier wird das Ich für Momente aus seinem lebensgeschichtlichen Kontext herausgeschnitten und seine Zugehörigkeit zu einem Territorium der Fremde jenseits aller sozialen und kulturellen Bestimmungen hervorgehoben. Schlesaks Ost- und Westbilder sind frei flottierende Zeichen, die in keinem mimetischen Verhältnis zu irgendeiner sozio-kulturellen Realität stehen, sondern sich vielmehr nach einer Logik der Zwischenschaft zu einem Modell der Weltdeutung zusammenfügen, das dem neuen posthistorischen[29] Paradigma eher entspreche.

Die Darstellungen des Ostens werden auch zu keinem einheitlichen *Alius*-Bild, da ihr utopischer Charakter oft von Relativierungen durchkreuzt wird. Der größte Vorwurf, den man dem Osten machen kann, ist laut Schlesak nicht der Staatssozialismus, den er als

[26] SCHLESAK, *Schreiben als posthumes Leben.Rumäniendeutsche Lyrik der neunziger Jahre*. In: SCHLESAK, *Zeugen*, S. 262.

[27] SCHLESAK, *Stehendes Ich*, S. 32.

[28] SCHLESAK, „Fragmente zu einer posthumen Poetik“ in SCHLESAK: *Tunneleffekt*, S. 232.

[29] Auf den Begriff der „Posthistorie“ bei Dieter Schlesak kann hier nicht eingegangen werden. Es sei jedoch en passant festgestellt, dass er nur bedingt mit Arnold Gehlens Kategorie der „Posthistoire“ zu tun hat. Bei Schlesak geht es vielmehr um einen Zustand der Zeitgeschichte, der die Kluft zwischen einem überholten und noch weit verbreiteten Weltbild einerseits und den neuen Technologien sowie der neuen Physik andererseits deutlich macht.

Produkt der abendländischen Philosophie (Marx, Engels) betrachtet, sondern die „Kehrseite der Gläubigkeit", der religiöse Fundamentalismus. In der Orthodoxie meint er trotz aller Begeisterung etwas „Talibanisches"[30] zu entdecken. Mit seiner scharfen Kritik an jedem Versuch, Erfahrungen der Transzendenz zur Norm des Kollektivverhaltens werden zu lassen, bekennt sich Dieter Schlesak eindeutig zum (westlichen) Individualismus. Bezeichnenderweise sind es große Individualisten der südosteuropäischen Kultur, die bei seinem Zeitbegriff und seinem Bild des geistlosen Westens Pate stehen: „Sowohl bei Cioran als auch bei Noica gibt es [...] deutlich einen östlichen, einen antiokzidentalen Zug wider das rein äußerliche Tun, den Fleiß, die Arbeit, Abneigung, die bis zum Hass reicht."[31] Noica, ähnlich wie Cioran, ruft zum „Boykott der Geschichte"[32] auf und Celans Geschichtsauffassung wird in ihrer messianischen Dimension – „Umkehr der Zeit, Gang durch die Hölle des Exils bis zur „Erlösung", der Aufhebung von Zeit"[33] – von der jüdischen Mystik geprägt. Schlesak kritisiert jedoch Noicas Einseitigkeit und „Realitätsblindheit" in der Ablehnung der westlichen Zivilisation[34] und fühlt sich dem Westler Carl Friedrich von Weizsäcker näher und dessen Forschungsinstitut, wo „östliche Weisheit" und „westliche Wissenschaft" kooperieren und zu einem Paradigmenwechsel beitragen sollen.[35]

In diesem Zusammenhang erübrigt sich die Frage, ob der Osten und der Westen bei Dieter Schlesak essentialisiert, d.h. als homogene Einheiten betrachtet werden.[36] Auch wenn Osteuropa mitunter

---

[30] SCHLESAK, *Eine Transsylvanische Reise*, S. 139.

[31] SCHLESAK, *Der Philosoph, die Diktatur und die Revolution. Constantin Noica – rumänischer Denker in finsterer Zeit.* In: SCHLESAK, *Zeugen*, S. 301.

[32] SCHLESAK, *Von der Stärke des Gedankens in finsterer Zeit. Der rumänische Philosoph Constantin Noica.* In: SCHLESAK, *Zeugen*, S. 335.

[33] SCHLESAK, *Wort als Widerstand (I). Paul Celans Herkunft – Schlüssel zu seinem Gedicht?* In: SCHLESAK, *Zeugen*, S. 41.

[34] SCHLESAK, *Der Philosoph, die Diktatur und die Revolution. Constantin Noica – rumänischer Denker in finsterer Zeit.* In: SCHLESAK, *Zeugen*, S. 313.

[35] Vgl. SCHLESAK, *Bogăţia estului şi sărăcia vestului.*

[36] In einer Studie, die sich mit dem Forschungsstand der Ethnologie befasst, wirft

als das Andere des Westens erscheint, wird es niemals an einem westlichen normativen Modell gemessen. Indem das Dynamische und Widersprüchliche innerhalb beider Systeme hervorgehoben werden, entsteht eine plurale Sichtweise auf die Moderne, die Westliches und Östliches originell aufeinander bezieht und dabei die Versteinerung in essentialistischen Konstrukten vermeidet. Die Aufwertung des Subjektiven und seiner subversiven Kräfte ist Schlesaks größtes Anliegen. Worum es ihm eigentlich geht, ist die Überwindung der alltäglichen „Vergiftung durch Kopflastigkeit, durch ständiges PLANEN", des „Sich-nicht-öffnen-Können[s] aus mangelndem Vertrauen in die Kräfte, die im Hirn, in den Atomen, in jedem Grashalm, in den Sternen wirken."[37] Im Schreiben darüber ist das Östliche oft eine Metapher für jenen „ontologischen" Widerstand, den jeder Einzelne leistet, wenn er „in der Nähe Ferne, ja, Fernweh zu fühlen"[38] vermag.

Literaturverzeichnis

Primärliteratur

SCHLESAK, DIETER: *Grenzstreifen*, Bukarest: Literaturverlag 1968.
– *Visa. Ost-West-Lektionen*, Frankfurt/Main: S. Fischer Verlag 1970.
– *Geschäfte mit Odysseus. Zwischen Tourismus und engagiertem Reisen*, Bern/Stuttgart: Hallwag Verlag 1972.
– *Wenn die Dinge aus dem Namen fallen*, Hamburg: Rowohlt 1991.
– *Stehendes Ich in laufender Zeit*, Leipzig: Reclam 1994.
– *So nah, so fremd. Heimatlegenden*, Dinklage: AGK-Verlag 1995.
– *Bogăţia estului şi sărăcia vestului*, in: *Euphorion*, Nr. 4 (1995) S. 20-24 (Aus dem Deutschen von Mihaela Sin).

Peter Niedermüller diese Frage auf und kritisiert die Theorie der einheitlichen Moderne, die den Westen als einzigen Bezugspunkt betrachtet, nämlich als einen Ort, wo „ein einheitliches System der modernen Gesellschaftsordnung" produziert wurde. Vgl. NIEDERMÜLLER, *Transformationen der Moderne*, S. 59.

[37] SCHLESAK, *Stehendes Ich*, S. 73.

[38] Ebd., S. 29.

– *Tunneleffekt*, Gedichte mit einem Essay „Fragmente zu einer posthumen Poetik", Berlin: Edition Galrev 2000.
– *Eine Transsylvanische Reise. Ost-West-Passagen am Beispiel Rumäniens*, Köln: Edition Köln 2004.
– *Zeugen an der Grenze unserer Vorstellung. Studien, Essays, Portraits*, München: IKGS Verlag 2005.
– *Der Tod und der Teufel*. Materialien zu „Vlad. Die Dracula-Korrektur", Ludwigsburg: Pop Verlag, 2009.

Sekundärliteratur:

BUCIU, MARIAN VICTOR: *Dieter Schlesak. Un maestru german al evaziunii*, Bucureşti: Ideea Europeană 2007

IROD, MARIA: *Dieter Schlesaks „Zwischenschaft". „Augenöffnung" und „Nicht-nur-schreiben-Wollen" im Grenzraum der Sprache*, in: JÜRGEN EGYPTIEN, GEORGE GUŢU, WOLFGANG SCHLOTT, MARIA IROD (Hrsg.): *SPRACHHEIMAT. Zum Werk von Dieter Schlesak in Zeiten von Diktatur und Exil*, Bucureşti/Ludwigsburg: Editura Universităţii din Bucureşti/Pop Verlag 2009, S. 48-63.

- *Schrift und Melancholie*, in: JÜRGEN EGYPTIEN, GEORGE GUŢU, WOLFGANG SCHLOTT, MARIA IROD (Hrsg.): *SPRACHHEIMAT. Zum Werk von Dieter Schlesak in Zeiten von Diktatur und Exil*, Bucureşti/Ludwigsburg: Editura Universităţii din Bucureşti/Pop Verlag 2009, S. 324-350.

LOGVINOV, MICHAIL I.: *Studia Imagologica: zwei methodologische Ansätze zur komparatistischen Imagologie*, in: *Germanistisches Jahrbuch GUS* (2003), S. 203-220.

NIEDERMÜLLER, PETER: *Transformationen der Moderne. Ein Ost-West-Vergleich?*, in: BEATE BINDER, SILKE GÖTTSCH, WOLFGANG KASCHUBA,
KONRAD VANJA (Hrsg.): *Ort, Arbeit, Körper: Ethnographie europäischer Modernen*, Münster:Waxmann Verlag 2005, S. 54-68.

SILL, OLIVER: *„Reisen wegwohin" – Prosa-Literatur rumäniendeutscher Autoren zum Thema Migration: Richard Wagner, Herta Müller, Dieter Schlesak*, in: GEORG WEBER, ARMIN NASSEHI, RENATE WEBER-SCHLENTHER, OLIVER SILL, GEORG KNEER, GERD NOLLMANN, IRMHILD SAAKE: *Studien zu Ost-West-Wanderungen im 20. Jahrhundert*, Wiesbaden: Westdeutscher Verlag 2002, S. 665-863.

SWIDERSKA, MALGORZATA: *Studien zur literaturwissenschaftlichen Imagologie. Das literarische Werk Dostojewskijs aus imagologischer Sicht mit besonderer Berücksichtigung Polens*, München: Otto Sagner 2001.

Bilderverzeichnis

I. Dokumente der Deportation der Deutschen aus Rumänien in die Sowjetunion (1945- 1949)

Das Herzbüchlein von Dzerschinsk ist eine besondere Kostbarkeit, von einer jungen Frau im Lager 1031 Dzerschinsk im Donbass hergestellt. Im Büchlein adressiert sie sich an ihr zweijähriges Kind, das sie im Banat zurücklassen musste. Sie übergab es Heimkehrern, damit es ihre Eltern für die kleine Tochter aufheben.

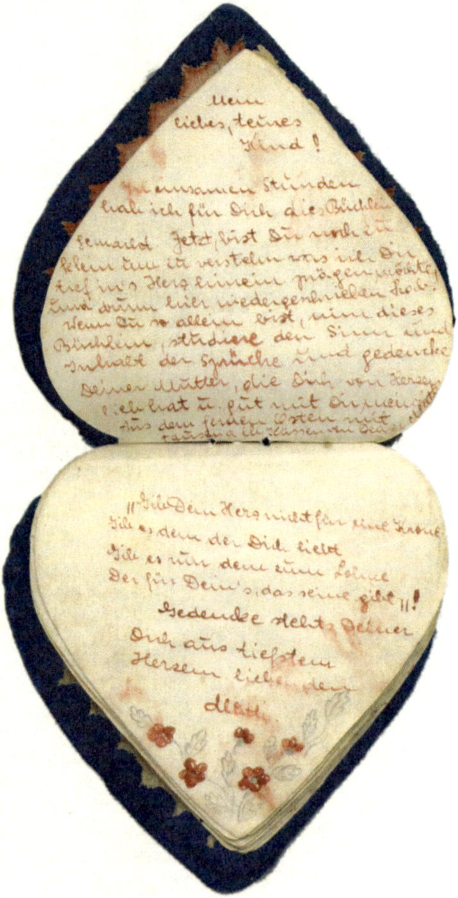
Mein
liebes, teures
Kind!
gemalt. Jetzt bist Du noch zu
klein um zu verstehn was ich Dir
tief ins Herz hinein prägen möchte
und darum hier wiedergeschrieben hab.
Wenn Du so allein bist, nimm dieses
Büchlein, studiere den Sinn und
Inhalt der Sprüche und gedenke
Deiner Mutter, die Dich von Herzen
lieb hat u. gut mit Dir meint
Aus dem fernen Osten mit
"Gib Dein Herz nicht für eine Krone
Gib es dem der Dich liebt
Gib es nur dem zum Lohne
Der für Dein's das seine gibt"!
Gedenke stets Deiner
Dich aus tiefstem
Herzen liebenden
Mutti

Eine seltene frühe Aufnahme aus dem Jahr 1946, der schwersten Zeit der Deportation: Die drei aus Siebenbürgen stammenden Frauen arbeiteten im Lager 1023 Petrowka unter Tage.

Zwei Frauen aus dem Lager 14/16 Dnjepropetrowsk im Jahr 1948 in winterlicher Arbeitskleidung, von denen eine ihren kleinen Sohn in Siebenbürgen zurückgelassen hat.

Die Bilder stammen aus dem Bestand von Olga Katharina Farca, Farca Verlag, Villingen-Schwenningen. (Sie wurden auch im Band: *Stieber-Ackermann, Hedwig: Allein die Hoffnung hielt uns am Leben. Teil II. Deportation in die Sowjetunion und Lagerleben von 1945-1949. Eine Foto-, Bild- und Textdokumentation von Olga Katharina Farca. Villingen-Schwenningen: Farca 1999, S. 194, 197, 256 und 257* veröffentlicht.)

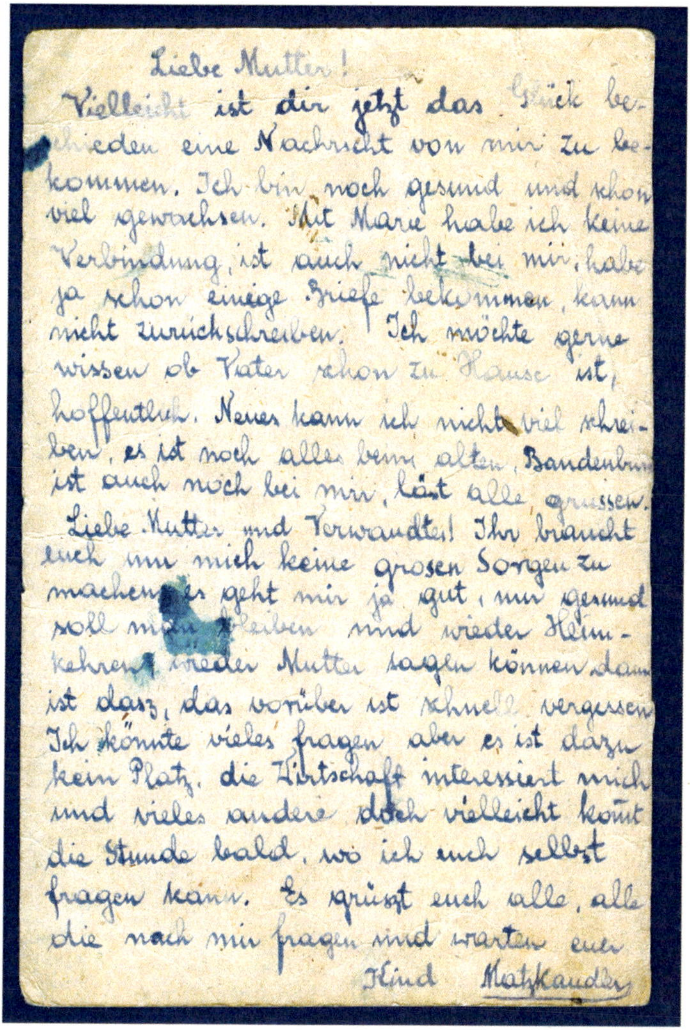

Liebe Mutter!

Vielleicht ist dir jetzt das Glück beschieden eine Nachricht von mir zu bekommen. Ich bin noch gesund und schon viel gewachsen. Mit Marie habe ich keine Verbindung, ist auch nicht bei mir, habe ja schon einige Briefe bekommen, kann nicht zurückschreiben. Ich möchte gerne wissen ob Vater schon zu Hause ist, hoffentlich. Neues kann ich nicht viel schreiben, es ist noch alles beim alten. Bandenbu… ist auch noch bei mir, läst alle grussen.

Liebe Mutter und Verwandte! Ihr braucht euch um mich keine grosen Sorgen zu machen, es geht mir ja gut, nur gesund soll man bleiben und wieder Heimkehren, wieder Mutter sagen können, dann ist dasz, das vorüber ist schnell vergessen. Ich könnte vieles fragen aber es ist dazu kein Platz. die Wirtschaft interessiert mich und vieles andere doch vielleicht komt die Stunde bald, wo ich euch selbst fragen kann. Es grüsst euch alle, alle die nach mir fragen und warten euer

Kind Matz Kandler

Postkarte von Mathias J. Kandler aus dem sowjetischen Arbeitslager Nr. 1015 an seine Mutter in Johannisfeld, Banat (Schenkung von Mathias J. Kandler an das IdGL)

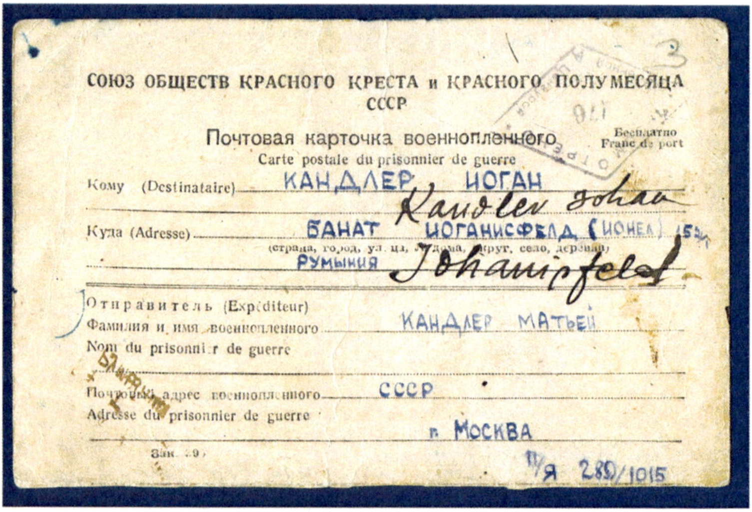

СОЮЗ ОБЩЕСТВ КРАСНОГО КРЕСТА и КРАСНОГО ПОЛУМЕСЯЦА
СССР

Почтовая карточка военнопленного

Carte postale du prisonnier de guerre

Бесплатно
Franc de port

Кому (Destinataire) КАНДЛЕР ИОГАН
Kandler Johann

Куда (Adresse) БАНАТ ИОГАНИСФЕЛД (ИОНЕЛ) 154
(страна, город, ул. ца, № дома, округ, село, деревня)
РУМЫНИЯ Johannisfeld

Отправитель (Expéditeur)
Фамилия и имя военнопленного КАНДЛЕР МАТЬЕЙ
Nom du prisonnier de guerre

Почтовый адрес военнопленного СССР
Adresse du prisonnier de guerre
г. МОСКВА
п/я 280/1015

Зак. 29

II. Das Paneuropäische Picknick von 1989

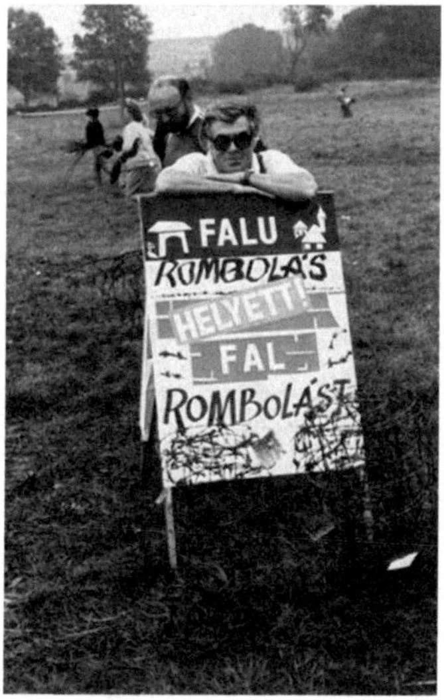

Die Bilder stammen aus dem Bestand von Géza Szőcs.

Inhaltsverzeichnis

Einleitung *5*
Geleitwort *19*

I
Die Gegenwart der Vergangenheit

HANS BERGEL
Die Heimkehr des Odysseus *23*

ALIDA BREMER
Museen, Scherben, Lügen, Fotografien. Drei kroatische Autorinnen erinnern sich *33*

LIVIU PAPADIMA
Einstimmige Erinnerungen und die Privatisierung der Vergangenheit *53*

JENNIFER GRONAU
„Denn Realität gibt dir die Erzählung“. Erinnern und Erzählen in Mircea Cărtărescus Die Wissenden *61*

ROMANIȚA CONSTANTINESCU
Die wahre und unwirkliche Geschichte. Gedächtnis im Palimpsest in Mircea Cărtărescus Trilogie Blendend *79*

MICHÈLE MATTUSCH, EDITH OTTSCHOFSKI, VALERIU STANCU
Mircea Cărtărescu – Zwischen Realität und Fiktion. Anmerkungen am Rande eines Gesprächs *120*

COSMIN DRAGOSTE
Diktatur oder die „als-ob-Welten“ *124*

MARIAN VICTOR BUCIU
Die quälende Wahrheit *132*

DIETER SCHLESAK
Transsylwahnien. Ein Zeitroman 140

GUNDEL GROßE
Erinnerung und Literatur. Literarische Bezüge und das Sujet der Erinnerung im Roman Derapaj *von Ion Manolescu* 151

KATHARINA KILZER
Literarisches Werk und soziales Engagement – Erinnerung als Auftrag bei Ana Blandiana 167

HEIDI FLAGNER
Was von der Revolution bleibt oder die rekonstruierte Geschichte 194

CARMEN-FRANCESCA BANCIU
Vaterflucht 210

II
Erinnerung als gesellschaftlicher Auftrag

ROBERT D. REISZ
Schuldige und Schuld im Prozess um den Kommunismus 223

EDDA BINDER-IIJIMA
Der oppositionelle Diskurs über die Monarchie in Rumänien nach 1989 242

ROMULUS RUSAN
Die Geschichte der Gedenkstätte für die Opfer des Kommunismus und des Widerstands in Sighet 260

KATHARINA KILZER
„Ich kann alles – ich bin der Autor" Interview mit Ana Blandiana 273

S. DAMIAN
Die Klauseln eines Vertrags 299

GÉZA SZŐCS
Die Wege zur Mauer ... 310

III
Erinnerung und Identität

ESZTER PROPSZT
Erinnerung und Identität in der ungarndeutschen Gegenwartsliteratur ... 319

ROBERT BALOGH
Der Waggon ... 344

GABRIEL COŞOVEANU
Die betrügerische Geschichte und ihre hermeneutischen Monopolisten ... 351

WOLF VON AICHELBURG im Briefwechsel mit ULI ROTHFUSS
„Ich selbst bin ein ungünstig gewählter Ratgeber in diesem Fall". Wolf von Aichelburg über Heimat ... 357

ANA BLANDIANA, ins Deutsche übertragen von FRANZ HODJAK
Curriculum vitae ... 360
Lamento ... 362

IV
Deportation als Erinnerungsort

OLIVIA SPIRIDON
Herta Müllers Atemschaukel *im Kontext der literarischen Erinnerungen an die „Russlanddeportation"* ... 367

MATHIAS J. KANDLER
Nr. 657. Im Donbass deportiert ... 398

WOLFGANG GERHARD BINDER

Die Künstlerin und Dichterin
Frida Binder-Radler – Lebensstationen *406*
JOHANN LIPPET
Dorfchronik. Ein Roman *422*

V
Grenzüberschreitungen

JOHANNES KRAMER
Das erste Akademiewörterbuch *435*

GEORGE GUȚU
Der rumänische Blick auf deutsche Kulturleistungen
in der Epoche des Übergangs von der Vormoderne
zur Moderne *458*

ELENA SIUPIUR
Carmen Sylva – Königin Elisabeth
von Rumänien im bulgarischen literarischen
und öffentlichen Diskurs 1895-1916 ....*490*

MARIA IROD
Dieter Schlesaks Ost- und Westkonzeptionen
im Zusammenhang mit dem Begriff „Zwischenschaft“ *504*

Bilderverzeichnis *521*

Inhaltsverzeichnis... *533*

Die POP-Verlag-Lyrikreihe

Poesie / poésie, Zeitgenössische Dichtung aus Frankreich und Deutschland. ISBN: 3-937139-00-1
Rodica Draghincescu: *Morgen und Abend.* ISBN: 3-937139-01-X
Ioan Flora: *Die Donau leicht ansteigend.* ISBN: 3-937139-04-4
Nichita Stănescu: *Elf Elegien.* ISBN: 3-937139-06-0
eje winter: *hybride texte.* ISBN: 33-937139-07-9
PAPI: *Manchmal später.* ISBN: 3-937139-10-9
Mircea M. Pop: *Heiratsanzeige.* ISBN: 3-937139-15-X
Chantal Danjou: *Blaues Land.* ISBN: 978-3-937139-19-2
Armin Steigenberger: *gebrauchsanweisung für ein vaterland.* ISBN: 978-3-937139-21-4
Valerie Rouzeau: *Nicht wiedersehen.* ISBN: 978-3-937139-22-2
eje winter: *liebesland.* ISBN: 978-3-937139-23-0
Uli Rothfuss: *vom atmen der steine.* ISBN: 978-3-937139-27-3
Ines Hagemeyer: *Bewohnte Stille.* ISBN: 978-3-937139-31-3
Dieter Schlesak: *Namen Los, Liebes- und Todesgedichte.* ISBN: 978-3-937139-30-2
Hellmut Seiler: *An Verse geheftet,* ISBN: 978-3-937139-32-X
Rainer Wedler: *deichgraf meiner selbst.* ISBN: 978-3-937139-34-3
Dato Barbakadse: *Das Dreieck der Kraniche.* ISBN: 978-3-937139-38-8
Dante Marianacci: *Herren des Windes / Signori del vento.* ISBN: **978-3-937139-40-0**
Emilian Galaicu-Păun: *Yin Time.* ISBN: **978-3-937139-41-8**
Tomaso Kemeny: *Jenseits der Wälder.* ISBN: **978-3-937139-42-5**
Ioana Nicolaie: *Der Norden.* ISBN: **978-3-937139-43-2**
eje winter: *kunstwörter, 44 x lyrik.* ISBN: **978-3-937139-46-3**
Aura Christi: *Elegien aus der Kälte.* ISBN: **978-3-937139-47-0**
Jan Goczoł: *Die abgewandte Seite des Mondes.* ISBN: **978-3-937139-48-7**
Henning Schönenberger: *Sitte und Sittlichkeit im ausgegangenen Jahrhundert.* ISBN: 978-3-937139-49-4
Gëzim Hajdari: *Mondkrank.* ISBN: **978-3-937139-55-5**
Manfred Wolff: *Gespräche mit niemand.* ISBN: 978-3-937139-59-3
Dimiter Dublew: *Gedichte von der Grenze.* ISBN: 978-3-937139-63-0

Norbert Sternmut: ***Fadenwürde.*** ISBN: 978-3-937139-67-8
Robert Şerban: ***Heimkino, bei mir*.** ISBN: 978-3-937139-70-8
Dieter Schlesak: ***Heimleuchten.*** ISBN: 978-3-937139-75-3
Arzu Alir: ***Wenn Satan sich zum Rosenzweig beugt.***
ISBN: 978-3-937139-84-5
Urszula Usakowska-Wolff: ***Perverse Verse.***
Debütpreis 2009 (Prima Verba). ISBN: 978-3-937139-86-9
Norbert Sternmut: ***Nachtlichter.*** ISBN: 978-3-937139-87-6
Horst Saul: ***Wurzelherz, du. Texte zu Liebe, Nähe und Abschied.***
ISBN: 978-3-937139-89-0
Karl Wolff: ***Alles Nebel oder was. Gedichte aus Absurdistan.***
ISBN: 978-3-937139-90-6
Horst Samson: ***Und wenn du willst, vergiss.*** ISBN: 978-3-937139-92-0
Wjatscheslaw Kuprijanow: ***Der Bär tanzt*.** ISBN: 978-3-937139-96-8
Shahla Agapour: ***Oliver Twist in Teheran,*** Gedichte.
ISBN: 978-3-937139-98-2
eje winter: ***blattgold ein übern andern tag*.** ISBN: 978-3-86356-000-3
Ines Hagemeyer: ***Aus dem Gefährt, das dir Träume auflädt*.**
ISBN: 978-3-86356-003-4

Die POP-Verlag-Fragmentariumreihe

Rodica Draghincescu: ***Schreibenleben.*** *Literaturkommentar in ungewöhnlicher Form: Interviews mit Kulturpersönlichkeiten (Michel Butor, Kurt Drawert, Jean Orizet, Zsuzsanna Gahse, Dieter Schlesak ...).* ISBN: 3-937139-03-6

Dorothea Fleiss: ***Regatta erträumend.*** *Zeichen & Zeichnungen.* ISBN: 978-3-937139-35-4

Zuhause nur im Wort. *Eine Anthologie der Schriftstellerinnen und Schriftsteller im Exil Deutschsprachiger Länder.* Mit einem Vorwort von Wolfgang Schlott. Herausgegeben vom Exil-P.E.N. ISBN: 978-3-937139-64-7

Karl Wolff: ***Von Tiflis nach Tibilisi. Reise zum Ursprung einer Sehn-Sucht.*** ISBN: 978-3-937139-66-1

Ingmar Brantsch: ***Ich war kein Dissident.*** ISBN: 978-3-937139-68-5
Vergriffen - wird vom POP-Verlag nicht mehr vertrieben.

Dieter Schlesak: ***DER TOD UND DER TEUFEL.*** *Materialien zu „VLAD, DER TODESFÜRST. Die Dracula-Korrektur"* ISBN: 978-3-937139-75-3

Charlotte Ueckert und Manfred Chobot (Hrsg.): ***Der Jaguar im Spiegel.*** Ein KOGGE Lesebuch.ISBN: 978-3-937139-93-7

Die POP-Verlag-Epikreihe

eje winter: ***hybride texte.*** ISBN: 978-3-937139-07-9
Grigore Cugler: ***Apunake, eine andere Welt.***
ISBN: 978-3-937139-08-7
Ulrich Bergmann: ***Arthurgeschichten.*** ISBN: 978-3-937139-09-5
Francisca Ricinski: ***Auf silikonweichen Pfoten.***
ISBN: 978-3-937139-12-5
Anita Riede: ***Blühende Notizen. Liebe Luise, Briefe aus der Stadt. Pariaprojekt.*** ISBN: 978-3-937139-13-9
Rainer Wedler: ***Zwischenstation Algier.***
Roman. ISBN: 978-3-937139-11-7
Ulrich Bergmann: ***Kritische Körper.***
ISBN: 978-3-937139-25-7
Dieter Schlesak: ***Vlad. Die Dracula-Korrektur.***
Roman, ISBN: 978-3-937139-36-4
Markus Berger: ***Kopftornado.*** ISBN: 978-3-937139-51-7
Ioona Rauschan: ***Abhauen.***
Roman, ISBN: 978-3-937139-52-4
Thomas Brandsdörfer: ***Die schöne Insel.***
Roman. ISBN: 978-3-937139-53-1
Orhan Kemal: ***Die 72. Zelle.***
ISBN: 978-3-937139-54-8
Barbara-Marie Mundt: ***Raubkind.*** Roman,
Debütpreis 2008 (Prima Verba). ISBN: 978-3-937139-58-6
Johann Lippet: ***Migrant auf Lebzeiten.*** Roman.
ISBN: 978-3-937139-56-7
Dieter Schlesak: ***VLAD, DER TODESFÜRST. Die Dracula-Korrektur.*** 2., neu bearbeitete und ergänzte Auflage, 2009. Roman. ISBN: 978-3-937139-57-9
Imre Török: ***AKAZIENSKIZZE. Neue und alte Geschichten. Phantasieflüge.*** ISBN: 978-3-937139-69-2
Elisabeth Rieping: ***Die Altgesellen.*** Prosa,
Debütpreis 2009 (Prima Verba). ISBN: 978-3-937139-73-9

Romanița Constantinescu (Hrsg.), ***Im kalten Schatten der Erinnerung***. Eine Anthologie zeitgenössischer Prosa aus Rumänien. ISBN: 978-3-937139-76-0

Lucian Dan Teodorovici: ***Dann ist mir die Hand ausgerutscht.*** ISBN: 978-3-937139-80-7

Rainer Wedler: ***Die Leihfrist.*** Roman. ISBN: 978-3-937139-81-4

Carsten Piper: ***Ab 18.*** Roman. ISBN: 978-3-937139-88-3

Imre Török: ***Insel der Elefanten.*** Roman. ISBN: 978-3-937139-91-3

Ondine Dietz: ***Meister Knastfelds Hybris. Liebeserklärung an das alte und junge Klein-Wien.*** Prosa. Debütpreis 2010 (Prima Verba). ISBN: 978-3-937139-94-4

Albrecht Schau: ***Von der belebenden Wirkung des Verbrechens. Urlaubsgrüße aus dem wahren Leben.*** Roman. ISBN: 978-3-937139-95-1

Dante Marianacci: ***Die Theißblüten.*** Roman. ISBN: 978-3-937139-97-5

Johann Lippet: ***Dorfchronik, ein Roman.*** ISBN: 978-3-937139-99-9

Uli Rothfuss: ***Tannenmörder***. ISBN: 978-3-86356-002-7

POP VERLAG

Stuttgarter. Str. 98
71638 Ludwigsburg
Fax: 07141/970-284
www.pop-verlag.com
email: pop-verlag@gmx.de

ISBN-13: 978-3-937139-76-0

Radu Aldulescu
Ştefan Baştovoi
Daniel Bănulescu
Mircea Cărtărescu
Gheorghe Crăciun
Florina Ilis
Dan Lungu
Ion Manolescu
Adrian Oţoiu
Simona Popescu
Daniel Vighi
Dragoş Voicu
Mihai Zamfir

Im kalten Schatten der Erinnerung

Eine Anthologie zeitgenössischer Prosa aus Rumänien

Carmen-Francesca Banciu
Johann Lippet
Eginald Schlattner
Dieter Schlesak
Géza Szőcs
Richard Wagner

POP VERLAG

EPIK